하 늘 밥 집

The Sky Restaurant

하늘 밥집 마태복음

초판인쇄 2025년 12월 10일
지은이 김종길

펴낸이 박수정
펴낸곳 도서출판 카리타스
주소 부산광역시 동구 중앙대로 298 부산 YWCA 303호
전화 051)462-5495
홈페이지 www.enkorea.kr
등록번호 제 2006-000002호
ISBN 979-11-24027-01-1

하 늘 밥 집

The Sky Restaurant

| 추천의 글 |

윤 춘 식

(아르헨티나 선교사, 아신대학교 은퇴교수(Ph. D), GMTI 선교교육원장)

"구슬이 서 말이라도 꿰어야 보배" 라는 말이 있다. 아무리 좋은 자료와 능력을 갖추고 있더라도 그것을 다듬고 정리하여 만인이 쓸 수 있게 만들어야 비로소 가치를 발휘한다.

이스라엘의 솔로몬 왕은 역사에 잠언 3천 수를 남겼다. 이번에 「하늘 밥집」을 편찬하는 김종길 목사님은 하늘 밥상 2천 밥상을 완성했다. 이렇게 신선한 하늘 양식으로 신약의 첫 복음서의 밥상을 차리게 된 것을 대환영과 축하를 드린다.

목사님과 저는 20년 가까운 세월을 같은 라틴아메리카 남미에서 함께 보냈다. 목사님은 칠레의 수도 산티아고에서, 나는 아르헨티나의 수도 부에노스아이레스에서 젊은 가슴에 복음을 품고 남미의 원주민 영혼들을 섬겼다.

독자들이 하늘 밥집의 첫 페이지부터 찬찬히 음미하기 시작할 때, 해외 선교사의 글로벌과 글로컬의 의미심장한 교차 지성을 느끼게 될 것을 예상한다. 저자의 범상치 않은 예화의 사용에서 기독교 세계관은 물론 모국을 사랑하는 향수를 발견하고도 남음이 있다.

목사님은 1940년 일제강점기 때 신사참배 반대 운동을 하다가 일경에 검거되어 심한 고문을 받고, 봉천(심양) 형무소에서 복역 중 생을 바친 박의흠 순교자의 외손이다. 순교자의 후손으로서 복음을 증거하는 필력은 어김없이 그의 영성에 묻어난다. 여기「하늘 밥집」의 출입문을 열고 들어설 독자들을 위해 본 저술의 구성에 대해서 안내해 드린다.

먼저 책을 열면, 맨 윗줄에 본문과 제목이 소개된다. 새겨들을 만한 현장감으로 이끌어 간다. 그 아래 오늘의 성찬은 제시된 본문으로부터 복음의 핵심을 풀어간다. 설교로 말한다면 각각의 대지가 행을 맞춰 연결된다.

하늘 밥집의 주제를 명확하게 강설하는 스토리텔링을 전개한다. 예수 그리스도의 갈보리 십자가와 구속의 역사성과 부활의 역설은 저자의 설교적 핵심이라 언급해도 과하지 않다.

메시지가 끝날 무렵 디저트가 마련되어 영적인 회복과 치유를 선사한다. 신구약 성경의 조화를 이뤄주는 것은 저자의 신학 사상에서 우러나오는 개인적인 은사이다.

신약에 기울어지지 않도록 구약의 스토리를 가져오며, 또한 구약에 너무 치우치지 않도록 신약의 스토리를 가져오는 균형이 마련되어 있다. 이러한 안배하는 은사는 오늘날 다른 묵상집에서는 찾아보기 힘든 기도와 노력이 담긴 역작이라는 점이다.

이러한 편집은 독자들에게는 큰 배려이며 복음의 핵심을 접하는 유익을 얻는다. 마지막 부분에서는 설교의 박력을 유지하는 세가지 통일된 기도와 함께 끝맺는다.

목사님의 기도는 말씀과의 끝단 잇기이며 생활에 활력이다. 그리고 끝부분 아래에는 늘 그렇듯이 밥집의 출처를 기록한다. 곧 "하늘 양식을 나누는 집" 이라는 역사적 사실을 빠트리지 않는다. 결코 표절이나 허드레소리가 아니라는 창의성 있는 호소력을 포함한다. 첫째는 그리스도와의 소통이며 동시에 저자와의 소통이며 감격이다.

목사님의 「하늘 밥집」 에는 그만이 밥을 지어내는 특징이 있다. 하나님을 경외하는 깊은 신앙의 마음을 읽을 수 있다. 목사님은 자신의 설교나 강해 그리고 강의에서 선포라는 일반적 권위의식을 나타내지 않는다. 선교사 혹은 목회자의 삶에 관한 다양한 가치와 의로운 행동방식이 있겠지만 목사님은 언제나 겸허한 자세로 독자들과 나눈다는 특징이 있다. 아무리 강력한 주제를 가진 메시지라 할지라도 목사님의 문체는 부드러운 우유체를 사용한다. 그것은 김 목사님의 평소 삶에서 보여주는 분별력 있는 표현이라 생각된다. 상대와의 관계가 항상 성실하시다. 대화하다 보면 목사님은 상대방의 이야기를 끊지 않고, 때로는 뒷말을 되뇌어 주면서 자연스럽게 소통을 유지하는 공감대 형성에 최선을 다하신다. 이번에 출판되는 저술 역시 우리에게 선보여주는 김 목사님 생애의 결과물이기도 하다. 그가 지난 한 과정의 시간과 노력으로 우리가 정화(淨化)되리라 확신한다. 독자 된 우리로서는 앉아서 성령님의 능력을 받아 누리게 되어 감사할 따름이다.

「밥집」에는 고객이 수시로 드나들어야 한다. 기쁜 자, 슬픈 자, 목마른 이들이 생수의 강으로 나와서 돈 없이 값없이 포도즙과 젖을 사야만 한다(이사야 55:1). 하나님과의 친밀한 만남을 뜻한다. 이 저술에는 하늘 요리사의 이야기가 있다. 경험담, 목양의 정신, 간증의 묘미가 실려 있다. 잔칫집이 즐거워야 한다면 「하늘 밥집」이 즐거운 집이다. 요리와 관련된 모든 레시피(요리법)와 챌린지까지 이 책 속에서 찾을 수 있다. 가독성이 담겨 있다. 현대인을 위한 생활 속 잠언이 이 책 곳곳에서 빛을 발하고 있다. 「하늘 밥집」과 요리에 관련된 지식, 정보 그리고 요리사의 체험을 담은 출간을 기뻐하며 거듭 축하한다.

「하늘 밥집」은 현대 교회를 섬기는 성도들과 중직자분들이 읽어야 할 텍스트이다. 나아가 신학을 연구하는 신학도들, 사역의 중심에서 리더하시는 목사님들과 교역의 직책을 맡은 분들에게 이 저술을 권해 드린다. 이 책이 교회 생활을 활력 넘치게 만드는 양서로서 독자들의 책장에 놓이며 손쉽게 빼어 가독할 수 있는 축복이 되기를 권해 드린다.

| 추천의 글 |

쥬빌리 통일 구국기도회를 통해 만난 목사님은, 하시는 일이 정성스럽고 참되다. 하늘 양식을 사랑하여 2,000일 동안 매일 밥상을 차려내신 목사님을 존경한다. 이 책은 성도들에게는 은혜의 밥상이 되고, 신학생들이나 목회자들에게는 하늘 양식의 레시피가 될 것이다. 모든 분에게 일독을 강력히 추천하는 바이다.

정 성 진

(실천신학대학원대학교 총장, 크로스로드선교회 대표, 거룩한빛광성교회 은퇴목사)

하늘 밥집을 통해 감동한 독자들의 댓글들은, 얼마나 많은 사람에게 복음의 능력을 나타내었는가를 잘 보여주고 있다. 성도들에게는 성경의 지식을 더 갖게 하며, 신학생들과 목회자들에게도 말씀을 더 연구하고 싶은 마음을 갖도록 한다. 홍수같이 책들이 쏟아져 나오지만, 하늘 밥집 마태복음 편은 많은 성경 주석과 성경 가이드보다 큰 감동을 주는 책이 될 것을 알고 널리 보급되기를 추천한다.

김 찬 곤

(안양 석수교회 담임목사, 총회 세계선교회(GMS) 이사장, 한국교회통일선교교단협의회(한통협) 회장)

설교의 홍수 시대에 수많은 설교집이 있지만, 하늘 밥집과 같은 순교적 신앙을 담은 순수한 설교는 흔하지 않다. 하늘 밥집은 순교자의 후손이며 목회자와 선교사로서의 인격과 삶에 고스란히 녹아있는 말씀이다. 이 책을 통하여 시간과 공간의 제약 없이 목사님을 만날 수 있다는 것은 우리에게 주신 하나님의 큰 축복이다.

하 성 존

(대신동교회 담임목사, 대한예수교장로회 재건총회장)

| 추천의 글 |

하늘 밥집의 쉐프인 목사님은 이 세상에서 내가 제일 존경하는 쉐프다. 품격 높은 지성과 깊은 영성을 갖춘 영적 거장이다. 하늘 밥집 메뉴는, Appetizer, Today's dish, Dessert, Prayer로 차린 밥상이다. 하늘 밥집으로 더 많은 분이 복음의 풍성한 은혜를 누리기 바란다.

이 창 우

(익투스교회 담임목사, 경성대학교 신학과 외래교수, 부산광역시교회와시청협의회 대표회장)

하늘 밥집의 저자 목사님은 광야에서 매일 하늘 밥상을 차려주신 하나님을 빼닮았다. 하늘 밥집은 2,000일 동안 하루도 같은 반찬을 내놓지 않았다. 바쁜 목회와 선교사역과 몸사랑 이사장으로 섬기면서도 삶과 열정으로 차린 따뜻한 하늘밥상을 많은 분에게 추천한다.

김 의 숙

(사단법인 몸사랑 대표원장, 신라대학교 겸임교수. 한동대학교 외래교수)

하늘 밥집 저자이며 나의 부친은 나에게 땅끝 남미 칠레에서 나에게 목회와 선교의 꿈을 꾸게 하였다. 하늘 밥집은 부친의 아호(雅號) '땅끝지기' 정신으로 새벽마다 말씀 묵상의 향기를 나누며 선교적이며 복음적인 고뇌가 녹아있는 묵상집이며, 하늘의 상급을 바라보는 수많은 주님의 제자들에게 큰 위로와 도전이 될 것이다.

김 병 훈

(現, 해운대제일교회 담임, LA 선한청지기교회, 분당우리교회)

| 추천의 글 |

하늘 밥집이 책으로 출간된다는 소식은 독자인 저를 한없이 기쁘게 한다. 목사님의 길었던 복음 전도자의 사역에 한 획을 긋는 하늘 밥집 출간을 축하하고 함께 기뻐한다.

1989년 어느 날 칠레(Chile) 최북단 소도시 '아리까' (Arica)를 방문한 목사님을 모시고 페루의 따그나(Tagna)에 거주하는 성도들을 심방하던 날을 기억한다. 교회가 없는 오지에 남겨진 단 두 분의 성도들을 위로하고 그들이 스스로 말씀을 먹을 수 있도록 말씀 묵상의 방법을 가르쳐 주려는 일념으로 멀고 먼 2,000km 거리를 달려오셨다.

그날 선물 받은 매일 성경과 가르쳐 주신 묵상 방법은, 국경을 넘어 심방 가는 길의 수행원이었고 차량 운전자였던 제가 더 큰 감동을 받았고 은혜를 입었다. 그날의 은혜로 오늘 과테말라에서 복음을 전하는 일과 버려진 아이들을 사랑하는 일을 감당하는 선교사역의 원동력이 되었다.

이 종 필

(과테말라 제일교회 장로, 과테말라 L&K그룹 회장, 임마누엘선교재단 이사)

| 머리말 |

김 종 길
(재건서면교회 담임, 前 칠레선교사)

코로나바이러스 19(COVID-19)가 2019년 11월에 시작되면서 2020년 1월 WHO(세계보건기구)에서 세계적인 공중보건의 비상사태 '팬데믹' (Pendemic)을 발표하였다. 그때부터 전 세계가 개점휴업 상태로 들어가면서 모든 출입이 통제되고 일상의 불편함이 최고조에 달하였다.

특히 정부의 방역정책으로 교회 집회의 통제로 '비대면 온라인 예배' 라는 신종 용어가 발생하였고, 정상적인 목회 활동이 제한되었다.

2020년 9월 어느 날 성령께서 내 마음에 감동을 주셨다. 외부활동을 하기 어려운 팬데믹 상황에 매일 묵상한 말씀을 SNS에 올려서 하늘 양식 만나를 공급해보라는 감동을 주셨다.

2020년 9월 21일부터 하늘 밥집(The Sky Restaurant)이라는 이름으로 하늘의 만나를 나누는 사역을 시작하였다. 해외에서 외국인들이 하늘 밥집 타이틀을 보고, 페이스북의 메시지와 카톡으로 'The Sky Restaurant' 의 레시피를 얻을 수 있겠느냐? 주메뉴가 무엇이냐? 문의가 빗발치는 헤프닝도 있었다.

"성경으로 사람들을 지루하게 만드는 것 역시 일종의 죄이다." (It's a sin to bore people with the Bible)라는 주석가 핸드릭슨(Howard G. Hendricks)의 명언이 하늘 밥집의 신념이다. 삶과 동떨어진 탁상 설교나 소설을 쓰지 않고, 꿀벌이 다양한 꽃에서 채취한 꿀을 벌집(honeycomb)에 토하여 내듯이, 송이꿀같은 말씀과 삶의 현장에서 채취한 화분들을 녹여서 주옥같은 말씀을 Facebook, band, Kakao talk 등에

"하늘 밥집" 이름으로 매일 연재하고 있다.

철학의 대가 소크라테스(Socrates)는 제자들에게 철학적 용어나 철학 강의를 한 번도 하지 않았다고 한다. 그는 제자들에게 유명한 '산파술'(産婆術)을 적용하여 가르쳤다. 산파가 산모를 대신해서 애를 낳아줄 수 없지만, 해산을 돕는 보조 일을 가르쳤다.

제자들이 스스로 자문자답(自問自答)하도록 질문만 던지면, 스스로 생각하고 논리를 정하고 문제를 풀도록 하였다.

하늘 밥집(TSR)도 '산파술'을 적용하고 있다. 아무리 진수성찬을 차려놓아도 자신이 먹지 않으면 그림의 떡이 되는 것과 마찬가지로 독자 스스로가 말씀의 맛을 알고 말씀에 관심을 가지고 자신의 삶에 적용하여 먹을 수 있도록 돕는 일을 하고 있다.

광산에서 광석을 캐내어 보석이 되는 과정과 벌들이 꽃에서 채취한 꿀을 모아두는 송이꿀같이 하나님의 말씀도 삶에서 녹여내지 않으면 지루한 설교와 공허한 성경공부가 된다.

그동안 6년 동안 하늘 밥집을 운영하면서 모여진 말씀 중에 마태복음부터 출판을 시작하게 되었다. '하늘 밥집'은 성경 주석과 강해 설교 및 성경 묵상집과 성경공부 교재 등으로 다양하게 사용할 수 있도록 편집하였다.

태초의 말씀이 '로고스'(Logos)로 오신 예수 그리스도께서 하늘 밥집의 말씀 사역에 성령으로 기름 부어 주시면 계속해서 성경 66권을 출판하려고 한다.

성서유니온(Scripture Union) 대구지부 이사장과 남미지부를 섬기면서 날마다 묵상한 말씀은 나의 목회현장과 선교지에서 생명의 양식과 생명수가 되었다. 매일 성경 본문으로 새벽예배 시간에 말씀을 전하고 묵상한 말씀을 '코로나 팬데믹' 때에 SNS에 매일 게재하는 일은 주님께서 내게 주신 크신 은혜와 섬김의 기회가 되었다.

어떤 때는 해외 선교지에서 시간이 부족하였지만, 하루도 빠지지 않으려고 장거리 이동을 하면서도 틈틈이 묵상하고 이른 새벽에 말씀을 정리하고 SNS에 올렸지만, 피곤하지 않도록 주님께서 내게 힘을 주셨다.

하늘 밥집의 현장은 새벽예배에 참석해서 함께 말씀을 나누고 기도하는 재건서면교회 성도들이 있어서 공허한 묵상이 되지 않았다. 새벽기도회를 마치고 사무실에서 하늘 밥집을 정리하는 동안 사랑하는 아내가 기도하면서 하루도 빠지지 않고 블랙 퍼스트(Breakfast)로 섬겨주어서 영과 육의 양식으로 날마다 묵상 작업을 하였다.

또한, 하늘 밥집에 매일같이 문을 두드리고 찾아와서 맛나게 드시고 격려하여 주신 국내외의 많은 독자와 내 가족들의 기도로 중단하지 않고 제2000호까지 섬길 수 있어서 감사를 드린다.

모든 영광을 하나님께 돌리면서 작은 디딤돌을 놓아본다.

Although I am less than the least of all God's people, this grace was given me: to preach to the Gentiles the unsearchable riches of Christ, and to make plain to everyone the administration of this mystery, which for ages past was kept hidden in God, who created all things.(Eph 3:8)

모든 성도 중에 지극히 작은 자보다 더 작은 나에게 이 은혜를 주신 것은 측량할 수 없는 그리스도의 풍성을 이방인에게 전하게 하시고, 영원부터 만물을 창조하신 하나님 속에 감추었던 비밀의 경륜이 어떠한 것을 드러내게 하려 하심이라.(에베소서 3:8)

2025년 12월 목양실에서

| 목 차 |

1. 1:1-17 새로운 세계(世系)

"아브라함과 다윗의 자손 예수 그리스도의 계보라, 아브라함이 이삭을 낳고 이삭은 야곱을 낳고 야곱은 유다와 그의 형제들을 낳고, 야곱은 마리아의 남편 요셉을 낳았으니 마리아에게서 그리스도라 칭하는 예수가 나시니라. 그런즉 모든 대 수가 아브라함부터 다윗까지 열네 대요 다윗부터 바벨론으로 사로잡혀 갈 때까지 열네 대요 바벨론으로 사로잡혀 간 후부터 그리스도까지 열네 대더라" (1,2,16,17절)

Appetizer

마태복음(Gospel of Matthew)은 실낙원의 조상 아담을 대신해서 복낙원의 약속을 성취하시기 위해서 하나님께서 한 사람 아브라함을 불러서 구체적인 언약을 체결하셨다. 씨, 땅, 나라를 약속하시고 다윗에게서 가시적으로 성취되었다.

마태는 아브라함과 다윗의 자손 예수 그리스도 안에서 하나님의 복낙원의 언약이 완전하게 성취되었다는 희소식을 전한다.

마태복음 1장은 구약 39권의 요점정리다. 마치 여러 가지 약재를 약탕기에 넣고 달이면 한 컵으로 마실 수 있는 십전대보탕(十全大補湯)과 같다.

마태는 유대인들이 중요하게 여기는 42대의 족보에 나오는 인물들을 통해서 구약의 긴 역사를 요점정리 하고 짚어주었다. 기말고사를 앞두고 교사가 학생들에게 시험에 나오는 중요한 내용을 요점으로 정리해 주면 시험을 앞둔 학생들에게 큰 도움이 된다.

마태의 족보는 개인과 가문의 기록이면서 이스라엘 민족과 나라의 역사를 압축한 기록이다. 수리(數理)에 밝은 세리 마태는 많은 인물을 한 눈으로 볼 수 있도록 14대씩 42대로 묶어서 알기 쉽게 정리하였다.

제1과 요점정리는 아브라함에서 다윗까지의 자손들, 제2과는 다윗부터 바벨론으로 이거 할 때까지 자손들, 제3과는 바벨론으로 이주한 때부터 그리스도까지이다.

우리가 아는 조선의 4대 왕 세종대왕은 훈민정음 창제(創製)의 업적을 남겼다. '이승만' 이라는 이름은 대한민국의 헌정사(憲政史)를 보여주는 인물이다. 아브라함, 다윗, 바벨론 포로기에 등장하는 여고냐(여호야긴)와 그의 형제들은 이스라엘의 건국과 번영과 쇠퇴를 보여주는 역사적인 인물이다. 유다왕국의 마지막 20대 왕 시드기야는 조선 27대 마지막 황제 고종(高宗)의 아들 순종((純宗)과 같다. 유대인들은 세 사람의 이름만 들어도 이스라엘 역사의 명암을 이해할 수 있다.

성경만 읽으면 잠이 온다는 사람은 마태복음 1장 별명을 수면제라고 말한다. 로라제판(lorazepan), 알프라조람(alprazoram) 수면제와 같이 누가 누구를 낳고... 낳고를 반복하는 이름을 읽으면 17절을 읽기 전에 잠들어 버린다. 그래도, 개업한 커피숍에 유명 탤런트가 보낸 축하 화분에 "돈 세다가 잠들게 하소서" 라는 말보다는 훨씬 낫다. '성경 읽다 잠들게 하소서...'

> "너희가 일찍이 일어나고 늦게 누우며 수고의 떡을 먹음이 헛되도다 그러므로 여호와께서 그 사랑하시는 자에게는 잠을 주시는도다." (시편 127:2)

사람들은 자기 이름이 들어가지 않는 사건과 기록에는 관심이 없지만, 자기 이름 석자가 들어간 명단은 두 눈을 크게 뜨고 관심 있게 살핀다. 김씨, 이 씨, 박 씨 성이 나오면 혹시나? 라는 관심을 가지지만, 우리야, 아비야, 웃시야, 히스기야, 요시야..., 스알디엘, 엘리아김, 엘리웃, 엘르아살...등의 이름은 나와 무관하게 생각한다. 유대인들의 이름 끝에 붙이는 '엘' 은 하나님, '야' 는 여호와라는 뜻이다.

마태가 유대인을 대상으로 기록한 목적은? 유대인 율법주의자들에게 예수 그리스도의 복음을 믿음으로 하나님의 구원을 받게 하려고 모세의 이름은 언급하지 않았다.

마태복음 1장은 족장들과 왕들의 족보이기 때문에 에녹, 노아, 므두셀라, 모세, 아론, 여호수아, 갈렙, 사무엘, 이사야, 예레미야, 에스겔, 다니엘, 에스라, 느헤미야 등의 이름이 기록되지 않았다. 위대한 믿음의 사람들의 이름은 믿음장인 히브리서 11장에 기록되었다.

Today' s dish

마태복음은 사람의 신체로 말한다면 '목' 과 같이 중요하다. 목은 머리와 몸통을 연결해 주는 혈관과 신경과 기(氣)가 복잡하게 연결된 통로이다. 조선 시대 사형은 술 취한 망나니들이 죄수의 목을 베어 죽이게 한다. 교수형은 단두대(guillotine, 길로틴)에서 목을 베거나 밧줄로 옭아매어 숨통을 끊어 죽인다. 조선 시대 감옥에는 죄수의 목을 칼로 죄는 항쇄(項鎖)라는 형틀도 있었다.

마태복음 제1장은 구약과 신약을 연결하는 성경의 목(neck) 부분이다.

하나님은 마태를 통해서 율법주의에 빠진 유대인들에게 모세 이야기를 꺼내지 않고 믿음의 조상 이야기부터 서두를 꺼내도록 하셨다. 하나님의 나라는 율법 위에 세우지 않고 믿음 위에 세운다는 것을 알도록 믿음의 조상 아브라함을 가장 먼저 소개하였다.

하나님의 나라는 믿음의 사람 다윗을 통해서 하나님 왕국의 모델을 보여준다. 그리고 하나님의 백성이 언약을 버리면 바벨론에 의해서 패망하고 포로로 끌려가서 하나님의 진노를 당하고 수치스러운 결과가 된다는 것을 교훈하고 있다.

1. 아브라함의 세계(世系)

세계란? 족보(族譜), 세대(世代), 가문(家門)을 뜻한다. "아브라함과 다윗의 자손 예수 그리스도의 계보라" (1;1) "The book of the genealogy of Jesus Christ, the son of David, the son of Abraham)

하나님은 아담의 타락과 실낙원으로 인해서 제2의 아담이신 여인의 후손 예수 그리스도를 통해서 새로운 세계를 세우기로 작정하셨다. 아브라함 이름은 열국의 아버지라는 조상(祖上)의 이미지가 연상된다.

믿음의 조상 아브라함과 대비되는 인물은 인류의 조상이며 옛사람 아담이다. 난센스 퀴즈에 '하와가 오래 산 이유는 무엇일까?' 정답은? '시어머니가 없어서...' 이다.

말씀에 불순종하는 아담을 조상으로 세우면 하나님이 뜻하시는 그의 나라를 세울 수 없어서 새로운 한 사람을 믿음의 조상으로 세우기 위해서 우상의 땅 갈대아 우르에서 불러내셨다. 아담은 왜? 안되는가? 그의 영혼, 인격, 성품, 생각이 사단의 바이러스에 감염되어서 '안티 하나님' 이 되었기 때문이다.

아담은 유혹의 선악과를 먹은 후 선악의 기준은 자기중심이 되었다. 자기가 좋으면 선하고, 자기가 싫으면 악으로 판단하게 되었다. 그것을 '지가 복음' 이라고 말한다.

하나님이 옳다고 말씀하시는 일에는 관심이 없고, 교만하고 무례하며 완고하게 자기중심으로 자기가 좋은 것을 행하였다. 하나님이 내게 무엇을 말씀하시는지 별로 관심이 없다. 생명나무로 나아가서 생명을 누리는 것에 관심을 두지 않고 하나님처럼 되는 것과 선악을 아는 지식에 관심을 가지고 하나님을 반역하였다.

아담의 후손들을 보면 원죄의 조상 아담을 알 수 있다. 가인같이 살인자가 되었고, 그 후손들은 하나님의 말씀의 경고를 불신하다가 홍수로 멸망하였다. 아담의 후손 중에 정치적인 사람은 니므롯이며, 바벨탑을 쌓는 사람들이며, 종교적이며 세속적인 사람은 가인과 그의 후예들이다. 결국 아담의 후손들은 하나님께 불순종하는 자녀들이 되었다.

그러나 아브라함은 선악의 기준을 하나님의 말씀에 두었다. 하나님께서 고향 친척 아비 집에서 나오라 하면 나왔다. 하나님께서 이곳으로 들어가라 하면 들어갔다. 하나님께서 기다리라면 기다렸다. 할례를 행하라 하면 행하였다. 이삭을 바치라면 바쳤다.

그러나 아브라함도 원죄의 죄성으로 인해 하나님의 약속을 기다리지 못하고 13년 만에 여종 하갈을 통해서 이스마엘을 낳고 천추의 한이 되었다.

하나님의 나라와 교회는 아브라함 같은 믿음과 순종의 사람들을 통해서 건설된다. 아담의 생각과 기준을 가지고는 절대로 하나님의 나라를 이룰 수 없다.

> "성경이 무엇을 말하느뇨? 아브라함이 하나님을 믿으매 이것이 저에게 의로 여기신 바 되었느니라. 일을 아니 할지라도 경건치 아니한 자를 의롭다 하시는 이를 믿는 자에게는 그의 믿음을 의로 여기시나니" (로마서 4:3,5)

2. 다윗의 세계(世系)

하나님은 아브라함의 후손 다윗을 통해서 하나님의 나라를 구체적으로 세우셨다.

> "일한 것이 없이 하나님께 의로 여기심을 받는 사람의 복에 대하여 다윗의 말한바, 그 불법을 사하심을 받고 그 죄를 가리어 짐을 받는 사람은 복이 있고 주께서 그 죄를 인정치 아니하실 사람은 복이 있도다 함과 같으니라." (로마서 4:6-8)

다윗은 이스라엘의 제2대 왕이었다. 초대 왕 사울은 하나님 중심의 왕이 아니라 자기중심의 왕이 되어 이스라엘을 다스린 교만한 왕이었다. 다윗왕은 하나님이 온 세상의 왕이 되심을 드러내기 위한 대리 왕의 임무를 수행하였다.

다윗은 모든 통치의 기준을 하나님의 율법이며 하나님의 뜻대로 이스라엘을 다스렸다. 왕이 기준이 아니라 하나님과 그의 말씀이 기준이 되었다. 왕이면서 하나님 앞에 기도의 무릎을 꿇으며, 자기에게 영광과 찬양을 돌리지 않고 하나님께 영광을 돌리고 하나님을 찬양하였다.

백성들에게 하나님의 말씀을 가르치는 전도자였다. 하나님을 열방에 알리는 선교적인 목적으로 하나님께 속한 성전(聖戰)을 수행하였다. 전쟁의 목적인 권력과 국토의 확장과 전리품 획득이 아니었다. 또한 다윗의 모델은 회개의 모델이다. 자신의 연약성에 의한 범죄에서도 즉시 회개하는 모범을 보였다. 그러므로 하나님은 다윗 언약을 폐하지 않았다.

하나님은 다윗 같은 사람을 출애굽 이후로 처음 만난 사람이라고 감동하셨다. 자기의 궁궐에서의 안락한 삶을 미안하게 여기고 하나님께 성전을 지어드리겠다는 다윗의 마음을 하나님께서 받으시고, 그의 아들 솔로몬을 통해서 성전 건축을 하게 하시고, 다윗과 그의 후손들에게 영원한 왕국을 약속하셨다.

하나님이 허락하신 다윗 언약은 하나님이 다윗 자손의 아버지가 되시고, 다윗의 자손으로 오신 예수 그리스도를 통하여 영원한 하나님의 백성이 되는 언약을 세우셨다.

3. 바벨론 세계(世界)

유다 백성들이 바벨론으로 이거(移去)한 사건은 역사상 가장 치욕적인 일이다. 우리나라도 조선인들이 시베리아로, 북해도로 징용으로 끌려가고 여인들은 정신대로 끌려가서 수욕을 당하였다. 유대인들은 아브라함의 믿음과 다윗의 언약을 깨뜨리고 우상을 숭배하고 하나님의 왕 되심을 인정하지 않고 반항적인 삶을 살다가 바벨론의 매와 고난의 풀무로 그들은 정화되었다.

바벨론 이주 사건은 허무, 혼동, 고통, 수치스러운 삶의 상징이다. 하나님의 사명을 망각할 때 하나님께서는 일시적인 아픔을 주시지만, 영원한 아픔을 당하지 않도록 하시는 자비로운 아버지이시다.

하나님의 무관심처럼 두려운 것은 없다. 징계는 하나님의 부성애를 확인시켜 주는 은혜의 방편인데도 철새 교인들은 하나님의 채찍과 징계를 말하는 교회를 기피하고, 말씀에 불순종해도 감기 한번 걸리지 않고 만

사형통을 말해주는 부담이 없는 교회로 옮겨 다닌다.

바벨론은 하나님의 나라와 다른 세상이다. 지금도 바벨론은 우리 가까이 존재하고 영향력을 미치고 있다.

마태복음 1장에는 "…에게서" 라는 말이 다섯 번 나온다.

다말에게서(3)… 시부 유다의 가문을 위해 수치스러운 시형제 결혼을 강행한 여인.

라합에게서(5)… 외국 나그네인 정탐꾼을 보호하고 그들의 약속을 실천한 여인.

룻에게서(5)… 시어머니 나오미를 위해서 국적을 포기하고 개종하여 헌신한 여인.

우리야의 아내에게서(6)… 여호와의 전쟁을 위해서 희생된 우리아의 뼈 중의 뼈 밧세바.

마리아에게서(16)… 약혼자 요셉에게 처녀 잉태라는 오해와 희생을 감수하였고 요셉은 자기 아들이 아닌데도 자기 아들로 족보에 올렸는데 그 아들이 성령으로 잉태된 예수다.

마리아를 제외하고 4명은 모두 이방 여인으로 극단적 희생과 헌신을 통해서 다른 사람을 살리고 용서하시는 예수 그리스도의 영으로 충만한 자들에게서 땅의 족보가 하늘의 족보로 바뀌게 되었다.

인간의 족보는 위대하고 화려하게 조작하고 장식하려고 하지만 하나님이 보실 때 위대한 사람은 의를 위하여 억울하게 죽거나 억울하게 삶을 희생한 자들이다.

예수 그리스도 희생의 피는 얼마나 위대한가? 이 족보의 교훈은 하나님 앞에서 자기의 의를 자랑할 인생은 아무도 없다는 것이다.

아브라함은 자기가 살기 위해 아내를 누이라고 거짓말하고 아내를 왕에게 넘겨주었던 사람이다. 이삭은 별미 고기 때문에 에서에게 장자의 축복을 하려다 야곱에게 속은 사람이다.

야곱은 '믿사오니' 라는 믿음을 말하면서도 자기 처세술을 버리지 않고 수단과 속임수와 경쟁심과 잔꾀로 살았던 사람이다.

유다는 동생을 팔아먹는 선봉자 역할을 하였고, 상처(喪妻)한 후 양털 깎는 잔칫날 창녀를 찾아갔다가 자부에게 속아서 자부와 관계하고 아들들을 낳았던 사람이다.

다윗은 충신 우리아가 전투에 나갔을 때 그의 아내 밧세바를 간음하고 그 죄를 위장하기 위해서 우리아를 최전방에서 전사하게 한 사람이다.

하나님은 유대인들이 자랑하는 조상들의 도덕과 혈통을 자랑하지 못하게 하셨다. '의' 는 땅에서 나오지 않으며 인간에게서 절대로 나오지 않는다. 오직 하나님께서 죄인의 역사에 개입하셔서 속량하실 때에만 인간은 의롭다 함을 얻게 된다.

dessert

1. 마태복음은 왜 모세 이름이 없고 아브라함과 다윗의 이름으로 시작하는가?
2. 아브라함의 세계와 다윗의 세계는 우리에게 무엇을 교훈하고 있는가?
3. 유다 백성들이 삶의 터전을 송두리째 빼앗기고 바벨론으로 이거 한 원인은 무엇인가?

Prayer

주님! 아브라함의 믿음과 다윗의 충성을 나에게도 주시고, 예수 그리스도를 영접하여 하나님의 자녀로 하나님의 가문에 속하고 이 세상에서 하나님의 나라를 건설하는 사명자로 살아가게 하옵소서. 아멘.

2. 1:18-25 임마누엘 1,2(Immanuel One, Two)

"예수 그리스도의 나심은 이러하니라 그의 어머니 마리아가 요셉과 약혼하고 동거하기 전에 성령으로 잉태된 것이 나타났더니, 아들을 낳으리니 이름을 예수라 하라 이는 그가 자기 백성을 그들의 죄에서 구원할 자이심이라 하니라. 이 모든 일이 된 것은 주께서 선지자로 하신 말씀을 이루려 하심이니 이르시되, 보라 처녀가 잉태하여 아들을 낳을 것이요 그의 이름은 임마누엘이라 하리라 하셨으니 이를 번역한즉 하나님이 우리와 함께 계시다 함이라" (18,21-23절)

Appetizer

하나님은 불신 세상을 향하여 처녀가 아들을 낳는 말도 되지 않는 사건을 통해서 세상 가운데서 믿음의 사람들을 구원하시기를 기뻐하신다.

마태는 성령으로 처녀가 아들을 낳은 그 아들이 하나님이 보내시는 구원자이며 임마누엘이 되신다는 진리를 믿는 사람은 요셉같이 의로운 사람이며 다윗의 자손이며 하나님이 함께하시며 성령의 지시에 순종하는 착한 사람이라는 교훈을 주고 있다.

모든 사람에게 '처녀 탄생' 과 '임마누엘' 은 하나님께서 믿음을 테스트하시는 리트머스(litmus) 시험지와 같다. 리트머스 수용액에 적시어 물들인 종이를 산성이나 알칼리성의 반응을 시험하는 청색과 적색 두 가지가 있다.

세상은 거짓이 넘쳐서 콩으로 메주를 쑨다고 말해도 믿지 않으려고 한다. 참기름이라는 상품을 믿지 못해서 '진짜 순, 참기름' 이라는 상표를 붙여도 믿기가 어려운 가짜가 판을 치는 세상이다. 맛집 식당에도 원조 할매국밥, 원조 갈비, 원조 감자탕이라고 주장한다. 그런데 한 블록 앞에도 원조 할매 국밥집들이 있다. 어느 할매집이 진짜인지 헷갈린다. 교회와 복음도 가짜가 많아서 그런지 순복음 교회, 순장로교, 개혁교회라는 브랜드를 붙이는 세상이다.

동정녀 탄생과 임마누엘이 되시는 '예수' 라는 이름은 인간의 이성과 상식, 과학과 논리에 대한 하나님의 시험 방법이다. 예수 이름에 대한 사람들은 믿음의 양성반응과 음성반응이 나타난다. 거짓말 탐지기(polygraph)는 범죄 피의자에게 작동하여 혈압, 맥박수, 호흡 등의 생리현상을 기록하여 피의자가 거짓말을 하고 있는지를 파악하는 수사 방법이다.

'예수' 이름은 하나님의 진실 탐지기이다. 처녀의 아들로 탄생하신 예수는 우리를 죄에서 구원할 자이시며 하나님이 성육신하여 우리와 함께하시는 '임마누엘' 이 되신다는 말씀은 하나님의 구원의 방법인 말씀에 대한 인간의 신불신의 반응을 탐색하는 방법이다.

내가 아는 지인은 대구에서 의대 교수이며 유명한 개업 의사이다. 그는 S 교회의 장로이기도 하다. 그 사람은 성경을 믿지 않는다고 하였다. 그 이유는 성경은 이스라엘 나라의 역사책이지 대한민국 사람에게는 아무 관계가 없는 책이라고 주장한다. 그런 사람이 교회의 장로가 되었다는 사실은 믿어지지 않는다.

제12대 유다 왕 아하스가 아람 연합군의 공격을 받고 전쟁을 두려워할 때 궁중 선지자 이사야가 그에게 가서 하나님의 약속을 믿으면 전쟁에서 승리할 것이라고 권면하면서 믿음의 징표를 주기를 '처녀가 아들을 낳을 것인데 그 이름을 임마누엘' 이라고 말하였으나 아하스는 불신하고 믿지 않았다.

예수의 동정녀 탄생은 첫 사람 아담의 원죄에 영향을 전혀 받지 않고 흠 없는 대속의 제물이 되시기 위한 하나님의 구원의 지혜이며 방법이다.

예수의 실제는 성령으로 태어나신 하나님의 아들이시며, 명분은 요셉의 아들로 호적에 기록되었다. 마찬가지로 우리는 성도라는 명분과 성도라는 실제의 삶이 같아야 한다.

Today's dish

마태복음의 주된 기록의 목적은 임마누엘 예수께서 이스라엘의 잃어버린 양을 찾기 위한 전도의 목적으로 오셨다는 것을 알리기 위해서이다. (마태복음 10:5,23) 그리고 땅끝의 열방을 구원자 예수에게 돌아오게 하고 임마누엘의 복에 동참하도록 하는 선교사역에 강력한 초점을 맞추려고 기록하였다. (마태복음 28:18-20)

마태복음에서 첫째, 유대인의 대망인 메시아 사상은 예언자 이사야로부터 700여 년을 이어 내려온 유대인 최고의 대망이었다. 둘째, 유대인의 꿈은 메시아가 나타나면 바벨론이나 로마제국 같은 강대국들을 몰아내고 세계 제일의 유대인 국가를 이룰 수 있다고 믿었다.

셋째, 유대인의 실망은, 기다린 메시아가 예수라는 소식에 비상한 관심을 가졌으나 요셉의 아들이며, 비상식적인 출생의 비밀, 비폭력주의, 비정치적이며, 비종교적으로 모세가 가르친 율법의 의(義)와 다른 의를 가르치는 예수는 자신들이 대망하던 메시아 상과 그들의 꿈과 기대에 충족되지 않자 예수를 정치범과 종교적인 이단자로 몰아서 죽여 버렸다.

마태는 유대인들의 왕의 족보를 기록함으로 하나님이 선지자들을 통해서 예언하신 그 메시아가 예수라는 사실을 선포하고 유대인들의 어리석은 불신을 고발하고 있다.

성경에는 8대 족보장이 있다.

1) 창세기 5장 : 아담의 계보(아담에서 노아의 세 아들까지)
2) 창세기 10장 : 노아 아들들의 족보(야벳, 함, 셈의 족보)
3) 창세기 11장 : 셈의 족보(셈에서 아브라함의 아버지 데라까지 족보)
4) 역대상 1-9장 : 아담에서 바벨론에서 귀국자까지 3,600년 역사(에서, 에돔왕, 유다 자손, 다윗 가계, 헤스론, 여라므엘, 갈렙, 다윗자손, 솔로몬, 자손들)
5) 룻기 : 4장 : 룻기 족보(베레스에서 다윗까지 족보)
6) 에스라 9장 느헤미야 13장 : 유대인과 이방인의 혈통이 섞이지 않도록 언약을 보존함.

7) 마태복음 1장 : 아브라함에서 예수까지(14대씩 42대 족장과 왕의 족보)
8) 누가복음 3장 : 예수의 족보(예수에서 하나님까지)

1. 예수 이름(名)

"예수 그리스도의 나심이 이러하니라 그의 어머니 마리아가 요셉과 정혼하고 동거하기 전에 성령으로 잉태된 것이 나타났더니" (18절)

하나님의 아들의 자격은 하나님의 약속으로 나심, 인자(人子)이지만 하나님의 아들로 나심, 어머니와 아버지와 관계없이 여인의 후손으로 나심, 원죄와 무관하게 나심, 성령으로 나심, 그러므로 하나님의 자녀는 예수의 나심 안에서 성령으로 거듭나야 한다.

"아들을 낳으리니 이름을 예수라 하라. 이는 그가 자기 백성을 그들의 죄에서 구원할 자이심이라 하니라" (21절, 이사야 53:6,7)

이름은 아버지(만든이)가 주는 선물이다. 700년 전 예수 탄생의 목적을 예고하였다. 그는 연한 순, 어린양, 부자의 무덤, 의로운 종, 죄악의 담당자, 존귀한 자, 강한 자, 중보 기도자이다. 자기 백성을 위해서 주신 이름, 죄에서 구원할 자, 예수 이름 믿는 자와 예수 이름을 부르는 자는 누구든지 구원을 얻는다는 약속의 이름이다.(사도행전 2:21, 16:31, 요엘 2:32)

예수는 죄 있는 자와 반드시 관계가 있는 분이시다. 죄 때문에 오셨고, 죄 때문에 죽으셨으며, 죄 때문에 부활하셨으며, 죄 때문에 다시 오시는 분이시다. 병과 환자가 없으면 의사가 필요가 없는 것과 같이 죄와 죄인 때문에 예수가 오셨다.

사람들이 예수를 만나는 때는 자기의 죄 때문에 깊은 고민에 빠졌을 때이다. 예수는 죄와 상관없는 고상한 종교와 선행과 의인이 되려고 노력하는 사람과는 무관하시다.

죄에서 구원하시기 위해서 예수는 그리스도의 직임을 받고 오셨다. 죄를 책망하고 죄에서 돌아서도록 하시는 선지자이며, 죄의 책임을 담당하셔서 죄의 저주에서 건져주시는 제사장이시며, 죄와 사탄의 권세에서 건져서 의로운 삶을 살도록 다스려 주시는 왕이시다.

우리가 예수 되려는 종교적인 노력을 버리고 예수가 예수 되게 해야 한다. 예수의 사역을 방해하거나 가로막지 말고 예수께서 우리를 죄에서 구원하시도록 기회를 드리도록 해야 한다.

2. 임마누엘(号)

> "보라 처녀가 잉태하여 아들을 낳을 것이요 그의 이름은 임마누엘이라 하리라 하셨으니 이를 번역한즉 하나님이 우리와 함께 계시다 함이라" (23절; 이사야 7:14)

원죄가 전가되지 않도록 처녀가 아들을 낳았다. 예수님의 호(号)는 임마누엘이다. 임마누엘은 하나님이 우리와 함께 계신다는 뜻이다.

임마누엘은 불가능을 가능하게 하시는 전능하신 하나님과 약속하신 말씀은 지키시는 신실하신 하나님을 믿음으로 구원받는다는 역사적인 배경에서 나온 호칭이다.

유다 12대 왕 아하스는 아람 동맹군의 침공을 받고 두려워할 때 선지자 이사야가 하나님의 구원의 징조를 믿으면 구원을 받을 것이라면서 처녀가 아들을 낳으면 그 이름을 임마누엘이라 하리라는 약속을 하였다. (이사야 7:14)

임마누엘은 예수로 말미암아 죄 사함을 받아 구원을 받은 자들과 함께 계시는 하나님이시다. 그러므로 임마누엘의 은혜는 성도와 불신자를 차별하지 않는 일반은총과는 다르게 엄격하게 구별하고 차별하는 특별은총의 은혜이다. 그리고 진짜와 가짜를 구분 짓기도 한다.

교회가 임마누엘의 복을 남발하고 있다. 개업 예배 때, 심방 예배 때, 대표 기도할 때, 신자의 막연하고 고정적인 관념, 경쟁 대상자를 의식할 때 임마누엘 상표 도용 죄를 짓게 된다. 죄인이 예수 이름으로 죄 사함을 받고 예수 안에 들어갈 때 임마누엘이 된다. 임마누엘은 죄에서 구원받은 자만의 구별된 복이다. 그리고 대 위임령을 순종하는 자들에게 두 번째 임마누엘이 적용된다.

3. 임마누엘 원투(one, two)

첫 번째 임마누엘은 예수 이름을 믿고 죄 사함을 받을 때 받는 복이다. (마태복음 1:23)

두 번째 임마누엘은 죄를 사해주시는 예수의 이름을 증거하는 사람에게 세상 끝날까지 함께 하시는 복이다. (마태복음 28:18)

지금 하나님께서 나와 함께 계시는 임마누엘의 증거는 무엇으로 확인할 수 있는가?

처녀가 잉태하여 아들을 낳는 일은 불가능한 일인 것처럼, 죄인이 물과 성령으로 거듭나 하나님의 자녀가 되는 일은 하나님이 우리와 함께 계시지 않으면 불가능한 일이며, 예수의 증인이 되는 일도 성령의 권능을 받지 않으면 불가능한 일이다.

예수는 의인을 부르러 오시지 않고 죄인을 불러 회개시키러 오셨다. 의인이 되려고 발버둥 치는 종교인이 되지 말고 그냥 있는 그대로 예수 앞에 나와서 '주여! 나는 죄인이로소이다' 고백하면 대안이 있다. 죄인을 향한 하나님의 대안이 예수 그리스도이시다.

4. 창세기의 임마누엘

창세기 1-2장의 복은 하나님이 사람과 함께 하시는 복낙원의 임마누엘이다…. 임마누엘이 파라다이스이며 에덴동산이며 에덴 복지이다.

유대인들은 아들을 낳으면 하나님이 우리 아들과 함께하시기를 소원하는(임마누엘) 마음으로 아들의 이름 앞뒤로 '엘', '야' 라는 '여호와, 하나님' 의 이름을 붙이기를 선호한다.

여인들의 이름에는 '엘', '야' 를 넣지 않고 자연, 꽃, 아름다운 성품의 의미를 부여한다.

레아(암소), 라헬(암양), 사라(공주), 한나(자비), 요게벳(여호와는 영광이다), 에스더(별), 마리아(미리암)는 높여진 자. 마르다(숙녀), 수산나(백합화), 뵈뵈(순결)...

하나님이 천지를 창조하시고 하나님의 형상대로 지음 받은 사람을 에덴동산에서 하나님과 사람이 함께 살기를 기뻐하셨다.

'하나님이 우리와 함께 계시다' 는 '임마누엘' (Emmanuel)은 'God with us' 이다.

하나님과 함께한다는 그 자체는 거룩이며 생명이며 행복이다. 반대로 하나님이 함께하지 않으면 죄와 불행이며 죽음이다.

에녹이 365세를 살았는데 65세에 아들 므두셀라를 낳은 후부터 300년 동안을 하나님과 동행하면서 하나님을 기쁘시게 해드렸다. 하나님은 그를 데려가시므로 세상에 있지 않았다. (창세기 5:24) 하나님이 기뻐하시는 것은 하나님과 늘 붙어서 함께 동행하는 사람이다.

반려견이 주인의 사랑을 받는 이유는 주인 곁을 떠나지 않고 귀찮을 정도로 따라오려고 동행하고 다른 사람은 따라가지 않고 경계하면서 짖기 때문이다. 우리는 하나님 앞에서 반려견(강아지)보다 못하지 않는가? 반려견은 임마누독(Emmanudog)이다. 조그만 일만 생겨도 하나님의 임재 앞에 나아오기를 싫어한다. 예배의 자리, 기도의 자리, 말씀 앞에 나오기를 싫어하고 떠나는 자들은 임마누엘의 복을 상실한다.

창세기 3장 이후의 저주는 임마누사탄(Emmanu-satan)이 된 것이다.

홍수심판은 하나님이 네피림이라는 사람들과 영원히 함께 계시지 않겠다는 선언 다음에 찾아온 심판이다. "여호와께서 이르시되 나의 영이 영원히 사람과 함께 하지 아니하리니 이는 그들이 육신이 됨이라..." (창세기 6:3) 마음은 하나님을 떠나 있으면서 몸뚱어리만 하나님 앞에 나오는 사람에게 임마누엘이란 없다.

> "여호와께서 사람의 죄악이 세상에 가득함과 그의 마음으로 생각하는 모든 계획이 항상 악할 뿐임을 보시고 땅 위에 사람 지으셨음을 한탄하사 마음에 근심하시고…." (창세기 6:5,6)

아담 하와가 임마누엘 복을 잃어버리고 나서 깨달은 것은 자기들에게 두려움과 수치와 고통과 저주와 죽음이 찾아왔다는 것이다. 그리고 '임마누엘' 이 아니라 '임마누사탄' 이 되고 말았다는 것이다. 땅을 치고 가슴을 쥐어뜯으면서 통곡해도 보이스피싱 뱀에게 에덴동산을 한 방에 날린 다음에는 그들이 잃은 것을 찾을 방법이 전혀 없었다.

'임마누엘' 이 '임마누사탄' 이 되면서 사탄은 사람에게 가시, 엉겅퀴, 땀, 고통, 죄, 죽음, 형벌, 심판, 지옥을 가지고 인류 역사에 들어왔다. 하나님을 떠난 사람들은 사탄의 하수인, 마귀의 종, 귀신의 지배 속에 눌려서 어둠 속에 살아가고 있다.

> "도적이 오는 것은 도적질하고 죽이고 멸망시키려는 것뿐이요 내가 온 것은 양으로 생명을 얻게 하고 더 풍성히 얻게 하려는 것이라." (요한복음 10:10)

사탄, 마귀, 귀신이 하나님이 떠나신 그 공백의 자리에 눌러앉아서 사람에게 온갖 거짓과 악행과 저주와 사망의 왕 노릇 하면서 거대한 수용소에서 고통을 받다가 마지막은 죽어서 지옥까지 함께 가서 유황불 못에서 마귀에게 조롱과 괴롭힘을 당하게 될 것이다.

두 번째 아담으로 오신 예수는 처녀의 몸으로 태어나시고 죄 없으심으로 하나님이 함께하시는 아들로 세상에 오셨다. 임마누엘이 되시는 예수께서 이 세상에 임마누사탄으로 살아가는 사람들에게 임마누엘의 복을 찾아주시기 위해서 오셨다.

예수는 임마누엘 그 자체이시다. 하나님 아버지가 예수와 함께하시고 그를 기뻐하셨으며 그에게 성령과 천사들이 함께 하셨다.

세례는 임마누사탄에서 벗어나서 임마누엘이 되게 하는 영적인 신분 변화의 축복이다.

사탄의 종이며 죄인들이 예수를 믿고 예수 이름으로 죄에서 구원을 받게 될 때 거룩하신 하나님이 우리의 아버지가 되시고 우리와 성령으로 영원토록 함께 계시게 된다.

죄가 없어야 거룩하신 하나님이 우리와 함께하여 주신다. 사복음서에서 통일된 좋은 소식은 하나님이 그의 백성을 구원하기 위하여 땅 위에 오셨다는 메시지이다. 예수의 성육신은 임마누엘을 성취하시는 구원의 이벤트 시작이다.

G20 세계 정상회의가 서울에서 개최되었을 때 각국의 정상들이 모이는 곳에 경호원들이 삼엄하게 안전을 지켰다. 오바마 대통령 한 사람을 위해서 미국의 모든 육해공군 해병대의 군사력으로 하루 2천억 원(2억 불)을 사용하는 힘이 움직였다.

임마누엘의 복을 받은 성도가 가는 곳에는 성부 성자 성령과 천군 천사들이 함께하는 힘이 있다. 사탄과 마귀 귀신은 하나님의 영적인 힘을 너무나 잘 안다. 마귀는 강자에는 약하고 약자에는 강한 비열한 영적 존재이다. 영적 전투, 영적 싸움이라는 말 자체가 의미가 없다. 이미 예수 그리스도께서 십자가의 죽으심과 부활로서 죄와 사망과 사탄의 권세를 이기시고 다 이루셨다. 싸울 필요가 없다. 예수 이름만 가지고 있어도 사탄은 두려워 떨면서 물러간다.

경찰이 제복을 입고 무장한 채 거리를 순찰하면 불한당들이 시비하지 않고 멀찍이 피하고 숨는다. 임마누엘 성도는 이러한 영적인 권세와 능력을 갖추고 있다.

이런 믿음이 없거나, 의심하는 자, 그리고 임마누엘의 복을 받지 못한 상태에 있는 사람일수록 영적 전쟁을 피 흘리면서 싸우려고 분투노력을 하려고 한다.

임마누엘 2(Two)는 죄 사하시는 예수 이름을 모든 민족에게 증거할 때 누리는 복이다. 크리스천이 가정에서 예수 제자로 삼아서 예수 가정을 만들고, 학교와 회사와 이웃에게 가서 예수 나라를 만들고, 교회는 예수 제자들을 세워서 열방에 예수 제자 교회를 세울 때 임마누엘의 은혜가 임하게 된다. 지금도 임마누엘 1, 2 복을 받은 예수 제자들로 인해서 마태복음 29장은 기록되고 있다.

dessert

1. 나는 예수의 동정녀 탄생과 성육신과 임마누엘을 믿는가?
2. 나는 지금 임마누엘 1,2(원투)의 복을 누리고 있는가?
3. 나는 반려견을 보면서 나의 임마누엘의 자세를 어떻게 평가할 수 있는가?

Prayer

주님! 나의 죄를 위해서 성육신하시고 구속하셔서 임마누엘이 되심을 감사합니다. 내가 예수 증인이 되어서 세상 끝날까지 임마누엘의 은총을 누리게 하소서. 아멘!

3. 2:1-12 영적 네비게이션(Spiritual navigation)

“헤롯 왕 때에 예수께서 유대 베들레헴에서 나시매 동방으로부터 박사들이 예루살렘에 이르러 말하되, 유대인의 왕으로 나신 이가 어디 계시냐 우리가 동방에서 그의 별을 보고 그에게 경배하러 왔노라 하니, 헤롯 왕과 온 예루살렘이 듣고 소동한지라

집에 들어가 아기와 그의 어머니 마리아가 함께 있는 것을 보고 엎드려 아기께 경배하고 보배합을 열어 황금과 유향과 몰약을 예물로 드리니라. 그들은 꿈에 헤롯에게로 돌아가지 말라 지시하심을 받아 다른 길로 고국에 돌아가니라” (1-3,11-12절)

Appetizer

사람들은 어디서 출생하였는가? 에 따라서 신분이 정해진다. 미국에서 출생하면 미국 시민이 되기 때문에 한국의 임산부들이 미국으로 원정 출산까지 한다. 12월이 되면 이스라엘의 베들레헴에 원정 출산하려고 세계의 임산부들이 몰려들어서 호텔 예약이 어렵다고 한다. 그 이유는 예수께서 탄생하신 베들레헴에서 아들이 태어나면 아들이 성자? 같이 된다는 기독교 미신자들 때문이라고 한다. 기독교인들도 비성경적인 미신과 부적과 날과 절기들이 많이 있다.

“이제는 너희가 하나님을 알 뿐 아니라 더욱이 하나님이 아신 바 되었거늘 어찌하여 다시 약하고 천박한 초등학문으로 돌아가서 다시 그들에게 종노릇 하려 하느냐, 너희가 날과 달과 절기와 해를 삼가 지키니 내가 너희를 위하여 수고한 것이 헛될까 두려워하노라” (갈라디아 4:9-11)

동방 박사들은 상식적으로 왕은 궁궐에서 태어날 것으로 짐작하고 예

루살렘으로 찾아갔지만, 헤롯왕과 예루살렘에 소동만 일으켰다. 하나님은 인간의 상식을 엎으시는 분이시다. 예수 그리스도를 예루살렘이 아닌 유대 땅 베들레헴 구유에 나시게 하셨다. 사람들은 그리스도를 만나기 위해 상식, 지식, 정보, 경험, 종교 등을 총동원하지만 하나님께서 인도해 주시지 않으면 소란만 떨다가 소득 없이 끝난다.

Today' s dish

1. 영적 네비게이션

동방 박사들을 그리스도 앞으로 인도하는 '그의 별' 은 자연 계시의 별과 다르게 성경에 이미 예언한 초자연 계시의 별이다. 그리고 미가 선지자를 통하여 초자연적인 특별계시인 성경으로 구체적인 인도를 받았다.

동방은 옛 바벨론의 메소포타미아 지방으로 지금의 이라크 어느 곳이거나, 과거 페르시아라는 이란이었다고 생각한다. 과거 페르시아는 유대인들이 포로 생활을 하였다. 다리오와 고레스라는 페르시아 왕의 통치 시절 선지자 다니엘은 총리까지 지내기도 했다.

당시 페르시아 제국의 왕들과 학자들은 장차 오실 유대의 한 위대한 인물 즉 메시아에 대한 예언을 잘 알고 있었을 것이다. 고레스왕은 성경의 예언을 잘 알고 그는 구약의 이사야 선지자 예언대로 유대인들을 예루살렘으로 돌려보내기도 했다.

다니엘서 9장에는 70 이레가 지나면 귀국자들이 예루살렘 성을 중건하도록 명령한 페르시아 왕 아닥사스다(Artaxerxes I)이후 483년이 지나면 메시아가 왕으로 예루살렘에 올 것을 예언하였다. 페르시아 사람들은 이 메시아가 곧 올 것이라는 예언을 알고 있었는데 박사들에게 이상한 별 하나가 나타나서 그 별을 따라 예루살렘과 베들레헴까지 찾아와서 이방인 최초로 만왕의 왕께 경배를 드렸다.

예배자 동방 박사들의 여행 노정은 지금처럼 빠른 교통수단도 없는 장거리 광야의 길을 왕이신 예수께 예배 목적으로 찾아온 수고와 헌신은 후세대 예배자들에게 큰 교훈이 된다.

이 세상에서 가장 현인들이며 박사들은 구원자 예수 그리스도를 왕으로 믿고 그에게 경배하는 사람들이다.

예수 그리스도를 경배한 박사들은 살인의 의도를 가진 헤롯을 만나지 않고 다른 길로 가도록 특별계시적인 꿈으로 지시를 받았다.

헤롯의 살인적 공격에서 아기 예수를 보호하시기 위해서 주의 사자가 요셉에게 현몽하여 애굽으로 피신하도록 명령하고 인도하였다.

초자연적인 별로 인도를 받는 박사들은 별이 가는 데까지 가고, 별이 멈추는 곳에 멈추고, 별이 나타날 때 가장 크게 기뻐하고 기뻐하면서 아기 예수께 엎드려 경배하고 그들이 준비한 귀한 보물들을 왕께 드렸다.

자연의 힘으로 사는 헤롯의 눈에는 계시의 별이 보이지 않고 계시의 말씀이 귀에 들리지 않는다. 그의 관심사는 오로지 자기 권력을 지키는 것뿐이었다.

선교지를 방문한 일행이 현지 선교사와 만나기 몇 분 전에 선교사의 마음에 빨리 숨으라는 강력한 감동을 받고 은신처에 숨었는데 수 분 만에 공안이 들이닥쳐서 모두 체포되었지만, 현지 선교사는 잡히지 않았다. 지금도 동방 박사와 요셉을 꿈으로 감동하여 다른 길로 가도록 하신 성령님은 자기 백성에게 다른 길로 가도록 인도하시고 보호하신다.

하나님은 그리스도를 참으로 경배하는 박사들은 구체적으로 인도하시지만, 헤롯같이 살인의 동기를 가진 거짓된 경배자들은 따돌리신다.

> "천지의 주재이신 아버지여 이것을 지혜롭고 슬기 있는 자들에게는 숨기시고 어린아이들에게는 나타내심을 감사하나이다"
> (마태복음 11:25-27)

불교의 성철 승려는 '산은 산이고 물은 물이다' 라는 자연의 진리를 터득하기 위해 평생토록 도를 닦았다. 그러나 예수님은 이렇게 간단하게 말씀하셨다. "육으로 난 것은 육이요 성령으로 난 것은 영이니" (요한복음 3:6)라는 말씀을 하셨다. “자연은 자연이고 초자연은 초자연이다.” 라는 뜻이다. 자연적인 사람이 초자연적인 진리를 알 수 없다는 말씀이다.

2. 웃기는 사람

'나도 가서 그에게 경배하게 하라'

헤롯은 유대인의 왕으로 태어난 아기를 찾아 죽이려는 의도를 숨기고 박사들에게 '나도 가서 그에게 경배하게 하라' 고 립서비스로 거짓말을 하였다. 헤롯이 유대인의 왕 예수께 경배한다는 말은 웃기는 말이다.

자연적인 사람의 신앙고백, 뜨거운 열심, 철저한 결단, 자기 몸을 불사르는 헌신이라도 초자연적이지 않으면 나중에 가룟 유다처럼 반드시 배교하고 배신한다. 여호와께서 심지 않으신 것은 뽑아내시기 때문이다.

헤롯 가문은 살인마 드라큘라 가문이다. 헤롯 대왕(Herod the Great)으로 불리는 헤롯 1세는 이두매라는 에돔족속이지만 첫 번째 부인 도리스와 3살 난 아들 안티파트로스(헤롯의 아버지의 이름과 같음)를 버리고 유대인 마리암과 결혼하여 전통적인 유대교 제사장 가문과 정략결혼을 하였다. 그는 로마 원로원으로부터 “유대인의 왕” 의 칭호를 받고 34년간 유대인의 왕으로 다스렸다. 솔로몬 성전을 다시 건축하여 유대인의 환심을 사려고 하였다.

헤롯은 여동생 살로메의 모함을 믿고 질투에 눈이 멀어 아내 마리암을 간통죄로 처형했고, 로마에 유학 중인 두 아들 알렉산드로스, 아리스토불루스를 죽이고, 왕위 계승자인 맏아들 안티파트로스도 죽였다. 이후 장모 알렉산드라 마카비와 처남을 재판 없이 살해하였다.

헤롯의 가정사는 끊임없는 의심, 모함과 처형으로 얼룩졌으며, 그는 열 번 결혼했는데 유언을 통해 자기 영토를 3명의 아들에게 나누어 주어서, 헤롯 아르켈라오스에게는 자신의 전 영토인 유대와 사마리아와 이두메를 주었고, 헤롯 안티파스에게는 갈릴리와 페레아를, 헤롯 필리보 1세에게는 골란 지역과 이두레아, 트라고닛을 각각 나누어 주었다. 헤롯가의 왕들은 동성애자들이 많았다. 그는 베들레헴의 두 살 미만의 아이들을 학살할 정도로 잔인한 사람이었다. 그는 중병에 걸려 고통을 당하였고, 정신 이상으로 광인이 되어 죽었다.

삶의 변화가 없이 시기, 질투, 모함, 살인, 간음으로 권력과 교권을 휘두르며 폭정 하는 헤롯 같은 사람이 '그에게 가서 예배하게 하라' 는 말은 참으로 웃기는 말이다.

가인이 동생 아벨을 죽이고, 임신한 하갈이 여주인 사라를 비웃고, 하갈의 아들 이스마엘이 약속의 아들 이삭을 조롱하고, 엘가나의 첩 브닌나가 한나를 대적함과 같이 자연은 항상 초자연을 비웃고 조롱하고 비판하고 핍박하고 멸시한다. (창세기 21:9, 사무엘상 1:6)

초자연의 인도를 받은 박사들은 헤롯과의 약속을 어기고 다른 길로 고국으로 돌아갔다.

성령님의 인도는 자연인을 신앙인으로부터 따돌려 버림으로 인도하시고 보호하신다.

7세기경 서유럽의 기독교에서는 동방 박사 3명(Three Wise Men)의 이름과 상징에 대한 기록을 남겼다. 메시아의 왕권을 상징하는 황금을 바친 멜키오르(Melchior)는 백인 노인 모습의 현자. 메시아의 수난과 죽음과 부활을 상징하는 몰약을 바친 발타사르(Balthasar)는 중년 흑인 모습의 현자, 메시아의 신성과 제사장을 상징하는 유향을 바친 카스파르(Caspar)는 황색인 모습의 청년 현자라고 한다.

미국 성공회의 신부이었던 죤헨리 홉킨스(J.H.Hopkins; 1820-1891)는 '동방 박사 세 사람' 을 작시 작곡하였다.

"동방 박사 세 사람 귀한 예물 가지고 산을 넘고 물을 건너 별 따라 왔도다. 오 탄일 밤의 밝은 별 명랑하고 귀한 별, 아기 예수 계신 곳에 우리 인도하여라."

크리스마스란 '그리스도(Christ)' 와 축제(Festival)라는 뜻을 가진 '마스(Mass)' 의 합성어이다. 헤롯은 그리스도는 없고 축제만 있는 현대인들의 모습과 같다. 동방 박사는 왕이신 예수 그리스도께 최고의 예물을 드리면서 예배하는 참된 크리스마스를 보낸 현인이며 성도들이다.

dessert

1. 나는 상식을 믿는 사람인가? 초자연적인 계시의 말씀을 믿는 사람인가?
2. 나는 영적 내비게이션으로 예수 그리스도를 만나고 삶의 인도를 받고 있는가?
3. 나는 동방 박사처럼 참된 예배자인가? 헤롯처럼 웃기는 예배자인가?

Prayer

주님! 우리가 상식과 지식을 초월하는 초자연적인 계시의 말씀을 믿고 순종하여 예수 그리스도를 구주와 왕으로 경배하고 죄인과 악인과 오만한 자의 길과 자리에 앉지 않고 주의 길을 걸으며 날마다 크리스마스가 되게 하소서. 아멘!

4. 2:13-23 나사렛 예수

"요셉이 일어나서 밤에 아기와 그의 어머니를 데리고 애굽으로 떠나가, 헤롯이 죽기까지 거기 있었으니 이는 주께서 선지자를 통하여 말씀하신 바 애굽으로부터 내 아들을 불렀다 함을 이루려 하심이라. 이에 헤롯이 박사들에게 속은 줄 알고 심히 노하여 사람을 보내어 베들레헴과 그 모든 지경 안에 있는 사내아이를 박사들에게 자세히 알아본 그때를 기준하여 두 살부터 그 아래로 다 죽이니

요셉이 일어나 아기와 그의 어머니를 데리고 이스라엘 땅으로 들어가니라. 나사렛이란 동네에 가서 사니 이는 선지자로 하신 말씀에 나사렛 사람이라 칭하리라 하심을 이루려 함이러라" (14-16,21,23절)

Appetizer

마태복음 2장은, 왕이신 예수를 경배하러 찾아온 동방 박사들과 왕이신 예수를 죽이려고 찾는 헤롯, 그리고 왕이신 예수를 지키려고 애굽으로 피신하는 양친들이 등장한다. 성경의 구속의 역사는 지금도 반복되고 있다.

박사들이 주의 사자에 의해서 다른 길로 떠난 다음 헤롯은 박사들에게 속은 줄을 알고 분노하여 베들레헴의 2세 미만의 남아들을 학살하였다. 애굽의 바로도 히브리 남자아이들을 죽이는 일을 하였다. 어린아이들을 죽이는 행위는 무자비하고 잔인하며 인종청소를 하는 악행이다.

주님은 이렇게 선포하셨다. "의인 아벨의 피로부터 성소와 제단 사이에서 죽인 사가랴의 피까지 땅에서 흘린 모든 의로운 피가 너희에게 돌아갈 것이다." (마태복음 23:35)

헤롯은 34년간 유대 땅을 통치하면서 열 명의 아내를 두었고, 자기 아

들 세 명을 처형하고 아내와 장모와 처남까지 처형하고 죄 없는 베들레헴의 아이들까지 학살한 인면수심(人面獸心)의 악마였다.

가재(유대 종교인)는 게(헤롯 정치인)편이다. 대제사장과 서기관들이 살인자 헤롯에게 성경에 예언된 왕의 출생지 정보를 가르쳐주었다. "유대 베들레헴아 너는 고을 중에서 가장 작지 아니하냐 네게서 한 다스리는 자가 나와서 내 백성 이스라엘의 목자가 되리라" (5-6)

유대 종교인들은 성경을 지식으로 알고 실제로 경배를 하지 않았고 오히려 성경을 남용하여 헤롯의 영아 살인에 동조자가 되었다.

자신의 아들이자 이스라엘의 왕을 지키려는 양친은 주의 사자의 지시를 받고 이스라엘 백성들이 출애굽 한 노정(路程)을 거슬려서 역 출애굽으로 피신하였다.

'아기와 그의 어머니를 데리고 애굽으로 피하여 내가 네게 이르기까지 거기 있으라.' (13)

구 이스라엘의 지도자 모세는 이스라엘 백성을 데리고 출애굽 하였다. 새 이스라엘의 구원자 아기 예수는 요셉의 도움으로 출 이스라엘을 하였다.

이것은 선지자의 예언의 성취이다. "애굽으로부터 내 아들을 불렀다 함을 이루려 하심이라" (15절, 호세아 11:1) 교회라는 에클레시아(ἐκκλεσία)는 "...에서 ...로 불러 모은다" 는 뜻으로 출애굽을 하든지 역 출애굽을 하든지 엑서더스(Exodus)한 자들의 모임이다..

교회는 피난처이다. "내 백성아 거기서 나와 그의 죄에 참여하지 말고 그가 받을 재앙들을 받지 말라" (요한 계시록 18:4) '에클레시아' 는 심판받을 죄악의 세상 바벨론에서 나와서 하나님의 피난처(구원의 방주)로 모이는 도피성이다.

주의 사자는 다시 요셉에게 지시하였다. "일어나 아기와 그의 어머니를 데리고 이스라엘 땅으로 가라...목숨을 찾던 자들이 죽었느니라" (20)

예수의 양친 요셉은 다시 출애굽 하여 선지자의 예언대로 나사렛이란 동네에 가서 살았다.

"이는 선지자로 하신 말씀에 나사렛 사람이라 칭하리라 하심을 이루

려 함이러라" (23)

이사야 선지자는 "이새의 줄기에서 한 싹이나며" (이사야 11:1)라고 예언하였다. 이새의 줄기에서 나오는 한 "싹" (Nasir, 나시르)과 "줄기" (Netser, 네쩨르)가 합성된 이름이 '나사렛' 이다. 그 뿌리에서 자라날 것이다. '나사렛' (나쯔리), '나실인' (나지르)은 같은 어근에서 나왔다.

Today's dish

캘리포니아 고속도로에 'on the way church' (길 위에 교회)가 있다. 십자가의 높은 탑을 세워서 고속도로를 달리는 운전자들이 인생길을 생각하게 하는 교회이다.

길 되신 예수 그리스도를 만나서 아버지께로 가는 자들이 그리스도인들이며, 그렇지 않으면 모두가 지위고하를 막론하고 아버지를 떠난 영적인 탕자들이다. 전도(傳道)는 이 길을 가르쳐 주는 것이며, 전도사(傳道師), 전도자는 이 길을 가르치는 일에 자격을 갖춘 사람들이다. 중남미 사람들은 길을 물어보면, 길을 잘 모르지만, 오른쪽으로(a la derecha), 왼쪽으로(a la izquierda) 직진으로(derecho) 가라고 친절하게 안내한다. 한국 사람들은 길을 물어보면 무뚝뚝하고 불친절하게 '저기요!' 라며 고개를 쳐들면서 방향을 가르쳐준다.

성경에는 길 종류가 많다. 길에 대해서 알아보자

1. 길(道)

1) 다른 길(12)

별을 연구하는 박사들이 자신들이 연구하는 별과 다른 별, 모르는 별의 인도를 받아서 예수께 나아왔다. 그들은 예수께 인도하는 별을 보고 크게 기뻐하고 기뻐하였다.

세상의 왕 박사들도 예수께로 인도하는 길과 아버지께로 가는 진리의 길을 모른다. 내비게이션은 목적지를 입력하지 않으면 아무런 안내를 하지 않고 침묵한다. 우리도 목적이 올바로 설정되면 성령께서 말씀으로 우리를 인도하여 주신다.

예수께로 가는 길, 아버지께로 가는 길을 아는 자들이 진짜 박사들이다. 예수 그리스도를 만난 사람들은 세상과 다른 길로 간다. 헤롯의 명령을 어기고 다른 길로 간다. 세상의 유혹과 압력을 거스르는 길로 가게 된다.

2) 피난길(13)

주의 사자가 현몽으로 지시하여 요셉에게 아기와 어머니를 데리고 애굽으로 피신을 가라고 명령하였다. 마리아가 잉태하여 만삭이 된 몸을 이끌고 호적 하러 여행길을 갈 때 아기 예수는 태중에서도 여행길을 걸어가셨다.

인생들은 여행길, 피난길, 이민 길, 망명길을 걸으면서 많은 진리를 배운다. 여행길은 인생과 진리를 배우는 길이다.

이스라엘 백성들이 출애굽하고 광야 길을 걷게 하신 것은 하나님께서 그들을 낮추시고, 하나님의 손길만 바라보도록 믿음을 훈련하시는 길이었다. 그러나 그들은 진리를 배우려 하지 않고 원망 불평하면서 불순종의 길로 역행하였다.

본토 친척 아버지 집을 떠난 아브라함, 이삭, 야곱, 요셉의 생애의 순례길과 다윗의 도피 길과 망명길, 다니엘과 남은 자들은 망명길을 걸어갔다. 안주하려고 하면 지시하여 옮기게 하시고 또 다른 진리의 길과 사명의 길로 인도하여 주셨다. 박사들은 헤롯이라는 악의 세력과 마주치지 않도록 다른 길로 걸어가게 하셨다.

3) 주의 길(3:3)

주님은 길로만 오신다. 주의 길에서만 우리가 주님을 만날 수 있다. 예수께서는 갈릴리에서 요단강으로 오셔서 세례를 받으시고 성령을 받으시고 아버지의 사랑하는 아들이라는 음성을 들으시고 그리스도의 사역을 위하여 메시아 취임식을 하셨다.

세례요한은 백성들에게 주의 길을 예비하는 사역자였다. 회개는 주의 길을 걷지 않는 자들에게 주의 길로 오게 하는 것이다. 높은 산, 낮은 산을 깎아내리고 웅덩이를 메우고 구부러진 길을 평탄하고 곧게 하여야 주님을 만나는 주의 길이 된다.

주님은 정로(正路)로 다니신다. 죄인들은 사람들의 눈을 피하고자 골목길과 샛길을 자주 다닌다. 회개의 열매를 맺고 성령의 세례를 받아야 아버지의 아들이 되고 사명자의 길을 걸을 수 있다.

주의 길을 벗어나면 심판의 도끼가 놓인다. 그 길은 죄의 길이며, 세상 길이며, 자기의 길이다. 이 길을 떠나는 것이 회개이며, 지나온 길을 버리고 새로운 주의 길을 걷기 시작하는 그라운드 지점이 세례다.

이스라엘에는 요단강을 끼고 도는 강변길이 있고, 육로 중앙으로 관통하는 육로가 있으며, 지중해 해변을 끼고 도는 해변 길이 있다. 특히 해변 길에 어둠이 많았다.

예수께서는 강변길로 가셔서 세례를 받으셨다. 우리는 길가는 인생들이다. 어느 길로 가느냐?는 물음은 인생의 중요한 질문이다.

예수를 만나면 진리의 길인 다른 길을 걷게 된다. 주의 지시를 받고 감동을 받아서 걸으면 진리를 배우는 길이 된다. 그리고 주의 길을 걸을 때 생명의 길을 가게 되고 사명자의 길을 걷게 된다.

하나님은 오늘날도 박사들처럼 꿈으로 지시하시는가? 하나님의 계시는 계시 시대와 계시 완성 시대로 구분할 수 있다. 계시는 꿈과 환상과 음성으로 계시하셨지만, 계시 완성 시대는 기록된 말씀을 읽고, 듣고 행함으로 복을 받는다(요한계시록 1:3)

성경을 배우고 확신하면 구원에 이르는 지혜와 하나님의 사람이 된다. (디모데후서 3:13-17) 예수께서는 사단의 유혹을 이기실 때 "기록되었으되" (마태복음 4:4,6,10)라는 말씀으로 이기셨다. 예수께서는 신명기서와 시편의 말씀의 권위를 인정하고 성경대로 사역과 그 사역지를 정하셨다. (마태복음 4:14-16), 예수께서는 성경에 근거하여 병자들을 치료하셨다. (마태복음 8:17,12:15-21), 그리고 예수의 산상 설교는 율법의

문자적 해석이 아닌 성경의 원리를 바르게 해석하고 적용해 주셨다. (마태복음 5장-7장)

예수는 성경대로 죽으시고 성경대로 부활하시고 성경을 믿는 자의 구원자가 되셨다. (고린도전서 15:14), 예수께서는 아버지께 나아가는 유일한 길과 진리와 생명이 되시는 성경 계시의 실체자이시다.(요한복음 14:6) 예수는 계시된 성경 외에 가감하는 자는 생명나무와 거룩한 성에 들어가지 못한다고 경고하였다. (요한계시록 22:19)

2. 위로를 거절하는 여인

예루살렘의 헤롯왕과 베들레헴의 유대인의 왕은 공존할 수 없다. 헤롯의 살인적인 혈기는 동생을 죽인 가인의 혈기, 동생 야곱을 죽이려는 에서의 혈기, 사울이 다윗을 죽이려는 혈기, 광야에서 모세를 죽이려고 돌을 든 고라 당들의 혈기, 바리새인들이 예수와 그의 사도들을 죽이려는 혈기와 같은 원죄의 계통을 이어가는 유전의 결과이다.

헤롯은 베들레헴 아이들을 죽였고 그의 어머니들의 통곡 소리는 마치 바벨론의 포로 집결지였던 '라마' 에서 여인들의 통곡 소리와도 같이 들렸다(예레미야 31:15) 베들레헴 여인들이 아이들이 흘린 피를 보았던 한 맺힌 슬픔은 세상의 어떤 것으로도 위로를 받지 못하였다.

'라헬' 은 아들을 낳아 위로를 받으려고 언니 '레아' 를 질투하고 경쟁하면서 두 아들을 낳았다. 그러나, 큰아들 요셉은 형들이 이스마엘 상인들에게 인신매매로 팔아버리고 아버지에게 거짓말로 짐승의 밥이 되었다고 하여서 야곱의 가슴에 한을 맺고 살게 하였다. 라헬은 막내아들 베냐민을 낳다가 난산으로 인해서 베들레헴 길에서 아들을 베노니(슬픔의 아들) 이라고 부르다가 위로를 받지 못하고 죽었다. (창세기 35:16-20)

교회의 본질은 세상의 위로와 기쁨을 얻기 위한 곳이 아니라, 그리스도를 통해서 하늘의 위로를 받기 위해서 하나님의 부름을 받은 자들의 모임이다. 그리스도인들이 땅의 위로를 추구할수록 고난과 슬픔이 가중

되지만, 세상의 위로를 거부하고 오로지 하늘의 위로만을 추구하면 하나님의 위로를 받는다.

"애통하는 자는 복이 있나니 저희가 위로를 받을 것임이요" (마태복음 5:4)

"믿음으로 사는 자는 하늘 위로 받겠네 무슨 일을 만나든지 만사형통하리라 무슨 일을 만나든지 만사형통하리라" (찬송가 434장)

3. 나사렛 사람

아기 예수는 모세 당시 구 이스라엘 백성들의 출애굽 경로를 역으로 거슬러 올라가서 헤롯을 피하여 애굽 땅에서 거주하시다가 다시금 출애굽 경로를 따라서 갈릴리 나사렛 동네에서 성장하셨다.

예수께서 가나안 땅에 오셔서 자신을 선지자의 예언대로 나사렛 사람으로 칭함 받기를 원하셨다. (2:23). 그곳은 이방 지역이며 언약 밖의 사람들이 사는 곳이므로 예수께서 이방인 동네에서 사시면서 이방인처럼 호칭을 받으셨다. (마태복음 4:15,16, 이사야 9:1,2)

나실인에 해당하는 원어 '나지르' 는 '바치다', '거룩하게 하다', '구별하다' 라는 뜻의 동사 '나자르' 에서 파생된 명사로서 '거룩하게 구별된 자' 를 의미한다. '나실인' 에 대한 규례는 이스라엘 백성이 시내산을 출발하기 직전 하나님께서 모세를 통해 주신 것으로서(민수기 9:12) 예수 그리스도를 예표 한다. 나실인에서 나사렛(Nazareth)이라는 이름이 나왔다.

하나님은 나실인을 기뻐하시지만, 사람은 나사렛 사람을 무시한다.

예수는 여호와 종교의 순수성을 보존하는 서원자이며 나실인이시다. (민수기6:2, 아모스 2:11) 나실인은 서원 계약 기간에는 머리에 삭도를 대지 않고, 독주를 마시지 않으며, 시체 접촉을 하지 않고 하나님께 바쳐진 경건한 하나님의 사람이다.

경건이란? 초월적이며 위대한 자 앞에서 그를 앙모하고 숭배하는 자세로서 '코람데오' 의 삶을 의미한다.

나사렛은 예루살렘에서 사마리아 산간 지방을 거쳐 북으로 약 134Km 지점에 있다. 지금의 텔아비브에서 동북쪽으로 약 105Km, 하이파에서는 동남쪽으로 약 35Km 되는 지역에 있다. 갈릴리 지역의 마을들은 포도주 기적의 동네 가나, 므깃도의 평원, 갈릴리 해변 도시들, 대평원, 산지와 갈릴리 호수와 대자연이 아름다운 곳이다.

예수는 유대 땅 베들레헴 태생이시고, 나사렛에서 30년간 생활하셨던 곳은 자연환경이 아름다운 곳에서 자연을 하나님 나라의 진리를 가르치기 위한 부교재와 소재들로 사용하셨고 신약성경의 주 무대가 되었다.

나사렛 동내에서 목수 요셉의 아들로서 가사를 돕고, 이웃집의 일을 해 주면서 이웃과 친족들과 관계 속에서 정상적인 인간사회에서 사회생활을 경험하셨다.

예수께서는 생로병사와 애경사들을 모두 경험하시면서 아담의 죄악으로 인한 인간의 슬픔과 고생과 고통과 고민거리를 직접 체험하셨다. 나사렛 동네에 가면 수태 고지교회와 요셉 교회, 가브리엘 교회가 세워져 있다.

예수께서 나사렛 사람이라는 호칭을 받게 하심으로 사람들에게 걸림돌이 되게 하셨다. 똑똑한 사람들은 바보로 만드시고, 바보 같은 사람들은 박사로 만드시는 하나님의 나라의 역설적인 가르침과 하나님의 나라의 역전의 진리가 숨겨져 있다.

말로 믿지 않는 사람은 보는 것으로 믿을 수밖에 없지만, 보는 것은 믿음이 아니고 사실 인식 수준일 뿐이다.

천국을 믿지 않던 사람이 천국 문 앞에서 "아! 여기가 천국이구나!" 놀라면서 '이제는 진실로 믿는다' 라고 말해도 때는 이미 늦었다.

하나님께서 구원자 예수를 가이사 황제 수준보다 나은 영광과 권세를 주시고 내가 '유대인의 왕' 이라고 말한다면 누가 믿지 못하겠는가? 그러나 하나님께서는 '선악과' 의 말씀을 불신하고 불순종한 아담의 후손들에게는 보이지 않는 '말씀' 을 믿으면 하나님을 믿는 것과 동일한 믿음으로 인정하시고 구원을 약속하셨다.

'선악과' 는 하나님의 말씀이다. '먹으면 정녕 죽으리라' 는 말씀 그 자체이다. 선악과가 무슨 독이 있어서 아담과 하와를 죽인 것이 아니라 하나님의 말씀을 어김으로 죽은 것이다.

그러므로 하나님의 말씀이 육신이 되어 오신 예수 그리스도는 두 번째 '생명나무' 로 오신 것이다. 믿음으로 먹으면 죽지 않고 영원히 사는 생명나무이다.

하나님의 시험대는 예수를 사람들이 가장 무시하고 천대하고 배척하는 나사렛 사람으로 호칭하게 하심으로 사람들의 믿음을 시험해 보시고, 인간의 불신과 불순종의 교만함을 드러내게 하셨다. 그러나 예수는 영으로는 하나님의 아들이며, 육신으로는 다윗의 왕가의 마지막 아들이 되심으로 유대인의 왕자로 오신 것인데 그들은 자기의 꾀에 빠진 것이다.

많은 사람이 세상에서 기독교인, 크리스천이라는 이름이 불리해지면 자기 신분을 숨기고 노출하지 않으려고 한다. 그것은 십자가의 도와 거리가 먼 어리석은 행동이다.

유대인들은 '다윗의 자손 예수' 라는 호칭은 좋아하지만, '나사렛 사람 예수' 라는 호칭에는 거부감이 있었다. 우리도 유대인들과 다를 바가 없다.

예수께서 전라도 출신이라면 많은 경상도 사람들이 예수를 믿지 않을 것이다. 뒤집어서 예수가 경상도 출신이라면 많은 전라도 사람들이 예수를 믿지 않을 것이다. 탈북민, 조선족, 고려인, 심지어 외국인을 차별하는 일은 예수 당시 유대 사회에서 갈릴리 출신을 차별하는 죄악과 마찬가지이다.

우리는 나사렛 사람이라는 호칭을 선호하셨던 예수 그리스도처럼 세상이 우리를 예수쟁이라고 불러도 부끄러워하지 말고 명예롭게 생각해야 할 이유는? 우리가 사나 죽으나 예수 이름으로 살기 때문이다.

갈릴리 지역은 "전에 고통받던 자들에게는 흑암이 없으리로다, 옛적에는 여호와께서 스불론 땅과 납달리 땅이 멸시를 당하게 하셨더니 후에는 해변 길과 요단 저쪽 이방의 갈릴리를 영화롭게 하셨느니라. 흑암에 행하던 백성이 큰 빛을 보고 사망의 그늘진 땅에 거주하던 자에게 빛이

비치도다" (이사야 9:1,2)

기묘자이며 모사와 전능하신 하나님, 우리의 아버지, 평강의 왕이 그곳에 오셔서 다윗의 왕국에 군림하시고, 영원한 정의와 공의로 무궁하게 다스릴 것이다(이사야 9:6,7)

그러나 갈릴리 지역은 로마 정부가 그 지역을 소외시키고, 문화 혜택이나 교육 혜택을 받지 못하게 함으로 어두운 땅, 그늘진 땅 음지가 되었지만, 하나님의 보내신 자 예수께서 그곳에서 30년간 사시면서 신약성경의 복음과 하나님의 나라의 배경이 되는 양지가 되었다.

예수께서 갈릴리 지역에 사시면서 모든 자연과 사회적인 관계가 성경의 소재가 되었다. 씨뿌리는 비유, 고기 잡는 비유, 소작인 이야기, 채권자와 채무자 이야기, 부도덕인 세리와 간음자들의 이야기, 질병과 귀신들린 이야기들은 갈릴리 지역이 자연환경은 좋지만, 죄악의 권세로 인해서 할렘가와 같이 어둡고 소외된 곳이었다. 예수께서는 갈릴리 지역에 사셔야 했던 당위성으로 "의인을 부르러 오시지 않고 죄인을 불러 회개시키려 오셨다" 고 말씀하셨다.

갈릴리 지역은 의원들도 많지 않았고, 거물들은 모두 수도 예루살렘에다 모였다. 지식층, 경제인, 정치인, 종교인, 문화예술인, 군인들이 출세를 위해서 예루살렘에 모여들면서 결국은 그들의 지식과 권력과 부유함으로 갈릴리 나사렛 출신인 예수를 배척하고 십자가에 못 박아 죽임으로써 결국 영적으로 예루살렘은 애굽처럼 하나님의 아들을 박해하고 죽이는 곳이 되었다.

예수의 제자가 된 빌립이 친구 나다나엘을 찾아가 메시아를 소개하였다. 그의 첫 마디가 '나사렛에서 무슨 좋은 일이 일어나느냐' 핀잔을 주었다(요한복음 1:45,46)

하나님 나라의 기초석들은 가룟 유다를 제외하고 모두 갈릴리 출신들을 불러서 그리스도의 사도로 삼았다. 어부 출신, 세리 출신, 독립투사 같은 사람들을 불러주셨다.

갈릴리 지역 중에서 특히 가버나움에서는 많은 기적을 행하시고, 회당에서 희년을 선포하시고 하나님의 말씀을 가르치셨다. 오병이어의 기적,

갈릴리 바다의 풍랑을 잠잠하게 하신 기적, 바다를 밟고 오신 기적, 두 배에 잡히게 한 물고기 기적, 귀신을 쫓아내시고 병을 살리신 기적의 현장들이 갈릴리 땅에서 날마다 일어나는 새로운 뉴스거리였다.

예루살렘 정치 종교 지도자들은 갈릴리에서 들려오는 새로운 뉴스거리는 '예수' 라는 사람으로 인해서 골머리를 앓았다. 예수의 활동 사항들을 매일 점검하면서 감시원, 정보원을 파견하여 일거수일투족을 보고하도록 하고, 민심이 예수께로 돌아가지 않도록 예수의 약점과 허물을 드러내려고 일부러 율법을 질문하고 성경을 아는 체하고 질문하면서 무리들에게서 분리시키려고 하였다.

4. 제2의 모세

"애굽에서 내 아들을 불렀다." (15)는 말씀대로 예수는 구 이스라엘 모세의 예표와 새 이스라엘의 구원자로서 제2의 모세와 같은 실체를 보여주셨다.

마태복음과 출애굽기를 대조하면 예수와 모세, 구 이스라엘과 새 이스라엘의 유사점을 발견하게 된다.

구 이스라엘과 모세를 먼저 살펴보자. 구 이스라엘은 요셉에 의해서 애굽으로 이주하였다. 이스라엘은 애굽에서 430년간 체류하였고, 바로에 의해서 남자 아이들이 학살을 당하였다.

모세는 바로의 학살을 모면한 이스라엘을 홍해에서 세례를 받게 하였다. (출애굽기 14:)

이스라엘은 내 아들 내 장자라 호칭하셨다. (출애굽기 4:22)

이스라엘은 광야에서 훈련받았다. (15장-17장)

모세는 40일 동안 금식하였다. (34:28) 십계명과 율법을 시내 산에서 받았다. (24:15-17)

애굽에서 열 가지 재앙을 일으켰고(7장-12장) 유월절 어린양의 피로 이스라엘은 출애굽 하였다.

새 이스라엘과 예수 그리스도를 살펴보자

요셉에 의해 애굽으로 이주하였다. 그리고 애굽에서 체류하였다. (2:14-15)

헤롯에 의해서 베들레헴의 남자아이들이 학살을 당하였다. (2:16)

예수는 학살을 모면하고 이스라엘에서 애굽으로 가셨다가 애굽에서 이스라엘로 돌아오셨다. (2:13-15, 19-23) 예수께서 요단강에서 세례 받으시고(3:13)

내 사랑하는 아들이라는 호칭을 받으셨다. (3:17)

광야에서 시험을 받으시고 40일을 금식하셨다. (4:1,2)

산상에서 산상 설교를 하셨다. (5:1, 8:1) 예수께서 열 가지 기적을 행하셨다. (8장-9장) 유월절에 주의 만찬을 제정하셨다. (26:26-29) 예수 그리스도는 온 세상의 구속을 명령하셨다. (28:16-20)

마태복음 2장의 결론은 왕을 경배하는 동방 박사들의 세 가지 예물처럼 왕 되신 예수께 마음, 목숨, 뜻을 다 바쳐서 경배해야 한다.

왕을 박해하는 헤롯과 유대의 동조자들이 의인의 피를 흘린 자의 죄는 그 머리로 돌아간다. 왕을 지키려고 양친이 애굽으로 피신함으로 왕이 출애굽 경로를 체험하심으로 자기 백성을 구원할 분이심을 증거하셨다. 왕의 귀국과 나사렛에 거주하심으로 다윗 언약의 뿌리에서 나오신 거룩한 나실인 예수는 새 이스라엘을 세우신 만왕의 왕이시다.

dessert

1. 나는 어떤 길을 걷고 있는가?
2. 우리는 나사렛 예수라는 호칭을 당연시하셨던 그리스도처럼 우리를 향한 비하하는 호칭도 역설적으로 사명감을 가질 수 있는가?
3. 우리는 자연과 성경을 통해서 하나님 아버지를 찬양하며 그리스도인으로서 이 세상에서 위대한 사명을 감당하기를 간구하고 있는가?

Prayer

주님! 갈릴리 나사렛 예수로 오셔서 우리를 섬기시고 구원해 주시니 감사합니다. 우리도 예수의 영으로 충만하여 소외된 어두운 곳에 생명의 빛을 비추는 사명의 삶을 살게 하옵소서. 아멘!

5. 3:1-12 광야 스타일 & 강남 스타일

"그 때에 세례 요한이 이르러 유대 광야에서 전파하여 말하되, 회개하라 천국이 가까이 왔느니라 하였으니, 그는 선지자 이사야를 통하여 말씀하신 자라 일렀으되 광야에 외치는 자의 소리가 있어 이르되 너희는 주의 길을 준비하라 그가 오실 길을 곧게 하라 하였느니라

나는 너희로 회개하게 하기 위하여 물로 세례를 베풀거니와 내 뒤에 오시는 이는 나보다 능력이 많으시니 나는 그의 신을 들기도 감당하지 못하겠노라 그는 성령과 불로 너희에게 세례를 베푸실 것이요, 손에 키를 들고 자기의 타작 마당을 정하게 하사 알곡은 모아 곳간에 들이고 쭉정이는 꺼지지 않는 불에 태우시리라" (1-3,11,12절)

Appetizer

하나님은 공의와 사랑이 무너져 내린 세상을 회복하기 위해서 선지자 요한을 보내셨다. 세상은 공의가 무너지고 불법이 성행하며 사랑이 사라지고 미움과 질투가 넘쳐난다.

선지자 요한은 그 시대의 죄악을 책망하고 고발하면서 회개의 열매를 맺으라고 선포하였다. "그 때에 세례 요한이 이르러 유대 광야에서 전파하여 가로되 회개하라 천국이 가까웠느니라 하였으니" (마태복음 3:1-2)

선지자는 '오빤 강남 스타일' 이 아니라 광야 스타일이다. '싸이' 의 '강남 스타일' 은 섹시한 여성과 근육질의 남성이 서로 좋아하는 스타일끼리 갈 때까지 관능적으로 놀아보자는 헤이~ 읍읍^^ 노래와 말춤으로 세계를 휩쓸었다.

선지자 세례요한은 광야 스타일이다. 그의 메시지 사역과 삶이 이원화되지 않았고 선지자의 의식주는 검소하게 금욕하였으며 나실인으로 살

았다. 세례요한은 무주택자 무소유 자이며, 황량한 광야에서 하나님을 예배하며 약대 털옷을 입고 가죽띠를 띄고 메뚜기와 석청을 먹으면서 자기 백성의 죄악을 애통하며 근심하던 사람이다.

세상은 광야 스타일을 기피내지 혐오하고 강남 스타일을 선호하지만, 강남 스타일의 회개와 천국 복음을 전해야 하는 성직자는 광야 스타일을 추구하면서 경건의 기준인 나실인과 선지자적인 삶으로 본을 보여야 한다.

맛과 빛을 잃은 강남 스타일의 크리스천으로 인해서 세상은 실망하고 의와 거룩의 기준을 무너뜨리고 방황하게 만드는 바리새인과 사두개인들을 향하여 세례요한은 독사의 자식들이라 욕하면서 그들에게 세례를 주는 것을 거부하였다.

세례요한은 서울특별시 강남구에 사는 크리스천을 질책하는 말씀이 아니라 '강남 스타일' 가사에 나오는 방종하는 세속적인 삶의 스타일을 꾸짖는 말씀이다. 자고로 이스라엘 백성들이 망할 때는 선지자들이 침묵할 때였다.

세례요한 당시에 이스라엘은 양극화가 위험수위에 도달하였다는 것은 세례요한의 설교에서 잘 나타났다.

> "옷 두 벌 있는 자는 옷 없는 자에게 나눠 줄 것이요 먹을 것이 있는 자도 그렇게 할 것이니라, 세리들은 부과된 것 외에는 거두지 말라, 군인들에게는 사람에게서 강탈하지 말며 거짓으로 고발하지 말고 받는 급료를 족한 줄로 알라.
>
> 분봉 왕 헤롯은 그의 동생의 아내 헤로디아의 일과 또 자기가 행한 모든 악한 일로 말미암아 요한에게 책망을 받고, 그 위에 한 가지 악을 더하여 요한을 옥의 가두니라. (누가복음 3:11-14,19,20)

예수께서는 성전에서 제물을 팔아서 폭리를 취하고 환전으로 이득을 보는 탐욕이 가득한 사두개인들에게 "만민이 나와서 기도하는 성전을 강도의 소굴로 만들지 말라" 고 채찍을 들고 책망하였다.

미국의 PR 컨설팅 기업인 에델만이 실시하는 '에델만 트러스트 바로미터' 조사에서 정치, 경제 양극화가 심한 '위험국' 중 하나로 한국을 꼽았다. 에델만이 28개국 3만 2,000명 이상에게 당신의 나라가 얼마나 분열되어 있으며 분열을 봉합할 수 있다는 희망이 얼마나 있나 질문한 결과 한국이 브라질, 멕시코 등과 함께 위험국 9개에 포함됐다.

경제적 불안, 제도적 불균형, 계급 간 구분, 진리(이념)를 위한 싸움의 네 지표가 사용됐다. 한국 외에 위험국에 오른 나라들은 브라질, 멕시코, 프랑스, 영국, 일본, 네덜란드, 독일, 이탈리아였다. '심각하게 양극화된 국가' 는 아르헨티나, 콜롬비아, 미국, 남아프리카공화국, 스페인, 스웨덴 등 6개국이었다. 이들 나라 국민들은 나라가 매우 심하게 분열되어 있다고 보았고 이 분열이 개선되리라는 데도 회의적이었다고 한다.

미국은 지난 몇 년간의 민주당과 공화당 사이의 갈등, 남아공에서는 집권 여당인 아프리카민족회의에 대한 신뢰감 하락과 불평등이 양극화의 이유였다.

강남 스타일의 사람은 세상이 주는 편안함을 좋아하지만, 광야 스타일의 사람은 비록 부족하고 불편한 것이 많지만 주님이 주시는 평안함을 좋아하는 스타일이다.

Today's dish

1. 사바 스타일(사두개인과 바리새인)

사두개인과 바리새인의 앞 글자로 조합하면 '사바' 가 된다. '사바' 는 일본말로 '고등어' 를 의미하는데 관청에 고등어를 특산물로 바칠 때 부패한 관리들과 짜고 고등어를 빼돌려 횡령하는 일에서 '사바사바' 라는 말이 나왔는데, 일제강점기에 한국에서는 뇌물이나 뒷거래 등 떳떳하지 못하게 은밀히 이뤄지는 일을 가리켜 '사바사바' 라는 말을 쓰게 되었다.

사바 족들이 천국행 비자를 받으려는 사람들 사이에서 뒷거래하려던 현장이 독수리 눈을 가진 선지자 세례요한에게 딱 걸려들었다.

하나님은 아브라함의 자손들인 이스라엘 백성들에게 회개의 삶의 징표로 할례를 받도록 하였다. 그러나 할례를 회개가 아니라 선민사상의 우월을 나타내는 자랑거리로 변질되면서 선지자들을 통해서 여러 차례 경고하셨다.

선지자 세례요한을 마지막으로 보내어 변질된 할례를 새 시대의 삶의 회개의 징표인 세례로 대체하셨다. 그런데 할례를 받은 아브라함의 자손들은 회개의 세례를 받지 않고 대충 적당히 하나님 나라에 들어가려고 하였다.

직장과 학교도 공정하게 시험을 치거나 인터뷰 과정을 거쳐서 입사나 입학을 한다. 하물며 공의와 사랑의 기초위에 세워진 하나님의 나라는 적당히 뒷문으로 들어갈 수 있는 나라가 아니다.

교회에서 자주 듣는 말은 세례받으라, 성령 받으라, 은혜받으라, 말씀받으라, 직분 받으라, 복을 받아라…. 받으라 받으라는 말에 익숙해서 세례받는 것을 무슨 선물 받는 것이거나 신자 자격증을 받는 것으로 착각한다.

미국 입국 비자는 적당히 발급해 주지 않는다. 주재국의 영사가 비자신청자의 신분이 확실한가? 재정을 보증해 줄 수 있는 사람이 있는가? 은행 잔고는 얼마인가? 사고를 낸 범죄 기록은 없는가? 등등 면밀히 검토한 후 비자를 발급해 준다.

미국 비자 신청자의 블랙리스트(신용불량자) 대상자 가운데 한국의 기독교인이 많다고 한다.

세례요한은 하나님 나라의 영사 자격으로 하나님 나라 입국 절차에 관해서 정확하게 대중들에게 설명해 주었다. "회개하라 천국이 가까웠느니라"

예루살렘과 온 유대와 요단강 사방에서 그에게 세례를 받으러 나와서 자기들의 죄를 자복하고 요단강에서 세례를 받았다. 그들 가운데 사두개인과 바리새인이 세례 베푸는데 오는 것을 보고 '독사의 자식들아 누가 너희를 가르쳐 임박한 진노를 피하라 하더냐? 그러므로 회개에 합당한 열매를 맺고 속으로 아브라함이 우리 조상이라고 생각지 말라' 고 책망하였다. 세례요한은 '사바' 족들에 물세례 주는 것을 거부하고 회개에 합당한 열매를 맺어서 조상 아브라함의 믿음과 동일한 믿음을 가질 것을 촉구하였다. 그리고 성령과 불로 세례를 주시는 그리스도를 만날 것을 제시하였다.

세례요한은 대사관에 근무하는 일등 서기관처럼, 비자 신청자의 서류 심사를 철저하게 한 다음 하자(瑕疵)가 없으면 담당 영사에게로 보내어 인터뷰하게 하고 비자를 발급받도록 도와주는 사람과 같다.

> "저는 선지자 이사야로 말씀하신 자라 일렀으되 광야에 외치는 자의 소리가 있어 가로되 너희는 주의 길을 예비하라 그의 첩경을 평탄케 하라 하였느니라." (3:3)

이단들은 기성교회에 위장으로 교인 등록을 하고 세례를 받고 직분까지 받은 다음 자기 세력이 구축되면 서서히 자기 실체를 드러내고 교인들을 포섭하여 교회를 삼키는 전략을 쓰고 있다. 남미에서는 위장한 이단 집회에 목회자 연합회에서 총출동하여 집회 장소 입구에 2열 종대로 서서 들어가는 사람마다 교인들을 발견하면 꾸짖기도 하고 설득해서 이단의 미혹에 빠지지 않도록 한 일이 있었다.

세례요한은 세례받는 무리 속에 숨어들어와서 세례를 받으려는 것을 보고 '독사의 자식들' 이라고 욕을 하였지만 이 말은 그들에게 회개를 촉구하는 것이 아니라 '너희들은 안 된다' 는 강력한 거부 의사다.

선지자 직분은 왕과 제사장과 다르게 세습하지 않는다. 그는 왕과 제사장들 사이에서 공의와 사랑의 균형을 세우는 사역자이다.

사무엘은 기도와 말씀으로 사사들과 엘리 제사장의 절망적인 이가봇 시대를 끝내고 미스바 부흥 운동을 일으켰다. (사무엘상 7장)

엘리야는 아합의 바알숭배와 배교시대에 갈멜산의 회개 운동을 일으켰다. (열왕기상 19장)

이사야는 웃시야, 요담, 아하스, 히스기야왕 시대에 벗은 몸과 벗은 발로 뛰면서 앗수르와 바벨론에 의한 대환란을 경고하면서 회개하고 임마누엘 회복을 받으라고 외쳤다. (이사야 7장)

예레미야는 요시야, 여호야김, 시드기야 왕 시대에 거짓 선지자들과 투쟁하면서 바벨론에 항복하고 회개하면 유다가 다시 회복된다면서 외쳤다. (예레미야 1장)

세례요한은 헤롯 왕과 부패한 제사장들의 타락한 권력과 교권 시대에 요단강에서 회개의 세례 운동을 일으키고 백성들에게 세상 죄를 지고 가는 메시아를 소개한 후 목 베임을 당하여 순교하였다.(마태복음 14장) 선지자는 시대마다 순교자이며, 교회사는 순교사이며, 선교사는 순교사이다.

선지자 세례요한은 개인과 국가적인 회개를 요구하고 "회개하라 천국이 가까왔느니라" 외쳤던 거친 광야의 소리였다. '사바' 들의 소리는 부드러운 옷을 입고 부드러운 목소리로 백성들에게 수면제를 먹이고 중독성 마약으로 고통을 잊게 하다가 죽게 만드는 사망의 소리이다.

세례요한은 하나님의 나라를 삶의 현장에 불러들이는 묵시의 세계(다니엘 7:14)를 알려주는 광야의 소리(voice)다. 선지자 요한은 쿰란(Qumran) 공동체 같은 은둔주의, 수도원 공동체가 아니며, 유대 민족주의 운동을 일으키는 민중 운동권이나 진보주의자가 아니다.

성령강림의 결과로 의와 평화와 영원한 안전이 있는 다가올 하나님의 나라를 전파하였다. 내 신을 너희 속에 두어 새 영과 새 마음으로 내 율례를 행하게 하며, 내 신을 만민에게 부어서 여호와의 이름을 불러서 구원받게 하리라는 선지자의 예언이다. (요엘 2:28-32)

세례요한은 회개의 세례를 주었다. 회심은 메타노이아(Metanoia)인데 전인적으로 하나님께로 돌아서는 것을 의미한다. 그리고 세례받은 자는 반드시 세례의 열매로서 생활 속에서 회개의 열매(공의와 사랑)를 맺어야 한다.

2. 증거의 삼위일체

요한이 소개한 예수는 "나보다 능력이 많으신 분, 나보다 먼저 계신 분, 나는 그의 신들메를 풀기도 감당치 못하실 분, 성령과 불로 세례를 주실 분, 손에 키를 들고 자기의 타작마당을 정하게 하실 분, 세상 죄를 지고 가는 하나님의 어린양, 하나님의 아들" 이라고 소개하였다.

예수님이 소개한 요한은 "선지자보다 나은 자, 내 사자, 여자가 낳은 자 중에 세례요한보다 큰 자가 없다, 모든 선지자와 예언한 것이 마지막 요한까지다, 아비의 마음과 아들의 마음을 돌이키게 하는 선지자로서 오리라 한 엘리야가 이 사람이다." 라고 말씀하셨다.

세례의 종류는 방법의 차이가 있지만, 세례요한이 베푸는 물세례와 세례요한 뒤로 오시는 메시아가 베푸시는 성령세례와 불세례가 있다.

나는 장로교 목사이지만 선교지에서 강물 속에서 침례를 베풀 때의 그 감동을 잊지 못한다.

예수님의 경우는 이 세 가지 세례가 해당된다. 태어나신 지 8일 만에 할례를 받으시고, 헌아식을 하시고, 절기 때에 예루살렘에 올라가시고 성인식을 하여 율법의 아들로 인정을 받으셨다. 그리고 세례요한에게 물세례를 받으셨고, 예수님께서 물세례를 받으시고 올라오실 때 하늘에서 성령이 비둘기처럼 그에게 내려오심으로 성령세례를 받으셨다. 그런데 예수님은 제자들에게 내가 아직 받을 세례가 있다고 말씀하셨다. 그 세례는 불세례이다.

> "나는 받을 세례가 있으니 그 이루기까지 나의 답답함이 어떠하겠느냐?" (누가복음 12:50)

불세례는 심판의 세례로서 십자가에서 돌아가실 때 모든 죄인을 대표해서 심판을 받으셨다. 소돔 고모라 사람들은 불세례를 받았다. 어떤 사람은 제자들이 오순절에 다락방에서 성령과 불세례를 받았다고 말하지만, 사도행전 2장에는 "그들이 불의 혀처럼 갈라진 것들이 그들에게 보여 각 사람 위에 하나씩 임하여 있더니" (사도행전 2:2)라고 말하였다. 불세례가 아니라 불같은 성령으로 충만함을 입어 성령의 말하게 하심을 따라 말하는 은사를 뜻한다.

우리의 구원자 예수께서는 위에서 주시는 것은 다 받으셨다. 우리도 받을 것은 다 받는 것이 유익하다.

메시아 됨을 증거하는 것은 세례다. 요한일서 5장은 세례 교본집이다.

> "예수께서 하나님의 아들이심을 믿는 자가 아니면 세상을 이기는 자가 누구뇨, 이는 물과 피로 임하신 자니 곧 예수 그리스도시라 물로만 아니요. 물과 피로 임하셨고, 증거하는 이는 성령이시니 성령은 진리니라. 증거하는 이가 셋이니 성령과 물과 피라 또한 이 셋이 합하여 하나이니라. 만일 우리가 사람들의 증거를 받을진대 하나님의 증거는 더욱 크도다. 하나님의 증거는 이것이니 그 아들에 관하여 증거하신 것이니라." (요한일서 5:5-9)

증거하는 이가 셋이 나오는데, 성령과 물과 피라는 삼위일체적인 증거물이다. 불이 아니고 피라는 것이다. 그 이유는, 예수님께서 한 가지 남은 세례가 십자가 사건을 두고 말씀하신 것인데 그것이 십자가에서 흘리실 '피' 라는 것이다. 예수님만이 구원자 메시아라는 증거는 성령과 물과 피의 증거이며 그 증거가 없는 성인군자는 우리의 구원자가 아니라는 이유는? 그들에게는 성령과 물과 피가 없다는 것이다.

예수님께서 마지막 세례가 남아 있어서 답답하다고 하셨는데, 그것이 바로 불세례이고, 이 불세례란 심판을 의미하는 것으로, 예수님께서 십자가에서 세상의 죄에 대한 심판받음을 보여주는 것이며 그 불은 피로서 증명하는 것이다.

요한일서 5장에서 메시아의 증거는 성령과 물과 피, 그렇게 셋이어야 한다. 그렇다면 그리스도인들도 3가지 세례로 증명되어야 한다. 물세례, 성령세례, 불세례이다.

성령세례를 받으면 물불을 가리지 않고 주님을 섬기게 된다. 죄를 자복하고, 회개하여, 물과 성령과 십자가에서 나를 대신하여 심판의 불을 받으시면서 흘리신 예수 그리스도의 보혈의 피를 믿을 때 우리는 영적으로 아브라함의 자손이 된다.

쭉정이가 아니라 알곡처럼 삶의 변화의 열매를 성령으로 맺게 되어야 하나님 나라의 백성으로 입국하여 그의 나라에서 영생함과 풍성함의 영광을 누리게 된다.

dessert

1. 나의 삶은 어떤 스타일을 선호하는가? 강남 스타일? 광야 스타일?
2. 나는 하나님 나라에서 사바사바(사두개인과 바리새인의 불법) 스타일은 없는가?
3. 나는 구원받은 그리스도인으로서 세 가지 증거가 있는가?

Prayer

주님! 우리가 세상에서 광야 스타일로 살면서 세상의 빛과 소금이 되게 하시고 하나님의 나라의 뒷문으로 들어가려는 종교인이 되지 말게 하시고, 세 가지 확실한 증거의 믿음과 회개로 하나님 나라의 백성과 사명자로 살게 하소서. 아멘!

6. 3:13-4:11 승리자 예수

"예수께서 세례를 받으시고 곧 물에서 올라오실새 하늘이 열리고 하나님의 성령이 비둘기 같이 내려 자기 위에 임하심을 보시더니, 하늘로부터 소리가 있어 말씀하시되 이는 내 사랑하는 아들이요 내 기뻐하는 자라 하시니라. 그 때에 예수께서 성령에게 이끌리어 마귀에게 시험을 받으러 광야로 가사 사십일을 밤낮으로 금식하신 후에 주리신지라.

이에 예수께서 말씀하시되 사탄아 물러가라 기록되었으되 주 너의 하나님께 경배하고 다만 그를 섬기라 하였느니라. 이에 마귀는 예수를 떠나고 천사들이 나아와서 수종드니라" (16,17, 4:1,2,10,11절)

Appetizer

마태복음을 이해하면 그 속에서 한 인물이 움직이면서 가는 곳마다 화제로 술렁이는 분을 볼 수 있다. 그분이 가시는 곳마다 죄악의 권세와 그의 부산물들이 깨어지고 정화되어 갔다. 그분이 바로 하나님이 보내신 사랑하는 독생자 예수 그리스도시다.

예수님이 사셨던 시대의 사람들의 인간성이나 지금의 인간성은 전혀 다를 바 없고 탐욕은 조금도 줄어들지 않았다. 그러므로 성경을 제대로 이해하는 사람은 자신을 역사적인 그 현장에서 일하시는 그리스도 앞에 자신을 세워둘 수밖에 없다.

사복음서의 저자들은 예수 그리스도의 초상화를 그려놓았다.

> "말씀이 육신이 되어 우리 가운데 거하시매 우리가 그 영광을 보니 아버지의 독생자의 영광이요 은혜와 진리가 충만하더라."
> (요한복음 1:14)

마태가 그린 예수는 죄 사함을 통해서 우리를 천국으로 인도하시는 분

을 보여준다. (마태복음 1:21)

마가가 그린 예수는 섬김을 통해서 귀신들리고 각색 질병과 모든 약한 것들이 사람에게서 떠나가게 하시는 그의 능력을 보여준다. (마가복음 16:17)

누가가 그린 예수는 참사람으로서 사람 대접받지 못하는 가난한 자, 사로잡힌 자, 눈먼 자, 눌린 자들을 성령으로 살려서 사람 대접받게 해 주시는 분이다. (누가복음 4:18)

요한이 그린 예수는 하나님으로서 그의 거룩함과 영광에 가까이 갈 수 없는 분이지만 그의 성육신하신 몸을 통하여 볼 수 있게 해 주신 분이다. (요한복음 1:14)

사복음서의 저자들은 예수 그리스도는 하나님의 아들이면서도 사람의 아들로 오셔서 사람을 하나님께로 나아갈 수 있도록 모든 장애물을 제거하시고 이끌어 주시는 분으로 그렸다.

Today' s dish

1. 예수의 세례

예수님이 세례받으시는 현장에 삼위일체 하나님이 계시되었다. 죄인의 대표로서 세례를 받으시는 성자 예수, 성자 예수 위에 임재하신 성령 하나님, 성부 하나님의 뜻을 이루시기 위해서 세례를 받으시는 성자 예수를 사랑하는 아들이며 기뻐하는 자라고 선포하신 하나님이 계시되었다.

사도신경과 웨스트민스터 신앙고백서에는 성부 하나님과 독생자 예수 그리스도와 성령을 우리가 믿는다는 고백을 한다. 삼위일체가 교회의 공식 신앙고백서로 채택되기까지 오랫동안 교리 논쟁과 교회 회의를 거쳤다. 삼위일체에 대한 잘못된 이단 교리들은 이런 것들이다.

종속론은 아버지에게 아들이 종속되고 아들에게 성령이 종속된다는 교리이다. 이것은 삼위 하나님의 동등성과 통일성이 상실된다.

양태론은 아버지와 아들과 성령이 한 무대에서 옷만 바꾸어 입고 역할을 다르게 하였다는 교리이다. 삼위 하나님의 통일성은 인정하나 동질성을 상실한다.

AD. 325년 개최된 니케아 공회의에서 성자는 성부와 동일본질을 갖는다는 문구를 채택하면서 삼위일체가 신앙고백서로 채택이 되었고 그 후 반세기 정도 보강이 되어 삼위일체론이 공적인 고백으로 채택되었다.

승천하신 예수께서 제자들에게 명령하신 대위임령은 아버지와 아들과 성령의 이름으로 세례를 주고 가르쳐 지키게 하라고 하셨다. (마태복음 28장)

"이스라엘아 들으라 우리 하나님 여호와는 오직 하나인 여호와시니" (신명기 6:4)하는 표현은 중동 지방에 수많은 신이 있지만, 그들은 우상화된 거짓 신들이고 오직 여호와 하나님만 참 신이시고 유일한 하나밖에 없는 신이라는 표현이다.

사도바울은 "주 예수 그리스도의 은혜와 하나님의 사랑과 성령의 교통하심이 너의 무리와 함께 있을지어다." (고린도후서 13:13)라는 삼위하나님의 이름으로 축복했다.

삼위 하나님은 그의 인격과 성품에서 완전하신 하나로 연합되시고, 그 인격 안에서 이루신 창조와 구속사역들에 있어서도 전혀 분리나 이질감이 없이 한 몸처럼 통일되고 하나 되어 일하신다.

하나님께서 아담에게 하와를 데리고 오셨을 때 아담이 첫마디로 한 고백은 "이는 내 뼈 중의 뼈요 살 중의 살이로다" 라고 말했다. 이것은 최초의 부부가 2위 일체를 선언한 고백이다.

이 부부에게 삼위일체이신 하나님의 비전을 이루기 위해서 가정을 세우셨다.

둘도 하나 되지 못하게 만드는 사탄의 걸작품은 개인주의이다. 아버지는 아들을 보내시고, 아들은 아버지의 뜻만 이루시고, 성령은 아들만 증거하시는 삼위일체의 일치와 연합으로 우리를 구원하셨다.

예수의 세례에서 삼위일체 하나님의 일치, 하나, 통일, 연합을 가르쳐 주신다. 성령은 하나 되게 하시는 거룩한 영이시고 마귀는 나누고 분열

되게 하는 악한 영이다.

1) 예수의 열심은 갈릴리에서 세례받으시러 요단강까지 가셨다.
2) 예수의 겸손은 요한이 만류하여도 세례를 받도록 허락을 받으시고 물로 내려가셨다.
3) 예수의 의로우심은 하나님이 세우신 모든 제도와 질서에 순종하심으로 의를 이루셨다.
4) 예수의 성령 충만은 하늘이 열리고 아버지의 사랑하심과 기뻐하시는 증거로 인치셨다.

2. 예수의 시험

예수의 시험이라는 드라마를 구성해 보면 이렇다. 등장인물은 예수님, 성령님, 마귀, 천사들이다. 배경은 광야와 거룩한 성의 성전 꼭대기, 그리고 지극히 높은 산이다.

줄거리는 세상을 구원하러 오신 메시아에게 성령님은 이 세상이 얼마나 악한 것인지를 보여주시기 위해서 이끌어서 마귀에게 시험을 받게 하셨다. 세상이 하나님이 보기에 좋으시면 독생자를 시험을 받도록 광야로 이끌어가실 아무런 이유가 없으며, 세상을 구원하시는 메시아 사명으로 십자가를 지시고 죽으실 필요가 없게 된다.

드라마의 주인공이신 예수님을 넘어뜨리기 위해서 마귀가 온갖 회유와 공작을 하지만 마침내 승리하심으로 우리를 죄와 사탄과 시험에서 우리를 구원하신다는 이야기이다.

마귀는 성경 지식에 전도사 수준이다. 이단들도 성경을 가지고 유혹을 한다.

내가 아는 지인 장로의 딸은 이단에 빠져서 자기 아버지를 아버지라 부르지 않고 오직 하나님만이 한 분 아버지라고 주장하였다. 선생은 한 분밖에 없다고 주장하면서 교회와 목회자도 인정하지 않았다. 아버지가 가정 예배를 인도하면 밖으로 나가고 목회자가 가정 심방을 오면 예배를 거부하였다. 그녀는 이단 공동체에 들어가서 노동력 착취를 당하다가 결국 암으로 투병하다 죽었다.

성경을 가르쳐 준다는 명분으로 이단은 성경을 묘하게 파고 쪼개면서 쪽파, 양파, 대파로 기울어지다가 결국은 자기 영혼과 가정이 쪼개지고 파멸하게 될 줄 모른다.

이(2)단은 사(4)단을 이기지 못한다.

마태복음 4장은 신명기와 시편으로 해석하여야 한다. 예수께서 받으신 시험은 구 이스라엘이 실패한 것을 예수께서 승리하심으로 새 이스라엘 나라를 세우시기 위함이다.

예수께서 메시아 사역을 시작하실 때의 이스라엘 백성들은 모세 당시 구 이스라엘 백성들과 전혀 다를 바 없었고, 변한 것이 하나도 없이 구 이스라엘 형태를 그대로 유지하고 있는 유대교를 보셨다.

구 이스라엘 백성들로 구성된 유대교를 가지고는 이스라엘 백성들을 선택하신 하나님의 구속의 경륜을 이룰 수 없었다. 예수께서는 마귀의 시험에서 승리하심으로 새 이스라엘 백성들을 부르시고 그들을 통해서 새로운 하나님의 나라를 세우셨다.

1) 양식 시험

구 이스라엘 백성들의 눈에는 떡만 보였고 떡을 주시는 하나님이 보이지 않았다. 40일 금식을 하시고 주리신 주님이 마귀의 유혹을 말씀으로 거절하실 때 신명기서를 인용하시면서 사람이 떡으로만 살 것이 아니라 하나님의 입에서 나오는 모든 말씀으로 산다고 거절하셨다.

구 이스라엘은 출애굽을 하면 애굽에서 먹는 양식보다 더 잘 먹을 수 있는 기름지고 풍성한 식탁이 제공될 것이라는 기대로 모세를 따라 나왔다. 가나안 복지에 대한 기대와 꿈은 광야에 나와서 깨어졌다. 머리털 나고 처음 먹어보는 '만나' 라는 양식을 먹었다. 만나의 어원은 '이것이 무엇이냐?' 이다. 만나는 땅의 열매가 아니라, 하늘의 이슬과 함께 하나님이 내리신 하늘 양식이다. 만나는 경상도 버전으로는 '희한하다' 는 뜻이다. 농사를 짓지 못하는 광야에서 먹는 양식은 그 맛과 질과 양이 '희한한' 것이다. 60만 명이 40년 동안 매일 아침 거두어도 모자람이 없이 넉넉하게 먹고 남음이 있었다. 만나는 오병이어의 기적처럼 희한하게 먹는 기적의 떡이다.

썩는 양식을 음식으로 먹는 사람은 맛과 배부름으로 먹지만, 하늘의 만나인 하나님의 말씀을 먹는 양식은 희한한 것이다. 믿음으로 사는 사람은 희한한 일을 많이 경험하게 된다.

하나님은 광야 백성들이 죄를 지어도 계속 만나를 내려주셨다. 광야 백성들은 생활비가 부족해서 가나안땅에 못 들어간 것이 아니라 믿음이 없어서 못 들어갔다.

믿을 수 없는 환경에서 믿는 믿음이 희한한 믿음이다. 그런 믿음이 가나안에 들어갈 사람이라는 것을 입증하는 징표이다. 풀무 불과 사자 굴에 들어가면서도 그리 아니하실지라도 자신들을 구원하실 하나님을 믿는 믿음이 희한한 만나 믿음이다.

왜 하필이면 이슬과 함께 내리는 만나일까? 하늘에서 방울 토마토 같은 만나가 내려오면 중력에 의해서 우박같이 이스라엘 백성들의 텐트를 뚫을 수도 있다. 만나는 우주인들의 우주 식량과 같이 이스라엘 백성들이 열악한 광야에서 살아가는 데 아무 지장이 없는 영양소로 만들어서 먹여주신 희한한 은총의 양식이다.

구 이스라엘은 만나에 대해 투정을 부렸다. 애굽에서 먹던 고기와 부추와 과일과 비교해 보니 맛이 다르다는 이유이다. 자기들의 입맛에 맞지 않다는 것이며, 1년 365일 꼭 같은 만나만 먹는 것은 지겨워서 먹기 싫다는 것이다.

만나……. 이것은 광야 백성들의 마음을 낮추시고 마침내 복을 주시려는 하나님의 시험이었다. 하나님은 만나 잘 먹는 세대를 가나안 땅을 기업으로 주시려고 계획하셨다.

하늘의 만나를 먹을 때는 짜다, 싱겁다, 맵다, 달다, 시다, 불평하지 말고, 만나 잘 먹으라는 것이다. 여호수아와 갈렙, 그리고 광야 출신의 만나 세대들은 만나를 잘 먹고 약속의 땅에 들어갔다.

"네 하나님 여호와께서 이 사십 년 동안에 너로 광야의 길을 걷게 하신 것을 기억하라 이는 너를 낮추시며 너를 시험하사 네 마음이 어떠한지 그 명령을 지키는지 아니 지키는지 알려 하심이라. 너를 낮추시며 너로 주리게 하시며 또 너도 알지 못하며 네 열조도 알지 못하던 만나를 네게 먹이신 것은 사람이 떡으로만 사는 것이 아니요 여호와의 입에서 나오는 모든 말씀으로 사는 줄을 너로 알게 하려 하심이니라. (신명기 8:2,3)

말씀을 싫어한 구 이스라엘은 약속의 땅에서 추방당하고 바벨론의 포로가 되었지만 바벨론에서 귀국한 새 백성들은 수문 앞 광장에서 에스라가 가르치는 말씀을 온종일 들으면서 은혜를 받았다.

2) 성전 시험

마귀는 예수님을 거룩한 성, 성전 꼭대기에 세우고 예수님을 흔들어서 떨어지게 하려고 유혹하였다. 마귀가 인용하여 시험한 말씀은 시편 91편의 말씀이다.

메시아는 성전에서 뛰어내려도 천사가 받아줄 정도로 하나님은 그의 아들을 보호해 주신다는 것이다. 거룩한 공간, 이것은 구 이스라엘의 성전관이다. 성전에서 천사가 나타나서 희한한 기적을 나타내면 무지한 백성들은 유대교와 성전을 더욱 신봉하고 기적 중심의 종교 체제를 만들려고 하였다.

마귀는 지존자의 은밀한 곳을 성전으로 해석하였지만, 예수님은 그곳을 참 성전이신 아버지 하나님의 품으로 해석하셨다. 그는 성전에서 뛰어내리는 시험을 하지 않아도 아버지가 항상 나를 보호하시고 품어주신다는 믿음을 선포하셨다.

마귀는 왜곡된 성전관으로 메시아의 구속 사역을 막으려고 술수를 부렸다. 바리새인들은 성전으로 맹세하면 아무 일 없거니와 성전의 금으로 맹세하면 반드시 지켜야 한다고 믿었다.

"화 있을진저 눈먼 인도자여 너희가 말하되 누구든지 성전으로 맹세하면 아무 일 없거니와 성전의 금으로 맹세하면 지킬지라 하는도다. 우맹이요 소경들이여 어느 것이 크뇨? 그 금이냐 금을 거룩하게 하는 성전이냐?" (마태복음 23:16-17)

마귀는 건물 성전에 집착하게 만든다. 남미에서는 성당마다 희한한 전설을 한 두 가지씩 가지고 무지한 교인들을 붙잡아 두는 역할을 한다. 성당의 성물을 만지면 병이 낫는다. 소원이 성취된다는 등 전설 따라 삼천리 이야기를 만들어 놓는다.

마귀의 첫 번째 시험은, 이스라엘 백성들은 경제적으로 궁핍함이 없어야 정당한 하나님의 아들이라는 것이고, 두 번째 시험은 건물 성전 중심의 체제에서 기적들을 체험해야 하나님의 아들이라는 것이다.

3. 높은 산 시험

마귀가 예수님을 지극히 높은 산으로 데리고 가서 천하만국과 그 영광을 보여주면서 마귀에게 엎드려 절하면 모든 영광을 다 주리라 제안하였다.

마귀는 예수님에게 이방 나라의 주권자들처럼 세상의 모든 영광과 권세를 가지고 사람들이 무릎 꿇도록 해주겠으니 마귀에게 절하라는 제안을 하였다.

마귀는 한국 교인들에게 일본 신사 앞에 절하라고 강요하였다. 느브갓네살 왕은 유대 청년들에게 금신 상 앞에 엎드려서 절하라고 강요하였다. 마귀는 세계 인구 3/5을 우상과 맘몬이라는 금송아지를 향하여 절하는 맹신주의자로 만들었다.

다니엘 세친구는 느부갓네살왕이 만든 금 신상에 절하지 않으면 풀무불에 던지겠다는 협박에도 "이런 일에 대하여 말할 필요가 없다." 라고 딱 잘라 거절했다. 하나님은 지금도 바알 앞에 무릎을 꿇지 않는 칠천 명을 남겨두시고 그들을 통해서 하나님 나라를 건설하신다.

예수님이 마귀의 제안을 거부하고 반박하신 세 번째 말씀은 이런 의미가 있다.

'네가 알고 있는 하나님과 내가 알고 있는 하나님이 다르다' 는 것이다. 마귀는 이 제안을 수용해야 메시아로 입증이 된다고 유혹하였지만, 예수님은 이 유혹을 물리치는 것이 메시아로 인정된다고 주장하셨다.

'네가 알고 있는 신명기와 시편의 해석과 지식적 하나님은 엉터리라' 는 것이다.

예수님께서 이 땅에 오셔서 사람들에게 인정을 받지 못하시고, 뺨을 맞고 침 뱉음을 당하시고 옷을 빼앗기고 생명까지 빼앗기는 것이 죄인을 구원하러 오신 메시아의 모습이지만 기적을 바라는 종교인 유대인들은 이런 메시아는 상상도 하지 못했다.

광야에서 굶주리시면서도 마귀가 제공하는 떡을 거절하신 예수님,

유대교의 성전의 거룩성과 기득권을 인정하지 않고 거부하신 예수님,

세상의 영광과 권력으로 세상을 다스리기 위해서 마귀의 맘몬과 힘의 논리에 설득당하지 않으시고 그 앞에 무릎 꿇지 않으시는 예수님이 우리를 죄에서 구원하신 그리스도이시다.

예수께서 오신 것은, 첫 것을 폐하심은 둘째 것을 세우려 하심이니 이제는 실체가 왔으니 그림자는 물러가라는 것이다.

교회는 하나님의 말씀의 힘이 아니라 경제 논리로 움직이는 자본주의의 하수인으로 종교 사업을 하는 것은 마귀가 바라는 술수이다. 교회는 돈이 필요는 하지만 바리새인들처럼 돈을 사랑하면 안 된다. 떡이 없고, 기적이나 인기가 없고, 힘과 돈이 없어도 하나님의 입에서 나오는 모든 말씀과 하나님의 품에서 나오는 사랑과 은혜의 힘으로 영혼을 구원할 수 있고, 위대하신 하나님의 나라를 건설할 수 있다는 믿음의 논리를 선포해야 한다.

예수께서 성령에 이끌리어……. 마귀가 또……. 시험하는 자……. 기록되었으되…….

성령님, 기도, 말씀. 이것은 마귀의 유혹을 이기는 무기이다. 우리는 예수 그리스도의 이름과 성령충만 함으로 하나님의 입에서 나오는 모든 말씀과 그의 품에서 나오는 사랑과 은혜이면 마귀는 물러가고 천사들이 수종 들어서 광야의 삶을 넉넉히 승리할 수 있다.

dessert

1. 사복음서 저자에 의해서 그려진 예수님의 초상화는 어떤 모습인가?
2. 나는 양식과 성전과 높은 산의 시험을 믿음으로 이기고 있는가?
3. 광야의 삶에서 승리하고 행복한 삶을 살 수 있는 비결은 무엇인가?

Prayer

주님! 광야 같은 세상에서 하나님의 입에서 나오는 모든 말씀과 아버지의 품에서 나오는 따뜻한 사랑과 은혜로 가증스러운 마귀의 시험을 물리치고 천사들의 수종을 받으면서 약속의 땅에 들어가는 그날까지 행복한 승리를 누리게 하옵소서. 아멘!

7. 4:12-25 가서 사시니

"예수께서 요한이 잡혔음을 들으시고 갈릴리로 물러가셨다가, 나사렛을 떠나 스불론과 납달리 지경 해변에 있는 가버나움에 가서 사시니, 이때부터 예수께서 비로소 전파하여 이르시되 회개하라 천국이 가까이 왔느니라 하시더라.
갈릴리 해변에 다니시다가 두 형제 곧 베드로라 하는 시몬과 그의 형제 안드레가 바다에 그물 던지는 것을 보시니 그들은 어부라, 말씀하시되 나를 따라오라 내가 너희를 사람을 낚는 어부가 되게 하리라 하시니, 그들이 곧 그물을 버려두고 예수를 따르니라.
예수께서 온 갈릴리에 두루 다니사 그들의 회당에서 가르치시며 천국 복음을 전파하시며 백성 중의 모든 병과 모든 약한 것을 고치시니" (12,13,17-20,23절)

Appetizer

예수께서 요한에게 세례를 받으시고 성령이 임하신 후 하나님이 사랑하는 아들이라는 인치심도 받으시고 메시아 취임으로 공생애를 시작하셨다. 그리스도 사역을 시작하시려고 정든 삶의 터전인 고향 나사렛을 떠나서 이방인들이 많이 모여 사는 가버나움에 가서 사셨다.

갈릴리 지역의 역사는 솔로몬이 성전 건축을 도와준 히람왕에게 20개의 성읍을 선물로 주었지만, 마음에 들지 않아서 '기쁘지 않다' 는 뜻으로 가불(Gabul)이라 불렀다. (열왕기상 9:11), 갈릴리 지역은 아람 군대와 앗수르 군대의 정복을 당하였다. (열왕기상 15:22,29)

그 후 헤롯이 통치한 지역으로 이스라엘의 변방 취급을 받은 소외된 땅이었다.

무산계급의 사람들이 모여 살았기 때문에 정치 사회적인 반란 등의 톱

기사가 자주 나는 곳이다. 주로 혼혈들이 많이 모여 살아서 유대인들은 갈릴리 사람들과 결혼도 하지 않고 교제도 하지 않았으며 이방인 취급을 받았고 이방인의 땅으로 불리움을 받았다.

그러나 예수님이 오셔서 갈릴리 땅에서 사시고 그곳에서 메시아 사역을 시작하심으로 소외된 땅을 축복받은 하나님의 나라로 바꾸어 주신 이유는, 이사야 선지자의 예언을 이루시기 위함이었다.

갈릴리는 예수께서 성장하신 곳이며, 제자들을 택하신 곳이며, 많은 이적을 베푸신 곳이다. 그리고 그곳의 많은 여자가 예수를 섬겼으며, 바리새인들과 충돌이 있을 때 피하여 가신 곳이며(요한복음 4:1;3), 부활하신 후 제자들을 먼저 찾아오신 곳이다.

예수께서 고향을 떠나신 사건은 믿음의 조상 아브라함이 하나님의 부르심을 받고 본토 친척 아비 집을 떠나신 사건과 유사하다.

사도 바울의 아덴 설교는 "인류의 모든 족속을 한 혈통으로 만드사 온 땅에 거하게 하시고 저희의 연대를 정하시며 거주의 경계를 한하셨으니" (사도행전 17:26)이었다.

모든 인류의 거주지를 하나님께서 정하신다고 하였다. 우리가 동양인으로 21세기에 살도록 태어난 것은 하나님의 뜻을 이루기 위함이다.

성경에 기록된 하나님의 사람들의 거주지 이동 사건들은 하나님의 특별하신 간섭하심 때문이었다. 아브라함과 이삭의 이주, 야곱의 밧단아람의 이민 생활, 요셉의 애굽의 강제 이주 , 모세의 미디안 망명, 다니엘의 바벨론 포로 이주, 다윗의 광야와 블레셋 망명, 사도 요한의 밧모섬 유배, 예수님의 이집트 망명, 바울의 로마투옥, 등은 자의에 의해서가 아니라 타의로 하나님의 사명과 섭리를 이루기 위해서 삶의 터전을 '가불땅' 으로 옮겨간 자들이었다.

예수께서 사망과 흑암의 땅으로 거주지를 옮기신 사건은 절망적인 그들에게 생명의 빛을 주시고 삶의 회복을 주시기 위해서였다.

현대인들은 직장과 사업, 경제활동, 자녀 교육을 위한 좋은 학군과 해외 유학, 더 나은 문화 혜택을 위해서 자발적으로 이주하거나 천재지변이나 전쟁 난민, 인권을 위한 망명, 사명자의 파송 등 비자발적인 다양한 이유로 이주한다. 그러나 한가지 잊지 말아야 하는 것은 예수님과 성경의 신앙인들처럼 하나님의 섭리와 사명이 이유인지를 살펴야 한다.

아브라함이 소명과 사명의 이주가 아닌 기근을 피해서 애굽으로 이주하였다가 큰 고통을 당하고 다시 귀환하였던 일과, 엘리멜렉 가족이 기근을 피해 약속의 땅을 떠나 모압으로 이주하였다가 가족의 죽음을 보았고 나오미와 룻의 귀환으로 다시 복을 받은 일은 섭리적 이주가 목적이 되어야 한다는 것을 가르치는 교훈이다.

Today's dish

1. 가서 사시니

어느 나라든지 수도와 지방 도시의 삶의 질이 다르다. 로마 황제가 사는 로마시에서 멀면 멀수록 경제, 문화, 교육, 교통, 건축, 안보 등 문명의 혜택을 적게 받고 비문명적인 삶을 살게 된다. 그래서 무작정 상경이라는 말까지 나온다.

갈릴리 지방은 수도 예루살렘에서 멀리 떨어진 북쪽 해변 길과 이방인의 땅이며, 요단강 저편 땅이라고 표현하고 있다. 그리고 흑암과 사망의 땅이며 그늘에 앉은 자들이 있는 곳이라고 마태가 기록하였다. 갈릴리 지방은 모든 부분에서 소외된 땅이었다.

그런데 유대인의 왕이시며 세상의 구원자이신 예수께서 그곳을 거주지로 정하시고 사시면서 메시아 사역을 펼치셨다.

"가서 사시니" 라는 표현은 성육신하신 주님의 겸손하신 섬김의 모습을 볼 수 있다. 선교는 "가불" 이라는 선교지에 가서 사는 것부터 시작된다고 한다. 교회에서 예배드리다가 폭탄과 총탄 세례로 목숨을 잃게 되는 창의적 접근 지역, 고산지대, 빈곤 지역, 문화적 인프라가 전혀 없는 곳에서 건강과 생명의 위험을 무릅쓰고 그곳에 살면서 선교하는 것은 주님의 선교를 따라가는 것이다.

사람들은 더 나은 환경, 더 좋은 곳으로 이주하는 철새 기질이 있다.

그러나 하나님은 사명자들을 부르실 때, 현재 안주하는 환경에서 떠나게 하시고 더 어렵고 힘든 곳으로 불러서 연단하시고 훈련하신 후에 더 큰 사명의 복을 주신다.

예수님은 두 살 미만 때 바로의 칼날을 피해서 애굽으로 망명을 하셨다. 그리고 나사렛 고향에서 희년 설교를 하신 후 배척받으시고 갈릴리 가버나움으로 거주지를 옮기시고 거기서 사셨다.

예수께서는 자신의 유익을 위해서 삶의 터전을 옮기신 것이 아니라 하나님이 예정하신 뜻을 이루시기 위해서 삶의 터전을 옮기신 선교사이셨다.

하나님의 뜻이란? 어두운 땅과 사망의 그늘이 있는 곳에서 생명의 빛이 되시고 하나님의 나라의 지복을 그들에게 가져다주는 복의 근원이 되는 일이다.

우리가 거주하고 사는 곳은 하나님 아버지의 뜻과 일치하는 사명지인지 살펴야 한다.

작은 교회에서 부담이 많은 사명자로 섬기는 것보다 부담이 적은 큰 교회로 옮기는 이유가 하나님의 뜻에 합당한지 물어보아야 한다.

예수께서 시몬과 안드레, 요한과 야고보 형제들을 하나님의 나라의 제자로 부르실 때 그들은 배와 그물과 부친을 버리고 즉시 주님을 따라갔다.

자기를 부인하고 자기 십자가를 지고 주님을 따라가는 자가 제자이다. 자기를 주장하고 자기 십자가를 남에게 지우고 주님이 아닌 자기를 따라오라고 주장하는 사람은 제자가 아니라 이단자와 교주이며, 안티 기독교인이며 적그리스도이다.

예수께서 시몬에게 "나를 따라오라 사람을 낚는 어부가 되게 하리라" 부르실 때 어부 연봉이 얼마인가? 배와 그물을 버렸는데 보상은 얼마 주는가? 부모를 어떻게 버리는가? 따져 물었다면 시몬은 베드로가 되지 못하였을 것이다. 직업인은 이해타산을 계산할 수 있지만, 사명자는 '묻지마 관광' 처럼 따지거나 묻지 않고 믿음으로 순종하는 자이다.

광야 백성들이 모세에게 늘 따지고 묻다가 광야 사막에 묻히고 말았다.

2. 어둠의 빛

모든 길은 로마로 통하던 로마제국 시대에 갈릴리 지역은 로마제국의 변방이었다. 갈릴리 사람들의 방언이 특이 하였으며(마태복음 26:73), 갈릴리 사람들은 로마 주둔군과 자주 충돌이 있어서(누가복음 13:1) 점령군들의 특별 경계 지역이었다.

갈릴리 지방은 앗수르 나라에 점령당한 후 이방인들과 혼혈인들이 많이 살면서(열왕기하 15:29) 이방인의 땅으로 불렸고, 유대인들과 로마인들에게도 소외당한 곳이다.

예수님은 유대 땅 베들레헴에서 탄생하셨고, 다윗의 자손이었기 때문에 이스라엘의 왕족으로 예루살렘에 가서 사실 수 있었지만, 이방의 갈릴리 땅에 가셔서 사셨다.

예수님은 그곳에서 제자들을 부르시고, 그곳에서 이적을 가장 많이 베푸셨으며, 부활하신 후에도 가장 먼저 나타나신 영광스런 곳으로 만드셨으며, 지금도 예수의 고향 사람들은 성지 순례자들의 관광 수입으로 먹고산다.

예루살렘은 로마제국의 식민지였으나 총독이 사는 곳이며 '내로라' 하는 랍비와 성직자들은 성전에서 일하면서도 그리스도를 알지 못하는 영적으로 어두운 곳이지만, 역설적으로 소외된 갈릴리는 하나님 나라의 빛이 있었다.

예수께서는 사실 수 있는 좋은 곳과 사역지가 많으셨음에도 불구하고 갈릴리에 거주하신 이유는 하나님의 일방적인 선택이었다는 것은 사명자의 삶이 이런 것임을 보여주셨다.

> "내 영혼이 은총 입어 중한 죄 짐 벗고 보니 슬픔 많은 이 세상도 천국으로 화하도다. 할렐루야 찬양하세 내 모든 죄 사함 받고 주 예수와 동행하니 그 어디나 하늘나라" (찬송가 438장)

예수님은 하나님께서 정해주신 곳에서 열심히 맡은 사명을 감당하셨다. 가르치시고, 고치시고, 전파하시면서 하나님 나라를 건설하셨다. 우리가 문화적으로 소외된 곳에서 산다고 낙심하지 말아야 한다. 하나님은 언제나 소외된 곳의 사람들에게 더 많은 관심을 가지고 계신다. 다른 사람들보다 부족한 점이 있다고 낙심하지 말아야 한다. 하나님은 그런 자의 하나님이시다. 밤에는 촛불이 요긴하고 필요하지만, 태양이 작열하는 낮에는 촛불의 존재란 의미가 없다.

갈릴리는 유대인들이 조롱하는 지옥의 땔감들이 모여 사는 이방인 지역이었으며, 모든 앓는 자, 각색 병과 고통에 걸린 자, 귀신 들린 자, 간질 하는 자, 중풍 병자들이 많았다. 그리고 뱃사람 기질로 무지하고 완고한 사람들이 사는 곳이다.

예루살렘은 제사장, 장로, 서기관, 귀족들, 총독, 왕족들, 군인들, 부자들, 학자들이 모여 사는 문화와 종교의 도시이다. 그러나 주님은 예루살렘의 왕족으로 살지 않으시고 갈릴리의 빛으로 그곳에 사셨다.

참된 행복은 지금보다 좀 더 높은 곳에서 사는 것보다 지금보다 조금만 더 낮은 곳에서 살면 가능하다. 내가 사는 곳의 영적 해발의 높이는 몇 미터인가?

예수께서 예루살렘에서 하나님 나라를 전파하셨다면?, 제자들을 부르셨다면? 많은 병을 고치셨다면, 하나님 나라는 어떻게 되었을까? 그것은 이사야를 통해서 계획하신 하나님의 예정과 뜻을 어기는 사역이었을 것이다.

예루살렘은 예수께서 빛이 되지 못하고 오히려 배척받으시고 십자가에 못 박하시고 장사를 지낸 무덤이 있는 곳이다. 그러므로 예루살렘은 갈릴리보다 훨씬 더 영적으로 어둡고 암울한 곳이다.

신학생들에게 선호하는 사역지에 대한 설문지를 돌렸는데 농어촌에서 목회하겠다는 학생은 거의 없고 대부분 대도시 목회를 원하였다. 가고 싶은 선교지는 아시아권과 영어권이 가장 많은 이유는 아시아권역은 본국과 왕래를 자주 할 수 있고, 영어권에서는 자녀 교육에 유리한 점이 있기 때문이라고 보았다. 땅끝 아프리카와 중남미 지역은 관심이 거의 없다고 한다.

예수의 선교지 갈릴리 땅의 사람들은 병약자들과 각색 병자들과 고통에 걸린 자들, 귀신 들린 자, 간질하는 자, 중풍 병자들, 멸시받고 천대받는 인도의 수드라와 불가촉천민 같은 자들이 모여 사는 저주의 땅이었다.

갈릴리에서 고치시는 예수 그리스도는 우리를 치료하시는 '여호와 라파' (Jehovah-Rapha, The LORD who Heals)이시다. 주님의 치료(神癒) 하심을 100% 의지하면 100% 고쳐주신다. 50% 의지하면 50% 효력이 나타난다. 여호와 라파의 주님을 0% 불신하면 아무 일도 일어나지 않는다. 주님의 치유는 영, 혼, 육을 포함한 기억 치유, 내적 치유, 생각 치유, 감정 치유, 관계 치유 등 모든 약한 것과 아픈 것들을 고쳐주신다.

3. 회개와 천국

천국의 시작은 빛이신 예수 그리스도께서 찾아오심으로 시작된다. 빛이 오면 어둠이 물러가는 것이 창조의 질서이며, 구속의 원리이다. 빛 되신 예수께서 찾아오시면 그곳은 빛이 있고 빛이 있는 곳이 천국이다. 천국은 인간이 찾아서 발견되는 곳이 아니며 인간의 노력으로 건설하거나 쟁취할 수 있는 곳도 아니다. 천국은 우리에게 다가오고 있다. 천국은 하나님의 나라이기에 하나님의 요구를 충족시키는 사람이 들어가는 곳이다.

천국은 구원자 예수 그리스도에게 점령을 당한 자들에게 시작된다. 예수 그리스도를 거부하고, 반대하고, 모르고 살았던 죄를 회개하고 예수 그리스도에게 점령을 당하기를 원하고 영접하는 사람에게 임한다.

예수 그리스도께서 오셔서 우리와 함께 사시는 임마누엘이 천국이다. 예수께서 요구하시는 것은 내가 갈릴리 사람이라는 것을 절망하면서 하나님의 은총을 구하며 회개하는 것이다.

천국의 시작은 어둠으로 살았던 모든 죄를 회개함으로 빛 되신 예수 그리스도를 영접하는 것에서 시작된다. 지상에는 낙원, 천국이라 불리는 아름답고 풍요로운 곳이 많이 있다. 북한도 지상 낙원이라고 말한다.

천국에 관한 조크가 있다. 하와이 사람이 천국에 갔는데 천사들이 그의 발에 족쇄를 채웠다고 한다. 그래서 하와이 사람이 천사에게 그 이유를 따져 물었는데 천사의 대답은 '하와이 사람들을 족쇄를 채우지 않으면 지상 낙원이라는 하와이로 다시 내려갈까 봐 묶어두었다' 고 하였다.

빛 되신 예수 그리스도가 계시지 않는 곳에는 결단코 천국이 이루어지지 않는다. 빛은 없고 어두움이 있는 곳은 천국이 아니다.

> "그 성은 해나 달이나 비췸이 쓸데없으니 이는 하나님의 영광이 비취고 어린양이 그 등이 되심이라, 거기는 밤이 없음이라" (요한계시록 21:23,25)

천국은 마음에서부터 시작한다고 팔복장에서 주님이 가르쳐주셨다.

> "심령이 가난한 자는 복이 있나니 천국이 저희 것임이요" (마태복음 5:3)

갈릴리 사람과 이방인들은 예루살렘 사람들보다 하나님 나라의 장자의 복을 받았다. 하나님은 인간의 힘으로 회복할 수 없는 사람들에게 은혜를 부어 주시고 인간의 자력으로 회복이 가능하다고 믿는 사람들을 시기 나게 만드신다.

> "이는 혹 내 골육을 아무쪼록 시기케 하여 저희 중에서 얼마를 구원하려 함이라. 그런즉 원하는 자로 말미 암도 아니요 달음박질하는 자로 말미 암도 아니요 오직 긍휼히 여기시는 하나님으로 말미암음이니라" (로마서 11:14, 9:16)

하나님은 조금이라도 자기 의를 주장하고 내세우는 사람은 넘어져서 부끄럽게 하시고 자기 의가 전혀 없는 자를 의롭게 만드시는 하나님의 긍휼하심만이 우리를 구원하신다는 것을 깨닫게 하신다.

우리를 구원하신 하나님께 우리가 할 일이란? 그의 구원하시는 은혜와 긍휼하심에 대해서 찬송을 돌리는 일 밖에는 그를 기쁘시게 할 아무런 일이 없다.

천국은 생명나무의 길을 가로막고 접근금지를 명하신 그룹들과 화염검을 해제하시고 생명나무 앞으로 나아갈 수 있도록 해 주실 때 들어갈 수 있다. (창세기 3:24)

그 길을 열어주신 분이 예수 그리스도이시다. 자신의 육체의 휘장을 찢으시고 피를 흘려서 지성소에 나아갈 수 있도록 길을 열어주셨다. 그래서 예수 그리스도는 길과 진리와 생명이 되신다. (요한복음 14:6)

이 땅에는 결단코 천국이 없다. 그리고 누구도 자력으로 천국에 들어갈 수 있는 사람은 없다. 오직 자신의 무력함을 고백하고 하나님의 은혜의 기적이 아니면 천국에 들어갈 수 없음을 알고 예수 그리스도를 의지하고 믿는 자에게만 허락되는 복음이 천국의 복이다.

예수 그리스도께서 빛으로 어두움을 물리쳐 주실 때 나에게서 천국의 삶이 시작된다.

dessert

1. 내가 사는 곳은 하나님의 뜻과 사명에 적합한 곳인가?
2. 우리는 세상의 어둠을 물리치는 빛의 역할을 잘 감당하고 있는가?
3. 내가 천국에 들어갈 수 있다는 확신은 무엇 때문인가?

Prayer

주님! 우리가 이 땅에서 사는 목적은 하나님의 소명과 사명을 이루기 위함보다 육신의 안락을 위한 것을 회개합니다. 어두운 갈릴리에 빛으로 오셔서 하나님의 나라를 가져오신 주님의 뒤를 따라가는 사명자로 살게 하소서. 아멘!

8. 5:1-12 제2의 회심(回心)

"예수께서 무리를 보시고 산에 올라가 앉으시니 제자들이 나아온지라. 입을 열어 가르쳐 이르시되, 심령이 가난한 자는 복이 있나니 천국이 그들의 것임이요, 의를 위하여 박해를 받은 자는 복이 있나니 천국이 그들의 것임이라.

나로 말미암아 너희를 욕하고 박해하고 거짓으로 너희를 거슬러 모든 악한 말을 할 때에는 너희에게 복이 있나니, 기뻐하고 즐거워하라 하늘에서 너희의 상이 큼이라 너희 전에 있던 선지자들도 이같이 박해하였느니라" (1-3,10-12절)

Appetizer

예수님의 산상 설교는 구약 39권 929장을 한글 폰트 10으로 A4 용지 7장 분량 정도 되는 3장(5-7장)에 일관성 있게 요점을 정리해 놓았다. 마치 약탕기로 달여놓은 한약과 같다..

모세는 시내산에서 십계명을 받아서 가르쳤지만, 예수께서는 팔복 산에서 산상 설교를 통해서 하나님 나라 백성의 삶의 중요한 원리를 20가지로 함축시켜 놓았다. 10계명의 두 배가 되는 20계명이라고 볼 수 있다.

"율법(모세)은 너희에게 저렇게 말했지만, 나는(예수님) 너희에게 이렇게 말하노니" 라는 형태로 십계명과 율법을 더 포괄적이고 함축된 복음을 주옥같이 가르치셨다.

누가는 누가복음에서 4가지 복(가난한 자, 주린 자, 우는 자, 핍박받는 자)과 4가지 화(부유한 자, 배부른 자, 웃는 자, 모든 자에게 칭찬받는 자)를 기록(누가복음 6:20-26)하였다. 마태는 8복(마태복음 5장)과 7화(마태복음 23장)를 기록하였다.

예수님의 산상 설교는 어떤 명설교가, 명강사라도 추종을 불허하는 예수님만의 독창적인 설교이다. 산상 설교의 서론이 되는 팔복 설교는 기독교의 본질인 예수 그리스도와 그의 십자가의 복음을 명료하게 그려놓았다.

팔복(八福)은 하나님 나라의 이방인들이 추구하는 오복(五福)과 다른 역설적인 복이다.

블레즈 파스칼(Blaise Pascal)은 그의 유고집 "팡세" 에서 '인간은 생각하는 갈대' 라는 명언을 남겼다. 그리고 '인간은 행복을 추구하는 존재이다. 행복이야말로 인간의 최대 관심사다' 라고 말했다. 그는 견딜 수 없는 두통과 치통을 잊기 위해서 수학 연구와 저술에 힘썼으나 고통 중에 행복을 생각하는 갈대와 같이 39세에 요절하였다.

사람은 누구나 오복을 소유하고 좋은 환경에서 안정된 삶을 보장받고 질 높은 삶을 영위하는 행복을 추구하는 존재이다. 유대인들은 '솔로몬 증후군(症候群), 솔로몬 신드롬(Syndrome)' 을 가지고 있었다. 예수께서는 '솔로몬 증후군' 에 걸린 유대인들을 향하여 "솔로몬의 입은 영광은 이 꽃 하나만 못하다" 라고 말씀하심으로 유대인들의 자존심을 건드리셨다. 시오니즘과 일맥상통하는 솔로몬 증후군에 걸린 유대민족은 솔로몬보다 크신 예수께서 가르치신 하나님 나라의 팔복의 가치를 등한히 여기고 멀리하다가 큰 불행을 당하였다.

> "예루살렘아 예루살렘아 선지자들을 죽이고 네게 파송된 자들을 돌로 치는 자여 암탉이 그 새끼를 날개 아래 모음 같이 내가 네 자녀를 모으려 한 일이 몇 번이냐 그러나 너희가 원치 아니하였도다. 보라 너희 집이 황폐하여 버린 바 되리라"
> (마태복음 23:37-38)

'복' 이라는 인간의 공통적인 희망 사항은 대중적인 가치가 아니라 기독교 신앙의 중심에 있는 중요한 원리이다. 예수께서 가르치신 복에 대한 성경적 가치관을 가지는 것은 제2의 회심이라고 할 만큼 중요한 것이다.

교회의 강단에서 팔복 설교를 들어보기가 쉽지 않은 이유에 대해서 복음적인 명설교가 '로이드 존스' 목사는 산상 설교에서 '이 놀라운 역설은 우리를 당황하게 만든다' 라고 했다.

예수님의 팔복 설교는 우리가 상식적으로 생각하는 복과 전혀 다른 복을 말씀하신다. 어쩌면 합리적이지 못한 궤변 같으며, 반가움보다 놀라움이, 기쁨보다는 우울함이 생긴다.

팔복에서 이러한 사람은 '복이 있을 것 같다...' 가 아니라 '복이 있다' 라고 단정적으로 선언하셨다.

부자 청년이 '어떻게 하면 영생을 얻을 수 있는가?' 예수께 질문하였다. 예수께서는 영적 통찰력을 가지고 부자 청년이 사용한 '영생' 이라는 단어 속에 함축된 의미를 풀어내셨다. 그는 안정된 부를 오래 누릴 수 있는 행복의 비결을 물었던 것이다. 예수께서는 "너의 재산을 다 팔아서 가난한 자들에게 나누어주고 나를 따르라' 라며 정곡을 찌르셨다. 부자 청년은 재물과 영생을 저울질하다가 근심하면서 예수를 떠나갔다. 예수께서는 "약대가 바늘귀로 들어가는 것이 부자가 하나님의 나라에 들어가기보다 쉽다고 말씀하셨다."

유대인들이 존경하는 아브라함은 일생동안 부자 될 기회를 두 번 거절하였다. 한번은 조카 롯과 초지 분쟁이 일어났을 때 조카 롯에게 초지를 양보하였다. (창세기 13장), 두 번째는 소돔 전쟁에서 포로된 조카를 구하려고 전쟁에 참전하고 승리해서 포로들을 데리고 왔을 때 소돔 왕이 아브라함에게 전리품을 다 주겠다고 제안을 했을때 나는 소돔 왕으로 인해서 치부하였다는 소문을 듣기 원치 않는다며 거절하였다. (창세기 14:23) 그때 제사장 멜기세덱이 아브라함을 찾아와서 축복하였다.

아브라함은 믿음으로 하나님께 의롭다는 인정을 받았고, 하나님의 친구로 대화하며 동행하는 임마누엘의 복을 받아 믿음의 조상이 되었고 천하 만민이 복을 받는 통로가 되었다.

성경에서 말하는 축복관인 팔복은 인생관, 가치관, 세계관, 종말관이 변화되는 제2의 회심이라 말할 수 있다. '회심(回心)' 은 가던 길에서 돌아서서 다른 길로 가는 삶의 유턴이다.

Today' s dish

산상 설교는 여러 가지 육신적인 동기와 목적을 가지고 예수가 필요해서 평지에 모여든 무리가 아니라, 예수께서 하나님 나라를 위해서 필요해서 부르신 제자들에게 산에서 가르치신 복음이다. 이스라엘 역사를 통한 교훈은 하나님이 필요해서 '자기의 하나님' 으로 믿던 사람들의 믿음은 변질하거나 배교하고 철새처럼 떠났다. 그러나 하나님이 필요하셔서 부르신 '하나님의 자기' 라는 믿음을 가진 사람은 하나님께서 그들을 붙잡으시고 놓치지 않으심으로 불순종하거나 배교하지 않았다.

현대 교인들이 명심해야 할 사항은 하나님을 '자기의 하나님' 으로 믿는 사람은 위험한 사람이다. 그러나 '하나님을 위한 자기' 라는 믿음을 가진 사람은 존귀한 사람이며 하나님께 쓰임 받는 자들이다.

팔복 공식을 정리하면 '무리' 는 '자기 예수' 를 믿는 자들이라면, '제자' 는 '예수를 위한 자기' 의 믿음을 가진 사람이다. 이런 사람에게 팔복을 주신다.

예수께서는 입을 열어 팔복을 가르치셨다. 입만 열면 형제에게 '라가' 라는 욕이 나오고 비방하는 말과 거짓말과 자랑하는 말을 하는 사람들은 지옥 불에 들어가리라고 하셨다.

회심은 개혁자들이 말했던 언어의 회심과 지갑의 회심으로 증명되어야 한다.

산상 설교의 줄거리는 마태복음 5장에서 팔복으로 시작해서 7장의 반석 위의 집 짓는 이야기로 마친다. 예수께서는 천국의 위치에 대해서 유대인들이 생각하는 '건물 성전' 이 아니라 '마음 성전' 이라고 지적하신다. 천국은 모래 위에 세운 성전이 아니라, 예수 그리스도가 통치하시는 마음에 건축하는 반석 성전이라는 것을 가르치셨다. '천국' 의 위치는 하나님이 창조하신 자연계의 하늘이나 땅이 아니라 예수 그리스도가 계신 그곳이라고 가르치셨다.

다윗의 아버지 이새는 아들이 여덟 명이 있었다. 하나님에게는 아들이 여덟 명이 있다. 이 아들들은 아버지를 닮은 다양성과 일치성으로 아름다운 조화를 이룬다.

일복 : 자기 권리와 주장할 것이 아무것도 없음을 고백하는 마음이 가난한 자.

이복 : 사랑과 정의가 사라진 세상에서 억울하지만, 하나님 앞에서 그냥 우는 자.

삼복 : 한 평의 땅이라도 더 가지려고 경쟁하지 않고 약속만 바라보고 기다리는 자.

사복 : 맘몬의 힘보다 하나님과 바른 관계로 살아가는 의를 갈망하고 추구하는 자.

오복 : 애굽의 종 되었던 것을 기억하고 긍휼을 받은 대로 긍휼을 베풀려는 사람.

육복 : 비 오는 날 시야를 가리는 빗물을 닦아내는 윈도우 브러쉬처럼 십자가의 복음을 가리는 것들을 계속 닦고 치워서 십자가가 잘 보이게 하는 깨끗한 마음의 사람이다.

칠복 : 독생자가 화목의 제물로 죽음으로 원수와 화목하시는 아버지의 성품을 닮아서 원수라도 용서하는 화목 하는 사람.

팔복 : 천국을 포기하지 않는 이유 때문에 조롱과 핍박을 받는 천국 시민권자.

팔복은 마음수련과 명상 수련 등으로 마음의 안정과 평안을 찾는 것이 아니다. 팔복은 구원의 복음을 믿고 거듭나서 마음 성전 건축을 착공하고 준공하기까지의 진행되는 복이다.

바리새인들은 613가지 율법의 규례를 만들었다. 불교는 팔만대장경에도를 새겨놓았다. 그러나 예수께서는 죄로 인해 머리가 나빠진 인간들에게 많은 규례가 아니라 사랑의 계명이라는 하나의 계명과 팔복으로 쉽게 정리해 주셨다.

예수께서는 내게 와서 나를 배우라 내 짐은 쉽고 가볍다고 하셨다. 머리가 잘 안돌아 가는 사람들에게 고상한 용어를 사용하고 수학 공식처럼 복잡하고 어렵게 가르치는 사람은 예수 잡는 일등공신인 서기관일 수 있다.

팔복과 산상 설교는 읽고 듣는 설교가 아니라 정결한 짐승들이 되새김질하듯이 되새김질하고 음미하는 말씀이다.

팔복을 다시 음미하면서 정리해 본다.

1복 : 마음이 가난한 빈 마음(심령이 가난한 자는 복이 있나니 천국이 저희 것임이요)

2복 : 마음의 죄로 인한 애통(애통해하는 자는 복이 있나니 저희가 위로를 받을 것이요)

3복 : 경쟁 사회에서 뒤쳐지기 쉬운 온유한 성품(온유한 자는 복이 있나니 저희가 땅을 기업으로 받을 것임이요)

4복 : 하나님과 사람과의 관계의 의를 갈망함(의에 주리고 목마른 자는 복이 있나니 저희가 배부를 것임이요)

5복 : 죄로 인해 고통받는 영혼 몸을 불쌍히 여기는 맘(긍휼히 여기는 자는 복이 있나니 저희가 긍휼히 여김을 받을 것임이요)

6복 : 마음의 청결을 추구하는 영적 그린피스 환경주의자(마음이 청결한 자는 복이 있나니 저희가 하나님을 볼 것임이요)

7복 : 불화를 일삼는 사고뭉치 트러블 메이커(Trouble Maker)가 아니라 화목과 중재를 추구하는 피스메이커(Peacemaker, 화평케 하는 자는 복이 있나니 저희가 하나님의 아들이라 일컬음을 받을 것임이요)

8복 : 예수를 따라가기 위하여 핍박받으면서 십자가를 지는 자(의를 위하여 핍박을 받은 자는 복이 있나니 천국이 저희 것임이라, 나를 인하여 너희를 욕하고 핍박하고 거짓으로 너희를 거스려 모든 악한 말을 할 때는 너희에게 복이 있나니 기뻐하고 즐거워하라 하늘에서 너희의 상이 큼이라 너희 전에 있던 선지자들을 이같이 핍박하였느니라.)

팔복은 예수께서 그의 공생애를 통해서 모든 사람에게 보여주신 예수의 생애 그 자체이다. 이것이 마음 성전의 설계도이며 기초와 구조와 뼈대이다. 자기 의와 자기 품성 위에 세우는 모래 위에 지은 집은 무너지고 심판 날에 불에 타서 하나님 앞에 서지 못한다.

산상 설교는 천국으로 인도하는 가이드북이다. 예수를 영접한 사람은 이미 팔복을 받은 사람이며 받은 건축재료의 복을 가지고 참 성전을 세상 끝날까지 잘 짓는 사람이다.

dessert

1. 나는 복에 대해 어떤 정의를 내리고 있는가?
2. 나의 신앙관은 하나님이 "나의 하나님" 인가? "하나님을 위한 나" 인가?
3. 나는 팔복의 반석 위에 마음 성전을 짓는가? 옛사람의 모래 위에 집을 짓는가?

Prayer

주님! 내가 필요해서 주님을 나의 주님으로 찾는 무리가 아니라, 주님이 필요해서 나를 부르신 주님을 위한 내가 되어서 어떤 환경에서도 주님의 나라를 위한 사명자로 살게 하소서. 아멘!

9. 5:13-20 착한 소금, 착한 빛

"너희는 세상의 소금이니 소금이 만일 그 맛을 잃으면 무엇으로 짜게 하리요 후에는 아무 쓸데 없어 다만 밖에 버려져 사람에게 밟힐 뿐이니라. 너희는 세상의 빛이라 산 위에 있는 동네가 숨겨지지 못할 것이요, 이같이 너희 빛이 사람 앞에 비치게 하여 그들로 너희 착한 행실을 보고 하늘에 계신 너희 아버지께 영광을 돌리게 하라. 내가 너희에게 이르노니 너희 의가 서기관과 바리새인보다 더 낫지 못하면 결코 천국에 들어가지 못하리라" (13,14,16,20절)

Appetizer

산상 설교의 중심 주제는 예수를 따르는 제자들은 세상과 다른 생활로 그리스도인의 삶을 나타내라는 것이다. 팔복을 받은 성품은 보이지 않는 속옷과 같다면 착한 행실은 사람들 눈에 보이는 겉옷과 같다. 사람의 모든 행실은 성품에서 나오는 것이다.

하나님은 선하시고 의로우시고 거룩하신 분이다. 도덕적으로 표현하면 착하신 분이다. 그래서 하나님은 우리를 착한 예수 그리스도를 통해서 착한 사람이 되는 것을 기뻐하시고 착한 사람과 일하시고 동행하시기를 기뻐하신다.

레위기에서 대제사장 위임식 때에 아론에게 속옷을 입히고 띠를 띠우고 겉옷을 입히고 에봇을 입은 후 기묘하게 짠 띠를 띠워서 에봇을 몸에 매도록 하였다. (레위기 8:7)

속옷은 우리가 성령으로 거듭날 때 신의 성품이라는 팔복으로 속옷을 입혀주셨다. 그리고 겉옷은 성령의 말씀과 기도로 다스림을 받을 때 아름다운 그리스도의 옷으로 단장하는 착한 행실이 되며 어둠을 이기는 빛의 갑옷이 된다.

산상 설교는 '이렇게 살아야 기독교인이 된다.' 가 아니라 '너희가 기독교인이니까 이렇게 살아야 한다' 는 것이다.

'코로나19' 이전에는 '착한 통닭' , '착한 피자' 라는 홍보용 간판을 많이 보았다. 지금은 착한 통닭 간판을 찾아보기가 어렵다. 물가가 아주 많이 올랐기 때문에 착한 가격으로는 통닭집 운영을 할 수 없기 때문이다.

그리스도인의 착한 행실은 착한 통닭 가격처럼 오르내리는 상황 윤리적인 착함이 아니라 예수께서 말씀하신 사랑의 계명에 따라 '너희가 거저 받았으니 거저 주라' 는 명령대로 가격 저울질을 하지 않고 파격적으로 '통닭 선물' 을 거저 주는 것이다.

성부 하나님과 성자 예수님과 성령 하나님은 착하지 않은 세상에서 착한 일을 계획하시고 실행하시며 장려하시는 분이시다. 성령과 믿음으로 사는 그리스도인들은 착한 행실을 통해서 하나님 아버지의 이름을 영화롭게 하는 사람이다. 의롭고 착하신 예수 그리스도는 두루 다니면서 착한 일을 하셨다.

"하나님이 나사렛 예수에게 성령과 능력을 기름 붓듯 하셨으매 저가 두루 다니시며 착한 일을 행하시고 마귀에게 눌린 모든 자를 고치셨으니 이는 하나님이 함께 하셨음이라" (사도행전 10:38)

"바나바는 착한 사람이요 성령과 믿음이 충만한 자라 이에 큰 무리가 주께 더하더라" (사도행전 11:24)

"하나님이 능히 모든 은혜를 너희에게 넘치게 하시나니 이는 너희로 모든 일에 항상 모든 것이 넉넉하여 모든 착한 일을 넘치게 하게 하려 하심이라" (고린도후서 9:8)

"그러므로 우리는 기회 있는 대로 모든 이에게 착한 일을 하되 더욱 믿음의 가정들에게 할지니라" (갈라디아서 6:10)

"너희 속에 착한 일을 시작하신 이가 그리스도 예수의 날까지

이루실 줄을 우리가 확신하노라." (빌립보서 1:6)

우리를 예정하시고 택하시고 불러주신 하나님은 우리에게 은혜를 넘치게 하시고 우리 안에 착한 일을 시작하신 예수 그리스도를 통해서 모든 일에 착한 일을 넘치게 하여 그리스도의 날까지 쉬지 않고 일하실 것을 약속하셨다.

테슬라 전기차는 전기 충전이 없이는 꼼짝할 수 없는 것처럼, 착한 일의 에너지는 하나님 아버지의 전기충전소에서 전원을 연결하여 착함을 공급받는 것이지 스스로 자가 충전하는 것이 아니다.

Today' s dish

1. 움직이는 성경

예수 그리스도는 예언된 구약성경을 자신의 삶을 통해서 나타내시고 성취하시기 위해서 오셨다. 예수의 생애와 사역은 움직이는 구약성경인 셈이다. 예수는 산상 설교에서 두 가지 명제를 가지고 가르치셨다. 첫째, 나의 가르침과 삶은 구약성경의 가르침과 절대적으로 일치한다. 둘째, 나는 가르침과 삶이 이율배반적인 바리새인과 서기관과 코드가 맞지 않다.

예수 그리스도는 구약성경의 가르침과 절대적으로 모순이 없다. 구약성경은 율법과 선지자의 가르침으로 십계명과 율법이며 세분하면 의식법, 도덕법, 민법, 재판법으로 구분된다.

의식법은 성전과 절기와 제사 의식 가운데 제사장과 평민들이 하나님을 경외하고 예배하는 법이다.

도덕법(moral law)은 하나님과 사람, 사람과 사람 사이에 영구히 지켜야 하는 계명으로 십계명과 율례이며 천지가 변해도 불변하는 법이다.

민법은 신정국가에서 사회생활의 의로운 질서를 위하여 옳고 그름을 판단해 주는 재판법이다.

선지자는 율법을 해석하고, 지키지 않는 죄를 책망하고 경고해서 율법대로 살도록 인도하는 직책이다. 선지자의 글과 가르침은 모두 율법을 지켜야 하는 것을 강조한다. 율법은 하나님과 하나님의 백성과 맺은 항구적인 언약이다.

죄는 율법을 어기는 것이며, 죄를 범하는 사람은 하나님의 백성이 아니라 이방인이 된다.

율법의 정죄는 "저주를 받은 자들아 나를 떠나서 영원한 불에 들어갈지어다" 이다.

예수님은 랍비나 서기관 출신이 아니지만, 율법을 열심히 지키려는 바리새인과 서기관들의 가르침과는 다른 교훈으로 그들과 정면충돌이 일어났다.

예수님은 바리새인의 규례를 어기고 죄인과 세리들과 함께 먹고 마셨다. 안식일에 제자들이 이삭을 잘라서 비벼 먹는 것을 비판하는 자들에게 제자들을 변호해 주셨다.

율법은 죄의 사악성과 그 결과를 저주하지만, 죄를 없애주지 못하고, 죄를 깨끗하게 대속해 주시는 그리스도께 인도하는 몽학선생 역할을 한다.

율법은 아브라함 언약이 세워진 다음 430년 이후에 세워졌다. 하나님은 아브라함의 믿음을 보시고 의롭다고 여기셨지 율법을 지킴으로 의롭게 되고 구원받는 것이 아니다.

은혜로 구원을 받았으니 율법에서 자유함을 얻었고 마음대로 살아도 된다는 것은 그럴 수 없다.

성경은 거짓된 성결과 은혜론을 배격한다. 은혜는? 율법을 사랑하게 만들고, 율법을 지키려는 의욕을 일으켜 주며, 새로운 마음과 성향을 주는 것이다. 그리고 율법을 지킬 수 있는 능력을 받아서 율법을 이루는 것이 은혜이다.

남미의 티베트라는 볼리비아의 우유니 소금사막(Uyuni salt deset)에는 소금 호텔이 있다. 모두 소금으로 만든 호텔이다. 소금 식탁, 소금 의자, 소금 침대, 소금 베게... 벌레 한 마리도 없는 청정 호텔이 소금 사막에 있다.

소금 호텔에서 숙박하면 '너희는 세상에 소금이니' 라는 주님의 말씀에 세뇌되지 않을까?

소금은 세상에서 부패를 막는 방부제와 음식의 맛을 낸다. 주님께서 "소금은 좋은 것이로되…. 너희 속에 소금을 두고 서로 화목하라" (마가복음 9:50)고 말씀하셨다. 팔복 성품에서 우러나오는 팔복 행실은 화목의 소금이 되어 살맛을 낸다.

'너희는 세상의 빛이다' 선포하신 말씀은, 그리스도인은 산 위에 드러난 동네와 등경위에 둔 등잔처럼 모든 사람에게 비취는 실내등과 실외 가로등처럼 빛의 사명을 다하라고 말씀하셨다.

하나님의 자녀들이 세상에서 소금의 맛과 빛의 멋을 내면서 하늘에 계신 아버지에게 영광을 돌리는 것이 아버지께서 자녀들에게 바라시는 뜻이다.

2. 사람의 의

바리새인과 서기관의 의는 사람 눈에 잘 보이려고 행하는 과시용 '의' 가 대부분이다. 그들이 지키는 율법은 의식법을 지키는 열심과 노력이다.

그리고 재판법을 가지고 형제를 판단하고 재판하는 일에는 검사와 판사 수준의 전문가이다. 그러나 도덕법에는 완전히 실패자들이다. 그들의 교만과 시기심, 이기주의적인 심술과 앙심(怏心)은 예수님을 향한 태도에서 잘 나타났다.

그들은 죄인들 앞에서는 거룩한 체하고, 의로운 척한다. 그러나 의로운 예수님이 나타나서 자신들의 의와 비교가 되었을 때는 그들의 불의와 위선의 실체가 드러났다.

죄인들은 바리새인과 서기관들을 만나면 수풀에서 늑대와 사자를 만난 것처럼 벌벌 떨어야 했다. 또 무슨 법을 가지고 나를 잡으려고 할까? 그들을 보면 다 도망가고 숨어버렸다.

그들은 교권을 가지고 사람을 살리는 법이 아니라 사람을 걸고넘어지고 사람을 잡는 법으로 남용하였다. 사람들을 하나님 나라에 들어가게 하려고 율법을 가르치는 것이 아니라 자기도 들어가지 않고 다른 사람도 들어가지 못하도록 장애물이 되었다.

이솝 우화에 나오는 늑대와 어린양 이야기가 있다.

늑대가 하루는 어린양을 만나서 시비를 걸었다. 너는 왜? 내 땅에서 풀을 뜯어 먹느냐? 어린양은 대답했다. 이 넓은 천지에 너 땅 내 땅이 어디 있어요? 그리고 나는 아직 어려서 이빨이 나지 않아서 풀을 뜯어 먹을 수 없고 엄마 젖을 먹고 있어요! 늑대는 신경질적으로 말했다. 잔소리 그만해… 나는 무조건 양들만 보면 죽이고 싶은 생각이 들기 때문에 오늘은 정말 너를 잡아먹어야 하겠다, 으르렁……. 늑대가 어린양을 미워한 것은 자신의 사나운 모습과 온유한 양의 모습과 너무 대조적으로 달랐기 때문이다.

늑대는 가인, 양은 아벨이다. 늑대는 바리새인과 서기관, 양은 세상 죄를 지고 가는 하나님의 어린양 예수이시다. 늑대는 주님의 양을 핍박하는 마귀 자녀, 양은 주님을 따라가는 양 같은 하나님의 자녀이다.

율법은 손을 씻지 않고 음식을 먹는 그런 형식과 법규가 아니라 마음을 다스리는 하나님의 계명으로서 팔복의 성품을 가지고 착한 행실을 하도록 하시는 하나님의 뜻이다.

바리새인은 성전에 나가서 자기는 율법의 규례를 잘 지켜서 다른 사람과 같지 않음을 감사하면서 상대적으로 세리를 정죄하는 자기만족의 기도를 하였다. 그에게는 세리를 긍휼히 여기는 팔복의 영이 없었다.

3. 소계명

십계명은 큰 계명과 작은 계명으로 구분된다. 하나님을 사랑하라는 첫 돌판과 이웃을 사랑하라는 두 번째 돌판이다. 예수께서는 두 번째 돌판은 작은 계명이므로 소홀히 여기고 첫 번째 계명만 크고 중한 계명으로 가르치는 바리새인과 서기관의 가르침을 정면으로 도전하셨다. 5-10계명까지 하나라도 버리고 가르치는 자는 천국에서 작다 일컬음을 받을 것이며 작은 계명을 지키는 수준이 바리새인과 서기관의 의보다 더 낫지 않으면 결단코 천국에 들어가지 못한다고 말씀하셨다.

다시 말하면 천국은 바리새인들과 서기관들이 가르치는 교훈을 가지고는 들어갈 수 없다는 것이다. 첫 번째 계명을 잘 지키는 의와 열심을 가지고 지키지만, 두 번째 계명인 네 이웃을 네 몸과 같이 사랑하라는 계명을 지키지 않으면 천국에 들어갈 수 없다는 것이다.

큰 계명 작은 계명 구분 없이 하나라도 버리면 천국과 거리가 멀어진다. 원죄인은 자신의 노력과 힘으로 율법을 완성할 수 없지만, 율법의 완성이신 예수 그리스도께서 이루어 놓으신 구속의 의를 힘입고 믿음으로 살지 않으면 불가능하다.

우리는 사도신경과 주 기도를 날마다 고백하고 기도하지만, 사도신경과 주기도의 정신으로 살지 않으면 아무런 의미가 없을 뿐 아니라 제3계명을 어기는 망령된 죄를 범하는 것이다.

예수님은 구약성경을 성취하시고 새 언약의 성경인 신약성경을 우리에게 주셨다. 예수는 움직이는 성경, 살아있는 성경, 성품과 삶 속에 배어 나오는 인격의 성경이시다.

예수님의 성품과 삶을 바라보면 66권의 성경 그 자체를 이해할 수 있고 사랑할 수 있게 된다. 성경을 율법으로가 아니라 인격과 성품과 삶을 통해서 가르쳐주시는 분이 예수님이시다. 그래서 다윗은 성경 말씀이 너무 좋아서 송이 꿀송이와 같이 달다고 고백하였다.

그리스도인의 의롭고 착한 행실은 사람들에게 움직이는 성경을 보여주고 나타내는 것이다. 하나님은 그런 착한 행실을 통해서 영광을 받으시고 그런 하나님의 자녀를 세상 끝날까지 함께 하시는 임마누엘이 되실 것을 약속하셨다.

dessert

1. 나는 세상에서 착한 행실을 나타내는 착한 사람인가?

2. 나는 움직이는 성경이신 예수그리스도 안에서 움직이는 성경으로 살고 있는가?
3. 나는 대계명과 소계명을 구분하는가? 아니면 하나의 계명으로 순종하는가?

Prayer

주님! 율법을 완성하시고 새 계명을 주신 주님을 따라가는 우리가 팔복의 성품과 산상 설교의 착한 행실로 세상의 소금과 빛이 되도록 날마다 성령 충만함을 주시옵소서. 아멘!

10. 5:21-32 물증(物證)과 심증(心證)

"옛사람에게 말한바 살인하지 말라 누구든지 살인하면 심판을 받게 되리라 하였다는 것을 너희가 들었으나, 나는 너희에게 이르노니 형제에게 노하는 자마다 심판을 받게 되고 형제를 대하여 라가라 하는 자는 공회에 잡혀가게 되고 미련한 놈이라 하는 자는 지옥 불에 들어가게 되리라.
또 간음하지 말라 하였다는 것을 너희가 들었으나, 나는 너희에게 이르노니 음욕을 품고 여자를 보는 자마다 마음에 이미 간음하였느니라. 나는 너희에게 이르노니 누구든지 음행한 이유 없이 아내를 버리면 이는 그로 간음하게 함이요 또 누구든지 버림받은 여자에게 장가드는 자도 간음함이니라"
(21,22,27,28,32절)

Appetizer

사람들은 모세가 시내산에서 양손에 들고 있는 십계명 돌판은 무서운 법으로 생각한다. 그런데 예수께서 팔복 산에서 그 입으로 말씀하신 산상 설교는 더 무서운 법이다.

모세의 법은 물증이 있어야(하나님을 속일 수 없지만) 처벌받는 법이지만, 예수님의 산상 설교의 법은 심증을 가지고 처벌할 수 있는 법이다.

"옛사람에게 말한바 살인하지 말라 누구든지 살인하면 심판을 받게 되리라" 하였지만 "나는 너희에게 이르노니 형제에게 노하는 자마다 심판을 받게 되고" 라는 말씀에서 물증 법과 심증 법의 차이를 보여준다.

예수님의 새 계명인 사랑의 법이라는 잣대로 천국 갈 수 있는 의인이 한 사람도 없으면 지옥에 들어가지 않을 사람은 한 사람도 없다. 그래서 사도 바울은 "나는 날마다 죽노라" 고백하였다. 우리가 날마다 십자가 앞에 서지 않으면 넘어질 사람이기 때문에 날마다 십자가에 심증의 죄를 못 박아 죽이고, 성령의 능력으로 부활하지 않으면, 새사람의 새 계명을 따라 살아갈 수 없다.

예수님은 서기관과 바리새인들처럼 율법을 문자적으로 해석하지 않고 새 계명으로 해석하고 적용하셔서 물증 법으로 빠져나가려는 미꾸라지들까지도 일망타진해서 모세의 법정에 세우시고 솔로몬식 심증 재판으로 처벌하시니 죄인들이 벌벌 떠는 명탐정과 같다.

탐욕과 미움, 색욕, 이혼과 음행, 거짓말과 헛맹세 등의 심증법 해석으로 모든 아담의 후손을 한 사람도 빠짐없이 체포해서 죄의 값은 사망이라는 율법에 의해 사형을 선고하신다.

그러나 사형수들에게 사형을 집행하지 않고 사형수를 대신해서 예수께서 사형을 당하시고 죽음에 이런 사람들에게 칭의법으로 특별 사면을 하시고 구원하시는 복음의 길을 열어주셨다.

물에 빠진 사람은 죽여놓고 살리듯이 물증 법을 운운하는 죄인들을 법적으로 죽여놓고 살리신 다음, 예수 그리스도는 하나님의 공의법과 사랑법을 성취하시고 부활하심으로 영원한 의와 생명의 길을 열어놓으셨다. 율법을 십자가로 해석하면 복음이 되고, 십자가로 율법을 해석하면 십자가는 의가 된다.

보잉 747 항공기는 부품만 450만 개로 조립하였다. 보통 철물점에서 파는 15,000개 종류에 비하면 엄청난 분량이다. 인간 기술의 극치인 점보기지만 항공기 안에는 승객 50명이 탈 수 있는 구명보트 8대 안에 성경책 8권과 낚싯대, 비상식량이 들어있다. 만일 항공기가 바다에 추락하면 승객 가운데 목사나 세례교인이 조난당한 승객들에게 성경을 읽어주면서 기도하게 되어 있다. 참고로 보잉 727기에는 성경책 두 권이 있다.

사람은 어떤 극한 상황을 만날지라도 영혼의 구원자이신 예수 그리스도를 만나야 살 수 있다는 보잉사의 배려이다.

Today' s dish

예수 그리스도는 율법의 현상적인 것으로 정죄하지 않으시고 인간 내면에 존재하는 죄성의 뿌리 속의 죄를 보시고 책망하신다. 뒤집어서 말하면 서기관과 바리새인들은 율법을 지키는 종교인들을 의롭다고 생각하지만, 예수 그리스도는 인간 내면에 뿌리내린 죄성을 뽑아내고 새로운 생명의 성령의 법을 심어서 칭의와 성화를 이루게 하신다.

1. 심증의 살인

옛사람에게 말한바 살인하면 심판을 받으리라, 그러나 나는 너희에게 이르노니 형제에게 노하는 자마다 심판을 받는다. 형제에 대하여 라가(쓸데없는 놈)라고 욕하는 자는 재판 법정에 서게 된다. 그리고 형제에게 미련한 놈이라고 말하는 자는 지옥 불에 들어간다고 가르치셨다. 부모들이 불순종하는 자녀에게 '이 망할 놈이!, 이 썩을 놈아! 이 미친놈아!' 욕을 하는 것은 웃을 일이 아니라 사람을 죽이는 살인죄를 범하는 것이라고 산상 설교 법에서 경고하고 있다.

야고보서 3장에 혀는 쉬지 않는 악이요 죽이는 독이 가득한 것이며 여러 종류의 짐승과 새와 벌레들과 바다의 생물은 다 사람이 길들일 수 있지만, 혀는 능히 길들일 수 없는 괴물? 과 같다고 하였다. 혀는 온몸을 더럽히고 불사르는 지옥의 불과 같다고 하였다.

부모들이 그렇게 욕한 대로 자녀들이 망하고 썩고 미친다면 어떻게 되겠는가?

분노는 살인이라고 지적한다. 하나님께서 자기가 드린 예물을 거절하시고 아벨의 예물을 받으신 것에 대한 분노로 동생을 살인한 가인, 장자의 복을 빼앗김에 대한 분노의 칼을 가는 에서는 살인자이다. 연쇄살인, 무작위 살인, 존속살인, 낙태 살인들 중에 낙태는 살인죄라는 인식이 거의 없는 죄이다.

대한민국 여성들의 임신중절수술(낙태) 횟수가 경제협력개발기구(OECD) 국가 중에서 1위이며 출산율 최하위라는 불명예를 가지고 있다. 낙태 횟수는 연간 110만여 건에 달하는데 2019년 신생아 숫자는 30만 3,100여 명으로 신생아 숫자의 세 배가 넘는 아이들이 매년 낙태로 살인을 당하고 있다.

전 세계의 낙태율은 연간 4천500만 회며 하루 평균 12만 5천 명이 모태에서 죽어간다. 우크라이나 전쟁에서 11개월 동안 러시아 전사자 수는 12만 명이며, 우크라이나 전사자는 3천 명에 이른다고 한다. 하루에 12만 5천 명이 낙태로 사망하는 비율에 비하면 전쟁 살인은 낙태 살인 보다 극히 적은 숫자다.

보건복지부에 따르면 가임기 여성들의 인공임신중절 실태는 10명 중 3명(29.6%)이 낙태 수술 경험이 있다고 밝혔다. 인구절벽을 고민하는 국가가 낙태법을 살인죄로 강화한다면 신생아 출산율이 높아지고 인구 절벽 난제는 해결될 것이다.

2. 심증의 간음

> "또 간음하지 말라 하였다는 것을 너희가 들었으나, 나는 너희에게 이르노니 음욕을 품고 여자를 보는 자마다 마음에 이미 간음하였느니라" (27, 28절)

서기관과 바리새인들의 7계명 해석은 물증이 있는 간음죄를 언급하였다. 예수께서는 심증의 간음죄를 동일한 간음죄로 보셨다.

마음의 간음은 행동으로는 진행되지 않았지만 음란한 생각이나 성벽(性癖)이 있는 것은 물로 씻는 결례가 필요한 불결로 보셨다. 이성이나 동성이나 성적인 욕망을 가지는 것은 간음죄라고 해석하셨다. 욕심의 잉태는 죄와 사망을 가져온다고 기록한 야고보서와 맥을 같이한다.

요셉을 유혹하던 연상의 여주인, 들릴라를 보았던 삼손, 밧세바의 관능적인 몸을 보았던 다윗의 음심이 간음죄라고 지적한다. '음심이 가득한 눈을 가지고 죄를 범하기를 쉬지 아니하는' 방탕한 죄는 지옥 불의 연료와 같다고 베드로서는 경고하였다.

바알과 아세라 숭배자 이세벨은 색욕을 일으키게 할 목적으로 눈을 그리고 머리를 꾸미고 창으로 내다보는 음란한 여인이었는데 그녀의 결국

은 비극이라는 것을 경고하였다. (열왕기하 9:30)

주님은 여기서 눈과 손이 범죄하여 너를 실족하게 하거든 백체중 하나를 절단하고도 지옥에 가지 않는 것이 더 났다고 강력하게 경고하셨다.

우리는 종종 세계적인 유명 유튜버들이 아슬아슬한 절벽과 계곡에서 셀카를 찍으며 자신의 몸매와 용기를 자랑하다가 한순간 추락하여 사망하는 뉴스를 듣는다.

마귀의 말에 귀를 기울이는 하와의 귀는 그녀를 실족하게 하였다. 선악과를 보면서 먹음직스럽다고 감탄하던 그 눈이 그녀를 실족하게 하였다. 금단의 열매를 과감하게 손으로 따서 입으로 넣은 그 손과 그 입은 그녀를 실족하게 하였고, 남편 아담과 함께 온 인류를 실족하게 한 무서운 도구였다.

하나님은 타락한 사람들이 또 무슨 짓을 할지 몰라서 에덴동산과 선악과를 그룹들의 화염검으로 지키셨다.

심증의 살인과 간음죄에 추가해서 서기관과 바리새인들은 이혼에 대해서 모세의 법대로 이혼 증서를 주면 합법적인 이혼으로 해석하였다. 그러나 예수께서는 모세가 이혼 증서를 주라는 말은 인간의 사악함 때문에 묵인하는 것이지 본래 하나님의 법은 간음 외에 이혼은 불법이라고 말씀하셨다.

성경에는 "갑질 이혼" 으로 고통을 당한 약자의 사례가 있다. 예수께서 만나신 사마리아 여인은 남자 다섯 명에게 갑질 이혼을 당하였고 지금 있는 사람도 네 남편이 아니라고 말씀하셨다. 당시 여인은 자신의 생계와 생존을 위해서 남편을 절대적으로 의존하면서 살았다.

일부다처 관습을 가진 나라에서는 재력이 있는 남자는 여러 명의 부인을 두고 살다가 싫증 나거나 코드가 맞지 않으면 아내를 바꾸기 위해서 돈으로 매수한 거짓 증인을 법정에 세운다. 유전무죄 무전유죄라는 불의한 재판부의 악습에 의해 합법적인 이혼 증서를 받아내고 양심의 가책도 없이 무한리필로 정욕을 즐기는 사악한 무리가 있다.

세상은 합법을 가장한 불법을 조장하는 사악함에 대해서 예수께서는 불꽃 같은 눈으로 감찰하시고 사악한 불법에 대해서 무서운 지옥의 심판을 선언하셨다.

살인과 간음과 음란을 합법화하는 법과 규칙들을 만들어서 수많은 사람이 양심의 가책을 받지 않고 자신의 탐욕과 정욕을 불태우도록 하는 지도자들에게 예수께서는 진노하시고 무서운 7화를 선포하셨다.

dessert

1. 나는 죄에 대한 정의를 물증의 죄로 보는가? 심증의 죄로 생각하는가?
2. 우리는 왜 사도 바울의 고백처럼 날마다 죽어야 하는가?
3. 합법을 가장한 불법의 죄악에 대해서 우리는 어떻게 해야 하는가?

Prayer

주님! 주님께서 이 세상을 악하고 음란한 세상에서 참된 믿음을 볼 수 없다고 탄식하셨습니다. 합법을 가장하고 불법적인 살인과 간음과 음행을 조장하는 모든 불법을 막아주시고 하나님의 공의와 심판이 두려운 것임을 천하에 알게 하소서. 아멘!

11. 5:33-48 예수의 의 & 자기 기준의 의

"옛사람에게 말한바 헛 맹세를 하지 말고 네 맹세한 것을 주께 지키라 하였다는 것을 너희가 들었으나, 나는 너희에게 이르노니 도무지 맹세하지 말지니 하늘로도 하지 말라 이는 하나님의 보좌임이요, 오직 너희 말은 옳다 옳다, 아니라 아니라 하라 이에서 지나는 것은 악으로부터 나느니라.

네게 구하는 자에게 주며 네게 꾸고자 하는 자에게 거절하지 말라, 또 네 이웃을 사랑하고 네 원수를 미워하라 하였다는 것을 너희가 들었으나, 나는 너희에게 이르노니 너희 원수를 사랑하며 너희를 박해하는 자를 위하여 기도하라, 너희가 너희를 사랑하는 자를 사랑하면 무슨 상이 있으리요 세리도 이같이 아니하느냐, 그러므로 하늘에 계신 너희 아버지의 온전하심과 같이 너희도 온전하라" (33,34,37,42-44,46,48절)

Appetizer

사람들은 모두 창세기 3장부터 사탄의 유혹에 넘어가서 지식나무를 먹고 교만하여 자기의 지식과 자기 의로 충만하여 하나님을 믿거나 의존하지 않는다.

자기 기준의 의(義)는 1) 나는 절대 죽지 않는다. 2) 나는 지식으로 하나님과 같이 되어 선악을 안다고 착각한다. 아담 하와가 범죄하고 죽음이 왔지만, 유혹자 뱀은 자기의 거짓말이 탄로나자 책임을 지지 않기 위해서 아담 앞에 한 번도 나타나지 않았다.

사람들이 예수를 믿지 않는 이유는? 자기 의(義)라는 선악과 DNA가 있으므로 자기 지식, 자기 도덕, 자기 양심, 자기 경험, 자기 종교, 자기 우상들을 믿기 때문이다.

모든 옳고 그름과 좋다 나쁘다는 의의 기준은 자기(自己)다. 자기 안에 들어가 있는 자아가 가장 큰 하나님이고, 자기밖에 하나님은 작은 하나님이다. 그러므로 모든 신과 모든 사람은 자기의 말을 들어야 한다고 착각한다.

자기 의는 죽지 않는다. 망하지 않는다, 결코 잘못된 것이 아니라고 믿는다. 자기 의는 하나님과 같아서 자기가 옳으면 옳은 것이다. 자기가 나쁘면 나쁜 것이다. 자기의 길이라는 마이웨이(my way)를 가기 때문에 유턴(U-turn)이라는 회개를 원하지 않는다.

자기가 옳다고 믿는 종교와 우상과 미신과 사상의 길에서 돌아서라고 "회개하라 천국이 가까왔다" 는 선지자의 소리를 듣지 않는다.

예수께서 제자들에게 '너희 의가 서기관과 바리새인보다 더 낫지 않으면 결단코 천국에 들어가지 못한다' (20)고 하셨다.

예수께서 바리새인들에게 책망하셨다. '독사의 자식들' , '회칠한 무덤', 바리새인은 위선자의 대명사다. 바리새인은 환영받지 못하며, '구제 불능' 이다. "불편한 진실, 내 안의 바리새인" 이라는 책에는 바른 교리와 진리를 알면서도 자기 의에 빠져 하나님을 사랑하고, 이웃 사랑을 교묘하게 거역하는 위선적 종교인의 자화상을 고발한다.

예수께서 설명하신 참된 의(5:1-48)의 교훈은 "너희도 온전하라" (5:48)이다.

의와 죄의 적극적인 면과 소극적인 면이 있다. (5:1-16) 적극적인 의는 내적이며 소극적인 면은 죄를 짓는 것이다. (5:17-48) 그런 죄는 살인, 간음, 맹세, 복수 등으로 나타난다.

Today' s dish

어릴 때 부모들이 자녀들의 믿음을 시험해 보기 위해서 '너는 다리 밑에서 주어왔다' 라는 말을 하면, 농담으로 알고 들은 척도 하지 않고 싱글벙글 웃는 아이, 당황하면서 불안하게 부모의 눈치를 살펴보는 아이,

그냥 울어버리는 아이가 있다.

주님은 제자들을 시험하시기 위해서 "하늘에 계신 너희 아버지의 온전하심과 같이 너희도 온전하라" (48)는 말씀으로 하나님의 자녀는 하늘에 계신 아버지를 닮은 인격과 생활이 있는지를 확인하라고 말씀하셨다.

"너희가 들었으나...", "나는 너희에게 이르노니..", 동일한 논법으로 진술하신다. 어깨너머로 보고 들은 풍으로 예수를 믿지 말고 주님이 분명하게 말씀하시는 것을 붙잡고 확실하게 믿으라는 교훈이다.

1. 맹세하지 말라

"옛사람에게 말한바 헛맹세를 하지 말고 맹세한 것은 주께 지키라고 하였다는 것을 너희가 들었으나.., 나는 너희에게 이르노니.., 도무지 맹세하지 말라 하시고, 너희 말에는 옳다 아니라는 말만 하라" 고 가르치신다. (33, 37)

사람들이 자신의 말이 진실하다고 말할 때 '하늘을 두고 맹세한다' 는 말을 한다. 그 말은 하늘이 증인이 되었기 때문에 나는 거짓말을 하지 않는다는 말이다.

모두지 맹세하지 말라고 한다면 성경에 맹세한 사람들은 어떤 사람일까?

아브라함이 종에게 환도뼈 아래 손을 넣고 맹세를 시키고 이삭의 신붓감을 구하러 보내었다. (창세기 24:9)

기생 라합은 두 정탐꾼에게 자기와 가족을 죽이지 않는다는 것을 맹세시켰다. (여호수아 2:20)

베드로는 주님을 세 번이나 부인하면서 나는 이 사람을 모른다고 맹세하였다. (마태복음 26:72)

맹세는 다투는 일에 최종적인 확증이라고 히브리서 6장 17절에 기록되었다.

유대인들은 문자를 자귀적으로 확대 해석해서 하나님께 더 충성하려는 의도로 말씀에 사족을 달거나 더 추가하기 시작하였다. 그들은 하나님께 맹세한 것은 지키라고 가르쳤다.

그러나 주님은 하늘로, 땅으로, 성전으로, 네 머리로도 맹세하지 말라고 말씀하셨다.

법정에서 증인들이 맹세하지 말라는 것이 아니라, 예수께서 가르치신 의도는, 인간은 죄성으로 인해서 진실이 결여되었고, 맹세를 지킬 수 있는 능력이 없으므로 맹세하지 말고, 예와 아니요 라는 말로 더 이상 실수와 악으로 진행하지 말라는 교훈이다.

십계명 제9계명은 "네 이웃에 대하여 거짓증거 하지 말지니라..." 고 하였다.

가톨릭 영성 프로그램에서 시작된 프라미스 키퍼스(Promise Keepers), 약속 지키기 운동은 산상 설교를 충분하게 이해하지 못한 데서 오는 운동이다.

통일교에서 시작된 순결 서약 운동은 청소년들에게 순결을 맹세하는 의식을 행하는데 개신교에서도 그것을 도입하였다. 한 여학생이 순결 서약 운동하는 모임에서 "목사님, 아무도 지키지 않는 혼전순결, 왜 서약해야 하나요?" 라는 질문을 하였다.

서로의 약속을 지키기 위해서 맹세하고, 순결을 지키기 위해서 맹세를 하는 것은 좋은 일이지만 그리스도를 믿는 자들은 이미 십계명의 정신으로 약속을 지키고 순결 하는 것이 당연한 일이다. 맹세를 지키지 못하는 사람일수록 자신들의 진실을 믿게 하려고 하나님의 이름으로 헛맹세를 강조한다.

성경은 진실하라고 이미 9계명에 말씀하셨고, 7계명에 순결하라고 명령하셨다. 맹세는 '고양이에게 생선을 맡기는 것' 과 같이 죄성으로 인해서 진실하지 못한 죄인들에게 진실하라고 맹세하는 것은 맹세를 남용하는 허물이 된다.

사람들이 술을 끊고, 담배를 끊기 위해서 맹세를 하지만 작심 사흘이 된다. 신실하신 아버지의 성품을 받아서 성령께서 도와주시면 맹세 없이도 진실하고 약속 지키는 일에 신실해진다는 것이 산상 설교의 핵심 교훈이다.

2. 복수적인

"눈은 눈으로 이는 이로 갚으라" 는 교훈은 동해보상법(同害補償法)으로 재판장이 공적으로 재판할 때 적용하는 율법이다. 이것을 개인적인 복수와 원수를 갚으려고 해석하고 적용하는 일은 바리새인들의 교훈이다.

> "그러나 다른 해가 있으면 갚되 생명은 생명으로, 눈은 눈으로, 이는 이로, 손은 손으로, 발은 발로, 덴 것은 덴 것으로, 상하게 한 것은 상함으로, 때린 것은 때리므로 갚을지니라" (출애굽기 21:24)
>
> "사람이 만일 그의 이웃에게 상해를 입혔으면 그가 행한 대로 그에게 행할 것이니, 상처에는 상처로, 눈에는 눈으로, 이에는 이로 갚을지라 남에게 상해를 입힌 그대로 그에게 그렇게 할 것이며" (레위기 24:20)
>
> "네 눈이 긍휼히 여기지 말라 생명에는 생명으로, 눈에는 눈으로, 이에는 이로, 손에는 손으로, 발에는 발로이니라" (신명기 19:20)

인간의 죄성은 보복과 복수심으로 분노하고, 폭행하고, 생래적으로 되받아치는 본능이 있다. 그러나 예수께서 가르치신 산상 교훈은 성경과 율법을 남용하여 자신의 복수심이 넘쳐서 과도하고 지나친 행위를 통제하신 것이다.

정당방위로 행하는 방어 전쟁과 사형제도에 대한 찬반을 다루는 법적인 문제가 아니라 산상 설교는 영적인 문제를 다루고 있다. 이것은 제자들의 삶의 태도 문제를 가르치신 것이다.

재판장, 치안판사의 합법적이고 공평한 원리로 징벌하는 것을 성경은 반대하지 않는다. 그러나 유다 말기에 재판장들은 불법적인 재판을 하였고, 유전무죄 무전유죄의 불의함을 선지자 예레미야는 고발하고 책망하였다.

예수께서 가르치신 하나님 나라의 교훈은 “악한 자를 대적하지 말라, 오른뺨을 치면 왼편 뺨도 돌려대라, 송사하여 속옷을 달라고 하면 겉옷도 주라, 억지로 오리를 가자고 하면 십 리를 동행하라, 구하는 자에게 꾸어주고 거절하지 말라”

로마법은 강력한 징벌제도가 있었지만, 주님과 바울 사도는 정당한 방어를 주장하였다.

예수께서는 빌라도에게 불법적인 재판에 대해서 항의를 하였고, 사도 바울도 로마 시민권자를 죄도 정하지 않고 구금하고 구타하는 행위를 항의하였다. 정당하게 법의 보호를 받는 것과 의를 위해서 고난을 받는 것은 다른 문제가 된다.

3. 원수사랑

율법의 가르침은 “네 이웃을 사랑하고 원수를 미워하라고...” 고 하였지만 “나는 너희에게 이르노니 원수를 사랑하며 핍박자를 위하여 기도하라” “이같이 한즉..., 하늘에 계신 너희 아버지의 아들이 되리리” 라고 가르치셨다.

> “하나님은 해를 의인과 악인에게 비취게 하시고, 비를 의로운 자와 불의한 자에게 내리우심이라, 사랑하는 자만 사랑하면 무슨 상이 있으리요 세리도 그 같이 아니하냐? 형제에게만 문안하면 남보다 더하는 것이 무엇이냐? 이방인들도 이같이 아니하느냐?” (마태복음 5:45-47)

유대인은 이방인과 칸막이를 하고 중간에 두꺼운 벽을 두고 살아간다. 비행기는 일등석과 이등석 사이, 그리고 삼등석 사이에 커튼치고 차별하고 있지만, 비행기가 추락하면 모두 차별 없이 다 죽는다. 항공기가 추락하면 일등석보다 오히려 꼬리 부분에 있는 자가 살 확률이 높다고 한다.

하나님은 사심(私心)이 없이 모든 사람을 사랑하시며 아무도 멸망치 않고 구원받기를 원하신다. 그런데 너희는 아버지 닮은 데가 있느냐? 아버지를 닮은 데가 없으면 너희들은 형제가 아니다. 그리고 아버지의 가족과 형제가 아니라면 영원히 살 수 있는 가족이 아니며 결코 하나가 될 수 없다는 교훈이다.

4. 예수 정신

산상 설교는 예수 정신으로 가득 찬 복음이다. 바리새인들은 흔히 딴 세상에 사는 사람들로 착각한다. 그리고 모든 이방인과 지인들은 투명인간 취급을 한다.

특히 정통 보수 신앙을 가진 자들의 정신에는 나만은 바리새인과 다르다고 생각한다. 그러나 산상 설교는 바리새인을 통해 우리의 참모습을 보여준다. 바리새인을 제대로 바라보면 우리의 모순을 깨닫는 은총을 누린게 된다.

화려한 기독교적 배경이 있어도 좋은 열매를 못 맺고(4장), 의롭게 살려다 자기 의에 빠지며(5장), 바른 교리를 고수하지만 사랑은 없고(6장), 공적 모습과 사적인 모습이 다른 모습이며(7장), 성경보다 전통이 사역에 영향을 더 미치며(8장), 복음을 지킨다면서 자유를 싫어하고(9장), 세상과 구별을 강조하면서 예수님은 닮아가지 않는 우리(10장), 영적으로 건강하다면서 어느 날 갑자기 넘어지는 우리(11장) 등에서 우리는 그리스도의 복음으로 회복되어야 할 죄인이라는 것을 고백해야 한다.

바리새인들은 예수님을 불편하게 했다. 바른 교리를 믿으면서도 하나님께 무관심하고 사람들에게 무자비했기 때문이다. 거듭난 삶이 아니라 종교인으로 살았기에 예수님과 부딪쳤던 것이다. 자기 의에 빠져 있으면서 타인을 판단하고 정죄하고 무시하는 것이 특징이다.

빌립보서 3장은 사도바울이 빌립보 교회 신자들을 유대교에서 개종하고 율법적 가르침에서 벗어나게 하려고 기록하였다.

바울은 "개들을 삼가고", "행악하는 자들을 삼가고", "거짓 할례를 삼가야" 한다고 썼다. 진짜 아브라함의 자손은 "하나님의 영으로 예배하며, 그리스도 예수 안에서 자랑하며, 육신을 의지하지 않는” 것이다. 결국 해답은 종교가 아니라 관계에 있다.

옛사람에게 말한 교훈과 제자에게 하신 교훈이 다르다. 예수의 교훈은, 형제에게 노하는 것이 살인이다. 형제와 화목하지 않고 원망하면서 하나님 앞에 가증한 예배를 드리지 말라. 이성을 보고 음욕을 품지 말라. 오른눈과 오른손이 없어도 지옥에 가지 않는 것이 더 낫다.

맹세를 도무지 하지 말고 옳은 것은 옳다 아닌 것은 아니라고 하라, 오른뺨을 때리면 왼편 뺨도 돌려대고, 속옷을 가져가고자 하면 겉옷도 주고, 5리를 가자고 하면 10리를 가라. 꾸고자 하는 자에게 거절하지 말라. 원수를 사랑하고 박해자를 위해서 기도하라. 형제에게만 문안하지 말라. 사람에게 보이려고 구제하지 말고 오른손이 하는 일 왼손이 모르게 하라.

기도는 사거리에서 하지 말고 문을 닫고 골방에서 은밀하게 하라. 금식이 자기 의가 되지 않도록 하나님 앞에서 하라, 땅에 보물을 쌓지 말고 두 주인을 섬기지 말라. 자기 눈에 들보가 있는 자는 형제의 눈에 티를 비판하지 말라. 좁은 길을 가고, 거짓 선지자를 추종하지 말라, 그리고 네 집을 반석 위에 지어라.

dessert

1. 나는 하나님의 기준이 아닌 내 기준으로 살아가는 자가 아닌가?
2. 나는 모세 정신으로 사는가? 예수 정신으로 사는가?
3. 나는 주님을 불편하게 하는 사람이 아닌가?

Prayer

주님! 내 삶이 예수 정신으로 충만하여 그리스도의 의를 가지고 살아가게 하시고 내 의의 기준으로 남을 비판하고 평가하면서 살지 않게 하옵소서. 아멘!

12. 6:1-18 코람데오(Coram Deo) 정신

"사람에게 보이려고 그들 앞에서 너희 의를 행하지 않도록 주의하라 그리하지 아니하면 하늘에 계신 너희 아버지께 상을 받지 못하느니라. 너는 구제할 때에 오른손이 하는 것을 왼손이 모르게 하여, 네 구제함을 은밀하게 하라 은밀한 중에 보시는 너의 아버지께서 갚으시리라. 너는 기도할 때에 네 골방에 들어가 문을 닫고 은밀한 중에 계신 네 아버지께 기도하라 은밀한 중에 보시는 네 아버지께서 갚으시리라

그러므로 너희는 이렇게 기도하라 하늘에 계신 우리 아버지여 이름이 거룩히 여김을 받으시오며, 나라가 임하시오며 뜻이 하늘에서 이루어진 것 같이 땅에서도 이루어지이다

너는 금식할 때에 머리에 기름을 바르고 얼굴을 씻으라, 이는 금식하는 자로 사람에게 보이지 않고 오직 은밀한 중에 계신 네 아버지께 보이게 하려 함이라 은밀한 중에 보시는 네 아버지께서 갚으시리라" (1,3,4,6,910,17,18절)

Appetizer

산상설교에는 예수께서 교훈하시는 방법으로 '너희가 이렇게 들었으나... 나는 너희에게 이르노니...' 라는 대조 논법의 구조를 고수하신다. 이렇게 구제, 기도, 금식하지 말라.. 내가 가르쳐주는 구제와 기도와 금식을 하라....

예수께서는 제자들에게 코람데오(Coram Deo, 신전의식(神前意識) 정신을 심어주기 위해서 사람 앞에서가 아니라 은밀히 계시는 하늘에 계신 너희 아버지 앞에서 행동하라고 반복해서 가르치신다.

"기약이 이르면 하나님이 그의 나타나심을 보이시리니 하나

님은 복되시고 홀로 한 분이신 능하신 자이며 만왕의 왕이시며 만주의 주시오 오직 그에게만 죽지 아니함이 있고 가까이 가지 못할 빛에 거하시고 아무 사람도 보지 못하였고 또 볼 수 없는 자시니 그에게 존귀와 영원한 능력을 돌릴지어다. 아멘" (디모데전서 6:15-16)

하나님은 초등학생들에게 자신을 나타내시면 이해할 수 없으므로 때가 되면 나타내시겠다고 약속하신 것에 대해서 잘 설명하고 있다.

세상은 지구촌 구석에서 일어나는 크고 작은 일까지 매스미디어 매체를 통해서 온 세상에 광포를 한다. 매스미디어의 발달은 사회변화를 촉진시켰다. 루스벨트와 히틀러 같은 정치가들은 라디오 발달에 힘입어 자신들의 이데올로기를 전파하여 일련의 사회변화를 이루었고 그 기능은 오늘날 매스미디어로 이어져서 많은 정치인들의 활용하고 있다.

의상 모델의 워킹은 사람에게 잘 보이려고 화려한 의상과 조명을 받으면서 무대 위를 걸어간다. 커피의 홍보 영상에는 고급 승용차를 타고 그랜드 캐니언을 달리다가 전망 좋은 곳에 정차하고 미모의 연인과 함께 맥심 커피를 마심으로 사람 앞에서 멋지게 보이려고 한다.

현대인은 매스미디어라는 마약에 중독되어 사람에게 보여주는 것을 멋지고 자랑스럽게 생각한다. 현대인은 코람데오 정신을 비호감으로 생각하지만, 주님은 제자들에게 코람데오 정신을 호감으로 생각하고 사람 앞에서 정신을 비호감으로 생각하라고 가르치신다.

노아 홍수 시대에 사람들의 행동을 보시면서 하나님은 사람을 지으신 것을 한탄하셨다.

'여호와께서 사람의 죄악이 세상에 관영함과 그 마음의 생각의 모든 계획이 항상 악할 뿐임을 보시고 땅 위에 사람 지으셨음을 한탄하사 마음에 근심하시고...(창세기 6:5-6)

하나님은 사람이 무슨 일을 한다고 하면 또 무슨 일을 저지르게 될까? 근심하신다.

사람들은 코람데오를 의식하지 않고 자기중심과 자기 영광과 자기 목적을 이루기 위해서 럭비공처럼 튀기 때문이다.

예수께서 가르쳐 주신 기도와 구제와 금식은 이렇다. 기도할 때 이방인식 기복적인 기도와 유대 인식 의와 칭찬을 받기 위한 종교적 기도를 하지 말고 골방 기도와 주기도식으로 은밀하게 기도하라고 가르쳐주신다.

구제와 금식은 내게 칭찬과 상을 의식하지 말고 코람데오 앞에서 은밀하게 행하는 영적 다이어트로서 영혼 몸의 전인적인 건강을 위하여 하라고 가르치신다.

Today' s dish

1. 구제

구제할 때에 회당과 거리에서 나팔을 불면서 구제하는 사람은 자기상을 이미 받았다. 구제는 오른손이 하는 것을 왼손이 모르게 하면 은밀하게 계시는 하늘에 계신 아버지께서 상으로 갚아주신다.

사람이 갚아주는 것은 손뼉 쳐주고 칭찬하는 용돈 차원이지만 하나님이 갚아주는 것은 기업과 유산으로 갚아주신다. 하나님의 갚으심은 지속적으로 풍성한 은혜를 베풀어 주시고 복의 통로가 되도록 사용하여 주시며 그 결과를 사람들이 알도록 보여주신다.

구제에 대한 성경의 교훈은 기도와 연관되어 있으며 하나님의 상급과 직결되어 있다.

우리가 1차 구제대상자를 향하여 구제하는 사람은 하나님 앞에서 2차 구제대상자가 되어 하나님의 구제를 받을 수 있다. 구제하지 않는 자는 하나님의 구제대상자 명단에서 제외가 된다.

> "너는 반드시 그에게 구제할 것이요 구제할 때에는 아끼는 마음을 품지 말 것이니라 이로 인하여 네 하나님 여호와께서 네 범사와 네 손으로 하는 바에 네게 복을 주시리라" (신명기 15:10)

"구제를 좋아하는 자는 풍족하여질 것이요 남을 윤택하게 하는 자는 윤택하여지리라.

가난한 자를 구제하는 자는 궁핍하지 아니하려니와 못 본 체하는 자에게는 저주가 많으리라. 가난한 자를 불쌍히 여기는 것은 여호와께 꾸이는 것이니 그 선행을 갚아주시리라.

귀를 막아 가난한 자의 부르짖는 소리를 듣지 아니하면 자기의 부르짖을 때도 들을 자가 없으리라" (잠언 11:25, 28:27, 19:17, 21:13)

2. 기도

주님은 사랑스러운 제자들의 기도가 다른 사람들의 기도와 다르기를 원하신다. 다른 사람들은 사람에게 보이려고 외식으로 기도를 하며, 자신이 무슨 기도를 하는지 알지 못하고 주문 외우듯 중언부언을 하지만 너희는 이렇게 기도하라는 기도의 교본을 가르쳐주셨다

사람들의 고정관념에 죄는 시궁창 같은 데서 뒹구는 사람들의 더럽고 추악한 모습에서 시작한다고 생각한다. 그러나 죄의 기원은 거룩하신 하나님 존전에서 시작되었다. 하나님의 영광과 거룩함을 찬송하는 천사들이 하나님의 영광을 가로채려는 교만과 더러운 탐욕에 의해서 죄가 시작되었다.

인간의 타락은 하나님께서 다른 피조물과는 다르게 하나님과 교제할 수 있는 하나님의 형상을 가진 특별한 인격자로 창조하셨다. 에덴동산에서 모든 것을 풍족하게 누리는 그곳에서 죄가 시작되었다. 그러므로 타락한 천사나 인간은 하나님 앞에서 핑계할 수 없다. 죄는 감옥이나 지옥이나 시궁창 같은 곳에서 시작되지 않고 하나님 앞에서 시작되었다.

자동차 문을 열고 운전대에 앉아 시동을 걸고 출발하는데 파리 한 마리가 언제 들어왔는지 운전하는 시야에서 얼른거린다..

프랑스 파리에서 비행기를 탔는데 그 비행기 안에 '파리' 한 마리가 들어와서 대서양을 건너 미국 뉴욕 공항으로 입국해서 유유히 사라지는

해외여행을 다니는 '파리' 가 있다.

쥐들은 영국 런던에서 대서양을 횡단하는 이민 선박에 밀항해서 미국 뉴욕에 입국해서 비자 없이 미국에서 이민 생활을 하면서 종족을 번식하고 있다.

죄는 거룩하신 하나님 존전까지 들어와서 하나님의 은총과 축복을 받지 못하게 하는 교활한 실체이다.

예수께서 말씀하신 기도할 때에…. 구제할 때에…. 금식할 때에…. 사람에게 보이려는 자기과시 욕망이 따라 들어와서 거룩하신 하나님과 교제를 가로막는 악질적인 요소라는 것을 환기해 주신다. 사람들 앞에서 자기를 높이려는 교만함이 거룩한 종교 행위 가운데 작용하는 죄악이다.

3. 모범 기도

교과서 대로 공부하는 학생을 모범생이라고 한다. 예수의 제자들이 예수께 나와서 세례요한은 제자들에게 기도를 가르쳐주는데 '우리에게 기도를 가르쳐 주옵소서' 요청할 때 누구든지 보편적으로 할 수 있는 기도의 교과서로서 주기도를 가르쳐주셨다.

우루과이에는 '주기도의 양심선언' 이라는 역설적인 주기도가 있다. 기도에는 왕도가 없고 주기도라는 기도의 원리대로 기도하면 기도의 문이 열리고 기도의 응답을 받게 된다.

세례요한은 세상과 단절하고 금욕적인 삶을 살면서 광야에서 기도 생활을 하면서 제자들에게 기도를 강요하고 가르쳤다.

바리새인들도 기도를 강요하고 기도를 가르쳤다. 수도원의 기도는 명상과 자기 절제를 가르치는 기발한 프로그램이 많다.

천주교에서는 영세를 받으면 기도 묵주와 기도 책자를 받아서 매일 반복적으로 기도하도록 가르친다.

중세 시대에는 평신도들이 기도를 직접 하지 못하게 금하였다. 그 대신 사제들이 작성한 모범 기도문을 암송하거나 읽는 앵무새 기도법을 가르쳤다.

성경에는 기도학교, 기도 선생은 없다. 예수께서 십자가에 달리시기 전날 밤 겟세마네 동산에 제자들을 데리고 가셔서 '시험에 들지 않게 깨어서 기도하라' 고 하셨지만, 제자들은 졸고 잤다. 예수님은 3년이나 제자들을 데리고 다니시면서 가르치셨지만, 제자들은 기도를 배우지 못했다.

모세는 40일 동안 시내 산에 올라가서 금식기도를 하고 내려왔는데, 지도자가 기도하고 내려오면 백성들도 기도 흉내라도 낼 줄 알았는데 오히려 기도는 커녕 금송아지 우상을 숭배하고 배교행위에 빠져버렸다.

백성들이 원망하고 반역하면 모세와 여호수아는 회막에 숨어서 기도만 하였다. 그런데도 백성들은 기도를 전혀 배우지 못하였다. 제자들이 기도를 배운 것은 '발등에 불이 떨어지면' 기도하였다.

기도는 강의실과 책상에서 배우는 탁상공론이 아니라 삶의 현장에서 풍랑을 만났을 때 잠드신 예수님을 깨우면서 "주여 구원하소서. 우리가 죽겠나이다" (마태복음 8:26) 할 때 기도를 배웠다. "어찌하여 무서워하느냐 믿음이 적은 자들아 하시고 곧 일어나사 바람과 바다를 꾸짖으신데 아주 잔잔하게 되거늘…어떠한 사람이기에 바람과 바다도 순종하는고…"

제자들은 죽게 되었을 때 기도를 배웠다. 그리고 기도가 신기하다는 것을 알았다.

기도는 사업자와 사용자 간의 택배 주문과 같은 상거래가 아니다. 하나님은 개인적이며 사랑이 많으시고 그리스도의 구속을 통해서 우리를 자녀로 영접해 주시고 하나님을 아버지로 부르면 만날 수 있는 부자 관계에서 인격적인 교제와 교통하는 수단이다.

주기도를 할 수 있는 사람은 하나님을 아버지라고 부를 수 있는 자녀이며, 하나님이 나의 아버지가 될 수 있는 다윗 언약을 믿는 사람이다. 다윗 언약의 성취는 예수 그리스도 안에서 성취되어서 예수를 그리스도로 믿는 사람은 하나님을 아버지라 부를 수 있다.

성령께서 우리 안에서 하나님을 '아바 아버지' 라 부를 수 있도록 자녀의 권세를 주신다.

성경 주석가 메튜헨리는 말하기를 "기도는 신앙의 유모" 라고 말했다.

사울의 회심은 "기도의 회심" 이었다. 주님께서 아나니아에게 거듭난 사울을 소개하시면서 "저가 기도하는 중이라"고 하셨다. 회심하지 않고 기도하지 않았던 사울은 스데반을 죽이는 일에 앞장서고, 교회를 핍박하였으며, 악한 자들의 하수인 노릇을 하면서 자기는 의롭다 믿고 교만하였다. 그러나 회심을 한 바울은 기도를 생활화하면서 그의 삶은 주님과 동행하였다. 하나님의 사람이라는 말은 기도하는 사람이라는 말이다.

바울 사도는 AD 50년~53년 약 3년 동안 장장 6천 리가 넘는 2차 선교여행을 시작하였다.

바울 사도는 선교하면서 안식일을 지키고, 기도처를 찾으면서 기도 스케줄에서부터 선교 사역을 하였다.

주기도는 내가 아닌 '우리를 위한 기도' 를 하라고 하셨다. 기도는 '우리' 가 들어가야 한다. 하나님과 우리, 우리와 이웃을 통해서 아버지 이름이 거룩히 여김을 받는 것이며, 거룩이란 비교할 다른 것이 없는 것을 거룩함이라고 한다. 아버지의 이름이 거룩히 여김을 받으시며, 아버지의 나라가 임하시고, '아버지의 뜻이 하늘에서 이루어진 것과 같이 땅에서도 이루어지이다' 라는 기도를 가르쳐 주셨다.

주기도는 현실적인 기도이다. 우리에게 날마다 일용할 양식을 주옵시고, '우리가 우리에게 죄지은 모든 사람을 용서하오니 우리 죄도 사하여 주옵시고...'

기도는 육적인 필요를 위해서 하지만, 영적인 문제를 위해서도 기도해야 한다. 죄를 사함 받는 것은 다른 사람의 죄를 용서해 주는 기도가 없이는 하나님의 용서를 기대할 수 없다.

'우리를 시험에 들게 하지 마옵소서...' 세상 속에 살면서 시험들이 많다. 특히 사단은 하나님의 자녀를 넘어뜨리기 위해서 함정을 파고, 이정표를 거꾸로 돌려놓아서 길을 잃게 만들지만 기도하는 자녀들에게는 날마다 인도 보호 공급 교통하시는 아버지가 계신다.

4. 금식

금식을 가장 잘하는 이슬람교는 9월 한 달 동안 라마단 금식 기간을 정하고 동이 트고 달이 뜰 때까지 음식과 술과 쾌락을 그치고 코란을 읽으면서 기도한다. 모슬렘 부자들은 라마단 기간에 출장을 가서 음식을 먹는다. 알카에다 모슬렘들은 라마단 금식 기간인 9월 11일에 미국에서 911테러를 일으켰다. 가난했던 시절에는 '밥 안 준다' 는 말이 무서운 말이었다.

요즘은 아이들이 '밥 안 먹는다' 라는 말을 부모들이 제일 무서워한다. 요즘 아이들에게 '밥 안 준다' 라고 말하면 라면, 짜장면, 피자, 햄버거를 사 먹는다.

현대인들의 사전에 '금식' 이라는 단어는 사장(死藏)된 단어이다.

금식은 기도, 구제와 더불어 세 번째 경건의 행위이다. 금식은 식음을 전폐함으로 더 많은 시간을 기도에 전념할 수 있는 유익함이 있으며 육체의 욕망을 절제하는 경건의 훈련이 된다. 또 다른 유익은, 하나님의 백성들은 보다 적은 것을 가지고도 살 수 있다는 것을 경험함으로 하나님께 감사하도록 돕는 경건한 행위이다.

> "육체의 연습은 약간의 유익이 있으나 경건은 범사에 유익하니 금생과 내 생에 약속이 있느니라." (디모데전서 4:8)

팔복 가운데 제4의 복은 "의에 주리고 목마른 자는 복이 있나니 저희가 배부를 것임이요" 라고 하였다. 경건한 금식은 육체를 주리게 하고 목마르게 하는 것과 동시에 의에 주리고 목마르게 하는 효과도 볼 수 있으므로 금식은 복이 된다.

금식의 영적인 원리는 컵에 물을 채우면 공기가 빠져나가듯이 육체의 그릇에 욕심을 채우면 은혜가 떠나고, 육체의 컵에 욕심을 비우면 성령의 은혜가 충만해지는 원리와 같다.

우리가 성령 충만을 위해서 약속을 믿음으로 기도를 간절하고 열심히 해야 하지만, 동시에 필요한 것은 내 속에 육체의 욕심을 비우는 금식이 필요하다.

중환자가 병원에 입원하면 금식부터 시작한다. 금식은 빠르고 정확한 진단과 치료를 위해서 필요하므로 의사들이 환자들에게 권장하는 치료 방법이다.

예수님은 금식기도의 본을 보이셨다. 광야에서 40일 동안 금식을 하시고 세례를 받으실 때 성령으로 충만하셨다. 모세는 시내 산에서 40일 동안 금식기도 하면서 하나님의 친수로 기록하신 십계명을 받았다.

"금식할 때에...너희는 외식하는 자와 같이 하지말라..." 이 말씀은 금식을 부정하는 말씀이 아니라 금식을 당연히 해야 하는 기정사실로 받아들이면서 금식을 하되 금식하는 자세와 목적과 방법에 대해서 말씀하셨다.

바리새인들은, 세례요한이 광야에 거주하면서 자주 금식을 하기 때문에 귀신 들린 사람이라는 비난을 하였으나 예수님은 초청받은 집에서 자주 음식을 잡수시는 것을 보고 '먹기를 탐하는 사람이며 죄인들의 친구' 라는 비난을 하였다.

예수님은 바리새인의 비판에 반론하셨다.

> "예수께서 저희에게 이르시되 혼인집 손님들이 신랑과 함께 있을 때 슬퍼할 수 있느뇨 그러나 신랑을 빼앗길 날이 이르리니 그때에는 금식할 것이니라." (마태복음 9:15)

금식(Fast)이라는 말은 천천히(Slow)의 반대말로 '빠른' 이라는 말과 동일하게 사용한다.

금식은 실제로 빠른 응답의 효과를 볼 수 있다. 한국 사람들이 좋아하는 '빨리빨리' 라는 관용구는 '금식한다' (Fasting)는 뜻이 있다.

금식은 하나님과 관계 회복을 빠르게 회복시켜 주는 가장 좋은 방법이다.

사울이 다메섹에서 회심하고 아나니아를 만나서 눈을 뜨기 전에 회개와 금식기도를 하였다. 죄악으로 인해서 하나님의 심판이 임박하였던 니느웨성은 왕이 회개와 3일 금식을 선포한 후에 하나님의 진노를 막았다.

에스더가 유다 민족이 살해 위기를 당했을 때 금식을 선포하고 기도해서 전화위복이 되었다.

금식은 식음만이 아니라 문화 금식도 포함한다. 금식 무용론자들은 "그리스도께서 우리로 자유케 하려고 자유를 주셨으니 그러므로 굳세게 서서 다시는 종의 멍에를 메지 말라" (갈라디아 5:1)는 구절을 인용한다.

복음주의자 가운데는 복음의 자유를 강조하면서 육체의 금욕적인 금식이라든지 기도와 구제라는 경건한 행위에 대해서 부정하게 보는 도덕 폐기론자들이 있다.

주님이 우리를 위해서 금식하시고, 기도하시고, 피를 흘려주셨으니 우리는 그 은혜를 누리기만 하면 된다는 사상이다. 주님을 위해 헌신과 봉사가 없고 누리기만 하려는 이기적인 사상이며 입으로만 립서비스를 하고 몸으로 산 제사를 드리지 않는다.

인권과 권리는 내세우고 희생적인 봉사 정신이 없는 노동 운동가들과 같다. 바리새인 같은 자기 의와 공로로 행하는 금식과 선행에 대한 반작용으로 나타나는 복음주의자들도 비성경적이다. 복음주의는 사회운동가처럼 운동을 일으키는 것이 아니다. 복음은 능력이기 때문에 운동을 일으키지 않아도 운동이 일어나는 것이다.

금식 공로론 자들은 "누구든지 일부러 겸손함과 천사 숭배함을 인하여 너희 상을 빼앗지 못하게 하라 저가 그 본 것을 의지하여 그 육체의 마음을 좇아 헛되이 과장하고.. 이런 것들은 자의적 숭배와 겸손과 몸을 괴롭게 하는데 지혜 있는 모양이나 오직 육체 좇는 것을 금하는 데는 유익이 없느니라." (골로새서 2:18,23)는 말씀을 기억해야 한다.

금식을 자신의 공로와 자랑으로 생각하는 바리새인들은 금식할 때에 슬픈 기색을 하고, 얼굴을 흉하게 하는 것은 자기 상을 이미 받았다고 말씀하신다. 금식할 때에 머리에 기름을 바르고, 얼굴을 씻으라고 하신다. 금식하는 표를 내지 말고 다른 사람이 눈치채지 못하게 도적같이 은밀하게 하라고 가르친다.

기도와 구제와 금식은 자기를 높여주는 영적 계급장이 아니다.

우리는 경건한 행위를 존중하되 그것이 나의 의를 나타내고 자랑거리로 삼아서는 안 된다. 코람데오에서 경건은 금생과 내생에 약속이 있는 큰 유익이 된다.

dessert

1. 나의 모든 삶 중심에 코람데오 정신이 있는가?
2. 나는 기도 구제 금식이라는 삼박자 경건 생활을 율법의 의로 생각하고 있는가?
3. 나는 경건 생활을 금생과 내생에 약속이 있는 언약의 복으로 실천하고 있는가?

Prayer

주님! 내 삶에 코람데오 정신을 가지고 경건한 삶에 힘쓰게 하소서. 아멘.

13. 6:19-34 재물과 염려 이야기

"너희를 위하여 보물을 땅에 쌓아 두지 말라 거기는 좀과 동록이 해하며 도둑이 구멍을 뚫고 도둑질하느니라. 오직 너희를 위하여 보물을 하늘에 쌓아 두라 거기는 좀이나 동록이 해하지 못하며 도둑이 구멍을 뚫지도 못하고 도둑질도 못하느니라.

네 보물 있는 그곳에는 네 마음도 있느니라. 그러므로 염려하여 이르기를 무엇을 먹을까 무엇을 마실까 무엇을 입을까 하지 말라. 이는 다 이방인들이 구하는 것이라 너희 하늘 아버지께서 이 모든 것이 너희에게 있어야 할 줄을 아시느니라. 그런즉 너희는 먼저 그의 나라와 그의 의를 구하라 그리하면 이 모든 것을 너희에게 더하시리라" (19-21,31-33절)

Appetizer

예수께서 "나는 너희에게 이르노니" 라는 말씀에는 밑줄을 그어야 한다. 기말시험? 에 나올지 모르는 중요한 교훈이므로 특별히 귀를 기울여야 한다.

'사람에게 보이기 위함과 사람의 칭찬' 을 바라고 행하는 위선에 대해서 경고하신 그다음 세상의 재물과 염려에 대해서 경고하고 있다.

현대인들은 첨단 의학의 혜택을 받으면서도 의료 혜택이 변변치 않았던 옛날 사람들보다 더 많은 질병으로 시달리고 있다. 많은 현대인 가운데 '염려 병' 에 걸려서 서서히 죽어가고 있는 것을 아시고 예수께서는 염려 병을 예방하는 것과 치료하는 특효약을 가르쳐 주셨다.

Today's dish

1. 재물 이야기

예수님은 제자들에게 재물, 보물에 대해서 교훈하셨다. 이방인들의 재테크 방법이 아니라 재물에 대한 가치관으로서 재물은 마음 성전과 가치관의 눈, 영생과 직결된 문제라는 것이다.

세리장 삭개오의 회개는 재물에 대한 가치관의 회심이었다. 영생을 얻기를 원하는 부자 청년에게 예수께서는 재물을 팔아 가난한 자들에게 나누어주고 나를 따르라고 명령하실 때 청년은 영생보다 재물을 선택하고 근심하면서 주님 곁을 떠나갔다.

성경은 부자를 정죄하지 않는다. 그리고 가난을 권장하지 않는다. 팔복은 물질의 가난이 아니라 심령의 가난한 자가 복이 있다고 말씀하셨다.

성경에 기록된 신실한 부자들은 아브라함, 이삭, 야곱은 한 부족의 족장으로서 거느리는 가족들과 종들과 가축과 재물은 왕이나 백작 수준이다.

동방의 거부 욥, 파산한 친족을 구속한 부자 보아스, 망명 중인 다윗왕을 공궤한 부자 바실래, 예수의 무덤을 제공한 아리마대 부자 요셉, 바울의 유럽 선교에 후원자인 기독 실업인 회장 루디아 등이다. 그리고 신실하게 가난한 사람은 세례요한, 제자들, 거지 나사로 등이다.

성경은 재물을 얼마나 소유하고 있느냐? 가 문제가 아니라 자기 부(富)에 대해 어떤 태도를 보이느냐는 것에 대하여 교훈한다.

방송에 종종 등장하는 가난한 노인들이 자기 집에 온갖 주워 온 물건들을 쌓아 놓고 움직일 수 없을 만큼 좁은 공간에서 생활하면서도 그 쌓은 고물을 보물로 착각하는 사람이 있다. 고물들은 부자의 주식, 유가증권, 현금과 보석들과 마찬가지로 그들의 눈에는 값진 보물로 보여서 누군가 고물을 치우려고 하면 화를 내고 참지 못한다.

어떤 골동품 상인이 자기 집을 팔아서 골동품을 사서 모아두었다. 그

물건들은 가치가 없는 고물이지만 그 사람의 눈에는 보물로 보여서 골동품을 팔면 일확천금을 얻을 것으로 믿었지만 구제 대상으로 불쌍하게 살아간다.

예수께서는 미래를 대비하여 돈을 저축하는 일이나 노후대책을 마련하는 것을 정죄하신 것이 아니라, 이런 것들을 영원한 가치보다 더 중요하게 여기는 가치관을 정죄하신다.

다윗이 사울을 피해 피난 생활을 하면서 나발의 집에서 양털 깎는 날에 부하들을 보내어 음식을 요청하였는데 나발은 교만과 욕심을 부리다가 10일 만에 하나님께서 치심으로 죽었다. 누가복음 16장은 '불의의 재물로 친구를 사귀라 그리하면 그것이 너희로 영원한 처소로 영접하리라' 라고 하였다. 이 세상에서 재물을 하나님의 뜻대로 잘 사용하면 영광의 나라에 이를 때에 그 재물로 은혜를 입은 자들이 거기서 너희를 영접할 것이라는 말씀이다.

> "이 세상에서 좋은 일을 하고 나누어주기를 좋아하고 동정하는 자가 되면 장래에 좋은 터를 쌓아서 참된 생명을 취하는 것이 됩니다" (디모데전서 6:17-19)

우리의 마음과 시간을 빼앗아 가는 것들은 무엇이든지 가치 있는 보물이다. 사람들의 마음이 어떤 것들에게 마음을 빼앗겨서 하나님을 존중히 여기는 것이나 예배를 빼앗는 것들은 모두 땅의 보물이라고 경고하신다. 돈이 주인이 되어서 돈을 섬기고 돈에 인색하고 돈에 마음이 빼앗기고, 더 많은 돈을 쌓기 위해서 몸과 마음과 시간을 빼앗기는 것들은 땅의 보물이다. 결국, 땅의 보물들은 역설적으로 우리를 소유하게 되어 돈의 노예가 되어 버린다.

옛날 엽전에 구멍이 뚫린 것은 그 구멍으로 이웃과 소통하면서 사용하라는 교훈이다. 어느 날 지폐가 나오면서 엽전의 구멍도 막혀서 동전이 되면서 사람들의 눈에는 돈만 보이고 사람이 보이지 않는 수전노들이 되고 있다. 돈은 인생의 목적이 아니라 삶의 수단이다.

재정 계획이 우리의 삶을 조정해서는 안 된다. 그리스도인들은 하나님의 목적, 하나님의 목표, 하나님의 계획에 초점을 맞추고 살아야 한다.

하늘의 보물의 가치를 모르는 개와 돼지들은 진주 같은 보물을 물어뜯고 해친다. 주님이 지목하신 보물창고(타 메이온-tameion)는 골방이다.

어떤 교회는 예산편성이 없고 하나님의 인도하시는 필요를 따라 사역을 진행해 나간다. 선교로 소문난 모 교회는 예산의 50%를 선교비로 사용한다.

사람에게는 좋은 눈과 나쁜 눈이 있다. 맘몬주의의 욕심과 이기적인 욕망을 가진 사람들은 나쁜 눈을 가진 사람들이며 미래를 내다볼 수 없고, 천국과 하늘의 보물을 볼 수 없으며 눈이 어두워서 실족하게 된다.

종은 두 주인을 섬길 수 없다. 아르바이트생들이 투잡 쓰리잡을 뛰면 주인이 두 세 사람이 된다. 하나님은 우리가 파트타임으로 섬기는 것을 원하지 않고 풀타임으로 한 주인을 섬기는 충성을 원하신다.

돈은 일만 악의 뿌리가 아니라 돈을 사랑함이 일만 악의 뿌리가 된다.(디모데전서 6:10)

모세는 상 주시는 하나님을 바라보면서 애굽의 모든 영광을 버릴 수 있었다. 우리는 소유주가 아니라 임대인으로 살아간다. 관리인, 매니저, 청지기로 살아간다.

세상에 온 것은 내가 선택해서 자원하여 온 것이 아니라 하나님이 목적을 가지고 우리를 사명자로 보내신 것이다.

세속은 바닷물과 같아서 침투성이 강하며 이슬이 옷을 젖게 만드는 것처럼 우리의 생각이 세속으로 젖기 쉽다. 이 세상의 보물은 녹이 슬고 좀이 먹고 도적이 뚫는 것이다.

솔로몬의 고백은, 세상은 새로운 유행을 찾아서 날마다 변하고 흘러가며 해 아래 새것이 없어서 헛되고 헛되다 하였다.

이사야 선지자는 꽃은 마르고 시들지만 하나님의 말씀은 영원하다고 말했다. 사람의 건강도 육체도 지식도, 재물도 모두 꽃과 같다.

중국속담에 인무천일호 화무백일홍(人無千日好 花無百日紅)이라는 말은 "꽃은 백일 붉은 것이 없고, 사람은 천일을 한결같이 좋을 수 없다." 권불십년 화무십일홍(權不十年 花無十日紅)은 십년가는 권세 없고 열흘 붉은 꽃이 없다는 말이다.

보이는 것은 잠깐이요 보이지 않는 것은 영원하다, 하늘의 창고는 하나님이 지켜주시는 난공불락의 장소이다.

예수님은 삭개오 부자의 삶을 변화시켜서 그의 재산 절반을 팔아서 가난한 자들을 구제하도록 하셨다. 부자의 회심은 가난한 자들에게 희망을 준다.

2. 염려 이야기

하와가 선악과를 따먹고 눈이 밝아져서 벌거벗은 몸의 수치가 드러나자 가장 먼저 염려한 것은 무엇을 입을까? 이었다. 무화과나무 잎으로 치마를 만들어서 벌거벗음 몸을 가렸지만, 일회용이어서 내일도 옷 염려해야 하였다. 여자들이 옷에 신경을 쓰는 이유는 하와의 딸들이기 때문이다. 하나님은 그들에게 가죽옷을 입혀주심으로 옷에 대한 염려에서 벗어나게 하셨다.

하나님의 품에서 떠나면 염려가 시작되며 그 염려는 불신앙이 된다. 사람의 염려를 해결하는 길은 내가 선한 목자의 양이 되고 하늘에 계신 아버지 하나님의 자녀가 되는 것이다. 우리는 공중의 새와 들에 핀 백합화를 비교하면 누가 더 믿음이 있는지 저울질 해보아야 한다.

몸을 가진 인간은 미래에 대한 불안을 해결하고 내일의 삶을 보장받으려고 재물을 모으는 방법을 선택한다. 염려는 병이다. 이 염려 병은 개인 차원을 넘어서 모든 사회와 국가가 몸살을 앓고 있는 불치의 병이다. 세계는 에너지 문제, 환경, 공해, 보건 건강, 기후, 식량, 사회, 인구, 자원, 테러, 정치, 경제, 핵, 종교 등 날마다 이런 문제를 가지고 전문적으로 연구하는 기관과 사무소들이 늘어가고 있으나 근본적인 염려 문제는 해결되지 않고 있다.

사람들은 질병으로 죽기보다 질병에 대한 염려로 더 많이 죽는다. 뱀이 하와에게 말했다. "하나님이 참으로 너희더러 동산 모든 나무의 실과를 먹지 말라 하시더냐?" 하와는 뱀에게 이런 대답을 하였다. "죽을까 하노라" (창세기 3:3) 이 말은 목숨을 위한 인류 최초의 염려 발언이다. 몸을 위한 염려는 무엇을 먹을까? 무엇을 마실까? 무엇을 입을까? 라는 염려이다.

어느 목사가 결핵으로 3개월 이상은 살 수 없다는 선고를 받았다. 그는 결핵 요양소로 보내져서 고민하면서 생각을 하였다. '의사가 3개월밖에 못 산다고 했지 하나님이 그런 분이 아니다' 라는 생각으로 죽을 때까지 목사로서의 사명을 감당하리라 결심을 했다. 요양소에서 다른 환자들을 위로하며 찬송하고 기도해주었다. 의사는 그렇게 찬송하면 더 빨리 악화된다고 경고를 했지만, 그는 30년을 더 살고 죽는 날까지 충성을 다하였다.

내가 이러다가 죽는 것이 아닐까? 내가 이러다가 굶는 것이 아닐까? 내가 이러다가 헐벗을 것이 아닐까? 이것이 염려 병이다.

예수께서는 하나님이 기르시는 모델 1,2를 제시하셨다.

사람들이 날마다 "까? 까?" 염려하는 것을 아시고 까마귀 실례를 들어서 말씀하신다.

> "까마귀를 생각하라 심지도 아니하고 거두지도 아니하며 골방도 없고 창고도 없으되 하나님이 기르시나니 너희는 새보다 얼마나 더 귀하냐" (24절)

율법에 부정한 새로 규정된 까마귀를 생각하라, 까마귀는 농사할 줄 모르고 양식을 보관할 창고도 없지만, 하나님이 까마귀를 굶기지 않고 길러주시는데 너희는 새보다 얼마나 더 귀하냐?

우리나라의 'IMF' 당시 기초생활이 보장되지 않은 노숙자들이 늘어갔다. 그들 가운데는 고의로 절도죄를 범하고 교도소로 가는 사람들이 있었다. 그 사람들은 재소자로 교도소에 가면 기본적인 의식주는 해결되기 때문에 노숙자보다 재소자가 더 낫다고 생각하였다.

재소자들도 목숨과 몸을 염려하지 않도록 의식주 기본생활을 제공하여 주는데 하나님의 자녀들이 왜 염려해야 하는가?

염려와 두려움은 부부와 같고 바늘과 실과 같이 언제나 같이 움직인다. 하루살이가 제일 싫어하고 무서워하는 말은 '내일' 이라는 단어이다. 이방인식 염려 병에 걸린 사람이 가장 두려워하는 말도 '내일' 이다.

예수님은 제자들에게 내일 일을 염려하지 말라고 단호하게 가르치셨다.

> "그러므로 내일 일을 위하여 염려하지 말라 내일 일은 내일 염려할 것이요 한 날 괴로움은 그날에 족하니라" (마태복음 6:34)
>
> "너희 염려를 다 주께 맡겨버리라 이는 저가 너희를 권고하심이니라" (베드로전서 5:7)

갈멜산 대결에서 승리한 엘리야 선지자는 이세벨의 협박을 받고 사는 것 보다 죽는 것이 더 났다고 생각하고 광야로 도망가서 로뎀나무 아래서 하나님께 목숨을 거두어 달라고 기도하였는데 하나님은 엘리야를 선지자의 사명을 다하기까지 죽지 않게 하시고, 오히려 죽여달라는 그를 죽음을 보지 않고 회리바람을 타고 승천하게 하셨다.

이스라엘 땅에 3년 6개월 동안 비가 오지 않아서 기근이 들었을 때 하나님은 선지자 엘리야에게 까마귀를 통해서 떡과 고기를 물어다 주셨다. 그리고 사렙다 과부의 집에서 기적의 밀가루와 기름으로 먹여주셨다.

"이들을 하나님이 기르시나니 너희는 새보다 얼마나 더 귀하냐"

이방인은 영적으로 하나님 아버지의 도움을 받지 못하는 고아처럼 자수성가(自手成家)하는 사람이다. 그러나 하나님의 자녀는 아버지의 도움으로 신수성가(神手成家)하는 사람이다.

이방인 스타일은 염려 병으로 인해서 까마귀처럼 무엇을 먹을까 입을까? 어디 가서 잘까? 까까까? 하면서 사는 사람이다. 그러나 하나님 자녀의 스타일은 믿음으로 비둘기처럼 구하면 주시고 두드리면 열릴 것이며 찾으면 찾으리라는 것을 믿고 '구구구' 하면서 사는 사람이다.

"백합화를 생각하여 보아라 실도 만들지 않고 짜지도 아니하느니라. 그러나 솔로몬이 입은 영광은 이 꽃 하나보다 못하다" 백합화는 직물공장도 없고 디자이너도 없으며 재단사와 봉제사도 없어도 하나님이 정해주신 한 가지 모델을 가지고도 천지 창조 이후 지금까지 해마다 히트를 치고 있다. 백합화 모델은 어떤 모델도 흉내 낼 수 없다.

의상 모델들이 새로운 모델을 입고 화려한 조명 빛을 받으면서 경쾌한 리듬에 맞추어 무대 위에 미소를 지으면서 워킹하면 카메라맨들의 플래시 세례를 받는다. 그런데 아직까지 백합화들이 일 년에 한 번씩 신모델 발표회를 열었다는 뉴스를 본 적이 없지만 모든 사람이 들꽃을 보면 감탄을 하면서 인증샷을 찍기 위해서 전국에서 모여든다.

> "오늘 있다가 내일 아궁이에 던지우는 들풀도 하나님이 이렇게 입히시거든 하물며 너희일까 보냐"(30절)

예수님은 제자들에게 하나님이 기르시는 첫 번째 모델은 공중의 새, 두 번째 모델은 땅의 꽃으로 모델을 삼고 염려하지 말라고 가르치셨다.

염려가 시작될 때 우리는 눈을 좌우로 돌리지 말고 위아래로 움직여야 한다. 우리의 시선이 다른 사람을 향하여 비교하기 시작하면 염려하게 된다. 그러나 눈을 위로 향하여 공중에 나는 새를 바라보거나, 눈을 아래로 향하여 땅의 꽃을 보면 염려하지 않아도 된다.

예수님은 염려하지 않고 사는 성공적인 부자를 모델로 세우지 않으셨다. 심지어 세상에서 최고의 부귀영화를 누렸던 솔로몬 왕이라도 모델 자격을 주지 않으셨다.

오늘 이야기의 바로 앞 구절에 나오는 어리석은 부자는 연봉도 늘어가고 재테크도 기발하여 다른 사람들이 볼 때 외형적으로는 성공하고 행복한 모델이 되었을지 모르지만, 하나님이 보실 때는 정말 어리석고 실패한 모델이다. 이 세상에는 염려 없이 살아가는 인생 모델은 없다.

하나님은 까마귀와 백합화 모델은 출애굽하고 광야에 나온 이스라엘 백성을 상징하는 모델이다. 광야에서 하늘의 이슬처럼 매일 만나 양식으로 먹여주셨다. 그리고 특수 제작된? 의상과 신발을 입히고 신겨서 뜨거운 열기와 사막에서도 40년간 견디게 하셨다.

생수는 반석의 물로 먹이셨다. 성지순례를 하면 시나이반도 근처에 온천지대가 있는데 한쪽에는 더운물이 솟아 나오고, 한쪽에는 찬물이 흘러나오는 곳이 있다. 하나님은 자기 백성들에게 냉온수를 다 마시게 하셨거나 냉 · 온탕 사우나도 가능하게 하신 것 같다.

> "주께서 사십 년 동안 너희를 인도하여 광야를 통과하게 하셨거니와 너희 몸의 옷이 낡아지지 아니하였고 너희 발의 신이 해어지지 아니하였으며" (신명기 29:5)

이스라엘 백성들은 하나님께서 그들을 모델로 내세우셨지만 그들은 자기들을 광야에 버리시고 골탕을 먹이는 나쁜 하나님으로 원망 불평을 하였다.

하나님께서 그들에게 삼일 정도 굶기신 다음 만나를 주시면서 밥값을 받으셨다면? 원망하는 버릇을 고치지 않았을까? 공짜로 배부르게 먹여주면 오히려 원망한다.

하나님께서 원망하는 이스라엘 백성들을 광야에 버리신다면 한 끼도 해결할 수 없는 무능한 사람들이 하나님을 향하여 원망하는 이유는? 백성들의 성품이 완악하다는 증거이다.

염려로는 키를 한자나 크게 할 수 없다. '키' 라는 말은 '헬리키아' 이다. 그 말은 신장, 생명 연장, 수명이라는 뜻이 내포되어 있다. 염려로 수명을 연장할 수 없다는 말이다. 염려는 불신이며 불신이 오래 지속하면 죄악이 된다. 모세가 실패한 모델인 이스라엘 백성들을 향하여 총회에서 불렀던 노래이다.

> "그들이 여호와를 향하여 악을 행하니 하나님의 자녀가 아니요 흠이 있고 삐뚤어진 세대로다. 어리석고 지혜 없는 백성아 여

> 호와께 이같이 보답하느냐 그는 네 아버지시요 너를 지으신 이가 아니시냐 그가 너를 만드시고 너를 세우셨도다.” (신명기 32:5-6)

그들은 모세를 불신하였고 하나님도 불신하였다. 그리고 날마다 하나님의 약속을 불신하며 살았다. 믿음은 겨자씨만 한 믿음이라도 산을 옮길 수 있는 믿음이다. 믿음은 양으로 평가되는 것이 아니다. 염려의 동사는 ‘메림나오(merimnao)’ 인데, 이것은 ‘나눈다, 마음이 나뉜다’ 등으로 해석된다. 동사 ‘메리조(merizo)’ 는 마음과 ‘누스(nous)’ 라는 ‘생각, 지성, 판단’ 등 단어의 합성어이다. 따라서 염려란, 마음이 나누어지는 것을 의미한다.

염려는 ‘인류의 적 제1호이다. 그것은 수만 명을 살해하고 있다고 존 학개(John Haggai)는 말하였다.

“너희 아버지께서 이런 것이 너희에게 있어야 될 줄을 아시느니라” (32절)는 말씀을 보면 하나님이 나의 아버지라는 믿음이 없는 사람의 상태를 말해주고 있다.

“아버지께서 다 아시느니라... 아버지께서 주시기를 기뻐하시느니라...”

“그의 나라와 그의 의” 는 아버지께서 우리를 다스리시고 인도하시며 보호하시는 하나님과 아버지 관계라는 다윗의 언약 안에 들어가는 복을 의미한다. 그 나라 언약 안에 들어가는 믿음이 문제이다. 우리의 염려는 바로 그 나라 안에 들어갔는지? 사실관계이다.

하나님이 나의 아버지가 되어주시는 그 언약으로 들어가는 것이 그의 나라의 의미이다.

그의 나라에 들어간 사람은 어리석은 부자와 정반대적인 모습으로 살아간다.

> “너희 소유를 팔아 구제하여 낡아지지 아니하는 주머니를 만들라! 곧 하늘에 둔바 다함이 없는 보물이니 거기는 도적도 가까

이하는 일이 없고 좀도 먹는 일이 없느니라.” (누가복음 12:33)

하나님 앞에서 그의 나라를 구하는 방법은 구제하는 것이다. 구제는 남을 살리는 것이 아니라 자기를 살리는 유일한 방법이다. 부자가 죽은 이유는 거지 나사로를 구제하지 않았기 때문이 아니라 자기가 자기를 구제하지 않았기 때문에 지옥으로 갔다.(누가복음 16장)

구제와 하나님의 나라는 상관관계가 있다. 구제하는 것이 보육원을 방문하고 양로원을 찾아가고 노숙자들에게 밥을 퍼주는 선행도 포함되지만, 고린도전서 13장은 남을 살리기 위해서 구제하는 것이 아니라 자기가 살기 위해서 구제하는 믿음의 행위를 말하고 있다.

구제 행위를 통해서 자기가 구제를 받아야 할 대상인 것을 하나님 앞에 고백하는 것이 자기를 살리는 구제이다. 그의 나라를 구하는 구제이어야 하나님 아버지께서 모든 것을 우리에게 더해주시는 그의 나라 안에서 살아갈 수 있다.

그의 나라를 구하는 것은 '단순 무식' 하게 사는 것이다. 마음과 생각이 나누이고, 믿음과 행동이 나누이면 그의 의와 나라를 구하는 것이 아니다.

우리는 다른 사람을 불쌍하게 여기는 마음을 초월하고 우선 내가 세상에서 가장 불쌍한 사람이라는 생각으로 하나님 앞에서 그의 나라를 구해야 한다. 그러고 나서 하나님의 나라의 의를 이루기 위해서 구제해야 한다. 아버지 안에서, 그의 나라와 구제의 믿음으로 살아갈 때 염려에서 자유롭고 그의 나라 안에서 승리할 것이다.

dessert

1. 나는 주인 몇 명을 섬기는 알바생인가? 한 주인을 섬기는 풀타임 종인가?
2. 나에게 염려 병은 없는가? 어떻게 치료할까?
3. 나는 그의 나라와 그의 의를 구하는 것은 무엇이라고 생각하는가?

Prayer

주님! 내가 하나님 앞에서 가장 불쌍한 구제 대상입니다. 내가 아버지 나라 안으로 들어가게 하시고, 날마다 나를 아버지의 이름으로 구제를 받으며 구제하면서 살게 하옵소서. 아멘.

14. 7:1-12 하나님의 공약(구.찾.두)

"비판을 받지 아니하려거든 비판하지 말라, 외식하는 자여 먼저 네 눈 속에서 들보를 빼어라 그 후에야 밝히 보고 형제의 눈 속에서 티를 빼리라
거룩한 것을 개에게 주지 말며 너희 진주를 돼지 앞에 던지지 말라 그들이 그것을 발로 밟고 돌이켜 너희를 찢어 상하게 할까 염려하라. 구하라 그리하면 너희에게 주실 것이요 찾으라 그리하면 찾아낼 것이요 문을 두드리라 그리하면 너희에게 열릴 것이니, 그러므로 무엇이든지 남에게 대접을 받고자 하는 대로 너희도 남을 대접하라 이것이 율법이요 선지자니라" (1,5,6,7,12절)

Appetizer

율법과 선지자의 황금률은 '나그네 환대법' 이다. 신명기의 '약자 보호법' 과 맥락을 같이하는 율법의 정신이다. 예수님의 산상설교는 이스라엘 율법의 황금률을 초월하고 능가하여 "남에게 대접을 받고자 하는 대로 남을 대접하라" 는 다이아몬드 교훈이며, "비판을 받지 않으려면 비판하지 말라" 하나님 나라의 새 계명으로 교훈하셨다.

예술이나 음악 평론가들은 건설적인 비평을 통해서 예술을 더욱 발전시킨다. 거짓 선지자가 세상의 죄악을 비판하고 책망해서 하나님의 정죄와 심판을 받지 않도록 비판 사역을 하지 않을 때 직무에 충실한 선지자는 거짓 선지자를 비판하는 사역을 하였다.

선지자들이 세속적으로 살아가는 사람들을 비판하고 책망하는 일은 비판받고 정죄 받을 일이 아니라 하나님의 사명에 충실하는 것이다.

의사가 환자에게 질병의 상태를 정확하게 말해줄 의무가 있다. 산상설교의 황금률은 공적 직무에 충실한 비판이나 판단이 아니라, 바리새인의

영을 받은 사람들이 다른 사람의 결점과 흠집을 찾아내기 위해서 악의가 가득 찬 심술궂은 자들을 경고하시는 말씀이다.

대선과 총선 때마다 정당과 후보자들이 국민에게 희망적인 공약을 발표한다. 후보자들의 공약대로만 다 이루어진다면 최상의 지상 복지국가가 될 것이다.

하나님의 나라는 약속의 나라이다. 구약과 신약이라는 하나님의 카버넌트(Covenant)로 시작되고 성취로 끝나는 나라이다. 에덴동산에서 선악과는 세상을 향한 하나님의 공약이다. 하나님은 두 번째 공약은 여인의 후손이신 메시아를 보내어 세상을 구원하실 것을 약속하셨다. 성경을 구약 신약으로 분류하는 것은 한약과 양약이라는 뜻이 아니라 구원자 예수 그리스도가 세상에 오시기 전의 공약을 구약이라고 말하며, 예수 그리스도가 오신 이후에 하나님의 공약을 신약이라고 말한다.

도로에서 볼 수 있는 교통신호등은 사회적인 공약이다. 빨간불은 정지 공약, 파란불은 진행 공약이다. 공약을 어기면 사고가 예상되므로 서로가 공약을 지키려고 노력한다.

예수께서는 제자들에게 하나님의 공약으로 구, 찾, 두 라는 기도의 공약을 소개해 주셨다.

바울 사도는 로마로 가서 복음을 전하기를 소원하였다. 주님은 바울이 로마에서 복음을 전할 수 있도록 구한대로 제사장, 백부장, 천부장, 총독, 분봉 왕, 황제의 닫힌 문을 열어서 로마 길을 열어주셨다.

유대인의 끈끈한 공동체성을 보여주는 것은 '나그네 환대법' 이다. 독일루터교 신학자 요아킴 예레미아스(1900-1979)와 아랍 문화에 전문가인 미국 신학자 케네스 E 베릴리(1930-2016)의 대표 저서인 '중동의 눈으로 본 예수 그리스도' 에서 '구함' 의 헬라어는 '아나이데이아' 로 뻔뻔스러울 정도로 요구하는 것이다. 뻔뻔스러운 요구가 가능한 관계는 부모와 자녀의 관계이며, 요구가 거절당하는 것은 수치를 당하는 것이 당시의 사회적 통념이었다.

산상설교의 '구. 찾. 두' (구하고, 찾고 두드리라)는 자녀가 아버지에게 뻔뻔스러울 정도로 구하라는 공약이다.

Today's dish

1. 하늘의 재판장

모든 인간은 과거, 현재, 미래의 행위를 재판장이신 하나님의 판단을 받고 있다. 사건의 전말을 알아보기 전에 비판하고 판단하면서 인신공격을 하는 사람은 큰 과오를 범하는 주제 파악을 못 하는 사람이다. 최종적인 판단은 하나님의 몫인데 자신이 대법원의 판사처럼 다른 사람의 행위에 대해서 최종 판단을 내리고, 더 설명이 필요 없다는 결론을 내리는 사람은 하나님의 고귀한 권한을 횡령하는 자이다.

시각장애인 안마사는 있지만, 시각장애인 안과의사는 없다. 사람의 눈은 민감하다. 눈에 티를 뽑으려면 눈꺼풀이 깜빡하면서 가리어서 눈에서 티를 뽑기가 쉽지 않다.

위선자는 남의 결점을 발견하는 일에 쾌감을 느끼는 자이다. 비판 정신의 죄악이 다른 사람의 도덕적으로 실족하는 죄악보다 더 심각한 것은 그의 영의 상태가 교만하고 자기의 의로 가득 차 있으며 긍휼의 마음이 없기 때문이다.

> "우리가 아직 죄인 되었을 때에 그리스도께서 우리를 위하여 죽으심으로 하나님께서 우리에 대한 자기의 사랑을 확증하셨느니라." (로마서 5:8)

이것이 복음이다. 주님은 우리가 죄인 되었을 때 우리의 죄를 판단하시고 정죄하신 것이 아니라 우리 죄를 담당하시기 위해서 십자가에서 대속하셨다. 우리는 갈보리의 복음이 아니면 영원한 정죄 아래서 하나님의 진노와 심판을 받게 될 사람들이다.

2. 심판의 세종류

1) 영원한 심판

양과 염소, 의인과 악인, 하나님의 자녀와 마귀의 자녀를 구분하는 최종적이며 종말적인 심판이다. 그 판결로서 사람들은 천국과 지옥, 영생과 영벌에 들어가게 되는데 이 판단은 오직 하나님만이 하신다.

2) 그리스도의 심판대

성찬식을 할 때 자기를 살피고 먹고 마셔야 한다. 죄를 회개하지 않고 거룩한 떡과 잔을 마시면 하나님은 보호하심을 철회하시고, 사탄에게 내어주어 그의 육신은 멸하고 영을 살리시기 위해서 잠들거나, 질병과 약함과 죽음으로 나아가게 하는 징계를 내리신다.

자기를 살피는 판단이 영원한 심판을 예방하며 그리스도 심판대 앞에 자기를 세우는 것이다. 시편 73편에서 악인은 아무도 자신을 판단하지 않고 있다가 갑자기 최종적이며 영원한 정죄와 판단이 임하게 된다.

3) 보상심판

하나님의 심판대 앞에서 자기가 행한 대로 바른대로 말하게 되는 심판으로 생명책과 행위 책을 가지고 행한 대로 심판을 받는다.

3. 기도의 공약

기도는 많은 오해가 있다. 아라비안나이트에 나오는 열려라 참깨 하면 육중한 보물창고의 돌문이 열려서 보물을 가져올 수 있는 그런 우화가 아니다.

아이들에게 칼을 달라고 하면 칼을 주는 것이 응답이 아니다. 하나님께서는 우리가 정욕으로 구한 모든 것을 다 응답해 주시지 않는다. 다이아몬드와 진주의 가짜가 많은 것처럼 기도에 대한 오류도 참으로 많다.

주님의 교훈은 누가 기도하느냐? 에 초점을 맞추지 않고 기도의 약속을 누가 하셨는가? 에 초점을 맞추었다. 아브라함이 유토피아(Utopia)를 찾기 위해서 스스로 본토 친척 아비 집을 나온 것이 아니라, 아브라함이 하나님의 공약을 믿고 나온 것을 믿음이라고 하였다. 아브라함은 그 믿음으로 의인이 되었고, 구원을 받았으며 상급을 받았다.

결혼은 하나님 앞과 사람들 앞에서 부부가 서로 사랑을 공약하는 것이다. 나병 환자 나아만에게 요단강에서 일곱 번 목욕하면 낫는다는 약속은 하나님의 대변인 선지자를 통한 하나님의 공약이다. 엘리야가 3년 6개월 가문 땅에 비 오기를 일곱 번 기도할 때 비가 오게 된 일은 공약의 믿음이 성취된 사건이다..

공약은 하루아침에 이루어지는 것이 아니다. 메시아 공약은 4천 년 동안 선지자들을 통하여 확인하여 주고 공약의 의미를 해석하여 주고, 공약의 증거가 되는 모델 사건들을 보여주면서 서서히 성취되었다. 공약에는 기다림과 끈질김과 관련이 있다.

성경을 공부하고 말씀을 듣는 것은 하나님의 공약을 믿음으로 재해석하고 이해하기 위함이다. 공약을 아는 자들은 기도의 공약을 이루어 주시도록 하나님께 간청하는 것이다.

전도는 사람들에게 하나님의 좋은 공약을 알려서 그 나라의 행복을 함께 나누도록 선전하는 것이다.

거룩한 것을 개에게, 진주를 돼지에게 주지 말아서 그것을 발로 밟고 찢어 상하게 하지 않도록 하라고 교훈하셨다. 하나님의 공약은 아무에게 주는 것이 아니라는 것이다.

중국의 대형 병원에 누군가 환자에게 전도하기 위해서 몰래 성경책을 두고 갔는데 청소부가 성경책을 쓰레기통에 버렸다. 배고픈 개가 쓰레기통을 뒤지다가 성경책을 입에 물고 다니다가 병원 옆에 있는 군부대 철조망을 넘어갔다. 마침 보초를 서던 군인이 개의 입에서 책을 빼앗아서 읽어보니 삼국지와 초한지보다 창세기가 재미가 있고 성경책을 읽는 중 성령의 감동으로 주님을 영접하고 믿게 되었다. 그 성경책을 돌려보던 군인들이 복음을 믿는 일이 있었다. 거룩한 것(성경책)을 개에게 주지 말라는 말씀은 자귀적 해석은 선교지 특수상황에서는 적용되지 않았다. 복음의 가치를 거부하고 박해하는 자에게는 거룩한 약속의 진주는 불필요한 것이 된다.

바리새인과 사두개인의 충견 사울이 교회를 잔해하기 위해 다메섹으로 가다가 거룩하신 주님을 만나고 진주 같은 복음을 받은 후 복음을 위해 목숨을 바친 사도가 되었다.

죄 사함과 구원, 부활과 천국 입성은 하나님의 공약이다. 반드시 믿음이 수반되어야 하며

믿음을 잃으면 공약은 물거품이 된다. 기도는 개인적인 사정을 간구하는 것이라도 하나님의 공약에 근거하여 간구하는 것이다. 하나님은 우리에게 기도 자체를 공약으로 제시하였다.

한 문둥병자가 주님께 나와서 간구하기를 저를 깨끗하게 해달라고 요청하였다. 예수님은 "내가 원하노니 깨끗함을 받으라" 선언하시고 율법의 결례 공약을 지킨 다음 깨끗함을 받았다. 예수님은 선지자 이사야의 예언대로 '병을 담당하시는 분' 이라는 공약을 성취하시기 위해서 병자들을 고쳐주셨다.

우리 연약한 것을 친히 담당하시고 병을 짊어지셨도다. 함을 이루기 위해서 고쳐주셨다.

기도의 공약 중에 하나님과 우리가 부자 관계의 믿음이 형성되면 구. 찾. 두 공약을 이루어 주실 것을 공약하였다. 요한복음 1장 12절 말씀대로 "영접하는 자 곧 그 이름을 믿는 자에게 하나님의 자녀가 되는 권세"를 주신다. 그러므로 예수 이름으로 구하면 하나님은 우리 아버지가 되심으로 기도의 공약대로 들어주시는 것이다.

율법과 선지자의 '나그네 환대법' 이라는 공약대로 환대하면 우리가 하늘에 계신 아버지에게 환대를 받게 된다.

dessert

1. 하나님의 구.찾.두 공약을 믿으면서 누리고 있는가?
2. 율법과 선지자의 나그네 환대법을 초월하는 새 계명을 따라 살고

있는가?

3. 예수 그리스도의 복음의 능력을 믿음으로 율법의 요구를 성취하고 있는가?

Prayer

주님! 하늘에 계신 아버지의 자녀로서 주님의 새 계명을 따라 환대법을 초월하게 하시고, 구. 찾. 두 공약을 믿고 주님의 뜻을 이루며 살게 하소서. 아멘!

15. 7:13-20 소문소로 & 대문대로

“좁은 문으로 들어가라 멸망으로 인도하는 문은 크고 그 길이 넓어 그리로 들어가는 자가 많고, 생명으로 인도하는 문은 좁고 길이 협착하여 찾는 자가 적음이라. 거짓 선지자들을 삼가라 양의 옷을 입고 너희에게 나아오나 속에는 노략질하는 이리라

아름다운 열매를 맺지 아니하는 나무마다 찍혀 불에 던져지느니라. 이러므로 그들의 열매로 그들을 알리라” (13-15,19,20절)

Appetizer

예수께서 산상설교를 마치면서 ‘삼박자 구원’ 을 결론으로 말씀하셨다. 두 길(두 노선), 두 나무(두 지도자), 두 건축자(두 기초) 중에서 멸망하는 편을 선택하지 말고 생명 얻는 편을 선택하라고 하셨다.

한국교회서 한때 유행하였던 ‘삼박자 구원’ 은 예수 믿고 구원받으면 물질 축복, 건강 축복이 따라오는 것이 하나님의 뜻이라는 기복신앙과 다르다. 개혁교회의 삼박자 핵심은 하나님의 창조, 인간의 전적 타락, 예수 그리스도 안에서 구속을 성령과 말씀으로 이루는 것이다.

천국 가는 길은, 좁은 문으로 들어가서 좁은 길을 걸어야 하며, 아름다운 열매를 맺는 좋은 나무 같은 영적 지도자의 가르침을 받고 따라가야 한다. 그리고 자신이 말씀의 기초위에서 순종하면서 반석 위에 집을 지어야 한다.

우리의 의가 사람에게서 나온 것인지? 하나님에게서 온 것인지?를 시험을 거쳐서 입증해야 한다. 대중적인 거짓 복음과 모조품 유사 신앙은 진가(眞假)를 분별하는 시험에서 실패하게 된다. 건축물은 설계대로 지었는지 준공 검사에서 합격해야 그 건물에 입주할 수 있는 것 같이 하나님의 구원도 삼중 시험을 통과해야 한다.

Today's dish

여호수아는 이스라엘 백성들에게 "나와 내 집은 여호와를 섬기는 좁은 문과 좁은 길로 가겠노라" 고백하면서 너희들은 나를 따를 것인지? 넓은 문, 넓은 길을 따라 섬길 신을 선택하라고 촉구하였다.

엘리야 선지자는 머뭇거리는 이스라엘 백성들에게 하나님이든지 바알이든지 하나의 신앙만 선택하라고 촉구하였다. 하나님은 아담과 하와를 포함하여 모든 인생들에게 자신의 미래와 운명을 결정하는 '생명과' 와 '선악과' 를 선택할 수 있는 결정권을 주셨다.

중국에는 '주저(躊躇)' 라는 동물이 있는데 그 동물은 길을 가다가 갈림길에 서면 어디로 갈지 몰라서 이리 갈까? 저리 갈까? 주저주저하다가 천적이나 사람들에게 잡힌다고 한다.

사람은 하나님이 선택해 주신 것은 바꿀 수가 없다. 남자나 여자로 태어나는 성별, 흑백이나 황색 인종으로 태어나는 것, 출생과 사망 시간, 하나님의 선택은 모태에서 조성되기 전, 만세 전부터 예정하신 것이다.

그러나 우리가 배우자를 선택하는 것, 어떤 학과를 공부하는 것, 어느 직업을 가지는 것, 어디 가서 사는 것, 어떤 이념을 선택하는 것, 어떤 종교를 선택하는 것 등은 자신이 결정할 수 있다.

6.25 전쟁이 끝나고 휴전이 된 후에 거제도 포로수용소에서 전쟁 포로들에게 어디로 갈 것인지를 자신이 결정하도록 선택권을 주었다.

북한으로 돌아가든지, 남한이나 제3국을 선택하든지 포로의 운명은 달라졌다.

남과 북의 홍보관이 유엔 난민국 직원이 지켜보는 가운데 포로들에게 자기 편을 홍보하였다. 북한 홍보관은 '동무들은 북한으로 돌아오면 영웅 대접을 받으며 평생 삶이 보장된다' 라고 선전하였다. 남한 홍보관은 '포로들이 남한으로 귀순하면 합법적인 자유 시민으로 자유와 행복한 삶을 누릴 수 있다' 라고 홍보하였다. 전쟁으로 가치관에 혼란이 온 포로들은 자신의 거취를 선택하기가 상당히 힘들었다.

예수 그리스도께서 산상설교의 결론으로 생명과 멸망 가운데 선택하라는 말씀은 자신의 영원한 미래를 위해서 바르게 선택하라고 촉구하신다.

1. 소문소로 대문대로

부산 동래구에 가면 '동소동낙' (東消東樂)이라는 구호가 있다. '동래서 소비하고 동래서 즐기자' 라는 뜻이다. 동래구 구민은 다른 구에 가서 소비하거나 놀지 말자는 구호이다.

그렇다면 부산진구에서는 '서소서락' (西消西樂)으로 '서면에서 소비하고 서면에서 즐기자' 라는 구호가 나올 것 같다.

소문소로(小門小路) 대문대로(大門大路)는 서울의 사대문 이야기가 아니라, 예수께서 말씀하신 삼박자 구원의 첫 번째 교훈이다.

대형 빌딩 입구에는 회전식 턴 스타일 문이 있다. 지하철 입구에는 회전식 십자 문이 있어서 한 사람씩 들어가는 좁은 문이다. 그리고 그 문으로는 가방이나 무거운 짐을 들고 들어가기 어렵다. 마트에서 자기가 원하는 상품을 카트에 가득 채울 수 있지만 나올 때는 반드시 한 사람씩 계산하여야 통과할 수 있다.

유럽의 유명 관광지의 화장실은 한국 돈 천 원이 넘는 사용료를 받는다. 가장 비싼 곳은 노르웨이 오슬로 중앙역 화장실은 사용료가 10크로네(한화 2,000원)나 받는다. 독일에서 두세 사람이 한 주간 동안 여행하면 화장실 사용료만 10만 원이 넘는다. 어느 두 여인이 동전이 모자라서 급한 김에 화장실 턴 게이트에 함께 들어가려고 시도하였지만 한 사람밖에는 들어갈 수가 없었다. 대한민국은 어느 휴게소나 지하철에 가더라도 최상의 호텔급 화장실 시설에서 무료로 사용할 수 있는 화장실 선진국이다.

"멸망으로 인도하는 문은 크고 그 길이 넓어 그리로 들어가는 자가 많고"

넓은 문은 대중적인 세속의 문이다. 이 문은 기성화에 노예가 된 사람들이 전통과 관습과 습관에 쉽게 동화되어 아무런 부담을 주지 않는 문과 길이다.

남아프리카의 양들은 종종 언덕에서 떨어져서 죽는 일이 있다고 한다. 앞에서 가는 양들이 갑자기 놀라서 뛰기 시작하면 뒤에 있는 양들은 영문도 모른 채 뛰고 또 뛰다가 막다른 언덕에서는 뒤에서 밀려오는 양들로 인해서 앞에 있던 양들부터 차례로 바다에 빠져 죽는다고 한다.

유명 백화점에서 한정판 명품 가방을 판다고 하면 백화점 밖에서 야영하면서 밤샘으로 줄을 서서 그 상품을 사려고 많은 사람이 몰려온다. 백화점 문은 항상 열려있고 누구의 제지를 받지 않고 고객 대우를 받으면서 구매 충동의 자유를 만끽할 수 있다.

대문대로(大門大路)의 멸망 종교는 주초의 자유, 조상 제사의 관습과 풍습에서 자유하고 종교의식에 참석하는 것을 강요하지 않고 일 년에 한두 번 종교 행사에 참석해도 문제가 되지 않는다. 인간의 자유의지를 최대한 존중해 주며 자기를 부인하라고 가르치지 않으며 마이웨이(My way)를 걸을 수 있는 자유로(自由路)이다.

소문소로(小門小路)의 생명 구원의 길은 "생명으로 인도하는 문은 좁고 길이 협착하여 찾는 자가 적음이라" 는 것이다.

이 문으로 들어오는 사람은 세상의 풍속과 대중적인 관습이나 자신의 정욕과 욕심을 제한하며, 진리의 도를 배워야 하고 기도의 무릎을 꿇어야 하며 모이기를 폐하는 습관을 버리고 온전한 예배로 헌신해야 하는 길이다.

이 문으로 들어오는 사람은 옛사람의 자존심과 성질을 십자가에 내려놓아야 한다. 베들레헴에 있는 예수 성탄 기념교회의 문은 머리를 숙이고 허리를 굽혀야 들어갈 수 있는 작고 좁은 문이다. 그 위에는 '머리 조심' 이라는 안내문이 붙어있다.

성육신하신 예수님처럼 자기를 낮추어야 하고 십자가에 못 박히신 예수님처럼 육신과 자아를 억제하고 못 박아야 들어가는 구원의 문을 상징한다.

자기를 부인하고 자기 십자가를 지고 주님을 따라가야 하는 십자가의 길(Crossway)이며 대중적인 인기와 거리가 멀고 개인적이며 홀로서기를 하여야 하는 고독한 길이다.

미국에서 남북전쟁 당시 오하이오주에 있는 테일러라는 사람의 큰 농장에 '짐' 이라는 소년이 그 집에서 머슴으로 일하였다. '짐' 소년은 밥은 부엌에서 먹고 잠은 건초 창고에서 잤다. 일 년이 채 지나기도 전에 짐은 주인 테일러 씨의 딸과 사랑에 빠지게 되었다. 그러나 주인은 모욕적인 언사로, 너 같이 돈도 없고, 이름도 없고, 장래성이 없는 사람은 나의 딸과 사귈 수 없다고 냉정히 말했다. '짐' 은 아무 말 없이 자기 짐을 챙겨서 그 농장을 떠나고 말았다. 30년이라는 세월이 흘렀다. 농장주인 테일러는 건초 창고를 부수고 새로운 시설을 건축하게 되었다. 그런데 오래전 '짐' 소년이 잠자던 한구석에 '짐' 이 자기의 성과 이름을 기둥에 새겨 놓은 것이 있었다. 거기에 새겨진 '짐' 소년의 이름은, '제임스 A. 가필드' 였다. 제임스 A. 가필드는 그 당시 미국 대통령의 이름이었다.

사람을 외모로 잘못 판단하는 실수는 교만한 테일러 같이 후회하게 될 것이다. 지금 '예수' 를 '짐' 소년처럼 별 볼 일 없는 머슴으로 잘못 판단한 사람들은 훗날에 영원히 후회하며 가슴 칠 날이 올 것이다.

2. 두 나무, 두 인도자

둘째로 생명으로 인도하는 것은, 좁은 문과 좁은 길을 걷는 것이다. 그리고 아름다운 열매를 맺는 영적인 지도자를 만나서 아름다운 열매를 맺는 것이다.

아름다운 열매를 맺는 나무는 우리를 생명의 길로 인도하시는 예수 그리스도이시며, 예수의 복음을 삶으로 증거하는 참된 목자들을 상징한다.

거짓 선지자는 양의 옷을 입고 나타나지만 속은 노략질하는 이리이며 아름다운 열매가 없고 찌르는 가시만 있는 못된 나무다.

각 사람은 하나님 앞에서 나무와 같다. 가시나무처럼 사람들을 찌르고 아프게 하는 나쁜 나무도 있지만, 과실나무처럼 아름다운 열매를 맺어서 사람들이 따먹을 수 있도록 덕을 끼치는 좋은 나무 같은 사람이 있다.

이단과 교주들의 특징은 삶의 책임을 강조하지 않는다. 비윤리적이며 부도덕을 일삼고 오직 영혼을 노략질해서 배를 채우는 이리의 실체를 철저하게 가리고 위장한다.

거짓 지도자는 사람들이 눈치채지 못하게 몰래 가만히 멸망하게 하는 교훈을 가지고 들어온다. 극악무도한 행동을 보이지 않고 광명한 천사의 모양을 하고 사람들에게 접근한다. 그리고 철저한 그리스도인으로 위장하고 하나님의 사랑, 예수 그리스도의 복음과 십자가에 대해서도 말을 한다.

예레미야는 거짓 선지자에 대해서 "내 백성의 상처를 심상히 고쳐주고 평강이 없지만 평안하다고 가르치는 자" 라고 하였다.(예레미야 5:31, 8:11) 백성에게 안심을 주고 백성은 그것을 좋게 여긴다. 교훈에 진리와 교리가 없고 항상 모호하며, 하나님의 거룩, 공의, 진노, 최후 심판, 지옥 형벌에 대해서 말하기를 꺼린다. 죄악의 사악성을 말하지 않으며 그리스도의 대속이 아니라 인간의 선행과 열심과 노력과 경쟁을 부추긴다.

아가페를 필레아로 바꾸어 버리고, 무대의 배우처럼 시나리오대로 대사를 말할 때 사변적이며 논리적이며 감동적이지만 그의 삶에 열매가 없다.

소문소로와 아름다운 나무는 우리가 선택하여야 하는 최후의 운명이다. 구원의 길과 천국 문은 오직 한가지이다. 좁은 문 좁은 길, 참 선지자와 만남과 말씀 순종에 있다.

dessert

1. 나는 기복적 삼박자 구원이 아닌 산상설교의 삼박자 구원을 따르는가?
2. 나의 삶의 방식은 소문소로인가? 대문대로인가?
3. 나는 어떤 지도자를 따라가는가? 그리고 나는 어떤 나무와 같은가?

Prayer

주님! 산상설교의 결론으로 삼박자 구원을 말씀하셨으니 우리가 주님이 가르쳐주신 진리의 말씀으로 삼박자 구원에서 벗어나지 않고 생명의 길을 걷게 하소서. 아멘!

16. 7:21-29 귀신 믿음 & 무허가 건축물

> "나더러 주여 주여 하는 자마다 다 천국에 들어갈 것이 아니요 다만 하늘에 계신 내 아버지의 뜻대로 행하는 자라야 들어가리라. 그날에 많은 사람이 나더러 이르되 주여 주여 우리가 주의 이름으로 선지자 노릇 하며 주의 이름으로 귀신을 쫓아내며 주의 이름으로 많은 권능을 행하지 아니하였나이까 하리니
>
> 그때에 내가 그들에게 밝히 말하되 내가 너희를 도무지 알지 못하니 불법을 행하는 자들아 내게서 떠나가라 하리라. 그러므로 누구든지 나의 이 말을 듣고 행하는 자는 그 집을 반석 위에 지은 지혜로운 사람 같으리니" (21-24절)

Appetizer

산상설교에서의 '인간론'을 정리하면 인생은 좁은 길과 넓은 길을 걷는 순례자이며, 아름다운 열매를 맺거나 열매 없는 가시나무 같은 나무이며, 반석 위에 집을 짓거나 모래 위에 집을 짓는 건축자들이라는 것을 교훈한다.

크리스천들이 착각하는 부분은 로마서의 오직 믿음만 강조하고 야고보서의 믿음을 입증하는 행함에 관해서는 간과하는 경우가 많다.

아브라함의 믿음은 백 세에 아들 이삭을 주신다는 하나님의 약속과 그 약속을 능히 이루실 하나님의 능력을 믿었을 때 '의'라고 인정하셨다. 그런데 하나님은 아브라함에게 독자 이삭을 번제로 바치라고 말씀하셨는데 아브라함은 하나님의 말씀에 순종하여 이삭을 모리아 산에서 번제(수풀에 걸린 숫양)로 바치는 순종과 행함으로 그 믿음을 입증하였다. 이런 아브라함을 믿음의 조상이며 구원에 이르는 믿음의 모델로 세우셨다.

믿음은 소리 나는 구리와 울리는 꽹과리같이 주여! 주여! 주의 이름을 고백하고 부르는 것이 구원에 이르는 온전한 믿음이 아니다. 사도 바울은

경건의 모양은 있으나 능력은 부인하는 사람에게서 돌아서라고 하였다.

예수께서 산상설교의 결론에서 "나더러 주여 주여 하는 자마다 천국에 들어갈 것이 아니요, 하늘에 계신 내 아버지의 뜻대로 행하는 자라야 천국에 들어갈 것" 이라고 강조하셨다.

아버지의 뜻대로 행하는 사람을 내 형제와 자매요 모친이라고 말씀하셨다. 물론 어떠한 행함도 없이 예수를 믿음으로 구원받은 강도가 있지만, 그는 사형수로 형장에 이슬로 사라지기 전 예수를 영접하여 구원받았다. 그는 하나님 아버지의 뜻대로 살 기회가 없었을 뿐이지 그가 사형수가 아니었다면 반드시 아브라함의 믿음과 같이 믿음으로 순종하고 회개하여 삶이 변화되어 삭개오처럼 토색하는 강도질을 버리고 자기 손으로 일하여 선행과 구제를 하고 참된 예배자로 살았을 것이다.

2016년 제작된 러시아와 아르메니아 합작 영화로 "대지진" 이 있다. 1988년 12월 7일 아르메니아에서 발생한 규모 7.0의 대지진 당시 실화를 바탕으로 만들어졌다.

세상을 뒤흔든 대재앙으로 도시의 모든 것이 무너졌다. 히로시마 원자폭탄 10배의 위력을 지닌 지진이 닥치고 아르메니아의 300개에 달하는 도시들이 지구상에서 사라지는 가운데도 가족의 생명을 구하는 자들의 희생적인 모습을 그린 영화이다.

건축업자인 주인공은 자신이 맡은 고층빌딩 건축물을 철저하게 설계를 하였다. 시공에 들어간 그는 예산이 초과되고 공사 기일이 늦어지는 일로 인해서 건물주로부터 압력을 받고 사람들이 건축업자를 비웃고 조롱하였지만, 신념을 굽히지 않고 완벽한 건물을 완공하였다. 그리고 나서 그 도시에 무서운 지진이 일어났는데 부실한 건물은 맥없이 내려앉았고 댐까지 터져서 시가지는 물에 잠겼다. 그러나 당당하게 버티는 건물 하나가 있었는데 그 건축자가 세운 건물이었다.

예수께서 산상설교를 하신 목적은 하나님의 말씀대로 좁은 문과 좁은 길로 가는 사람은 넓은 문과 넓은 길로 가는 사람들에게 비웃음을 당하지만, 심판의 날에 최후 승리와 영광을 얻게 될 것을 가르치신 종말론으로 끝내셨다.

Today's dish

1. 귀신 신자

야고보서는 행함이 없는 믿음이 어떤 것인지를 설명하면서 '귀신 믿음' 에 대해서 소개하였다. 귀신들은 하나님을 지식적으로 알았고, 귀신들은 하나님을 알고 두려워 떨지만 하나님의 말씀에 순종하지 않는다고 하였다.

'귀신 씻나락 까먹는 소리' '개 풀 뜯어 먹는 소리' 같이 귀신이 무슨 믿음이 있느냐? 말도 안 되는 소리 하지 말라고 하겠지만, 실제로 현대교회는 '귀신 신자' 가 많은 것이 사실이다..

믿음이란? 자기 부인(否認)에서 시작된다. 자기 의를 버리고 그리스도의 의를 의지하는 것이 믿음이다. 쉽고 편안한 자기 긍정의 길 보다 자기를 부인하는 어려운 길이 있다. 자기만족의 문보다 헌신의 좁은 문으로 간다. 주님을 등진 부자 청년과 가룟 유다 같은 사람들과 세상을 사랑한 데마가 있다.

자기 부인을 가르치지 않고 자기 긍정을 가르치는 거짓 선지자들은 거짓된 복음을 전하는 거짓 설교자들이다. 예수를 주님이라고 고백은 했으나 내적인 본성이 변화되지 않는 자들이다. 예수께서는 행함이 없는 귀신 믿음을 가지고 성직을 행하는 사람을 선지자 노릇을 하는 자라고 하였다. 그들은 주의 이름으로 귀신을 쫓아내고 권능도 행하는 사람이지만 주님은 그들을 도무지 알지 못하며 불법을 행하는 너희는 내게서 떠나가라고 진노하셨다.

주의 이름으로 많은 능력을 행하는 자는 진짜 주님의 종인가? 사람들은 호기심이 많은 동물이다. 기적은 비정상을 정상으로 돌려놓는 것이다. 그렇지만 비정상이 아닌 정상으로 사는 것은 기적으로 인정하지 않는다. 강단의 간증을 정상의 기적으로 사는 사람을 세우지 않는 것은 기적의 성경적인 정의가 정립되지 않아서 그렇다.

마귀는 예수님을 성전 꼭대기에서 뛰어내려서 천사가 붙들어 주는 기적을 보여서 많은 사람이 그리스도로 믿게 하라고 시험하였다.

예수께서는 기적을 보고 예수를 그리스도로 믿는 기적 신앙을 거부하셨다. 예수 이름의 효험이 얼마나 좋은지 가짜들이 예수 이름을 남용하여도 효과가 나타났다. 하나님의 부름을 받지 못한 자들이 예수 이름을 팔고 다니면서 선지자 대접받고, 능력의 사자 대우를 받겠지만 마지막 날에 예수께서 그들에게 예수 이름의 명예를 도용한 불법을 행하는 자들아 나를 떠나가라고 호통을 치실 것이다. 종교적인 술수와 요령과 오기와 투지와 정열로 대중적인 인기를 받는 스타가 되었다고 해서 불순한 동기로 행하는 일을 주님은 눈감아 주시거나 합리화시켜 주지 않으신다.

귀신 신자와 귀신 선지자는 성령의 열매인 그리스도인의 팔복의 성품이 없다. 하나님을 찬송하는 입술의 열매가 없다. 그리고 거룩한 삶과 선한 행실이 없으며, 잃어버린 영혼들을 그리스도께로 인도하는 전도의 열매가 없다.

예수 그리스도께서 재림하시는 그날에 주여! 주여! 라고 주님을 고백하던 수많은 귀신 신자들과 귀신 성직자들이 주님 앞에서 쫓겨나는 사람들이 있을 것이다.

2. 준공 검사

건축물은 설계도와 건축 준공에서 차이가 나면 준공 필증을 주지 않는다. 건축물은 폭풍이라는 시험을 거칠 때 유지와 붕괴의 차이로 구별된다.

참된 그리스도인은 반석이신 예수 그리스도를 믿는 믿음에 기초를 두고 있다. 그리스도의 의는 교회나 신조나 선행 등에 근거하는 것이 아니라 나를 대속하신 예수 그리스도께 기초하는 믿음의 의이다. 그리고 믿음을 시험하는 폭풍을 뚫고 지속적으로 그리스도께 순종함으로써 믿음의 의를 입증하는 믿음의 사람이다.

말씀을 귀로 듣고 입으로만 시인하는 사람이 아니라, 생각과 마음과 손발로 그 믿음을 입증하는 행함이 있는 믿음이 구원에 이르는 믿음이

다.(야고보서 1:22-25)

이스라엘 백성과 함께 출애굽 한 잡족들은 광야 길이 힘들 때 애굽으로 돌아가겠다고 원망하였다. 로마에 사는 신자들 가운데는 고난받는 사도 바울을 저버리고 떠나갔다.(디모데후서 4:9-18)

히브리서 11장에 그 이름과 믿음이 등재된 사람들은 그들의 믿음이 폭풍 시험을 통과하여 그 믿음이 무너지지 않고 반석 위에 세워진 믿음의 실재를 입증하였다.

우리가 안전하게 천국에 입국할 수 있는 길은 예수 그리스도께서 율법과 선지자의 언약을 성취하신 구속을 믿고 그 믿음을 가지고 산상설교의 삶을 사는 것이다.

천국 입국은 천국 문에서 구하고, 찾고, 두드려야 하며, 천국 입국을 원하는 사람은 모든 넓은 문과 길을 포기하고 버려야 한다.

> "생명을 사모하고 장수하여 복 받기를 원하는 사람이 누구뇨 네 혀를 금하며 네 입술을 궤사한 말에서 금할지어다 악을 버리고 선을 행하며 화평을 찾아 따를지어다" (시편34:12-14)
>
> "또 내 이름을 위하여 집이나 형제나 자매나 부모나 자식이나 전토를 버린 자마다 열 배를 받고 또 영생을 상속하리라" (마태복음 19:29)

천국 투어의 가이드는 두 종류가 있다. 계약대로 안내하는 관광공사의 공식 가이드와 식당과 관광 상품점만 끌고 다니는 비즈니스 가이드가 있다.

> "너희를 인도하는 자들에게 순종하고 순복하라 저희는 너희 영혼을 위하여 경성하기를 자기가 회계할 자인 것같이 하느니라" (히브리서 13:17)

천국은 집을 짓는 것처럼 설계와 시공을 산상설교의 원리대로 집을 지어야 들어간다.

“이 닦아둔 것 외에 능히 다른 터를 닦아둘 자가 없으니 이 터는 곧 예수 그리스도라” (고린도전서 3:11)

“또 내가 그리스도의 이름을 부르는 곳에는 복음을 전하지 않기로 힘썼노니 이는 남의 터 위에 건축하지 아니하려 함이라” (로마서 15:20)

설계도 대로 시공하지 않는 집은 준공 허가를 받지 못하고 그 집은 무허가 건축물이 되어서 결국 폐가로 버려진다.

dessert

1. 나는 산상설교에서 인간론과 종말론에 걸리는 부분은 없는가?
2. 나는 그리스도에게 속한 신자인가? 귀신의 믿음을 가진 귀신 신자인가?
3. 나의 신앙의 집은 준공 검사를 받은 집인가? 무허가 건축물과 같은가?

Prayer

주님! 주님의 산상설교의 말씀대로 좁은 문과 좁은 길을 걸으며, 아름다운 열매를 맺는 나무가 되고, 태풍 시험에도 무너지지 않는 준공 검사를 받는 집이 되게 하소서. 아멘!

17. 8:1-13 정복자 예수

"한 나병 환자가 나아와 절하며 이르되 주여 원하시면 저를 깨끗하게 하실 수 있나이다 하거늘, 예수께서 손을 내밀어 그에게 대시며 이르시되 내가 원하노니 깨끗함을 받으라 하시니 즉시 그의 나병이 깨끗하여진지라.

예수께서 가버나움에 들어가시니 한 백부장이 나아와 간구하여, 이르되 주여 내 하인이 중풍으로 집에 누워 몹시 괴로워하나이다. 이르시되 내가 가서 고쳐 주리라.

예수께서 백부장에게 이르시되 가라 네 믿은 대로 될지어다 하시니 그 즉시 하인이 나으니라" (2,3,5-7,13절)

Appetizer

마태복음 5장에서 7장까지는 하나님 나라의 황금률이라는 산상설교이다. 마태복음 8장에서 10장까지는 신유의 장(章)이다. 모세는 애굽땅에 열 재앙을 일으키고 이스라엘 백성들을 출애굽해서 약속의 땅으로 인도하는 이스라엘의 목자가 되었다. 예수 그리스도는 언약의 땅에서 10가지 치유와 능력을 행하심으로 하나님이 보내신 메시아 신임장과 같이 이스라엘의 참 목자로서 공인되었다.

예수께서 문둥병자와 백부장 하인의 중풍병, 베드로 장모의 열병, 귀신 들린 자들과 모든 병자를 고쳐주셨다. 이 사건을 제 삼자의 입장에서 이해하지 말고, 내가 환자의 자리에서, 혹은 내 가족이 이런 질병으로 고통을 당하는 심정으로 이해하여야 한다.

성경에 기록된 모든 사건은 21세기를 살아가는 현대인들과는 수십 세기라는 시공간의 거리와 문화적인 장벽이 있다. 그럼에도 불구하고 성경에 기록된 진리가 우리를 위한 것임을 성경 자체가 증명해 주고 있다.

성경은 말세를 만난 우리에게 거울이 되고 있다.(고린도전서 10:11),

성경은 우리에게 영생이 있음을 알게 하려고 기록하였다.(요한일서 5:13), 그리고 예수의 행한 일 외에도 낱낱이 기록된다면 이 세상이라도 이 기록된 책을 두기에 부족할 만큼 방대한 자료가 될 것이지만 성령님께서 성경 기자들을 감동하셔서 우리의 구원을 위해서 꼭 필요한 복음이 되는 내용만을 간추려서 기록하도록 하였다.(요한복음 21:25)

불신앙 자들의 특징은 성경의 기록된 역사적인 사실과 현재의 삶의 간격을 좁히지 못해서 믿음을 가지지 못한다. 예수 그리스도의 십자가의 죽음과 부활 사건, 그리고 승천과 오순절 성령강림, 다시 오시는 재림의 주님과 자신을 무관한 사건으로 생각하기 때문에 구원의 복음이 되지 못한다.

성경의 2차 독자인 우리도 성경의 역사적인 사실을 믿는 것이 어려운 일이지만 1차 독자들도 예수님의 기적과 말씀을 현장에서 보면서도 믿지 못한 것은 인간의 죄성이 그만큼 마음을 강퍅하게 하고 눈을 어둡게 하였다는 증거이다.

바울 사도는 갈라디아 교인들에게 자신이 전한 복음(시공간의 차이가 있는 예수 십자가와 부활 사건) 외에 다른 복음을 전하기 위하여 하늘로부터 내려온 천사라도 저주를 받을 것이라고 단호하게 말하였다.(갈라디아서 1:8) 이 말은 성경에 기록된 복음은 예수 그리스도를 직접 만났던 사도들의 증거 외는 복음이 될 수 없음을 확정적으로 선언한 것이다.

그러므로 예수께서 고쳐주신 신유의 사건은 그 현장에 나를 세워서 나를 고쳐주시는 사건으로 이해하고 믿어야 한다.

성경이 만일 고전적 문학 전집이라면 박물관 책장에 꽂힐 사문서로 비치될 장서일 것이며 성경에 기록된 사건은 역사적인 지식과 정보 전달의 매개체만 될 뿐 우리에게 아무런 일도 일어나지 않는다. 그러나 성경에 기록된 하나님의 말씀은 살아서 운동력이 있어서 좌우에 날 선 검과 같이 예리하여 혼과 영과 관절과 골수를 찔러 쪼개기까지 하며 또 마음의 생각과 뜻을 감찰하여 만물을 지으신 심판 주 하나님 앞에 벌거벗은 것처럼 들어내는 생명과 구원의 말씀을 믿어야 역사가 일어난다.(히브리서 4:12)

경상북도 군위군에 모신 부친의 유골을 경상남도 남해군으로 이장할 때 부친의 유골을 수습하는 장의사에게 예수의 죽음과 부활이 구원의 복음이 되는 이유에 대해서 말했다. 장의사의 반응은 "오늘 밤 KBS 9시 뉴스에 예수가 한 번이라도 살았다는 것을 보여준다면 당장 예수를 믿겠다" 고 말했다. 그리고 2천 년 전 이스라엘에서 일어난 역사를 한국에 있는 우리가 믿으면 구원을 받는다는 성경은 전혀 이해할 수 없고 믿을 수도 없다고 대답하였다.

Today' s dish

마태복음 8장에 나타나신 예수는 질병(염병)을 정복하시고, 자연(기근)을 정복하시며, 귀신(전쟁)을 정복하시는 능력을 가지신 그리스도라는 것을 이스라엘 앞에서 증명하셨다.

구 이스라엘은 하나님의 언약을 지키지 못할 때 하나님은 징계의 도구로 칼과 기근과 염병을 사용하셨다. 마태복음 8장에 예수 그리스도는 죄로 인한 세 가지 징계를 차단하시고 죄와 그 결과를 고치시고 회복하시는 우리의 목자이심을 증거하셨다.

1. 질병의 정복자

하나님은 아담에게 생육하고 번성하며 충만해서 땅을 정복하고 다스리라는 사명을 주셨다. 그러나 죄로 인해서 피정복자가 되어 썩음의 종노릇 하게 되었다.

세상에는 위대한 정복자들이 있었으나 그들은 죄와 죽음을 정복하지 못하고 수많은 사람의 피를 흘리고 자연을 파괴하고 자신도 죽음으로 진정한 정복자나 구원자가 아니다.

지구촌의 83억 인구는 지난 3년 동안 코로나 제국의 식민 통치를 받으면서 많은 고통을 받았다. 코로나 제국의 군사는 눈에 보이지 않는 바이러스로서 온 땅을 침략하고 수많은 목숨과 재산과 환경을 파괴하고 다스리다가 이제는 권불십년처럼 지는 해가 되었다.

1) 문둥병(썩음)

레위기 13장은 나병 환자의 진찰법과 정결법이 기록되었다. 문둥병은 불치의 병으로 원죄를 상징한다. 피부 깊숙이 스며들며(3), 피부에 퍼지고(7), 몸을 썩게 하며(44-45), 하나님과 사람들로부터 고립시키며(46). 불로 태워서 처리한다.(52) 나병은 예수 그리스도의 말씀으로만 깨끗함을 받을 수 있다.

이사야는 이스라엘 국가의 도덕적인 부패를 썩어 문드러져서 머리부터 발끝까지 성한 곳이 하나도 없는 나병으로 상징하였다.(이사야 1:5-6) 사람이 죽으면 몸이 썩듯이 죄는 영혼 몸을 썩게 만들고 썩음의 전조로서 병들게 하는 더러운 병이다.

2) 중풍병(무능력)

이 병은 눈으로 보고 귀로 듣고 입으로 말할 수는 있지만 스스로 손발을 움직이지 못하고 침상에 누워서 다른 사람의 도움이 필요한 병이다. 예수께서 겟세마네에서 기도하실 때 제자들이 한 시간도 깨어 기도하지 못하는 것을 보시고 "시험에 들지 않게 깨어 있어 기도하라 마음에는 원이로되 육신이 약하도다" (마태복음 26:41) 탄식하셨다. 그런데 신자들은 '마음은 기도 하고 싶지만, 육신이 피곤해서 할 수가 없어요!' 영적 게으름의 자기 합리화를 위해 이 구절을 남용하고 있다. 죄는 선을 행하는 일에 무능력한 영적 중풍병이다.

사도 바울도 영적인 중풍병에서 치료받기 전의 상태를 고백하며 탄식하였다.

> "그러므로 내가 한 법을 깨달았노니 곧 선을 행하기 원하는 나에게 악이 함께 있는 것이로다. 내 속사람으로는 하나님의 법을 즐거워하되, 내 지체 속에서 한 다른 법이 내 마음의 법과 싸워 내 지체 속에 있는 죄의 법으로 나를 사로잡는 것을 보는도다.

오호라 나는 곤고한 사람이로다 이 사망의 몸에서 누가 나를 건져내랴" (로마서 7:21-24)

3) 열병(무절제)

뎅기열이나 지카 바이러스처럼 열병은 스스로 체온 조절을 할 수 없다. 인간의 죄성은 자기의 감정과 행동을 컨트럴 할 수 있는 능력이 없다. 르우벤은 정욕이 물 끓듯이 넘쳐서 아비의 침상을 더럽히고 장자권을 상실하였다. 죄는 감정조절 기능장애를 가져온다. 식욕, 정욕, 음욕, 탐욕, 교만, 거짓 등, 기복이 심해서 조절과 절제를 하지 못하는 병이다.

영적 열병에 걸린 신자는 어느 날 열심히 예배하고 봉사하다가 갑자기 마음의 문을 굳게 닫고 싸늘하게 식어서 미동도 하지 않고 심방 위로 권면도 통하지 않는다. 그러나 주님은 뜨거운 열을 식혀도 주시고 차가운 마음도 뜨겁게 회복시켜 주신다.

열병은 요단강 습지대에 흔한 말라리아라고 한다. 유대인의 풍습에서 남자가 여인의 손을 붙잡는 것은 허용하지 않지만, 주님은 여인의 손을 붙잡고 병을 고쳐주셨다.

에피소드지만 베드로의 장모가 열병에 걸린 것은, 사위 시몬이 어선 선장으로 식구들을 잘 먹여 살렸는데 어느 날 갑자기 예수를 만나더니 배와 그물을 버리고 예수를 따라가는 제자가 되겠다는 일 때문에 장모가 열을 받아서 열병이 걸렸다고 한다. 그런데 예수께서 그녀의 열병을 고쳐서 사위 베드로를 이해하고 예수를 수종 드는 여제자가 되었다.

2. 믿음의 코드

예수 그리스도의 능력의 콘센트에 믿음의 코드가 맞아야 예수 그리스도의 정복을 받을 수 있다. 병자가 고침을 받기를 원하는 믿음과 주님께서도 병자가 고침을 받고 깨끗함을 받는 것을 원하시기 때문에 원함의 코드가 맞으면 치유가 나타난다.

가버나움에서 로마 주둔군 장교인 백부장이 예수께 와서 간구하기를 자기 하인이 중풍병으로 누워서 심히 괴로워한다고 하였다. 예수께서는 두 번 말씀 하지 않으시고 "내가 가서 고쳐 주리라" 라고 말씀하셨다. 바리새인들처럼 '나는 유대인인데 이방인의 집에는 들어갈 수 없으니 어쩐담?' '제3의 장소에서 만나면 어떨까?' 주저하지 않으셨다.

백부장은 이방인인 자기 집에 유대인 예수께서 오시는 것을 감당할 수 없다는 고백을 하면서 다만 말씀으로만 명령하시면 내 하인이 낫겠다고 말하였다.

나는 군인이기 때문에 명령에 죽고 사는 사람이니 주님께서도 명령만 하시면 우리 집에 오셔서 고쳐주시는 것과 마찬가지로 믿겠다고 하였다.

우리도 지인의 이름과 문제를 가지고 백부장처럼 예수 그리스도께 나아가서 간구하면 믿음대로 고침을 받고 해결을 볼 것이다.

예수님은 "이스라엘 중에서 아무도 이만한 믿음을 만나보지 못하였다" 라고 말씀하셨다.

믿음이 없는 이스라엘 본 자손들은 천국에서 쫓겨나 슬피 울면서 이를 갈게 되지만, 동서로부터 많은 사람이 족장들과 함께 천국에 앉을 것이라고 말씀하시고…. '네 믿은 대로 될지어다' 선포하실 때에 시공간을 초월해서 즉시 하인이 고침을 받았다.

백부장의 하인 중풍병자를 고쳐주신 사건은 믿음이 있는 이방인은 믿은 대로 되었지만, 믿음이 없는 유대인은 여전히 중풍 병자처럼 불신으로 나약한 상태임을 지적하셨다.

고대인들은 입에서 발설된 말은 능력을 지닌 것으로 생각하였다. 현대인은 광고의 과대 선전, 가짜 뉴스, 기복 설교, 라디오 토크쇼 등 말이 너무 무성하므로 발설된 말을 하찮게 여기고 있다. 예수님의 말씀에 복종하는 부하의 자세로 그분의 명령이 생명이며 복이라는 것을 믿는 자에게는 예수님의 그 말씀대로 이루어질 것이다.

의심과 불신의 사람은 현장에 가서 눈으로 확인하고, 물건의 품질을 사용해 보고 믿는 것은 믿음이 아니다. 믿음이란 보지 못하는 것의 증거이며 바라는 것의 실상이다.(히브리서 11:1) 대중 교통수단의 운전자를 믿지 못해서 도중에 하차하는 승객은 없다. 면도칼을 손에 쥔 이발사에게 자기 목을 내어주고도 편안하게 잠을 자는 것을 믿음이라고 한다.

현금이 없어도 조그마한 신용카드를 건네면 원하는 물건을 가져갈 수 있는 것이 믿음이다. 신용사회에서 사는 우리는 믿음에 대해서 많은 체험을 하고 있지만 유독 하나님의 약속의 말씀을 믿는 것을 의심하는 이유는 불신의 영들이 작용하기 때문이다.

구원은 구원의 말씀을 듣고 마음으로 믿고 입으로 시인하면 믿은 대로 구원을 받는다고 로마서 10장에서 증거한다. 입으로 선포해 보라! 정복자이신 예수 그리스도의 이름으로 선포하노니 모든 칼과 기근과 염병은 우리에게서 떠나가고 예수그리스도께서 우리의 모든 삶을 정복하고 다스려 주옵소서! 아멘! 네 믿음대로 될지어다!

☕ dessert

1. 나는 예수 그리스도께서 칼과 기근과 염병에서 구원하시는 정복자이심을 믿는가?
2. 나는 원죄와 자범죄로 인해서 썩음과 무능력과 무절제의 병은 없는가?
3. 나는 정복자 예수 그리스도의 이름으로 모든 문제를 정복할 믿음이 있는가?

Prayer

주님! 참된 정복자이신 예수 그리스도께서 우리의 삶 속에 오셔서 영혼 몸의 모든 죄와 문제들을 정복하여 주시고 믿음대로 되는 능력을 나타내셔서 하나님께 영광이 되게 하소서. 아멘!

18. 8:14-22 인자와 제자

"예수께서 베드로의 집에 들어가사 그의 장모가 열병으로 앓아누운 것을 보시고, 그의 손을 만지시니 열병이 떠나가고 여인이 일어나서 예수께 수종들더라.
저물매 사람들이 귀신 들린 자를 많이 데리고 예수께 오거늘 예수께서 말씀으로 귀신들을 쫓아내시고 병든 자들을 다 고치시니, 예수께서 이르시되 여우도 굴이 있고 공중의 새도 거처가 있으되 인자는 머리 둘 곳이 없다 하시더라. 예수께서 이르시되 죽은 자들이 그들의 죽은 자들을 장사하게 하고 너는 나를 따르라 하시니라" (14-16,20,22절)

Appetizer

예수께서는 이사야서의 예언대로 "우리의 모든 연약함을 담당하시고 병을 짊어지시고" 나병과 중풍 병자를 고치시는 신유의 기적을 본 무리들이 자기를 에워싸는 것을 보시고 그들에게 건너편으로 가도록 명하시고 무리를 따돌리셨다.

예수께서는 군중들이 자기를 추종하면서 교주나 왕으로 추대하는 것을 거절하시고 한 사람 한 사람의 연약함과 질병을 짊어지시고 담당하시는 인자이시며 구주이시다.

정치꾼들이나 교주들은 군중들을 동원하려고 수단과 방법을 가리지 않지만, 예수께서는 무리가 몰려들기 시작하면 혼자 빠져나가셔서 한적한 곳에서 기도하시는 분이다.

제자 지망생들에게 자신을 인자(人子, Son of Man, 아담의 아들(ben' adam)로 소개하시고 제자의 도를 말씀하셨다.

주님은 자신의 호칭을 스스로 낮추시고 '인자' 호칭을 사용하시기를 선호하셨다. 사람들이 자신에 대해서 '하나님의 아들' '메시아', '유대인의 왕', '선생', 등으로 높이 불러주는 호칭을 선호하지 않으셨다. 예수께서 좋아하신 호칭은 하나님 아버지께서 불러주시는 "이는 내 사랑하는 아들이요 내 기뻐하는 아들이라" 라는 호칭이다.

'인자, 아들, 친구, 형제' 등 사람들에게 부담을 주지 않는 호칭을 사용하시면서 일대일 개인적으로 다가가셨다. '목사' 보다 '박사' 호칭을 좋아하고, '형제' 보다 '기관장 직명' 을 좋아하는 습관은 주님의 모습과 상반된다.

교주들은 자기 호칭을 스스로 높이고 사람들과 상당한 거리감을 주는 호칭을 애용한다. 종보다 교주, 아들보다 아버지, 왕보다 교황, 감람나무, 재림예수, 해와 달과 별 등이다.

1. 담당자

예수 그리스도의 구속 사역은 질병의 치료가 포함되었다. 그리스도는 영적 질병, 도덕적 질병, 육적인 질병의 구속자시며 치료자이시다. 세계보건기구의(WHO) 심벌, 구급차와 의사 가운의 마크는 장대에 달린 구리 뱀이다. 모세가 불 뱀에 물려 죽어가는 이스라엘 자손들에게 놋 뱀을 만들어서 장대에 달아놓고 놋 뱀을 바라보는 자는 해독이 되어 살렸다.

장대에 매달아 놓은 구리 뱀은 십자가에서 죄와 사망의 독소를 제거해 주신 예수 그리스도의 구속을 상징한다. 모세는 바로 앞에서 지팡이를 던질 때 뱀이 되었고, 뱀의 꼬리를 잡을 때 지팡이가 되었다. 모세는 뱀의 권세를 이기는 구원자의 예표를 보여주었다.

2. 정복자

예수께서는 자신을 왕으로 추대하려는 군중들을 떠나서 배를 타셨다. 제자들이 탄 배에 큰 풍랑이 일어났을 때 그리스도를 삼키려는 사단의 광풍을 꾸짖어서 잠잠하게 하셨다.

그리스도는 자연의 폭풍과 인생의 폭풍을 잔잔하게 하심으로 자연과 환경을 정복하시는 승리자이시며 정복자이시며 창조주 하나님이 되신다.

"여호와께서 행하신 일들과 그의 기이한 일들을 깊은 바다에서 보나니, 여호와께서 명령하신즉 광풍이 일어나 바다 물결을 일으키도다. 광풍을 고요하게 하사 물결도 잔잔하게 하시도다. 그들이 평온함으로 말미암아 기뻐하는 중에 여호와께서 그들이 바라는 항구로 인도하시는도다" (시편 107:24,25,29,30절)

3. 승리자

그리스도는 원수를 이방 땅 가다라의 무덤에서 만나셨다. 사탄의 하수인 귀신으로 사람을 지배하고 소유해서 육신을 불결한 무덤에 거주하고 하나님을 향한 적개심을 품게 하였다.

사탄은 인간의 육체를 멸하고 영혼을 정죄하여 지옥으로 보내려고 한다. 사탄은 때가 되면 그리스도의 영원한 심판을 받을 것을 두려워한다. 귀신들이 이 세상에서 그들의 일을 하기 위해서는 활동할 사람의 몸이 필요하다. 성령이 그리스도인의 몸을 필요로 하는 것과 같이 귀신들은 사람 속에 들어가서 활동하고 돼지 떼에 들어가서 활동한다.

사람들은 예수 그리스도께 세 가지를 요청하였다.

1) 귀신이 사람에게서 나와서 돼지 떼에 들어가도록 허락해 달라 간구했다.
2) 고침을 받은 사람은 주님을 따르게 해달라 간구했다.
3) 거라사 주민들은 예수께서 이 동네에서 떠나 달라고 간구했다.

사람마다 귀신 들리는 방법이 다르다. 교만 귀신, 정욕의 귀신, 음란 귀신, 재물의 귀신, 거짓말 귀신, 분쟁의 귀신, 미움 질투의 귀신들이다.

예수 그리스도는 하나님의 형상대로 지음 받은 사람을 파괴하고 파멸하려는 사탄과 마귀 귀신의 세력을 발로 밟는 승리자이시다. 그리스도인은 그리스도의 능력의 믿음으로 이기는 자이다. 질병과 육체의 시험을 이기는 자, 자연과 환경을 이기는 자, 사단과 영적 시험을 이기는 자이다.

Today' s dish

예수께서 제자들과 한배를 타시고 건너편으로 항해하시다가 갈릴리 호수 가운데서 풍랑을 만났다. 그때 제자들이 두려워하고 놀랐지만, 예수께서는 바람과 바다를 꾸짖으심으로 사람의 아들이신 인자는 하나님의 아들이심을 입증해 보이셨다.

1. 예수의 칭호

이 세상에는 예수의 인격과 사역에 관한 책과 정보가 넘쳐난다. 사도 요한은 "예수의 행하신 일이 이외에도 많으니 만일 낱낱이 기록된다면 이 세상이라도 이 기록된 책을 두기에 부족할 줄 아노라" (요한복음 21:25)고 말하였다.

예수에 관한 기록들을 국립도서관이나 대영박물관에 모두 채울 수 있다면 그 공간이 부족할 것이다. 성경은 예수의 칭호에 대해서 최소한 112가지를 소개하고 있다.

예수, 주, 그리스도, 인자, 하나님의 아들, 임마누엘, 길, 진리, 생명, 부활, 선한 목자, 양의 문, 생명의 떡, 물, 빛, 어린양, 택한 종, 둘째 아담, 포도나무, 반석, 새벽별, 중보자, 대제사장, 사도, 영혼의 감독, 만왕의 왕, 알파와 오메가, 처음과 나중 등이다.

예수의 호칭 하나하나를 자세하게 설명하여도 시간이 부족할 것이다. 예수의 호칭이 우리와 무관하다면 이해할 의미가 없겠지만, 예수의 호칭은 하나라도 가볍게 취급해서는 안 되는 이유는 우리의 구원과 직결된 이름이기 때문이다.

수많은 예수의 칭호 가운데 예수께서 자신이 즐겨 사용하신 호칭은 인자(人子)이다.

인자는 구약의 메시아를 예표 하는 호칭으로서 다니엘 7장 13절에 처음 기록되었다.

> "내가 또 밤 이상 중에 보았는데 인자 같은 이가 하늘 구름을 타고 와서 옛적부터 항상 계신 이에게 나아와 그 앞에 인도되매"

하나님은 선지자 에스겔을 인자로 호칭하였다. 신약에는 마태복음 8장 20절에 처음 소개되었으며 복음서에만 81번 기록되었다. 인자라는 호칭에는 예수의 세 가지 직분과 사역을 나타내고 있다.

1. 인자(人子)

인자께서 세상에 오셔서 하실 일은 "인자는 땅에서 죄를 사하는 권세자" (마가복음 2:10)이시며, "인자의 온 것은 잃어버린 자를 찾아 구원하는 자." (누가복음 19:10)이시다.

인자는 잃어버린 자들의 죄를 구원하시기 위해서 "인자가 많은 고난을 받고…. 버린 바 되어 죽임을 당하고 사흘 만에 살아나야 할 것" 이다.(마가복음 8:31)

그리고 "인자가 사람들의 손에 넘기워 죽임을 당하고 죽은 지 삼 일 만에 살아나실 분" (마가복음 9:31)이시다.

또한 "인자가 자기 영광으로 모든 천사와 함께 올 때 자기 영광의 보좌에 앉아서" (마태복음 5:31) 심판하실 주님이시다.

"이후에 인자가 권능의 우편에 앉은 것과 하늘 구름을 타고 오시는" (마태복음 26:64) 재림 심판주로 오실 것이다.

인자가 재림하시기 전 세상에 있는 모든 교회를 살피시고 친히 목양하시는 목사이시다. "촛대 사이로 인자 같은 이가 발에 끌리는 옷을 입고 가슴에 금띠를 띠고……" (요한계시록 1:13).

종합하면 인자이신 예수 그리스도는 죄를 사하시고 잃어버린 사람들을 찾으시고, 십자가의 고난을 당하시고 부활 승천하셔서 세상을 심판하시고 구원받을 교회들을 목양하시면서 재림의 주님을 맞이할 종말을 준비시키시는 분이시다.

예수는 많은 사람에게 혼란을 일으키셨다. 예수의 가르치심은 유명한 랍비 아래서 배운 적이 없었지만 성경 지식과 가르치심은 서기관과 다르게 권세 있는 가르치심이었다.

예수의 출생의 비밀은 요셉과 마리아는 알고 있었지만, 나사렛 동네 사람들은 인간적인 추측과 오해를 하였으며 예수의 다섯 형제도 예수를 제대로 이해하지 못하였다.

예수의 신비로우신 능력과 기적을 행하시면서도 자기를 나타내지 말라고 하시거나, 능력 있는 분이 힘없이 권세 자들에게 잡혀서 많은 고난을 받고 죽임까지 당하시고 부활하신다는 말씀을 하실 때 군중들은 상식적으로 이해를 하지 못하였다.

그런 배경 가운데 자신을 인자라고 호칭하는 것은 더욱 혼동을 불러일으키셨다. 사람들이 인자를 엘리야, 세례요한, 선지자 중에 한 사람으로 이해를 하였다.

그러나 베드로가 "주는 그리스도시요 살아계신 하나님의 아들" 이라고 고백하였을 때 예수께서 그를 칭찬하시고 음부의 권세가 해치지 못하도록 반석 위에 내 교회를 세우시겠다고 말씀하시고 베드로에게 천국의 열쇠를 주셨다.

2. 제자(弟子)

어떤 서기관이 예수의 제자로 지망하면서 "랍비가 어디를 가든지 좇겠다" 라고 고백하였다. 인자가 가는 곳마다 기적을 행하고 무리가 열광하는 모습을 보고 주님을 따르기를 원하였다. 그러나 인자이신 주님은, "여우와 공중의 새도 머리 둘 곳이 있지만, 인자는 머리 둘 곳이 없다" 고 말씀하셨다. 세상은 출신 배경이 땅에서 온 유명한 사람을 자신의 머리로 삼기를 원하지만, 한 번도 보지 못하고 경험하지 못한 하늘에서 온 인자는 출신 배경과 신분이 자신들과 다르다는 것을 알고 인자를 자신의 주와 머리로 모시기를 거절하였다.

> "그가 세상에 계셨으며 세상은 그로 말미암아 지은 바 되었으되 세상은 그를 알지 못하였고 자기 땅에 오매 자기 백성이 영접지 아니하였으나" (요한복음 1:10-11)

하나님의 아들이 세상에 내려오셔서 죄악에 빠져서 고통과 죽음의 길로 가는 자들을 구원하기 위해서 "나를 믿고 따르라" 라고 말씀하셨을 때 사람들은 온갖 트집을 잡고 이유와 핑계를 대면서 예수를 구원자 메시아로 믿지 않았다.

인자라는 호칭은 다니엘의 환상을 통해서 계시된 것처럼 "하늘 구름을 타고 항상 계신 분의 보좌 앞으로 나아가시는 그분이 인자" 라고 말한다. 사람이지만 하늘에 속한 하나님의 아들이 그리스도로서 세상에 성육신하신 분이라는 의미다.

서기관은 예수께서 행하신 기적과 능력과 인기를 보고 그를 따르고자 하였지만, 인자가 세상에 오신 참 목적을 이해하지 못하였다. 사람들은 인자를 자신의 주님으로 모시지 못할 것이라고 말씀하시면서 제자 지망생을 완곡하게 물리치셨다.

또 다른 제자 지망생은 "나로 먼저 가서 내 부친을 장사하고 주님을 따를 수 있게 하여 달라" 고 요청하였지만, 예수는 "죽은 자들로 죽은 자를 장사하게 하고 너는 나를 좇으라" 고 말씀하시면서 그도 거절하셨다.

나실인은 부모의 시신도 접촉할 수 없도록 하나님께만 헌신하는 사람이었다. 육신의 일, 애정과 애착, 가족관계, 우정과 사회생활 등 이것들은 죄가 아니다. 인간으로 마땅히 해야 할 의무이며 도리이다. 그런데 이런 도리(道理)가 예수를 따르는 데 걸림돌이 된다면 그런 의무를 포기할 수 있어야 하고, 거기에 따르는 오해와 핍박을 감수하고서도 예수를 따라야 한다고 말씀하셨다.

인자이신 예수는 마귀를 통한 육신의 시험을 이기셨다. 우선(于先)과 차선(次善)의 순서를 바로잡으셨다. 떡보다 말씀, 기적보다 믿음, 세상 재물보다 하나님을 예배하는 것을 우선순위로 생각하셨다.

인자를 따르는 제자들의 가치관과 우선순위는 하늘이 먼저이고 땅의 가치가 나중이다. 그래서 산상설교에서 "너희는 먼저 그의 나라와 그의 의를 구하라" 고 말씀하셨다.

농사는 하나님이 하늘에서 비를 주셔야 땅의 씨앗이 발아하고 자라며 열매를 맺을 수 있다. 순서는 '하늘과 땅' 이지, '땅과 하늘' 이 아니다. 대한민국 사람들은 '남북' 이라고 말하지만, 북한 사람들은 '북남' 이라고 말한다.

우리는 인자이신 예수 그리스도를 통하여 하나님의 자녀로 구속받았으므로 우리의 우선순위와 가치관은 땅과 하늘이 아니라 하늘과 땅이어야 한다.

그리고 육영(肉靈)이 아니라 영육(靈肉)이 바른 순서다. 육신과 이 세상과 땅에 속한 고정관념을 버려야 한다. 남반구는 12월이면 가장 추운 겨울이지만 북반구는 여름이다. 그리고 북반구에서 자정이면 남반구에서는 정오가 된다.

> "사랑하는 자여 네 영혼이 잘 됨같이 네가 범사에 잘되고 강건하기를 내가 간구하노라" (요한삼서 2절)

주기도문에서 "하늘에 계신 우리 아버지여" 라고 기도를 가르쳐주었지, "땅에 계신 우리 아버지여" 라고 말하지 않는다.

그리고 하나님의 영광과 나라와 뜻이 땅에서 이루어지도록 간구하고 나서 땅에 사는 우리가 필요한 일용할 양식과 죄 사함과 시험과 악에서 건져주시기를 간구하는 순서로 하여야 한다. 인자를 따라서 하늘의 영광을 얻고자 하는 제자가 되려면 이런 우선순위부터 결정하여야 한다.

국가를 위해서 몸을 바친 군인들은 우선순위가 이미 정해져 있다. 전쟁이 나거나 출동 명령이 떨어지면 만사를 제쳐놓고 이유 없이 명령대로 출동하여야 한다.

하물며 그리스도의 군사들도 기도 명령, 예배 명령, 전도 명령들은 우리의 삶에 우선순위에 놓아야 그리스도의 군사들이다. 우선순위가 전도(顚倒)된 사람은 인자를 따라갈 제자가 될 수 없다.

3. 하나님의 아들(神者)

예수께서 제자들과 함께 배를 타고 건너편으로 가셨다. 갈릴리 호수는 길이 20.8km, 폭 11.2km, 평균 깊이 45m이다. 해수면보다 206m가 낮아서 호수 주변으로 둘러싸인 산에서 불어오는 바람이 갑자기 돌풍으로 변하여 격랑이 6m가 넘는 파도가 일어날 때가 있다.

예수께서 일과에 지쳐서 배의 고물에서 주무셨는데, 풍랑이 일고 제자들의 고함소리와, 물방울이 뿌려져도 깨지 못하시고 곤하게 잠이든 모습은 예수의 참된 인성을 증명해 주고 있다. 제자들이 아우성치면서 예수께 구원을 요청할 때에 예수께서 일어나셔서 믿음 없는 제자들과 바람과 바다를 꾸짖으셨다. "어찌하여 무서워하느냐 믿음이 적은 자들아" 그리고 바람과 바다를 꾸짖으시니 아주 잔잔하게 되었다.

갈릴리 바다에서 저녁 항해는 그리 위험하지 않다. 늦은 오후에 광풍이 부는데 저녁의 바람과 파도는 예수와 제자들을 침몰시키려는 사탄의 제한적인 능력을 가지고 악용한 광풍이었다. 사탄은 제자들이 예수를 따라가는 것을 시기하고 질투해서 총공격하였다.

예수 그리스도는 초자연적인 능력으로 대자연을 꾸짖어서 굴복시키시었다. 이것은 하나님의 창조하신 자연의 질서인 바람과 바다를 꾸짖으신 것이 아니라 자연을 악용하는 사탄을 꾸짖으신 것이다.

풍랑을 잠잠케 하신 예수는 그가 하나님의 아들이심을 증명하셨다. 예수께서 꾸짖으시면 사탄의 모든 시험과 악함을 물리쳐 주시고 제자들을 건져주신다.

우리는 믿음이 없는 것을 묵인하거나 하용하기 보다는 꾸짖을 때 그 사람의 연약함을 이용하여 불신의 진지를 구축하려는 마귀의 의도를 막을 수 있다.

하나님의 은총의 자연을 시험의 도구로 악용하는 사탄은 반드시 꾸짖음을 받아야 한다. 토네이도, 허리케인, 태풍, 지진, 화산폭발, 쓰나미, 해일 등, 자연의 재해는 인간에게는 무서운 재앙이다. 그러나 예수의 제자들은 예수 이름으로 꾸짖을 수가 있다.

우리 곁에는 하나님의 진노의 도구가 널려져 있다. 은총의 도구가 심판의 도구가 언제든지 될 수 있다. 인자이신 주님이 우리와 함께 계신 한 배를 탄 공동 운명이 되면 우리가 죽게 된 것을 주님이 관망하지 않으시고, 구원을 요청하면 즉시 구원하여 주신다.

주님의 평온하심은 그의 믿음과 하나님의 아들이심을 보여주시는 것이다. 우리는 믿음으로 예수 그리스도 안에서 하나님의 양자가 되었다. 우리도 믿음을 가지고 폭풍도 두려워하지 말고 담대하게 마음의 평온을 유지하여야 한다. 그리고 기도의 열쇠를 활용하여 항상 악과 시험에서 승리하고 구원받아야 한다.

☕ dessert

1. 예수께서 선호하셨던 인자의 호칭처럼 내가 선호하는 호칭은 무엇인가?
2. 나는 주님을 따라가는 제자로서 우선순위와 가치관은 무엇인가?
3. 나는 주님과 한배 탄 공동 운명이 되어서 어떤 시험과 역경에서도 승리할 수 있는가?

Prayer

기도/주님! 인자이신 주님을 따라가기 위해서 하늘과 땅의 우선순위와 가치관을 바로 세우고 예수 그리스도와 부부처럼 공동 운명이 되어서 주님의 풍성하신 능력을 누리게 하옵소서. 아멘!

19. 8:23-34 정복자 예수

"예수께서 이르시되 어찌하여 무서워하느냐 믿음이 작은 자들아 하시고 곧 일어나사 바람과 바다를 꾸짖으시니 아주 잔잔하게 되거늘, 그 사람들이 놀랍게 여겨 이르되 이이가 어떠한 사람이기에 바람과 바다도 순종하는가 하더라.
귀신들이 예수께 간구하여 이르되 만일 우리를 쫓아내시려면 돼지 떼에 들여보내 주소서 하니, 그들에게 가라 하시니 귀신들이 나와서 돼지에게로 들어가는지라 온 떼가 비탈로 내리달아 바다에 들어가서 물에서 몰사하거늘, 온 시내가 예수를 만나려고 나가서 보고 그 지방에서 떠나시기를 간구하더라"

(26,27,31,32,34절)

Appetizer

하나님은 이스라엘 백성들이 언약(말씀)을 어기고 죄를 범하면 세 가지 징계의 도구를 사용하셨다. 칼, 기근, 염병이다. 예수 그리스도는 죄로 인해 가져오는 세 가지 징벌을 정복하시고 언약의 백성들을 구원하신다.

첫째, 질병(염병)의 정복자이며 담당자로서 이스라엘의 대표적인 질병인 문둥병과 백부장의 하인의 중풍병과 베드로 장모의 열병을 고치셨다.

둘째, 자연(기근)의 역기능을 순기능으로 정복하셨다. 사단은 자연을 남용해서 예수께서 타신 배를 광풍과 큰 파도로 침몰 수장시켜 구속 사역을 차단하려고 하였으나 예수께서 바람과 물결을 꾸짖어 잠잠케 하심으로 자연의 정복자 되심을 증거하셨다.

셋째, 칼(전쟁)을 정복하셨다. 가다라 지방의 귀신 들린 자의 귀신을 말씀의 칼로 내쫓으심으로 영적 전쟁에서 승리하시고 영계를 정복하시는 그리스도가 되심을 증거하셨다.

지구촌 83억 인구는 3년 동안 '코로나' 제국의 식민 통치를 받으면서 수많은 고통과 죽음과 손실을 보았다. 코로나 제국에서의 독립전쟁은 바이러스와 백신의 전쟁이었다. 우리는 전염병의 정복자이신 예수 그리스도께서 말씀하시고 명령하시고 손을 잡아 일으켜 주시도록 믿음으로 기도하였다. 우리는 지금 코로나 제국이 붕괴된 것을 보았다.

세상의 제국들과 영웅적인 정복자들은 영원하지 않고 무너졌다. 고대 제국들과 신흥제국들의 영화는 풀의 꽃과 같이 쇠하였고, 알렉산더, 나폴레옹, 칭기즈칸 등 정복자들도 사망의 제왕 앞 모두 무릎 꿇음으로 실패한 정복자가 되었다.

그러나 예수 그리스도는 죄와 사망의 제왕을 무릎 꿇게 하시고 부활의 승리로 영원하시고 완전하신 생명의 왕으로 정복자가 되셨다.

지구촌에서 발생하는 모든 문제는 칼, 기근, 염병이라는 세 가지 문제로 축약된다. 정치 사회 문제와 분쟁 및 인종 갈등과 테러와 전쟁 문제, 기후와 환경과 식량, 인구, 경제, 공해라는 자연 문제, 모든 질병과 펜데믹 전염병 문제는 UN과 WTO, WHO 등이 문제 해결을 위해서 연구소를 개설하고 연구원들이 머리를 짜면서 노력을 하지만 근본적으로 해결하지 못한다.

지구촌의 모든 문제의 원인은 죄 때문이다. '예수' (Jesus) 이름의 뜻은 '자기 백성을 죄에서 구원할 자' 라는 뜻이다. 죄에서 구원받으면 죄에서 발생한 개인과 지구촌의 문제를 해결할 수 있다.

이 문제를 위해서 하나님이 우리에게 주신 선물은 '예수' 라는 이름을 주시고 이 이름을 믿고 이 이름으로 구하면 우리를 구원하여 주실 것을 약속하셨다.

> "다른 이로서는 구원을 얻을 수 없나니 천하 인간에 구원을 얻을 만한 다른 이름을 우리에게 주신 일이 없음이니라 하였더라" (사도행전 4:12)

'나의 소망! 우리의 소망! 세상의 소망! 오직 예수 그리스도!'

Today's dish

1. 영계의 정복자

이 세상은 예수님이 아니면 소망이 없다는 것을 보여주신 증거는 수많은 사람이 광인(狂人)같이 미쳐가고 있는 것이다.

예수의 사역은 이방인들이 거주하는 가다라 지역으로 확대되어 귀신들린 사람을 고쳐주심으로 귀신의 파괴적인 존재와 광인들의 비참한 삶의 현장을 보여주시고 오직 예수 그리스도의 능력과 자비하심으로 절망적인 세상에 복된 소망이 됨을 보여주셨다.

우리나라의 정신질환자는 2001년도 보건복지부 통계에 의하면 약 500만 명이 정신질환을 앓고 있다고 한다. 2019년 국민건강보험공단 요양급여 지급 실적 기준으로 치매 질환자를 제외한 국내 정신질환자는 316만여 명으로 집계되었다. 2022년은 355만 명으로 추산하고 있고 최근 5년간 22% 증가했다고 한다. 인구 10명 중 한 명꼴이 정신질환을 앓고 있거나 경험한 사람으로 집계된다. 정신질환자의 직계 가족들을 4인 기준으로 계산하면 약 2,000만 명이 직, 간접적으로 정신적으로나 물질적으로 고통을 당하고 있다.

몇 년간의 우울증과 정신 분열을 앓아왔던 부천에 사는 48세의 여인은 항상 자신이 죽을 것 같다는 공포를 안고 살면서 딸을 남겨두고 죽는 것이 가장 두려워 자신이 죽기 전 딸들을 살해한 부천의 한 일가족 살인 사건이 있었다. 엄마는 우울증, 첫째 딸은 편집성 정신 분열, 둘째 딸은 대인기피증, 셋째 딸은 은둔형 외톨이를 앓았다고 한다. 우리나라 정신질환자들의 현주소이다.

영혼을 사랑하는 예수님은 사역지를 갈릴리에서 이방인의 땅 데가볼리로 확대하시고 배를 타고 건너가셨다. 데가볼리의 '데카(10)와 폴리스(City)의 합성어로서 열 개의 도시라는 뜻이다. 마귀들은 자신들이 진을 치고 있는 이방인의 영역에 예수님이 오시는 것을 알고 갈릴리 바다에 광풍을 일으켜서 예수님과 제자들이 탄 배를 전복시킴으로 열 개의 도시에 들어오지 못하도록 강력하게 저항하였다. 그러나 예수님은 바람과 파도를 꾸짖으시고 무사히 거라사 도시에 입성하시고 그 도시에서 악하게 활동하는 귀신들을 쫓아내시고 그곳에서 고통받는 광인을 시범 사례로 회복시켜 주심으로 거라사 땅에도 하나님의 나라가 임하는 복을 내려주셨다.

예수님은 유대인으로서 율법의 규례를 어기고 광인을 구원하여 주셨다. 이방인 지방을 사역지로 삼으신 것과, 부정한 시신들이 묻혀있는 무덤으로 가시고, 귀신 들린 자를 접촉하심으로 유대인이 꺼리는 고정관념을 깨뜨리시기 위해서 부정한 규례를 어기시면서 광인을 고쳐주셨다. 산헤드린 총회를 소집해서 예수를 걸고넘어질 것을 아신 주님은 규례를 넘어 영혼을 사랑하셨다.

제자들이 손을 씻지 않고 음식을 먹는 것을 본 바리새인이 예수께 문제를 제기하였으나 이렇게 변호하셨다. "입으로 들어가는 것이 사람을 더럽게 하느냐? 사람에게서 나오는 것이 더러우냐?"

손 씻는 문제는 위생 문제이지 도덕적이거나 영적인 문제가 아니다. 마음을 씻지 않는 것은 영적이고 도덕적인 문제라는 것을 가르쳐주셨다.

유대인의 거룩이라는 고정관념은 장소와 시간으로 한정 되었다. 성전과 안식일이다. 거룩의 공간도 1등급은 지성소, 2등급은 성소, 3등급은 성전 뜰, 4등급은 여인들의 뜰, 5등급은 이방인의 뜰이다. 거룩한 시간은 금요일 해질 때부터 토요일(안식일) 해질 때까지이다.

비행기를 타고 미국을 여행하는 사람이 한국에서 주일 아침에 출발하면 미국에 주일 아침에 도착하여 교회에 가서 주일 예배를 드릴 수 있다. 한국 사람의 관점으로는 주일을 지키지 않는 사람이 되지만 미국에서는 주일 예배를 잘 드리는 사람이다. 본질을 잃어버리지 않으면 비본질에 대해서는 자유할 수 있어야 한다.

예수께서 왜? 이방인 땅 가다라 지방에 가셨을까? 그것은 천하보다 귀한 한 영혼이 귀신에게 지배를 받으면서 불행하게 살고 있었기 때문에 한 영혼을 구원하시기 위해서 가셨다.

만일 내 가족이 소말리아 해적들에게 인질로 잡혀있다면 그곳으로 달려가지 않겠는가?

2. 현대판 거라사 광인

예수께서는 한 영혼을 구원하는 일에는 시간과 공간과 제도와 장벽과 어떤 희생과 댓가와 장애물이 문제가 되지 않으시고 달려가셨다.

광인의 특징은 오래 옷을 입지 않았다, 집에 거주하지 않고 돌아다닌다. 무덤 가까이서 산다. 부르짖고 엎드리고 큰 소리를 내며 사납고 자학적이며 피해의식에 가득하다. 초인적인 힘으로 사람들이 제어할 수 없다.

현대사회는 사탄을 숭배하고, 귀신의 힘을 빌려서 자기의 소원을 성취하려는 마술, 귀신의 힘으로 신비의 지식에 도달하려는 점술, 귀신과의 대화를 시도하는 강신술 등의 신비주의(occultism)가 계속 상승하고 있다. 책방의 서가를 장식하고 있는 수많은 책, 사람들의 혼을 빼앗는 영화들, 끊임없이 방영되고 있는 귀신 드라마들, 청소년들 사이에 널리 퍼진 마술적인 관행들, 주간지를 장식하고 있는 점성술, 토정비결, 손금보기, 별점, 카드 점, 점점 거대해져 가는 역술인과 무당들의 단체, 일본 귀신의 캐릭터인 피카츄, 몬스터, 포켓몬 등 지금 우리의 눈을 약간만 돌리면 귀신 이야기는 보편적인 문화가 되어있음을 발견하게 된다.

한 청년이 귀신 들려서 고통을 받다가 주님의 이름으로 고침 받은 경우가 있다. 그 청년은 밤새 악몽에 시달리다가 잠이 들면 하루 반나절 잠에 중독된다. 악몽을 이기기 위해서 술과 담배를 마시고 피우다가 담배와 알코올에 중독이 되었다. 포르노물을 보다가 자위행위를 하고, 드래곤, 디아블로 같은 귀신 컴퓨터 게임에 중독되어서, 이러한 게임으로 자신의 삶과 주변에 대한 분노와 적개심, 증오, 복수심을 키우면서 이것으로 해소하려 했다.

그 청년에게서 드러난 악령들의 정체는 학대, 두려움, 공포, 누군가 죽일 것 같은 불안, 분노와 적개심, 증오, 비교 의식, 열등감, 거짓 인식의 영, 거절 감의 영, 자살의 영이다.

인터넷을 서핑하다가 증산도 주문을 보았는데 재미로 외우고 놀면서 춤까지 추면서 종말이 왔다고 외치고 또 잠을 며칠씩 자지 않고 헛소리를 하였다. 그 청년은 친구의 소개로 교회를 찾아갔는데 귀신의 영이 그를 어지럽고, 번뇌케 하였고, 성경책을 읽는데 고양이가 뛰쳐나오고, 저승사자가 눈에 보이고, 헛것들이 보였다. 그러나 그 청년은 하나님의 놀라운 은총으로 귀신이 나가고 새사람이 되었다.

귀신은 육체보다 정신세계에 침투하기 쉬운 영역이기 때문에 정신질환은 귀신들이 자신을 쉽게 은폐하고 활동하는 영역으로 이용하고 있다. 예수님은 축사(逐邪)를 하기 위해서 의식 행위를 하지 않고 즉시 귀신들을 향하여 '가라' 고 외치셨다. 귀신들은 2천 마리나 되는 돼지 떼에 들어가서 물에 빠져 몰사를 하였다. 귀신은 무저갱에 자신을 던지지 않는다는 조건으로 그 사람에게 나오겠다고 말하고 돼지 떼에 들어가겠다 하였다. 귀신은 예수님의 허락을 받고 2천 마리가 되는 돼지 속에 들어가서 비탈로 내리달아 호숫가에 익사하고 말았다.

멧돼지 한 마리가 서울 도심에 출현하여 두 사람에게 상해를 입히고 21시간 동안 소동을 일으키다가 한강을 건너와서 사살되었다. 만일 2천 마리의 멧돼지 떼들이 서울 도심에 출현한다면 큰 소란과 혼동이 일어날 것이다.

경찰이 총 들고 나왔으니 그것은 전쟁이다.

주님은 한 영혼을 구원하기 위해서 돼지 2천 마리를 희생시키는 것을 선택하셨다.

거라사 주민들은 천하보다 귀한 영혼보다 물질에 집착되어있는 광인들이었다. 주님의 놀라운 은총으로 거라사 광인은 온전히 회복되었다. 옷을 입고, 정신이 온전하여, 예수의 발아래 앉았다. 그리고 예수의 제자가 되기를 원하였지만, 집으로 돌아가서 하나님의 크신 일을 증거하라는 말씀대로 순종하였다.

거라사 동네 사람들은 두려워하면서 예수께 마을을 떠나기를 요청하였다. 회복된 광인은 온 동네에 다니면서 예수께서 자기에게 행하신 큰 일을 전파하였다.

점점 미쳐가는 현대인들에게 예수 그리스도는 정신과 영적 세계를 정복하시고 다스리시는 분임을 증거하고 거룩한 하나님 나라를 선포하고 회복해야 한다.

지금도 전쟁 귀신에 사로잡힌 사람에 의해서 살상과 파괴와 곡물, 기름, 가스비까지 인상시키고 전 세계를 고통 속에 몰아가고 있다. 주 예수 그리스도의 이름으로 "떠나가라!" 선포해야 한다. 정복자 예수 이름으로 명령한다! 전쟁 귀신은 너의 갈 곳으로 떠나가라! go! go! go!

dessert

1. 예수님은 왜 영원히 망하지 않는 정복자이신가?
2. 질병과 자연과 영적 세계를 정복하신 예수 그리스도께서 나를 다스리고 계시는가?
3. 미쳐가는 광인들의 세상에서 그리스도인의 역할은 무엇인가?

Prayer

주님! 하늘과 땅과 그 가운데 모든 만물을 다스리시고 정복하시는 주님께서 우리를 다스려 주시고 죄로 인해서 칼과 기근과 염병의 징벌로 고통받는 세상을 구원해 주시고 주님과 한배 타고 다니면서 예수 이름과 하나님의 나라를 증거하게 하소서. 아멘!

20. 9:1-13 어느 것이 쉽겠냐?

"침상에 누운 중풍병자를 사람들이 데리고 오거늘 예수께서 그들의 믿음을 보시고 중풍 병자에게 이르시되 작은 자야 안심하라 네 죄 사함을 받았느니라. 그러나 인자가 세상에서 죄를 사하는 권능이 있는 줄을 너희로 알게 하려 하노라 하시고 중풍 병자에게 말씀하시되 일어나 네 침상을 가지고 집으로 가라 하시니, 바리새인들이 보고 그의 제자들에게 이르되 어찌하여 너희 선생은 세리와 죄인들과 함께 잡수시느냐

예수께서 들으시고 이르시되 건강한 자에게는 의사가 쓸데없고 병든 자에게라야 쓸 데 있느니라. 너희는 가서 내가 긍휼을 원하고 제사를 원하지 아니하노라 하신 뜻이 무엇인지 배우라 나는 의인을 부르러 온 것이 아니요 죄인을 부르러 왔노라 하시니라" (2,6,11-13절)

Appetizer

예수 그리스도는 가버나움에서 배를 타고 이방인 땅 거라사까지 왕복하시면서 죄와 질병과 자연과 영적 귀신의 세력을 말씀으로 고치시고 정복하고 다스리시는 구원자이심을 증거하셨다. 주님의 위험한 항해에는 거라사의 한 영혼의 구원과 제자들의 믿음이 강화되는 소득이 있었다. 주님은 여기서 저기로, 저기서 여기로 왕래하시면서 물질과 시간을 낭비하신 것이 아니라 잃어버린 영혼을 구원하셨다.

가버나움으로 귀환하신 주님은 한 중풍 병자를 고치신 사건으로 틀에 박힌 일상적인 신유 사건이 아니라 또 다른 일면을 보여주심으로 주님의 사역은 날마다 새롭고 신선하였다.

주님이 가버나움의 세관에 앉은 마태를 찾아가셔서 "나를 좇으라" 하시고 그를 제자로 삼으셨다. 마태는 주님을 집으로 초대하였고 많은

세리와 죄인들과 함께 유대인의 전통적인 규례를 어기고 식탁 교제를 나누셨다.

서기관은 죄를 사하신다는 예수의 말씀과 바리새인들은 죄인들과 교제하시는 예수에 대해서 비방하고 비난을 하였다.

예수님은 바리새인들에게 성경을 다시 배우라고 말씀하셨다. 의사는 병든 자에게 필요하듯이 죄인에게는 죄를 사하시는 인자가 필요하고, 하나님은 제사보다 긍휼을 더 원하시는 분이기 때문에 나는 의인이 아니라 죄인을 부르러 왔다고 말씀하셨다.

종합병원 입구에 '환자 사절 & 건강한 자 환영' 이라는 안내문을 붙였다면 그곳은 '헬스클럽' 이지 병원이 아니다.

교회당에 '죄인 사절 & 의인 환영' 이라는 안내문을 붙여놓았다면 그곳은 교회가 아니라 의인들의 사교클럽이 될 것이다.

미국 남부에는 '흑인 출입 금지' 안내문을 붙인 교회도 있고 어떤 백인 교회는 흑인 목사는 강단에 세우지도 않는다고 한다. 그런 교회는 교회가 아니라 우월의식을 가진 백인타운으로 형성된 '힌놈의 골짜기' (심판 장소)일 것이다.

아브라함의 후손들은 서로 자기들이 아브라함이 법적 자손이라면서 유대교, 이슬람교, 기독교가 피 흘리기까지 싸운다. 기독교는 예수 이름을 가지고 서로 자기들이 합법적인 예수 제자라면서 다툰다. 보수 예수, 진보 예수, 전통 예수, 개혁 예수, 복음 예수, 장로 예수, 침례 예수, 감독 예수, 순복음 예수, 성결 예수, 그리스도 예수, 이단 예수, 지가 예수...

> "하늘에 계신 이가 웃으심이여 주께서 그들을 비웃으시리로다" (시편 2:4)

영국의 희극배우 찰리 채플린이 조용한 시골을 여행하고 있었다. 어느 마을을 지나는데 '찰리 채플린 흉내 내기 대회'가 열린다는 포스터가 붙어있는 걸 보았다. 순간 장난기가 발동한 찰리 채플린은 자기 신분을 숨긴 채 그 대회에 참가 신청을 했다. 선수들은 찰리 채플린이 자주 입는 옷으로 차려입고, 콧수염을 붙이고, 지팡이를 짚고 그의 걸음걸이를 흉내면서 우스운 몸짓을 흉내 냈다.

심사 결과 가짜 채플린이 1등을 하고 진짜 채플린은 3등에 머물렀다고 한다. 이럴 때 쓰는 말이다. '진짜 채플린이 웃으심이여 진짜 채플린이 가짜 채플린을 비웃으시리로다'

나사렛 예수께서 한국 서울을 방문하시면 라오디게아 교회처럼 문전박대를 받으실 뿐만 아니라 강단에 세울 수 없는 교회가 많지 않을까? 신학교 졸업장이나 학위도 없고 안수 증명서도 없는 예수께서 교파와 교단마다 찾아가시면 총회 회원으로 발언도 하고 공천받아 부서에서 일할 수 있을까?

거룩(holy)은 히브리어 명사 '코데쉬' 라는 '분리' (separate)와 형용사 '카도쉬' 라는 '다름' (different)를 의미한다. 따로 떼어놓아서 '다른 것과 다른' 특별한 것을 가리킬 때 사용한다. 하나님이 천지 창조를 6일 동안 하시고 제7일은 복 주사 거룩하게 하셨다. 일곱째 날은 다른 날과 다른 특별한 날이며, 하나님께서 창조 행위를 멈추시고 안식하셨다는 사실이다.

'코데쉬' '거룩' 은 십계명의 수직적인 첫 번째 돌판이며, '카도쉬' 거룩은 수평적인 두 번째 돌판의 계명이다. 율법의 대강령은 하나님과 이웃 사랑을 명령한 것이다.

그러므로 거룩이란? 하나님을 우상과 코테쉬(분리)하여 사랑하고, 이웃을 사랑하는 일에 '카도쉬' (다름) 사랑으로 사랑하는 것이다. 거룩함을 잃으면 다 잃는 것처럼 사랑을 잃으면 다 잃게 된다는 것을 성경이 가르친다.

아브라함의 코데쉬와 카도쉬의 믿음을 따르는 자들이 아브라함의 자손이며, 예수 그리스도의 십자가 도의 코데쉬와 카도쉬를 따르는 자들이 예수 제자이며 참된 기독교인이다.

📚 Today' s dish

1. 아름다운 이웃

예수 당시 로마제국의 식민지 유대 땅은 문화 혜택을 많이 받지 못하여 절대 빈곤층은 병들고 가난한 사람들이 많았다. 예루살렘의 베데스다 연못가에서 번호표를 뽑고 기다리는 많은 환자와 심지어 38년 된 병자도 있었다는 것은 예루살렘 수도가 이 정도 의료 혜택을 받지 못했다면 소외된 갈릴리 지방은 말할 것 없는 상황이었다.

우리나라는 교통사고, 뇌졸중, 산업재해 등으로 후천성 장애인이 매년 30만 명이 발생하고 있고 선천성 장애우까지 약 470만 명이 개인과 가정의 불행으로 여기고 있다.

유대인의 중풍 병자는 현대 복지사회처럼 휠체어나 전동차도 없이 스스로 거동을 하지 못하고 침상에 누운 채로 살았다. 중풍 병자의 친구들이 그를 침상 채 메고 예수께 데리고 나왔지만, 출입구가 막혀서 지붕을 뜯고 줄로 침상을 내려서 예수 앞에 병자를 내려놓았다.

욥의 친구들은 지치고 병든 친구를 위로하지는 않고 죄를 고백하라고 정신적인 고문을 가하였다. 그러나 중풍 병자의 이웃들은 침상채 들고 예수께 데리고 왔다.

아름다운 친구, 아름다운 이웃, 아름다운 전도자의 모습이다. 스스로 회개할 수 없고, 스스로 예수를 믿을 수 없는 사람을 위해서 영혼을 사랑하는 이웃이 그를 예수께 데리고 나오는 일은 가장 아름다운 우정이며 사랑이다. 영혼을 사랑하는 자의 열정으로 아름다운 지혜와 방법과 모험적인 아이디어가 놀랍다.

그러나 중풍 병자를 데리고 나오는 일에 걸림돌은 바리새인들의 정죄의식이다. 죄인은 죗값을 받아야 한다는 율법의 정죄 논리는 한 사람도 예수께 데리고 나올 수 없다.

우정어린 친구와 이웃들은 한 영혼을 구원하기 위해서 쉬운 일보다 어려운 편을 택하였다. 환자를 예수께 데리고 나올 수 없는 논리적인 장애

요소가 많다.

지붕을 뜯으면 손해 배상을 물어야 한다. 예수의 집회가 끝나도록 밖에서 기다렸다가 고침을 받을 수 있다. 예수의 집회를 방해할 수 있다. 중풍병은 숨넘어갈 만큼 위독한 병이 아니며 치료도 빠르지 않으니 기회 있을 때 데리고 오면 된다.

예수께서 인정하신 환자 친구들의 믿음은 쉬운 지름길보다 어렵고 힘든 좁은 길을 선택한 것이다.

2. 의사와 인자

바리새인들과 교법사들은 질병의 원인을 죄로부터 오는 것으로 정의를 내렸다. 욥의 친구와 같은 논리로 병자를 보았다. 그래서 무슨 자비나 긍휼이 없고, 싸늘한 정죄와 판단만이 환자를 대하는 시선을 가졌다. 물론 죄가 질병의 원인이 되지만 예수께서 나사로의 질병과 죽음에 대해서 논평하시기를 "이 병은 죽을병이 아니라 하나님의 영광을 위하는 병이며, 하나님의 아들의 영광을 위한 병이다" 라고 정의를 내리셨다.(요한복음 11:4)

중풍 병자의 이웃은 고통당하는 사람의 질병이 원인을 묻지도 따지지도 않고 믿음과 사랑으로 즉시 예수께 데리고 갔다.

선한 사마리아 사람은 강도 만난 사람에게 이유를 불문하고 주막으로 데려가서 자부담으로 환자를 치료해 주었다. 그러나 제사장과 레위인은 율법과 정부 정의 규례를 핑계로 못 본 체하고 기피하였다.

예수님은 환자에게 "안심하라 네 죄 사함을 받았느니라" 사죄를 선언하셨다.

병들지 않은 건강한 사람이라도 예수 앞에 나오면 먼저 죄 사함을 받아야 한다. 본질적인 것을 놓치고 비본질적인 것을 붙잡는 사람들은 부러질 나무의 곁가지를 붙잡는 사람들이다.

좁은 회당에 죄 사함과 치료가 필요한 사람들이 들어오는 길을 막고 자리만 차지하는 바리새인들과 교법사들은 "하나님 외에는 누가 죄를 사하는가? 이 참담한 말을 하는 자가 누구냐?" 속으로 악한 생각을 하였다.

예수님은 "너희가 어찌하여 마음에 악한 생각을 하느냐" 꾸짖으시고 "네 죄 사함을 받았느니라. 하는 말과 일어나 걸어가라 하는 말이 어느 것이 쉽겠느냐" 말씀하시고 "일어나 네 침상을 가지고 집으로 가라" 고 하셨다.

인자는 땅에서 죄를 사하여 주시는 권세자이며 땅에서 풀면 하늘에서도 풀리며 땅에서 매면 하늘에서도 매인다고 하셨다. 우리는 질병과 가난과 고통에서 구원이 아니라 '죄에서 구원' 이 필요하다.

예수 이름은 '죄 사함' 을 위해서 사용되어야 하는 이름이다. 죄의 사슬만 끊으면 그 사슬에 딸려 오는 다른 문제들은 모두 끊어진다. 죄 사함 받은 병자는 자리를 들고 일어나 걸어가면서 하나님께 영광을 돌렸다.

> '예수 앞에 나오면 모든 죄 사하고 주의 품에 안기어 편히 쉬리라. 우리 주만 믿으면 모두 구원 얻으며 영생 복락 면류관 확실히 받겠네.(찬송가 205장)

예수께서 만일 중풍 병자의 병만 고쳐주셨다면 예수는 능한 의사 수준이 될 뿐, 죄에서 구원하는 그리스도로 믿지 못하게 될 것이며 환자는 병만 고치고 구원은 받지 못하는 불행한 사람이 된다.

3. 제사와 긍휼

예수께서 가버나움 세관으로 가셨다. 세금 납부나 신고할 수입 물건이 있어서가 아니라 세관원으로 일하는 마태(레위)를 제자로 부르시기 위해서이다.

예수께서는 잃어버린 영혼이 있는 곳에는 거라사, 사마리아, 세관, 성전, 회당, 죄인의 집에도 두루 찾아가셨다.

예수님은 의도적으로 바리새인들이 금기시하는 일들만 골라서 일을 만드셨다. 안식일에 병을 고치시고, 안식일에 시장한 제자들을 데리고 밀밭 사이로 지나가시고, 유대인들이 통행하지 않는 사마리아 동네로 지나가시고, 간음한 여인과 대화를 나누시고, 세리 삭개오의 집에서 숙박하시고, 세리 마태를 제자로 삼으시고, 마태의 집에서 세리들과 죄인들과 식탁 교제를 하시고, 성전에서 채찍으로 돈 바꾸는 상과 비둘기 상을 엎어버리시고, "성전을 헐라 내가 사흘 만에 일으키리라" 고 말씀하시고, 하나님을 자신의 아버지라고 주장하셨으며, 30대의 예수께서 2천년 전에 살았던 조상 아브라함을 보았다고 말씀하셨다.

그리고 이스라엘 나라의 본 자손은 바깥 어두운데 쫓겨나서 이를 갊이 있을 것이지만 이방인, 세리, 죄인, 장애인들은 하나님의 나라 잔치에 들어가게 된다는 설교를 하셨다.

예수는 정말 못 말리는 분이시다. 바리새인의 눈에는 예수는 이단자요, 신성 모독자며, 먹기를 탐하는 죄인이며, 세리와 죄인의 친구이며, 바알세붑 귀신 들린 자로 보였다.

그러나 예수님은 하나님 아버지의 말씀과 그 권위에는 죽도록 충성하고 복종하시는 온유하고 겸손하신 분이시지만, 교법사들과 바리새인들이 만들어 놓은 제11계명이라는 전통과 규례에 대해서는 단호하게 굴복하지 않으셨다.

'가지 말라' 는 곳에 가셨다. '만나지 말라' 는 사람들을 만나셨다. '하지 말라' 는 일을 하셨다. 그리고 '너희가 율법을 알지니 율법과 규례가 너희를 자유케 하리라' 고 말씀하지 않으시고 "너희가 진리를 알지니 진리가 너희를 자유케 하리라" 고 말씀하셨다.

산상설교에는 '옛사람에게 말한바 살인치 말라 누구든지 살인하면 심판을 받게 되리라 하였다는 것을 너희가 들었으나, 나는 너희에게 이르노니..형제에게 "라가" 라 하는 자는 지옥 불에 들어가게 된다는 참 진리를 가르치셨다.

죄인들이 예수께 나오는 길을 가로막는 인간이 만든 전통과 규례와 법은 철폐되고 진리이신 예수 그리스도의 사랑의 새 계명으로 성취된 십자가의 도를 믿고 자유 하라는 것이다.

미국 사람들은 십계명에 한 가지 계명을 더 추가하여 제11계명이 있다고 한다. 제10계명 '네 이웃의 집을 탐내지 말지니라.' 는 계명에 추가해서 제11계명 '네 이웃을 고발(소송) 할지니라.' 가 있다. 고발과 소송의 천국이라는 뜻이다. '빨리 망하려면 도박하면 되고, 천천히 망하려면 소송하면 된다' 는 속담이 있다.

예수는 유대인들이 금기시하는 세리 마태의 직장인 세관으로 찾아가시더니, 이제는 마태의 집까지 들어가서 마태의 직장 동료 세리들과 죄인들과 함께 음식을 잡수셨다.

이 사건은 바리새인 신문 1면 톱 기사로 나올만한 충격적인 사건이었다.

'나사렛 예수, 세리 마태의 집에서 죄인들과 함께 식사하다' 이 사건은 '유대인과 이방인', '의인과 죄인' 의 차별라인을 무너뜨린 사건이다.

그러면 그렇지 예수가 무슨 그리스도냐? 메시아라는 사람이 죄인과 의인도 분간하지 못하는 주제에 무슨 메시아냐? 메시아는 우리 같은 의인들을 구원하러 오시는 분이지 죄를 먹고 마시는 더러운 인간들을 구원하러 오시지 않을 것이야... 스스로 자위하면서 예수를 그리스도로 인정하지 않기로 작정하였다. 본질을 버리고 비본질을 붙잡는 바리새인의 미련하고 어리석은 모습이 안타깝게 보이는 대목이다.

주님은 바리새인의 비난에 대해서 이렇게 응수하셨다.

"내가 긍휼을 원하고 제사를 원치 않는 뜻이 무엇인지 배우라" 고 하셨다.

공자 앞에 문자를 사용하듯, 하나님의 아들 예수 앞에서 의인과 죄인을 논하는 바리새인들은 그야말로 무식이 충만하고 웃기는 사람들이다.

예수님은 죄인을 불러 구원하시기 위해서 눈높이와 문턱을 최대한 낮추셨다. 그러나 부자들에게는 바늘구멍처럼 문턱을 높이셨다.

긍휼 없는 사람은 긍휼 없는 심판을 받을 것이다. 예수께서 성육신하신 이유는 우리를 긍휼히 여기시고 우리를 구원하시기 위해서 오셨다.

제사와 긍휼은 어느 것이 더 가치가 있고 귀한 것인가? 배우라고 주님이 말씀하셨다.

제사는 제사장을 따라 어깨너머로 배우면 누구든지 제사를 드릴 수 있다. 그러나 긍휼은 어깨너머로 배워서 되는 일이 아니다.

예수님은 우리를 잘 훈련된 '제사 맨' (예배 맨)보다 긍휼을 행하는 자들을 원하신다.

내 영혼을 불쌍히 여기고 예수 그리스도의 십자가의 보혈로 죄 사함을 받기 위해서 주님을 만나러 가야 한다. 내 가족과 이웃이 불신 중에 살다가 지옥 가는 것이 불쌍해서 강권하여 복음을 전해야 한다.

영혼을 구원하는 일이라면 사마리아와 세관으로 가야 한다. 전도를 위하는 일이라면 마태의 집으로 가야 한다. 그렇지 않으면 마태를 우리 집으로 초청을 하고, 마태의 친구들도 초대하여 예수님의 긍휼의 마음을 품고 그들의 친구와 이웃이 되어 긍휼의 복음을 삶으로 전달해야 한다.

하나님은 의식법과 규례대로 드리는 제사보다 긍휼의 마음을 품고 영혼 구원을 위해서 긍휼을 실천하는 예배를 더 좋은 예배로 보신다.

사람들은 항상 주님의 가르침을 이용하려고 한다. 제사보다 긍휼이 낫다면? 예배를 드리지 않아도 착한 일을 많이 하면 되겠네? 착각하지 말아야 한다. 제사 100% 긍휼 100% 그래서 모두 200%의 온전한 예배와 예배의 삶을 요구하시는 말씀을 망령되게 왜곡시키지 말아야 한다. 흡연자가 성경에 담배를 피우지 말라는 구절이 어디 있느냐? 항변하면서 폐암 환자가 되는 것과 같다.

dessert

1. 거룩의 의미로 분리(코데쉬)와 다름(카도쉬)으로 새 계명을 따라 살고 있는가?
2. 나는 제사와 긍휼 가운데 무엇을 더 귀하게 생각하는가?
3. 예수 그리스도의 언행 심사는 왜 서기관과 바리새인과 다르실까?

Prayer

주님! 주님의 교회가 헬스클럽과 사교클럽이 되지 말게 하시고 전투 현장에서 피 흘리는 피아를 치료하는 사마리아 야전병원이 되게 하시고, 진리를 가리고 왜곡시키는 틀을 깨어서 진리로 자유함을 누리는 예수 제자들이 많아지게 하소서. 아멘!

21. 9:14-26 기적과 믿음 & 믿음과 기적

"예수께서 그들에게 이르시되 혼인집 손님들이 신랑과 함께 있을 동안에 슬퍼할 수 있느냐 그러나 신랑을 빼앗길 날이 이르리니 그때에는 금식할 것이니라. 열두 해 동안이나 혈루증으로 앓는 여자가 예수의 뒤로 와서 그 겉옷 가를 만지니, 이는 제 마음에 그 겉옷만 만져도 구원을 받겠다 함이라. 이르시되 물러가라 이 소녀가 죽은 것이 아니라 잔다 하시니 그들이 비웃더라. 무리를 내보낸 후에 예수께서 들어가사 소녀의 손을 잡으시매 일어나는지라

그 소문이 그 온 땅에 퍼지더라" (15,20,21,24-26절)

Appetizer

성경에 기적이 가장 많이 나타난 시대는 구약의 모세 시대와 엘리야와 엘리사 시대이다. 그때에 하늘에서 불이 내리고, 3년 6개월 가뭄 중에 기도 응답으로 비가 오고, 기도하던 엘리야에게 까마귀가 택배로 음식을 배달하고, 사렙다 과붓집에 기름이 넘치는 축복, 엘리야의 승천, 독극물의 해독, 물에서 도끼가 떠오르고, 죽은 자가 살아나고, 나병자가 치유되었다. 신약에는 예수 그리스도의 지상 사역 기간에 수많은 이적과 표적이 나타났다.

기적이 필요할 만큼 인간들의 불신앙이 극심한 시대였기에 하나님의 실존하심을 눈으로 보여주고 피부로 느끼도록 하지 않으면 하나님께 돌아올 수 없을 만큼 사람들의 심령이 강팍하였다.

모세의 기적들은 애굽왕 바로의 강팍함과 이스라엘 백성들의 불신을 해소하지 못했다.

아합과 이세벨의 강팍함과 이스라엘 백성들의 우유부단으로 하나님과 바알 사이에 머뭇거리는 불신앙 시대에 엘리야를 통해서 가적을 보여주

었다.

예수님은 기적을 행하시면서 '내 능력으로 너를 고쳤다' 라고 말씀하지 않으시고 '네 믿음이 너를 낫게 하였다' 라고 말씀하심으로 대중적인 불신 시대에 믿음을 가지는 일은 기적중에 기적이라는 것을 알게 하셨다.

주님은 겸손하신 분이시다. 현대교회에 예수 같은 큰 기적을 행하는 목사가 있다면 사람들이 구름같이 몰려들어 교주가 될 것이다. 주님은 기적을 통해서 자기를 나타내시는 것보다 자기를 찾는 자들에게 믿음을 가지도록 애를 쓰셨다.

회당장 야이로의 죽은 딸과, 12년 동안 혈루증으로 고통받는 여인을 고친 사건으로 주님은 환자들의 상황에 따라 일하지 않으시고 주님의 타이밍으로 일하심을 알게 하신다.

Today' s dish

기적을 보고 믿는 믿음보다 믿음으로 기적을 보는 믿음은 다르다. 기적의 믿음은 기적이라는 약 기운이 떨어지면 더 큰 기적을 보려고 한다. 하나님의 약속을 믿음으로 기적을 체험한 사람은 믿음이 기적이라는 것을 알고 기적이 없어도 약속의 믿음을 잃지 않으려고 한다.

1. 기적보다 믿음

유대인들은 수천 년 동안 세계의 디아스포라로 흩어져 살면서 유대인의 민족적 특성을 유지할 수 있었던 이유는 회당(Synagogue)이 있었기 때문이다. 회당은 예루살렘이 B.C 586년 패망하고 바벨론 포로 시대를 거치면서 성전 대용으로 회당문화가 시작되었다. 유대인들은 어디서든지 열 가정만 모이면 회당을 세웠다. 한인 디아스포라들은 2, 3 가정만 모여도 한인교회를 세우는 열심히 특심하다.

회당에서 예배를 주축으로 모든 교육이 이루어졌기 때문에 '유대인을 망하게 하려면 회당(율법)을 없애라' 속담이 있다. 유대인들의 세계관은 목적론과 종말론적 역사에 큰 의미를 부여하였다.

오랜 세월 동안 시련과 역경을 거친 유대인들은 말씀하시는 하나님께 대한 인간의 반응 여부에 의하여 구원과 심판이라는 역사의 책임 의식을 가지고 살아야 한다고 믿었다.

반면에 헬라인들의 역사관은 끝없이 반복되는 주기적인 원(cycle)으로 생각하였다. 불교의 윤회설과 같이 종말론적인 역사관이 없다.

유대인들의 인생관은 유일하신 하나님의 형상으로 피조된 인간은 하나님의 말씀을 듣고 순응함으로써 인간 실존의 의미를 찾아야 한다고 믿었다.

반면에 헬라인들의 인생관에서 인간이란? 신들의 피조물이기는 하나, 신들과 겨룰 수 있는 존재로서 희랍 신화에는 인간이 신과 결혼도 하고 힘겨루기도 할 수 있는 인간의 탁월성을 가지고 있다. 요한은 희랍인들의 신관을 로고스 개념으로 예수 그리스도를 설명하였다. "말씀(로고스)이 육신이 되어 우리 가운데 거하시매..우리가 그 영광을 보니 아버지의 독생자의 영광이요 은혜와 진리가 충만하더라" (요1:14)

헬라인들은 어떤 신이 지혜 있고 강한지 줄타기를 잘해야 성공과 행복을 보장받을 수 있다고 믿었다. 전쟁할 때는 전쟁의 신, 사랑할 때 사랑의 신, 재물을 구할 때는 재물의 신, 농사와 해양업에 종사하는 사람들은 태양과 기후의 신을 믿는 다원주의 신앙관을 가졌다.

유대인들은 유일신 여호와 믿음을 가지고 회당에서 하나님의 말씀을 배우고 역사적인 책임 의식을 가지고 살려고 하였다.

유대 사회에서 회당장의 위치는 높았다. 그 직책은 아무나 맡을 수 없고, 덕망이 있어서 지역 사회를 이끌 수 있는 지도자로 검증을 받아야 했다. 안식일마다 모이는 회당 집회를 인도해야 하고, 회당 가족들을 이끌어야 하는 지덕을 겸전해야 하였으며, 율법도 정통하여 잘 가르쳐야 하며, 기도와 경건 생활에도 모범적인 사람이어야 했다. 대부분 랍비나, 장로들이 회당 장을 맡아서 유대인들의 정신적인 지주가 되었다.

남미에서 히브리어 교수인 유대인 랍비의 초청으로 사바트(Sabbat)

안식일에 유대인 회당예배에 참석하였다. 회당장이 모세오경 율법서를 낭독하고 회중은 시편을 찬양하고 장문의 기도문을 암송하였다. 예배가 끝나고 회당 식당에서 유대인의 전통 음식을 나누어 먹으면서 오랫동안 교제를 하였다. 해외에서도 유대인의 정통 신앙과 문화를 지키는 모습이 마치 한인교회 커뮤니티(Community)와 같이 정겹게 보였다.

사회적으로 명성 있는 회당장이 그의 외동딸이 방금 죽었다며 무명의 예수 발아래 엎드려 딸의 몸에 손을 얹으면 살아나겠다며 간구하였다. 사람들이 하나님께 돌아오는데 너무 늑장을 부리면 위급한 상황을 만들어서 돌아오도록 하신다.

하나님은 회당장이 안정된 생활에 안주하고 있었으나 사랑하는 딸을 데려가시려는 위급한 싸인을 보내셨다. 유대인들의 최고 정신적인 지주인 회당과 회당장도 해결하지 못하는 죽음 문제를 가지고 예수께 나왔다. 예수께서는 간구하는 자에게 거절하지 않으시고 그와 함께 가셨다.

예수님이 회당장의 집에 도착하여 피리를 불고 소란을 떠드는 사람에게 물러가라 소녀가 '죽은 것이 아니라 잔다' 는 말씀을 듣고 비웃었다. 예수님은 사람들의 비웃음 속에 아이의 손을 붙잡으시니 영이 돌아와서 곧 일어났다. 회당 장 야이로는 죽어가는 딸을 고치시는 예수님이 아니라 죽은 딸을 고쳐주시는 기적을 체험할 수 있었다. 인생 최대의 문제인 죽음 문제를 해결해 주시는 예수님이 우리의 목자가 되시니 염려하지 말아야 한다.

2.더딘 예수(Slow Jesus)

회당장은 한 시라도 바삐 예수님을 모시고 자기 집으로 가서 사랑하는 딸을 살려야 하는 조급한 마음으로 길을 재촉하였는데 도중에 엉뚱한 일이 발생하였다. 앰블런스가 접촉 사고가 나서 응급상황이 지체된 것과 같다. 무리가 예수를 옹위하면서 진행이 늦어지는 상황에 혈루증 환자까지 나타나서 예수님과 대화를 나누면서 시간이 지체되었다.

주님은 일을 서두르지 않으시고 진행하던 속도를 늦추시고 다른 일로 시간을 지체하셨다. 예수님은 항상 한 박자가 늦고 언제나 뒷북 치는 슬로우(Slow)하신 분으로 느껴진다.

촌각을 다투는 위독한 환자를 수술하려는 의사에게 당뇨 환자가 들어와서 먼저 자기를 진료를 해달라고 간청하는 바람에 응급환자가 사망한 상황과 같다.

예수님은 일의 선후와 경중을 파악하거나 분별하지 못하시는 분 같아 보인다. 나사로 사건만 하여도 예수님은 나사로의 병 증세가 위독하다는 전갈을 받으시고 고의로 이틀을 더 유하시고 시간을 끌다가 나사로가 죽고 장례식까지 다 끝난 후에 마르다의 집을 방문하였다. 마르다는 "예수님이 여기 계셨더라면 오라비가 죽지 않았을 것" 이라고 아쉽다고 말하였다.

불안하고 조급하게 살아가는 현대인들은 여유로우신 예수님을 바라보면서 믿음을 가져야 한다. 폭풍 속에서도 잠을 주무시고, 사람이 곧 죽어간다는 소식을 들으시고, 길가면서 고치실 병자를 다 고쳐주시고 늑장을 부리신다.(누가복음 8:44)

굶주린 무리 5천 명이 예수를 따라다니는데 빌립처럼 재정 문제에 신경도 쓰지 않으시고 어린아이가 가져온 물고기 두 마리와 보리떡 다섯 개를 가지고 자리에 앉으라고 명하시고 축사를 하셨고 떡을 떼어 주셨다.

"나와 아버지는 하나" 라는 말씀으로 유대인들이 돌로 치려고 하지만, 그곳에 다시 가려고 하실 때, '유대인들이 돌로 치려 하였는데 또 그리로 가시나이까?' 제자들이 만류하였지만 '사람이 낮에 다니면 실족하지 않는다' 라고 하시고 다시 그곳으로 가셨다.

주민세를 낼 돈이 없을 때 베드로에게 낚시해서 물고기 입에서 동전을 꺼내어 내라고 하셨다. 유월절 먹을 방도 준비되지 못할 만큼 재정 형편이 악화되었지만, 제자들에게 물동이를 이고 가는 사람에게 물어보면 예비된 방이 있을 것이라고 말씀하셨다.

가룟 유다가 은 삼십을 받고 주님을 배신한 음모를 아시지만, 그에게 빵을 떼어 주시면서 그에게 회개를 촉구하셨다. 겟세마네 동산에서 군병들이 예수를 체포하러 왔지만 도망가지 않으시고 제자들에게 피할 길을 열어주시고 잡히셨다.

작은 일도 크게 확대하여 세상이 다 망하는 듯 놀라는 사람들 앞에서 주님은 하나님이 창조하신 지구는 돌아간다는 믿음을 가지고 여유로우심, 당당하심, 인자로우심, 지혜로우심, 인내하심을 보여주셨다. '아! 주님은 저럴 때도 그렇게 사셨구나!를 생각하면서 사는 것이 믿음이다.

예수님은 '말라 시리즈' 로 힘들어하고 낙심하는 자들에게 위로와 용기를 주신다.

두려워하지 말라! 놀라지 말라! 염려하지 말라! 의심하지 말라! 뒤돌아보지 말라! 기억하지 말라! 믿기만 하라!

3. 12년의 세월과 순간

한 여인은 12년 동안 혈루병으로 고통당하면서 재산을 탕진하였는데 길 가시는 예수를 만나서 군중들 뒤에서 예수의 옷자락을 붙잡았다. 옷자락에는 율법을 상징하는 '술' 이 네 개 달려있다. 이 여인은 하나님의 말씀을 붙잡았다. 하혈하는 여인은 육체적으로는 악성 빈혈로 고통을 당하고 노쇠현상이 일어나며, 종교적으로는 레위기 정결법에 의하면 거룩한 것을 만지거나 접촉할 수 없다. 사회적으로도 사람과 교제를 할 수 없고 죄인 취급을 받았기 때문에 단절된 삶을 살아야 했다.

그러나 여인은 율법의 규례를 어기면서 예수님의 옷자락을 믿음으로 만졌다. 그녀는 은밀하게 옷자락을 만졌으나 예수의 능력으로 즉시 고침을 받았다. 예수님은 누가 손을 대었는지 물어보시고 그녀의 믿음과 회복을 공개적으로 선포하셨다.

베드로와 군중들은 사람들이 옹위하여 밀기 때문에 그런 일 없다고 하였으나 예수님은 그녀에게 "네 믿음이 너를 구원하였으니 평안히 가라" 고 선언하셨다.

숨은 믿음의 여인에게 치유로 보상해 주시고 공개해서 하나님께는 영광을 돌리고, 사람들에게는 믿음을 독려하시고 사회적, 종교적으로 단절된 교제를 회복시켜 주시고, 그녀에게는 회복과 구원의 확증을 주심으로 감사하면서 살도록 하셨다.

> "환란 날에 나를 부르라 내가 너를 건지리니 네가 나를 영화롭게 하리로다" (시편 50:15)

예수께서는 일석이조 사역을 하심으로 길에서 지체하신 상황으로 시간을 낭비한 것이 아니라 한 여인을 치유하심으로 하나님께 영광을 돌리셨다.

☕ dessert

1. 기적을 보면 믿음이 생기는가? 믿음으로 기적을 보게 되는가?
2. 회당장이 예수께 엎드려 절하고 간구하는 모습은 무엇을 의미하는가?
3. 믿음은 주님의 타이밍에 맞추는 것임을 믿을 수 있는가?

Prayer

주님! 기적 신앙이 아니라 약속 신앙으로 주님의 영광을 보게 하시고, 언제나 내 상황에 주님을 끌어들이지 말고 주님의 계획 속에 내가 들어가서 주님의 뜻을 이루게 하소서. 아멘!

22. 9:27-38 긍휼의 목자

"예수께서 거기에서 떠나가실새 두 맹인이 따라오며 소리 질러 이르되 다윗의 자손이여 우리를 불쌍히 여기소서 하더니, 이에 예수께서 그들의 눈을 만지시며 이르시되 너희 믿음대로 되라 하시니, 그들이 나갈 때에 귀신 들려 말 못하는 사람을 예수께 데려오니, 귀신이 쫓겨나고 말 못하는 사람이 말하거늘 무리가 놀랍게 여겨 이르되 이스라엘 가운데서 이런 일을 본 적이 없다 하되, 무리를 보시고 불쌍히 여기시니 이는 그들이 목자 없는 양과 같이 고생하며 기진함이라.

이에 제자들에게 이르시되 추수할 것은 많되 일꾼이 적으니, 그러므로 추수하는 주인에게 청하여 추수할 일꾼들을 보내 주소서 하라 하시니라" (27,29,32,33,36-38절)

Appetizer

예수님은 배척하는 나사렛을 떠나서 가버나움에서 그리스도의 사역을 구체화하셨다. 죄와 질병을 정복하시는 분으로 문둥병자와 중풍병과 혈루병 여인을 고치셨다. 죽음을 정복하는 분으로 회당장의 딸을 살리셨다. 광풍을 꾸짖고 잠잠하게 하심으로 자연을 정복하는 분이시며, 귀신들린 사람을 고치심으로 악한 사단의 왕국을 정복하시는 그리스도이심을 증거해 주셨다.

그리고 두 소경의 눈을 뜨게 하시고 귀신 들려 말 못 하는 사람의 입을 열어주심으로 어둠을 정복하시는 세상의 빛이심을 알게 해 주셨다.

예수를 만난 사람들은 그들의 믿음으로 정복자 예수 그리스도의 능력을 힘입고 질병에서 고침 받고, 죄에서 사함을 받으며, 지배하던 악한 영들이 떠나가고 깨끗함과 새로운 질서의 삶을 살게 되었다.

마태복음 8장과 9장은 '믿음' 이란 어떤 것인지를 보여준다. 이방인 백부장의 큰 믿음은 이스라엘 사람들 가운데서도 찾아보기 어려운 믿음이라는 주님의 칭찬을 받았다. 폭풍 속의 제자들은 믿음이 적은 자라는 주님의 책망을 받았다. 친구들의 우정의 믿음은 중풍에 걸린 사람을 낫게 하였다. 12년간 고통받았던 혈루병 여자의 겉옷만 만져도 낫겠다는 믿음으로 즉시 고침을 받았다.

회당장 야이로의 믿음은 주님의 발걸음이 길에서 지체함으로 믿음의 시험을 받았지만, 끝까지 인내함으로 딸이 살았다. 두 소경은 예수가 보이지 않았지만 믿음은 바라는 것들의 실상임을 믿고 소리 지르며 따라가다가 눈이 뜨는 보상을 받았다. 귀신 들려 말 못 하는 환자를 사람들이 예수께 데려오는 믿음으로 귀신이 떠나가고 말을 하는 기적을 보았다.

예수께서 많은 무리를 보실 때 목자 없는 양처럼 불쌍하게 보셨다. 정치인이라면 많은 무리를 볼 때 '득표' 계산을 하겠지만 예수께서는 그들은 긍휼을 받아야 하는 영혼으로 보셨다.

Today's dish

천하만사는 때가 있다. 농수산업과 상업은 때와 시기가 필요하다. 파종기를 놓치거나 추수기에 수확기를 놓치면 1년 동안의 수고가 헛되게 된다. 수산업에도 물때를 알아야 하며, 기상을 분별할 줄 알아야 한다. 상업도 유행하는 상품을 제때에 공급하지 않으면 때와 철이 지나간 상품은 팔리지 않는다. 정보통신업계에서 소프트웨어는 2주일이면 업그레이드된 신제품이 출하된다.

예수님은 영적인 추수의 계절이 온 것을 아시고 바쁘게 이곳저곳 두루 다니시면서 가르치시고, 복음을 전파하시고, 고치셨지만 일손이 모자라서 제자들에게 부탁하셨다. 추수할 주인에게 추수할 일꾼을 보내어 달라고 기도하라고 하였다.

사도 바울은 '너희가 이 시기를 알거니와 자다가 깰 때가 벌써 되었으니 이는 이제 우리의 구원이 처음 믿을 때보다 가까왔다' (로마서 13:11)

는 말씀대로 지금은 농한기가 아니라 영적인 농번기이며 추수의 계절이다.

1. 두루 다니심

예수께서는 모든 도시와 시골을 두루 다니시면서 전도하셨다. 대도시에는 교회와 일꾼이 넘치지만 농어촌에는 교회가 텅 비어간다. 영어권으로 지원하는 선교사들은 몰리지만, 비영어권은 선호하지 않는다. 그러나 주님은 한 지역에 편중하지 않으시고 복음의 혜택이 편중되지 않도록 골고루 나누어 주시려고 애를 쓰셨고 사도 바울도 두루 다니면서 복음을 편만하게 전하였다.

한기총 보고에 의하면, 지난 5년 동안 156만 명의 신자가 줄었고, 3천 교회가 문을 닫았다고 한다. 특히 코로나 상황으로 더 어려워졌고 교인 증가는 수평 이동의 수치가 대부분이다. 미국은 선교사의 무덤이라고 한다. 선교사들이 선교지에서 한 텀을 보내고 안식년을 보내려고 미국에 갔다가 선교지에 돌아가지 않는 경우가 있다.

필자가 섬겼던 선교지에서 현지인 사역자에게 무 교회 지역에 교회를 개척하도록 권유하였다. 돌아온 그의 대답은 아내와 의논하겠다. 자녀들의 학교가 멀다. 그 지역은 우범지역이라 갈 수 없다는 거부 의사를 밝혔다. 그렇지만 다시 강권하였는데 순종하고 교회를 개척해서 전도를 많이 하였으며, 자녀들은 전교 수석으로 대통령상과 장학금도 받았으며, 우범적 사고가 한 번도 일어나지 않았다.

2. 목자의 3대 사역

예수의 그리스도 사역은 세 가지가 중심이었다.

1) 가르치심.(Didache, 디다케, 교육)

길에서, 회당에서, 배에서, 집에서, 제자들을 현장에서 교육하시고, 율법사들과 다른 권세 있는 새 교훈으로 가르치시고 제자를 양육하셨다.

2) 전파하심.(kerygma, 케리그마, 선포)

'회개하고 복음을 믿으라' 는 내용을 군중들에게 선포하셨다. 예수의 메시아 취임 설교에서도 주의 은혜의 해를 전파하셨다.(누가복음 4:17~19) 예수 그리스도의 십자가의 죽으심과 부활을 선포할 때 믿으면 구원받고 불신하면 멸망하는 전도사역을 하셨다.

3) 고치심.(diaconia, 디아코니아, 섬김)

복음서 절반 이상이 치유사역으로 기록되었다. 영혼과 육체가 병들고 약한 것들을 말씀으로, 안수하심으로, 명령하심으로 치유하시고 회복시켜서 정상적으로 가정과 사회생활을 할 뿐만 아니라 주의 나라의 증인과 섬기는 일꾼으로 부르신다.

예수 그리스도께서 3가지 사명으로 세우신 교회는 5가지 사명이 있다. (1)예배(레이투르기아), (2)전도(케리그마), (3)봉사(디아코니아), (4)교육(디다케), (5)친교(코이노니아) 로서 예배와 친교가 추가되었다.

3. 추수기도

예수께서 무리를 보시고 '민망 여기시고' 라는 말은 '답답하고 딱하고 안타깝다' 는 뜻이다. '불쌍히 여기심' 이다. 정치인들은 많은 군중과 무리를 보면 기분이 좋아지고 그들이 모두 자신을 지지하는 '표' 로 생각한다. 주님은 무리를 보시고 목자 없는 양들과 같이 불쌍한 마음을 가지셨다. 오병이어 기적 당시 남자만 5천 명 되는 군중들이 먹을 것도 제대로 가지고 다니지 않았던 것은 갈릴리지역의 사람들이 얼마나 가난하며 실업자가 많았다는 것을 입증한다.

이들은 목자를 만나지 못해서 이리저리 헤매면서 방황하고 고생하는 양들로 보였다.

두 명의 시각장애인이 예수를 따라오면서 소리친 말은 "우리를 불쌍히 여기소서" 외쳤다. 예수님의 아킬레스건은 "불쌍히 여기소서" 라는 말에는 꼼짝없이 가시든 길을 멈추시거나 하시던 일을 중단하시고 긍휼의 사역부터 먼저 하신다. 우리가 기도할 때 바리새인의 감사기도보다 세리와 같이 불쌍히 여기소서라는 긍휼에 호소하는 기도를 할 때 응답을 받을 수 있다.

예수 그리스도의 사역의 원동력은 '긍휼하심' 이다. "하나님이 세상을 이처럼 사랑하사 독생자를 주셨으니 이는 저를 믿는 자마다 구원을 얻게 하려 하심이다." (요한복음 3:16)

긍휼 없는 사역은 오래가지 못한다. 그러나 긍휼의 사역은 알파에서 시작해서 오메가까지 갈 수 있다.

우리 교회의 70대 자부가 90대 시모의 구원을 위해 복음을 전해달라는 부탁을 받았다. 90대 노인은 눈이 밝고 귀도 잘 들리고 말도 조리 있게 하였다. 노인을 만나서 복음을 전하기 위해 노인이 하는 옛날 추억 이야기를 오랫동안 들어주었다. 이제 내가 복음을 전할 차례가 되었다 싶어서 복음을 전하고 영접 기도를 하였지만 "예수님 나는 죄인입니다" 라는 기도에서 '예수' 라는 이름이 나올 때 입을 굳게 닫고 열지 않았다. 입을 닫은 아이에게 강제로 입을 벌려서 아스피린을 먹이는 엄마의 심정이 발동해서 이 노인의 입을 강제로 열어서라도 복음약을 먹이고 싶어졌다. 아무리 이해를 시키고 설득해도 입을 열지 않았다. 그날은 실패하고 다른 날 다시 방문하였는데 할머니의 반복적인 이야기를 다 듣고 다시 영접 기도를 하려고 하였지만, 다니엘 앞에서 입을 봉한 사자처럼 도저히 입을 굳게 닫고 열려고 하지 않았다.

성령님께서 언어장애인으로 만든 귀신을 꾸짖으라는 감동을 받고 "이 노인의 입을 막는 더러운 귀신아 예수 이름으로 명하노니 떠날찌어다!" 선포 기도를 하고 나서 영접 기도를 시도하였는데 노인이 입을 열면서 "예수님 나는 죄인이로소이다" "예수님을 내 마음에 구주로 영접합니다." 고백을 하였다. 눈물 나도록 기뻐하였다.

사단의 하수인 악한 귀신은 사람의 눈을 가리고 귀를 막고 입을 열지 못하게 하여 구원받지 못하게 한다.

지금도 이국땅에서 목자 없는 양같이 고생하고 기진하며 방황하는 20만 탈북자들과 국적 없이 태어난 1만여 명의 아이들을 생각할 때 긍휼의 마음을 가져야 한다.

두만강 건너 북한 집단농장에는 300여 명의 아이가 수용되어 있다. 한겨울에 양말 없는 아이가 많았고 양말 한쪽을 가지고 두 발에 번갈아 바꾸어 신는 아이들이 있었다. 하루 한 끼 정도의 강냉이죽을 먹고, 유리창은 다 깨어져 시베리아 바람이 부는 곳에서 떨고 있는 지역을 바라보았다. 그들을 보라 볼 때 민망한 마음으로 어떻게 도울 수도 없고, 답답하고 딱하였다.

예수께서는 민망한 무리를 먹일 수 있는 선한 목자가 필요하고, 희어져 가는 밭에 추수할 일꾼이 모자라는 것을 바라보면서 하나님께 목자와 일꾼을 보내 달라고 기도하라고 부탁하셨다. "누가 나를 위하여 갈꼬?" "내가 여기 있나이다 나를 보내소서!" 라는 이사야 같이 대답할 자가 누구인가? 어느 공동체든지 일꾼, 구경꾼, 말썽꾼이 있다. 우리는 하나님 앞에서 구경꾼과 말썽꾼이 아니라 추수할 일꾼으로 주님의 부르심에 대답할 자를 보내 달라고 기도해야 한다. 하나님은 추수 기도를 하는 사람에게 "네가 가라!" 고 보내시는 분이다.

☕ dessert

1. 고향 나사렛에서 배척받으신 주님은 가버나움에서 어떤 사역을 하셨는가?
2. 예수 그리스도의 3대 사역과 같이 복음 사역자들의 중심 사역은 어떻게 해야 하나?
3. 우리의 사역의 원동력은 무엇인가?

Prayer

주님! 목자 없는 양 같은 무리를 불쌍히 여기시는 주님! 우리의 마음에도 주님의 긍휼의 마음을 가지게 하시고 더러운 영에게 지배받는 자들을 복음으로 자유를 선포하며, 가르치고, 고치게 하소서. 아멘!

23. 10:1-15 소명과 파송

"예수께서 그의 열두 제자를 부르사 더러운 귀신을 쫓아내며 모든 병과 모든 약한 것을 고치는 권능을 주시니라. 너희 전대에 금이나 은이나 동을 가지지 말고, 여행을 위하여 배낭이나 두 벌 옷이나 신이나 지팡이를 가지지 말라 이는 일꾼이 자기의 먹을 것 받는 것이 마땅함이라. 누구든지 너희를 영접하지도 아니하고 너희 말을 듣지도 아니하거든 그 집이나 성에서 나가 너희 발의 먼지를 떨어 버리라. 내가 진실로 너희에게 이르노니 심판 날에 소돔과 고모라 땅이 그 성보다 견디기 쉬우리라"
(1,9,10,14,15절)

Appetizer

예수님은 팔레스틴에서 3년이라는 짧은 기간에 온 세상을 구원하라고 하신 아버지의 명령을 성취하시기 위한 전략을 세우셨다. 12제자에게 지상 사역의 청사진을 위임하신 후 승천하신 후에는 성령을 보내어서 예수의 지상사역보다 더 넓은 지역에서 주님 다시 오실 때까지 하나님 나라의 일을 하시기 위한 전략을 세우셨다.

지상의 첫 선교사를 파송하는 일은 주님이 12사도를 파송하신 사역이다. 마태복음 10장은 왕이신 예수 그리스도 출현을 다루는 마지막 장이다. 1장-4장은 왕의 출생과 출현, 5장-7장은 왕의 인격과 품성, 8장-10장은 왕의 능력과 사역을 계시하였다.

제자들을 이스라엘 집의 잃어버린 자들에게 파송하시면서 천국이 가까웠다는 메시지와 더러운 귀신을 쫓아내며 모든 병약한 것을 고치고 죽은 자를 살리며 나병을 깨끗하게 하는 권능을 주셨다. 그 이유는 유대인들이 기다리는 메시아의 표적을 구하기 때문이다.

주님은 추수할 일꾼을 보내 달라고 기도하라고 명령하셨는데 이제는 기도한 제자들을 추수할 일꾼으로 파송하셨다. 잃어버린 자를 위해 기도하는 사람, 하나님의 나라를 위해서 기도하는 사람을 주님께서 일꾼으로 보내신다.

우리 주변에는 선교사를 위해서 기도하던 사람이 선교사로 보냄을 받고, 목회자를 위해서 기도하던 사람이 목회자가 되는 경우가 많은 이유는 '가든지 보내든지' 라는 선교 사역의 구호가 구호로 그치는 것이 아니라는 증거이다.

1절에서 "제자 "(Disciple, 배우는 사람, Mathetes, 마데테스)라는 용어가 2절에서 "사도" (Apostle,보냄을 받은 사람, apostulus)로 달라진다.

열두 제자는 최초의 보냄을 받은 '사도' 이며 '선교사들' 이다. 예수 그리스도는 사도에게 필요한 신적인 능력을 주셨다. 예수께서 직접 보내시는 사도가 아닌 복음 사역자들에게는 성령의 은사를 주셔서 다양하게 사역하도록 하신다.

> "우리에게 주신 은혜대로 받은 은사가 각각 다르니 혹 예언이면 믿음의 분수대로, 혹 섬기는 일이면 섬기는 일로, 혹 가르치는 자면 가르치는 일로, 혹 위로하는 자면 위로하는 일로, 구제하는 자는 성실함으로, 다스리는 자는 부지런함으로, 긍휼을 베푸는 자는 즐거움으로 할 것이니라" (로마서 12:6-8)

예수 그리스도께서 지상 사역을 하실 때는 이스라엘 왕국에서 잃어버린 유대인에게 보내셨지만 예수 승천과 오순절 성령 강림하신 이후는 사도들을 팔레스틴의 경계를 넘어 땅끝까지 가서 모든 민족에게 복음을 전하라는 명령을 하셨다. 사도 이후 시대의 복음 전파의 대상과 지역은 모든 민족과 땅끝까지이다.

Today’s dish

1. 또 산에 오르사

영성의 대가들은 산에서 위대한 일을 하였던 사람이다. 모세의 시내산과 느보산, 아브라함의 모리아 산, 엘리야의 갈멜산, 제자들의 팔복 산과 변화 산, 구원자 예수께서 십자가에 못 박히신 갈보리 산, 그리스도 예수의 승천과 감람산, 계시록의 14만 4천 명과 시온 산..

제자들은 무리들 가운데 섞여서 편하게 따르거나, 자신의 필요를 채우면 예수를 떠나는 육체의 사람들, 배부르면 떠나는 자들이 아니다. 예수께서 꼭 필요해서 쓰시기 위해서 부르시는 사람들이다. 예수께서 제자들을 선택하시기 위해서 밤새 고민하시며 기도하셨다. 대기업에서 직원 채용을 위해서 면접할 때 관상학을 사용해서 그 사람의 인상과 성품과 능력을 살핀다. 회사의 산업정보 빼내서 딴 살림 차리는 흑심 있는지? 팀워크를 잘 이룰 수 있는지, 상사의 뜻을 따르고, 동료와 우애하고, 부하를 섬길 수 있는지 체크한다. 예수께서 제자를 선택하신 기준은 산상설교와 팔복의 성품을 가진 사람이다.

제자가 원하는 자가 아니라 예수님이 원하시는 자가 제자 선택의 원리이다. 예수님이 직접 부르시거나, 스승 요한이 소개해서 예수에게 찾아온 자, 친구가 와보라고 불러서 찾아온 사람 등이다. 제자는 자기 일에 성실한 갈릴리 어부들, 세리 직업인 등 백수건달이 아니다. 귀신 들렸다가 고침을 받은 자가 제자가 되기를 자원하였지만, 주님은 거절하시고 집으로 돌려보내셨다. 예수의 제자는 예수님이 원하는 사람이 되어야 사명을 감당할 수 있다.

제자를 콜링하는 목적은 예수와 함께 있기 위해서이다.

예수께서 부르실 때 사양하지 않고 즉시 순종하는 사람이다. 아브라함아! 모세야! 사무엘아! 부르실 때 내가 여기 있나이다. 말씀하옵소서 종이 듣겠나이다 라는 순종의 자세가 있어야 한다. 불러도 대답이 없고, 찾아도 어디 있는지 알 수 없는 사람은 실격자이다.

“예수께서 무리를 보시고 산에 올라가 앉으시니 제자들이 나아온지라” (5:1) 산상설교는 산에 올라온 제자들을 대상으로 가르치신 말씀이다. 주님이 컴앤시(Come and See)하실때 와서 보는 사람, 나아오는 사람이 제자가 된다.

구약에 이스라엘의 열두 지파처럼 하나님 나라의 열두 사도를 대표자로 세우셨다.

성전은 터를 닦고 기둥을 세우듯이 예수 그리스도의 기초위에 열두 명의 제자들은 하나님 나라의 기둥으로 세워서 무형의 성전을 이루셨다.

2. 제자 선택의 목적

1) 자기와 함께 있게 하시고

사제 간은 예의범절이 필요하지만, 교육을 마치고 졸업하면 스승을 떠난다. 친구 관계가 되면 약점도 알고 서로 이해하고 고민하며 자주 만나서 교제를 하지만 함께 동거는 하지 않는다.

그러나 가족관계는 매일 한 식탁에 둘러앉아서 아버지와 함께 집을 세우기 위해서 같은 말, 같은 뜻, 같은 생각을 가지고 같은 사랑으로 동거하며 상속자가 된다.

2) 보내사 전도도 하며

예수님은 자기 제자, 친구, 형제에게 복음을 맡기시고 보내신다. ‘내게 오라’ 는 말씀에는 오지만, 가라는 말씀에 주저하는 자들이 있다. 사도라는 아포스톨로스는 ‘보냄을 받은 자’ 라는 뜻이다. 그리스도인은 세상에 보냄 받은 사도이다. 가정의 사도, 직장의 사도, 캠퍼스의 사도이다. 제자는 예수의 생각, 언어, 행동을 3년 동안 배우고 보냄을 받았다.

3) 귀신을 쫓는 권세도 있게 하심

예수님이 오신 목적은 마귀의 일을 멸하러 오셨다. 사단, 마귀, 귀신(악령)은 삼위일체 조직을 가지고 하나님의 나라를 사단의 왕국으로 만들기 위해서 정사, 권세, 어둠의 세상 주관자들을 총동원하고, 옛사람의 육체의 정욕과 세상의 풍속을 가지고 세상을 자기 왕국으로 만들어 가고 있다.

우리는 예수의 권능을 가지고 아버지의 이름, 아버지의 뜻, 아버지의 나라를 회복하여야 한다. 순진한 청년을 섬으로 데려가서 눈, 귀, 입, 막아버리고 월급도 주지 않고 정부의 기초생활 보조비조차도 가로채고 노동력을 착취해서 죽도록 부려 먹는 악덕 기업인이 있다.

병은 죄의 결과로 하나님 앞에 비정상적인 상태지만, 치유는 말씀으로 하나님 앞에 정상으로 돌아가는 것이다.

귀신과 질병은 사람의 모든 것을 빼앗고 가로채지만, 예수 이름은 우리에게 승리를 주고 역전으로 회복하게 된다.

3. 예수의 전략

예수님은 세상을 구원하시는 전략을 세우시고 먼저 회당 사역을 타깃으로 정하셨다. 회당에는 여러 부류의 사람들이 있다.

한편 손 마른 자, 안식일에 병 고치는가? 엿보다가 예수를 송사하려는 사람, 환자를 가운데 일으키고 안식일에 선과 악, 생명을 구하는 일과 죽이는 것, 어느 것이 옳으냐? 물으시고 모두 잠잠할 때 마음에 완악함을 근심하시고, 노하시고, 둘러보시고, 네 손을 내밀라 명하시고 손을 내밀 때 회복시켜 주신 예수가 계신다. 바리새인들은 나가서 헤롯당과 함께 어떻게 예수를 죽일꼬 의논하였다.

예수께서 제자들과 함께 바다로 물러가시니, 갈릴리에서 큰 무리와 유대, 예루살렘, 이두매, 요단강 건너편, 두로와 시돈 근처 허다한 무리가 그의 하신 큰일을 듣고 모여들었다.

예수께서는 제자들을 가족처럼 대하신다.

> "누구든지 하나님의 뜻대로 행하는 자가 내 형제요 자매요 어머니이니라" (마가복음 3:35)

dessert

1. 나는 추수할 일꾼을 보내 달라고 기도하고 있는가?
2. 예수께서 우리를 부르시고 우리와 함께 거하시는 목적이 무엇인가?
3. 나는 부름받은 제자인가? 보냄을 받은 사명자인가?

Prayer

주님! 추수할 것은 많은데 일꾼이 부족하오니 추수할 일꾼을 보내 주시고 주님이 원하시는 뜻을 이룰 수 있도록 사용하여 주옵소서! 아멘!

24. 10:16-23 제자의 재창조 사역

"보라 내가 너희를 보냄이 양을 이리 가운데로 보냄과 같도다 그러므로 너희는 뱀같이 지혜롭고 비둘기같이 순결하라. 너희를 넘겨 줄 때에 어떻게 또는 무엇을 말할까 염려하지 말라 그때에 너희에게 할 말을 주시리니, 말하는 이는 너희가 아니라 너희 속에서 말씀하시는 이 곧 너희 아버지의 성령이시니라. 또 너희가 내 이름으로 말미암아 모든 사람에게 미움을 받을 것이나 끝까지 견디는 자는 구원을 얻으리라" (16,19,20,22절)

Appetizer

예수 제자란? 예수가 필요한 사람이다. 군중들이란? 내가 필요하기 때문에 예수를 따라다니는 추종자들이다. 마태복음 10장은 제자의 도이며 제자 수첩(Diary)이다.

애굽왕 바로가 총리 요셉에게 자신의 인장 반지를 주어서 실권자가 된 것처럼, 예수 제자는 예수 이름 사용권을 받은 전권 대사와 같다.

하나님이 천지를 창조하실 때에 땅이 혼돈하고 공허하며 흑암이 깊음 위에 있을 때 하나님이 첫째 날 빛과 어둠을 나누시고, 둘째 날 위의 궁창과 아래 궁창을 나누시고, 셋째 날 물 가운데 뭍이 드러나고 물이 한곳에 모이도록 하셨다. 넷째 날부터 여섯째 날까지는 하늘과 땅과 바다에 생물들로 충만하게 채우셨다. 마지막 날 창조물을 다스리고 관리하고 정복하는 총리 아담 부부를 만드셨다.

예수 그리스도의 4대 사역은 창조 사역과 대비가 된다. 하나님이 아담에게 창조물을 관리하고 다스리도록 권한을 위임하신 것처럼, 예수께서 제자들에게 재창조 사역을 위임하시고 대리 통치자로 제자를 부르시고 제자의 도를 가르치시고 사도로 보내셨다.

1번 사역은 가르침(빛이 있으라는 말씀으로 하나님 나라를 선포하심)

2번 사역은 귀신을 쫓음(빛으로 흑암을 물러가게 하심)
3번 사역은 병을 고침(궁창 위아래와 뭍과 물을 나누어 혼돈을 질서로 만드심)
4번 사역은 약한 것을 강하게 하심(공허한 육해공에 각종 생명들과 빛들로 충만하게 함)

Today's dish

1. 그리스도의 회복 사역

예수께서 회개하라 천국이 가까웠다고 선포하심은 창조주 하나님이 어둠 가운데 빛이 있으라, 혼돈 가운데 나누어지라, 공허한 곳에 충만하게 채우라 말씀하심과 같은 재창조 사역이다. 말씀을 전파하실 때에 주의 능력이 나타나서 귀신과 병과 모든 약함이 회복되었다.

창조하실 때 주의 영이 수면에 운행하시듯이 말씀을 전파하실 때 주의 영이 임하여서 창조 회복의 희년 회복이 일어났다.

1) **회당과 사람 속에 있는 더러운 귀신을 꾸짖고 내어 보내는 회복 사역이다.**
안식일에 회당에 더러운 귀신 들린 자가 소리를 지르고 있었다. 더러운 귀신은 사람 속에 들어가서 예수의 말씀을 듣지 못하게 방해하였다. 예수의 사역은 전도하기 전에 먼저 귀신을 쫓아내고, 설교하시기 전 귀신을 쫓아내시고, 새로운 전도 지역을 방문하시면 귀신을 먼저 내어 쫓아내셨다는 사실에서 제자들의 사역은 주님의 사역과 같아야 함을 가르치셨다.

2) **귀신은 사람 속에서 성령의 사역과 유사하게 속여서 눈치채지 못하게 한다.**
사람의 눈을 가리고, 귀를 막고, 입을 언어장애인으로 만들어서 하나님과 연결되는 부분을 모두 차단하고 절도요 강도처럼 사람을 지배하고 강탈하는 사악한 영적 존재이다.

3) 권세 있는 새 교훈

"잠잠하고 그 사람에게서 나오라" 는 예수의 말씀은 권세 있는 새로운 교훈이다. 귀신들에게 명령할 때 순종하였다. 사람의 주인은 하나님이시기 때문에 사람 속에 들어간 절도와 강도를 쫓아내셨다.

예수를 믿고 영접하는 자는 하나님의 자녀가 되는 권세를 주신다(요한복음 1:12)

나실인 예수의 카리스마적인 그리스도의 회복 사역은 세 가지로 묶을 수 있다.

선지자로서 더러운 귀신을 명령하시고 꾸짖는 말씀으로 쫓아내셨다.

제사장으로서 모든 병을 고치셨다.

왕으로서 모든 약한 것들을 강하게 하셨다.

예수께서 훈련하실 때는 제자이지만 세상으로 보내실 때는 예수 이름 사용권을 주신 전권 대사같이 사도의 권세를 가지고 보냄을 받아 하나님 나라의 창조 회복의 사역을 반복적으로 시범을 보여주시고 훈련으로 강하게 세우셨다.

갈릴리 건너편에서 제자들에게 사역을 분담하여 주셨다. 예수께서는 제자들에게 가르치신 대로 실습을 할 기회를 주시기 위해서 두 사람씩 짝을 지어서 보내시면서 더러운 귀신을 제어하는 권세를 주시고 보내셨다. 그리고 사도의 사역을 할 때는 필요한 모든 것을 공급하여 주실 것을 약속하셨다.

중요한 것은 많은 군중은 예수께서 제자들에게 하나님 나라의 원리를 가르치시기 위한 시범 교재 같은 마루타 역할을 하였다. 마치 한의사가 도제들에게 침술을 가르치기 위해서 실제 환자들의 혈과 기와 맥을 따라 짚어가면서 침을 꽂는 치료 현장에서 가르치는 현장 교육과 같다.

예수께서 열두 제자들을 부르시고, 권능을 주시고, 세상으로 내어 보내시었다. 우리를 세상에서 부르신 목적은 우리에게 권능을 주시고 그 이름을 사용할 권세를 주시고 세상으로 다시 보내시기 위함이다. 주님이 제자들을 세상에 보내시면서 염려하신 것은 양을 이리 가운데 보냄 같아서 뱀같이 지혜롭고 비둘기같이 순결하라고 말씀하셨다.

2. 교활한 이리

늑대(이리)의 피와 양의 피는 다르다. 늑대의 혈관 속에는 교활함, 술수, 사나움, 속임수, 음흉함, 폭력의 기질이 흐른다. 자기를 죽이거나, 자기를 부인하거나, 자기를 희생하는 일이 결코 없고 약한 양을 죽이고 희생시켜서 자기의 욕구를 충족시키는 기질을 가졌다.

하나님의 제단에 바치는 희생 제물로서 이방 나라의 상징인 표범, 사자, 곰, 독수리, 그리고 양을 잡아먹는 늑대는 거룩한 제단에 오를 수 없다. 역설적으로 귀신에게 바치는 제사상에는 율법으로 부정한 돼지머리는 올라가지만 순결한 양 머리는 올라가지 않는다.

양의 혈관에는 순종의 피, 순결하고, 털 깎는 자 앞에 잠잠하고 온순함, 무저항주의, 무폭력 주의, 폭포의 물과 거친 바다를 두려워하고 잔잔한 물가와 푸른 초장에서 먹고 쉬는 것을 즐거워하는 피가 흐른다. 배고픈 양에게 양고기를 던져줘도 먹지 않는다.

전도란? 양을 늑대에게 보내는 것과 같다.

이솝의 이야기에서 늑대의 궤변은 DNA가 양과 다르다는 것을 알게 해준다. 굶주린 늑대가 시냇가에서 물을 마시는 어린 양을 만났다. 늑대는 양을 잡을 명분을 꾸며 내었다. 늑대는 양에게 자기 구역에서 물을 먹었다고 억지를 부렸다. 어린 양은 자신의 결백을 당당히 주장했다. "나는 지금 시냇물의 하류 쪽에 먹고 있으니 아저씨 쪽 물은 깨끗하잖아요!"

입이 막힌 늑대는 "작년에 사냥꾼의 총에 맞아서 우리 아버지가 죽었을 때 넌 비웃었어" 라고 대꾸했다. 양이 대꾸하기를 "난 그때는 태어나지도 않았어요" 그러자 늑대는 "나는 무조건 양만 보면 미워죽겠다." 이 시대에도 이런 사람들이 있다. 의와 불의에 대해서 생각하지 않고 어떻게 해서든 상대를 궁지에 몰아넣어 죽이고 자기만 살려는 늑대 인간들이 있다. 그러나 늑대는 천연기념물이 되었지만, 양들은 많은 사람에게 우유와 고기와 털을 제공하면서도 초지 위에는 양 떼들로 덮여서 번성하고 충만하다.

3. 뱀의 지혜

뱀은 지혜의 상징이다. 하나님의 대리자 아담과 하와도 뱀의 지혜에 당하였다. 에덴동산에 있는 생명나무는 먹어야 하고 선악을 알게 하는 나무의 열매는 먹지 않는 것이 하나님의 법이었다. 그런데 뱀이 얼마나 지혜로우면 먹어야 할 생명나무는 먹지 못하게 하고 먹지 말아야 하는 선악과를 먹게 하였다. 뱀의 지혜는 악하고 나쁜 것이지만 예수님은 제자들에게 뱀같이 지혜로워지라고 하셨다. 하나님이 먹으라는 생명나무는 먹게 하고 먹지 말라 하는 선악과는 먹지 않도록 하는 것이 지혜이며 그것이 전도라고 말씀하셨다.

마귀는 사람들에게 예수를 믿어 생명을 얻지 못하도록 거짓말을 하고 마귀의 말을 듣고 불신과 죄로 살도록 속이는 지혜가 탁월해서 수많은 사람이 속아서 사망의 종이 되고 있다.

짐승 중에 가장 간교한 뱀의 지혜의 수법은 보이스피싱처럼 날로 과학화되고 있다.

1) 새로운 정보로 의식화한다.

"뱀이 여자에게 물어 가로되 하나님이 참으로 너희더러 동산 모든 나무의 실과를 먹지 말라 하더냐" 진실에 의문을 품도록 의식화해서 가짜 정보를 심어준다.

2) 흔들림

"여자가 뱀에게 말하되 동산 나무의 실과를 우리가 먹을 수 있으나, 동산 중앙에 있는 나무의 실과는 하나님의 말씀에 너희는 먹지도 말고 만지지도 말라 너희가 죽을까 하노라 하셨느니라" 십벌지목(十伐之木)은 열 번 찍어 안 넘어가는 나무가 없다는 사자성어이다. 가짜 뉴스를 열 번 들으면 거짓을 진실로 믿어버린다.

3) 확신

"뱀이 여자에게 이르되 너희가 결코 죽지 아니하리라" 의식화되고 흔들리면 거짓을 진실로 믿는 확신이 생긴다. 의식화에 성공하면 행동 단계로 간다. 자폭 테러범은 그들이 하는 일이 순교자의 면류관을 받는 것으로 의식화되면 목숨을 버리는 것에 담대해진다.

4) 칭찬

"너희가 그것을 먹는 날에는 너희 눈이 밝아 하나님과 같이 되어 선악을 알 줄을 하나님이 아심이니라" 의식화된 사람에게 희망의 극대화로 행동하도록 충동한다. 하나님에게 종속되지 않고 자유하면서 천하를 소유할 수 있다고 허영에 사로잡히게 한다.

5) 행동

"여자가 그 나무를 본즉 먹음직도 하고, 보암직도 하고, 지혜롭게 할 만큼 탐스럽기도 한 나무인지라 여자가 그 실과를 따먹고 자기와 함께한 남편에게도 주매 그도 먹은지라"

악에 물든 사람은 자기와 함께 힘을 합칠 동지를 만들고 악의 세력을 구축한다.

4. 양의 순결

제자들은 악한 뱀의 지혜의 역설로서 선한 지혜를 가지고 양과 비둘기 같은 순결을 가지고 실낙원을 복낙원으로 만드는 사명자로 부름을 받았다.

사람들에게 선악과를 못 먹게 하고 생명나무를 먹도록 하는 전도사역에 지혜로워지라고 말씀하셨다. 그 지혜는 우리 안에 계셔서 말씀하시는 성령님이 주시는 지혜이다.

뱀은 사람들에게 생명나무로 나가는 길에 장애물을 놓고 차단해 놓았다.

사람들의 귀는 막아놓았다. 눈을 가려서 시선을 다른 데로 집중하게 한다. 입은 선악과를 먹는 입맛으로 바꾸어버렸다. 결과적으로 사람의 지정의와 영혼 몸을 장악하였다.

그러나 제자들은 양의 순결로 뱀의 악행과 대결해서 정복해야 하는 사명을 가졌다.

1) 새로운 정보(의식화)

"회개하라 천국이 가까웠다." "주 예수를 믿으라 그리하면 너와 네 집이 구원을 얻으리라" 는 복음은 굿 뉴스다. 전도자(뱀)가 불신자(하와)에게 물어야 한다. '당신이 의지하고 믿고 누리고 있는 행복에 대해서 만족합니까?' 말씀은 영이다. 말씀의 영은 육을 뚫고 혼을 넘어 영에까지 말씀이 들어가야 산다.

> "살리는 것은 영이니 육은 무익하니라 내가 너희에게 이른 말이 영이요 생명이니라" (요한복음 6:63)

잘못된 지식, 정보, 고정관념 속에 영의 말씀이 들어가서 잘못된 지식과 감정과 의지를 흔들 힘은 영의 말씀에 있다.

예수는 요셉의 아들, 동정녀 탄생, 십자가의 죽음과 부활, 대속의 원리를 상식으로 진리를 불신하게 한다. 하나님이 내게 잘해준 것이 뭐냐? 불순한 감정을 가진다. 고집과 왜곡, 완고함, 자기 양심과 도덕 행위로 의롭게 살면 천국을 간다는 믿음을 가지고 있다. 말씀의 권세로 사람의 영혼 속에 말씀을 집어넣어야 영혼이 산다.

2) 흔들림

전도자의 질문에 불신자의 대답은? 밥 먹고 사는 일에는 큰 문제 없지만 죽음 문제와 사후 운명에 관해서는 확신이 없다는 것을 고백한다.

'오늘 밤에 하나님이 당신의 영혼을 부르신다면 천국에 갈 자신이 있는가?'

3) 확신

전도자가 불신자에게 이르되 '당신이 결코 죽지 않는 길을 가르쳐주겠다' "한번 죽는 것은 사람에게 정하신 것이요 그 후에는 심판이 있으리니" (히브리서 9:27)

"내가 곧 길이요 진리요 생명이니 나로 말미암지 않고는 아버지께로 올 자가 없느니라" (요한복음 14:6)

4) 칭찬

예수를 믿으면 하나님이 당신의 삶 속에 들어오셔서 행복한 하나님 자녀의 권세를 얻게 된다. 새 하늘과 새 땅을 상속받을 사람이 된다.

5) 행동화

예수를 영접하고 믿고 지난날의 허구한 삶을 회개하고 구원의 기쁨과 확신을 가지고 자신이 누리고 있는 행복을 가족과 이웃에게 하나님의 나라의 복음을 전도하게 된다.

dessert

1. 예수 제자란 어떤 사람인가?
2. 나는 이리 소굴 같은 세상에서 어떤 지혜로 살아가야 하는가?
3. 예수 제자들의 역설적인 뱀의 지혜란 무엇을 뜻하는가?

Prayer

주님! 이리떼들이 우글거리는 세상에서 주님의 순결한 영과 지혜의 성령으로 하나님의 재창조 사역에 쓰임 받는 제자들이 되어서 이 땅에 거룩한 하나님의 나라가 회복되게 하소서. 아멘!

25. 10:24-33 고백과 고난

"제자가 그 선생 같고 종이 그 상전 같으면 족하도다 집 주인을 바알세불이라 하였거든 하물며 그 집 사람들이랴, 몸은 죽여도 영혼은 능히 죽이지 못하는 자들을 두려워하지 말고 오직 몸과 영혼을 능히 지옥에 멸하실 수 있는 이를 두려워하라.
참새 두 마리가 한 앗사리온에 팔리지 않느냐 그러나 너희 아버지께서 허락하지 아니하시면 그 하나도 땅에 떨어지지 아니하리라. 누구든지 사람 앞에서 나를 부인하면 나도 하늘에 계신 내 아버지 앞에서 그를 부인하리라" (25,28,29,33절)

Appetizer

마태복음 10장은 예수께서 열두 제자를 부르시고 선교적 사명을 부여하신 장(章)이다. 제주도(濟州島)가 아니라 제자도(弟子道)의 본질과 선교의 원리 및 고백과 고난, 그리고 박해와 담대함 등에 관한 교훈으로 오늘날 그리스도인의 삶에 필수적인 가르침이 담겨있다.

예수님의 제자도와 선교론에는 몇 가지 중요한 교훈이 있다. 선교의 권위는 하나님으로부터 오기 때문에 영적 권능과 치유의 능력으로 나타난다. 선교의 대상은 처음에는 이스라엘로 한정되었다가 점진적으로 온 열방까지 구원역사가 전개된다. 선교에 필요한 물질에 대한 제자의 태도로서, 전도자의 검소함과 하나님께 대한 전적 신뢰를 강조한다.

선교현장에서의 박해는 제자도의 필연적 요소이며 예수의 십자가 사역과 연결된다. 제자가 그 선생보다, 종이 그 상전보다 높지 못한다는 말씀은 그리스도를 본받는 제자도의 본질을 나타낸다.

"몸은 죽여도 영혼은 능히 죽이지 못하는 자들을 두려워하지 말고 오직 몸과 영혼을 능히 지옥에 멸하실 수 있는 이를 두려워하라" (28절)

육체는 죽여도 영혼은 죽이지 못하는 자들을 두려워하지 말고, 영혼까지도 능히 지옥에 멸하실 수 있는 하나님을 두려워하라는 가르침이다. 참새 한 마리도 하나님의 허락 없이는 땅에 떨어지지 않듯이, 하나님의 주권적 보호하심을 신뢰하며 담대히 나아갈 것을 전도자로 파송 받은 제자들에게 교훈한다.

예수님은 제자도의 가장 근본적인 핵심 사항의 실천을 제시하신다. 가족보다도 예수님을 더 사랑해야 하며, 자기 십자가를 지고 따라야 한다. 역설적으로 자기 생명을 잃는 자가 얻게 될 것이라는 가르침은 제자도의 본질적 희생과 동시에 궁극적 승리를 보여준다.

제자들에게 사람들을 두려워하지 말라는 경고를 하시고, 주님을 위하여 고난을 받는 것은 특권이라고 가르치신다.

하나님을 경외할 때는 다른 어떤 것도 두려워할 필요가 없다. 아버지 하나님께서는 참새들조차 돌보시는 분이다. 그리고 그리스도에 대한 고백은 공개적이어야 한다.

신앙 고백으로 구원을 받는 것은 아니지만, 구원받은 사람의 자연적인 결과는 입으로 시인하고 삶으로 증명하여야 한다.

> "네가 만일 네 입으로 예수를 주로 시인하며 또 하나님께서 그를 죽은 자 가운데서 살리신 것을 네 마음에 믿으면 구원을 받으리라. 사람이 마음으로 믿어 의에 이르고 입으로 시인하여 구원에 이르느니라" (로마서 10:9,10)

예수 그리스도는 평화의 왕이시며, 복음은 평화의 소식이지만, 사람이 그리스도를 믿기로 고백하는 그 순간부터 고난이 시작된다. 고백과 고난은 동전의 양면과 같다. 그리스도를 고백하는 자에게는 복음과 평화의 적들로 인해서 고난이 시작된다는 사실을 사전에 인지하면 고난을 받을 때 실족하지 않고 믿음으로 극복할 수 있다.

제자가 그리스도를 주님으로 고백하고 따르기 시작하면 자기 십자가의 수치와 비난과 심지어 죽음도 감수하여야 하는 것이 제자의 길이다.

그리스도가 파송한 제자이며 주의 종을 거절하는 것은 그리스도를 거절하는 것이 된다.

우리가 주님을 섬길 때 우리의 우편에 주님이 계신다는 것은 큰 격려와 힘이 된다.

제자도의 가르침은 그리스도의 종의 신분의 고귀함과 그의 종을 보호하시며, 종의 특권과 종에 대한 약속을 가르치셨다. 그리고 제자들이 실천할 사항을 요약해서 말씀하셨다.

Today's dish

1. 스승과 제자

"제자가 그 선생보다, 또는 종이 그 상전보다 높지 못하나니" (24절)

제자가 선생 이상의 지식을 얻을 때에도 그는 여전히 제자임이 틀림없다. 사제지간(師弟之間)의 도리는 불변하며 제자들은 항상 그 질서를 따르는 것이 마땅하다. 그런데 예수께서 이 말씀을 하신 이유는 선생인 자신이 온갖 욕설과 핍박을 받는다면 적어도 너희는 더 큰 핍박을 각오하는 것이 당연하지 않느냐 라는 사실을 이해시키기 위해서였다.

예수께서 사용하신 이 격언을 마음속에 간직하는 제자는 어떠한 고난을 당하더라도 전혀 불평하지 않을 것이다.

이 격언의 말씀은 윗사람이 소홀한 대접을 받았다면 그 아랫사람은 두말할 나위 없이 소홀히 여김을 받게 된다. 그러므로 주님이 고난을 당한다면 제자들도 똑같이 고난 당하는 것이 당연한 일이며 결코 더 나은 대접을 기대할 수 없다는 사실을 예언하셨다.

이 교훈은, 예수께서는 제자들에게 고난이라는 차원에서 주님과 동일한 운명에 처해 있음을 역설하셨다. 주와 선생이 받는 박해와 고난보다 제자나 종이 받는 고통은 더 컸으면 컸지 결코 더 작지 않을 것이므로, 따라서 선생의 고통만큼만 되어도 만족할 것이라는 말씀이다.

"집주인을 바알세불이라 하였거든 하물며 그 집 사람들이랴" (25절)

유대인들은 예수께서 귀신을 쫓아내는 것을 보고 귀신의 왕 '바알세불' 을 힘입어 귀신을 쫓아낸다고 비난을 퍼부은 적이 있다.(12:24)

예수께서는 자신을 집주인으로 비유하시고 주인을 '바알세불'로 비난한 그들이 '그 집 사람들' 인 제자들은 더욱 악한 이름으로 비난하지 않겠느냐는 말씀을 하셨다.

'바알세불' 은 귀신의 왕 사단에 해당하는 명칭인데, '파리 대왕' 이란 뜻으로 더럽고 교만한 왕이라는 조롱 섞인 말이다. 유대인들은 예수를 마귀 집안의 우두머리로 신성모독을 하였으니 하물며 제자들에게 어떤 욕을 할 것인지 상상해보라는 말씀이다.

2. 참새와 제자

예수께서는 박해자들이 제자들을 죽일 수도 있지만, 그들은 결코 제자들의 영혼까지는 좌우하지 못할 것이다. 제자들이 전하는 복음에는 하나님의 능력이 함께하고 또 하나님이 그들을 지키실 것이기 때문에 어떠한 핍박도 두려워하지 말고 담대하게 영광스러운 하나님의 진리를 가지고 가서 그들을 정복해야 한다.

두려움이란 것은 사단이 신자들을 넘어뜨리기 위해 준비해 둔 무기 중의 하나로서 사단은 언제나 신자들을 두려움에 떨게 하여 자신의 목적을 달성시키고자 한다.

참새 두 마리가 한 앗사리온에 팔리는 것도 하나님의 허락이 없이는 그 하나도 땅에 떨어지지 않으며, 하나님은 우리의 머리털까지 다 세시는 분이시다. 그러므로 두려워하지 말아야 할 이유는? 예수의 제자는 많은 참새보다 귀하기 때문이다.

"감추인 것이 드러나지 않을 것이 없고" 라는 말의 헬라어 '아포칼류토' 는 '벌거벗기다' 는 뜻으로, 하나님께서 깊이 숨겨둔 인간의 가장 수치스러운 죄악까지도 낱낱이 파헤치실 것을 암시한다. 하나님이 모든 것을 보시고 감찰하고 계신다는 의미다.

제자들이 세상 사람들로부터 정당한 평가를 받지 못하고 핍박을 받는다고 하더라도 물러서지 말고 담대히 복음을 전파하면 하나님이 모든 것을 아시고 계시기 때문에 제자들의 무죄함을 입증시켜 주실 것이고 또 진실을 밝혀주실 것을 설명하셨다.

"어두운 데서 이르는 것"은 상징적 표현으로서 주의 계시(revelation)의 발전 과정을 의미하고 있다. 기독교는 신비스러운 밀의(密意) 교리란 없다. 하나님의 성령을 통해 복음의 비밀은 제자들이 이를 전파하기까지는 비밀에 부쳐져 있었다.

"광명한 데서 말하며"라는 예수로부터 받은 교육이나 비유는 공개적으로 온 세상에 충만하게 선포해야 할 것을 가리킨다.

"귓속으로 듣는 것"은 유대 율법 학자들이 히브리어로 하나님의 율법을 설명할 때 가운데 통역자를 두어 그를 통하여 일반 대중들에게 율법을 가르쳤다. 이때 그는 통역자의 귀에다 자신이 말하고자 하는 바를 속삭이듯이 전달했으며, 이 통역자는 히브리어로 율법에 대해 들은 설명을 대중들이 알아들을 수 있는 언어로 바꾸어 큰 소리로 외쳤다.

제자는 사람들 앞에서 그리스도를 시인하는 자이다. 그것은 우리의 의무이며 이후에 하나님 앞에서 주님이 우리를 시인해 주시는 말할 수 없는 영광과 행복이 될 것이다.

우리는 그리스도와의 관계에 대해서 부끄럽게 생각하지 않고 당당하고 공개적으로 증언할 때 우리의 신앙의 진실성이 입증되고, 그의 이름이 영화롭게 되며, 다른 사람들이 감화를 받게 된다.

이 고백이 우리로 하여금 비난과 고통을 당하게 만든다 할지라도 우리는 "의인의 부활 시에" 이 고백에 대해 충분한 보상을 받게 될 것이다.

박해하는 권세자들 앞에서는 세상의 보잘것없는 벌레에 불과하지만 내가 그리스도를 시인하는 것은 만왕의 왕이신 심판주 앞에서 영광스러운 인정을 받을 증거가 된다.

지금도 예수의 제자들은 곳곳에서 박해를 받고 벌레 취급을 받지만, 스데반처럼 부활 승천하신 예수 그리스도께서 보좌에서 일어서서 그 광경을 감찰하시고 기억하시고 마침내 그 땅에 심판의 대접을 쏟아부으실 것이다.

예수를 닮아가는 제자와 주의 종들은 이런 자들에게서 핍박을 받는다. 육에 속한 자들, 경건의 모양만 있는 종교인, 총독과 임금 권세자들, 세상의 모든 사람, 불신 중인 친척들과 형제들과 집안 식구가 모두가 원수가 되어 박해하지만, 제자들의 박해는 부활의 영광을 얻을 증거이며, 핍박자는 심판의 증거가 된다.

☕ dessert

1. 내가 예수를 그리스도로 고백할 때 고난이 따랐던 증거가 있는가?
2. 나는 스승과 주인보다 더 대접을 받지 못한다고 하여도 주님을 따를 것인가?
3. 하나님은 참새 두 마리도 땅에 떨어지는 것을 주관하시는데 하물며 예수 제자로서 복음을 위해서 고난을 받을 때 보호해 주실 것을 믿는가?

Prayer

주님! 우리가 주님의 제자로 따라갈 때 주님이 받으신 고난과 비난을 받는다고 할지라도 당연하게 여기고 주님을 그리스도로 시인하며 두려워하지 않고 세상 끝날까지 복음을 증거하는 제자의 도를 걸어가게 하옵소서. 아멘!

26. 10:34-42 나보다 더, 나 대신

"내가 세상에 화평을 주러 온 줄로 생각하지 말라 화평이 아니요 검을 주러 왔노라. 내가 온 것은 사람이 그 아버지와, 딸이 어머니와 며느리가 시어머니와 불화하게 하려 함이니, 사람의 원수가 자기 집안 식구리라.
아버지나 어머니를 나보다 더 사랑하는 자는 내게 합당하지 아니하고 아들이나 딸을 나보다 더 사랑하는 자도 내게 합당하지 아니하며, 또 자기 십자가를 지고 나를 따르지 않는 자도 내게 합당하지 아니하니라. 선지자의 이름으로 선지자를 영접하는 자는 선지자의 상을 받을 것이요 의인의 이름으로 의인을 영접하는 자는 의인의 상을 받을 것이요" (34-38,41절)

Appetizer

조선 시대 왕의 명령을 대행하기 위해서 파견된 관직 끝에 '사' (使) 자가 붙는 조선 종2품의 관찰사(觀察使), 어사(御使), 각도의 육군을 지휘하는 종2품 무관직 병마절제사(兵馬節制使) 등, 사신은 왕의 명령을 대행하므로 일반 관원과는 다른 대우를 받았으며 사신이 지나갈 때면 지방관이 반드시 영접해야 했다.

예수 그리스도는 하나님이 파견하신 사신이다. 예수께서 제자들을 각 지방으로 파송하실 때 예수 이름의 권세로 위임받은 사신으로 보내었다.

너희를 영접하는 자는 나를 영접하는 것이요 나를 영접하는 자는 나 보내신 이를 영접하는 것이라는 원리는 지금도 유효한 하나님의 법이다.

부산진구 양정동의 하마정(下馬亭)이라는 곳은 조선의 영의정(領議政)이 자기 선조의 묘소를 방문하러 갈 때 동래 부사가 마중을 하였는데 선조의 묘소에 말굽 소리가 요란하지 않도록 조용히 예의를 갖추라고 지시함으로 그 후로 사람들이 그곳을 지날 때는 말에서 내려서 걸어갔다는 곳이다. 조선 시대 고관의 조상 묘소 앞에서도 예의를 갖추라고 하였는데, 하늘과 땅의 모든 권세를 가지신 그리스도의 사도들이 방문할 때 영접하고 예의를 갖추는 것이 합당한 일이건만 사자들을 추방하고 후욕하며 박해하는 곳에는 발에 먼지를 털고 나오라고 하였다.

'내가 세상에 온 것은 화평이 아니라 검을 주러 왔노라' 라고 예수께서 말씀하셨다. 부자, 부녀, 고부 사이에 불화하고 사람의 원수가 집안 식구라는 말씀에 기독교는 불효와 불화의 종교라고 오해한다. 그러나 예수 제자가 되면 가까운 가족으로부터 불화와 오해와 박해가 있을 것을 각오하고 주님보다 부모나 자녀를 더 사랑하거나 목숨을 잃지 않으려는 자는 제자로서 합당하지 못하다는 제자의 도를 말씀하신 것이다.

예수의 제자가 되는 사람은 자기를 부인하고 자기 십자가를 지고 목숨을 다하여 주님을 따라가는 각오가 되어야 한다.

Today' s dish

1. 나보다 더

구약시대에 하나님보다 더 사랑하는 것이 우상이며, 신약시대에 예수보다 더 사랑하는 것이 우상이다. 가족과 친지와 이웃을 사랑하는 것은 새 계명이다. 그러나 그 사랑이 주님보다 더 사랑함으로써 주님에게서 멀어져서는 안 된다. 레위인들은 "그 부모에 대하여 이르기를 내가 그를 보지 못하였다" (신명기 33:9)라고 말할 정도의 사람이 회막에서 봉사할 사람이다. 군대의 소집영장을 받은 장정은 부모 형제 처자를 두고 홀로 입대하고 군인의 길을 걸어야 한다. 소집영장은 인정사정을 봐주지 않는다. 소집영장을 기피하면 군법에 따라서 처벌을 받는다.

예수 그리스도께서 우리를 십자가의 고난을 통해 그의 영광 가운데로 인도하신다. 그리스도로 인하여 자기 목숨을 잃는 자는 영원한 생명을 얻을 것이지만 목숨을 위해서 그리스도를 부인하는 자는 영원한 생명을 잃게 될 것이다.

2. 나 대신

하나님은 아담에게 직접 찾아오셔서 여인의 후손을 보내실 것을 첫 번째 약속을 하셨다. 이후부터는 사신을 보내어 일하신다. 하나님은 소돔 고모라 성에 두 천사를 보내어 죄악이 사무친 것을 실사하도록 하셨다. 모세를 애굽에 보내어 부르짖는 이스라엘 백성을 구출하는 자로 보내셨다. 여호수아는 여리고 성에 두 정탐꾼을 보내어 여리고 성의 죄악을 감찰하도록 하였고 영접한 기생 라합과 그의 가족과 지인들은 구원을 받았다. 하나님은 천사들과 여러 선지자를 보내셨으며 마지막 날에 아들을 보내어 말씀하셨다.(히브리서 1:1,2) 아들은 예수 이름으로 사도를 보내어 구원의 복음을 전파하게 하셨다.

아담과 하와는 하나님의 음성을 듣고 낯을 피하여 동산 나무 사이에 숨었다. 소돔 고모라 사람들은 천사를 향하여 '이놈들이 들어와서 우리의 법관이 되려 한다면서 폭력시위를 하고 동성애를 요구하는 폭동을 일으켰다.(창세기 19:9)

하나님의 사자를 배척한 소돔과 고모라는 모든 부패와 최후 심판의 대명사가 되어서 복음 사역자들을 영접하지 아니함으로 복음 자체를 배척한 자들의 심판과 저주가 얼마나 무서운 것인지를 보여준 역사적인 거울이 되었다.

이스라엘 사람들은 하나님이 보내신 선지자들을 죽였고, 이스라엘과 헤롯은 세례요한의 목을 베었다. "내가 너희에게 말하노니 엘리야가 이미 왔으되 사람들이 알지 못하고 임의로 대우하였도다. 인자도 이와같이 그들에게 고난을 받으리라 하시니" (마태복음 17:12)

예수께서는 하나님이 보내신 천사도 선지자도 그리고, 하나님의 아들과 사도들을 배척하는 자들에 대한 무서운 지옥의 판결문을 선포하셨다.

> "뱀들아 독사의 새끼들아 너희가 어떻게 지옥의 판결을 피하겠느냐, 그러므로 내가 너희에게 선지자들과 지혜 있는 자들과 서기관들을 보내매 너희가 그중에서 더러는 죽이고 십자가에 못

박고 그중에 더러는 너희 회당에서 채찍질하고 이 동네에서 저 동네로 구박하리라, 그러므로 의인 아벨의 피로부터 성전과 제단 사이에서 너희가 죽인 바라갸의 아들 사가랴의 피까지 땅 위에서 흘린 의로운 피가 다 너희에게 돌아가리라. 내가 진실로 너희에게 이르노니 이것이 다 이 세대에게 돌아가리라. 예루살렘아 예루살렘아 선지자들을 죽이고 네게 파송된 자들을 돌로 치는 자여 암탉이 그 새끼를 날개 아래 모음같이 내가 네 자녀를 모으려 한 일이 몇 번이냐 그러나 너희가 원치 아니하였도다. 보라 너희 집이 황폐하여 버린 바 되리라. "인자가 장차 사람들의 손에 넘기워 죽임을 당하고 제 삼일에 살아나리라" (마태복음 23:33-38, 17:22,23)

3. 환대의 복

"그가 세상에 계셨으며 세상은 그로 말미암아 지은 바 되었으되 세상이 그를 알지 못하였고 자기 땅에 오매 자기 백성이 영접지 아니하였으나, 영접하는 자 곧 그 이름을 믿는 자들에게는 하나님의 자녀가 되는 권세를 주셨으니" (요한복음 1:10-12)

세상은 그들의 왕이며, 주인이며, 땅의 임자이신 하나님과 그의 아들을 알아보지 못하고 거부하고, 핍박하고, 임의로 대우한 죄악에 대해서 포도원과 왕의 아들의 혼인 잔치 비유를 통해서 주님이 경고하셨다.

조선 땅에는 언더우드와 아펜젤러 같은 헌신적인 선교사들이 한국에 들어오기 전에 이미 성경이 번역되어 보급되기 시작하였다. 한국교회의 부흥을 위해 최전방에서 목숨 걸고 성경 봇짐을 메고 다니면서 성경 보급에 힘쓴 권서(colporteur)들의 역할이 크다.

최초의 권서(勸書)는 소래교회를 설립한 서상륜으로 1882년 10월 로스 선교사가 만주에서 번역한 성경책을 가지고 복음의 씨앗을 뿌렸다. 권서의 길은 고난의 연속이었다. 도처에서 온갖 경멸과 모욕과 핍박을 받았다. 서양 귀신에 씌웠다면서 사람들이 던지는 돌에 머리가 깨지고 얼굴이 터져 피범벅이 되었다. 가난한 백성들에게 '한 권의 성경보다 한 줌의 쌀' 이 더 필요하였지만, 권서들은 하나님의 말씀만이 이 민족의 살 길이며 이 땅의 백성을 구원할 수 있는 생명줄이라는 것을 확신하고 악착같이 성경을 팔았다. 권서들은 사람들이 가난하다는 것을 잘 알았지만, 성경을 무료로 배부하지는 않았다. 돈이 없으면 곡식, 생선, 달걀, 옷, 성냥 등으로 성경과 교환해 줬다. 그런 것이 없으면 자신들이 대신 지불하고 성경을 건네주기도 했다.

권서(勸書) '안교철' 은 가난한 여인에게 성경을 권했더니 그녀는 돈이 없어서 살 수 없다고 해서 달걀 한 개라도 주면 성경을 팔겠다고 했더니 '하루에 한 끼 먹고 사는 데 오늘은 그것도 먹지 못했다' 라고 대답했다. 그는 그녀가 너무나 불쌍해서 돈을 대신 내고 그녀에게 성경을 주며 읽어보라고 했다. 그녀는 성경을 받아 들고 어디론가 사라졌다가 잠시 후 나타났는데 동전을 내밀면서 '나는 이것이 하나님의 책이라는 것을 알았는데 어떻게 하나님의 책을 한 푼도 내지 않고 받을 수 있겠습니까? 그래서 이 돈을 이웃집에서 빌려왔는데 책값으로 받아 주십시오.' 권서가 괜찮다고 거절했지만, 그 여인의 고집을 꺾을 수는 없었다.

초기 한국교회 신자들은 끼니도 먹지 못하면서 한 권의 성경을 사서 읽었다.

초대교회 순회전도자들은 두루 다니면서 복음을 전하였다. 마을에 들어가면 복음 전파하기 위해 합당한 집을 찾아서 유숙하고 주는 것을 먹으면서 복음을 전하였다.

주님이 보내신 전도자를 집으로 영접하고 복음을 들을 때 루디아와 고넬료와 가이오의 집과 같이 하나님의 구원의 선물을 받았다.

반면에 사이비 전도자들이 지역을 순회하면서 대접을 받고 금품을 뜯어가면서 사이비 복음을 전하고 다녔다. 이단에 속한 사람은 인사도 하지 말고 집에도 들이지 말라고 사도 요한은 강력하게 경고하였다.(요한이서 10-11)

하나님이 보내시는 자를 영접하는 자는 선지자의 이름과 의인의 이름으로 영접하고 냉수 한 그릇이라도 제공한 사람은 진실로 결단코 상을 잃지 않을 것이라고 약속하였다.

법궤가 오벧에돔의 집에 들어간 이후 3개월 만에 가정과 산업에 하나님의 복이 임하였다.

미국은 외교관이 먼저 들어가지 않고 코카콜라와 맥도널드가 들어가고, 문화예술인, 스포츠인들과 상공인들이 들어가고 나중에 외교관이 들어간다.

하나님의 구원이 들어오는 순서가 있다. 하나님이 먼저 들어오시지 않고 사신들이 들어가고, 말씀이 임하고, 성령이 임하면서 가이오의 집과 같이 영혼이 잘됨과 같이 범사에 잘되고 형통하게 된다.(요한삼서 2)

아브라함이 뜨거운 낮에 나그네를 집으로 영접하여 발을 씻기고 송아지를 잡아서 환대하였을 때 사라가 잉태하는 복을 받고 이삭(웃음)의 선물을 받았다.

디오드레베는 으뜸되기를 좋아하고. 사도들을 향하여 악하고 망령되이 폄론하고도 부족해서 형제들을 영접지 않고 접대하고자 하는 자를 교회에서 내어 좇는 악을 행하였다, 사도 요한은 그가 행한 일을 잊지 않으리라고 경고하였다. 그리고 악한 것을 본받지 말라고 말하면서 악을 행하는 자는 하나님을 뵈옵지 못하였다고 말하였다.(요한삼서 9-11)

셈의 장막에 거하는 야벳이 복을 받았고, 베냐민은 예루살렘 접경에 살면서 복을 받았다.

복음을 들고 가는 사자들을 환영하고 영접하는 개인과 가정과 민족과 나라가 복을 받으며 보상을 받지만, 하나님의 사자들을 추방하고 핍박하는 민족과 나라는 복을 받지 못하며 하나님의 저주로 칼과 기근과 염병과 지옥의 불로 하나님의 진노를 받는다.

dessert

1. 나는 주님을 사랑하고 따라가려고 할 때 딜레마를 어떻게 해결하는가?

2. 나는 하나님의 대리자로 보냄을 받은 자에 대해 어떤 자세를 취하고 있는가?
3. 나는 영접과 환대의 삶을 실천하고 있는가?

Prayer

주님! 세상은 주님이 보내신 사자들을 무시하고 거부하고 박해하는 일이 얼마나 저주가 되는지를 알게 하시고, 복음과 그 사자들을 영접하여 구원과 상급을 받도록 성령님이 역사하여 주소서. 아멘!

27. 11:1-10 시각 차이와 시차(時差)

> "요한이 옥에서 그리스도께서 하신 일을 듣고 제자들을 보내어, 예수께 여짜오되 오실 그이가 당신이 오니이까 우리가 다른 이를 기다리오리이까, 예수께서 대답하여 이르시되 너희가 가서 듣고 보는 것을 요한에게 알리되, 맹인이 보며 못 걷는 사람이 걸으며 나병 환자가 깨끗함을 받으며 못 듣는 자가 들으며 죽은 자가 살아나며 가난한 자에게 복음이 전파된다 하라. 기록된바 보라 내가 내 사자를 네 앞에 보내노니 그가 네 길을 네 앞에 준비하리라 하신 것이 이 사람에 대한 말씀이니라" (2-5,10절)

Appetizer

예수께서 제자들에게 제자의 도를 말씀하신 후 제자들과 함께 여러 동네서 가르치시고 전도하시기 위해서 현장 실습하러 가셨다. 예배가 가르침을 받는 시간이라면 삶의 현장은 예배를 삶으로 구현하는 현장 실습하는 시간이다. 장롱 면허증 신자들은 예배는 드리지만, 삶의 현장 예배가 없는 사람이다.

세례요한은 광야에서 군중들에게 외쳤던 그의 설교가 부도가 났다. 그는 예수의 선구자로 먼저 와서 '내 뒤에 오시는 분은 손에 도끼를 들고 열매 없는 나무를 찍으시고, 손에 키를 들고 타작마당에서 쭉정이를 모아서 불로 태워버리시는 분이다. 그러므로 회개하라 천국이 가까이 왔다' 라고 외쳤다. 메시아가 오시면 세상을 하늘의 불로 심판할 것이라고 선포하였는데 세상은 하나도 변하지 않고 자신은 헤롯의 죄악을 책망한 이유로 옥에 갇혀서 참수의 날을 기다리는 영어(囹圄)의 몸이 되어 그는 실족할 위기가 되었다.

예수 그리스도는 세례요한이 옥에 갇힌 날부터 공식적인 메시아 사역을 시작하셨는데 세상에는 아무 일도 일어나지 않았다.

하늘은 불이 떨어지지 않고 청명하고, 여우같이 간교한 헤롯은 아무 탈 없이 산해진미를 먹으며 방탕하고, 하나님의 백성들은 로마제국의 지배에서 해방될 조짐이 전혀 보이지 않고, 여전히 백성들은 가난하고, 병들고, 무거운 세금으로 빚더미 위에서 노예처럼 살고 있고, 세속화된 동족 유대인들은 소작인들을 종으로 부리고, 세속화되고 형식화된 유대교는 사람을 변화시키지 못한 채 매일 성전 제단에서 제물만 죽어 나갔다.

이스라엘의 유일한 희망은 예수 그리스도인데, 예수의 사역을 들어보니 세례요한이 외쳤던 메시지와 다른 모습으로 일하시는 것 같아서 실망하게 되었다.

예수께서 요한의 감옥을 방문해서 위로해 주시고, 천사들을 동원해서 출옥을 시켜서 예수와 함께 사역하게 하고, 하나님의 능력으로 로마 정부를 뒤엎어 버리고, 다윗과 솔로몬 왕국같이 이방인들을 지배하고 다스리는 하나님의 왕국을 건설하기를 기대했으나 아무 일도 일어나지 않았다.

세례요한은 예수 그리스도의 사역이 걸림돌이 되어 제자들을 보내 예수께서 메시아인지 아닌지 확인을 하려고 하였다.

그러나 예수께서는 요한의 제자들에게 주님의 현재 사역을 설명하시면서 "누구든지 나를 인하여 실족하지 아니하는 자가 복이 있도다." (6절)라고 말씀하셨다.

예수께서 제자들에게 제자의 도를 말씀하신 후 제자들과 함께 여러 동네서 가르치시고 전도하시기 위해서 현장 실습하러 가셨다.

복음을 이해하지 못한 사람들은 예수를 믿으면 모든 일이 잘 풀려야 하나님께 영광이 되는 것으로 생각하는 고정관념이 있다. 신자들은 자기와 자기 일에 관심은 많지만, 주님과 하나님 나라 일에는 관심이 부족하다.

참된 신앙은 사람과 환경 때문에 주님에 대한 믿음이 흔들리거나 실족하지 않고 오직 주님만 바라보고 안식하는 것이다. 실족(失足)은 다른 사람이 나를 넘어지게 하는 것이 아니라 자기의 부주의로 인해서 넘어지고 발생하는 것이다.

우리는 이스라엘 광야 백성들처럼 불신앙의 악심을 품고 살아 계신 하나님에게서 멀어지거나 죄의 유혹으로 강퍅하게 되지 않고 매일 피차 권면하여 시작할 때 붙잡은 확실한 믿음을 끝까지 견고히 잡아야 그리스도와 함께 항상 안식을 누리게 된다.(히브리서 3:12-14)

Today's dish

1. 시각 차이

세상을 부정적으로 본 세례요한의 시각과 세상을 회복하시려는 예수님의 시각은 서로 초점을 어디에 두느냐의 차이가 난다. 세례요한은 심판의 때를 이야기하고, 예수님은 자신이 십자가에서 심판을 받은 이후의 구원의 복음을 말씀하시기 때문에 시각 차이가 난다. 예수님은 동에서 서로 오시고, 세례요한은 서에서 동으로 오기 때문에 중간지점에서는 만날 수 있다. 세상의 심판을 바라보는 시각보다는 심판 이후를 내다보는 시각이 더 큰 믿음이다.

현재의 고난을 바라보고 참고 인내하는 믿음도 크지만, 고난 이후의 회복을 바라보고 기뻐하는 믿음이 욥과 같은 큰 믿음이다. "세례요한의 때부터 지금까지 천국은 침노를 당하나니 침노하는 자는 빼앗느니라." (마태복음 11:12)

천국은 힘쓰는 자가 얻는 것이라는 말이 아니다. 침노(비아조)는 '폭력을 사용한다' '강제로 들어가다' 는 중간태이다. 내가 하나님의 왕국을 야곱처럼 붙잡고 놓지 않고 빼앗는 것이 아니라, 하나님 왕국의 힘으로 자기 왕국의 환도뼈가 점령당하고 빼앗긴 이스라엘이 천국의 백성이 된다는 의미이다.

불이 났을 때 소방관의 손을 잡은 사람은 떨어지지만, 소방관이 잡아주는 손은 떨어지지 않는다. 천국은 침노를 하는 것이 아니라 침노를 당하는 것이다.

내가 예수를 영접하는 것이 아니라 내가 예수님께 영접을 당하는 것이 믿음이다.

세례요한은 예수가 메시아인가? 라는 의구심을 가지고 제자들을 보내어 질문하였다.

당신이 메시아라면 왜 불의한 세상을 가만히 놔두십니까? 무엇 하러 오신 분입니까?

회개하지 않는 죄인과 세상은 다 망한다, 다 죽는다. 심판의 불에 탄다, 버림받는다고 큰소리친 선지자 세례요한은 감옥에 갇히고 세상보다 먼저 목 베임을 받아 죽게 되었다.

메시아가 오시면 다윗 왕국보다 더 좋은 세상을 만드실 것이라고 선지자들이 외쳤는데 현실은 전혀 변하지 않고 오히려 고난이 더 극심하다.

"오실 그이가 당신이오니까? 다른 이를 기다리오리이까?"

기다림이 성경의 주제이다. 기독교는 소망의 종교이다. 선지자 요나는 앗수르가 망하고 이스라엘이 독립해야 하는데 하나님이 니느웨를 심판하지 않는 것을 항의하였다.

제자들은 사마리아인들이 길을 막는 것을 보고 하늘의 불을 내려서 멸하면 좋겠다고 분노하였으나 예수께서는 요한과 야고보에게 '보아너게'(우뢰의 아들)이라는 별명을 붙여주셨다.

2. 시차 오해

성질 급한 세례요한의 질문에 느긋하신 예수님의 답변은 007 영화 같은 이야기를 하셨다.

국가전복을 꿈꾸는 악당들이 한 도시를 불바다로 만들 미사일을 설치해 놓고 인질들을 가둬두고 손에는 폭탄 타이머가 돌아가고 있다. 제임스 본드가 잠입해서 먼저 인질들을 구출해 내고, 자동 폭파 장치를 작동시켜서 악당들의 성을 폭발하고 탈출한다.

세상의 심판은 시간이 흐르면 자동 타이머로 인해서 불바다 될 것이지만, 지금 긴급을 필요로 하는 작전은 인질들을 구출하는 일이다. 세상의 심판이 먼저가 아니라 마귀의 인질들의 생명을 구출하는 것이 우선이다. 대를 위해서 소를 희생하듯이 예수님은 세례요한을 구출하려다가 메시아 신분이 노출되어 구속 사역을 그르칠 수 있으므로 요한을 희생시키기로 하신 것이다. 심판받을 세상에서 하나님의 자녀들을 먼저 구출하는 것은 세상의 심판이 가까웠다는 것을 눈치채라는 것이다.

예수의 사역은 헤롯을 죽이지 않는다. 로마 정부를 엎어버리지 않는다. 세속적인 유대인들과 성전 기능을 마비시킨 종교인들을 심판하지 않는다. 그들은 이미 자동 타이머가 돌아가고 있어서 시간이 되면 폭파가 되기 때문에 인질로 잡힌 하나님의 자녀들을 구출하는 일이 긴급하다.

2층에 세 들어 사는 집 아이가 1층의 주인집 아이에게 매일 얻어터지고 울고 오면 2층의 엄마는 아이에게 1층에 내려가지 말고 엄마하고 놀자, 그리고 조금만 기다리면 아빠가 좋은 집을 사서 이사하면 거기서 마음껏 뛰어놀자면서 아이에게 희망을 준다.

세례요한과 예수님은 시차가 있는 것이다. 세례요한은 한국의 밤 11시에 왜? 아직도 세상이 어두운가? 말하지만 예수님은 남미의 오전 11시에 잠들지 않고 한창 일하시고 계신다고 요한에게 시차를 알려주신 것이다.

3. 예수 카피(Copy Jesus)

세상은 예수 그리스도의 사역을 카피하고 있어서 예수의 기적의 의미를 김새게 만든다.

1) 소경이 보며 - 시각장애인을 각막 이식수술로 눈을 뜨게 한다.
2) 앉은뱅이가 걸으며 - 휠체어와 전동차를 제공해서 움직이게 한다.
3) 문둥이가 깨끗함을 받으며 - 나병 환자를 격리해 수용하는 소록도에서 살면 된다.
4) 귀머거리가 들으며 - 보청기를 착용하면 들을 수 있다.
5) 죽은 자가 살아나며 - 줄기세포로 신체 장기를 복원하는 기술로 수명을 120세로 연장하고 100년 후에는 냉동인간을 살릴 수 있는 부활 기술을 연구하고 있다.
6) 가난한 자에게 복음이 전파된다. - 사회복지 제도를 통해서 기초생활 수급으로 빈곤에서 벗어날 수 있다.

세상은 점점 예수가 필요하지 않은 세상으로 흘러가고 있다. 기술과 학이 인간의 고장 난 신체를 고치고 복원하며 자연계의 인공 태양을 만드는 연구를 진행 중이다.

그러나 메시아가 사람의 눈을 여시는 시편과 이사야서의 예언은 시각장애인을 눈뜨게 하는 육체적인 치유의 기적을 포함하지만, 죄로 인해 영적인 맹인이 된 사람에게 영적인 눈을 열어서 구원자 예수 그리스도를 바라보고 믿고 구원받게 하는 구원자 메시아를 예언한 것이다.

"여호와께서 맹인들의 눈을 여시며 여호와께서 비굴한 자들을 일으키시며 여호와께서 의인들을 사랑하시며" (시편 146:8)

예수의 기적들은 그가 하나님의 보내신 자라는 사실을 추호도 의심할 수 없는 믿음을 주는 이유는? 그때에는 '소경들의 눈이 열리리라' 라는 약속의 말씀 때문이다.

"겁내는 자에게 이르기를 너는 굳세게 하라, 두려워 말라, 보라 너희 하나님이 오사 보수하시며 보복하여 주실 것이라 그가 오사 너희를 구하시리라 하라, 그때에 소경의 눈이 밝을 것이며 귀머거리의 귀가 열릴 것이며, 그때에 저는 자는 사슴같이 뛸 것이며 벙어리의 혀는 노래하리니 이는 광야에서 물이 솟겠고 사막에서 시내가 흐를 것임이라" (이사야 35:4-6)

구약의 선지자들은 주로 왕이나 군주들에게로 보냄을 받았으나 그리스도는 가난한 자들에게 복음을 전파하셨다. 가난은 심령과 영적으로 가난한 자에 대한 것이다.(이사야 61:1)

"여호와께서 내게 기름을 부으사 가난한 자(겸비한 자)에게 아름다운 소식을 전하게 하셨다." 메시아의 교훈이 가난한 자의 복음이 되리라는 사실은 그리스도의 메시아의 사명을 나타내는 확실한 증거이다. 그러므로 선지자 세례요한의 메시지와 예수 그리스도의 메시지가 동일하지만 대상이 다른 이유이다.

"나를 인하여 실족하지 않는 자가 복이 있다." (6절).

그리스도에 대해서 무지하고 생각이 깊지 못한 자들이 실족하기 쉬운 것들이 많이 있다. 그의 외모의 비천함, 나사렛에서의 성장, 그의 생활의 청빈함, 그의 추종자들의 신분, 높은 사람들에게서 받는 멸시들, 그의 교훈의 엄격함, 그의 교훈이 가르치는 혈육에 대한 부인, 그의 이름을 고백하는 데에 따르는 고통들, 이런 것들이 많은 사람이 그에게 가까이 하지 못하게 만든다. 이스라엘 안에서 조차 많은 사람의 넘어짐을 위하여 세워졌다.

복음과 그리스도에 관한 편견과 의심과 오해를 버리고 우리의 최대한 관심사는 구원의 주님을 바라보면서 회개하고 구원을 받아야 한다.

성경은 하나님을 불신하는 이 세대를 '악하고 음란한 세대' (마태복음 16:4), 믿음이 없고 패역한 세대(마태복음 17:17), '어그러지고 거스르는 세대' (빌립보서 2:15), '본받을 것이 없는 세대' (로마서 12:2) 라고 증거한다.

수십 년 전만 해도 대형 사고가 터지면 '말세' 라는 말을 하면서 예배와 기도 모임에 많이 참석하였다. 그러나 요즘은 대형지진, 홍수, 집단살인, 테러와 폭동, 전쟁, 자연재해가 빈번하게 일어나도 '말세' 라는 말을 들을 수 없고 기도하러 교회에 모이지 않을 정도로 사람들의 마음은 점점 강퍅해지고 있다.

이 세대 사람들은 세상이 거꾸로 돌아가도 자기 피부로 느끼지 않으면 눈 깜작하지 않는 냄비 안의 개구리처럼 도덕적, 영적 불감증을 앓고 있다.

4. 광야와 천국

요한의 제자들이 떠난 다음 예수께서 무리에게 '너희가 무엇을 보려고 광야에 나갔더냐? 물어보셨다.

1) 광야와 회개

세례요한은 왜 광야로 나갔을까? 만인이 들어야 할 회개의 메시지를 예루살렘 성에서 외치지 아니하고 사람이 살지 않고, 물이 없고, 풀 한 포기 없는 광야에서 외쳤다. 그는 전도 방법이 효과적이지 않았지만, 이사야 선지자가 예언한 '광야에서 외치는 자의 소리' (이사야 40:3, 요한복음 1:23)' 라는 예언의 말씀을 이루기 위해서 순종했다.

하나님은 어찌하여 세례요한에게 아무도 살지 않는 건조한 땅 광야에서 회개의 메시지를 외치도록 명령하셨을까? 요한이 외친 회개가 무엇인가? 그것은 '광야의 삶' 이 회개라는 것이다. 세례요한이 외친 회개와 천국의 메시지는 '광야에서의 삶' 이 회개의 구체적인 모습이라는 의미이다. 오늘날 회개는 관념과 머릿속에서의 회개로 그치고 있다. 우리의 실제적인 삶의 가치관이 광야로 바뀌어야만 회개가 가능한 것이다.

> "외치는 자의 소리여 가로되 너희는 광야에서 여호와의 길을 예비하라. 사막에서 우리 하나님의 대로를 평탄케 하라" (이사야 40:3) "예루살렘과 온 유대와 요단강 사방에서 다 그에게 나아와" (마태복음 3:5)

예배자는 오직 하나님의 말씀을 전하는 세례요한의 소리만 들리는 '광야의 예배' 로 드려질 때 회개하는 예배가 되고 그곳에 천국이 임하게 된다.

회개는 마음의 문제만이 아니라 몸이 광야로 나가야 참된 회개이다. 우리는 마음으로 예배를 드린다면서 안방에서 리모컨을 돌려서 설교를 듣는 것으로 예배를 대체하는 시대에 살고 있다. 그러나 몸과 영은 분리될 수 없듯이 우리의 몸이 있는 곳에 정신이 있고, 영이 있으므로 몸으로 산 제사를 드리는 것이 영적 예배이다.(로마서 12:1)

"너를 인도하여 그 광대하고 위험한 광야 곧 불뱀과 전갈이 있고 물이 없는 건조한 땅을 지나게 하셨으며" (신명기 8:15)에서 알 수 있듯이, 광야는 사람의 생각과 사람의 능력으로는 도저히 살 수 없는 곳으로서, 자기 삶의 가치관을 광야로 바꾸는 것이 회개이며 세례이다. 이 세상에서 먹을 것도 마실 것도 권세도 영광도 없는 광야에서 오로지 주님만 신뢰하고 떡보다 말씀, 물보다 생명수로 살아가기로 다짐하는 것이 회개이다.

2) 광야와 갈대

이 세대 사람들의 특징은 삶의 가치와 목표에 기준이 없고 '바람' 따라 요란한 소리를 내면서 흔들리는 갈대와 같다. "바람은 남으로 불다가 북으로 돌이키며 이리 돌며 저리 돌아 불던 곳으로 돌아가고" (전도서 1:6) 게릴라성 폭우로 인해서 기상청이 실수를 거듭하듯이 대중적인 바람과 대세의 바람은 사람들을 갈대처럼 흔들기에 충분하다. 세상은 진리의 자리에 굳게 서지 못하게 하고 바람 타는 갈대처럼 사람을 흔드는 세대이다. 치맛바람, 춤바람, 투기 바람, 해외 원정 골프바람, 웰빙 바람, 증권투자 바람, 촛불 문화 바람, 유일신 신앙을 가진 이스라엘 백성들이 이세벨로 인해서 바알과 아세라 바람을 맞으면서 바람 든 무처럼 영혼이 텅 비고 마음은 하나님으로부터 떠나버렸다. 우리는 지금 무슨 바람 따라 갈대 같이 흔들리고 있는가?

3) 광야와 왕궁

이사야 선지자는 "모든 육체는 풀이요 그 모든 아름다움은 들의 꽃 같으니 풀은 마르고 꽃은 시듦은 여호와의 기운이 그 위에 붊이라. 이 백성은 실로 풀이로다" (이사야 40:6-7)

인생이란 풀과 같고 그 모든 영광은 풀의 꽃과 같지만, 영원한 하나님의 말씀을 믿는 사람은, 초로 같은 인생사에 연연하지 않고, 꽃 같은 인생의 영광을 향하여 발광하면서 하나님의 말씀을 믿는다는 것은 어불성설이다.

광야에서 주의 길을 준비하라는 외침은 풀과 꽃 같은 인생 가치관을 버리라는 말씀이다.

이스라엘 백성들이 광야를 싫어하고 애굽으로 돌아가자고 한 사실은 하나님의 영광에 대한 기대보다는 풀의 꽃 같은 육신의 영광을 더 좋아했다는 것이다.

우리가 세상에서 천국으로 옮겨 가는 과정에 존재하는 것이 광야이다. 이 광야에서 하나님이 인도하시는 대로 인생의 목표를 천국을 향하여 달려가는 삶이 주의 길을 준비함이며, 주의 첩경을 평탄케 하는 것이다.

왕궁에서 부드러운 명품 옷을 입은 사람처럼 사치와 세상 영화를 좋아하는 사람이 광야로 나가는 것은 번지수를 잘못 찾는 일이다. 요한의 물세례는 단순히 물속에 잠기거나, 물 몇 방울 찍어 바르는 것이 아니라, 사도바울이 설명한 대로 "모세에게 속하여 구름 아래 있고 바다 가운데로 지나는 것" (고린도전서 10:1)과 같이 이 세대 사람들이 좋아하는 애굽의 풀과 꽃과 부드러운 옷과 같은 가치관을 십자가에 장사 지내고 완전히 광야에서 하나님의 인도를 받으면서 광야의 예배와 회개의 삶으로 천국을 향하여 순례자(pilgrim)가 되는 것이 진정한 회개이며 구원의 세례이다.

☕ dessert

1. 나는 주님과 시각 차이와 시차를 어떻게 극복하는가?
2. 나는 세상이 예수 그리스도의 고유한 구속 사역을 카피하는 것을 어떻게 생각하는가?
3. 나는 광야의 회개와 천국과 갈대와 부드러운 왕국 중에 어떤 가치관을 따르고 있는가?

Prayer

주님! 내가 세상을 바라보는 시각과 시차를 주님께 맞추게 하시고, 광야 같은 세상에서 참된 회개와 천국의 희열을 누리며 바람 타는 갈대와 왕궁의 사치와 부드러움에 가치를 두지 않고 주님을 길을 준비하며 살게 하소서. 아멘!

28. 11:11-19 장터에서 노는 세대

"내가 진실로 너희에게 말하노니 여자가 낳은 자 중에 세례 요한보다 큰 이가 일어남이 없도다 그러나 천국에서는 극히 작은 자라도 그보다 크니라. 세례 요한의 때부터 지금까지 천국은 침노를 당하나니 침노하는 자는 빼앗느니라. 이 세대를 무엇으로 비유할까 비유하건대 아이들이 장터에 앉아 제 동무를 불러, 이르되 우리가 너희를 향하여 피리를 불어도 너희가 춤추지 않고 우리가 슬피 울어도 너희가 가슴을 치지 아니하였다 함과 같도다" (11,12,16,17절)

Appetizer

세례요한은 율법과 선지자 시대의 종지부를 찍은 마지막 주자이다. 세례요한의 투옥과 더불어 그리스도께서 사역을 시작하심으로 선지자들이 그토록 꿈꾸던 메시아 시대가 도래하였다. 어떤 단체에서 신구 임원 교체식과 이취임식에는 아쉬움과 슬픔, 그리고 희망과 기쁨의 전환점이 되는 시간이다.

마태복음 1장에서 10장은 왕의 출현이 완성되었고, 11장에서 13장까지는 왕에 대한 반응들이 나타나기 시작하였다.

대한민국의 여론 조사 기관으로 리얼미터(Realmeter)가 있다. 정치 사회 분야의 전문 조사 기관으로서 주로 ARS(자동응답시스템) 방식의 여론 조사를 실시하여 정례적으로 각종 지표를 발표한다. 정당 지지율과 대통령 지지율을 발표한다.

한국갤럽(Gallup Korea)조사연구소는 정치, 연예, 스포츠, 사회 분야의 공개 설문 조사를 통해 여론을 조사하는 전문회사다.

마지막 선지자 세례요한과 유대인의 왕으로 오신 예수 그리스도에 대한 이스라엘 사람들의 리얼미터와 갤럽조사는 긍정적 반응보다 부정적

반응이 더 높았다.

예수 그리스도에 대한 부정적 반응이 높아진 두 가지 요인은 바리새인과 서기관들이 군중들에게 부정적 여론을 조성한 것이 요인이며, 다른 요인은 장터에 노는 아이들처럼 하늘의 지혜에 대한 진지한 태도가 없었다. 그들은 자신들의 호기심과 충동적 욕구 충족이 없으면 곧 싫증을 느끼고 놀던 장난감을 집어 던지는 아이들 같은 죄성 때문이다.

세례요한이 광야에서 천국 복음을 외칠 때 수많은 군중이 모여서 회개하고 요단강에서 세례를 받을 때, 바리새인들이 여론을 조성해서 '세례요한은 먹지도 않고 마시지도 않는 귀신 들린 사람'으로 몰아서 등을 돌리게 하였다.

예수께서 성령세례를 받으시고 메시아 사역을 시작하시면서 회개하라 천국이 가까웠다 전파하시고 회당에서 가르치시며 귀신을 쫓아내며 모든 병과 약한 것을 고치시니 많은 무리가 그에게 몰려들기 시작하였다. 바리새인들은 또 다른 여론을 조작하였다.

"예수는 먹기를 탐하고 술을 즐기고 세리와 죄인들의 친구다"라는 여론몰이로 예수와 군중들을 분리하려고 하였다.

바리새인들은 경건주의를 표방하는 분리주의자로서 경건의 모양은 있으나 경건의 능력을 부인하는 외식하는 자들이며, 바리새파들은 자기들이 세운 의의 기준으로 남을 비판하고 판단하며 정죄하는 일에 전문적인 '내로남불' 집단이다.

예수께서 사역 말기에 외식하는 서기관과 바리새인들에게 뱀들과 독사의 자식들이라 저주하시면서 일곱 가지 화로 선전포고하셨다. 이 일로 인해서 그들은 예수를 죽이려고 라이벌 관계인 사두개파의 제사장들과 장로들과 합세하여 유대인의 왕이며 인류의 구원자 예수 그리스도를 로마 총독 빌라도의 손을 빌려서 십자가에 못 박는 대죄를 범하였다.

장터에 노는 아이들 같은 어리석은 군중들은 바리새인들의 여론몰이와 충동에 넘어감으로 하늘의 지혜와 구원의 은총을 버렸다. 자신들의 사랑스러운 목자와 의로운 왕을 배신함으로 외식하는 서기관과 바리새인들의 저주에 참여하였다. 그들은 뱀들과 독사의 새끼들이었으며, 우맹과 소경이 되어 회칠한 무덤같이 되었고, 지옥의 판결을 받았으며, 슬프게도 그들의 집이 황폐하여 버린 바 되었다.

Today's dish

1. 여인이 낳은 자

세상은 여자가 낳은 큰 자들로 인해서 움직여진다. 어두운 사사 시대에 한나가 낳은 아들 사무엘에 의해서 하나님의 영광이 떠났던 '이가봇' 시대를 미스바 영적 대각성과 회개 운동으로 하나님이 친히 도우신 '에벤에셀' 의 영광으로 이스라엘 나라를 구원하였다.

여인들은 브닌나처럼 열 자녀를 낳고 자랑하는 것보다, 하나를 낳아도 큰 자를 낳아야 세상을 살릴 수 있다. 한나는 기도로 아들을 낳고 기도로 아들을 양육하고 기도로 아들을 하나님께 바침으로 아들 사무엘이 큰 자가 되었다. 그 아들이 이스라엘을 블레셋에서 구원하고 사사 시대를 종식하여 이스라엘의 왕정 시대의 주춧돌을 놓은 역사적인 큰일을 하였다.

제사장 사가랴와 엘리사벳의 아들 세례요한은 나실인이 되어 이스라엘의 큰 자가 되어 아비의 마음을 아들에게, 아들의 마음을 아비에게 돌아오게 하는 엘리야의 심령을 가지고 회개의 세례를 베풀었다. 그리고 이스라엘에게 세상 죄를 지고 가는 하나님의 어린양 예수 그리스도께 나아가도록 인도하였고, 예수께 세례를 베풀고 유대인 왕의 대관식을 집례하여 예수의 머리 위에 성령의 기름 부음으로 유대인의 왕 메시아의 길을 열어드리고 역사의 뒤안길로 사라진 위대한 사람이다.

그러나 천국에서는 극히 작은 자라도 그보다 크다는 말씀은 예수 그리스도의 복음으로 인해서 믿음으로 예수 그리스도의 신부가 되는 성도와 교회가 요한보다 위대하다는 것이다.

구약시대 백성들은 성경이 없고 원본 두루마리나 사본 두루마리 성경도 읽거나 소유할 수 없고 선지자나 회당장이 읽어주는 단편적인 성경을 듣는 것뿐이다.

예배를 드리려면 제물을 가지고 성전의 제사장에게 나와서 소나 양이나 비둘기나 곡물을 제단에 불사르고 제물이 죽고 불살라 재가 남을 때까지 자신의 죄를 회개하였다.

신약시대는 누구든지 신구약 성경책 몇 권씩 소유하고 있으며, 예수 이름으로 두세 사람이 모인 곳이 성전이 되어 예배를 드릴 수 있고, 회개하고 기도하며 헌신할 수 있다.

장차 그리스도의 심판대 앞에 섰을 때 주님께서 우리와 구약시대 사람들을 세워놓고 물어보실 것이다. 이 사람들은 성경책도 없이 번거롭고 희생이 필요한 성전 제사를 드리면서 믿음으로 살았는데 너희들은 모든 것을 가지고 누리면서도 믿음으로 살지 못한 이유가 무엇이냐? 물어보실때 '유구무언' (有口無言)이 된다면 심판을 면하지 못하게 될 것이다.

> "심판 때에 니느웨 사람들이 일어나 이 세대 사람을 정죄하리니 이는 그들이 요나의 전도를 듣고 회개하였음이어니와 요나보다 더 큰 이가 여기 있으며, 심판 때에 남방 여왕이 일어나 이 세대 사람을 정죄하리니 이는 그가 솔로몬의 지혜로운 말을 들으려고 땅끝에서 왔음이어니와 솔로몬보다 더 큰 이가 여기 있느니라" (마태복음 12:41,42)

조선 시대 임금님보다 현대를 사는 우리가 더 낫다. 수라상(水剌床)은 12첩 반상 차림이지만, 우리는 뷔페식당에 가면 한식, 중식, 일식, 양식 등 최소 50첩 반상 차림을 누구의 눈치도 보지 않고 마음껏 먹을 수 있다.

임금님 옥좌(용상)는 일월도 병풍 앞에 딱딱한 나무 의자에 두툼한 방석하나 얹어놓고 그 위에 앉아서 신하들에게 어명을 내린다. 현대인은 수입 명품 이탈리아 소파에 앉거나 누워서 리모컨으로 수백 개의 케이블 채널을 돌려서 세상 돌아가는 뉴스와 궁녀들의 노래와 춤과 같은 예술인들의 노래와 춤을 보며, 광대 같은 코미디언 쇼를 보고 즐긴다.

현대인들 가운데 일상에서 감사할 줄 모르고 불평불만을 토하는 사람은 타임머신을 타고 조선 시대로 거슬러 가서 한 달만 살 수 있다면 일상의 태도가 달라질 것이다.

2. 장터에서 노는 아이들

예수께서 중요한 진리를 말씀하실 때 "내가 진실로 너희에게 이르노니" 라는 말씀과 "귀 있는 자는 들을지어다" 라고 강조하셨다. 우리가 성경을 읽을 때 내가 좋아하는 구절 아래는 빨간 줄을 친다. "영혼이 잘됨과 같이 범사에 잘되고 강건하기를 원하노라" 라는 구절보다 "내가 진실로 너희에게 이르노니", "귀 있는 자는 들을지어다" 라는 구절 아래 줄을 치는 것이 더 유익하다.

이 세대는 들을 귀가 없는 세대이다. 요한계시록은 아시아 일곱교회를 향하여 "귀 있는 자는 성령이 교회들에게 하시는 말씀을 들을지어다" 라는 주님이 강조하신 말씀이 일곱 번 나온다. 이 세대 사람들은 하나님의 말씀을 들을 귀는 없어도 BBC, CNN, KBS 뉴스와 유튜버의 영상과 소리는 귀에 잘 들린다.

계시록에서는 "귀 있는 자는 성령이 교회들에게 하시는 말씀을 들을지어다" (요한계시록 2:7) 이기는 그에게는 내가 하나님의 낙원의 생명나무의 과실을 먹게 하리라, 둘째 사망의 해를 받지 아니하리라, 내가 감추었던 만나와 흰 돌 위에 새 이름을 기록하리라, 이기는 자는 철장 권세와 새벽별을 주리니, 생명책에 이름을 흐리지 않으리라, 성전의 기둥이 되게 하리라, 내 보좌에 함께 앉게 하리라.(요한계시록 2:11,17,29,3:6,13,22) 약속하셨다.

성령이 교회들에게 하시는 말씀을 듣는 자들이 '이기는 자' 들이 되어 상을 받게 된다.

장터에서 노는 아이들은, 울거나 피리를 불어도 관심이 없고 자기 노는 일에 몰두한다. 역사적인 예는 노아 당시 사람들은 노아의 홍수와 방주 메시지를 들어도 관심이 없고 오로지 사고팔고 심고 집을 짓고 시집가고 장가가는 일에 정신을 팔았다. 소돔 고모라 사람들은 천사들의 유황불 메시지에 관심이 없고 그들도 사고팔고 집을 짓고 음란과 방종을 즐기며 놀았던 장터의 아이들이었다.

이 세대는 회개와 천국의 메시지에 관심이 없고 흙으로 만든 육체는 땅의 것을 좋아하는 본성적인 일에만 관심이 있고 하늘의 지혜는 무관심하다.

아이들의 소꿉장난을 보면 모래성을 쌓고 모래 밥을 지어 먹고 인형으로 대리만족을 느끼면서 엄마 아빠 여보 당신이라 부르면서 결혼식과 장례식 놀이를 한다.

우리는 장터라는 이 세상에 집착하고 모레 위에서 풀과 꽃 같은 인생을 위해서 웃고 울고 놀다가 엄마가 찾아와서, 집에 가서 손 씻고 밥 먹자 부르는 것처럼 주님께서 우리를 부르신다. 주님이 부르시는 하늘의 소리를 듣고 영원한 영광과 생명을 위해서 지혜로 옳다 함을 받으며 살도록 우리를 향해 부르신다.

장터에서 놀 수 있는 어린 나이에도 법궤 아래 누워서 주님이 부르실 때 "주여 말씀하옵소서! 주의 종이 듣겠나이다" 대답하고 달려가는 어린 사무엘처럼 하늘의 지혜로 살면서 옳다 인정함을 받은 하늘에 속한 사람이다.

☕ dessert

1. 예수께서 내로남불 여론을 조성하던 바리새인들에게 무엇이라 저주하셨나?
2. 우리는 세례요한 이전 시대보다 더 큰 자로 복을 받은 이유를 알고 감사하는가?
3. 나는 장터에서 노는 아이들처럼 진리를 들을 귀가 없는 사람은 아닌가?

Prayer

주님! 내로남불 여론으로 백성들을 저주의 길로 미혹하는 자들을 진노하시고, 장터에서 노는 아이들 같은 세대에게 성령으로 하시는 말씀을 듣는 귀를 열어주시고 하늘의 지혜로 살게 하소서. 아멘!

29. 11:20-30 배움터와 쉼터

"예수께서 권능을 가장 많이 행하신 고을들이 회개하지 아니하므로 그때에 책망하시되, 화 있을진저 고라신아 화 있을진저 벳새다야 너희에게 행한 모든 권능을 두로와 시돈에서 행하였더라면 그들이 벌써 베옷을 입고 재에 앉아 회개하였으리라. 내 아버지께서 모든 것을 내게 주셨으니 아버지 외에는 아들을 아는 자가 없고 아들과 또 아들의 소원대로 계시를 받는 자 외에는 아버지를 아는 자가 없느니라. 수고하고 무거운 짐 진 자들아 다 내게로 오라 내가 너희를 쉬게 하리라. 이는 내 멍에는 쉽고 내 짐은 가벼움이라 하시니라" (20,21,27,28,30절)

Appetizer

이 세대는 세례요한 같은 선지자를 광야로 몰아내고, 구원자 예수 그리스도의 호감도가 떨어지는 세대이다. 반면에 권력과 부귀와 인기를 먹고 사는 부드러운 옷을 입은 자들을 동경하고, 장터에서 노는 아이들같이 육체의 정욕으로 노는 일에 정신을 팔며, 마법의 피리가 통하지 않는 귀먹은 독사와 같고, 노아 홍수 세대와 소돔 고모라 시대보다 한 수 높이 더 먹고 마시고 더 사고팔며 심고 집을 짓고 시집가고 장가가는 일에 가치관을 두고 살지만, 하나님의 나라에 대해서는 고의로 외면하는 세대이다. 눈과 귀와 머리에 가득 채운 땅의 소리와 정보들로 인해서 천국 복음이 들어갈 여백이 없다.

노아의 홍수와 방주 이야기, 그리고 소돔 고모라에서 천사들의 경고를 농담으로 여기던 세대와 우상과 재물과 향락에 가치를 두고 살았던 두로와 시돈 사람들과 대비해서 갈릴리의 나사렛과 가버나움, 고라신과 벳세다 마을은 하나님의 아들이 친히 오셔서 권능을 가장 많이 행하셨지만, 옛 도시들보다 한 수 더 높은 불신과 안티 그리스도에 대해서 책망하셨다.

태양이 밝을수록 그림자는 더 어둡고 짙은 것처럼 의의 태양이신 예수와 가까이 지냈던 나사렛 고향 사람들과 사역의 중심지 가버나움과 고라신과 벳세다의 불신은 더 강도가 높았다.

그러나 어린아이와 같이 진리를 사모하는 자들에게는 계시의 영을 보내서 아들과 아버지를 알고 하나님을 아버지라 부르는 자들에게 천국 문이 열리게 된다고 칭찬하셨다.

이 세대는 온유하고 겸손하면 살아가기 힘들다. 그리고 하늘의 지혜를 배우려 하지 않기 때문에 쉼이 없는 끝없는 전투 현장에서 지치고 상처투성이로 살아간다.

예수께서 유대인들에게 “너희가 무엇을 보려고 광야에 나갔더냐?” 질문하셨다.

중세 시대 교회는 볼거리 쇼가 많았다. 사람들의 눈요깃감을 궁리해서 장엄한 건축 양식과 하늘을 찌르는 십자가 첨탑을 세웠다. 성경을 읽기 싫어하는 사람들에게 그림 성경을 벽화로 그려놓고 창세기부터 계시록까지 쭉 감상하면서 읽을 수 있는 성화, 성령의 감동 대신 하나님과 천사들과 성자들의 조각상으로 감동하게 하고, 안정감을 주는 분위기의 조명, 권위 있게 보이는 성직자들의 가운들, 혼을 사로잡는 성가대의 예술적인 미사곡, 양심의 고통을 덜어주기 위한 고해성사, 속죄의 확신을 주기 위한 속죄 표를 판매하였다.

신자들이 죄를 많이 지을수록 수입은 올라가고, 전도하지 않아도 고관대작들이 교회에 나오면 아랫사람들은 자동으로 교회에 나오고, 기도하기 어려운 자들에게 쉬운 기도문을 만들어서 기도문을 읽게 한다. 기도시간을 적당하게 조절하는 묵주를 세면서 한다. 중세교회는 신자들을 위한 온갖 서비스를 제공하는 고객 관리 프로그램들이 많았다. 교회의 의식과 성물과 조직과 성직자들은 보이지만 말씀이신 예수가 보이지 않고 하나님의 영광이 보이지 않았다.

교회당에 들어가면 미술과 조각품으로 장식한 눈요깃거리와 볼거리가 많고, 종교 음악의 장엄한 연주로 들을 것도 많았다. 주의 말씀으로 하나님의 음성을 듣고, 하나님의 영광을 바라보면서 신령과 진리로 예배하기를 사모하는 경건주의자들은 세상과 단절된 수도원으로 들어가 버렸다.

죄악을 책망하는 시내산의 불같은 하나님의 음성을 들을 수 없고, 사람의 고상한 목소리로 거짓된 위로와 평안을 주는 소리를 듣는 것이 부담스러웠다.

하늘의 영광을 보면서 찬양하고 싶지만, 땅의 그림과 조각상들이 현란하여 볼 수 없었다.

예루살렘 다락방에 모인 초대교회의 예배는 눈요깃거리나 인본적인 의식이 전혀 없고, 오직 말씀과 성령님을 의존하는 예배를 드렸다.

형식과 의식으로 치장한 세속적인 교회를 떠나서 수도원에 들어간 사람들도 실망스러운 일들을 발견하였다. 고행은 자기 의가 되었고, 가족과 세상을 등지는 바람에 전도와 선교의 사명을 망각하고 세상은 악이며 수도원은 의라는 이원론적 사상으로 물들어 갔다.

수도원들의 경쟁적인 경건 운동들로 인해서 수도원장들이 수도사들에게 강요하는 명상과 수련과 고행의 압박으로 부담감이 더해갔다. 어떤 수도사들은 영적인 현상이 나타나지 않자 마약의 힘으로 환상과 환청과 무아지경으로 들어가려는 인위적인 모습도 드러났다.

오 주여! 오마이 갓! 이렇게 수고하고 무거운 짐 진 자들을 향하여 온유하고 겸손하신 예수 그리스도께서 놀라운 초대장을 보내셨다.

> "수고하고 무거운 짐 진 자들아 다 내게로 오라 내가 너희를 쉬게 하리라...내 멍에는 쉽고 내 짐은 가벼움이라" (28,30)
>
> "Come to me, all you who are weary and burdened, and I will give you rest...
>
> For my yoke is easy and my burden is light."

Today's dish

1. 주기도(主祈禱)와 자기도(自祈禱)

'나니아 연대기' 로 유명한 영국의 소설작가 'C.S 루이스' 로 알려진 클라이브 스테이플스 루이스(Clive Staples Lewis)는 영국 성공회 신자이다. 그는 종말에 두 부류의 사람에 대해서 말했다. 하나님께 '당신의 뜻이 이루어지이다' 라고 말하는 자와, 하나님께서 '너희의 뜻대로 될지어다' 말씀하시는 사람이 있다고 하였다. 전자는 '주기도' (主祈禱)를 하는 사람은 하나님의 이름과 나라와 뜻이 이루어지기를 기도하는 사람이며, 후자는 '자기도' (自祈禱, 자기기도)하는 사람으로서 자기의 이름과 자기 왕국과 자기의 뜻이 이루어지기를 기도하는 사람으로 나누어진다.

예수 그리스도의 생애와 사역은 장터에서 노는 아이들 틈바구니에서 오직 아버지의 이름과 아버지의 나라와 아버지의 뜻을 이루시려고 일하셨다. 아버지는 아들에 대해서 '이는 내 사랑하는 아들이며 내 기뻐하는 자' 라고 만족하셨다.

'주기도' 를 사칭하고 '자기도' 하는 사람을 고발하는 '우루과이 주기도' 는 우리의 양심을 찌르고 반성하게 하는 주기도이다.

"하늘에 계신" 하지 말아라. 세상일에만 빠져 있으면서...

"우리" 라고 하지 말아라. 너 혼자만 생각하며 살아가면서...

"아버지" 라고 하지 말아라. 아들딸로서 살지 않으면서...

"아버지의 이름이 거룩히 빛나시며" 하지 말아라.

자기 이름을 빛내기 위해서 안간힘을 쓰면서...

"아버지의 나라가 오시며" 하지 말아라. 물질 만능의 나라를 원하면서...

"아버지의 뜻이 하늘에서와 같이 땅에서도 이루어지소서" 하지 말아라.

내 뜻대로 되기를 기도하면서...

"오늘 저희에게 일용할 양식을 주시고" 하지 말아라. 가난한 이들을 본체만체하면서...

"저희에게 잘못한 이를 저희가 용서하오니 저희 죄를 용서하시고" 하지 말아라.

누구에겐가 아직도 앙심을 품고 있으면서...

"저희를 유혹에 빠지지 않게 하시고" 하지 말아라. 죄지을 기회를 찾아다니면서...

"악에서 구하소서" 하지 말아라. 악을 보고도 아무런 양심의 소리를 듣지 않으면서...

"아멘" 하지 말아라. 주님의 기도를 진정 나의 기도로 바치지 않으면서...

A message painted on a barrio church in Uruguay:

Don' t say Father
if each day you do not behave like a son.
Don' t say Our
if you live shut off in yourself.

Don' t say Who Art in Heaven
if you think only of worldly things.

Don' t say Hallowed Be Thy Name
unless you really honor it.

Don' t say Thy Kingdom Come
if you have a material outcome in mind.

Don' t say Thy Will Be Done
unless you are ready to accept it when it hurts.

Don' t say Our Daily Bread
unless you care about the hungry.

Don' t say Forgive Us Our Trespasses
if you bear a grudge against someone.

Don' t say Deliver Us From Evil
unless you are prepared to make a stand against it.

Don' t say Amen
unless you really mean it.

2. 너희보다 낫다.

가버나움은 특별한 복을 받은 곳이다. 이곳은 예수 그리스도 사역의 초기에 하나님 나라의 총독부를 두었던 곳이다. 하나님의 아들이 그들 가운데 사셨지만, 그들은 그를 왕으로 섬기기를 거부하였다. 특권에는 책임이 수반되며 책임은 언제나 해명해야 한다. 빛이 밝을수록 심판도 크다.

예수 그리스도는 소돔과 고모라, 두로와 시돈의 심판을 집행하신 역사적인 하나님이시다. 이 네 개의 성읍은 온 세상 사람들에게 하나님의 심판의 모델이 되었다. 그 후 시대 사람들이 죄악을 행할 때 소돔과 고모라 같다, 두로와 시돈과 같다는 말을 하였다.

그런데 예수님은 충격적인 말씀을 하셨다. 고라신과 벳세다는 예수께서 권능을 많이 행하신 성읍이지만 회개치 않음으로 심판받은 네 성읍보다 더 큰 심판을 받을 것을 경고하셨다.

갈릴리 가버나움은 예수의 활동무대였다. 그런데 그곳의 바리새인들은 세례요한은 먹지도 마시지도 않으니 귀신 들렸다고 거부하였고, 예수는 천한 죄인들과 먹고 마시는 것을 보고 먹기를 탐하고 포도주를 즐기고 세리와 죄인의 친구라고 조롱하면서 거부하였다.

갈릴리의 네 성읍은 오병이어 기적, 나병, 귀신 들린 자, 열병, 중풍 병자를 고치시고, 제자 베드로와 안드레와 요한과 야고보와 빌립의 고향이다. 예수는 나사렛 동네 사람들이 동네 언덕에서 밀쳐서 죽이려고 배척당하였던 일로 그곳을 떠나셨다.

현대인들은 눈에 보이는 것이 교회이고 사돈의 팔촌까지 목회자나 크리스천들이 많고 그들에게 전도를 받은 경험이 있고, CTS, CBS, 극동방송, 기독교 유튜브 등 안방과 손바닥까지 복음이 들어오고 있지만 불신하는 자에게 핑계하지 못하는 증거물이 될 것이다.

하나님의 심판은 그 개인이 받은 빛의 정도의 많고 적음에 영향을 받을 것이다. 태양을 향하여 눈을 감으면 태양 빛은 무색하게 된다.

3. 감사합니다. 옳습니다.

예수님은 아버지께 감사기도를 하셨다. 그리고 아버지의 뜻대로 행하심에 대해서 옳습니다 라는 아멘!으로 기도와 찬양을 바쳤다.

천지의 주재이신 하나님은 지혜 있는 자에게는 숨기시고, 어린아이에게 계시를 주신다. 어린아이란? 나이가 아니라 온유한 마음을 열고 겸손하게 말씀을 받아들이는 제자를 완곡하게 표현한 호칭이다. 영적인 이해는 지위, 인종, 교육, 나이에 좌우되지 않는다.

1) **내 아버지께서 내게 모든 것을 주셨나이다.** – 공유하는 지식, 계시의 유일한 원천.
2) **아버지 외에 아들을 아는 자가 없고** – 안다는 것은 아버지와 부자관계를 시사한다.
3) **아들과 아들의 소원대로 계시를 받는자 외에는 아버지를 아는 자가 없다.** – 유일한 진리이신 예수의 선택에 의해서 자신을 계시하시는

것이 아버지의 뜻이다..

4. 배움터와 쉼터로의 초대

왕에 대한 반역이 이미 형성되었고 공개적인 거절도 최고도에 이르게 되었지만, 그리스도는 아버지 하나님을 향하여 감사를 드렸다. 우리가 배신과 배척과 어려운 일을 당했을 때 따라야 할 참된 본보기다.

아버지 하나님의 뜻이 언제나 우리의 생활을 다스려야 한다. 하나님은 지혜 있고 분별 있는 서기관들과 바리새인들을 패스하시고 단순하고 믿음 있는 보통 사람들의 구원을 위하여 택하셨다.(고린도전서 1장) 이제 예수 그리스도는 그에게 나아오게 될 모든 사람에게 문을 열어놓으셨다.

종교인 바리새인들은 사람들에게 율법과 규례의 무거운 짐을 지우면서도 자기들은 손가락도 움직이지 않았다. 그들의 종교적 짐은 백성들에게 쉼과 평안을 주지 못했다. 지구상에 어떤 종교라도 마음에 평화를 줄 수 없다. 예수 그리스도께서는 바리새인들의 멍에와 대조적으로 평안이라는 멍에와 쉼을 주신다. '쉼' 이란 말을 이중으로 사용하고 있다.

"내가 너희를 쉬게 하리라" 는 말씀은 구원과 함께 오는 하나님과의 평화이다.

"너희 마음이 쉼을 얻으리라" 는 말씀의 '쉼' 이란 멍에에 헌신(항복)할 때 오는 하나님과의 관계적인 평화이다.(빌립보서 4:6-9) 그리스도의 멍에를 메는 것은 가장 큰 축복이다.

빌립보 감옥에 있었던 사도바울의 마음은 평안과 기쁨이었다. 지옥을 경고해야 할 사람들에게 천국의 위안을 주려는 것은 죄이다. 그런 자에게는 천국의 위로가 아니라 지옥 심판을 경고하므로 죄에서 돌이켜 회개하게 하도록 하는 것이 천국의 위로를 주는 것이다.

신앙으로 사는 것은 순리이며 불신앙과 불순종으로 사는 것은 역리이다. 믿음으로 사는 사람들은 하나님의 말씀을 순종하면서 사는 것이 더 쉽고 가볍고 편하지만, 불순종하면서 사는 것은 더 어렵고 힘들고 두렵고 괴로운 것이다.

로마서 1장의 21가지 죄악의 모판을 설명하는 말씀은 "이는 저희가 하나님의 진리를 거짓 것으로 바꾸어 피조물을 조물주보다 더 경배하고 섬김이라 주는 곧 영원히 찬송할이시로다. 아멘. 이를 인하여 하나님께서 저희를 부끄러운 욕심에 내어버려 두셨으니 곧 저희 여인들도 순리(順理)대로 쓸 것을 바꾸어 역리(逆理)로 쓰며" (로마서 1:25-26)

역리로 사는 것이 순리로 살기보다 더 쉽고 익숙하고 편하게 생각하는 자는 이미 하나님으로부터 사형선고를 받은 사람이다.(로마서 1:32)

하나님보다 우상을, 이성애보다 동성애를, 마음에 성령을 모시는 것보다 귀신이 거주하는 것을, 선행보다 악행을 선호하면서 역리로 사는 사람은 이미 사형선고를 받은 죽은자이다.

역리로 사는 인생은, "내(주님)가 쉬게 하리라" 는 순리보다 "내(자아)가 쉬리라" 는 이치로 살아간다. 하나님은 우리에게 '숨' (Breath, Life)과 쉼(Rest, Sabbath)을 주신다. 인공 숨과 인공 쉼은 응급실의 산소호흡기처럼 오래가지 못한다.

창조주 하나님은 피조된 인생들에게 쉼표를 주셨다. 노래를 부르는 사람이 쉼표를 무시하고 노래를 부르면 박자도 어그러지고 음정도 고르지 못해서 그런 노래는 음악의 장르를 파괴하는 비보이(B-boy)들의 스트릿댄스(Street Dance), 엉덩이를 흔드는 힙합(Hip Hop)노래가 된다.

사람들의 죄성은 청개구리 기질이 있어서 일하라고 하면 쉬려고 한다. 쉬라고 하면 일하려고 한다. 사람들은 하나님과 지금까지 안식이라는 쉼표대로 노래를 부르라는 말씀에도 불구하고, 창조의 쉼표와 박자를 무시하고 힙합 라이프로 살려고 한다.

6/7박자로 노래를 부르라고 하는데 현대인은 5/7박자로 주 5일제로 일하려고 한다. 대체 공휴일까지 겹치면 5일 동안 풀 휴식을 취한다. 어떤 나라에는 기계처럼 풀7 일 노동으로 쉬지 못한다.

바리새인들은 많은 규칙과 규정을 부과하여 종교 생활을 수고하고 무거운 짐으로 만든다. 쉼이란? 안식이며 안식이란? 안식일의 주인이신 예수 그리스도이며, 그리스도 안에 안식하고 쉬는 사람은 영생을 누리게 된다.

예수 그리스도의 쉼으로의 초대는 휴식이 아니라 영생(히브리서 4:9)을 의미한다. 죄의 책임으로부터의 자유, 두려움과 절망에서의 구원, 성령으로 지속적인 평안과 쉼으로의 인도와 영원한 영생을 약속하신 것이다.

천국은 안식의 주인이신 예수 그리스도께서 마음속에 들어오실 때 시작된다. 그리고 성령으로 계시의 말씀이 눈에 들어오고 귀에 들어와서 눈과 귀가 열린 에바다의 사람에게 주시는 선물이다. 장터에서 노는 무관심하고 고집스러운 아이들에게는 '열려라 참깨' 가 통하지 않는다. 어린아이는 나이와 상관없이 순수하게 주님만으로 만족하면서 계시의 눈과 귀가 열린 것을 감사하는 사람이다.

예배자의 예배 용어는 "회개합니다!, 감사합니다! 옳습니다!(아멘), 주님의 짐을 지겠습니다! 배우겠습니다! 를 하나님 앞에서 고백할 때 놀라운 계시와 쉼과 영광을 주시고 그런 예배자는 존귀한 사명자로 주님께서 사용하신다.

dessert

1. 현대교회는 지금 무엇이 보이고 무슨 소리가 들리는가?
2. 나는 주기도를 하는가? 자기도를 하는가?
3. 나는 예수 그리스도의 배움터와 쉼터에서 누리고 있는가?

Prayer

주님! 현대교회는 중세교회처럼 볼거리와 들을 거리가 많아서 주님의 음성을 듣고 주님의 영광을 가리는 휘장이 많습니다. 가리는 휘장을 걷고 주기도를 소원하면서 주님께 배우고 쉬는 예배자와 사명자로 살게 하소서. 아멘!

30. 12:1-8 밀밭 안식일

"그때에 예수께서 안식일에 밀밭 사이로 가실새 제자들이 시장하여 이삭을 잘라 먹으니 바리새인들이 보고 예수께 말하되 보시오 당신의 제자들이 안식일에 하지 못할 일을 하나이다. 예수께서 이르시되 다윗이 자기와 그 함께 한 자들이 시장할 때에 한 일을 읽지 못하였느냐. 나는 자비를 원하고 제사를 원하지 아니하노라 하신 뜻을 너희가 알았더라면 무죄한 자를 정죄하지 아니하였으리라. 인자는 안식일의 주인이니라 하시니라" (1-3,7,8절)

Appetizer

하나님은 엿새 동안 천지 만물을 창조하시고 마지막 작품으로 하나님의 형상대로 사람을 만드셨다. 천지창조 사역을 마치신 하나님은 그날에 쉬시면서 그날을 복 주시고 거룩한 안식일로 정하셨다. 모든 만물의 주인이신 하나님은 사람에게 일부터 시키지 않으시고 하나님과 함께 안식하면서 거룩한 복을 주셨다.(창세기 2:3)

사람은 일하기 위한 기계로, 돈벌이 수단으로 만드시지 않으셨다. 사람들은 일일일…. 돈돈돈...하면서 사람의 창조 목적을 망각하고 하나님과 함께 안식을 누리지 않는다.

하나님과 안식을 누리지 않는 유물론적인 사람들은 산업혁명 이후 일자리를 기계와 컴퓨터 및 자동화 시스템과 로봇에게 빼앗기고 있다.

농업도 자동화 시스템으로 농기구로 물주고, 거름 주고, 씨를 뿌리고 추수를 하며, 스마트팜(Smart Farm) 으로 안방에서 농사를 한다. 무인궤도 열차가 운행하며, 로봇이 자동차를 조립한다. 건축도 조립식 건축공법으로 인력이 점점 줄어들고 있다. 최근 '대화형 AI 챗GPT' 의 출시로 수많은 직업군이 사라지게 되었다. 양자 역학으로 만드는 '양자 컴퓨터' 는 인간의 모든 영역을 침노해서 인간의 고유한 일들을 빼앗아 가게 될 것이 예상된다.

하나님을 예배하며 교제하고 안식하면서 하나님의 나라와 의를 위하여 사는 사람들이 창조 명령을 수행할 때 땅을 정복하고, 다스리고, 번성하고 충만하도록 복을 받는 것이 창조의 원리이며 축복이다.

타락한 인간은 하나님의 순리를 거스르고 역리로 살아감으로 역리는 인간의 모든 안식과 행복을 빼앗아 가고 수고와 고통을 주게 된다. 고속도로에서 역주행은 자살행위와 같다.

신앙으로 사는 것은 순리이며 불신앙과 불순종으로 사는 것은 역리이다. 인생길이 순탄하기를 바라면서 역리로 사는 것을 버리지 않는 것은 아이러니한 일이다.

현대인은 풍요 속에 빈곤과 결핍된 것들이 많다. 넘치는 식품과 의약품에도 불구하고 질병의 홍수, 지식과 문화의 풍요 속에 인격과 정서의 빈곤, 종교의 풍요 속에 영성과 경건의 빈곤, 일반은총과 특별은총의 풍요 속에 감사의 빈곤함이 넘친다. 다윗은 "여호와는 나의 목자시니 내게 부족함이 없으리로다" 라고 고백하였다.

예수님은 무 소유, 무 폭력, 무 지배 원칙으로 사셨다. 성육신으로 오시고 십자가로 삶을 끝내셨다. 공중의 새와 여우는 둥지가 있지만, 인자는 머리 둘 곳이 없으셨다. 십자가에서 마지막 겉옷 한 벌도 군병들이 제비뽑기로 나누어서 가져갔다. 인간이 하나님이 되려는 선악과 사상의 지배욕 죄 때문에 십자가에 죽으셨다.

팔복 가운데 제3의 복은 "온유한 자는 복이 있나니 저희가 땅을 기업으로 받을 것이요" (마태복음 5:5)이다. 여기서 '온유한 자' 를 '땅 없는 가난한 자' 로 번역한다. '온유한' 으로 번역된 헬라어 '프라우스' 와 히브리어는 '아나윔' 이다. 이 단어의 핵심적 의미는 '가난한' 이고 그 기본 의미는 바로 '땅 없는' (landless)것이다.

'온유한 자' 를 '땅 없는 가난한 자' 로 번역하는 이유는 다음 구절에서 "저희가 땅을 기업으로 받을 것임이요" 라고 말씀하셨다. 땅을 기업으로 받을 사람은 땅이 없는 가난한 자로 해석하는 것이 자연스럽다. 세상의 나라와 민족과 개인들은 끊임없는 지배욕과 소유욕을 가지고 철조망과 담장을 쌓고 땅을 쪼개고 나누고 있다. 땅의 역사는 타락한 인간들의 지배욕과 소유욕에 의해서 개인이나 나라가 땅이라는 자기의 영역을 확장하려고 피 흘린 땅 먹기 싸움이라는 전쟁사이다.

온유한 예수님은 소유욕이 없으며, 겸손한 예수님은 남을 다스리려는 정치욕과 지배욕이 없는 분이다. 섬기려고 오심으로 지배욕을 단념하셨다. 예수님이 지배욕이 있었으면 오병이어 기적의 떡을 먹은 사람들이 왕으로 추대할 때 정당을 만들었을 것이다.

예루살렘에 입성할 때 군중들이 호산나 찬양하면서 겉옷을 깔고 종려가지를 흔들면서 환영할 때 백마가 아닌 지배욕이 없는 상징으로 나귀새끼를 타시고 겸손하게 입성하셨다.

양들은 지배욕과 소유욕이 없이 늘 푸른 초원에서 평화롭게 산다. 천국은 지배욕, 소유욕이 없는 하나님의 어린 양들이 들어가는 곳이다.

가인의 후예 중에 지배욕과 소유욕으로 충만한 네피림은 마음의 생각과 모든 계획이 항상 악한 것을 아시고 하나님의 큰 근심거리가 되었다.

하나님께서 40년 동안 이스라엘 백성들에게 가르치신 훈련 과목은 만나를 통해서 온유한 성품의 무소유, 모세를 통해서 무 지배의 겸손한 성품을 가르치셨다.

우리 마음에 지배욕과 소유욕이라는 현대판 선악과가 자리를 잡으면 하나님께 담대하게 나아가지 못하고 거리감을 가지면서 진정한 예배가 이루어지지 않는다.

> "그는 우리를 지으신 자시요 우리는 그의 것이니 그의 백성이요 그의 기르시는 양이로다" (시편 100:3)

네피림, 니므롯(창세기 6:4, 10:8) 고라 무리들(민수기 16:32), 얀네와 얌브레, 구리 장색 알렉산더(디모데후서 3:7, 4:14) 잔치의 상석과 회당의 상좌에 앉기를 좋아하는 바리새인들(마태복음 23:6)이 지배욕을 가진 사람들이다. 세계사는 지배욕을 가진 사람들로 인해서 역사를 거꾸로 돌려놓고 피의 역사를 만들었다. 지배욕을 단념한 어린아이와 같지 않으면 결단코 하나님 나라에 들어가지 못한다.

예수님은 제자가 되려고 자원하는 사람들을 인터뷰하셨다. 부자 청년에게 재산을 팔아서 가난한 자들에게 나눠주고 나를 따르라고 하실 때 그는 소유욕을 버리지 못하고 근심하며 예수님을 떠나고 말았다.

숫염소는 뿔을 가지고 다른 염소들을 지배하려고 하지만, 양은 뿔이 안으로 굽어져서 지배욕은 없으며, 통발이 아닌 굽이 갈라져서 소유욕이 없는 평화의 상징이 되고 있다.

감사하는 사람은 지배욕과 소유욕을 버린 하나님의 사람들에게 나타나는 현상이다. 인간의 소유욕과 지배욕은 끝없으므로 죽어도 감사와 만족을 느끼지 못한다.

지배욕과 소유욕의 노예들은 스스로 하나님에게서 멀어지고, 하나님을 버리게 되고 하나님께서도 그 사람을 버리실 수밖에 없다.

하나님은 버리고 출애굽 하는 이스라엘 백성들에게 예비된 광야에서 하나님의 공급하시는 은총과 젖과 꿀이 흐르는 가나안땅을 기업으로 주셨다.

언약의 땅에서 소유욕과 지배욕으로 얼룩져서 하나님의 마음을 아프게 하였던 이스라엘은 하나님이 주신 것을 다 잃어버리고 바벨론 포로로 끌려갔던 역사적인 교훈이 있다.

'펄벅' 여사는 선교사인 부모를 따라 어린 시절을 중국에서 생활하였다. '대지' 라는 작품에는 중국의 가난한 농부 왕룽이 오란과 결혼해서 3남 1녀를 낳았다. 가난하지만 부지런히 살았으나, 기근으로 인해 멀리 남방 도시로 가서 힘들게 살다가 가난한 사람들의 폭동에 휘말려서 부잣집 재물을 빼앗고 그 재물을 가지고 고향으로 돌아와서 성공적인 삶을 살게 되었다.

왕룽은 사치와 향락에 빠져서 아내 오란을 무시하고 살다가 아내가 병들어 죽고 가세가 기울어진 다음에 가난하지만 땅에서 땀을 흘리면서 사는 삶의 행복을 알았다는 소설이다.

안식을 잃어버리는 사람의 특징은 수고하고 무거운 짐이라는 소유욕과 지배욕을 가지고 사는 사람이다. 그러나 안식일의 주인이신 예수 그리스도는 그 짐을 가볍게 해 주신다.

Today's dish

1. 하위법과 상위법

제자들이 안식일에 밀밭 사이로 가면서 시장하여 밀 이삭을 잘라 먹은 사건으로 예수님과 바리새인들 사이의 대립 구도가 비난과 논쟁으로 점화되었다.

바리새인들은 작은 문제를 확대해 긁어 부스럼을 내는 사람들이며, 예수님은 복잡하고 큰일이라도 작게 만드시고 문제를 없게 하신다.

주일학교를 인도할 때 대표 기도가 끝난 다음 한 아이가 옆에 있는 아이는 눈을 뜨고 기도하였다고 고발하였다. 나는 그 아이에게 '너도 눈을 떴구나?' 지적하였다. 그 아이가 대답하기를 '이 아이는 기도할 때마다 눈을 뜨기 때문에 내가 지켜보았다' 라고 말하였다. 결국, 그 아이도 기도할 때마다 눈을 떴다는 것이 증명되었다.

형제의 눈에 티를 보는 사람은 자기의 눈에는 들보가 있다고 주님이 말씀하셨다. 항상 다른 사람의 허물을 보는 사람은 자신의 허물을 보지 못하는 사람이다.

유대인들은 축복과 기쁨의 안식일을 무거운 짐과 의식 수행의 날로 만들었다.

율법주의자들은 하위법을 가지고 해석하였으나 주님은 상위법을 가지고 적용하셨다.

하위법에는 정죄를 받지만, 상위법에서는 무죄가 되는 예가 있다. 반대로 하위법에서 정의라고 인정하지만, 상위법에서 불의로 정죄 받는 경우가 있다.

하나님의 말씀이 기록된 성경은 모든 법 위의 상위법이다. 성경의 권위를 인정하지 않으면 사람이 만든 제도와 율례에 묶여서 종신토록 종노릇 하게 된다. 주님의 위대한 말씀은 "진리를 알지니 진리가 너희를 자유케 하리라" (요한복음 8:32)고 하였다.

진리 안에서 자유를 누리는 사람들은, 바로의 산아 제한법을 거부한 모세의 부모들(출애굽기 2:2), 히브리인 산파들(출애굽기 1:17), 이스라엘 정탐꾼을 숨겨준 기생 라합(여호수아 2:3), 이방인 수로보니게 여인의 부스러기 간구(마가복음 7:26), 부정한 혈루증 여인의 접촉(누가복음 8:44), 산헤드린 법을 거부한 베드로와 요한(사도행전 4:18)등이다.

> "그들을 불러 경고하여 도무지 예수의 이름으로 말하지도 말고 가르치지도 말라 하니, 베드로와 요한이 대답하여 이르되 하나님 앞에서 너희의 말을 듣는 것이 하나님의 말씀을 듣는 것보다 옳은가 판단하라. 우리는 보고 들은 것을 말하지 아니할 수 없다 하니" (사도행전 4:18-20)

다윗은 제사장들이 먹는 진설병을 배고픈 일행들과 함께 먹었다. 제사장들은 안식일에 성전에서 제사를 드릴 때 제물을 잡아서 제단에 불사르고, 곡식단을 제사로 바치는 일은 노동하는 일이다. 그러나 성경은 다윗과 제사장들을 정죄하지 않는다.

소나 양이 구덩이에 빠졌을 때 안식일에도 건져내는 것과 같이, 양보다 귀한 사람을 위하여 안식일에 선을 행하는 것이 옳다고 반박하셨다.

2. 자비와 제사

예수님은 안식일의 경직된 39가지의 관습법의 통제 빗장을 열어서 안식일을 제정하신 하나님의 본래 의미를 되찾기 위해서 안식일은 재충전의 날과 예배와 치유의 날로 회복하시기 위해 그들과 갈등을 겪으시고 충돌을 감행하셨다.

안식일은 일하지 않고 쉬는 날이 아니라 죄 용서와 하나님과 화평함과 은혜의 지성소에 들어가서 은혜를 누리는 날이다.

예수께서는 자비가 제사보다 더 중요하다는 성경의 의미를 밀밭 안식일 사건에 대해서 제자들의 무죄를 변호해 주셨다.

안식일과 주일은 내 날이 아니라 우리를 구원해 주신 그리스도의 부활하신 날로서 구속받은 자들은 항상 기쁨으로 기념하고 구원의 복을 누리는 날이다.

제4계명에는 문안에 거주하는 객이나 종이나 가축이라도 일을 시키지 말아야 한다고 명시되었다. 예수의 제자들이 안식일을 범하였다고 기소하였던 의로운 바리새인들은 12장 11절에 보면 '저희가 분이 가득하여 예수를 어떻게 처치할 것을 서로 의논하리라' 는 말씀대로 제6계명의 살인죄를 심각하게 범하였다.

미국 청교도들이 사는 시골에서 목회하는 목사가 한겨울에 폭설로 교회에 갈 수가 없어서 스키를 타고 교회로 갔다. 주일 스키 사건이 노회에 보고 되었고 목사가 주일날 스키를 탔다는 죄목으로 노회 재판을 받았다. 재판부에서 이렇게 질문을 하였다. '목사님은 스키를 즐겼습니까? 주일 예배 때문에 부득이 스키를 탔습니까? 질문하였다. 목사의 대답에 의해서 죄가 될 수도 있고, 안 될 수도 있었다.

예수께서 안식일에 치료비를 받을 목적으로 병을 고쳐주셨다면 의료행위를 하였다고 정죄 받을 것이다. 그러나 안식일의 정신을 살려 자비를 베풀었기 때문에 무죄가 되신다.

예수님은 사람의 유익을 위하여 안식일을 제정하신 것이지 안식일 때문에 사람이 있는 것이 아니라고 말씀하셨다. 안식일에 선을 행하거나 치료하거나, 필요하다면 배고픈 사람이 곡식 이삭을 따서 손으로 그 껍질을 벗겨 먹는 일 등은 잘못이 아니었다.

예수께서는 법을 따지는 바리새인들에게 '성경도 읽어보지 못하였느냐?' 며 충고하셨다. 성경과 진리에는 관심도 없고 교권과 정치와 전통과 유전을 중시하는 사람들은 하나님 나라에 암적 존재들이다.

안식일을 누리는 자에게 안식년을 주시고, 안식년을 누리는 자에게는 희년을 주시며, 희년을 누리는 자에게 영원한 안식인 영생의 복을 주시는 것이 안식일 제정의 목적이다.

그러면 안식일은 날과 시간이 아니라 안식을 주시는 예수 그리스도이며 예수 그리스도를 믿음으로 죄와 사망에서 자유를 얻고 구원의 복을 누리는 것이 안식일을 지키는 것이 된다.

출애굽 한 이스라엘이 광야에서 안식일을 누리면 가나안땅에서 안식을 누리도록 약속하셨다. 히브리서에는 이스라엘 백성들의 안식일을 누리는 것은 예표 적이며 상징적이지만 그리스도를 믿는 자들에게 영혼의 안식을 누리게 된다는 약속이 안식일의 의미라고 해석하였다. (히브리서 4:1-11) 안식은 미래적인 복을 현세적으로 누리게 하려고 쉼을 제공하였다. 은퇴라는 말은 안식일을 상징하는 단어이다. 인생이 끝났다는 것이 아니라 리타이어(retire)하여 새로운 인생을 출발하는 것이다.

일곱째 날에 안식과 거룩의 복을 받고 나서 일할 때 생육 번성 충만 정복하고 다스리는 복을 받는다. 일부터 하는 인생과 안식하고 일하는 인생의 결론은 다르다.

> "나는 너희의 하나님이 되려고 너희를 애굽 땅에서 인도하여 낸 여호와라 내가 거룩하니 너희도 거룩할지어다"
> (레위기 11:45)

십계명과 선지자들의 가르침에는 출애굽의 목적은 안식이라는 것이며 이 안식을 누리지 못하는 사람은 삶이 아니라 죽음이라는 것을 가르쳐주었다.

안식일은 거룩과 복을 공급해 주시는 날이다. 한 주간 동안 살 수 있는 삶의 능력을 공급해 주시는 날이다.

☕ dessert

1. 안식을 잃어버린 인생은 무엇의 노예가 되는가?
2. 주일과 안식의 성경적 의미가 무엇인가?
3. 우리는 자비와 제사 중에 어디에 비중을 두고 있는가?

Prayer

주님! 하나님의 말씀의 원리를 알고 그리스도 안에서 안식을 누리게 하시고 종교인의 규례에 매여서 안식을 잃어버리지 않게 하소서. 아멘!

31. 12:9-21 둘로스(δοῦλος)와 파이스(παῖς)

"사람이 양보다 얼마나 더 귀하냐 그러므로 안식일에 선을 행하는 것이 옳으니라 하시고
이에 그 사람에게 이르시되 손을 내밀라 하시니 그가 내밀매 다른 손과 같이 회복되어 성하더라. 바리새인들이 나가서 어떻게 하여 예수를 죽일까 의논하거늘, 그는 다투지도 아니하며 들레지도 아니하리니 아무도 길에서 그 소리를 듣지 못하리라. 상한 갈대를 꺾지 아니하며 꺼져가는 심지를 끄지 아니하기를 심판하여 이길 때까지 하리니, 또한 이방들이 그의 이름을 바라리라 함을 이루려 하심이니라" (12-14,18,20,21절)

Appetizer

예수의 제자들이 안식일에 밀 이삭을 잘라 먹은 사건으로 바리새인들의 첫 번째 비난이 있었다. 그곳을 떠나 안식일에 회당에 들어가서 한편 손 마른 병자를 치유하는 사건과 바리새인들의 두 번째 비난과 논쟁이 일어났다.

예수께서는 상식적으로 안식일에 양이 구덩이에 빠지면 끌어내는 것처럼 사람이 양보다 얼마나 더 귀하냐? 안식일에 선을 행하는 것이 옳다고 변론하시고 손 마른 사람의 손을 회복시켜 주셨다.

바리새인들은 예수를 죽이려는 계획을 시작하였고, 주님은 그곳에서 사역을 철수하시고 다른 곳으로 떠나시고 모든 병자를 다 고치시면서 주님이 고치셨다는 소문을 내지 말라고 경고하셨다.

예수님의 사역 방법은 이미 이사야서에서 예언되었다.(이사야 42:1-3) 대적들과 다투고 논쟁을 하거나 소란하거나 심판하지 않으신다. 오히려 상한 갈대와 꺼져가는 심지를 끄지 않고 하나님의 때가 되어 심판하여 이길 때까지 자비의 사역을 계속하신다는 성경대로 사역하셨다. 주님

은 하나님에게 택한 종이 되어 하나님의 기쁨과 사랑하는 자로서 하나님의 영을 기름 부음받은 종으로 일하셨다. 자기 민족에게는 거절을 당하시고 이방인들을 위한 사역을 하실 것이다.

예수의 성경적인 사역에는 언제나 두 가지 반응이 나타났다. 한편은 "어떻게 예수를 죽일꼬 의논" 하는 사람들과 "예수를 추종하는 많은 무리" 가 있었다. 그러나 주님은 어떤 반응에도 신경 쓰지 않고 자기를 나타내지 않으시고 성경에 기록된 말씀을 이루기 위해서 의식적으로 성경적인 방법으로 사역을 하셨다.

성경적으로 사역하시는 예수 그리스도에 대해서 다시 한번 정리해 보자.

① 하나님의 택한 종, ② 하나님 마음에 기뻐하는 사랑하는 자, ③ 하나님의 성령을 받아 심판을 이방에 알게 하는 자, ④ 다투지 않고 들레지도 아니하고 아무도 길에서 그의 소리를 듣지 못하는 자, ⑤ 상한 갈대와 꺼져가는 심지를 끄지 아니하기를 심판하여 이길 때까지 하는 자, ⑥ 이방인들이 그 이름을 바라는 자, ⑦ 선지자로 말씀하신 바를 이루려고 하신 자이시다.

Today' s dish

1. 둘로스(δοῦλος)와 파이스(παῖς)

우리나라 말에 '배' 라는 단어의 의미는 세 가지다. 배를 탔다면 유람선을 탔다는 것이고, 배가 아프다면 사람의 배가 탈이 났다는 것이며, 배를 먹었다는 말은 과일 배를 먹었다는 것이다.

헬라어의 '종' 은 '둘로스' 와 '파이스' 가 있다. '둘로스' 는 주인의 소유물인 종이나 노예를 뜻한다. '파이스' 는 '왕을 시중드는 탁월한 젊은이' '아이' (Kids,키즈) 라는 애칭의 의미가 있다.

하나님께서 택한 종, 하나님 마음에 기뻐하시고 사랑하는 종은 하나님의 특별한 목적을 가지고 보냄을 받은 종으로서 '파이스(παῖς)' 이다.

사람들이 노예로 부려 먹는 비천한 신분의 종을 의미하는 '둘로스' 와 다른 단어를 사용한다. 구약에서 이스라엘 백성 전체를 '그의 종' 이라고 불렀다.(이사야 41:8)

하나님은 그의 아들을 '파이스' 로 선택하여 하나님 나라를 회복하기 위해서 약속의 땅으로 보내셨다.

왕이 특별하게 사용하려고 선택한 총망있는 젊은이 요셉과 다니엘과 세 친구는 '파이스' 개념으로서의 종들이다.

요셉의 형들은 동생을 '둘로스' 노예로 인신매매하였지만, 하나님은 '바로' 를 통해서 요셉을 온 세상을 통치하기 위한 '파이스' 로 사용하였다.

바리새인들은 예수를 발에 티끌만도 못한 '둘로스' 로 생각하고 하인 취급을 하였다. 그들이 예수를 대하는 언행은 보면, 경어(敬語)를 사용하지 않고 종에게 대하듯이 하대(下待)를 하였다. 마귀도 예수님께 '네가 하나님의 아들이거든?' 하대어를 사용하였다.

둘로스 종은 주인의 재산목록 중에 하나이며 소나 말과 다른 것은 이성을 가지고 말귀를 알아듣는다는 것뿐이다. 둘로스는 비천한 노예 신분으로 평생 주인에게 예속되어서 섬기는 하인이다.

사도바울은 자신을 항상 예수 그리스도의 종(둘로스)이라고 고백하였다. 그러나 예수 그리스도께서 보내신 사도직은(아포스톨로스, 보냄을 받은 자) '파이스' 의 사명을 가지고 권위 있게 사역하였다.

예수께서 병든 자와 귀신 들린 자를 고치시고, 회당에서 말씀을 가르치시는 사역을 하신 것은 종과 노예로서가 아니라 하나님의 택하신 종 '파이스' 로 섬기신 것이다.

우리는 무식하게 예수를 '둘로스' 로 생각하고 '종' 취급을 하면 무례를 범하는 것이다. 하나님이 택하신 종은 얼마나 존귀하고 영광스러운 분인지 알아야 한다.

하나님이 세상에 보내신 '파이스' 는 하나님의 식민지를 다스리도록 보내신 '총독' 과 같다. 하나님의 나라를 사탄이 반역하여 자기 왕국으로 만든 것을 다시 찾아서 나라를 아버지 이름과 소유로 되돌려 놓기 위해 선택을 받고 보냄을 받은 '파이스' 이다. 이 사명은 '전권대사' '총독' '왕 같은 제사장' 개념으로서의 종이다.

내가 싱글 전도사로 사역한 교회에서 시무 장로가 대표 기도를 할 때 '주의 어린 종' 이라는 호칭을 하였다. 그리고 연로하신 당회장 목사를 위한 기도는 '주의 늙은 종' 이라는 호칭을 사용 하였다. 그런 기도는 내가 결혼한 다음에도 '어린 종' 이라는 호칭을 계속 사용하였다. 도대체 나이가 몇 살이 되어야 '어른 종' 으로 부를까 궁금하게 생각하였다.

테레사 수녀는 50년 동안 인도 콜카타에서 에이즈 환자, 나환자, 고아와 빈민들의 이웃으로서 '둘로스' 의 삶을 살았다. 그녀는 124개의 상과 노벨평화상을 수상하고 교황청에서 성인(聖人) 서품을 받았다. 미국 시사 주간지 타임스지에는 테레사 수녀의 40여 통의 편지를 공개하였다.

그녀는 정신적 동지 '마이클 반 데어 피트' 신부에게 보낸 서신을 통해 "하나님은 당신을 매우 특별히 사랑한다. 그러나 저에게는 침묵과 공허함이 너무 커서, 보려고 해도 보이지 않고 들으려 해도 들리지 않고 입을 움직여도 말이 나오지 않는다" 라고 적었다.

"나는 무엇을 위해 일합니까? 신이 없다면 영혼도 없고, 영혼이 없다면 예수님 당신도 진실이 아닙니다" 라며 신의 존재에 대해서 강하게 회의하는 내용도 들어 있다.

'페르디난드 페리에' 주교에게 보낸 편지에서는 "마치 모든 것들이 죽은 것처럼 내 안에 너무나 끔찍한 어둠이 있다. 어둠이 천국은 물론 신의 존재까지 의심하도록 자신을 이끈다" 라고 고백했다.

그녀가 수녀가 된 것은 가난한 독거노인이 짐승처럼 사는 것을 보고 측은지심에서 그를 도울 수 있는 길은 수녀가 되는 것이라 라는 결심으로 수녀가 되었다고 고백하였다.

'크리스토퍼 히친스' 는 '자비를 팔다' 라는 책에서 살신성인으로 이 시대의 영웅이 된 마더 테레사는 종교사업가라는 혹평을 하였다.

그녀는 '둘로스' 로는 많은 일을 하였지만 '파이스' 로는 확신하지 못했다.

하나님의 종 예수에 대해서는 “이는 내 사랑하는 자요 내 기뻐하는 자라” 고 하셨다.

사람을 기쁘게 하는 종이 아니라 하나님을 기쁘시게 하는 종이며 하나님의 사랑하는 종이었다. 교회에서 기도할 때 ‘주의 종’ 이라는 호칭의 뉘앙스를 잘 구분해야 한다.

‘말씀’ 이라면 하나님의 말씀(Logos,로고스)과 윗사람의 말씀(word, 워드)과 잘 구분해야 한다. 데살로니가 교인들은 바울 사도가 전하는 말을 하나님의 말씀으로 듣는 믿음이 있었다.

2. 파이스 인격과 사역

하나님은 택하신 종 ‘파이스’ 에게 ‘내가 내 성령을 줄 터이니’ (18)라는 약속을 하시고 세례받으실 때 주셨다. 예수는 30세까지 요셉의 아들 ‘둘로스’ 처럼 사셨다. 그러나 성령으로 세례를 받으시고 하나님의 ‘파이스’ 로서 그리스도의 사역을 시작하실 때 하늘로서 소리가 나기를 ‘이는 내 사랑하는 아들이요 내 기뻐하는 자라’ 고 하셨다.

예수의 섬기심은 인간적인 동정과 종교적인 심성으로 섬기신 것이 아니라 하나님 아버지의 마음을 품고 아버지와 같은 말과 같은 일을 하시도록 아버지의 성령을 보내주셨다.

그러므로 아들 예수께서 섬기시는 것은 아버지의 섬김과 동일한 섬김이 되셨다. ‘파이스’ 의 섬김은 왕의 전권을 가지고 왕의 이름으로 통치를 하는 영광스러운 종이다. 조선 시대 암행어사는 왕의 전권대사의 증거로 ‘마패’ 를 주어서 보낸다. 하나님이 보내신 종을 위해서 성령을 선물로 주셨다.

하나님이 택하신 ‘파이스’ 의 인격과 사역은 이사야를 통해서 예언되었다.

1) 심판을 이방에 알게 하리라

성경 주석가 핸드릭슨(Hendriksen)은 심판(크리시스)은 죄인들이 회개하고 주 예수께 나아와 믿음으로 구원을 얻고 주의 영광을 위해 살아가야 한다는 내용의 '복음'을 이방에 알게 하는 일이라고 말하였다.

칼빈(Calvin)은 심판이라는 말은 '공평과 의(義)' 의 충만함을 정체(正體)로 하는 하나님의 나라를 유대 나라 한구석에만 한정시키는 것이 아니라, 전 세계로 확장하는 것이 메시아의 임무라고 하였다. 파이스가 하는 일은 왕의 공의를 실현하여 나라를 회복하는 일이다.

2) 다투거나 들레지 않음

사람들이 암행어사를 건드려서 시비하여도 자신의 신분이 노출되어 악인들이 눈치채게 되면 왕의 임무를 제대로 수행할 수 없으므로 침묵 가운데 살핀다.

파이스는 아름다운 복음을 전하는 입과 손과 발과 몸으로 섬긴다. 바리새인들에게 핍박을 받으실 때 병을 고침을 받고 혜택을 받은 많은 예수지지 세력들을 선동하고 규합하여 혁명을 일으키지 않으시고 조용히 털 깎는 자 앞에 잠잠한 양처럼 고난을 겪으셨다.

주님의 잠잠하고 들레이지 않는 성품은 '부르짖다' , '야단스럽게 떠들다' 를 의미하는 종교적 기쁨이나 괴성과 전쟁에서의 승리의 외침이 아니다. 그리고 우매자의 떠듦이 아니라 조용히 들리는 지혜자의 말씀(전도서 9:17)으로 표시 나지 않게 사역을 하셨다.

떠듦은 마술과 악마의 영역에서 지하 세계의 신들을 불러내는 소리로 이해되었다. 예수께서 귀신들을 쫓아내실 때 귀신들이 소리 지를 때 알아들을 수 없는 소리(마가복음 5:5, 9:26)를 말하며, 왁자지껄하는 폭도들의 소란(사도행전 19:28)이며, 영원한 나라로부터 쫓겨난 분노를 나타내는 외침을 표현할 때 사용되었다.(요한계시록 21:4)

3) 아무도 길에서 그 소리를 듣지 못함

한양에서 내려온 암행어사는 한양 표준어를 사용하게 되면 경상도와 전라도 충청도 사람들이 눈치를 채기 때문에 사람들이 많은 곳에서는 말소리를 내지 않았다. 귀신들은 예수님을 보면 소리를 질러서 군중들이 당황하게 했다. 사람 속에 술이 들어가면 혀 꼬부라진 말로 시끄러워진다.

4) 상한 갈대를 꺾지 않고 꺼져가는 심지를 끄지 않음

약자들의 꺾여진 모습과 꺼져가는 심지 같은 사람들을 밟지 않으시고, 상한 심령과 애통해하는 심령을 싸매시고 용서하시고 치유와 회복을 주신다.

상한 갈대란 사회의 구조적 모순, 유대 사회에서는 율법주의자들에 의해 죄인으로 낙인찍힌 사람들의 육체들, 그리고 꺼져가는 심지란 그들이 영혼을 가리키는 것으로 이해한다.

일반적으로는 연약하고 무력한 사람들을 상징한다. 연약한 인간은 고통과 좌절로 인해 심령이 산산이 부서져 영혼의 쇠잔을 상징하는 것이다.

'꺼져가는 심지' 는 마지막 한 가닥 소망마저 다 없어져 가는 인생, 양심의 빛을 상실해서 심령이 어두워져 가는 영혼 등을 의미한다. 실로 상한 갈대는 오직 하늘의 기운으로 소생하고, 꺼져가는 심지는 신령한 기름을 흡수함으로써 회생할 수 있다.

5) 심판하여 이길 때까지 하리니

공중권세를 잡은 사탄과 우는 사자같이 두루 삼킬 자를 찾는 땅의 마귀와 물 가운데로 다니는 귀신의 영들을 이길 때까지 조용히 은밀하게 누룩과 겨자씨와 같이 일하신다.

이사야 42장 4절에 의하면 '세상에 공의를 세우기에 이르리니' 로 메시아 직무 수행의 목적을 나타내고 있다. '심판하여 이길 때' 란 하나님의 법의 계시를 인간의 마음에서 완성하는 것을 뜻한다. '그가 심판을 승리로 몰고 갈 때까지' 로서, 고난의 종인 메시아가 세상 사람들이 기대하는 하나님의 공의를 세상의 악한 자의 세력 위에 세우게 될 때까지를 말한다. 이는 궁극적으로 예수 그리스도의 십자가에 달려 죽으시고 부활하심으로써 죽음을 정복하셨고 하나님의 공의를 이 땅 위에 굳게 세우셨다.

세상에는 다수와 권력으로 온갖 불의와 사악함을 가리고 오히려 정의를 세우는 자로 둔갑해서 세상을 혼란스럽게 하지만 하나님의 공의는 반드시 세워질 것이다.

6) 이방들이 그 이름을 바라리라

변 사또의 폭정에 시달리는 양민들은 암행어사의 출두를 고대하고 기다리고 바랐다. 그리스도의 은혜는 복음이 필요한 이방인들에게 동일하게 임하게 될 것이라는 사실을 분명히 선언하는 말씀이다.

dessert

1. 하나님 나라의 종들 가운데 둘로스와 파이스가 있다는 것이 이해가 되는가?
2. 나는 사람의 종이 아니라 하나님의 종이 되겠다는 사도바울의 말을 이해하는가?
3. 나의 인격과 사역은 누구에게 인정을 받고 있는가?

Prayer

주님! 나는 사람의 종으로서 둘로스가 아니라 하나님의 종으로서 파이스의 인격과 사역을 감당하도록 성령을 부어주시고 하나님의 공의의 나라를 세울 때까지 일하게 하소서. 아멘!

32. 12:22-30 귀신이 귀신을

"그 때에 귀신 들려 눈 멀고 말 못하는 사람을 데리고 왔거늘 예수께서 고쳐주시매 그 말 못하는 사람이 말하며 보게 된지라. 바리새인들은 듣고 이르되 이가 귀신의 왕 바알세불을 힘입지 않고는 귀신을 쫓아내지 못하느니라 하거늘, 그러나 내가 하나님의 성령을 힘입어 귀신을 쫓아내는 것이면 하나님의 나라가 이미 너희에게 임하였느니라.

사람이 먼저 강한 자를 결박하지 않고서야 어떻게 그 강한 자의 집에 들어가 그 세간을 강탈하겠느냐 결박한 후에야 그 집을 강탈하리라" (22,24,28,29절)

Appetizer

바리새인들은 예수를 향하여 항상 무엇인가 비판할 것을 찾아다녔다. 예수께서 병자를 치료하는 것을 기뻐하지는 못할망정, 그리스도께서 바알세불 귀신과 동맹을 맺고 눈속임과 마술의 힘으로 병을 고쳤다고 비난하였다. 예수께서는 바리새인들이 비판해도 합리적이며 논리적으로 비판할 것을 지적하셨다.

예수께서 만일 사탄과 한편이라면 어떻게 같은 아군끼리 싸울 수 있겠느냐?는 질문을 던지셨다. 그렇게 되면 사탄의 왕국은 스스로 무너지게 된다는 논리적으로 반박하셨다.

당시 그리스도를 믿지 않는 유대인들도 종교적인 술수로 귀신을 내쫓을 수 있었다.

"내가 바알세불을 힘입어 귀신을 쫓아내는 것이면 너희의 아들들은 누구를 힘입어 쫓아내느냐?" (27절)

"이에 돌아다니며 마술하는 어떤 유대인들이 시험 삼아 악귀

들린 자들에게 주 예수의 이름을 불러 말하되 내가 바울이 전파 하는 예수를 의지하여 너희에게 명하노라 하더라. 유대의 한 제 사장 스게와의 일곱 아들도 이 일을 행하더니"

(사도행전 19:13,14)

사탄을 정복하지 않고서는 사탄의 영 귀신들을 내쫓을 수 없다는 것이 상식이며 논리적인 진술이다. 그러므로 예수께서 귀신을 쫓아내시는 일은 이미 사탄을 정복하셨다는 반증이다.

여인의 후손이 와서 뱀의 머리를 밟으리라는 창세기의 복음(창세기 3:15)이 이미 성취되었다는 사실이다. 뱀의 가장 치명적인 부분은 머리다. 꼬리는 밟아도 죽지 않는다.

하나님께 용서받지 못할 죄는 입술의 죄가 아니라 마음의 죄이다. 바리새인들이 예수를 비방하는 악한 말들은 그들의 악한 마음을 시사하는 것이다.

예수 그리스도의 표적과 증거의 빛 가운데서 기적들을 보고서도 예수를 향하여 불신의 마음을 강퍅하게 하였다. 그들은 구세주에 대한 지적이며 감정적이며 의지적으로 지속적인 불신앙과 결정적인 거부를 하였다.

간음이나 살인은 용서받지 못할 죄가 아니다. 그러나 용서받지 못할 죄악은 자신들의 죄악을 용서해 주실 구세주를 불신하고 거부하는 죄악은 용서받지 못할 죄가 된다.

예수께서 세례요한이 바리새인들과 사두개인을 향한 저주의 메시지를 인용하셨다. "독사의 자식들아 누가 너희를 가르쳐 임박한 진노를 피하라 하더냐?(마태복음 3:7)

예수께서 7화를 말씀하실 때 "독사의 자식들" 이라고 저주하셨다. 독사의 자식은 옛 뱀인 마귀의 자녀들이라는 말이다. "뱀들아 독사의 새끼들아 너희가 어떻게 지옥의 판결을 피하겠느냐" (마태복음 23:33) 라고 강하게 저주하셨다. 그들은 형식적으로는 경건하였으나 하나님을 모르는 무신론자들이며 그리스도를 대적하는 적 그리스도의 세력이었다. 바리새인들과 서기관들은 사탄처럼 참된 경건을 흉내 내는 자들이었다.

예수께서는 그런 자들은 선지자 노릇을 하고 의인 노릇을 하는 자들이라고 그들의 정체를 드러내시고 그들이 훗날 심판 날에 나를 안다고 주여 주여 부를 때 나는 저들을 모른다고 단호하게 거부할 것이며 그들은 나를 떠나서 마귀와 그 사자들을 위해서 예비된 지옥 불에 들어갈 것이라고 경고하셨다.

예수 그리스도의 단호한 책망과 무서운 저주를 들었으면 양심이 있는 사람들이라면 그 자리에 꺼꾸러지고 엎드려서 손이 발이 되도록 빌면서 용서를 구하고 회개해야 하였다.

> "그런 사람들은 거짓 사도요 속이는 일꾼이니 자기를 그리스도의 사도로 가장하는 자들이니라. 이것은 이상한 일이 아니니라 사탄도 자기를 광명의 천사로 가장하나니, 그러므로 사탄의 일꾼들도 자기를 의의 일꾼으로 가장하는 것이 또한 대단한 일이 아니니라 그들의 마지막은 그 행위대로 되리라" (고린도후서 11:13-15)

양심에 화인을 맞은 사람은 복음을 듣거나 하나님의 심판의 메시지를 들어도 귀와 눈과 입이 없고 들을 귀가 없어서 그 말씀은 다른 사람을 위한 말씀으로 돌려버렸다.

Today' s dish

1. 중상모략(中傷謀略)

중상모략(中傷謀略)이란? 속이는 꾀와 악의적 의도를 담은 말로 다른 사람을 해치려는 행위를 말한다. 터무니없는 말로 남을 헐뜯거나 일을 꾸미는 상황을 뜻한다. 현대인은 소셜 미디어, 온라인 커뮤니티, 카톡, 유튜브 댓글 등으로 중상모략을 해서 한 사람의 인생을 파탄에 이르게 하기도 한다.

바리새인들은 예수 그리스도를 중상모략해서 유대 사회에서 매장하려고 하는 악한 의도를 가지고 사사건건 집요하게 함정질문을 하거나 회당이나 신유의 현장에서 군중들과 분리하려고 하였다.

예수께서 하나님의 권위로 마귀의 지배와 그 소유 아래 있었던 자를 치유하심으로써 사탄을 이기신 그리스도의 영광스러운 승리를 보여주셨다. "귀신이 들린 사람" 은 그의 처지가 참으로 슬픈 일이었다. 예수님 당시에는 어느 때보다도 이러한 경우가 많이 있었던 것은 예수 그리스도는 사탄을 정복하는 쫓아내는 권세자임을 알게 하셨다.

예수께서 세상에 오신 목적은 "마귀의 일을 멸하러 오셨다" 는 사실을 세상에 알리기 위함이었다.

귀신 들려서 사탄의 지배 아래 영혼이 사로잡혀 있는 이 불쌍한 사람은 시각장애인이었고 언어장애인이었다. 사탄은 사람의 영혼을 지배하고 하나님의 일들에 대해 아무것도 보지 못하는 시각장애인이며, 은혜의 복음을 듣지 못하도록 귀를 듣지 못하게 하고 은혜의 보좌 앞에서 기도하지 못하도록 언어장애인으로 만들었다.

이렇게 불쌍한 영혼을 예수께서 고쳐주셨는데 바리새인들은 모독적으로 트집을 잡았다. 그리스도의 인기가 백성들 가운데서 상승함에 따라 상대적으로 그들의 인기의 감소로 시기 질투의 영이 그들을 지배하였다. 예수의 축사 사역을 비방하던 그들이 진짜 귀신 들린 사람들이었다.

예수 그리스도의 영적인 권세를 바알세불이라는 파리의 왕, 지옥의 우두머리의 이름으로 귀신을 내쫓았다고 모욕을 하였다.

더러운 귀신들은 거룩한 성령에 의하여 쫓겨나고 그 세력을 꺾을 수 있다. 귀신을 쫓아내는 기적은 하나님의 나라가 여기에 임하였다는 확실한 증거이다.

그리스도의 사역의 목적은 강한 자와 같이 세상을 지배하던 마귀의 진을 쳐부수는 것이었다. 그리고 사탄의 노예로 사는 사람들에게 "암흑에서 광명으로," 죄악에서 성결로, 이 세상에서 보다 나은 세상으로, "사탄의 능력에서 하나님에게로 돌이키기 위함이다.

사도 바울은 자기의 회심과 영적 체험을 아그립바 왕 앞에서 이렇게 변증하였다.

"그 눈을 뜨게 하여 어둠에서 빛으로, 사탄의 권세에서 하나님께로 돌아오게 하고 죄 사함과 나를 믿어 거룩하게 된 무리 가운데서 기업을 얻게 하리라 하더이다" (사도행전 26:18)

예수그리스도의 사역의 중심은 사탄의 왕국을 무너뜨리시고 사탄의 지배 아래서 고통당하던 불행한 사람들을 구원하시고 해방하기 위해서 성령과 함께 사역하셨다.

예수께서 하시는 사역에 동의하지 않거나 협력하지 않고 반대하고 비방하는 말을 하고 다니며 비협조적인 사람은 하나님 나라에 들어오지 못한 사람이면서 사탄의 왕국에 지배받고 있는 불쌍한 사람이다.

사람의 모든 죄와 훼방은 사함을 받을 수 있지만, 성령을 훼방하는 자는 사함을 받지 못한다.(31절)

말로 인자를 거역하면 사함을 얻되 말로 성령을 거역하면 이 세상과 오는 세상에도 사함을 얻지 못한다.(32절)

열매로 나무를 알 수 있듯이 말과 행동으로 그가 좋은 사람인지 나쁜 사람인지를 나타낸다.(33절)

사람이 무슨 무익한 말을 하든지 심판 날에 이에 대하여 심문을 받으리니 네 말로 의롭다 함을 받거나 정죄함을 받게 된다(36,37절)고 말씀하셨다.

2. 소망의 예수

"이방들이 그 이름을 바라리라" (21절) 우리는 이 세상에서 바랄 수 있는 소망이 없다 "이 몸의 소망 무언가 우리 주 예수뿐일세" 찬송가 가사처럼 육체의 사람은 사망의 종노릇을 하기 때문에 젊어서 그토록 화려하고 하늘을 찌르는 인기를 누렸던 배우들과 가수들이라도 늙어서 죽음을 기다리는 사람에게는 아무런 소망이 없는 것이다.

결국 모든 이방이 바라고 소망하는 바는 율법의 완성이시며 부활이신 예수 그리스도뿐이다. 성경 주석가 랑게(Lange)는 예수 이름은 '하나님의 진리를 요약한 것'이라고 말했다.

예수 이름만이 모든 육체와 이방인들에게 유일한 소망이 있다는 사실이다. 왜냐면 예수 이름을 믿는 자들에게 부활이 있고 영생이 있기 때문이다.

우리는 예수를 그리스도로 믿기 이전에 “귀신 들려 눈 멀고 벙어리 된 자” 와 같이 사탄의 종노릇을 하며 그의 손아귀에서 놀아나다가 인생의 파멸을 당하고 그 후에는 사탄과 함께 영원한 불 못에서 심판을 받을 수 밖에 없는 불쌍한 인생들이었다.

이런 자를 예수께서 고쳐주셨다. 축사(逐邪)의 기적으로 우리를 영과 육의 자유를 얻게 하셨다. 영적 장애인 귀신 들림에서 근원적인 치유를 받았고, 육체적인 장애인 시각과 청각과 언어의 장애를 제거해 주심으로 그는 영혼 몸의 완전한 구세주이시다.

무리는 예수의 기적을 보고 놀랐지만, 유대 종교 지도자들의 예수를 싫어하고 증오하였다.

예수의 치유 기적이 메시아의 징표(徵表)이지만, 무리들의 호기심으로 보았고, 바리새인들은 불신의 시작으로 보았다. 유대인들의 메시아상(像)은 정치적인 메시아로서 다윗 왕국을 재현시켜 줄 이상적인 왕에 기대를 가졌는데 예수 그리스도는 왕이 아닌 종의 모습으로 나타나셨고, 로마 세력과 싸우기 위해서 군중들을 끌어모으지 않고 개별적인 병자들을 고치는 예수는 메시아로 인정할 수 없었다.

바리새인들이 예수를 ‘귀신의 왕 바알세불’ 을 힘입었다는 비방의 말은 예수가 다윗 왕국을 부활시키기 위해서 로마의 세력과 싸울 힘은 천사들에게서 오는 것이지 귀신의 왕으로부터 오는 것은 메시아가 아니라고 강하게 부정하는 말이다.

예수 그리스도께서 세상에 소망을 주시기 위해서는 세상의 권리를 빼앗아 간 사탄의 불법적인 권세를 무너뜨리는 일에서부터 시작하는 것을 알리기 위해서 축사(逐邪) 사역을 표적으로 보여주신 것이다.

"사단이 만일 사단을 쫓아내면" 이 말은 사실상 모순이다. 부패한 제삼 세계에서는 경찰들과 마피아들이 같은 조직원으로 엮인 자들이 많다. 경찰이 마약범을 체포하지만 같은 일당인 경찰은 뇌물을 받고, 앞으로는 체포하고 뒤로는 도망치게 하는 일이 비일비재하다.

예수와 바알세불이 같은 일당이라면 왜 귀신을 내쫓겠느냐?는 예수의 말씀은 상식이며 논리적인 질문이다.

신접한 마술사와 박수무당은 귀신과 같은 영이기 때문에 바리새인들의 제자들이 귀신을 쫓아내는 능력이 가끔 있었던 이유는? 마피아와 경찰이 같은 조직원이라 것으로 설명할 수 있다.

유대의 역사가 요세푸스(Josephus)의 보고에 의하면 솔로몬의 귀신 축출(逐出)법을 터득하여 각종 질병을 치료하는 일이 있었다고 한다.

초대 교회 교부였던 이레니우스(Ireneaus)는 그의 '이단 교서 제 2권' 에서, 유대인들이 사술(black magic)로 여호와의 이름을 불러 귀신을 쫓는 습관이 있었다고 전한다.

바리새인들은 진퇴양난(進退兩難)에 빠지게 되었다. 그들은 자기들의 제자들이 귀신 축출하는 행위가 바알세불에 의한 것이라고도 할 수 없고, 또한 예수의 행위가 하나님의 능력에 의한 것이라고도 주장할 수 없게 되었다.

예수께서 행하신 기적은 '하나님의 손' 과 '하나님의 성령' 을 힘입어 행하신 표적이었다. 그것은 하나님의 나라가 이미 너희에게 임한 증거라고 말씀하셨다.

예수께서 하나님의 성령의 권능으로 귀신들을 쫓아내고 사람들의 병을 고친 것은 분명히 사단의 왕국이 괴멸(壞滅)되고 있음을 보이는 동시에 하나님 나라와 하나님의 성령이 현재적으로 역사하는 사실을 입증하는 것이다.

예수의 표적은 이미 임한 하나님 나라에 관하여 '실현된 종말' 이며, '종말론적인 성령' 으로 종말론적인 나라가 시작되었다는 증거다.

천국은 이미(alredy) 도래하였으나 아직(not yet) 완성되지 않았다고 말할 수 있다.

예수의 사역은 "강한 자를 결박" 함으로 예수의 재림으로 인한 종말적 사건은 이미 종말론적으로 예수의 사역(work)이 하나님의 나라가 도래하였다는 것을 알리고 있다.

사탄에게 사로잡힌 자들은 자신의 모든 세간과 그 집이 강탈당하였지만 강한 자 예수 그리스도가 오셔서 사탄을 결박함으로 그동안 사탄이 약탈한 모든 것들을 다 찾아 본래의 주인이신 하나님께 되돌려 보내시는 일을 하신다.

메시아 시대는 예수께서 사단의 소유물이 되었던 사람들을 하나씩 하나님의 품으로 회수하시는 기간이다. 칠십 명의 전도인들에 의하면 주의 이름으로 귀신들이 그들에게도 항복하였으며 예수께서는 사단이 하늘로 번개같이 떨어짐을 목격했다고 하였다.

이방인의 소망이며 온 세상의 소망이신 예수 그리스도를 영접하고 주님과 '함께 아니하는 자' 는 있을 수 없는 일이다. 전쟁에서 승리한 왕을 환영하지 않는 자들은 적군과 한편이거나 전쟁 포로들은 환영하지 않는다.

하나님의 나라에서는 중립적인 입장이 있을 수 없다. 예수 그리스도의 가르침에 무관심한 자, 예수와 연합하기를 싫어하는 자는 사탄의 왕국에 속하여 귀신의 지배를 받는 자 외에는 그리스도를 거부할 수 없다.

사탄은 하나님 나라의 확산을 막기 위해 예수로부터 사람들을 흩으려는 자들이 바로 '모으지 아니하는 자' , 곧 흩어버리는 자들이다. 그러나 예수 그리스도의 위대한 사역은 바로 잃어버린 양을 찾아 모으고 또 모으는 것이다. 사단은 되찾은 양조차도 다시 빼앗고 될 수 있는 대로 그들을 흩으려는 악한 본성을 지니고 있다. 진실로 예수 그리스도의 사역과 그의 사역에 동참하지 않는 자들은 하나님의 나라를 전적으로 반대하는 자들이다.

그런 자는 하나님의 보좌 앞에서 예수 그리스도께서 그를 모른다고 부인하실 것이며 사탄과 그 사자들을 위해서 예비된 유황불 못에 들어갈 것이다.

dessert

1. 우리는 하나님의 사역자들과 형제들을 중상모략하는 죄를 범하지 않았는가?
2. 우리의 소망은 무엇인가? 오직 예수 그리스도의 이름이 소망인가?
3. 우리는 누구의 종이며 누구 편에서 함께 일하는 자들인가?

Prayer

주님! 하나님의 나라를 가져오신 예수 그리스도께서 사탄과 마귀와 귀신의 영들을 정복하시고 우리에게 생명과 자유를 주심을 감사합니다. 우리도 예수 이름으로 모든 이방인이 예수 이름에 소망을 가지도록 예수의 증인이 되게 하옵소서. 아멘!

33. 12:31-37 말과 심판

"그러므로 내가 너희에게 이르노니 사람에 대한 모든 죄와 모독은 사하심을 얻되 성령을 모독하는 것은 사하심을 얻지 못하겠고, 또 누구든지 말로 인자를 거역하면 사하심을 얻되 누구든지 말로 성령을 거역하면 이 세상과 오는 세상에서도 사하심을 얻지 못하리라

나무도 좋고 열매도 좋다 하든지 나무도 좋지 않고 열매도 좋지 않다 하든지 하라 그 열매로 나무를 아느니라. 네 말로 의롭다 함을 받고 네 말로 정죄함을 받으리라" (31-33,37절)

Appetizer

예수께서 귀신 들려 눈멀고 벙어리 된 사람을 고쳐주신 사건으로 사람들이 놀라게 되었다. 바리새인들은 귀신의 왕 바알세불의 힘으로 귀신을 쫓아내었다고 생각하였고 예수께서는 그들의 악한 생각을 아시고 내가 하나님의 성령을 힘입어 축귀(逐鬼)한 일은 하나님의 나라가 이미 임하게 된 사건이라고 말씀하셨다.

예수님의 중심 사역은 사단의 왕국을 무너뜨리시고 사단의 지배 아래서 고통당하던 불행한 사람들을 구원하시고 해방하기 위해서 성령과 함께 사역하셨다.

예수의 사역에 동의하지 않거나 협력하지 않고 반대하고 비방하는 말을 하고 다니며 비협조적인 사람은 하나님 나라에 들어오지 못한 사람이며 사단의 왕국에 지배받고 있는 불행한 사람이다.

사람의 모든 죄와 훼방은 사함을 받을 수 있지만, 성령을 훼방하는 자는 사함을 받지 못한다. 말로 인자를 거역하면 사함을 얻되 말로 성령을 거역하면 이 세상과 오는 세상에도 사함을 얻지 못한다. 열매로 나무를 알 수 있듯이 말과 행동으로 그가 좋은 사람인지 나쁜 사람인지를 나타낸다.

사람은 무슨 무익한 말을 하든지 심판 날에 이에 대하여 심문을 받을 것이니 사람의 말로 의롭다 함을 받거나 정죄함을 받게 된다고 경고하셨다.

Today' s dish

십계명 중에는 말로 죄를 범하지 말라는 계명이 있다. 제3계명은 "너는 네 하나님 여호와의 이름을 망령되게 부르지 말라, 여호와는 그의 이름을 망령되게 부르는 자를 죄 없다 하지 아니하리라." 제9계명은 "네 이웃에 대하여 거짓 증거하지 말라" 이다.

1. 성령 모독죄

세상은 하나님의 말씀으로 창조되었다. 하나님의 입에서 나오는 말씀은 생명의 능력이 있어서 세계를 창조하시고 복이 되게 하셨다.

하나님은 "가라사대", "있으라" 명령하신 말씀대로 창조되었다. "생육하고 번성하여 여러 바닷물에 충만하라 새들도 땅에 번성하라". "충만하라, 땅을 정복하라, 다스리라"

> "각종 나무의 실과는 네가 임의로 먹되 선악을 알게 하는 나무의 실과는 먹지 말라 네가 먹는 날에는 정녕 죽으리라"
> (창2:16-17)

하나님의 말씀은 선악을 아는 나무의 실과를 먹지 말라 명령하셨다. 그러나 뱀은 먹어도 된다고 하나님의 말씀을 모독하고 훼방하였다. 여자의 말은 먹으면 죽을까 한다는 과장된 말을 하였다. 남자의 말은 하나님이 내게 주셔서 나와 함께하는 여자가 먹으라고 해서 먹었다고 책임을 전가하는 말을 하였다.

사람에게 '라가' 라고 욕을 하면 지옥 불에 들어간다고 산상설교에서 경고하였다. 그런데 사람을 모독하고 인자를 거역하여도 회개하면 사함을 받는다는 말씀은 서로 대치되는 말씀이 아니라 회개를 하면 지옥 불에 들어가지 않는다는 말씀이 된다.

그러나 성령을 거역하면 이 세상과 오는 세상에서도 사하심을 얻지 못한다고 하였다.

성령 모독죄와 훼방 죄는 불신자가 짓는 죄가 아니라 성령과 성경을 아는 신자들이 범하는 죄악이다. 아나니아 삽비라는 바나바보다 더 많이 헌신하려다가 성령을 속인 죄로 인해서 심판을 받았다.

한국교회가 신사참배는 국가 의식이기 때문에 죄가 되지 않는다는 논리로 신사참배를 결정한 총회의 결의는 십계명 1,2,3계명을 범하는 범죄이면서 성령을 모독한 죄가 된다.

예수께서 그리스도이심을 알고 있던 산헤드린 총회가 불법으로 법정을 소집하고 예수를 신성 모독죄로 판결하고 로마 총독에게 사형을 의뢰한 일은 성령 모독과 성령 훼방 죄가 된다.

불신자들이 무지해서 예수를 비방하고 교회를 욕하고 성도들 훼방할 수 있다. 그러나 성령으로 행하신 예수 그리스도의 십자가와 부활 사건을 훼방하면 용서받지 못한다.

사람들이 인자에게 '먹기를 탐하고 포도주를 즐기며 죄인과 세리들의 친구' 라는 모욕은 용서받을 수 있다. 그러나 하나님의 성령으로 귀신을 쫓아내신 사역을 귀신의 왕 바알세불을 힘입고 쫓아낸다는 모독은 성령 훼방 죄가 된다.

사단의 왕국을 이기고 임하신 하나님의 나라를 보여주신 축사 사건을 훼방한 것은 하나님의 나라를 훼방하는 것임으로 하나님 나라에 들어갈 수 없다. 하나님의 나라를 거절하거나 회개와 용서의 복음을 거부하는 말은 구제할 대책이 없다.

한편 강도는 예수께 당신의 나라에 임하실 때 나를 기억해달라고 간구하고 구원받았지만 다른 강도는 예수를 욕하고 십자가를 비방하다가 멸망하였다.

성령 훼방 죄는 우리가 성령을 모독하고 훼방하고 성령을 거역하면 회개의 영이 떠나게 되고 죄 사함을 받지 못한다.

십자가에 못 박힌 인자는 십자가에 못 박은 죄인들에 대해서 용서의 기도를 하셨다. 그러나 성령님은 아나니아 삽비라의 거짓말을 용서하지 않으시고 심판하셨다.

2. 언어 나무

이스라엘의 열 명의 정탐꾼은 '우리는 메뚜기 같다', '우리 아이들은 다 죽는다' 라는 말을 하였다. 두 명의 정탐꾼은, '저들은 우리의 밥이다.'. '저들의 보호자는 떠났다.' 라고 말하였다. 야고보서는 사람의 혀의 권세는 배의 키와 말을 어거(馭車) 하는 자갈과 같이 인생의 미래를 결정짓는 것으로 기록하였다.

예수님은 십자가의 죽으심과 사흘 만에 부활을 계속 말씀하신 대로 성취되었다.

"노랫말 연구회" 에서 대중 가수에 대한 평가가 있었다. '목포의 눈물' 을 부른 이난영 씨는, 눈물 흘리며 슬픈 인생을 살다가 가슴앓이 병으로 49세에 죽었다. '간다 간다 나는 간다.' 를 부른 김정호 씨는, 1985년 폐결핵으로 33살 젊은 나이에 가버리고 말았다. '해 뜰 날' 을 부른 송대관 씨는, 이 노래를 부르다가 쨍하고 해 뜰 날이 돌아와서 예수를 믿고 집사가 되어 복음 가수로 변신하였다. 부정적인 사고로 부정적인 노래를 부른 가수는 그 가사 그대로 인생의 결과를 낳았다.

나무와 실과의 원리처럼 좋은 나무는 좋은 말을 한다. 나쁜 나무는 나쁜 말을 한다. 선한 사람은 선한 말을 하고, 악한 사람은 악한 말을 한다. 말은 인격을 대변해 주기 때문이다.

주님은 성령을 모독하는 바리새인들에게 독사의 자식이라 저주하시며 너희가 어떻게 선한 말을 할 수 있겠느냐? 책망하셨다.

3. 언어와 심판

무슨 무익한 말을 하든지 심판 날에 받으리라. 네 말로 의롭다 함을 받고 네 말로 정죄함을 받으리라. 입으로 발설된 모든 말은 그 마음에 있는 것을 입으로 드러내기 때문이다.

우리는 하루에도 많은 말을 하지만 대체로 무익한 말들이 주종을 이루고 있다.

험담, 부정적인 말, 참견하고 간섭하는 말, 반대를 위한 반대말, 후욕하는 말, 의심하는 말, 자랑하는 말, 이간하는 말, 배신하는 말, 흠잡는 말, 냉소하는 말, 아는 척하는 말, 과격한 말, 곧이곧대로 하는 말, 협박하는 말, 무례한 말, 거짓말, 비판하는 말, 자신에게만 집중하는 말, 저속한 말, 불평하는 말, 앙갚음하는 말, 비난하는 말, 용기를 잃게 하는 말, 의심하는 말, 수다를 떠는 말, 경솔한 말, 아첨하는 말, 침묵하는 말, 조작하는 말, 성급한 말, 불화를 일으키는 말, 논쟁하는 말, 자랑하는 말, 자기를 비하하는 말, 중상모략의 말 등 수를 셀 수 없다.

말로 죄를 범하는 자는 모두 지옥에 모이게 된다. 사탄, 마귀, 귀신, 거짓 선지자, 뱀, 큰 용, 거짓말을 지어내는 자, 거짓말을 믿는 자들이다.

> "남의 말하기를 좋아하는 자의 말은 별식과 같아서 뱃속 깊은 데로 내려가느니라"
>
> "두루 다니며 한담하는 자는 남의 비밀을 누설하나니 입술을 벌린 자를 사귀지 말지니라"
>
> "경우에 합당한 말은 아로새긴 은쟁반에 금 사과니라" (잠언 18:8, 20:19. 25:11)
>
> "생명을 사랑하고 좋은 날 보기를 원하는 자는 악한 말을 그치며 그 입술로 궤휼을 말하지 말라" (베드로전서 3:10)

우리는 혀를 가지고 하나님께 영광을 돌리고 다른 사람에게 덕을 끼치고 자신에게 유익한 말을 하고, 거짓말과 후욕을 금하고 칭찬과 축복의 말에 인색하지 말아야 한다.

어리석은 말과 희롱의 말 "(에베소서 5:4)을 금하고, 경건하게 보이면서도 혀를 재갈 먹이지 아니한 자는 헛된 경건으로 자신을 속이는 자가 되고 말 것이다(야고보서 1:26). 죽고 사는 것이 혀의 권세에 달렸다" (잠언 18:21)고 하였다.

혀로 하나님을 찬송하고, 기도하고, 사람들에게 전도하여 하나님께 영광을 돌리고, 악한 귀신들을 예수 이름으로 쫓아내고, 사람들에게 유익을 주는 선한 열매를 맺어야 한다.

모든 짐승과 새와 벌레와 사람은 길들일 수 있지만, 혀는 능히 길들일 수 없으며, 성령님 밖에는 사람의 혀를 길들일 분은 이 세상에서 아무도 없다. 혀는 쉬지 않는 악, 죽이는 독이 가득하고, 온몸을 불사르는 불이다. 다윗은 내 입에 파수꾼을 세워달라고 기도하였다.

dessert

1. 사람과 인자에 대한 모독죄와 성령 모독죄의 차이는 무엇인가?
2. 사람이 착하고 악하다는 것을 좋은 나무와 나쁜 나무로 비유하였다. 나는 어떤 나무인가?
3. 언어는 의와 정죄 및 구원과 심판을 구분할 수 있는 중요한 증거물임을 아는가?

Prayer

주님! 우리가 말을 할 때마다 성령을 모독하지 않게 하시고 하나님께 영광과 사람들에게 건덕과 자신에게 유익한 말을 하게 하시고 복음을 말하는 좋은 나무 되게 하소서. 아멘!

34. 12:38-50 진짜 표적

"심판 때에 니느웨 사람들이 일어나 이 세대 사람을 정죄하리니 이는 그들이 요나의 전도를 듣고 회개하였음이거니와 요나보다 더 큰 이가 여기 있으며, 심판 때에 남방 여왕이 일어나 이 세대 사람을 정죄하리니 이는 그가 솔로몬의 지혜로운 말을 들으려고 땅끝에서 왔음이거니와 솔로몬보다 더 큰 이가 여기 있느니라. 이에 가서 저보다 더 악한 귀신 일곱을 데리고 들어가서 거하니 그 사람의 나중 형편이 전보다 더욱 심하게 되느니라 이 악한 세대가 또한 이렇게 되리라. 누구든지 하늘에 계신 내 아버지의 뜻대로 하는 자가 내 형제요 자매요 어머니이니라 하시더라" (41,42,45,50절)

Appetizer

예수께 대한 종교적인 사람들의 기대는 기적과 표적을 보여 달라는 것이다. 예수의 대답은 악하고 음란한 세대에 요나의 표적밖에는 보일 것이 없다고 말씀하시고 거절하셨다.

종교적인 기적이 일어나는 곳에는 사람들이 몰려들고 그곳에는 광신도들이 더 큰 기적을 바라면서 점점 광신도 집단을 형성하게 된다.

사람들은 현실과 동떨어진 광대놀이와 해리 포터 시리즈 같은 마법의 세계에서 드라마틱한 마법 이야기로 눈과 귀가 자극되는 것을 즐긴다.

헤밍웨이의 '노인과 바다' 소설을 실화처럼 믿으려 하지만, 역사적인 요나와 큰 물고기 사실은 단편 소설 정도로 생각하는 불신앙의 세대이다.

예수께서 악하고 음란한 세대에게 보여주시는 표적은 요나의 표적뿐이다. 한배를 탄 사람들을 대신해서 죽음의 제비가 뽑힌 요나가 무덤 같은 물고기 배속에서 사흘 만에 나와서 큰 성 니느웨 사람들을 심판에서 살렸다. 아담의 후손들을 대신해서 십자가에 죽으시고 사흘 만에 무덤에서 부활하시고 누구든지 예수를 믿고 회개하면 한 성읍이 아니라 온 세상이 구원을 받게 된다는 구원의 메시지가 표적 중의 표적이다.

남방 여왕이 솔로몬의 지혜를 얻으려고 땅끝에서 찾아왔지만, 솔로몬보다 더 크신 예수 그리스도가 지척에서 하나님의 복음을 가르쳐도 듣고 배우려 하지 않았다.

유대인들은 요나 선지자와 솔로몬 왕은 알지만 그들보다 더 크신 예수 그리스도를 알지 못하였다.

사도 바울은 세상의 관원들과 지혜자들이라도 성령이 아니고서는 아무도 예수를 주라고 고백할 수 없고 그분을 주님으로 모시고 살 수 없다고 단언하였다.

> "기록된바 하나님이 자기를 사랑하는 자들을 위하여 예비하신 모든 것은 눈으로 보지 못하고 귀로도 듣지 못하고 사람의 마음으로도 생각지 못하였다 함과 같으니라. 오직 하나님이 성령으로 이것을 우리에게 보이셨으니 성령은 모든 것 곧 하나님의 깊은 것이라도 통달하시느니라." (고린도전서 2:9,10)

예수의 모친과 동생들이 예수께 찾아와서 가족사에 대해서 무슨 말을 하려고 찾아왔지만, 예수께서는 "누구든지 하늘에 계신 내 아버지의 뜻대로 하는 자가 내 형제요 자매요 모친이니라" 는 새로운 가족 관계에 대해서 말씀하셨다.

예수의 가족들은 성령을 받기 전에는 예수를 육적인 가족 관계로만 알았지 자신들의 구원과 세상의 구원을 위해 보내신 하나님의 독생자이심을 알지 못했다.

예수 그리스도와 만남은 사람의 종교, 철학, 도덕과 혈육적인 방법으로 관계가 이루어지는 것이 아니라 물과 성령으로 거듭나서 믿음으로 영적인 관계가 이루어질 때 니고데모처럼 하나님이 보이고 하나님의 나라에 들어가게 된다.

Today' s dish

선교지에서 현지인 전도 집회에서 복음 메시지를 전하고 내려왔을 때, 그곳 청소년들이 달려와서 인증샷을 찍기도 하고 사인을 요청하였다. 노트에, 팔뚝에, 티셔츠, 모자 등에 사인을 하면서 내가 유명 인사? 가 된 느낌이 들었다.

예수께서 하나님 나라의 복음을 전파하시고 많은 기적으로 표적을 보여주셨을 때, 사인 요청은 커녕 바리새인들은 다른 표적을 보여 달라고 요청하였다. '당신이 진짜 하늘에서 내려온 메시아가 맞는지 믿을 수 있는 다른 표적을 더 보여달라' 고 요구하였다.

참된 기적은 기적을 경험하지 않아도 성령의 감동으로 하나님의 말씀을 믿고 회개하고 구원받아 하나님의 자녀가 되는 것이다.

유대인들은 장터에서 노는 아이들처럼 '장터에서 피리를 불어도 춤추지 않고 애곡하여도 가슴을 치지 않는 세대' 가 되었다.

예수께서 '너와 네 자녀를 위해서 울라' 고 말씀하시면 사람들은 제발 나와 우리 자녀들이 울지 않도록 해달라고 요구한다. '신랑이 있을 때 즐거워하고 기뻐하라' 고 말씀하시면 사람들은 금식하고 슬퍼하려고 한다.

말씀 신앙은 주님의 말씀에 기준을 두고 내 모든 것을 맞추려고 한다. 그러나 표적 신앙은 예수께서 내 기준과 내 기분과 내 감정 내 눈높이에 맞추어 달라고 요구하는 병든 신앙이다. 신앙은 복잡하지 않고 언제나 단순하다. 하나님의 말씀 이외는 다른 기준이나 요구사항이 없다.

1. 요나와 솔로몬

요나는 니느웨성 사람들에게 하나님의 심판을 경고하고 그들이 회개함으로 하나님의 심판을 받지 않게 한 선지자이다. 요나의 표적은, 불순종의 죄는 죽음이다. 그러나 회개는 부활 생명이라는 것을 자신이 체험한 간증을 근거로 니느웨 성에서 40일이면 하나님의 심판 임한다는 간단한 메시지를 전하였다. 그런데도 왕으로부터 백성들까지 금식하고 회개하고 하나님의 심판을 받지 않고 구원받은 것이 기적이고 표적이다.

요나는 모세 같이 온유한 선지자도 아니고, 예레미야 같은 눈물의 선지자도 아니다. 나단같이 지혜롭고 강직한 선지자도 아니다. 요나는 그의 죽음과 삶의 표적이 메시지 자체가 되었다.

설교자의 설교와 가르침이 부족해도 회개하고 믿음이 성장하는 것은 니느웨성 사람들 같은 영적인 기적이지만, 유명 설교자의 설교만 들으려는 습관은 종교적 사치이다.

심판 날에 니느웨 사람들이 회개치 않는 사람들과 설교를 핑계하는 사람들을 정죄할 것이다. 요나는 죗값은 죽음, 회개는 부활과 생명이라는 것을 그의 삶의 메시지로 보여주었다. 요나의 표적은 예수 그리스도의 십자가에서 죽으심과 부활을 상징하는 복음이다.

하나님의 말씀에 불순종하면 망한다는 것과 회개하면 하나님이 버리지 않는다는 메시지 밖에는 악한 세대 사람들에게 보여줄 표적이 없다는 교훈이다.

심판 날에 남방 여왕이 일어나 이 세대 사람을 정죄한다는 말씀에서 '남방 여왕' 은 열왕기상 10장 1절~13절에 나오는 스바의 여왕을 말하는데 스바는 남부 아라비아에 있는 오늘날의 예멘(Yemen)을 가리킨다. 이 여왕은 솔로몬의 지혜를 들으려고 많은 예물을 가지고 무려 2천 킬로미터나 되는 땅끝에서 왔다. 그러나 유대인들은 바로 지척에 있는 솔로몬의 지혜보다 나은, 아니 비교도 할 수 없는 예수 그리스도의 말씀을 듣지 않았다.

심판 날에 시바 여왕이 재판석에 앉아서 하나님의 말씀을 듣지 않고 불신하는 사람들을 정죄할 것이다. 신앙생활에서 핑계하는 것은 자살행위가 된다.

사람의 질병의 75%는 모두 자기 때문에 걸린다고 한다. 음식 무절제, 감정 무절제, 과로와 방종, 자기 욕심 등에 의해서 질병에 걸린다고 한다.

표적의 말씀을 듣고 회개하면 요나처럼 생명과 사명을 주시고, 스바 여왕처럼 왕의 영광을 볼 수 있으며 하늘의 지혜를 얻을 수 있다.

우리는 표적 신앙과 기적 신드롬에 빠지지 말고 오직 말씀 신앙이 되면 기적의 사람이 요나같이 쓰임을 받고 영광의 사람 솔로몬처럼 복을 받는다.

2. 귀신 집

공중 권세자 사단은 땅에 두루 다니면서 삼킬 자를 찾다가 유혹자 마귀를 보낸다. 마귀는 광야와 바다와 물에서 살면서 바람을 일으키다가 사람의 마음속에 들어가서 집을 짓고 살도록 귀신들을 보낸다. 이것은 사단의 삼위일체 조직이다. 사단이 표적을 삼은 사람은 마귀를 보내서 죄를 짓게 하고 죄의 포로가 되게 한 다음, 그 사람의 영에 귀신을 보내어 그 사람 안에서 집을 짓고 살면서 강탈하고 지배한다.

> '하늘에 있는 자들과(사단), 땅에 있는 자들과(마귀), 땅 아래 있는 자들(귀신)로 모든 무릎을 예수의 이름에 꿇게 하시고' (빌립보서 2:10)
>
> "대제사장 여호수아는 여호와의 사자 앞에 섰고 사단은 그의 우편에 서서 그를 대적하는 것을 여호와께서 내게 보이시니라" (스가랴 3:1)
>
> "마귀가 벌써 시몬의 아들 가룟 유다의 마음에 예수를 팔려는 생각을 넣었더니" (요한복음 13:2)
>
> "십팔 년 동안을 귀신 들려 앓으며 꼬부라져 조금도 펴지 못하는 한 여자가 있더라" (누가복음 13:11)

성부 하나님은 만세 전에 우리를 구원하시려고 예정하시고 선택하셨다. 그리고 독생자 예수님을 보내시고 우리를 위해서 십자가에서 흘린 그의 피로 우리를 값을 주고 사시고 우리를 자유케 하셨다. 예수님을 믿는 자들에게 성령님이 내주하셔서 영원토록 우리와 함께하시고 인도와 보호와 공급하신다.

삼위일체 하나님을 흉내 내는 사단의 짝퉁 삼위일체의 구도는 하나님의 구원과 정 반대 개념을 가지고 있다. 하나님이 버리신 유기된 자를 선택하고, 그들을 자기 소유로 인을 쳐서 포로로 삼고, 그들 속에 귀신이 거주하여 떠나지 않고 점점 멸망의 구렁텅이로 이끌고 가는 유사점이 있다.

귀신들은 사람들 마음속에 집을 짓고 산다. 정부 소유의 땅에 불법으로 천막을 치고 거주하다가 점점 판자촌이 되고, 나중에는 튼튼한 벽돌집으로 지어서 문패까지 달고 자기 소유지로 만들어 버린다.

제비가 처마 끝에 집을 짓는데 처음에는 진흙을 약간 발라놓는다. 그리고 풀잎을 하나씩 물고 와서 진흙에 꽂아놓는다. 점점 제비집이 완성되면 그 안에서 새끼를 낳고 산다.

제비집을 막대기로 허물어 버리면, 제비들은 끈질기게 다시 날아와서 집을 짓는다.

귀신들도 대대로 그 가문에 집을 짓고 살면서 그 가족들을 집중적으로 단속하고 그 불신 가문에서 이탈자가 발생하면 그 가문이 모두 예수 믿을 수 있으므로 조직적으로 철저하게 방해를 한다. 귀신은 옛집을 잘 기억하고 있어서 틈이 나고 기회만 있으면 일곱 귀신이 다시 돌아가서 강력한 진을 치고 가나안(안나가) 왕국을 건설한다. 그 집은 주인이 바뀌고 전보다 더욱 형편이 심하게 된다. 주님은 이 악한 세대가 그렇게 될 것이라고 하셨다.

> "마음에서 나오는 것은 악한 생각과 살인과 간음과 음란과 도적질과 거짓 증거와 훼방이니" (마태복음 15:19)

귀신은 성령을 모시지 못한 사람의 마음에 집을 짓는다. 주님이 임재하지 않은 가정에 집을 짓고 산다. 바벨론은 더러운 귀신의 처소가 되어 민족과 나라에서 와서 집을 짓고 거주한다.

귀신이 거주하는 집은 불법점유이기 때문에 예수 이름으로 당당하게 '이 사람에게서 나가라' 고 선포하고 외쳐서 쫓아내야 한다.

한 남성이 여성이 혼자 사는 원룸의 키 번호를 알아내고 여성이 외출하면 그 집에 들어와서 샤워하고 침대에서 잠을 자다가 여성의 신고로 경찰에 체포된 사건이 있었다.

혼자 사는 그 여성은 이상한 남자가 몰래 들어와서 자기 침대에서 잠을 자고 있을 때 얼마나 놀라고 더럽고 기분이 상하였겠는가? 귀신이 거주하는 집은 즉시 신고해서 예수 이름의 공권력으로 반드시 쫓아내야 한다.

가문에서 대대로 우상을 숭배하는 더러운 귀신, 대대로 가정불화를 일으키는 분쟁과 음란의 귀신, 공동체에 분열과 분쟁의 영, 의심과 시기 질투의 영, 거짓과 도적의 영, 살인과 자살과 폭력의 영, 대물림하는 가난과 대물림하는 불치의 병이 떠나지 않는 영을 향하여 예수그리스도의 이름으로 명령하고 떠나도록 선포해야 한다.

3. 예수 가족

행복하게 사는 가정을 보면 '나도 저 가족과 함께 살면 좋겠다' 라는 생각이 들지 않는가? 마리아의 처녀성을 주장하기 위해서 예수의 형제들은 요셉의 전처소생이라고 주장하는 해석을 하기도 한다. 그러나 성경은 마리아가 성령으로 예수를 낳은 후, 요셉과 결혼해서 자녀를 낳았다. 마리아는 우리와 같이 예수 그리스도를 믿음을 구원받아야 할 죄인임을 마리아의 찬가에서 고백하였다.

예수 부활 이후 마리아는 오순절 다락방 성령강림의 증인이며, 주의 형제 야고보는 예루살렘의 감독으로서 교회를 섬겼고, 유다는 유다서를 기록하였다.

예수의 가족들이 예수께 찾아온 것은 가출한 예수를 귀가하도록 하였고, 선지자로 사역을 하려면 사람이 많은 예루살렘에 가서 사역하도록 설득하려고 하였다.

예수께서는 자신의 모친과 형제와 자매는 예수 제자이며 하늘에 계신 아버지의 뜻대로 하는 자가 한 가족이라는 새로운 가족 개념을 말씀하셨다.

예수의 사생애 30년은 요셉의 아들로서 가사를 도우면서 순종하여 양친을 받드셨다. 그러나 세례를 받으시고 하나님이 보내신 메시아로 공생애를 시작하실 때 하늘에 계신 아버지의 뜻을 받들기 위해서 하나님의 아들로서 순종하셨다.

육신의 가족들은 길어야 1세기를 넘기지 못한다. 그러나 영적인 가족은 영원한 관계를 맺고 함께 산다. 예수를 영접한 하나님의 자녀에게는 독생자 예수의 권세를 주셔서 그 이름을 사용할 권세를 주셨다.

교회는 하나님의 가족들이 모여서 영적으로 교제하며 영원히 함께 살 준비를 연습하는 곳이다. 아버지의 집을 떠난 탕자들이 돌아오도록 기도해야 하며, 아직 가족 의식이 약한 어린 신자들을 붙들어서 실족하지 않도록 해야 한다. 그리고 아직 이방인이며, 외인이며, 손님 의식을 가진 사람들에게는 예수 그리스도의 복음을 깨닫고 예수를 영접함으로 하나님의 권속이 되도록 도와주어야 한다.

“그러므로 이제부터 너희가 외인도 아니요. 손도 아니요 오직 성도들과 동일한 시민이요 하나님의 권속이라” (에베소서 2:19)

초대 교회는 모든 삶을 공유하는 사랑과 섬김의 공동체이다. 가정 같은 교회, 교회 같은 가정은 하나님이 디자인하신 아름다운 지상의 두 공동체이다. 예수께서 가정과 교회를 이런 모델로 교훈하여 주셨다. 제자들을 형제같이 사랑하셨으며, 육신의 가족은 혈육 차원을 넘어서 영적인 관계가 되도록 가르치셨다.

호세아서에서 “너희는 내 백성이 아니요. 나는 너희 하나님이 되지 아니할 것임이니라” (호세아 1:9)는 선언은 로암미(Lo-Ammi)이다. 하나님의 뜻대로 살지 않는 자는 비록 혈연적 가족일지라도 예수가 선언하신 하늘나라의 영적 가족이 아닌 로암미이다.

바울 사도가 디모데에게 보낸 목회 서신에서 ‘내 아들아’ 호칭을 하면서 교회를 하나님 가족들의 공동체로 생각하고 가족적인 목회를 하라는 교훈을 하였다.

성경에는 참된 믿음의 사람이 부모에게 효도하고 형제 우애하는 아름다운 기록이 많다.

대표적인 인물은 요셉이다. 형들에게 미움을 받고 애굽에 팔려서 종살이하였지만, 하나님께서 그를 구원하여 주시고 애굽의 총리로 세워서 온 세상을 먹여 살리는 양식창고를 주관하였다. 형들에게 원수를 갚지 않고 오히려 가족 70명을 초대하여 고센 땅에서 살게 하였다. 다윗은 사울에게 쫓겨 다니면서 신변의 위협을 느끼고 부모를 안전한 외국 모압으로 피신시키고 모압 왕과 함께 있도록 하였다. 솔로몬은 "아침에 일어나 어머니께 절하고 자신의 옥좌 우편에 앉도록 공경하였다. 임금이 노모를 공경하고 높여 드릴 때 아무도 밧세바를 무시할 수 없었다. 예수님은 십자가에 달려서 제자 요한에게 노모 마리아를 아들 대신 모셔달라고 부탁을 하시고 임종까지 효도를 다 하시고 세상을 떠나셨다.

십계명 두 번째 돌판에서 부모를 공경하라고 명령하시고 인간의 기본권인 생명과 행복으로 잘되고 장수함을 약속하였다.

보건복지부 발표에 의하면 노인을 학대하는 가해자 중에 아들이 50.8%, 며느리 19.7%, 딸 11%, 배우자 6.6%로 나타났다. 부모를 제일 학대하는 자가 바로 자기 아들이라는 사실에 놀라지 않을 수 없다.

까마귀는 어릴 때는 어미 까마귀가 새끼 까마귀에게 먹을 것을 물어다 준다. 그런데 까마귀가 늙어서 제대로 날지 못하게 되면, 장성한 새끼 까마귀가 먹을 것을 물어다가 어미 까마귀를 먹인다. 이것을 '반포지효' (反哺之孝)라고 한다.(잠언 30:17)

까마귀는 어미 새가 나뭇가지에 앉으면 새끼들은 어미가 앉은 가지보다 위에 앉는 법이 없다. 예절도 윤리 도덕도 없는 악한 세대에 구원의 복음이 절대적으로 필요하다.

dessert

1. 우리는 예수 이름으로 더러운 귀신을 쫓아내고 귀신의 집을 허물어

야 한다.

2. 우리는 하나님의 뜻대로 하나님을 공경하고 형제와 우애하고 생명과 행복을 누려야 한다.
3. 세상에서 가장 큰 기적은 내가 복음을 듣고 예수를 믿어 하나님의 자녀가 된 일이다.

Prayer

주님! 예수 이름으로 더러운 귀신의 집들을 무너지게 하시고 하나님의 복음으로 구원받는 기적의 사람이 되어 생명과 행복을 누리는 복된 자들이 많아지게 하소서. 아멘!

35. 13:1-17 해변 설교(海邊說敎)

"예수께서 비유로 여러 가지를 그들에게 말씀하여 이르시되 씨를 뿌리는 자가 뿌리러 나가서, 뿌릴새 더러는 길가에 떨어지매 새들이 와서 먹어버렸고, 더러는 흙이 얕은 돌밭에 떨어지매 흙이 깊지 아니하므로 곧 싹이 나오나, 해가 돋은 후에 타서 뿌리가 없으므로 말랐고, 더러는 가시떨기 위에 떨어지매 가시가 자라서 기운을 막았고, 더러는 좋은 땅에 떨어지매 어떤 것은 백배, 어떤 것은 육십 배, 어떤 것은 삼십 배의 결실을 하였느니라

이사야의 예언이 그들에게 이루어졌으니 일렀으되 너희가 듣기는 들어도 깨닫지 못할 것이요 보기는 보아도 알지 못하리라. 그러나 너희 눈은 봄으로, 너희 귀는 들음으로 복이 있도다" (3-8,14,16절)

Appetizer

예수의 산상설교(山上說敎)는 제자들에게 천국 백성의 품성과 삶에 대한 교훈이다.

예수의 해변 설교(海邊說敎)는 많은 무리에게 천국의 비밀을 비유로 가르치셨다. 예수께서는 집에서 나가시면 바로 바다(호수)가 보이는 호반의 도시 춘천같이 자연경관이 좋은 갈릴리지역에서 하나님의 나라를 시작하셨다.

7대 비유로 가르치신 말씀은 천국의 비밀을 알도록 허락된 사람들만 알 수 있도록 비유를 사용하셨다.

"또 비유를 베풀어 가라사대.., 천국은 마치" 라는 설교에서 '마치' 를 풀어내야 한다. 악하고 음란한 세대 속에 실존하고 있는 '하나님의 나라' 는 숨겨져 있지만, 씨를 뿌린 밭에서 조용히 자라서 열매를 맺는 생명력을 가지고 있다는 사실을 비유로 가르치셨다.

선교사의 접근을 제한하는 지역, 복음 전파를 거부하는 지역, 기독교 박해 지역이라는 '창의적 접근 지역' (CAN, Creative Access Nation)에서는 마치 예수님의 비유 설교와 같이 신분과 사역과 교훈을 비유와 은유를 사용한다.

예수 제자들은 반드시 알아야 하는 진리이지만, 하나님의 나라를 반대하고 거부하는 사람에게는 비유로 말할 수밖에 없다. 예수께서 진주를 개와 돼지에게 던지지 말라고 하신 이유는 그들은 진주를 물어뜯고 상하게 하고 더럽히기 때문에 이사야 선지자 예언과 같은 맥락에서 그들의 귀와 눈을 막아서 진리의 진주를 보호해야 함을 의미한다.

> "대답하여 가라사대 천국의 비밀을 아는 것이 너희에게는 허락되었으나 저희에게는 아니 되었나니" (마태복음 12:11)

'천국은...과 같으니' 에서 '... 과 같다' 라는 말은 아람어의 관용적 표현이다. '천국은 좋은 씨를 제 밭에 뿌린 사람과 같으니….' 라는 말씀에서 '한 사람의 경우' 와 같다는 뜻이다.

예수께서는 농촌과 어촌에서 자라나시고 사역을 하셨기 때문에 농부와 어부들의 일상생활의 소재를 비유로 사용하셨다.

사람들에게 상식으로 인식되는 '설교' 는 길고 딱딱하고 지루하며 어렵고 무슨 말인지 잘 모르겠다는 고정관념을 가지고 있다. 그러나 예수의 설교는 그런 상식을 뒤집어엎으시고 설교라는 것은 바로 이런 것이라는 설교의 참신함을 모범적으로 보여주셨다.

Today' s dish

예수는 지상에서 하나님의 나라(天國)를 건설하기 위해서 세상에 오셨다. 눈에 보이는 영토, 행정조직, 군대, 공무원, 백성이 없어서 사람들의 인정을 받지 못하고 오해를 사지만 세상 나라와 성질이 다른 영원한 하나님의 나라의 씨를 심으셨다.

한국 사람들은 텃밭이 있으면 고추, 상추, 부추를 심어 먹는다. 그런 농사법으로는 씨뿌리는 비유가 이해되지 않는다. 팔레스타인에서는 넓은 밭에서 씨뿌리는 자가 망태기에 씨를 가득 담고 어깨에 메고 다니면서 씨를 한 움큼 쥐고 흩어서 뿌린다. 뿌려진 씨들은 여러 상황의 밭에 뿌려지고 거기서 생존을 시작하지만, 그 결과는 상이하게 나타난다.

1. 예수 설교

예수께서는 하나님이 천지창조를 말씀으로 하신 것과 같이 하나님의 나라를 세우기 위해서 말씀의 씨앗을 뿌리셨다. 예수의 설교에서 일반적인 교훈을 말씀하실 때보다 하나님의 나라에 대해서 사람들의 오해 소지가 있거나 반대에 부딪힐 민감한 사안에 대해서는 비유로 말씀하셨다.

글로버(Glover) 교수는 그의 책인 '역사의 예수' (The Jesus of History)에서 말하기를 신약에서 예수의 사역과 위격을 표현하는 40여 개의 칭호 가운데, 선지자(Prophet), 구세주(Savior), 주님(Lord), 메시아(Messiah), 인자(Son of man) 등이 있다. 그중에 선생(Teacher, 랍비)이라는 칭호는 사복음서에서 예수를 기술할 때 가장 많이 사용되는 칭호 중에 하나로서 45번 쓰이고 있다고 하였다. 이 칭호는 상대방이 부르는 칭호로 쓰였지만, 때로 예수께서 스스로 호칭할 때도 사용되었다.

예수의 공생애 기간 중 가장 중요한 사역 중의 하나는 가르치는 것이었다. 어떤 탁월한 교육 이론이나 어느 교육학자들 보다 예수께서 제시하시고 몸소 실천하셨던 교육 방법이야말로 우리가 눈여겨보아야 할 최고의 교육 모델이다. 예수의 교육 방법은 몇 가지가 있다.

① 질문법

"사람들이 나를 누구라고 하느냐?" "너희는 나를 누구라 하느냐?" 고 물으심으로 제자들에게 대답을 인출해 냄으로 마음속에 깊숙하게 새긴다.

② 은유와 상징

비유를 사용하신 의도는 적대자들이 그에 대하여 비난을 하기 어렵게 만들기 위함이며, 청중들의 감정을 누그러뜨리는 효과가 있으며, 비유 속에는 사람을 깜짝 놀라게 하는 전환점이 있다. 예수께서 비유를 사용하실 때는 그의 주변에서 반대의 물결들이 일어나기 시작했던 공생애 중간 무렵부터 그의 가르침에 대한 자기방어책으로서 자기의 때가 올 때까지 사역하시려는 목적으로 채택하신 것으로 보인다. 예수의 비유를 듣고 자신이 "종교적인 저능아" 가 아닌지 살펴보아야 한다.

③ 대조법

예수는 좁은 문과 넓은 문, 모레 위에 짓는 집과 반석 위에 짓는 집, 염소와 양, 충성스러운 종과 불충성스러운 종 등 대조법을 사용하심으로 가르침에 흥미를 갖게 하는 요인이 되었다.

④ 시와 격언

예수는 시편을 좋아하셨다. 격언과 금언 형태의 짤막한 시를 제자들과 대화에서 많이 사용하셨다. "그러나 너희 눈은 봄으로, 너희 귀는 들음으로 복이 있도다" "육으로 난 것은 육이요 영으로 난 것은 영이니" 라는 시적 형태에 메시지를 담아서 마음에 쉽게 기억되고 생명력을 발휘하는 놀라운 가르침이다.

⑤ 유머

예수는 해학적인 유머를 사용하셨다. "귀 있는 자는 들으라" 라는 뜻은 귀 없는 자가 없지만, 귀 있는 자는 잘 들으라는 일종의 유머적인 표현이다.

수로보니게 여인이 귀신 들려 고생하는 자기 딸을 도와달라고 요청하자 "자녀의 떡을 개에게 주는 것이 마땅치 않다" 는 말씀은 그 여자를 무시했다기보다 해학적인 표현이다.

기지와 위트와 유머와 해학은 같은 종류의 단어들이다. 이것은 학습의 긴장을 풀어주고 오랫동안 기억에 남게 하고 문제의 핵심을 보다 명확하게 이해하며 가슴에 와닿게 하는 면에서 효과적인 교수법 중 하나이다.

⑥ 역설 교수법

예수는 모순 같은 역설적인 진술로 가르치셨다. "크고자" 하는 사람은 섬기는 사람이 되고 "으뜸" 이 되는 사람은 다른 사람의 종이 되어야 한다는 진술을 하셨다.

하나님의 눈에는 가난한 과부의 헌금이 부자의 많은 헌금보다 훨씬 크다. 이스라엘의 종교 지도자였던 서기관과 바리새인들의 화려한 수사학과 겉치레와 꾸민 경건은 그들의 내부 타락과 영적 빈곤으로 모순된다는 것을 역설적으로 가르치셨다.

⑦ 과장법

예수께서 청중을 사로잡기 위하여 과장법을 사용하셨다. 과장법은 셈족어의 특징이다.

"무릇 내게 오는 자가 자기 부모와 처자와 형제와 자매와 및 자기 목숨까지 미워하지 아니하면 능히 나의 제자가 되지 못하고" (누가복음 14:26)라는 교훈은 과장법으로 핵심을 지적하는 방법이다.

"만일 네 오른 눈이 너로 실족게 하거든 빼어 내버리라 네 백체 중 하나가 없어지고 온몸이 지옥에 던지우지 않는 것이 유익하며" (마가복음 9:43-44)라는 말씀은 문자적으로 해석해서 자기 몸을 절단하라는 것이 아니라 죄를 야기시킬 만한 모든 것은 그들의 생활에서 제거하여야 할 필요가 있다는 것이다.

"오른손이 하는 것을 왼손이 모르게 하라" 는 것도 과장 진술이다. 오른손이 하는 일을 왼손이 모를 수 없다. 이것은 구제 활동을 하는 사람은 그가 행하고 있는 것을 의식적으로 알지 않는 것이 좋다는 것이다.

예수님은 시청각 자료(PPT, 영상, 화이트보드)나 소품들을 사용하지 않고서도 청중들을 사로잡으셨다. 그 이유는 예수의 인품이 그의 메시지에 생명과 활력을 주었고, 그가 말씀하신 내용과 전달하신 방법이 탁월하였다.

예수님은 성경의 중심 내용을 분명하게 파악하고 듣는 자의 눈높이에 맞게 소화하여 창의적으로 쉽게 가르치셨다.

어려운 인간의 문제들을 상식적이고 쉽게 접근하여 그 의미를 깨닫게 하셨다. 허무맹랑하고 실생활과 거리가 먼 비상식적이며 교조적인 이야기가 아니라 내일을 염려하는 자들에게 공중의 새와 들의 백합화의 실제적인 예를 가지고 명쾌하게 가르치셨다.

예수님은 지식 정보를 전달하는 것보다 사람의 마음을 변화시키는 데 관심이 있으셨다. 율법사가 "누가 내 이웃입니까?" 하고 물었을 때 강도 만난 자의 이야기를 하시고 "누가 이웃이냐?" 라는 질문을 하셨다. 율법사는 "자비를 베푼자니이다" 라고 말하자 예수님은 "가서 너도 이와 같이 하라" 고 하셨다.

예수님 주위에 다가왔던 사람들은 모두가 문제를 가진 사람들이었다. 앞에 닥친 문제보다는 그것을 해결하는 원천인 믿음에 우선을 두시고 그것을 사람들에게 심어주셨다. 물질적이고 실용적인 싸구려 교육이 아니라 수 없이 닥치는 인생의 문제들을 어떻게 해결해 나가면서 대처할 수 있는지 그 원리와 방법을 근본적으로 체득하도록 가르치셨다.

그리고 서기관과 바리새인들은 자기 손가락도 움직이지 않으면서 종교적이며 도덕 윤리적으로 '내로남불' 과 외식적으로 가르치는 것과 다르게 권세가 있고, 날마다 새롭고 신선한 교훈으로 생명력이 있었다. 그러므로 예수님의 설교와 가르침은 1) 쉽다. 2) 재미있다. 3) 핵심 진리만 가르친다. 4) 문제를 해결하게 한다. 5) 권세 있는 새 교훈(신선한)이다.

2. 비밀과 비유

예수님의 비유 설교에는 감추어진 비밀이 많이 있다. '씨뿌리는 비유' 의 교훈은 로마 정부나 사두개인, 바리새인들이 오해할 소지가 있는 '하나님의 나라' 에 관한 교훈이다.

일제 강점기에 홍난파의 노래 중에 '봉선화'는 일제의 압박 가운데 있는 우리 민족을 봉선화에 비유한 노래였다. 터질 것만 같은 울분을 노래하는 것을 일제가 금지곡으로 선정하였다. 봉선화의 영어 이름은 '나를 만지지 마세요' (touch-me-not)이다.

나를 함부로 만지면 터지고 뚜껑이 열린다는 의미다. 예수는 무리에게는 비유로 가르치셨으나 제자들과 따로 계실 때는 비유를 해석하여 주셨다.

하나님의 나라는 치외법권 지역인 외국 공관과 같아서, 세상에 존재하지만, 세상에 속하지 않는 다른 나라이다. 탈북자들이 외국 공관이나 외국인 시설에 진입하면 그 나라 영역에 들어온 것으로 간주하고 정치적인 망명이나 난민 신청을 할 수 있다.

대구에서 목회할 때 미군 통역관 여집사의 초청으로 미8군 캠프헨리(Camp Henry) 영내에 가서 점심을 먹었다. 그곳은 대한민국 내에 존재하는 미국이었다. 영어를 구사하고, 양식을 먹고, 미국 대중가요를 들으며 커피를 마시고 미국 문화를 완벽하게 느낄 수 있었다. 원(one) 스타와 사병들이 팔짱을 끼고 발을 꼬고 앉아서 커피를 마시면서 격이 없이 대화를 나누는 모습을 보고 충격을 받았다. '세상에 이런 군대도 다 있구나?' 하늘의 별 따기 같은 스타와 갈매기 계급장을 단 사병과 격이 없이 교제하는 모습을 보면서 미국이라는 나라에 대한 궁금증이 생기고 동경하는 마음도 들었다.

교회가 세상에서 하나님의 나라를 보여주고 느끼게 해 주고 있는가? 라는 많은 생각을 하게 되었다.

하나님 나라의 씨는 하나님의 말씀이라고 하셨다. 씨는 작지만 그 속에는 꽃도 있고 잎과 줄기와 뿌리와 열매도 있어서 식물의 모든 요소가 다 들어있다.

하나님의 말씀 속에는 하나님이 자녀들에게 주시기를 기뻐하시는 하나님 나라의 모든 지복이 그 안에 담겨 있다.

생명, 평안, 안식, 기쁨, 만족, 승리, 영광, 거룩, 경건, 사랑, 믿음, 소망, 성령의 9가지 열매와 수많은 성령의 은사들... 그래서 마귀는 진주 같은 그 씨앗에 눈독을 가지고 사람들의 마음에 씨를 심지 못하게 온갖 방해를 한다.

씨를 뿌리는 자(예수님)가 씨를 뿌림으로 하나님의 나라가 시작된다. 겨자씨 비유에서도 채송화 같은 작은 씨앗이 새들이 깃들이는 큰 나무로 자란다. 그러므로 마귀는 그런 비밀을 알고 작은 씨를 심지 못하게 하고 그 씨앗을 빼앗으려고 한다. 바울은 심었고, 아볼로는 물을 주었으되 자라게 하시는 분은 하나님이시니 누가 막을 것인가?(고린도전서 3:6-7)

많은 사람은 씨를 중요시하지 않는다. 열매를 따 먹는 것은 쉬운 일이지만 씨를 심어서 자라게 하고 열매를 맺기까지는 상당한 인내가 필요하기 때문이다.

3. 마음과 밭

1) 길가 밭

마귀가 와서 그들로 믿어 구원을 얻지 못하게 하려고 들은 말씀을 그 마음에서 빼앗는다.

귀담아 들으라는 말은 말씀을 흘러 떠내려가도록 내버려 두지 말라는 말이다. 길가의 밭은 무딘 마음의 상징이다. 사람들이 발로 밟고 지나다니는 길은 단단해서 씨앗이 흙 속에 심어질 수 없고 새들이 와서 먹어버린다. 닫힌 마음과 쓴 뿌리의 상처가 있는 사람은 하나님의 말씀을 잘 받지 못하며, 종교적인 바리새인들과 이방인들이 길 밭과 같다.

2) 바위 밭

말씀을 들을 때 기쁨으로 받으나 습기가 없어서 뿌리를 내리지 못하고 말라버린다. 잠깐 믿다가 시험을 받을 때 배반하는 자며, 충동적인 마음이다. 집회나 감동을 주는 찬양을 들으면 은혜를 받지만, 돌아서면 옛 죄악과 습관에 깊이 빠져서 헤어 나오지 못한다.

부자 청년은 재산을 팔아 구제하고 나를 따르라는 말씀을 듣고 근심하며 돌아갔다. 에서와 가룟 유다와 같이 명분과 축복을 등한히 여기는 사람이다.

3) 가시덤불 밭

말씀을 들은 자이나 지내는 중 이생의 염려와 재리와 일락에 기운이 막혀 온전히 결실치 못하는 자이다. 다른 것에 마음이 점유된 사람이며, 걱정 근심의 기운과 재리의 유혹들과 부에 대한 갈망과 무절제한 갈망 등을 가진 자다. 일락은 술 취함, 마약 복용, 도박, 음란, 스포츠, 오락, 세상을 사랑하여 하나님의 사역을 버리고 간 데마와 같고 롯의 처같이 뒤돌아보는 사람이다.

4) 좋은 땅

좋은 마음으로 말씀을 듣고 지키어 인내로 결실하는 자이다. 말씀에 대한 반응이 좋으며 인내로 말씀을 듣고 착념하는 마음이다. 하나님의 말씀을 믿음으로 수용하고 그 말씀이 뿌리를 내리고 잘 자랄 수 있는 마음이다. 착한 마음과 인내의 성품으로 열매 맺는 자이다.

예수님으로부터 같은 시간과 같은 장소에서 같은 말씀을 들었지만 1/4의 좋은 밭이 열매를 맺는다는 것은 복음 사역자에게 실망하지 말라는 위로와 격려가 되는 비유이다.

dessert

1. 예수께서 비유로 말씀하신 이유가 무엇인가?
2. 예수의 설교와 서기관과 바리새인들의 가르침과 차이점은 무엇인가?
3. 나는 솔직하게 어떤 밭이라고 생각하는가?

Prayer

주님! 악하고 음란한 세상에서 하나님 나라의 씨앗을 심고 물주는 사역자들에게 위로와 힘을 주시고 하나님께서 자라게 하시고 열매 맺게 하여 주시옵소서. 그리고 많은 사람의 마음이 좋은 밭이 되어서 하나님의 나라가 그 속에서 자라도록 역사하여 주시옵소서. 아멘!

36. 13:18-30 신앙 감정(鑑定) 평가서

"아무나 천국 말씀을 듣고 깨닫지 못할 때는 악한 자가 와서 그 마음에 뿌려진 것을 빼앗나니 이는 곧 길가에 뿌려진 자요, 좋은 땅에 뿌려졌다는 것은 말씀을 듣고 깨닫는 자니 결실하여 어떤 것은 백 배, 어떤 것은 육십 배, 어떤 것은 삼십 배가 되느니라 하시더라

사람들이 잘 때에 그 원수가 와서 곡식 가운데 가라지를 덧뿌리고 갔더니, 주인이 이르되 가만 두라 가라지를 뽑다가 곡식까지 뽑을까 염려하노라. 둘 다 추수 때까지 함께 자라게 두라 추수 때에 내가 추수꾼들에게 말하기를 가라지는 먼저 거두어 불사르게 단으로 묶고 곡식은 모아 내 곳간에 넣으라 하리라" (19,23,25,29,30절)

Appetizer

천국(Kingdom of Heaven)의 비밀을 많은 사람에게는 비유로 말씀하시고 제자들에게는 그 뜻을 설명해 주셨다. 구약시대는 다윗 왕국처럼 하나님의 왕국을 상징적으로 보고 체험할 수 있었다. 신약시대에는 지상적인 메시아의 왕국이 아니라, 왕이신 그리스도의 부재 기간 중의 존재하는 성령과 교회를 통해서 하나님의 왕국을 볼 수 있도록 하셨다.

하나님의 나라는 선과 악, 진리와 거짓이 서로 섞여 있으며, 진실이건 거짓이건 왕이신 그리스도께 충성을 고백한 모든 사람으로 이루어진다.

하나님 나라의 시기는 예수 그리스도의 날에 말씀을 심는 것으로 시작하여 이 시대의 종말까지 지속하지만 사단의 반대가 있을 것을 가라지 비유로 가르치셨다.

씨뿌리는 자가 밭에 좋은 씨를 뿌렸는데 사람들이 잠잘 때 원수가 와서 가라지를 덧뿌렸다. 곡식과 유사한 가라지는 추수 때까지 기다렸다가

먼저 불사를 것이다.

사단은 기회만 있으면 하나님 나라에 유사품과 모조품을 만들어서 진품의 가치를 떨어뜨리려고 한다. 중국 광둥 시에는 롤렉스, 오메가 시계들과 버버리 가방 등을 전 세계로 유통하는 짝퉁 시장이 있다.

보석도 감정사에게 진가의 감정을 받듯이 신앙도 감정을 받을 필요가 있다. 마귀가 심어놓은 유사 신앙을 가지고 하나님 나라에 들어와서 넘어지게 하는 것과 불법을 행하는 자들은 의인들 가운데서 분리하여 풀무불에 던져 넣을 것이지만 의인들은 아버지의 나라에서 그 의가 해와 같이 빛날 것이다.

Today' s dish

1. 씨뿌리는 교훈

한 사람이 한 종류의 씨를 네 종류의 밭에 뿌려서 추수 때의 결과는 다르게 나타난다.

네 종류의 밭의 비유에서 길가 밭은 하나님의 말씀을 깨닫지 못하는 자, 돌작 밭은 말씀에 뿌리를 내리지 못하고 넘어지는 자, 가시덤불 밭은 세상의 염려와 재리의 유혹으로 말씀이 막혀 결실하지 못하는 자, 좋은 밭은 말씀을 듣고 깨닫고 결실하는 자이다.

하나님의 말씀에 대한 결실은 씨뿌리는 자의 몫이 아니고 각자 자기의 몫이며 자기의 책임이다. 그래서 하나님의 나라의 씨앗인 말씀을 보는 눈과 듣는 귀로 허락받은 사람은 정말 복된 사람이다.

좋은 씨는 하나님의 말씀을 상징하며 모든 사람은 마지막 날 주님의 심판을 직면(直面)해야 하게 된다는 교훈이다.

좋은 씨를 제 밭에 뿌린 사람은 그리스도이며 세상에 대한 모든 소유권을 가지고 계신다. 주님의 소유는 주의 몸 된 교회만이 아니라 "땅과 거기 충만한 것과 세계와 그중에 거하는 자가 다 여호와의 것" 이다(시편 24:1).

하나님은 세상을 만드신 이후에 세상에 대해서 아무런 관여나 관심을 기울이시지 않은 것이 아니라 세상을 보호하시고 가꾸신다. 세계는 아무도 돌보지 않는 버려진 쓸모없는 땅이 아니라 악이 만연해 있음에도 불구하고 하나님의 손길에 의해서 가꾸어지는 좋은 땅이다. 세상에는 참된 씨라는 그리스도인들과 모조 그리스도인들이라는 마귀의 씨들이 섞여 있다.

2. 가라지 교훈

사람들이 잘 때 원수가 가라지를 뿌렸다는 것은 농부의 태만함을 꼬집는 말이 아니라 원수가 농부가 모르게 슬그머니 악행을 저지르는 것을 암시하는 말이다. 악한 어두움의 세력은 주로 사람들이 일하지 않고, 경계(警戒)하지 않는 평화와 안식의 시간인 밤에 몰래 들어와 악한 씨앗을 뿌리고 간다.

당시 로마에서는 보복하기 위해 상대방의 밭에 가라지와 같은 잡초들을 뿌리는 행위를 법으로 금지하였다고 한다.

가라지는 독보리의 일종으로 '가짜 밀'이라고 불린다. 가라지 싹의 모습이 밀이나 보리와 아주 흡사하여 이삭이 패기까지는 쉽게 식별하기 어렵고, 실수로 먹었을 경우 급한 설사와 구토 등의 여러 증상이 있으며, 심할 때는 목숨을 잃게도 한다.

가라지는 악한 자의 아들들로서, 사람들을 의의 자리에서 넘어지게 하는 자이며, 또한 불법과 부정하는 자들을 상징한다.

(1) 위장성(僞裝性) - 곡식과 가라지가 세상 끝이 올 때까지는 잘 분간되지 않는다.

(2) 잠복성(潛伏性) - 이삭이 나오기까지 곡식과 비슷한 외형과 성장과정을 보이지만 일단 이삭이 패면서부터 알곡과 확연한 차이를 드러낸다.

(3)해독성(害毒性) - 가라지 열매는 인체에 큰 피해를 준다.

원수는 뿌린 씨 위에 덧뿌리는 일을 한다. 성경에는 한 밭에 다른 종류의 씨앗을 섞어 뿌리지 말라는 규정이 있다.(레위기 19:19, 신명기 22:9) 신앙의 순수성과 비타협 성을 지키도록 하는 율법이다.

가라지 비유는 열매로 그 나무를 알 수 있다는 영원한 진리를 교훈하고 있다. 최후 심판이라는 마지막 추수기까지 견디는 자에게는 의의 면류관과 영생을 주신다는 주님의 약속이 실현되는 때이다.

집주인은 선과 악을 구별하시고 그 기원에 대한 완전한 통찰력을 가지신 우주 만물의 주인이신 하나님이시다.

예수를 부를 때 '주' 라는 호칭과 '선생' 이라는 호칭이 있다. '주' 라함은 예수를 하나님으로서, 신앙과 예배의 대상으로 고백하는 것이다. '선생' 이라는 것은 그를 예언자 중의 하나이거나 본받고 따라야 할 모범으로서 인식하는 것이다. 예수는 우리의 죄를 대신 감당하시는 대속자이시며 구원자이시므로 '랍비(선생)' 가 아니라 '퀴리오스' (주님)이다.

서기관과 바리새인들은 예수를 주님이라 부르지 않고 선생으로만 불렀다.

하나님께서 좋은 세상을 창조하셨는데도 불구하고 어떻게 악이 이 세상이나 혹은 교회에 들어와 있는가? 종들이 물어보았다.

주님의 대답은 원수가 뿌렸다고 하셨다. 원수는 예수가 그리스도인 것을 부정하는 자며 예수가 다시 오실 때까지 성도들을 미혹하고 박해하는 이단과 적그리스도다.

제자들은 지금 당장 가라지를 뽑아 버리려는 열정에 사로잡혀 있었지만 이러한 성급함과 경솔함은 추수 '때' 라는 '카이로스' 를 알지 못하는 영적 우둔함이 드러났다.

주님은 가라지를 그대로 가만두고 지켜보도록 하라는 것은 악의 세력들에 대한 주님의 지혜롭고 여유 있는 태도이다. 악을 그대로 방치하거나 악의 근절을 포기한다는 의미가 아니다. 하나님께서 사단의 악행을 허락하시는 경우는 욥처럼 하나님의 은혜를 주시기 위한 도구로 잠시 사단을 이용할 때이다.

가라지를 뽑다가 곡식까지 뽑을까 염려하는 것은 가라지를 염려함이 아니라 하나의 곡식에 대한 애정과 염려 때문에 악을 멸하지 않는 것이다. 가라지는 보통 곡식보다 더 강한 뿌리를 가지고 있으므로 가라지를 뽑을 때 종종 어리고 약한 곡식이 함께 뽑힌다.

'가만두어라' 라는 것은 완전히 포기하여 버린 상태대로 방치하라는 뜻이다. 가라지를 뽑는 것은 너희들의 소관이 아니라 집주인의 주권적 명령이니 심판은 주인이 하실 것이다.

열심 당원들의 독립운동과 베드로의 칼에 대해서 주님이 책망하셨다. 황제들과 원로들이 기독교를 박해하고 순교자와 배교자를 만드는 초기 기독교의 현실 가운데서도 가라지를 뽑는 심판은 하나님의 주권이라는 것을 분명하게 밝히셨다.

나치에 대한 저항운동과 히틀러 암살 운동에 앞장섰던 목사들의 정의로운 열심이 특심하였지만 가라지를 뽑을 수 있는 유일한 하나님의 주권을 침해하는 우를 범하였다.

형장의 이슬로 사라진 '디트리히 본회퍼' (Dietrich Bonnhoffer, 1906~1945)의 '옥중서신' 은 사도 바울의 옥중서신과 분위기가 다르다. '선한 능력으로' 라는 가스펠은 많은 사람에게 감동을 주고 있다. 그러나, 주님이 가라지 비유에서 '가만두어라' 는 주권적인 말씀은, 원수들의 악행을 눈감아주시거나 모른 척하시는 것이 아니라 악의 심판은 주님만이 하신다는 말씀이다.

천사들이 마귀에 대해서 저주의 말을 하지 않는 이유는 마귀에 대한 심판은 천사가 아니라 하나님만이 하신다는 주권을 알기 때문에 가만두는 것이다.

> "천사장 미가엘이 모세의 시체에 관하여 마귀와 다투어 변론할 때에 감히 비방하는 판결을 내리지 못하고 다만 말하되 주께서 너를 꾸짖으시기를 원하노라 하였거늘" (유다서 9)

대박해 때 어쩔 수 없이 배교를 했던 많은 사람들이 박해가 끝나자(A.D. 4세기경) 다시 교회로 돌아오려고 할 때 어떤 사람들은 그들을 용서하고 다시 교회로 받아들이자고 주장하는가 하면 다른 사람들은 한 번 배교하여 파문을 당한 사람은 영원히 교회에 들어올 수 없는 법이라고 주장하였다.

어거스틴(Augustine)은 말하기를 '교회는 완전히 순수하고 깨끗한 사람들만이 모이는 완벽한 곳이 아니다. 순수치 못한 자들을 함부로 제거해서 교회가 분리되어서는 안 된다' 고 하였다.

곡식은 물건을 넣어두는 창고나 곡식을 쌓아두는 곳간에 넣어둔다. 예수께서 다시 오셔서 그의 믿음과 계명을 지키는 자들에게 안전한 처소, 곧 하늘에 예비해 두신 하나님의 집으로 들어가게 하실 것을 말씀하셨다.

3. 두 가지 씨

성경에 나타난 두 가지 씨에 대한 최초의 언급은 여자가 한 씨를 가질 것이며, 뱀도 역시 한 씨를 가질 것이되 뱀의 씨와 여자의 씨 사이에 지속적인 적대 행위가 있을 것을 언급하셨다. 가인이 아벨을 살해했을 때 두 씨 사이의 적개심과 대결이 시작되었다. 이 대결은 성경 전체를 통하여 지속한다.

사단의 씨는 세례 요한과 그리스도를 반대하였고 마침내는 그를 십자가에 못 박았다. 십자가의 일로써 사단은 그리스도의 발꿈치를 상하게 하였으나, 그리스도는 사단의 머리를 상하게 하여 영원히 멸망시키셨다.

사단의 씨는 바울이 선교 사역을 시작했을 때에 바울을 반대하였고 그의 생애 내내 따라다녔다. 사단은 오늘날 거짓 복음과 거짓 사역자들과 거짓된 의, 거짓 형제들과 심지어 거짓 기적들로도 하나님의 씨를 퍼뜨리는 하나님의 종들을 반대한다.

두 씨들 사이의 이러한 적개심은 거짓 그리스도라는 "멸망의 아들" 대 "하나님의 아들" 과, "악의 비밀" 대 "거룩함의 비밀", 참된 신부 교회와 음녀 교회와 거짓 삼위일체(사단, 마귀, 귀신)의 조직력인 사탄, 짐승, 음녀에 의해서 긴장된 대결을 한다. 그러나 종말에 그리스도는 모든 사단의 세력을 무찌르실 것이며 적개심은 영원히 끝날 것이다.

사단은 다양한 방법들로 하나님의 나라를 반대한다.

사단은 마음들로부터 말씀을 낚아채며, 세상적인 일들로 말씀이 숨을 쉬지 못하게 하며, 박해로 말씀을 시들게 한다. 사단은 말씀을 이길 수 없으면 하나님의 일을 반대할 거짓 그리스도인들을 심는다. 수많은 사람이 말씀 신앙과 동떨어진 종교적인 의를 가지고 지옥으로 가게 한다. 사단은 기독교의 조직 단체의 높은 자리에서 하나님 나라 운동을 법과 정치적으로 교묘하게 반대하고 간섭한다. 그리고 사람들을 속이는 거짓 교리를 심는다.

하나님을 반대하는 사단의 주된 방법은 흉내 내는 것이다. 모조 복음을 전파하며 모조 교회를 세우고 모조 그리스도인을 심는다.

참과 거짓은 종말에 이를 때까지 함께 자라다가 하나님께서 분리하실 것이다. 우리가 할 일은 세상을 깨끗하게 하려고 시도하는 것이 아니라 사람들의 마음에 말씀을 심는 것이다.

기독교 세계를 깨끗하게 하려는 노력은 시간 낭비이지만, 하나님은 죄를 심판하시고 불경건한 생활을 통하여 교회의 성장을 방해하는 그리스도인들을 징계하신다.

하나님은 가라지들을 불에 태우기 위해서 먼저 단으로 묶으신다. 가라지들을 묶은 이단들과 세속적인 단체들을 만들어 심판하신다.

성경에 나오는 네 자녀는 네 가지밭을 비유한다. 본질상 원죄가 있는 진노의 자녀(에베소서 2:3), 죄악의 본성대로 말씀에 대한 불순종의 자녀(에베소서 2:2), 그리스도에게 속하지 않는 마귀의 자녀(요한일서 3:10), 예수 그리스도를 영접한 하나님의 자녀(요한복음 1:10-13)가 있다. 우리는 어떤 자녀, 어떤 씨인지 말씀의 감정평가서를 읽고 깨달으면 분별할 수 있다.

dessert

1. 보석의 진가(眞假)를 평가하는 감정 평가서인 성경으로 각자의 신

앙을 평가해 보라.
2. 주인이 가라지를 뽑지 말고 가만두라고 명령하신 이유가 무엇인가?
3. 그리스도인의 정의감과 정치 운동이 하나님의 주권을 침해하는 이유가 무엇인가?

Prayer

주님! 하나님의 밭에 가라지를 뿌리는 원수들의 악행에도 불구하고 좋은 씨를 받아서 백배의 열매를 맺는 하나님의 밭이 왕성하게 하시고 마지막 날까지 하나님의 일하는 사명자가 되게 하소서. 아멘!

37. 13:31-43 겨자씨 비전

"또 비유를 들어 이르시되 천국은 마치 사람이 자기 밭에 갖다 심은 겨자씨 한 알 같으니
이는 모든 씨보다 작은 것이로되 자란 후에는 풀보다 커서 나무가 되매 공중의 새들이 와서 그 가지에 깃들이느니라. 또 비유로 말씀하시되 천국은 마치 여자가 가루 서 말 속에 갖다 넣어 전부 부풀게 한 누룩과 같으니라. 인자가 그 천사들을 보내리니 그들이 그 나라에서 모든 넘어지게 하는 것과 또 불법을 행하는 자들을 거두어 내어 풀무 불에 던져 넣으리니 거기서 울며 이를 갈게 되리라. 그 때에 의인들은 자기 아버지 나라에서 해와 같이 빛나리라 귀 있는 자는 들으라" (31-33,41-43절)

Appetizer

겨자씨(mustard)는 배추과 1년-2년생 풀로써 생장력이 커서 팔레스타인 지방에서는 약 3m 정도로 자라서 나무처럼 무성해진다. 씨가 많고 향기로워 양념과 약재와 식용으로도 사용한다. 겨자씨 한 알이 작지만 자라서 나무같이 되면 방울새들이 가지에 깃들이게 된다.

갈릴리에서 겨자씨 한 알 같은 예수 그리스도로 인해서 전 세계에 큰 나무같이 자라서 많은 사람이 그 가지에서 쉼을 누리고 있다.

생명 없는 바벨탑은 아무리 크고 높이 쌓아도 반드시 무너진다. 그러나 생명 있는 씨앗은 작아도 성장하고 크게 자란다. 그러나 너무 크게 자라면 말씀의 씨를 먹어버리는 새들이 깃들이는 위험이 도사리는 것도 주의해야 한다.

천국은 여자가 가루 서 말 속에 누룩을 넣어서 전부 부풀게 한 것과 같이 보이지 않고 적지만 천국 복음의 누룩 같은 영향력으로 사방에 확산되고 퍼지는 운동력을 가지고 있다.

천국의 누룩이신 예수 그리스도 한 분이 세상에서 불러내신 열두 제자를 다시 가루 서 말 같은 세상에 누룩으로 보내셨다. 그 누룩이 70인 전도대로 부풀었고, 오순절에 성령 받은 120명의 제자가 누룩같이 땅끝으로 보내졌다. 베드로의 설교로 3천 명이 회심하고 주께로 돌아왔으며, 바울 선교를 통해서 유럽과 아시아와 아프리카 대륙에 수많은 회심자와 교회들이 세워졌다. 주님은 세기마다 겨자씨와 누룩 같은 부흥 운동으로 많은 회심의 열매를 맺게 하셨다. 지금도 땅끝까지 복음이 전파되어 하나님 나라의 누룩이 세상을 부풀게 하고 있다.

Today' s dish

천국은 눈에 보이는 것이 아니므로 설명하기가 곤란하다. 말귀를 알아듣는 제자들에게는 비유를 설명해 주셨고, 바리새인들이 예수를 죽이려는 모함이 시작된 이후부터는 비유로 말씀하셨다.

그리스도를 향한 반역이 절정을 이룰 때 주님은 유대 민족으로부터 방향을 유턴해서 그에게 오는 모든 이방인을 향하셨다.

하나님의 나라의 영향력이 겨자씨같이 커가고 누룩같이 부풀게 할 때 시기 질투의 영에 사로잡힌 서기관과 바리새인들은 예수 잡을 궁리를 하면서 자신들이 만든 규례와 법으로 사역을 가로막았다. 그러나 겨자씨의 생명력과 누룩의 발아력을 막을 수 없고 그 영향력은 자기 동네 사람과 자기 민족 유대인을 떠나서 사역의 범위가 온 세상 이방인을 향하여 더 확장되었다.

1. 집에서 나가시고 집에 들어오심

예수께서 복음을 가르치고 계시던 공간적인 집을 의미하는 것이지만, 이스라엘 집을 상징하는 것이기도 하다. 예수께서 그 집을 떠나시는 것은 그 민족을 떠나 이제는 하나님 나라의 사역이 이방인을 향하리라는 것을 상징적으로 말씀하는 것이다.

바닷가에 앉으셨다는 것은 성경에서 바다는 세상 이방 나라들을 상징하는데 예수께서 온 세상을 향하여 하나님 나라의 사역 범위를 정하심을 상징한다.

예수께서 무리를 떠나 다시 집으로 들어가셨을 때 제자들이 나아와 가라지 비유를 설명해달라고 요청하였다. 주님은 집에서 나가시면 무리에게 비유로 가르치시고 집에 들어오시면 제자들에게 비유를 설명하여 주셨다.

예수께서 비유로 가르치신 이유 두 가지는 무리와 제자들을 위한 구분 때문이다. 말귀를 알아들지 못한 사람과 말귀를 알아듣는 사람에게는 교육 방법이 다를 수밖에 없다.

아내가 견종 중에서 가장 작은 멕시코산 '치와와' (Chihuahua)를 반려견으로 키웠다. 치와와의 키는 13~22cm, 평균 체중은 1.8~2.7kg이 정상 체중이다. 첫날 우리 집에 들어와서 카펫에 용변을 하였다. 내가 매를 들고 야단을 치면서 화장실로 데려가서 신문지 위에다 용변하도록 가르쳤다. 그 후로 '치와와' 는 카펫에 용변을 보려다가 내가 매를 들면 눈치를 살살 보면서 화장실로 들어가서 용변을 보았다. 말귀를 알아들은 뒤부터는 매를 들지 않아도 애견스럽게 스스로 화장실을 사용하였다.

신자들 가운데는 반려견보다 말귀를 못 알아듣는 사람이 있다. 몇 번이나 말씀을 가르쳐도 말귀를 못 알아듣고 불순종하는 습관과 행동이 고쳐지지 않는다. 게으른 사람은 개미에게 가서 배우라는 잠언 말씀처럼 반려견에게 가서도 배워야 할 필요가 있다.

비유란? '이 땅의 일들을 사용하여 하늘의 의미' 를 전하는 교육 방법이다. 예수께서는 이사야 6장 9절에서 10절을 인용하여 왜 비유를 사용하는지 그 이유를 밝힌다.

사람들의 마음이 강퍅하고 눈과 귀가 어두워지고 멀어졌기 때문에 비유를 사용하여 진리를 참으로 알기 원하는 사람들의 호기심을 일으키려는 것이다. 한편으로 그리스도를 반역하는 사람들에게 참된 진리를 숨기시려는 것은 진주를 개와 돼지에게 던지려 하지 않는 것이 이유다.

하나님 나라에서 진리를 계시하는 방법은 "교만한 자들은 보지 못할

것이요, 젖먹이들은 진리를 알고 구원을 받게 될 것이다." (마태복음 11:25)

비유는 시편 78편 2절의 예언을 성취하기 위함이다. 마태복음 13장에 나오는 천국의 진리는 세상의 기초가 놓여진 때로부터 비밀로 숨겨져 왔지만, 그리스도가 오심으로 이제 계시가 오픈되었다. 구약시대의 '비밀' 은 상징과 모형으로 있었다.

2. 겨자씨 한 알

천국은 한 사람으로부터 시작한다. 아브라함 한 사람으로 시작해서 큰 민족과 나라를 이루었다. 아브라함이 이삭을 낳고 이삭은 야곱을 낳고, 야곱은 12지파를 낳았다. 야곱의 가족 70명이 애굽에서 4대를 지내면서 장정만 60만 명(남녀와 종들을 합하면 약 400만 명)이 출애굽 하였다. 여호수아 갈렙이 가나안땅에 들어가서 12지파를 통해서 이스라엘 나라가 세워졌다.

천국은 예수 그리스도 한 분으로 인해서 열두 제자를 낳았다. 그리고 70명의 제자로 확산되었다. 120명의 초대 교회 멤버들과 회심한 3천 명과 팔레스타인 지경을 넘어 수천 수백만 명이 회심하고 하나님 나라의 백성이 되었다.

우리나라 사람들은 '대형 증후군' 에 걸려있다. 한국인은 무조건 큰 것은 좋은 것(선한 것)이라는 공식을 가지고 있다. 빠른 것, 큰 것, 비싼 것, 예쁜 것, 편리한 것을 선한 것으로 생각한다. 상대적으로 느린 것, 작은 것, 싼 것, 못생긴 것, 불편한 것은 나쁜 것으로 착각한다.

이스라엘과 미디안이 전쟁할 때 기드온이 모집한 군사들은 2만 2천 명이었다. 하나님은 너무 많다 하시고 1만 2천 명을 돌려보내시고, 1만 명도 아직도 많다 말씀하시고 9,700명을 돌려보내신 후 최종적으로 300명의 소수로 바닷모래같이 많은 미디안과 전쟁에서 승리하였다.

"기드온이 그에게 대답하되 주여 내가 무엇으로 이스라엘을 구원하리이까 보소서 나의 집은 므낫세 중에 극히 약하고 나는 내 아비 집에서 제일 작은 자니이다" (사사기6:15)

기드온은 이렇게 고백하였지만 하나님은 오히려 극히 약하고 제일 작은 자를 사용하여 큰일을 행하셨다. 하나님의 나라는 겨자씨와 누룩의 원리로 세상이라는 밭과 가루 통에서 역사한다.

> "그 작은 자가 천을 이루겠고 그 약한 자가 강국을 이룰 것이라 때가 되면 나 여호와가 속히 이루리라" (이사야 60:22)
>
> "작은 일의 날이라고 멸시하는 자가 누구냐 이 일곱은 온 세상에 두루 행하는 여호와의 눈이라 다림줄이 스룹바벨의 손에 있음을 보고 기뻐하리라" (스가랴 4:10)
>
> "그 주인이 이르되 잘 하였도다 착하고 충성된 종아 네가 작은 일에 충성하였으매 내가 많은 것으로 네게 맡기리니 네 주인의 즐거움에 참여할지어다 하고" (마태복음 25:21)

교과서에서 시험에 나올 것 같은 예상 문제에는 밑줄을 치고 표시한다. 성경책에서 빨간색으로 인쇄한 글씨는 예수께서 직접 말씀하신 중요한 진리이다.

37절에서 40절은 시험에 나오는 중요한 구절이라서 반복해서 강조해도 부족하다.

좋은 씨를 뿌리는 자 - 인자, 밭 - 세상, 좋은 씨 - 천국의 아들, 가라지 - 악한 자의 아들, 가라지를 뿌리는 원수 - 마귀, 추수 때 - 세상 끝, 추수꾼 - 천사

인자가 세상 끝 날에 천사를 보내어 하나님의 나라에서 넘어지게(실족) 하는 자와 불법을 행하는 자들을 모아서 풀무 불에 던져 넣을 때 슬피 울며 이를 갈게 된다.

의인들은 자기 아버지의 나라에서 해와 같이 빛나리라, 귀 있는 자는 들으라! 말귀를 알아듣는 사람은 고개를 끄덕이면서 아멘! 아멘! 반응을

보이지만, 말귀를 알아듣지 못하는 사람은 '무슨 소리야?' 눈만 껌벅이면서 시계만 쳐다보고 주보에 낙서를 한다.

말귀를 못 알아먹는 어떤 신자가 예배 시간에 주보 속에 글자를 써서 옆에 앉은 동료에게 보냈다.

'예배 마치고 뭐 먹을래? 짜장면? 갈비탕?'

OMG! 너희들은 '치와와' 에게 가서 배우라!

☕ dessert

1. 내가 겨자씨와 누룩같이 세상에서 영향력을 미치는 천국의 좋은 씨인가?
2. 나는 말귀를 알아듣는 천국의 제자인가? 많은 무리에 속하였나?
3. 예수께서 집에서 나가시듯 왜 유대인들에게서 이방인으로 사역의 방향을 바꾸셨을까?

Prayer

주님! 천국의 비밀을 알게 해 주신 은혜를 감사합니다. 우리가 세상에서 겨자씨와 누룩의 비전을 가지고 모든 열방이 주를 찬양하는 그날까지 주님의 말씀을 잘 듣고 실행하는 자가 되게 하옵소서. 아멘!

38. 13:44-58 천국 투자 설명회

"천국은 마치 밭에 감추인 보화와 같으니 사람이 이를 발견한 후 숨겨 두고 기뻐하며 돌아가서 자기의 소유를 다 팔아 그 밭을 사느니라. 또 천국은 마치 좋은 진주를 구하는 장사와 같으니, 극히 값진 진주 하나를 발견하매 가서 자기의 소유를 다 팔아 그 진주를 사느니라

또 천국은 마치 바다에 치고 각종 물고기를 모는 그물과 같으니, 그물에 가득하매 물가로 끌어내고 앉아서 좋은 것은 그릇에 담고 못된 것은 내버리느니라. 고향으로 돌아가사 그들의 회당에서 가르치시니 그들이 놀라 이르되 이 사람의 이 지혜와 이런 능력이 어디서 났느냐, 예수를 배척한지라 예수께서 그들에게 말씀하시되 선지자가 자기 고향과 자기 집 외에서는 존경을 받지 않음이 없느니라 하시고" (44-48,54,57절)

Appetizer

세상에서 성공한 사람들의 특징은 '선견지명' (先見之明)이 있다. 보통 사람들의 눈에는 보이지 않지만 앞을 내다보는 안목을 가지고 먼저 투자를 하거나 그런 일에 올인을 한다. 사람들이 많이 몰려서 아웅다웅하는 시장통에서 먼 안목을 가진 사람은 허허벌판에 투자하고 그곳에서 창고형 홀세일(Wholesale) 시장을 개척하면 몇 년 후 그곳이 명품 도시로 발전한다.

예수님의 천국 비유는 '투자 설명회' 와 같이 천국에 투자 가치가 있다는 것을 설명하셨다. 부동산 투기, 골동품 장사, 물고기를 잡는 어부와 그물 비유로 천국을 말씀하셨다.

아브라함은 본토 친척 아비 집이 있는 갈대아 우르에서 부족사회의 혜택을 누리면서 불편함 없이 잘살았다. 그런데 그는 하나님의 부르심을

받고 갈 바를 알지 못하지만 모든 것을 버려두고 하나님이 인도하시는 순례자의 길을 떠났다. 모든 것을 버리고 하나님이 약속하신 말씀에 투자한 아브라함에게 약속의 땅과 약속의 나라를 선물로 주셨다.

예수께서 일곱 가지 비유를 말씀하시고 가버나움에서 남서쪽으로 32km 되는 고향 나사렛에 오랜만에 가셔서 회당에서 말씀을 가르치셨다.

예수의 고향 사람들은 예수께서 감추인 보화와 극히 값진 진주이시며 마지막 날에 천사들과 함께 사람들을 심판하실 그리스도라는 것을 알아보지 못하고 예수를 배척하였다.

나사렛 고향에는 예수가 금의환향할 때 시골 장터처럼 '아무개 아들 국회의원 당선 축하!, 서울 지검장 승진!' 이라는 현수막이 보이지 않았다.

출세한 고향 사람 덕분에 마을 길도 닦아주고, 노인정도 지어 주고, 청소년들을 위한 장학금도 기부하고, 벤츠를 타고 들어와야 환영을 할 텐데, 예수는 나사렛 고향 사람들의 눈길을 끄는 외형적인 모습이 보이지 않았고 고향 사람들을 위해 양 한 마리라도 잡아서 잔치를 베풀지 않았던 것 같다.

베드로의 장모가 열병을 앓았다. 어느 날 사위가 예수라는 사람을 만나더니 배와 그물과 부모 처자식을 다 버리고 예수의 제자가 되겠다면서 따라다니는 모습을 보고 열을 받은 것 같다. 처자식 밥도 굶게 만드는 대책 없는 사위를 보면서 열불이 났던 모양이다. 그러나 시몬이라는 게바는 장차 사도 베드로가 되어서 예수 그리스도 교회의 기초석이 되는 믿음의 인물이 되었다.

Today' s dish

1. 또 천국은

예수께서는 같은 천국의 비유를 일곱 번이나 말씀하시면서 '또 천국은' 을 계속 반복하셨다. 사람들이 얼마나 말귀를 알아듣지 못하는지 알

것 같다. 같은 말을 두 번만 반복해도 짜증 내는 사람에게, 주님은 일곱 번이나 천국의 비유를 던져서 낚시 미끼에 걸려드는 좋은 고기가 되기를 바라셨다.

밭에 감추인 보화 비유는, 천국은 자기 소유를 다 팔아서 구입해도 손해 보지 않으며, 주식과 부동산에 투자하는 것보다 더 열정적으로 투자하여도 그 가치가 떨어지지 않는다.

진주를 구하는 장사의 비유는, 천국은 좋은 진주를 구하는 상인과 같아서 자기 소유를 팔아서 진주를 소유하는 것과 같다. 골동품 수집광들은 시골 장마다 뒤집고 다니면서 값진 골동품을 구하러 다닌다. 천국 백성들은 진주를 구하는 보석 수집광과 같은 정신과 투자심리가 있어야 한다.

'세상에 이런 일이' 프로그램에는 자기 눈에 값진 것으로 보이는 진기한 물건들을 사서 온 집안에 가득 채우는 희귀한 사람들이 있다. 보통 사람들의 눈에는 무가치한 것으로 보이지만 수집광의 눈에는 진귀한 보물로 보이듯이 천국은 그런 정신이 필요하다.

그물 비유는, 천국은 그물을 치고 각종 물고기를 모아서 좋은 것은 그릇에 담고 나쁜 고기는 내어버리듯이 세상 끝에도 천사들이 의인 중에서 악인을 갈라내어 풀무 불에 던져 넣을 것이다. 악인은 거기서 슬피 울며 이를 갈게 된다.

천국은 윤회적인 세계관이 아니라 종말론적인 세계관을 가르치고 있다. 천국은 한번 구원은 영원한 구원이라 생각하는 행함이 없는 믿음은 반드시 심판을 한다는 교훈이다. 의인 중에 악인을 골라내는 것은 자기 의의 기준으로 자기를 의인으로 착각하는 사람은 악인으로 심판을 받게 된다.

2. 이상한 사람들?

예수께서 가버나움 바닷가에 모인 무리에게 일곱 가지 천국 비유를 말씀하시고, 제자들에게 비유를 해석하여 주신 후 깨달았다는 확인을 하시고 그곳을 떠나셨다. 예수님은 한곳에 머무름이 없이 항상 유동적이며 이동적인 필그림 사역을 하셨다.

"이 모든 것을 깨달았느냐?" "그러하오이다" 아멘! 믿습니다! 이런 반응을 보이는 사람이 제자이다. 그리고 왕의 신하처럼 "전하! 성은이 망극하옵니다!" 라는 반응을 보여야 한다.

예수 사역의 원칙은 "예수는 그 몸을 저희에게 의탁지 아니하셨으니 이는 친히 모든 사람을 아심이요, 또 친히 사람의 속에 있는 것을 아시므로 사람에 대하여 아무의 증거도 받으실 필요가 없음이니라" (요한복음 2:24-25)라는 말씀처럼, 사람의 칭찬, 사람의 인정, 사람의 숫자, 사람의 소문, 사람의 인기 등에 연연하지 않고 사람들이 많이 모이면 오히려 피하시고 나 홀로 기도하러 숨으셨다. 제자들에게도 "예수께서 자기를 나타내지 말라고 많이 경계" 하셨다.(마가복음 3:12)

자기 홍보(P.R)시대에 예수 따라가면 은둔형 외톨이나 사회적인 고립이 되지 않을까 염려하는 사람도 있을 것이다.

베두인(Bedouin) 유목민은 가축을 먹이기 위해서 물과 초지를 따라서 항상 이동하면서 살았다. 예수는 한곳에 머무르심이 없이 이스라엘의 잃어버린 양을 찾으시기 위해서 매일 이동하셨다. 그래서 주님은 제자들에게 '나를 따라오라' 라고 하셨다. 천국의 비유를 듣고, 들을 귀가 있고 깨닫는 마음이 있는 사람은 복된 사람이라고 선언하셨다.

예수의 가르치심에 고향 사람들의 반응은, "이 사람의 이 지혜와 이런 능력이 어디서 났느뇨? 이는 그 목수의 아들이 아니냐? 그 모친은 마리아, 그 형제들은 야고보, 요셉, 시몬, 유다라 하지 않느냐? 그 누이들은 다 우리와 함께 있지 아니하냐? 그런즉 이 사람의 모든 것이 어디서 났느뇨?" 나사렛 사람들의 반응에 물음표(question mark)가 다섯 번이나 나온다.

스페인어에서는 거꾸로 된 역 물음표(¿) 문장 부호를 문자 앞에 붙이고, 문장이 끝나면 바르게 된 물음표를 붙인다.

나사렛 사람들의 반응을 스페인어 문장 부호로 표시하면, ¿¿¿¿¿..... ????? 이렇게 된다. 예수께서 말씀하실 때 "내가 하나님의 아들이다" "¿예?" "하나님이 내 아버지다" "¿예?", "아버지가 천지

창조를 하실 때 나도 같이 일하였다." "¿예?" 낚싯바늘같이 생긴 거꾸로 물음표에 걸린 사람들은 마지막 날에 천사들이 와서 의인 중에 악인을 골라내어 풀무 불에 던지게 될 것이다.

SNS 문자를 자주 사용하는 사람들은 부호를 통한 느낌이 많다.

주님이 말씀하실 때 믿음으로 아멘!!! 할렐루야^^ 하는 사람은 복이 있을지어다!

지금은 일일생활권이 되어서 고향으로 가는 길이 쉽고 어렵지 않으며 전 세계에서도 스마트폰으로 영상통화를 할 수 있어서 향수병이 점점 사라지고 있다.

예수께서 메시아 사역을 시작하시면서 고향 나사렛 회당에서 이사야서를 인용하여 희년(jubilee) 설교를 하셨다. 희년을 가져오게 하는 분이 예수라는 말을 듣고 고향 사람들이 언덕에서 밀쳐서 죽이려고 하였다.(누가복음 4:14-30) 그런데 다시 고향으로 가신 이유는 그들에게 예수를 그리스도로 믿을 수 있는 두 번째 기회를 주기 위함이다.

예수의 가르침의 지혜와 귀신을 쫓아내고 병을 고치는 능력에 고향 사람들은 놀랐다. '에크로폴레쏘' 라는 말은 '한 방 맞은 것처럼 어리둥절하다' 라는 뜻이다. 그러고 나서 천천히 제정신이 들기 시작하면서 선악을 알게 하는 지식나무 기질이 살아나서 예수를 의심하기 시작하였다. 나사렛 사람들의 불신의 핑계는 예수의 가족이다. 예수는 분명히 요셉의 아들 목수로 일하면서 30년 동안 한동네에서 살지 않았느냐? 모친은 마리아, 동생들은 야고보, 요셉, 시몬, 유다, 누이들을 우리는 다 알고 있다. 예수가 해외로 유학을 가서 학위를 받은 것도 아니고 애굽에서 마술도 배우지 않았는데 예수의 지혜와 능력은 어디서 난 것이냐?

예수의 아우 야고보는 후일에 예루살렘 교회의 지도자가 되었고, 유다는 유다서를 기록하였다. 그들의 눈에 예수는 한 동네 선후배로 보였지 그 이상 영원한 구원자로 보내심을 받은 그리스도로 볼 수 없었다.

80대 부친이 60대 아들이 출근할 때 '아비야 차 조심해라' 라는 주의를 시키는 것은 아버지의 눈에는 과거 철부지 어릴 때 모습에서 멈추었다. 예수의 고향 사람들은 목수 요셉의 아들 청년 예수에 대한 고정관념과 선입관을 버리지 못하고 '예수가 무슨 메시아야?' 불신하고 배척을 하였다.

예수께서는 옛 속담을 사용하셨다. "선지자가 자기 고향과 자기 집 외에서는 존경을 받지 않음이 없느니라" 예레미야는 자기 고향과 자기 가족에게 거부를 당한 것을 슬퍼하였다. (예레미야 2:5-6) 모세도 자기 동족에게 배척을 당하고 미디안으로 망명하였다.

고향 사람들이 믿지 않음으로 거기서 많은 능력을 행하지 않으셨다. 결국, 불신과 배척한 나사렛 사람들은 감추인 보화와 극히 값진 진주를 얻을 기회를 놓치고 말았다.

정치인들은 선지자가 아니어서 고향 사람들에게 존경을 받는다. 노무현 전 대통령의 봉하마을은 전국의 명소가 되었다. 박정희 전 대통령의 고향 구미 선산은 성지같이 꾸미고 동상을 세우고 참배를 한다. 김대중 전 대통령의 고향 전남 신안군 하의도와 표발인 목포에서는 현직 대통령 대우를 하고 있다. 올림픽 금메달리스트들은 고향에서 영웅 대우를 받고 열렬히 환영을 받는다.

미국의 무명 선교사가 아프리카 선교를 마치고 뉴욕 공항에 도착하였을 때 팡파르가 울리고 많은 군중이 성조기를 흔들고 꽃다발을 들고 있었다. 그들은 유럽 순방을 마치고 귀임하는 대통령을 영접하기 위한 환영인파였다. 선교사는 낙심이 되어서 주님께 물었다. 나는 평생을 바쳐서 선교하였는데 한 사람도 나를 영접해 주는 사람이 없지만, 저 대통령은 한 달 동안 해외 순방을 하였다고 크게 환영을 합니다. 그럴 때 주님이 말씀하셨다.

아무개 선교사야! 아직 너는 고향으로 돌아가지 않았단다…. 우리는 육신의 고향이 있으면서 영적인 고향이 있다. 우리가 돌아가야 하는 영원한 고향에는 수많은 천사와 성도들이 우리를 환영하기 위해서 기다리고 있다.

"이러므로 우리에게 구름같이 둘러싼 허다한 증인들이 있으니 모든 무거운 것과 얽매이기 쉬운 죄를 벗어버리고 인내로써

우리 앞에 당한 경주를 경주하며.." (히브리서 12:1)

예수님은 고향에서 그의 능력이 제한을 받으신 것이 아니라, 그들의 불신으로 인해서 능력을 제한 하시기로 작정하시고 고향 사역을 중단하고 철수하셨다. 예수께서 서럽고 억울하신 것이 아니라 나사렛 사람들이 진짜 서럽고 억울한 사람들이 되고 말았다.

분초를 다투며 일하시는 순례자 예수 그리스도는 교만과 불신과 의심과 완고함과 선입관으로 마음 문을 닫은 미련둥이들과 시간을 낭비하지 않으시고 하나님 나라의 보물을 찾는 구도자들을 향하여 발걸음을 옮기시고 그곳을 떠나셨다.

> "거기서는 아무 권능도 행하실 수 없어 다만 소수의 병인에게 안수하여 고치실 뿐이었고, 저희의 믿지 않음을 이상히 여기셨더라, 이에 모든 촌에 두루 다니시며 가르치시더라" (마가복음 6:5-6)

땅의 것밖에 모르는 사람들은 주님의 지혜와 능력의 출처가 하늘에서 오는 것을 알지 못하기 때문에 하늘의 계시와 지혜와 하늘의 능력을 받을 그릇이 안된다.

☕ dessert

1. 나사렛 고향 사람들은 왜 예수를 그리스도로 믿지 않고 배척하였는가?
2. 나는 하나님의 말씀을 듣고 깨달았을 때 어떤 반응을 보이는가?
3. 이상한 나사렛 고향 사람들을 향하신 주님의 반응은 무엇인가?

Prayer

주님! 우리에게 천국의 보화와 값진 진주를 얻게 하신 은혜를 감사합니다. 아직도 계산기를 두드리고 의심하거나, 나사렛 고향의 이상한 사람들같이 되지 않고, 마지막 날에 좋은 물고기로 선별되어 의인 중의 의인으로 인정받기를 원합니다. 아멘!

39. 14:1-12 순교자(martyr)

"그 때에 분봉 왕 헤롯이 예수의 소문을 듣고, 그 신하들에게 이르되 이는 세례 요한이라 그가 죽은 자 가운데서 살아났으니 그러므로 이런 능력이 그 속에서 역사하는도다 하더라
이는 요한이 헤롯에게 말하되 당신이 그 여자를 차지한 것이 옳지 않다 하였음이라. 마침 헤롯의 생일이 되어 헤로디아의 딸이 연석 가운데서 춤을 추어 헤롯을 기쁘게 하니, 헤롯이 맹세로 그에게 무엇이든지 달라는 대로 주겠다고 약속하거늘, 그 머리를 소반에 얹어서 그 소녀에게 주니 그가 자기 어머니에게로 가져가니라. 요한의 제자들이 와서 시체를 가져다가 장사하고 가서 예수께 아뢰니라" (1,2,4,6,7,10,12절)

Appetizer

순교자의 소리(The Voice of the Martyrs)는 루마니아의 리처드 웜브란트(Richard Wurmbrand) 목사로부터 시작되었다. 유대인 웜브란트는 2차 세계대전 당시 유럽을 휩쓴 전체주의의 억압 아래에서 박해를 받았다. 그리스도를 믿는 자신의 신앙을 공산주의 정권에 굴복하지 않고 체포되어 재판 없이 감옥에 갇혔다. 교도관들은 웜브란트로부터 지하교회에 관한 정보를 빼내기 위해 고문했지만, 그는 끝까지 협조하지 않았다.

웜브란트는 10만 달러의 몸값을 지급하고 루마니아를 빠져나오기까지 14년 넘게 감옥에 갇혔으며, 그는 자유를 얻었지만, 핍박받는 형제자매들을 절대로 잊지 않고 자신이 풀려난 이유가 이들의 목소리가 되기 위한 것임을 믿었다. 1967년, 웜브란트는 순교자의 소리의 전신이 된 'Jesus to the Communist world(공산주의 세계에 예수를)' 이라는 단체를 설립했다. 이 단체를 통해 그는 자신이 할 수 있는 모든 방법으로

전 세계 지하교회를 섬겼다.

그러나 "자유세계" 에서의 삶은 그에게 또 다른 도전이었다. "나는 공산주의 치하 감옥에서 있었을 때보다 서구의 자유세계에 있는 것이 더 고통스럽다. 내 눈으로 서구 문명이 죽어가는 것을 보기 때문이다."

순교자의 소리는 매년 약 4만 권의 성경책을 풍선에 실어 북한으로 보내고 있다. GPS 추적 결과와 탈북민들의 증언을 통해 광범위한 지역에 배포되고 있다. 매일 AM, 단파, 위성 라디오 프로그램을 북한과 북한 주변 국가로 송출하고 있다.

"우리는 빈정거림과 비방을 받아도 온유한 사랑을 보일 것입니다. 이러한 태도는 충분히 가능합니다. 대장간의 좋은 모루는 망치에 아무리 맞아도 두려워하지 않기 때문입니다."

본 장은 선지자 세례 요한의 투옥과 순교는 구원자로 오신 예수 그리스도에 대한 세상 사람들의 태도를 보여주고 있다. 하나님이 보내신 사신(使臣)을 죽이는 것은 하나님을 거부한다는 것을 증명하였다. 예수께서는 "너희를 영접하는 자는 나를 영접하는 것이요 "(마태복음 10:40)라고 말씀하셨다. 그리스도의 사자를 거절하는 것은 그리스도를 거절하는 것이며 세례 요한의 죽음은 그리스도의 죽음에 대한 예고인 것이다.

세례 요한의 사역은 완성되었다. 그는 왕의 오심을 전하고 진리를 충성스럽게 전파하다가 그리스도의 죽음을 예고하고 떠났기 때문이다.

세례 요한의 고백은, 그리스도는 흥하여야 하고 그는 쇠해야 한다고 말했다(요한복음 3:30) 그러나 거짓 선지자들은 '자기는 흥하게 하고 교회는 망하게 하는 자' 들이다.

세상은 그리스도인의 왕이 되시는 것을 거절하고 그의 친구가 되는 것도 거절하였다. 확실한 증거로 그리스도의 사자를 거부하고 죽였기 때문이다.

Today' s dish

마태복음 14장에서 15장은 비유와 표적으로 가르치신 주님의 말씀들이다.

요한을 “옥에서 목을 베어” (14:10)라는 구절은 세상에서 죄를 책망하는 선지자는 목이 날아간다는 것을 암시한다. 예수께서는 자기를 추종하는 무리를 보내신 후에 기도하러 따로 산에 올라가서 저물매 거기 혼자 계셨다.(14:23) ‘혼자 기도하시는 주님’ 은 군중들에게 인기가 높아갈 때 그들을 떠나시고 군중의 요구를 거절하셨다. 군중들을 동원하고 무리 앞에 서서 연설하기를 좋아하는 종교인들과 다르게 우리 주님은 무리를 떠나시고 홀로 기도하시는 것을 본으로 보여주셨다.

1. 참 선지자

세상의 권력자 주변에는 모두 장애인들로 포진하게 한다. 권력자의 불의를 보아도 못 본 체하고, 권력자의 비리를 들어도 못 들은 체하며, 권력자에게 진실을 말하지 않고 입을 다무는 장애인들이 많다.

세례 요한은 헤롯 왕의 착각에 대해서 경고하였다. 헤롯은 모든 세상을 자기 소유로 착각하고 세상은 자기 마음대로 주장할 수 있다고 믿었다. 어리석은 사람은 작은 것보다 큰 것, 미운 것보다 고운 것, 미련한 것보다 지혜로운 것을 추구하다가 스스로 자기 함정에 빠진다.

왕의 권력을 두려워하지 않는 선지자 세례 요한은 왕이 동생의 아내를 취한 음행의 죄악을 책망하였고, 왕의 체면이 구겨지고 군중의 여론이 싸늘해진다고 해도 진리를 말하였다.

헤롯은 세례 요한을 투옥했다가 그의 생일파티에서 딸이 춤을 추는 것을 보고 나라의 절반이라도 주겠노라고 공언하였다. 어미가 딸에게 헤롯에게 요한의 목을 요청하도록 충동하였다. 결국 헤롯의 죄를 책망하였던 선지자 세례 요한은 참수형으로 순교를 당하였다.

세상은 남자가 이끌어가지만, 남자(헤롯)를 움직이는 힘은 여자의 혀(딸 살로메)에 의해서 움직인다는 것을 보여주었다.

세례 요한이 죽은 이후 등장한 예수에 대하여 백성들 사이에는 여러가지 소문이 떠돌았다. 예수께서 권능으로 행하시는 사역들을 보고 헤롯은 자기가 죽였던 요한이 되살아난 것으로 생각하고 두려워하였다.

사람들의 죄는 회개하고 예수 그리스도의 보혈로 죄 씻음을 받지 않으면 죄악의 권세는 죽지 않고 살아서 죄인들의 양심에 항상 수치심과 공포심을 느끼게 한다.

동생을 죽인 가인은 양심의 고통을 호소하였다.

> "가인이 여호와께 고하되 내 죄벌이 너무 중하여 견딜 수 없나이다" (창세기 4:13)
>
> "악인은 그 일평생에 고통을 당하며 포악자의 햇수는 작정 되었으므로 그 귀에는 놀라운 소리가 들리고 그 형통할 때에 멸망시키는 자가 그에게 임하리니 그가 어두운데서 나오기를 바라지 못하고 칼날의 기다림이 되느니라" (욥기 15:20-22)
>
> 그러나 자신의 죄를 회개하고 죄 사함을 받은 사람의 모든 죄를 기억도 하지 않는다.
>
> "나 곧 나는 나를 위하여 네 허물을 도말하는 자니 네 죄를 기억지 아니하리라." (이사야 43:25)
>
> "다시 우리를 긍휼히 여기셔서 우리의 죄악을 발로 밟으시고 우리의 모든 죄를 깊은 바다에 던지시리이다." (미가서 7:19)

세례 요한의 순교는 예수 죽음의 예고편이었다. 세례 요한의 순교는 진리의 소리에 귀를 막은 헤롯의 손에서 죽었던 것처럼, 예수 그리스도는 복음을 거부하는 사람들의 손에서 죽으실 것을 예고한 죽음이었다.

그리스도인들의 모든 말과 행위는 세상을 향해서 예수 그리스도의 증인이어야 한다.

> "우리는 구원 얻는 자들에게나 망하는 자들에게나 하나님 앞에서 그리스도의 향기니 "(고린도후서 2:15)

세례 요한은 구약의 불임녀 리브가가 기적으로 낳은 이삭처럼, 늙은 엘리사벳이 기도 응답으로 낳은 아들로서 부모에 의해서 하나님께 전 생애를 바친 '나실인' 이었다.

요한은 기도로 태어나고, 부모의 의지로 하나님께 바친 사람으로 자신을 위한 사생활이 없었다. 요한은 제사장 사가랴 부친을 이어서 세습 제사장으로 예루살렘에서 평범하게 살 수 있었지만, 하나님의 말씀이 그에게 임하면서 선지자로 부름을 받고 광야로 나갔다.

그는 엘리야의 영감과 능력을 갖추고 광야에서 경건 생활을 준비하다가 예수의 선구자로서 메시아의 길을 닦고 안내하는 역할을 하다가 순교함으로 30대 청년으로 생을 마감하고 하나님의 부르심을 받았다.

말라기 선지자와 이사야 선지자는 '광야의 소리' 가 될 선구자 세례 요한에 대해서 예언하였다. '아비의 마음을 자녀에게, 자녀의 마음을 아비에게 돌이키는 사역자라고 예언하였다. 세례 요한은 출생과 성장과 사역과 죽음까지 꽉 짜인 하나님의 예정하심대로 살며, 세례요한에 대하여 예수께서는 "여인이 낳은 자 중에 큰 사람" 이라고 칭찬하셨다.

세례 요한은 나실인으로 살 것인가? 보통 사람으로 살 것인가? 부친의 대를 이어서 제사장이 될 것인가? 선지자가 될 것인가?, 수도 예루살렘에서 사역할 것인가? 유대 광야로 가서 엘리야처럼 사역할 것인가?, 군중과 함께 능력 있는 선지자로 추대받으면서 살 것인가? 예수의 선구자로 살다가 사라질 것인가?, 후계자를 양성할 선생과 지도자가 될 것인가? 헤롯의 죄를 책망하고 순교자가 될 것인가? 많은 선택의 기로 중에도 하나님의 선지자들이 예언한 그 말씀대로 살다가 간 참 선지자였다.

세례 요한은 나실인 – 선지자 – 선구자 – 순교자로 살았다.

2. 순교자

순교(殉敎,martyr)는 따라 죽을 순(殉), 가르칠 교(敎), 즉 자기가 믿는 진리(종교)를 위해 목숨을 바치는 것(희생)이다. 순교자 세례 요한에 대한 교훈이 우리의 가슴을 울린다.

1) 순교자는 죽지 않는다.

헤롯이 예수의 소문을 듣고 신하들에게 말하기를 '이는 죽었다가 살아난 세례 요한이다. 그러므로 그의 권능이 그 속에서 역사한다' 라고 고백하였다. 이 말은 요한을 죽인 헤롯이 한 말이다. 순교자는 죽었어도 순교자가 전하는 말씀과 보여준 희생은 살아있다는 것이다.

아벨의 피로부터 성전과 제단 사이에서 죽은 스가랴의 피까지 순교자의 피는 하나님께서 받으시고, 순교자는 살았을 때보다 죽은 다음 더 강하게 역사하고 영향력을 미친다.

교회사를 살펴보면 시대마다 교회가 세상으로부터 받은 가혹한 핍박의 역사가 있었고 순교자들이 있었다.

창세기에 아벨이 가인으로부터 받은 핍박에서 시작해서(창세기 4장) 다니엘과 세 친구가 받은 사자 굴과 풀무 불 핍박이 있었다. 그리고 요한계시록에 여인과 여인의 후손이 용으로부터 받는 박해를 받는 것들이 구속사의 줄거리이다.(요한계시록 12장)

구교가 신교를 핍박하고, 영국의 국교가 청교도를 핍박하였으며, 한국교회가 신사참배 문제로 일제의 핍박을 받았으며, 공산권에서 받은 핍박의 역사와 지금도 지구촌에는 이슬람교와 힌두교와 불교도들에 의해서 기독교인들과 교회가 받는 박해가 진행되고 있다.

그러나 시대마다 하나님은 의를 위하여 핍박을 받은 하나님의 백성들을 통해서 하나님 나라가 이루어졌으며 하나님은 교회가 역전하는 승리로 위로와 상을 베풀어주셨다.

초대 교회가 로마제국의 박해를 받았지만 A.D 313년 콘스탄티누스 1세(Constantinus)의 밀라노 칙령을 발표하고 로마제국이 기독교를 공인하였다. 교회들은 보상과 위로를 받음으로 검이 아닌 복음으로 로마를 정복하였다.

성경을 번역하는 GBT 선교사가 마태복음부터 번역을 시작하였다. '너희는 거저 받았으니 거저 주어라' 는 본문 때문에 선교사는 고민에 빠졌다. 원문 그대로 번역하게 되면 아프리카 원주민들은 자기 것과 남의 것을 구분하지 않고 다 가져가는 판국에 거저 받았으니 거저 주어라는 번역을 하고 만일 성경 공부 시간에 가르친다면 틀림없이 선교사 집안의 모든 물건을 다 가지고 갈 것이 틀림이 없었다. 선교사는 그 구절만 삭제하고 번역하려다가 양심을 거스를 수 없어서 그대로 번역하고 그대로 가르쳤다.

예상대로 아프리카 흑인들은 선교사 집으로 쳐들어와서 아무것이나 집어서 선교사에게 거저 달라고 성경대로 요구하였다. 선교사는 그들에게 안 된다고 말할 수 없어서 가져가는 대로 내버려 두었다. 그런데 원주민들은 선교사의 물건을 다 가져가는데도 얼굴 한번 찌푸리지 않고 참고 있는 선교사를 보고 감명을 받고 선교사가 가르치는 성경 말씀은 진짜라고 믿기 시작하여 모두 예수를 믿고 세례받고 그리스도인으로 구원받았다고 한다.

말씀대로 사는 것이 순교적인 삶이다. 십자가와 복음 설교를 유창하게 하지만 삶에는 희생과 헌신이 결여되고 자기를 십자가에 못 박지 않는 복음은 참되지 못하다.

2. 세상은 순교자의 무덤

헤롯의 생일 잔칫날이 선지자 요한이 순교하는 날이 되었다. 살로매의 유혹의 춤과 자신의 실체를 감추는 헤로디아에 의해서 선지자의 목을 베어버리는 세상이다.

예수 그리스도의 선교 현장인 예루살렘은 그리스도께서 죽으신 무덤이 되었다. 세상은 언제나 죽음과 파멸을 안고 있는 시한폭탄과 같은 곳이다.

가인과 아벨은 하나님을 예배하는 문제로 영적으로 적대 관계가 되었다. 가인은 하나님이 받으시는 예배를 드린 아벨을 죽임으로 영원히 하나 되는 길을 거부하고 말았다.

창세기 3장 15절에 여인의 후손과 뱀의 후손의 대립 상태는 인간들끼리 사소한 감정 다툼으로 발생하는 것이 아니라 하나님께서 정해놓으신 뜻대로 이미 예견된 것이다.

"내가 너로 여자와 원수가 되게 하고 너의 후손도 여자의 후손과 원수가 되게 하리니 여자의 후손은 네 머리를 상하게 할 것이요 너는 그의 발꿈치를 상하게 할 것이니라 하시고" (창세기 3:15)

경제 블록으로 나누어져서 서로 이권과 이득을 챙기기 위해서 오대양 육대주에서 서로의 경제 블록을 형성하면서 자신들의 이익을 위해서 보호 장벽을 철저하게 높이고 있다.

석유 수출 기구(OPEC), 북미 자유 무역협정(NAFTA), 유럽공동체(EU), G7, 북대서양 조약기구(NATO), 동남아 국가연합(ASEAN), 아프리카 통일기구(OAU), 아시아 태평양 경제 협력체(APEC), 남미 경제 협력체(Merco Sur) 브릭스 신흥경제국 협력체(BRICS - Brasil, Rusia, India, China, Sauth Africa)등 협력 기구를 만드는 이면에는 대립과 갈등의 요소를 안고 있다. 이런 협력체들은 자신들의 이권에 따라서 언제든지 이합집산하면서 강력한 세계통일 국가를 건설하는 바벨탑과 같이 하나님을 대적할 수 있다.

기독교인을 박해하던 로마 황제 '디오클레시안' (Diocletianus)이 교회를 심하게 박해하였다. 어느 날 그는 교회의 감독을 끌어와서 죽이려고 이렇게 비꼬았다. "여보게, 자네의 목수 예수는 지금 무엇을 하고 있지?" 순교자는 이때 말하기를, "예 그분은 지금 폐하의 관을 짜고 있습니다." 이 순간 그는 원인도 모르게 죽었다. 하나님의 백성들을 박해하는 사람을 하나님은 그대로 버려두지 않았다.

그리스도는 자기를 보내신 하나님에게 죽기까지 복종하시고 그의 충성을 증명하셨다. 그리고 앞에 있는 즐거움을 위해서 고난을 참으셨다.

한국교회의 신앙의 선배들은 "고난 대학" (苦難大學)을 나왔다는 말을 자주 하였다. 현대교회 목회자들은 어느 대학에서 무슨 학위를 받았는지에 대한 관심이 높고 고난 대학? 에 입학원서도 접수하지 않은 성직자들이 많다.

예수 때문에 불교와 유교 배경 아래 있는 가족들에게 배척을 당하고,

일제 강점기와 공산 치하에서 고난 당한 증인들과 순교자들이 많았다.

평안북도 평양시에서 이창환 전도사는 30대 나이에 순교하였다. 김일성을 조선인민공화국의 수반으로 뽑기 위한 11월 3일 선거일에 주일성수를 하기 위해서 주일 선거에 참여하지 않았다는 죄목으로 체포되어 고문과 체형을 받던 중 북한 노동당원들이 그의 옷을 벗기고 얼음 구덩이에 넣었다가, 실신하면 다시 꺼내어 찬물을 끼얹고 다시 정신 차리면, 얼음 구덩이에 넣는 고문을 받다가 순교를 하였다. 고난 대학의 졸업장과 학위는 순교사이다.

세상은 지금도 순교자들의 무덤을 만들고 있으나 최후 승리는 그리스도인과 교회가 짐승과 음녀와 바벨론을 이긴다는 약속과 예언이 요한계시록에 문서의 기록으로 남겼다.

dessert

1. 순교자는 죽지 않고 살아있다는 증거는 무엇인가?
2. 세상은 순교자의 무덤이라는 증거는 무엇으로 증명할 수 있는가?
3. 우리는 참 선지자 세례 요한의 길을 걸어가면서 그리스도의 길을 예비하고 있는가?

Prayer

주님! 세상 죄를 지고 가는 하나님의 어린양의 길을 닦고 그리스도를 소개한 세례 요한같이 예수를 증거하며 세상의 불의와 죄악에서 돌이키도록 복음을 전하는 순교자의 영으로 충만하게 하옵소서. 아멘!

40. 14:13-21 갈릴리의 만찬

“예수께서 들으시고 배를 타고 떠나사 따로 빈 들에 가시니 무리가 듣고 여러 고을로부터 걸어서 따라간지라. 무리를 명하여 잔디 위에 앉히시고 떡 다섯 개와 물고기 두 마리를 가지사 하늘을 우러러 축사하시고 떡을 떼어 제자들에게 주시매 제자들이 무리에게 주니, 다 배불리 먹고 남은 조각을 열두 바구니에 차게 거두었으며, 먹은 사람은 여자와 어린이 외에 오천 명이나 되었더라” (13,19-21절)

Appetizer

마태복음 14장~20장까지는 왕의 은신이라는 새로운 국면에 들어선다. 예수님은 무리로부터 물러나 계시며 제자들과 많은 시간을 보내시고 예루살렘에서 십자가에 달리시는 다가오는 위기를 준비하신다.

이러한 상황에서 제자들조차 정치적인 지상 왕국의 꿈을 꾸면서 자리다툼을 생각하고 있었다. 십자가에 대한 주님의 반복적인 가르침에도 불구하고 그들의 마음 판에 새겨지지 않았다.

14장에서 세 가지 중요한 사건과 교훈은 세례요한의 죽음과 5,000명을 먹이시는 기적과 폭풍속의 기적 사건이다.

헤롯왕의 만찬은 고관대작들을 궁궐에 초청하여 진수성찬과 음란한 무도회를 열고 세례요한의 목을 베는 피의 잔치를 벌였다. 그러나 만왕의 왕이신 예수님은 갈릴리 빈 들에서 굶주리고 지친 백성들에게 보리떡 다섯 개와 물고기 두 마리로 축사하시고 풍성하게 먹고 남는 갈릴리의 만찬을 베푸셨다.

헤롯의 잔치는 허영과 과시, 쾌락과 음모, 사치와 방종의 목적이 있지만, 예수의 갈릴리 만찬은 재창조의 능력으로 참된 양식인 생명의 떡을 먹이시는 일에 목적을 두셨다.

헤롯의 만찬은 썩는 양식을 위한 만찬이지만, 주님의 만찬은 영생하는 떡을 먹이시는 목적으로 기적의 떡을 먹이셨다.

주님의 긍휼로 먹이신 사건은 하나님 나라가 완성되는 날에 있을 천국 잔치를 예표 하는 표적이며, 교회의 성만찬은 하나님 나라의 잔치를 미리 맛보는 일이다.

> "썩는 양식을 위하여 일하지 말고 영생하도록 있는 양식을 위하여 하라 이 양식은 인자가 너희에게 주리니 인자는 아버지 하나님의 인치신 자니라" (요한복음 6:27)
>
> "내가 곧 생명의 떡이니라. 너희 조상들은 광야에서 만나를 먹었어도 죽었거니와, 이는 하늘에서 내려오는 떡이니 사람으로 하여금 먹고 죽지 아니하게 하는 것이니라" (요한복음 6:48)

Today' s dish

1. 무엇을 먹을까?

살아있는 생명에게 가장 필요한 필수품은 양식이다. 양식을 먹어야 살고 먹지 않으면 죽는 사활이 걸린 자원이다. 생명체는 먹이사슬로 엮어져서 누군가 잘 먹고 살아간다면 상대적으로 누군가는 죽어야 하는 것이 자연의 이치다.

지구촌에는 식량이 결핍되어 죽어가는 곳이 있지만, 식품으로 상업적인 이익을 남기기 위해 오염된 불량 식품들을 파는 자와 먹는 자들이 있다. 자신의 건강을 위해 웰빙 식품을 선별해서 먹는 사람들도 있다.

82억 세계 인구가 앞으로 무엇을 먹고 살아야 할까? 우주인처럼 알약 하나로 영양소를 해결하는 대체식량을 개발하고 있으며, 유전자조작 식품을 생산하기도 한다.

예수께서 행하신 오병이어 기적은 하나님은 위대하시다는 고백을 할 수밖에 없다.

시편 136편 "모든 육체에게 식물을 주신 이에게 감사하라 그 인자하심이 영원함이로다." 라고 찬양한다.

성지순례를 가서 '오병이어 기념교회' 를 방문하면 교회당 바닥에 보리떡 다섯 개와 물고기 두 마리 그림을 모자이크 해놓았다. 이스라엘은 기적의 땅이다. 하나님께서 신구약 시대를 통틀어서 자기 백성을 향하여 수많은 기적을 나타내시고 영광을 보여주신 거룩한 성지이다. 이런 기적의 땅은 이스라엘의 가나안 복지만이 아니라 지금도 하나님의 약속을 믿고 살아가는 하나님의 자녀들의 삶의 현장은 기적의 가나안땅이다.

오병이어 기적은 예수의 부활 사건과 더불어 사복음서에 모두 기록된 예수의 메시아 사역 중에 빼놓을 수 없는 중요한 사건이다.

이 기적은 과거에 팔레스타인에서 일어난 기적이며, 현재에도 주님의 삶과 피를 먹고 살아가는 기적과 축복의 삶을, 그리고 미래에 새 하늘과 새 땅에 들어가서 주님과 함께 먹을 천국의 영생과 복을 상징하는 사건이다.

2. 빈들의 기적

누가복음 기록에는 예수님은 제자들에게 하나님의 나라를 전파하도록 권능을 주어 보내셨는데 사도들이 돌아와서 자기들이 행한 모든 일을 보고하였다.

제자들을 환영하고 영접한 사람들, 귀신이 나가고 질병을 고침 받고 기뻐한 사람들, 제자들을 반대하고 영접하지 않는 사람들, 제자들이 발에 묻은 먼지를 털고 떠나온 동네들…

하나님 나라를 전파한 사도들에 대한 사람들의 반응들과 예수 이름을 사용함으로 나타난 그 능력들을 일일이 보고하였다.

나는 교회의 머리 되시는 주님께 심방 보고를 드린다. 아무개 성도는 이런저런 감사가 있습니다. 그리고 아무개 성도는 이런저런 문제가 있습니다. 심방 예배를 드린 다음 주님께 심방 보고를 드리면 진짜 심방은 주님께서 행하시는 것을 보게 된다.

하나님은 각 사람에게 생명과 달란트를 주셔서 세상에 보내셨다. 그리고 인생 종말에 각 사람은 하나님 앞에서 자기가 어떻게 살았다는 인생 보고와 달란트를 보고하게 된다.

예수께서 제자들과 휴식을 취하기 위해서 벳세다로 가셨는데 무리가 알고 따라왔다. 주님은 그들을 돌려보내지 않고 영접하신 다음 하나님 나라의 일을 이야기하시고 병 고칠 자들을 고쳐주셨다.

예수를 추종하는 무리가 남자만 약 5천 명이나 되었다. 이 숫자는 2천 년 전 갈릴리 마을 사람들의 총동원한 숫자로 보아도 된다. 이들은 의료 혜택을 받지 못한 사람, 끼니를 거르는 빈곤한 사람들, 교육의 기회가 없었던 소외된 사람들이 대부분이었다. 이들은 집에 돌아가도 별 볼일이 없는 사람들이었다. 그래서 해가 지고 날이 저물어 가는 빈들인데도 예수님을 떠나지 않으려 했다. 해가 져도 집으로 돌아가려고 하지 않은 무리들…….

옛날 교회는 그 동네에서 먹을 것과, 볼 것과, 놀 거리, 들을 거리가 많은 큰집이었다. 그래서 아이들이 교회 앞에서 많이 놀았다. 그런데 지금은 세상이 그것들을 다 빼앗아 갔다.

갈릴리 사람들의 가슴은 텅 비었고, 그들의 집도 비었으며, 갈릴리 사회가 텅 비었기 때문에 무엇인가 채우기 위해서 예수님을 떠나지 않았다. 부모의 사랑이 부족한 자녀들은 밖으로 떠돌아다닌다.

제자들은 예수께 무리를 보내어 각자가 숙식을 해결하도록 건의를 하였다.

광야와 빈들이라는 상황은 제자들이 무리에게 해 줄 것이 아무것도 없었다. 그러나 제자들은 옛날 빈 들에서 이스라엘 백성 60만 명이 40년간 농사를 짓지 않고 길쌈도 하지 않았지만, 하나님이 하늘에서 내려주신 만나를 먹고 살았고 옷과 신발이 해어지지 않았던 광야의 기적을 잊고 있었다.

하나님은 광야에 나온 이스라엘 백성들에게 매일 같이 기적의 양식인 만나를 먹여주셨다.

하나님은 양식이 풍족한 애굽에서는 기적을 행하지 않으시고 열 재앙으로 괴롭게 하시면서 애굽의 정을 떼어버리게 하셨다. 그러나 하나님의 백성들이 아무것도 없는 빈들에 있을 때는 기적을 베풀어주셨다.

예수님은 무리를 돌려보내려는 제자들에게 "너희가 먹을 것을 주어라" 명령하셨다.

그들 스스로 문제를 해결하도록 그들의 믿음을 테스트해 보셨다. 그러나 제자들이 소유한 음식은 한 소년이 가져온 보리떡 다섯 개와 물고기 두 마리밖에 없었다. 그리고 양식을 살만한 돈이나 많은 물량의 양식을 파는 곳도 없었다. 노동자 8개월 삯에 해당하는 2백 데나리온의 돈이 필요하였고, 저녁 무렵 빈 들에서는 돈이 있어도 5천 명의 양식을 살만한 곳이 없었다. 제자들은 먹을 것을 사지 아니하고는 할 수 없다고 말했다.

본래 원문에는 먹을 것을 사지 아니하고는…밖에 없습니다. 라는 말꼬리를 흐렸다. 작은 글씨체는 사본 번역자들이 말을 이어가기 위해서 삽입한 것이다. 제자들은 아직도 주님의 능력과 돈의 힘을 저울질하고 있었다. 이상적으로는 하나님의 능력이 나타날 것도 같으나, 현실적으로는 돈이 없으면 불가능하다는 것을 알고 믿음의 확신을 가질 수 없었다.

3. 예수의 축사

세계 인구는 82억을 넘었다. 식량문제 전문가들은 식량 부족 문제를 해결하기 위해서 유전자 조작 식품(GM)으로 식량문제 해결하려고 한다. 토마토에 넙치(가자미)의 얼지 않는 유전자를 넣어 추운 지방에서도 재배하고, 염분에 잘 견디는 형질을 벼에 이식하여 해안 습지에서도 재배하는 방법이다. 감자와 호박을 대형화하는 유전자조작 식물이 양산되고 식물들이 병충해에 잘 견디도록 유전자 조작을 하고 있다.

아프리카와 북한에 식량 원조를 맡아온 토니 홀 유엔 세계식량계획(WFP) 미국 대사는 잠비아의 '레비 음와나와사' 대통령이 유전자 조직 식품의 원조를 거부하면서 '유독성 음식을 먹느니 차라리 굶어 죽겠다' 라는 말을 하였다.

잠비아는 300만 명이 아사 위기에 처하였지만, 미국이 원조한 유전자 조작 옥수수를 거부하였다. 기아 문제의 해결사, 구세주로 불리는 GM 식품들은 중국, 인도, 브라질, 아르헨티나, 남아공 등에서 쌀, 밀, 감자, 콩, 면화 등 재배 면적을 넓히고 있다.

광우병의 잠복 기간 20년을 체험한 유럽인들은 GM 식품이 지금 당장에는 문제가 없지만 몇십 년 후에 부작용이 나타날지 모른다고 우려하고 있다. GM 식품은 다른 종의 유전자를 인위적으로 삽입하여 단시간에 새로운 종을 만들어 내는 기술이지만, 자연적으로는 생성되어서는 안 되는 방식으로서 예측할 수 없는 부작용이 일어날 수 있다.

세계 식량문제는 UN이 고민할 문제가 아니라, 창조주 하나님의 과제이다. 그리고 하나님께 문제 해답이 달려있다. 조물주 하나님은 인간을 굶어 죽도록 세상을 창조하시지 않았다. 시편 136편에 "모든 육체에게 식물을 주신 이에게 감사하라 그 인자하심이 영원함이로다."라는 말씀은 하늘의 하나님께 감사하는 이유는 모든 육체에게는 식물을 주시는 그 분의 인자하심이 영원하시기 때문이다. 하나님을 배반하지 않고 감사하는 믿음으로 살면 절대로 굶어 죽지 않는다.

예수님은 공중의 새와 들에 핀 백합화도 먹이시고 입히시는데 하물며 하나님의 자녀들을 먹이고 입히지 않겠느냐? 믿음이 적은 자들아! 염려하지 말고 먼저 그의 나라와 그의 의를 구하면서 살면 이 모든 것을 너희에게 더해 주시겠다고 약속하셨다.(마태복음 6:33)

창조주 하나님을 나의 아버지로 믿는다면 빈들이나 광야가 두려움이 되지 않는다. 하나님은 이슬을 가지고 만나처럼 사람이 먹는 양식으로 만들 수 있다. 바닷물도 양식으로 만들 수 있다. 들풀도 양식으로 만들 수 있는 분이시다. 예수님은 사단처럼 돌을 떡이 되게 하는 기적이 아니라 말씀으로 떡이 떡이 되게 하는 기적을 행하셨다.

사렙다 과부는 기근 때에 찾아온 불청객 엘리야 선지자가 통의 가루와 기름 한 병으로 먼저 자기를 위해 음식을 만들어 달라고 요청하는 무례한 선지자를 위해서 여인은 양식을 희생하였다. 하나님은 그 여인의 집에 끊어지지 않는 양식의 복을 내려주셨다. 이 사건은 민심이 각박해진

흉년 때에도 자비가 자비를 낳는 기적을 보여준다.(열왕기상 18:14)

하나님의 자비만 있으면 기적이 일어나서 살 수 있다는 것이다.

예수님은 오병이어와 5천 명이라는 산술적인 방법이 아닌 믿음의 방법을 가지고 문제를 해결하셨다. 제자들에게 무리를 50명씩 떼를 지어 앉도록 하였다.

유대인들은 성인 남자들끼리 음식을 먹기 때문에 여인이나 어린이는 계산에 넣지 않았다. 그래서 남자가 한 5천 명이 되었다.

예수님은 오병이어를 가지시고 하늘을 우러러 축사하시고 떼어 제자들에게 주시고 무리 앞에 놓도록 하였다. 창조주 하나님 아버지께 감사의 기도를 드린 떡은 기적이 일어났다.

제자들은 자기들의 가진 것을 주님의 손에 바쳤다가 다시 돌려받은 후 떡과 물고기를 나누어주었다. 주님의 축사를 받은 떡과 물고기는 기적의 떡과 고기로 변하여 많은 무리가 다 배불리 먹고 12 광주리가 남았다. 오병이어의 기적은 하늘에서 내려오신 예수님이 우리의 생명을 위한 양식임을 믿도록 가르쳐주는 메시지이다.

우리는 영혼 몸을 주님께 맡겨야 한다. 자녀 문제, 노후 문제, 경제 문제, 건강 문제 모두 주님께 맡기고 주님의 축사 기도를 받고 주님의 자비와 능력을 믿으면 다윗처럼 '여호와는 나의 목자시니 내게 부족함이 없으리로다' 고백할 수 있게 된다.

dessert

1. 나는 이방인들이 구하는 무엇을 입을까? 마실까? 입을까 염려하고 있는가?
2. 하나님의 기적은 풍요한 곳에서 일어나는가? 빈들과 빈 지갑에서 일어나는가?
3. 지구촌의 기후 문제 식량문제 인구문제의 근본적인 해결책은 무엇일까?

Prayer

주님! 창조주 하나님과 우리 주님의 자비만 끊어지지 않으면 우리의 삶에는 날마다 기적이 일어날 줄 믿습니다. 우리에게 세상 끝날까지 자비와 인자하심을 베풀어 주실 것을 감사드리며 찬양합니다. 아멘.

41. 14:22-36 나홀로 예수

"무리를 보내신 후에 기도하러 따로 산에 올라가시니라 저물매 거기 혼자 계시더니, 밤 사경에 예수께서 바다 위로 걸어서 제자들에게 오시니, 제자들이 그가 바다 위로 걸어오심을 보고 놀라 유령이라 하며 무서워하여 소리 지르거늘, 예수께서 즉시 이르시되 안심하라 나니 두려워하지 말라. 배에 함께 오르매 바람이 그치는지라. 다만 예수의 옷자락에라도 손을 대게 하시기를 간구하니 손을 대는 자는 다 나음을 얻으니라" (23,25-27,32,36절)

Appetizer

예수님은 순수하시고 사심이 없이 하나님의 백성들을 사랑하시는 목자이시다. 오병이어의 기적으로 굶주린 사람들에게 기적의 만찬 사역을 마치고 군중들이 배가 불렀을 때 예수를 자기들의 왕으로 삼으려는 심상치 않은 분위기가 돌았다. 제자들은 그런 고조된 분위기에 편승해서 서로 높은 자리와 권력을 얻으려고 내면적인 암투와 갈등이 보였다.

예수님은 제자들을 즉시 재촉하여 무리로부터 분리하기 위해서 배를 태워 건너편으로 보내시고 주님은 홀로 무리를 해산시켜 집으로 돌려보냈다.

세상에 이런 지도자가 어디 있는가? 자기를 지지하고 인기가 상승하는데 군중들을 흩어 보내고 홀로 산에 올라가셔서 밤새 기도하시는 정치적인 욕망이 없으신 주님은 존경하고 사랑받으실 주님이시다.

어느 지도자가 오병이어 같은 기적을 행하였다면, 동영상을 촬영해서 유튜브에 올리고 댓글 폭주가 쏟아지고, 기자들이 취재를 하고, 기적의 비법을 전수하려고 몰려오는 사람들을 위해서 은사 세미나를 열고, 사방에 다니면서 간증 집회를 하면서 주객이 전도되는 현상이 나타나게 될 것이다.

Today's dish

1. 혼자 따로 기도하심

예수 그리스도는 정말 멋진 분이시다. 정치적 야망과 꿈을 이룰 수 있는 호재를 툭툭 털어버리고, 홀로 아버지와 교제하기 위해서 늦은 밤중 산으로 올라가시는 예수의 모습은 세상에서 찾아볼 수 없는 지도자상이다.

오병이어의 기적은 예수의 사역에서 가장 폭발적인 인기를 얻었다. 여자와 아이 외에 남자만 오천 명이면 수만 명이 추종하였다. 참 기적은 예수를 지지하는 군중들이 몰려드는 것이 아니라 지지하는 무리를 흩어 보내고 따로 혼자 기도하러 산에 올라가시기 위하여 자기를 부인하는 예수 그리스도가 기적이다.

예수 그리스도 기적의 동력은 그가 하나님의 아들이라는 사실에 있을 뿐만 아니라, 기도를 통해서 성부 하나님과 지속해서 교제를 나누는 일에 있다. 주님 사역의 우선순위는 기도이다..

주부들은 가족들이 출근한 다음 혼자 조용하게 큐티를 하면서 하나님 안에서 쉬고 있는가? 학교나 직장에서 동료들과 함께 일하다가 휴식 시간에 잠시 틈을 내어서 혼자 말씀을 묵상하고 있는가?

현대인들은 몸도 피곤하고, 마음도 무겁고, 머리가 쉴 새가 없고 스케줄이 꽉 차서 컴퓨터 하드 디스크처럼 열 받은 모습으로 살아가지 않는가?

마귀의 전략은 애굽에 있는 이스라엘 백성들에게 쉴 틈을 주지 않고 벽돌 수량을 채우도록 날마다 채찍질하고 노역을 무겁게 만들었다. 한눈팔지 못하게 해서 하나님을 예배하지 못하게 하는 고도의 전략이다.

시간이 없다, 바쁘다, 피곤하다는 말을 주의해야 한다. 시간이 없는 가운데도 예배 시간과 나 홀로 기도 시간을 만들어야 한다. 그렇지 않으면 삶에 고장이 날 수 있다.

마르다는 바쁘게 일하면서 중요한 것을 놓치고 사는 스타일이다. 마리아는 아무리 바빠도 중요한 것은 놓치지 않고 지키는 스타일이다. 주님은 마리아가 선택한 중요한 삶의 가치는 빼앗기지 않을 것이라고 칭찬하셨다.

천국은 묻지마 관광이나 효도 관광처럼 단체로 부담 없이 편하게 관광하는 곳이 아니다. 육신의 일을 뒤로하고 따로, 혼자, 하나님을 만나러, 힘들게 산으로 올라가는 예수 그리스도의 모습처럼 좁은 길 좁은 문을 걷는 길이다.

어릴 때 어머님은 잠깐 가족들과 함께 이야기를 하시다가 빨리 자라! 고 잠을 재우고는 혼자 교회당에서 가서 기도하신 것이 기억난다.

2. 바다를 밟으심.

예수님은 제자들이 탄 배가 밤 사경(새벽 3시- 오전 6시)에 갈릴리 호수에서 돌풍을 만나 고난을 겪는 것을 아시고 그들을 구원하시기 위해서 바다를 밟고 물 위로 걸어 오셨다.

주님은 제자들의 고난을 외면하지 않으시고 새벽에 성난 물결을 밟으시고 찾아오신 분이다. 하나님은 우리가 부르기 전에 아시고 구하기 전에 우리의 필요를 아신다.

요한계시록에서 바다는 세상과 사단의 권세를 의미한다. 홍해와 요단강을 건너게 하시는 하나님은 우리를 세상과 죄와 사단의 권세에서 구원하시는 증표이다.

예수님은 만유의 주재로서의 초자연적 위상을 가지고 세찬 바람과 거친 물결과 지구의 중력을 지배하시면서 물 위를 걸어오셨다.

배가 이미 육지에서 수리나 떠나서, 바람이 거슬리므로, 물결로 인하여, 고난을 당하더라, 놀라 유령이라 하며 무서워하여 소리 지르거늘…….

제자들의 상황은 어제 일어난 벳새다 광야에서 있었던 놀라운 기적과 반대로 지금은 어둠과 죽음의 위기 앞에 두려워 떨어야 했다.

주님은 제자들에게 무엇을 가르치시려는 의도를 가지고 계셨다. 많은 군중의 초점과 목적없이 사람의 인기와 환경을 믿거나 기뻐하지 않는 법을 배우게 하시고, 하나님 앞에서 믿음으로 홀로서기를 하게 하시고, 그리고 사단의 방해와 위험에도 굴하지 않고, 믿음으로 바다를 밟고 걸어가야 한다는 것을 보여주시고 가르쳐 주셨다.

3. 안심하라 내니 두려워 말라

베드로는 '안심하라 내니 두려워 말라' 하시는 주님의 음성을 듣고 '만일 주시어든 나를 명하사 물 위로 오라 하소서,' '주께서 오라' 하시니 배에서 내려 물 위로 걸어서 예수께로 갔다.

'나는 나다' 라고 하는 것은 바로 스스로 계시는 여호와의 이름의 뜻이다.(출애굽기 3:14)

베드로는 주의 말씀을 듣고 믿음으로 바다를 밟고 물 위로 걸어갔다. 그는 물을 정복하고 다스리는 순간을 체험하였다.

아브라함은 그의 나이 75세에 하나님께서 가나안으로 '오라' 부르시니 '갈 바를 알지 못하고 나갔으며' (히브리서 11:8), 이스라엘 사람들도 '믿음으로 홍해를 육지같이 건넜다.' (히브리서 11:29)

베드로는 파도를 보고 두려워할 때 물에 빠졌다. 소리를 질러 주여 나를 구원하소서. 부르짖었으며 예수께서는 즉시 손을 내밀어 저를 붙잡으시고 믿음이 적은 자여 왜 의심하였느냐 꾸짖으시고 배에 오르실 때 즉시 바람이 그쳤다.

제자들이 탄 배는 풍전등화와 같이 파선의 위기 앞에 서게 되었다. 그들의 눈에는 파도와 바람과 유령(판타스마)과 보이지 않는 사망의 권세만 보이고 나약한 모습이 되었다.

시력검사를 할 때 한쪽 눈을 가리고 시력 측정표를 보아야 한다. 예수님과 세상을 같이 보면 혼란이 온다. 신앙은 오직 예수님만을 바라보는 것이다.

믿음이 적은 자여 왜 의심을 하였느냐? 믿음이 적다는 것은 두 마음을 품고 의심이 많다는 것이다. '구주 예수 의지함이 심히 기쁜 일일세 허락하심 받았으니 의심 아주 없도다.'

4. 주님께 손을 대고 다 나음을 입었다.

제자들은 풍랑 사건으로 인해서 예수님을 하나님의 아들로 고백하게 되었다.

예수를 영접한 사람은 하나님의 자녀가 되는 권세를 주셨다(요한복음 1:12). 하나님의 아들 예수의 권세와 자녀의 권세는 아버지께서 주신 것이다.

게네사렛 땅에 이르렀을 때 사람들이 두루 통지해서 병든 자들이 나와서 예수의 옷자락에라도 손을 대게 간구하고 손을 대는 자는 다 나음을 얻었다.

예수님이 만져주시지 않아도 내가 주님의 옷자락이라도 만지면 나을 것이라는 믿음을 가질 때 나음을 입었다. 나사렛에서는 존경을 받지 못하시고 배척받으신 예수님은 게네사렛에서는 환영을 받으시는 대조적인 모습을 볼 수 있다.

dessert

1. 내가 세상에서 지치고 힘들거나 바쁠 때 쉬는 방법이 무엇인가?
2. 우리는 무엇을 발로 밟아야 하는가?
3. 군중들을 따돌리시고 홀로 하나님 앞에 엎드리시는 예수 그리스도의 모습에서 어떤 교훈을 받았는가?

Prayer

주님! 바다를 밟으시고 걸어오신 예수님을 바라보면서 우리도 우리 앞에 있는 바람과 파도를 무시하고 주님을 바라보면서 승리하게 하소서. 아멘!

42. 15:1-20 전통과 진리

"그 때에 바리새인과 서기관들이 예루살렘으로부터 예수께 나아와 이르되, 당신의 제자들이 어찌하여 장로들의 전통을 범하나이까 떡 먹을 때에 손을 씻지 아니하나이다.
대답하여 이르시되 너희는 어찌하여 너희의 전통으로 하나님의 계명을 범하느냐, 사람의 계명으로 교훈을 삼아 가르치니 나를 헛되이 경배하는도다 하였느니라 하시고, 마음에서 나오는 것은 악한 생각과 살인과 간음과 음란과 도둑질과 거짓 증언과 비방이니, 이런 것들이 사람을 더럽게 하는 것이요 씻지 않은 손으로 먹는 것은 사람을 더럽게 하지 못하느니라" (1-3,19,20절)

Appetizer

예수님은 바리새인들과 손 씻는 문제로 논쟁하면서 살인적인 긴장이 조성된 것을 아시고 유대인 지역과 헤롯의 관할권에서 벗어나서 안전한 사역지로 피하셨다. 역동적이던 갈릴리 가버나움 지역을 떠나서 두로와 시돈 지역으로 들어가심으로 은둔적인 베뢰아 사역이 시작되었다.

"예수께서 거기서 나가사 두로와 시돈 지방으로 들어가시니..."

예수님이 세상에 오신 목적은 인간의 죄로 하나님과 원수가 된 문제를 십자가로 구속하시고 하나님과 죄인이 화목하고 인간과 인간의 장벽과 불화를 해결하기 위해서 오셨다.

유대인과 사마리아인의 지방색도 넘으시고, 유대인과 이방인 인종차별의 벽도 넘으셨다. 예수께서 들어가시는 곳은 모든 담과 벽과 울타리를 무너뜨리고 용서와 화해와 치유와 구원의 은총을 선물로 기쁨을 주신다.

건강한 사람이 접근하지 않는 나병 병자, 정결한 사람이 접촉할 수 없는 부정한 사람, 의로운 사람이 증오하는 세리와 죄인들을 만나시고 친구로 삼으시고 식사도 함께 하시면서 담을 무너뜨리셨다.

예수님은 인간의 상식과 종교적인 전통과 유전을 초월하시고 인간을 구원하신다.

사마리아 여인, 세리장 삭개오 집에 유숙하심, 죄 많은 여인에게 향유를 받으심, 귀신 들린 마리아를 고치심, 세리 마태의 집에서 식사하심, 가다라 지방의 무덤 사이에서 떠드는 귀신 들린 자를 고치심, 나병환자를 고치심, 가나안 여인의 딸을 고치심, 강도를 구원하심, 안식일에 한편 손 마른 자를 고치심, 안식일에 소경의 눈을 뜨게 하셨다. 주님의 사역은 전통과 장로의 유전을 거스리는 일이 많았다.

장로의 유전은 "성경에 기록되었으되..." 라는 것이 아니라 "전에는 그렇지 않았다" 는 궁색한 변명을 늘어놓는 것이다.

눈에 보이는 부모들을 섬기지 못하면서 보이지 않는 하나님을 섬긴다는 것은 어불성설이 된다. 장로의 유전은 미꾸라지처럼 의무 회피의 길을 명목상으로 열어주는 역할을 하였다. 위생 고르반, 효도 고르반 등...

거룩은 정결 의식에 있는 것이 아니라 마음에 있다. 성소에 들어가기 전에 손을 씻듯이 하나님 말씀을 먹는 사람은 마음의 손을 씻어야 하늘의 양식을 먹을 수 있다.

"악한 생각, 살인, 간음, 음란, 도적질, 거짓 증거, 훼방" 등 경건과 거룩함이 없는 마음에서 나오는 말과 행동이 사람을 더럽힌다.

예수께서는 사람의 유전과 전통이 아닌 기독교인의 식사 에티켓을 말씀하셨다.

① 처음부터 상석에 가서 앉지 마라.

② 나보다 약자들을 대접하라(누가복음 14:14)

③ 세리가 초청하면 사양하지 말라(누가복음 14:18,25)

④ 앉아서 먹는 것보다 섬기는 자가 더 큰 사람이다(누가복음 22:27, 요한복음 13:4)

⑤ 예복을 입고 먹으라(마태복음 22:12)

⑥ 게스트의 발을 씻어주라(누가복음 7:44)

⑦ 식사 자리에서는 질책하지 마라(요한복음 21:15)

Today's dish

사건과 문제의 중심에 예수님만 계시면 모든 것이 해결된다. 우리의 삶 속에 여러 가지 문제들이 일어날 때마다 먼저 주님을 찾고 문을 두드리고 만나야 한다.

바리새인(Pharisees)이란 '분리된 자들' 이라는 뜻으로 이스라엘 버전의 카스트 제도를 만들었다. 그들은 서로가 '하베림' (형제들)으로 호칭하면서 종교적인 엘리트 의식을 가진 사람들이다. 그들은 일반 시민들을 '암하레츠' (땅의 백성)로 부르며 '율법을 알지 못하는 무리들' 로 취급하고 교제하지 않는다.(요한복음 7:49)

1. 장로의 유전과 사람의 계명

바리새인들은 제자들이 떡 먹을 때에 손을 씻지 않고 먹는 것을 문제시하였다. 그러면 오병이어 기적 때에 5천 명의 사람들이 손을 씻지 않고 떡 먹는 일은 어떻게 처리해야 하나?

광야에서 일회용 티슈도 없고 많은 물도 없는데 어떻게 손을 씻고 먹을까? 장로의 규례는 손을 팔뚝까지 씻지 않으면 부정하게 보았다.

> '이런 것은 먹고 마시는 것과 여러 가지 씻는 것과 함께 육체의 예법만 되어 개혁할 때까지 맡겨둔 것이니라' (히브리서 9:10)

바리새인들의 정결, 거룩, 교양, 매너, 에티켓 보다 마음과 영혼의 정결함이 더 중요함을 강조하셨다. 사람의 마음을 살피시는 그리스도까지 판단하는 바리새인의 위선을 질책하셨다.

중남미에서는 조상제사 풍습이 없으므로 제사에 관한 교회의 헌법 규례가 없다. 그리고 술 마시고 담배 피우는 일은 기독교인은 하지 않는 것을 상식으로 알기 때문에 그런 규례가 없다.

예배 시간에 귓속말로 이야기하거나 인사와 곁눈질과 졸음이나 웃거나 하는 것들을 금하는 예배 모범이 없다. 공공질서를 잘 지키기 때문에 구태여 규례를 만들지 않았다. 우리나라에 온 선교사들이 조선 사람들은 공공질서를 잘 지키지 않는 것을 알고 예배 모범 규례를 만들었다.

장로의 유전은 제5계명을 변형시켜서 하나님을 공경하면 부모를 공경하는 것과 마찬가지다. 그러므로 부모를 공경하지 않아도 문제가 없다는 식이다.

손 씻는 문제는 영적 청결을 육신적인 위생 문제로 변질시켰다. 자신들이 희생해야 하는 항목은 하나님 핑계로 변질시켰다.

예수님은 십일조를 바치는 바리새인의 행위를 책망하신 것이 아니라 십일조의 정신이 고아와 과부와 나그네와 레위인을 돌아보도록 하신 하나님의 자비와 긍휼을 망각한 것을 지적하셨다. 근채의 십일조까지 철저하게 드리는 바리새인들은 구제해야 할 가난한 이웃을 외면하고 긍휼을 베풀지 않는 것은 십일조 정신에 위배되었다.

고르반이라는 이름으로 십계명의 정신을 잃지 말고 '그러나 이것도 행하고 저것도 버리지 아니하여야 할지니라' 말씀하셨다.(누가복음 11:42)

2. 입술과 마음

이사야는 위선자들에 대해서 예언을 하였다. 백성들이 입술로는 하나님을 존경하지만 마음은 하나님에게서 멀어졌다. 사람의 교훈으로 가르치니 하나님을 헛되이 경배하는 일이라고 경고하였다.

정결법은 마음의 법이다. 선하신 하나님이 지으신 것이 선하매 믿음으로 먹으면 버릴 것이 없다. 손으로 씻지 않고 먹는 것은 사람을 더럽게 하지 못한다고 못을 박았다. 마음에서 나오는 죄성이 팔복 성품으로 거듭나면 마음에서 우러나오는 경건에 의해서 입술의 말과 행실에서도 진실함이 묻어져 나온다.

3. 지식의 열쇠

바리새인들은 예수를 그리스도로 믿지 못하도록 막는 왜곡된 지식을 가졌다. '누구든지 주의 이름을 부르면 구원을 얻으리라' 는 구원의 복음을 모세의 율법의 무거운 멍에와 짐을 지워서 견디지 못하게 하고 넘어지게 하였다.

교도소 교도관들의 손에 있는 많은 열쇠는 수감자들을 철장 밖을 나오지 못하도록 잠그는 열쇠이다. 그러나 목자들의 손에 있는 열쇠는 밤이면 양들을 늑대들의 공격에서 보호하기 위해서 잠그는 열쇠이지만, 아침에는 푸른 초장으로 인도하여 풀을 뜯고 물을 마시며 쉬도록 열어주는 열쇠이다.

진리는 우리를 자유케 하지만 사람의 전통과 교훈은 진리이신 그리스도 안에 자유를 제한하고 속박하여 수고하고 무거운 짐을 지게 하는 종교로 변한다.

dessert

1. 주님은 전통과 진리에 대해서 어떤 가르침을 주셨나?
2. 사람의 계명으로 가르치는 것은 무엇일까?
3. 지식의 열쇠와 진리의 차이점은 무엇인가?

Prayer

주님! 전통과 유전과 사람의 계명, 그리고 지식의 열쇠를 가지고 사람을 옥죄는 것에서 그리스도의 진리로 자유하게 하는 하나님의 나라가 흥왕하게 하소서! 아멘!

43. 15:21-39 이방인의 메시아

> "예수께서 거기서 나가사 두로와 시돈 지방으로 들어가시니, 여자가 이르되 주여 옳소이다 마는 개들도 제 주인의 상에서 떨어지는 부스러기를 먹나이다 하니, 이에 예수께서 대답하여 이르시되 여자여 네 믿음이 크도다 네 소원대로 되리라 하시니 그때로부터 그의 딸이 나으니라. 떡 일곱 개와 그 생선을 가지사 축사하시고 떼어 제자들에게 주시니 제자들이 무리에게 주매, 다 배불리 먹고 남은 조각을 일곱 광주리에 차게 거두었으며, 먹은 자는 여자와 어린이 외에 사천 명이었더라." (21,27,28,36-38절)

Appetizer

오늘날의 종교는 수 많은 전통들에 묶여있다.

하나님의 진리와 인간의 전통 사이의 모순을 눈여겨보자.

인간의 전통은 사람에게 멍에를 씌우는 외적인 형식과 율법의 문자로 구속하며 사람과 조직의 권위를 높이는 규례이다.

하나님의 진리는, 자유를 가져오는 내적인 힘이며, 인간을 겸손케 하는 하나님의 영감 된 말씀이다.

사람의 전통은 종교적인 경건을 산출하지만 결국은 사망을 가져오며, 참된 거룩함을 가져오는 하나님의 진리는 생명을 준다.

사람의 전통은 사람을 통하여 왔지만 사람을 이해하지 않는 비인격적인 법이며, 하나님의 진리는 하나님과의 교제를 할 수 있는 인격적이며 믿음과 사랑과 소망을 준다.

하나님의 진리를 믿는 사람은 주를 믿으며(로마서 10:9-10) 마음으로 사랑하고(마태복음 22:37), 마음에서 찬송하고(골로새서 3:16), 마음으로부터 순종하고(로마서 6:17), 마음으로부터 헌신을 드리며(고린도후서 9:7), 마음으로부터 기도하는 것이다.(시편 51:10,17)

Today' s dish

예수께서 유대인 지역에서 손과 발을 떼시고 이제 이방인의 지역으로 향하심으로 그리스도의 이방인 사역이 시작되었다.

예수께서 귀신 들린 딸의 회복을 간청하는 여인에게 네 가지 방법으로 응수하셨다.

첫째는 침묵을 지키셨고, 다음으로는 거절하셨고, 그 다음에는 그 여자를 무시하시는 듯했으며, 마침내는 그녀의 믿음을 상으로 갚아 주셨다. 주님께서 간청에 즉각적으로 응답하지 않으신 이유는? 이방인이 유대인의 용어인 "다윗의 아들" 이란 말로 접근해 왔기 때문인데 "주님" 이라고 부르자 주님은 그녀의 간청에 응답하셨다.

주님의 외면하심은 그녀의 믿음을 시험하신 것이다. 그녀는 식탁에서 떨어지는 부스러기라도 얻으려 했지만 큰 믿음으로 보시고 응답하셨다.

5,000명을 먹이신 사건과 4,000명을 먹이신 사건을 대조해 보면,

오천 명을 먹이심은, 대상이 유대인, 장소는 갈릴리 벳세다. 떡 다섯 개와 물고기 두 마리, 열두 바구니가 남음. 봄철. 하루의 기적이다.

사천 명을 먹이신 사건은. 이방인, 데가볼리, 떡 일곱 개와 작은 생선. 일곱 광주리에 남음. 여름, 사흘의 기적이다.

제자들은 오천 명을 먹이신 이전의 기적을 망각하고 기적에서 교훈을 얻지 못했다.

가나안 여인은 자기 딸을 위해서 자신을 불쌍히 여겨달라고 간구하였다.

병은 죄와 죽음 사이에 끼어있는 고통으로서 죄를 용서받고 관계가 회복될 때 병은 떠나가게 된다.

대신(代神) 관계에서 오는 병은 우상숭배와 불순종, 미신, 완고한 영적인 질병과 귀신 들림 등의 현상으로 나타난다.

대인(代人)관계에서 오는 병은 시기 질투, 미움, 교만, 거짓, 불효, 용서치 못함, 의심, 음란 등에서 질병이 온다.

대물(代物) 관계에서 오는 병은 탐욕, 탐심, 탐식, 무절제, 방탕 등에

서 온다.

흉악한 귀신 들림으로 인한 고통은 성령의 능력으로 그 사람의 영혼 속에 있는 무허가 귀신의 집을 철거하고 쫓아내고 성령께서 내주하심으로 완전한 치유를 주신다.

여인은 예수님의 냉담과 제자들의 무례함의 시험을 통과했다. 예수는 한 말씀도 대답하지 않으시고 제자들은 여인을 보내라고 요청하였다.

이정도 되면 사람들은 욕하고 떠나갈 것이다. 그러나 개들은 음식을 보면 돌을 던지고 쫓아내도 물러서지 않고 줄 때까지 자리를 지킨다. 유대인들이 이방인을 개와 같이 천민으로 비하하였지만, 오히려 그런 비하 속에서 큰 믿음을 발견하였다.

"여자야 네 믿음이 크도다. 네 소원대로 되리라 하시니 그 시로부터 그의 딸이 나으니라." 자녀의 문제는 대부분 부모의 죄든지 믿음이든지 영향을 받는다. 천민 취급을 받는 이방인 여인의 믿음으로 딸이 치유가 되었다.

그리스도는 장애인을 정상인으로 회복하여 주신다. 장애인의 모습은 영적인 장애를 보여준다. 그러나 지체, 시각, 청각, 언어 장애를 가지고 있어도 예수의 발 앞에 앉으면 그리스도께서 고쳐주신다.

제자들은 오병이어로 5천 명을 먹이시고, 7병 2어로 4천 명을 먹이신 두 번의 기적을 잊었다. 기적은 시간이 지나가면 잊어버리지만 믿음은 잊어버리지 않는다.

여인의 믿음에 대한 헬라어 원문에는 "오! 여자여" 라는 감탄사가 있다. 예수께서는 이방 여인의 믿음과 백부장의 믿음을 큰 믿음으로 인정하시고 감탄하심으로 상대적으로 유대인들의 불신을 기소하신 것이다.

교만하고 배부른 유대인과 겸손하고 갈급한 이방인의 대조적인 모습을 보게 된다. 영적 세계는 의에 주리고 목마른 자들이 배부름을 얻게 되는 나라이다.

dessert

1. 예수께서 이방인 지역으로 방향을 바꾸신 이유가 무엇인가?
2. 교회들이 하나님의 말씀과 사람의 전통 중에 무엇을 중요하게 여기고 있는가?
3. 예수께서는 질병의 고침과 떡의 기적보다 무엇에 관심을 가지고 계시는가?

Prayer

주님! 우리에게 큰 믿음을 주시고 우리의 모든 병과 약함과 장애들을 고쳐주시고, 성령으로 충만하여서 하나님께 영광 돌리게 하옵소서. 아멘!

44. 16:1-20 천국의 열쇠

"바리새인과 사두개인들이 와서 예수를 시험하여 하늘로부터 오는 표적 보이기를 청하니, 악하고 음란한 세대가 표적을 구하나 요나의 표적 밖에는 보여줄 표적이 없느니라 하시고 그들을 떠나가시느라. 이르시되 너희는 나를 누구라 하느냐
시몬 베드로가 대답하여 이르되 주는 그리스도시요 살아 계신 하나님의 아들이시니이다
예수께서 대답하여 이르시되 바요나 시몬아 네가 복이 있도다 이를 네게 알게 한 이는 혈육이 아니요 하늘에 계신 내 아버지시니라. 또 내가 네게 이르노니 너는 베드로라 내가 이 반석 위에 내 교회를 세우리니 음부의 권세가 이기지 못하리라. 내가 천국 열쇠를 네게 주리니 네가 땅에서 무엇이든지 매면 하늘에서도 매일 것이요 네가 땅에서 무엇이든지 풀면 하늘에서도 풀리리라 하시고" (1,4,15-19절)

Appetizer

유대인들의 교리는 모두 같지 않다. 정통보수 바리새파는 천사도 부활도 영도 있다고 믿고, 진보주의 사두개파는 부활도 없고, 천사도 없고 영도 없다고 주장한다.(사도행전 23:8) 그러나 이들의 교리는 다르지만 한 가지 공통점은 예수를 그리스도로 믿지 않는 것이다.

이들은 예수를 찾아와서 '당신이 하늘로서 온 메시아라는 것을 믿을 수 있는 표적을 보여 달라' 고 하였다.

예수께서는 자신을 그리스도라는 호칭보다 인자라는 호칭을 사용하셨는데 그것이 걸림돌이 되었다. 그러나 제자들에게는 인자가 받을 고난과 죽음과 부활을 미리 예고하시되 그리스도는 이방인들에게 고난을 받지 않고 십자가의 도를 미련하게 보는 이스라엘의 지도자들의 손에서 고난

과 죽임을 당하게 될 것을 말씀하셨다.

예수 그리스도 때문에 태어난 생명체가 하나님 나라의 가시적인 교회이다. 예수 이외에는 모일 이유도, 헌신할 이유도 없는 사람들의 모임이 교회다. 라오디게아 교회 같은 현대교회는 예수 없이도 잘 돌아가고 교회의 기능을 수행하는 데 큰 지장이 없다.

교회는 오직 예수 외에 다른 이유와 조건과 동기가 복잡하지 않고 단순해야 한다.

교회는 십자가에서 나를 대속하신 주 예수 그리스도에게 종속되는 믿음과 천국의 열쇠를 가지고 음부의 권세를 두려워하지 않고 그리스도를 따르며 하나님 나라의 구속 사업에 헌신하는 사람들의 모임이다.

예수님은 제자들에게 너희는 나를 누구라고 하느냐? 질문하셨다. 베드로는 '주는 그리스도시오 살아계신 하나님의 아들이시니이다' 고백하였다. 초대 교회 당시 예수를 주로 믿는 것과 순교를 동일시하였다. '죽어도 예수 믿는다' 는 고백을 하면 세례를 받을 수 있었다.

주님은 '고난 받는 종' 으로서 오실 메시아(이사야 53장)와 '모든 만물을 통치하실' 인자(人子)이시다.(다니엘 7:14) 혈육이 아닌 하나님 아버지의 계시의 영이 아니면 예수를 그리스도로 고백할 수 없다.

Today' s dish

1. 표적 신앙

"저희가 묻되 그러면 우리로 보고 당신을 믿게 행하시는 표적이 무엇이니이까 하시는 일이 무엇이니이까" (요한복음 6:30)

"예수께서 마음속에 깊이 탄식하시며 가라사대 어찌하여 이 세대가 표적을 구하느냐 내가 진실로 너희에게 이르노니 이 세대에게 표적을 주시지 아니하리라" (마가복음8:12) 하시고, 너희는 천기는 분별할 수 있으면서 시대의 표적은 분별하지 못한다고 나무라시고 그들을 떠나서 배를 타고 건너편으로 가셨다.

'하늘에 속한 사람' (The heavenly men)책은 세계적인 베스트셀러이다.

저자가 하나님의 나라에 속한 사람이라는 죄목으로 투옥되어 죽음의 문턱을 넘나들면서도 복음을 전하는 현대판 사도행전의 기적을 보여주는 이야기이다.

악하고 음란한 세대가 요구하는 표적은 예수가 그들의 광대가 되어달라는 것이다.

이 세대 사람들은 자기에게 맞는 '맞춤 예수' 를 구한다. 군에 입대한 신병들은 군복에 자기 몸을 맞추어 입고 식단도 국방부에서 짜주는 메뉴대로 먹어야 한다. 그리스도의 십자가 군병도 마찬가지이다.

예수가 메시아라면 엘리야처럼 하늘에서 불을 내려서 로마 군인 몇백명 정도는 죽일 수 있어야 하고, 모세처럼 지팡이로 기적을 행하면 믿어주겠다는 것이다. 그러나 그들은 표적을 보고 예수를 그리스도로 믿으려는 것이 아니라, 어떻게 하든지 예수를 그리스도로 믿지 아니하려고 핑계를 대는 것이다.

예수는 하나님이 세상에 보내신 아들이며 그리스도로서 하늘 이야기만 하셨다. 하늘에서 내려준 만나를 먹어야 하고, 반석에서 솟아나는 물을 마셔야 하며, 십자가에 못 박히시고 부활하신 예수를 그리스도로 믿는 고백 외에는 다른 표적, 다른 그리스도는 없다는 것이다.

교회는 하나님을 섬기는 서비스를 하기 위해서 나오는 것이다. 교인이 교회의 서비스를 받기 위해서 교회를 선택하는 것이 아니다.

표적 신앙은 내 기준과 내 기분, 내 감정, 내 눈높이에 맞추어 달라고 요구하는 병든 신앙이다. 신앙은 심플하게 하나님의 말씀 신앙 이외는 다른 것을 요구하지 않는 것이다.

2. 누룩 교훈

주님은 표적을 구하는 바리새인과 사두개인들의 교훈을 삼가라고 하신다. 불신은 누룩처럼 확산하고 부풀게 한다.

예수께서 제자들을 데리고 이스라엘 북부 가이사랴 빌립보 지방으로 여행을 가셨다. 남부지방은 네게브 사막 지역이지만 북부는 만년설이 덮인 헬몬산과 백향목 숲 사이로 흐르는 눈 녹은 물과 형형색색의 들꽃들은 이스라엘의 스위스라고 불리울 만큼 풍경이 좋은 휴양처이다. 그동안 많은 병자들을 치유하고 오병이어 기적 등으로 바쁘게 지냈지만 제자들과 쉼을 가지지 못하였다.

예수께서는 분위기 좋은 곳에서 제자들만의 신앙고백을 듣고 싶어 하셨다.

연인들이 수십 번 데이트를 하는 이유는 사랑의 고백을 듣고 결혼을 약속하기 위함이다.

사복음서에는 Q&A가 많다. 제자들과 바리새인들은 예수께 많은 질문을 하였고 예수께서 대답을 하셨다.

제자 : 우리가 어떻게 하여야 하나님의 일을 하오리까?

예수 : 하나님의 보내신 자를 믿는 것이 하나님의 일이니라.(요한복음 6:28-29)

바리새인 : 하나님의 나라가 어느 때에 임하나이까

예수 : 하나님의 나라는 너희 안에 있느니라(누가복음 17:21)

중요한 Q&A는 예수께서 질문하실 때 대답하는 것이다.

예수 : 무리가 나를 누구라 하느냐? 너희는 나를 누구라 하느냐?

베드로 : 주는 그리스도시오 살아계신 하나님의 아들이시니이다.

공동묘지에 가면 거기 누운 사람을 향하여 욕하지 않는다. 고인의 좋은 추억을 되살려서 할 수 있는 대로 덕담을 한다.

유대인들도 목 베임을 당하여 죽은 선지자 세례요한, 승천하여 하늘에 올라간 엘리야, 눈에 보이지 않는 선지자들 이야기를 미화시킨다. 그러나, 선지자들의 생전에는 그들이 전하는 하나님의 말씀에 귀를 막고 불신하고 핍박을 하였다.

모세 생전에 원망하고 돌로 치려고 하였던 이스라엘 백성들은 모세가 죽은 후에 그의 시체를 찾으려고 혈안이 되었고, 30일 동안 애곡하였다.

그러나 하나님은 그들의 본성을 아시고 모세의 시체를 천사장 미가엘을 통하여 숨겨버렸다.

유대인들은 예수를 하나님이 보내신 그리스도로 믿지 않았다. 그렇지만 죽은 선지자들의 영이 예수의 영안에서 살아서 활동하는 수준으로 믿으려 하였다. 결국 예수를 죽은 선지자 수준으로는 인정하였지만 그들의 구원자이신 메시아로는 믿지 않았다.

3. 변하는 세상

예수께서 제자들에게 질문을 하신 목적은 무리들이 어떻게 생각하느냐는 것이 아니라 너희들이 나를 누구라고 하느냐? 에 있었다.

사랑의 고백은 믿음의 고백과 동일하다. 그리고 그 믿음의 고백 안에는 앞으로 되어질 약속을 기대하는 소망도 포함되어 있다.

군부대는 불교에서 병사들에게 떡을 주면서 '수계식' 을 거행한다. 기독교에서 초코파이를 주면서 '세례식' 을 행한다. 초대 교회의 세례는 '순교식' 의 의미가 있다.

세상은 날로 무섭게 변하고 있다. 그러나 변하지 않고 영원한 것이 있다. 그것이 구원의 복음이다. 예수교회는 반석이신 예수의 복음 위에 세우는 교회가 주님의 교회이다.

세상은 요동치는 바다 물결과 같아서 한시 동안도 고요하지 않다. 파도가 치고, 바람이 불고, 일기가 조석으로 바뀌는 불안한 곳이다. 세상의 풍속은 날마다 변하고 유행은 바람처럼 돌고 돈다. 퓨전 음식처럼 변하는 세상에서 발 빠르게 대처하지 않으면 살아남지 못한다.

1) 자연은 변한다.

죄로 인해서 자연은 재앙의 도구로 변하고 있다. 북극과 남극이 녹으면서 기후변동과 생태계가 몸살을 앓고 있으며, 잦은 지진, 폭우, 태풍, 화산폭발, 해일, 가뭄, 해마다 재앙이 더해 간다.

2) 사람이 변한다.

죄성의 바이러스는 변이가 되면서 더 강해지고 웬만한 도덕율로는 끄떡도 하지 않는다. 종교와 교육과 정치제도로 인간은 바뀌어지지 않는다.

사랑이 식어지고, 집안 식구가 원수가 되고, 서로 핍박하고, 믿음도 변질되고, 이단과 거짓 선지자들이 늘어간다.

3) 세상이 변한다.

주님의 종말 예언에서 노아의 때와 롯의 때와 같다고 말씀하셨다. 영계가 혼탁하다. 사탄의 최후 발악으로 이단과 적그리스도가 많아지고 기적과 표적으로 사람들을 많이 미혹한다.

> "말세에 고통 하는 때에 사람들은 자기 사랑, 돈 사랑, 자긍, 교만, 훼방, 부모 거역, 감사치 않음, 거룩치 않음, 무정함, 원통함을 풀지 않음, 참소, 무절제, 사납고, 선한 것을 좋아하지 않고, 배반, 팔고, 조급하고, 자고하며, 하나님보다 쾌락을 더 사랑, 경건의 모양, 경건의 능력은 부인한다." (디모데후서 3:1-5)

아담의 원죄에서 시작된 문제는 환경문제, 인종차별 문제, 식량 문제, 이상기후 문제, 지진 문제, 가뭄 문제, 홍수 문제, 사회 문제, 경제 문제, 정치 문제, 종교 문제, 동성애 문제, 낙태 문제, 에이즈 문제, 암퇴치 문제, 마약 문제, 알코올 문제 등 꼬리를 물고 오는 문제를 놓고 연일 대책회의를 지속해도 뾰족한 해답이 없다.

4. 변하지 않는 복음

복음은 변하지 않는다. 천하가 변해도 말씀은 일점일획이라도 변하지 않는다.

천지창조 이후 자연계에 명하신 춘하추동, 낮과 밤은 변하지 않고 주의 명령에 순종하고 있다.

1) 하나님의 사랑은 변하지 않는다.

하나님은 영원한 반석이시며 산성이시다. 산이 요동치고 바다가 흔들려도 하나님은 영원히 변하지 않는다.

2) 하나님의 약속은 변하지 않는다.

한번 약속하신 말씀은 천지가 변해도 지키시는 신실하시고 영원한 약속이다.

3) 하나님의 은혜는 변하지 않는다.

우리가 말씀의 나실인, 기도의 나실인, 찬양의 나실인으로 살아갈 때 카리스마를 입혀서 음부의 권세가 이기지 못하게 하신다.

하나님은 한 달치 양식을 주지 않으시고 매일 따끈한 일용할 양식을 공급하여 주신다.

오늘도 일용할 말씀을 주시고, 일용할 찬양 거리와 기도 제목을 주신다.

사랑스러운 아버지 하나님은 자녀들의 식탁에 날마다 새로운 메뉴를 주신다. 주일 은혜, 월요일 은혜, 화, 수, 목, 금, 토요일 은혜가 새롭다.

다윗은 하루 일곱 번씩 주를 찬양하였다.

일주일 중에 하루만 배부르게 음식을 먹고 나머지 육일 동안은 쫄쫄 굶는 어리석은 사람이 어디 있는가?

구약의 나실인은 신약의 예수 제자의 삶이기 때문에 결코 쉽지 않다. 날마다 자기를 부인해야 하며, 자기 십자가를 져야 하며, 예수를 날마다 따라가야 하는 헌신이 뒤따라야 한다.

성경 일독을 실천하는 말씀의 나실인, 기도 생활에 헌신하는 기도의 나실인 예배에 헌신하는 예배의 나실인, 봉사와 섬김의 삶에 헌신하는 섬김의 나실인, 예수의 증인이 되는 전도와 선교의 나실인…

예수 제자 나실인을 중심으로 세운 교회가 반석 위에 세운 예수교회이다. 유대교회의 낡은 베옷과 낡은 주머니를 버리고 새 포도주는 새 부대에 넣어야 한다.

열쇠를 공유할 수 있는 사람은 가족이다. 번호 키를 몰카로 찍어서 남의 집에 침입하는 자는 절도며 강도다. 천국 열쇠는 예수 그리스도께서 그를 믿고 사랑하는 사람들, 하나님의 자녀가 된 사람들에게만 공유할 수 있는 것이다. 천국 열쇠는 열기만 하면 그 안에 있는 모든 것을 모두 누릴 수 있다.

열면 닫을 사람이 없고, 닫으면 열 사람이 없는 그 열쇠를 다윗의 열쇠라고 부른다. 그 열쇠를 베드로의 고백 위에 세운 교회에 주셨다. 주님은 빌라델비아 교회를 열린 문이 되게 하셨다.

가이사랴 빌립보로 가신 예수님은 아버지 하나님과 함께 만드신 아름다운 대자연을 제자들과 함께 즐기시고 누리시는 분이다.

다윗이 꿈꾸었던 그 나라, 다니엘의 환상에 나타난 영원한 왕국, 에스겔의 마른 뼈의 환상과 새 예루살렘의 회복, 시온의 영광으로 예배와 언약이 회복되는 이상적인 교회를 위해서 고난의 십자가를 지셨다.

예수교회는 율법의 대표 모세, 선지자의 대표 엘리야도 사라지고 오직 예수만 보이는 교회이다. 그리고 하나님 아버지께서 내 사랑하는 아들, 내 기뻐하는 아들이니 너희는 저희의 말을 들으라는 음성만 들려지는 교회다.

다른 소리, 다른 영광, 다른 사람이 보이거나 들리지 않고 오직 예수만 보이고 예수의 음성만 들리는 교회다.

우리가 그리스도의 왕국의 신하로 쓰임을 받는 영광은 말로 다 표현할 수 없는 영광이며 복이다.

dessert

1. 나는 표적 신앙과 말씀 신앙 중에 어디에 속했나?
2. 누룩 교훈의 문제는 무엇인가?
3. 주님께서 꿈꾸시는 교회는 무엇인가?

Prayer

주님! 교회가 주님께서 꿈꾸신 그 교회가 되게 하시고, 우리의 왜곡된 신앙관을 바로잡아 주시고 오직 말씀을 듣고 회개하며 그리스도의 나실인으로 헌신하는 복과 영광을 주시옵소서. 아멘!

45. 16:21-28 십자가의 도와 제자의 도

"이때로부터 예수 그리스도께서 자기가 예루살렘에 올라가 장로들과 대제사장들과 서기관들에게 많은 고난을 받고 죽임을 당하고 제삼 일에 살아나야 할 것을 제자들에게 비로소 나타내시니, 베드로가 예수를 붙들고 항변하여 이르되 주여 그리 마옵소서 이 일이 결코 주께 미치지 아니하리이다. 이에 예수께서 제자들에게 이르시되 누구든지 나를 따라오려거든 자기를 부인하고 자기 십자가를 지고 나를 따를 것이니라. 누구든지 제 목숨을 구원하고자 하면 잃을 것이요 누구든지 나를 위하여 제 목숨을 잃으면 찾으리라" (21,22,24,25절)

Appetizer

오래전 방영된 드라마 '상도'(商道)는 상거래의 도덕과 윤리를 가르친다. 상단을 조직해서 해적과 산적들에게서 물건을 지키고 무역으로 번 돈은 나라를 위하는 자들에게 기부를 한다.

자기 상점에 손님이 들끓는 바람에 이웃 상점에 손님이 줄어들었다는 것을 알고 상품 판매를 줄이고 여유로운 생활을 한 일본의 상도 이야기가 있다.

상도를 무시하는 문어발식 대기업, 목회 윤리가 없는 교회의 이야기를 종종 들을 수 있다.

기독교의 구원의 도는 십자가의 도에서 시작되었다. 구원의 도리는 예수를 따라가는 '제자도'를 실행하는 것이다.

Today' s dish

1. 제자의 도

예수께서 자기의 죽음을 제자들에게 예고하셨다. 세상 나라 왕들은 죽음으로 왕국이 끝나지만, 하나님 나라의 왕이신 예수 그리스도는 죽음으로 왕국이 시작되고 든든히 세워진다.

많은 사람들은 복과 영광을 받아 만사형통하는 기복신앙의 소망을 선호한다.

하나님의 나라는 그리스도가 많은 고난을 받고, 장로들과 대제사장들과 서기관들에게 버린 바 되어 죽임을 당하고 제 삼 일에 살아남으로 시작되는 왕국이며 기독교의 기초적인 도리이다.

존 번연(John Bunyan)의 천로역정에서는 기독도가 장망성을 떠나서 천성 길을 가는 노정기이다.

모세의 민수기는 이스라엘이 애굽을 떠나서 약속의 땅을 향하여 광야 길을 걷는 노정기이다.

그리스도의 십자가의 도를 들은 베드로의 간청은 그리스도께서 십자가의 길을 걷지 말아 달라고 하였다. 예수께서 영광의 왕국을 세우려면 결코 죽어서는 안된다는 세상 왕국의 논리로 만류하였다.

주님의 반응은 "너는 나를 넘어지게 하는 자로다. 사단아 내 뒤로 물러가라, 너는 하나님의 일을 생각지 않고 도리어 사람의 일을 생각한다." 고 꾸짖으셨다.

반석의 베드로가 거침돌의 장애물이 되는 순간이다.

베드로는 왕국의 영광과 권세와 부귀에 소망을 두고 주님을 따라왔는데 예수께서 죽으시다니 말도 안되는 일이라며 반대 의사를 표시하였다. 베드로의 품속에는 왕국을 지키려는 작은 칼도 숨겨 두었다. 이런 상황에서 예수께서 제자의 도를 말씀하셨다.

"아무든지 나를 따라오려거든..." 예수를 메시아로 인정하고 고백하는 것은 제자의 도의 시작에 불과하다. 제자는 기꺼이 자기를 부인하라,

기꺼이 자기 십자가를 지라. 기꺼이 목숨 걸고 나를 좇으라 말씀하셨다.

제자라는 ‘마데테스’ (Mathetes)는 ‘마스터’ 라는 스승에 의해서 결정이 된다.

> “너희가 나를 택한 것이 아니요 내가 너희를 택하여 세웠나니...” (요한복음 15:16)

예수께서는 아무나 제자로 받아들이지 않고 제자의 도에 합당한 자를 받으신다.

모차르트는 35세에 죽었고 600여 곡을 작곡하였다. 그의 제자 지망생들이 많았는데, 어떤 지도자에게 음악을 배운 적이 있는가? 물었을 때 어려서 피아노를 배웠고 바이올린을 10년 이상 배웠다는 그 사람에게는 수업료를 두 배나 내라고 하였다. 다른 지망생은 음악을 모르지만 열심히 해보겠다고 말하는 지원자에게는 수업료의 절반만 내라고 하였다. 음악을 아는 제자가 항의를 하였고 모차르트는 이렇게 말하였다. “자네가 배운 음악을 다 지우기 위한 노력보다 음악을 모르는 학생에게 가르치는 것이 훨씬 더 쉽기 때문이라” 고 말하였다.

스펄젼 목사는 목사 후보생들에게 설교를 시키지 않고 화장실 청소, 방 청소, 잔디 깎기를 시켰다. 지원자 수십 명이 찾아왔다가 신학을 가르쳐주지 않는다고 돌아가는 자들이 있었지만 끝까지 남아있는 사람을 목회자로 세웠다. 후보자 가운데 사상, 철학, 고정관념, 의지력, 경험 등 머리에 들어있는 것이 많은 사람은 고정관념을 설거지하는 것이 힘들다.

제자의 부르심은 절대 복종에로의 부르심이다.

옛날 선원들은 풍랑이 일어나면 돛대에 자기 몸을 묶었다. 그들은 배와 운명을 같이 하겠다는 의지를 보여주었다. 제자의 도에서는 주님과 함께 십자가에 못 박히는 것이라고 가르친다.

2. 제자의 부르심

1) 섬김으로 부르심

제자들은 왕국의 야망으로 누가 더 큰가? 논쟁을 하였다. 주님은 "인자의 온 것은 섬기기 위해서 오셨다" 고 교정해 주셨다.

"우리가 다 버리고 주를 좇았나이다" 라는 대답은 제자도에는 희생이 크다는 반증이다.

주님은 "금세에 있어 여러 배를 받고 내세에 영생을 받지 못할 자가 없느니라" 고 하셨다.

종들은 봉사의 조건을 요구하지 않는다.

제자의 도는 생명을 기꺼이 버릴 때만이 생명을 받을 수 있다는 것이다.

"주라 그리하면 너희에게 줄 것이니 곧 후히 되어 누리고 흔들어 넘치도록 하여 너희에게 안겨 주리라..." 종은 주인이 보내는 곳으로 가야만 주인이 명령하는 일을 하기 때문에 단순 명료한 삶이다.

주인의 명령과 종의 복종은 단순하다. 믿음은 순종이며, 순종은 믿음이며 그것은 복잡하지 않고 단순하다.

2) 고난에로의 부르심

그리스도의 종, 사도 바울은 39대의 태장을 5번 맞았고, 3번 매를 맞고, 돌로 맞았다. 사도 베드로는 감옥에 갇히고, 스데반은 돌에 맞아 순교하고, 야고보는 창에 찔려 죽었다.

예수께서 "인자는 머리 둘 곳이 없다." 는 말씀을 하신 것은 제자 지망생들의 의도를 예리하게 간파하시고 제자의 도는 고난의 도라는 것을 가르치셨다. 예수를 따르는 것은 권력이나 부, 명예 따위와는 아무런 관계가 없으며, 도리어 여우나 새와 같은 짐승들에게도 허락된 최소한의 삶의 터전조차 보장받지 못한다는 것을 주지시켜 주셨다.

예수를 따르는 것은 의.식.주가 안정적으로 확보되고 거기에 덧붙여 입신양명(立身揚名)을 지향하는 출셋길이 아니라, 때로는 사람들에게 배척을 당하며 안정된 삶의 거처도 없이 정처 없이 떠돌아다니며 자기를 희생시켜 다른 사람을 살리는 일이다.

허영심에 사로잡혀 예수의 제자가 되려 했던 서기관은 예수의 말씀을 듣고 예수 제자가 되는 것을 포기했다.

하나님께서 예수를 그리스도로 보내시면서 아버지가 그 아들에게 맡기신 공적인 사역의 핵심적인 일은 고난, 죽음, 부활이다.

"자기를 부인하고, 자기 십자가를 지고, 나를 좇으라, 나를 위하여 목숨을 잃으면 찾을 것이며 제자도를 행한 대로 갚아 주리라."

예수 제자들은 '출세' 의 말씀이 아니라 '별세' 의 말씀을 귀에 담아 두는 자는 천국의 복이 있을 것이다.

믿음의 두 가지는 상수도(上水道) 믿음과 하수도(下水道) 믿음이 있다. 버리는 믿음과 취하는 믿음의 균형이 필요하다.

부자는 삼대를 못 간다는 말이 있다. 그러나 경주 최씨의 만석꾼 전통은 1600년대 초반에서 1900년 중반까지, 무려 300년 동안 12대를 내려오며 만석꾼의 전통을 지켰고, 1950년에는 전 재산을 영남대학의 전신인 '대구대학' 에 기증하였다. 경주 최씨가 300년을 넘게 만석꾼이 되었던 비결은 좋은 가훈 때문이었다.

(1) 진사 이상의 벼슬을 하지 말라.
(2) 재산은 1년에 1만 석 이상을 모으지 말라.
(3) 나그네를 후하게 대접하라.
(4) 흉년에는 남의 논, 밭을 매입하지 말라.
(5) 가문에 며느리들이 시집오면 3년 동안 무명옷을 입혀라.
(6) 사방 100리 안에 굶어 죽는 사람이 없게 하라.
(7) 내가 일곱 번째 가훈을 추가 한다면, 예수를 잘 믿고 예배와 전도에 헌신하라.

3. 반석과 거침돌

예수께서 시몬을 '반석' 이라는 뜻으로 '베드로' 이름을 주시고 이 반석 위에 내 교회를 세우시겠다고 말씀하셨다.

> "또 내가 네게 이르노니 너는 베드로라 내가 이 반석 위에 내 교회를 세우리니 음부의 권세가 이기지 못하리라" (마태복음 16:18)

"사도들과 선지자들의 기초석" (에베소서 2:20)이라는 뜻은? 사도들과 선지자들로 구성된 기초가 아니라 그들의 사역을 통하여 놓여진 기초, 즉 예수 그리스도가 교회의 기초라는 뜻이다.(고린도전서 3:11)

그리스도는 믿지 않고 표적을 구하는 유대인들에게 믿음은 거침돌이 되었다.(로마서 9:32). 반석이란? 이방 민족들에게는 다니엘 2장 34절에 나오는 우상을 부수어 가루로 만드는 심판의 돌이며, 그리스도는 교회에게는 기초석이며 으뜸되는 모퉁이 돌이 되신다.

> "이 닦아 둔 것 외에 능히 다른 터를 닦아 둘 자가 없으니 이 터는 곧 예수 그리스도라" (고린도전서 3:11)
>
> "너희는 사도들과 선지자들의 터 위에 세우심을 입은 자라 그리스도 예수께서 친히 모퉁잇돌이 되셨느니라" (에베소서 2:20)

dessert

1. 십자가의 도가 상도를 뛰어넘는 것이지만 상도보다 못하다면, 그런 십자가의 도는 무슨 도일까?
2. 제자의 도는 어떤 도인가?
3. 십자가의 도를 기피하는 이유는 무엇인가?

Prayer

주님! 십자가의 도와 제자의 도를 가르쳐 주신 대로 단순한 믿음으로 따르기를 원하오니 성령으로 도와주시옵소서. 아멘!

46. 17:1-13 변화산과 갈보리산

"엿새 후에 예수께서 베드로와 야고보와 그 형제 요한을 데리시고 따로 높은 산에 올라가셨더니, 그들 앞에서 변형되사 그 얼굴이 해 같이 빛나며 옷이 빛과 같이 희어졌더라.
말할 때에 홀연히 빛난 구름이 그들을 덮으며 구름 속에서 소리가 나서 이르시되 이는 내 사랑하는 아들이요 내 기뻐하는 자니 너희는 그의 말을 들으라 하시는지라. 제자들이 눈을 들고 보매 오직 예수 외에는 아무도 보이지 아니하더라. 내가 너희에게 말하노니 엘리야가 이미 왔으되 사람들이 알지 못하고 임의로 대우하였도다. 인자도 이와 같이 그들에게 고난을 받으리라 하시니" (1-2,5,8,12절)

Appetizer

마태복음 17장은 예수께서 제자들과 함께 기도하러 변화 산으로 올라가셔서 보여주신 변화의 영광을 체험하게 하신 사건이다.

예수께서 제자들을 데리고 올라가셨던 산은 팔복을 선포하신 '팔복산', 기도와 변화의 영광을 보여주신 '변화산', 승천하시며 재림의 소망을 약속하신 '감람산' 이다. 우리가 팔복을 받고, 하나님의 영광으로 변화를 받으면 시온산으로 승천한다는 현장의 산교육이다..

예수 그리스도에 대한 베드로의 신앙고백(16:16)과 그리스도의 수난 예고(16:21) 및 그리스도의 왕권 심판(16:28)에 대한 설명이 있고 난 뒤, 엿새 후에 자신의 부활 및 최후의 영광을 예고하신 사건이다.

베드로와 야고보와 그 형제 요한은 예수께서 주요한 일이 있을 때마다 구별하여 동행하시던 자들이다. 예수께서 그들에게 영광스러운 변화를 목격하는 특권을 허락하시는 동시에 그들 각자에게 당신의 영광을 세상에 전파할 책무를 맡기시었다.

이들 3인의 제자는 열두 제자 중에서도 핵심 구성원으로서 예수의 십자가 부활을 준비하며, 예수 이후의 교회를 이끌어 갈 영광스러운 책임 사역자로 준비하고 있는 것이다.

"따로…. 높은 산" 으로 데리고 가신 것은 그들에 대해 예수의 영적이고 깊은 친밀감을 암시한다. 높은 산은 가이사랴 빌립보에서 베드로의 신앙고백을 한 곳에서 근접한 '헬몬산'으로 추정하고 있다. 해발 약 2,850m로 그 산봉우리에는 항상 만년설이 덮여있다. 이 산은 요단강을 통하여 이스라엘 지역에 물을 공급해 주는 산으로서 이스라엘 백성들의 젖줄이다..

세 제자의 체험은 생애에 가장 충격적이며 환상적인 경험이 되었다. 평소에 보았던 랍비 예수의 모습이 아니었다.

"예수의 얼굴이 해같이 빛나며 옷은 빛과 같이 희어졌다." (17:2) 그 때에 모세와 엘리야가 예수와 더불어 대화하는 것을 보았다. 까마득한 구약시대의 조상들이며 이스라엘 백성들이면 언제나 동경하던 위대한 선지자들이 자신들의 랍비와 대화를 하다니???

베드로는 주님께 이곳에 초막 셋을 지어서 오래 머물기를 원했으나 시내산을 덮었던 빛난 구름이 그들을 덮으면서 소리가 나기를 "이는 내 사랑하는 아들이요 내 기뻐하는 자니 너희는 그의 말을 들으라" (17:5)는 하나님의 음성을 들었다.

제자들은 이런 모습과 소리를 듣고 두려워서 엎드려져서 혼절 상태에 빠졌다. 예수께서 그들을 손으로 일으키시고 산에서 본 것을 아무에게도 말하지 말라고 당부하셨다.

제자들의 영적 체험은 이제 예수는 랍비 스승이 아니라 살아 계신 하나님의 아들이시며 메시아이심을 믿을 수 있었다.

필자가 남미 코스타 준비 위원장으로 섬겼을 때 칠레 코스타에 참석한 러시아의 고려인으로서 극동 주지사가 참석하였다. 그가 내게 말한 조크가 생각난다. '러시아인들은 보드카를 즐겨 마시는데...비행기를 타면 이륙하여 고도(高度)를 잡기 전에 보드카를 다 마셔버린다' 라고 말하였다. 그 이유는? 비행기가 고도를 잡으면 하나님과 가까우므로 술을 마실

수가 없기 때문이라고 하였다. 사람들은 높은 곳에 올라갈수록 겁을 내고 두려워한다. 고소 공포증처럼, 강단에 올라가서 대표 기도를 하는 사람은 천하장사도 떨린다. 거룩하신 하나님 앞에 속물 같은 인간이 서서 대표로 기도한다는 것에 대한 자신감이 없기 때문이다.

강원도 태백산 골짜기에 있는 예수원은 무디 성경학교 설립자인 R.A Torrey 목사의 손자인 '아쳐 토레이' 가 세운 곳이다. 예수원은 영성 수련원으로서 '기도하는 것이 노동이며, 노동하는 것이 기도이다' 는 표어로 예수원에 들어온 사람들에게 조도(朝禱), 대도(代禱), 만도(晩禱) 등 하루 세 번 기도회로 모여서 받은 은혜를 나눈다. 침묵훈련과 기도를 노동처럼 강훈련하는 곳이다. 예수원은 중환자들이 치료받는 기도원이 아니라 건강한 사람이 기도의 노동을 통하여 하나님과 교제하고, 공동체 생활을 통해서 코이노니아를 체험하며, 중보기도 훈련을 통해서 세계 선교의 꿈을 키우는 곳이다. 그리고 예수원에서는 금식기도를 허락하지 않고 하루 세 끼 식사하면서 건강하게 기도를 하도록 가르친다.

우리가 믿어야 할 분은 율법의 대표인 모세가 아니고, 선지자의 대표인 엘리야도 아니고 오직 구원자 예수 외에는 다른 분과 다른 이름이 아니라는 것을 분명하게 보여주셨다.

Today's dish

1. 변모

예수 그리스도는 세 제자에게 자신이 성육신 하시기 전 본래의 가졌던 영광을 보여주심으로 신인양성(神人兩性)으로 오신 하나님의 아들이 그리스도로 성육신하신 메시아이심을 눈으로 확인하고 귀로 듣게 한 놀라운 체험 학습을 하였다.

예수 그리스도와 함께 변화산에 올랐던 제자들의 눈에는 오직 예수 외에는 아무도 보이지 아니하였다.(17:8)

현대 교인들의 눈에는 보이는 것이 너무 많다. 중세의 가톨릭교회처럼 시각, 청각, 후각, 미각, 촉각, 감각을 다 동원해서 장식하고 꾸미고 연출하는 미사로 신비로운 영적 세계를 맛보게 하려고 하였다. 성직자들이 눈물겹도록 고객을 위한 서비스가 최고조에 달하였다.

교회가 신자들에게 보여줄 것이 많으면 많을수록 성령께서 하실 일은 줄어들어서 침묵하게 되시고 사람들의 종교의식과 활동 등으로 인해서 뒷방 늙은이처럼 손을 놓으시고 관망하시게 된다.

모세의 율법에는 5대 제사와 7대 절기와 제사장과 레위인들과 성막에 성소와 지성소에 구비한 물두멍과 제단과 촛대와 떡 상과 향단과 휘장과 지성소가 설치되었다. 그곳에서 날마다 일어나는 조석 번제와 상(常) 번제와 기타 제사들은 오감(五感)을 자극하기에 충분하였다.

제사장들의 화려한 성의와 관을 쓰고 제물을 잡는 레위인들과 그 피와 제물을 분리 해체하고 피를 뿌리고 물로 씻고 나무를 벌려놓고 하늘의 불이 제물을 태운다. 성소에는 향단의 향이 하늘로 올라가고, 백성들의 눈에 보이는 시각과 청각과 제단에 제물이 타는 후각을 자극하는 화목제물은 제사장들과 함께 제물을 먹음으로 미각도 자극하게 된다.

엘리야는 능력의 선지자로서 하늘에서 불이 내리게도 하고 비를 멈추게도 하고 비를 내리게도 하는 놀라운 기적과 은사로 충만함으로 백성들을 놀라게 하였다. 3년 6개월 기근 때에도 까마귀가 음식을 공급하고 사렙다 과부의 집에 가루가 마르지 않는 기적을 행하였다.

초대 교회는 성령께서 오순절 마가 요한의 다락방에 강림하셨을 때 그곳에는 사람들의 오감을 자극할 만한 것들이 없었고 놀라운 은사와 기적들이 보이지 않고 오직 예수 이름으로 합심해서 기도하고 약속의 말씀을 기다리는 것밖에는 없었다.

어느 교회의 목사 위임식에 갔었는데 지각하여 맨 뒷좌석에 앉았다. 찬송과 기도 시간이 지나고 설교 시간에 설교자의 얼굴을 보려고 하는데 내 앞에는 체구가 큰 남자분이 앉아있는 것을 알았다. 내가 설교자를 바라보려고 하는데 남자분의 체구가 가로막아서 볼 수가 없었다. 내가 머리를 왼쪽으로 기울어서 설교자를 보려고 하는데 동시에 앞에 사람도 몸을 왼쪽으로 기울였다. 그래서 다시 머리를 오른쪽으로 기울이면 그 사람도 타이밍이 맞게 몸을 오른쪽으로 기울였다. 나는 설교 시간 끝날 때까지 좌우로 몸을 움직였지만, 설교자를 제대로 볼 수 없었고 설교가 제대로 귀에 들어오지 않았다. 그날 예배에 참석한 소감은 무슨 설교를 했는지 기억이 나지 않고 "오직 체구가 큰 남자의 뒷모습만 보았다" 라는 것이다. 그래서 교회당에서 뒷자리는 상당히 '불편한 자리' 라는 것을 체험하였다.

모세가 시내 산에서 40일 동안 금식기도 하면서 하나님을 만나고 율법을 받아서 하산하였을 때 그의 얼굴에 광채가 났다. 백성들은 그 얼굴을 바로 쳐다볼 수 없어서 모세는 얼굴에 수건으로 가리고 백성들을 만났다.

다니엘이 하루 세 번씩 예루살렘을 향하여 창문을 열어놓고 기도하였다. 다니엘을 시기하던 관리들이 '다리오' 왕을 설득해서 기도금지령 내렸다. 다니엘은 기도금지령을 어기고 하루에 세 번씩 창문을 열어놓고 기도하였다. 다니엘은 기도금지령을 어긴 죄로 굶주린 사자 굴에 던져졌지만, 그의 영광스러운 용모 앞에 사자들도 위압감을 느끼고 다니엘을 삼키지 못하였다. 그리고 왕은 다니엘의 하나님을 참신으로 인정하는 조서를 내렸다.

2. 영광

하나님의 나라는 애초부터 빛으로 시작하였다. 어두운 것만 보는 사람에게는 밝은 빛을 감당하지 못한다. 원죄로 인하여 나면서부터 영적인 소경이기 때문에 가치관, 생각, 정신, 사상, 성품, 기질, 언어 등이 모두 어둡고 부정적이 되었다. 모든 사물을 볼 때 청각, 촉각, 감각으로 상상하고 추측하기 때문에 성(聖)과 속(俗), 진리와 거짓, 복음과 이단을 분별하지 못한다.

예수께서 변화 산에서 얼굴이 해같이 빛나고, 옷이 빛과 같이 희어졌다. 신의 성품으로 거듭나면 인격의 변화와 행실의 변화를 상징하는 거룩한 변형의 모습이다. 어둠은 빛을 이길 수 없으며, 빛은 어두움을 추방한다. 성육신하신 예수는 본래 모습이 빛이시기 때문에 빛 자체를 가리시다가 잠시 열어주셨을 때 변형된 모습으로 보인 것이다. 제자들의 눈에서는 변형이지만 예수의 본래는 변하지 않은 그 영광의 모습 그대로이시다.

우리가 예수를 믿는 이유는 어둠의 일을 벗고 빛의 자녀가 되어 빛의 갑옷을 입고 어두운 세상의 어둠을 빛으로 변형시키는 사명이 있기 때문이다.

내 주변에 영광스러운 사람들이 포진한다면 더욱 영광스러운 것처럼 예수 그리스도 옆에는 모세와 엘리야가 함께 있었다. 축하 행사에 초대받은 사람 중에 헤드 테이블에 앉는 사람은 그 행사에 주인공인 셈이다. 거기서부터 1번 테이블, 2번 테이블 등 좌석을 배정한다.

예수의 영광은 모세와 엘리야와 함께 예수의 출세(出世) 이야기가 아니라 별세(exodus) 이야기를 나누는 영광스러운 모습을 보여주었다. 타락한 인간은 예수만 보면 믿지 않는 속성이 있다. 그래서 하나님의 얼굴을 뵈고 십계명을 받았던 율법의 대표자 모세, 죽음을 보지 않고 승천한 선지자의 대표 엘리야를 백그라운드에 앉혀 놓아야 믿음이 생긴다. 베드로는 모세와 엘리야를 예수 그리스도와 같은 수준으로 보고 초막 셋을 지어드리겠다고 청원한다.

그때 빛난 구름이 저희를 덮은 후 구름 속에서 소리가 나되 "이는 내 사랑하는 아들이요 내 기뻐하는 자니 너희는 저의 말을 들으라" (5)는 살아 계신 하나님이 명백한 음성으로 말씀하셨다.

기독교는 여기서부터 시작한다. "너희는 저의 말을 들으라" 저의 말을 듣는 것이 아버지 말씀을 듣는 것이고, 아버지 말씀을 듣는 자는 사랑하는 아들이요, 기뻐하는 자가 되어서 장차 주의 영광에 참여할 사람이 된다.

3. 오직 예수

영광스러운 모습과 거룩한 음성이 들린 후 구름이 모든 것을 가리더니 오직 예수 외에는 아무도 보이지 아니하더라(17:8)

현대 교회는 보이고 들리는 것이 너무 많아서 탈이다. 그것도 부족해서 앞서가는 지도자들은 교인들에게 세상의 모든 것을 총동원해서 더 보여주고, 더 들려주려고 경쟁을 한다.

우리는 무엇을 보았다, 들었다가 중요한 것이 아니고, 오직 예수만 바라보고 그분의 말씀만 듣고 순종해도 충분히 하나님의 기쁨이 되고 하나님의 사랑받는 삶을 살 수가 있다.

베드로는 변화 산에서 예수의 영광을 보고도 예수께서 고난받으실 것을 말씀하실 때 만류하였고, 예수께서 잡히실 때 예수를 모른다고 부인하였다. 기독교의 진수는 "오직 예수 외에는 아무도 보이지 아니하더라" 이다.

스데반이 순교한 동기는 하나님의 영광과 예수께서 하나님 우편에 서신 것을 보았기 때문이다.(사도행전 7:55,56)

예수께서는 "내가 고난당하고 부활하기 전에는 본 것에 대해 말하지 말라" (17:9-13)고 당부하였다. 인자가 죽은 자 가운데서 살아나기 전에는 아무도 그의 영광을 믿지 않을 것이다. 그리고 고난을 말하기 전에는 영광을 논하지 말라는 뜻이기도 하다. 제1과를 마스터하지 않았는데 제2과를 알려고 하지 말라는 것이다.

C.S 루이스는 "하나님의 은혜는 드러내면 사라지는 영적 보화의 진실" 에 대해서 말하였다. 하나님의 은혜를 자랑하고 간증하고 드러내는 순간 세상의 자랑이 되기 때문에 하나님의 은혜가 안개처럼 사라진다고 하였다. 내가 받은 은혜를 다른 사람과 공유한다는 미명으로 자랑하고 간증할 때 은혜가 사라지기에 영적 체험은 침묵하고 숨길 때 더 깊은 은혜로 자라게 되고 풍성한 열매를 맺게 된다고 말하였다.

주님은 제자들에게 변화산의 영광이라는 환상의 세계에서 현실 세계로 내려오게 하셨다. 신앙의 세계는 현실과 동떨어진 것이 아니라 현실과 맞붙어 있으므로 현실과 현장에서 믿음의 진수가 드러나야 한다. 시온산 기도원, 할렐루야 기도원, 벧엘기도원 등에서 현실 세계에서 동떨어진 기도원에서 내려와서 현실 세계에 내려오면 받은 은혜를 쏟아버리지 않기 위해서 당면한 문제들과 현실적으로 싸워야 하는 고난이 따른다.

"엘리야가 이미 왔으되 사람들이 임의로 대우하였도다" (7:12) 이스라엘을 영광을 회복하기 위해서 광야의 소리와 같이 세례요한이 이미 왔지만, 사람들은 그를 임의로 대우하였다. 세례요한에 대한 거절은 인자에 대한 거절이나 마찬가지라는 공식이 성립된다.

세례요한의 말을 듣지 않았던 이스라엘은 영광으로 회복될 수 없었고 도끼가 나무뿌리에 놓인 것과 같은 심판이 작정 되었다. 바리새인들은 세례요한이 광야에서 먹지도 마시지도 않고 금욕생활을 한다면서 귀신들렸다고 조롱하면서 그를 선지자로 대우하지 않았다. 그리고 예수께서는 죄인들과 세리들과 먹고 마시고 교제하시는 것을 보고 '먹기를 탐하고 세리와 죄인들의 친구' 라면서 자기들의 친구로 영접하지 않았다.

세례요한은 회개 없는 형식적인 유대인들을 책망하였다. "그러므로 회개에 합당한 열매를 맺고 속으로 아브라함이 우리 조상이라고 생각지 말라." (마태복음 3:8,9)

dessert

1. 나는 기도하면서 용모가 변형되고 삶이 변화되는 것을 체험하고 있는가?
2. 나는 사람들과 나누는 대화의 주제가 출세인가? 별세인가?
3. 나는 내가 받은 은혜를 간증하기보다 더 숙성될 때까지 침묵하고 간직하는가?

Prayer

주님! 우리가 영광스러운 주님을 보면서 우리도 그날에 이르기까지 날마다 주님을 닮고 변화하는 기도의 사람이 되어서 고통받는 현장을 치유하는 자가 되게 하옵소서. 아멘!

47. 17:14-27 꾸짖음

"예수께서 대답하여 이르시되 믿음이 없고 패역한 세대여 내가 얼마나 너희와 함께 있으며 얼마나 너희에게 참으리요 그를 이리로 데려오라 하시니라. 이에 예수께서 꾸짖으시니 귀신이 나가고 아이가 그때부터 나으니라. 이르시되 너희 믿음이 작은 까닭이니라 진실로 너희에게 이르노니 만일 너희에게 믿음이 겨자씨 한 알 만큼만 있어도 이 산을 명하여 여기서 저기로 옮겨지라 하면 옮겨질 것이요 또 너희가 못 할 것이 없으리라

그러나 우리가 그들이 실족하지 않게 하기 위하여 네가 바다에 가서 낚시를 던져 먼저 오르는 고기를 가져 입을 열면 돈 한 세겔을 얻을 것이니 가져다가 나와 너를 위하여 주라 하시니라" (17,18,20,27절)

Appetizer

마태복음 17장은 왕이신 예수 그리스도에 대해서 세 가지를 계시해 주고 있다. 변화 산에서 용모가 변모하신 그리스도는 영광의 왕이시다. 그리고 귀신을 꾸짖어 쫓아내고 어린아이를 고치시는 능력의 왕이시다. 또한 만물을 창조하시고 소유하신 분이 성전 세를 내시는 겸손하신 왕이심을 보여준다. 상대적으로 세상의 왕들은 그리스도 같은 존귀와 영광, 권세와 능력, 그리고 온유와 겸손이 없다.

세상 나라의 권력자들은 권력의 암투로 비열하고 비겁하며, 권력의 사유화로 치부하고 권력 유지를 위해서라면 거짓을 일삼고 권력의 칼을 남용하는 것과 대조적이다.

그리스도는 믿음이 없고 패역한 세대를 닮아가는 제자들을 책망하시고, 사람을 불과 물에 넘어뜨리는 악하고 더러운 귀신을 꾸짖어 쫓아내셨다. 그리고 권력을 남용하지 않으시고 사람들을 실족하지 않도록 성전

세를 내심으로 그리스도가 통치하시는 하나님의 나라가 어떤 나라인 것을 보여주셨다.

용모가 변화하면 얼굴의 광채와 행실의 옷에서 영광이 나타난다. 그리스도는 죄와 마귀를 꾸짖고 쫓아내는 영적으로 파워풀(Powerful)한 능력의 왕이며, 왕의 특권과 특혜를 반납하고 백성을 섬기는 겸손한 왕이시다.

사울 왕은 자기 권력을 지키기 위해서 라이벌 다윗을 죽이려 국력을 낭비하고, 자기 고향 기브아 출신과 친인척들에게 권력의 자리에 앉혀서 이스라엘을 베냐민 지파 중심의 자기 왕국으로 만들다가 하나님이 그를 버리심으로 전쟁터에서 자살로 생을 마감하였다.

유다 지파 다윗이 왕으로 즉위하였을 때 시온산에 하나님의 법궤를 모셔 오고, 모든 정사(政事)를 하나님께 물어보면서 기도하는 신정국가로 만들었다. 하나님 중심의 나라로 세워서 예배 왕국, 찬양 왕국, 약자 보호 왕국으로 세우고, 전리품과 사재를 털어서 성전 건축을 목표로 건축기금을 모았다.

호세 무히카(Jose Mujica)는 남미에서 부자 나라로 꼽히는 우루과이 대통령이다. 그는 세계에서 가장 가난한 청빈 대통령으로 소문나 있다. 한화 약 1,300만 원의 월급 중의 90%를 기부하고 130만 원으로 부인과 함께 생활한다. 오래된 자신의 낡은 농장에서 경호원도 없이 거주하면서 1987년식 낡은 차량으로 출퇴근하고 대통령궁은 노숙자들에게 개방하였다. 그가 자기 딸을 사적으로 만나려고 자주 가는 식당에서는 경호원이 없이 자주 혼밥을 먹는다. 권력을 남용하거나 부정부패하지 않는 권력자는 적이 없고 두려움 없으므로 경호원이 필요 없다. 우리나라 청문회는 장관 후보자들에게 국회의원들이 비인격적으로 호통을 치고 자신이 정의로운 사람처럼 행세하지만, 자리를 바꾸어 청문회 대상자가 된다면 더 부패하고 권력을 남용하는 자들이 있다.

변화 산에서 모세와 엘리야가 나타나서 예수 그리스도와 별세 이야기를 하신 것은, 대속의 죽음을 앞두고 하나님께서 그리스도에게 심방 대원을 보내어 격려하시고 위로하신 것이다.

모세는 느보산에서 약속의 땅을 바라만 보고 들어가지 못했지만, 하나님은 1300년 만에 모세의 소원을 들어주시고 변화 산에서 주님과 함께 약속의 땅을 밟도록 하셨다.

대속의 죽음을 앞두신 그리스도의 존귀한 희생 이후에 부활과 승천하실 영광을 위하여 승천의 증인 엘리야를 보내어 소망을 가지게 하셨다.

Today' s dish

1. 패역한 세대

예수께서 변화산에서 하산하여 내려오셨을 때 한 사람이 예수께 와서 꿇어 엎드려서 "주여 내 아들을 불쌍히 여기소서 그가 간질로 심히 고생하며 자주 불과 물에 넘어집니다." 하였지만 부모와 기성세대나 제자들까지도 아이를 위해서 해 줄 수 있는 일이 아무것도 없었다.

마귀가 사람들을 괴롭게 하고 넘어뜨리고 힘들게 해도 누구 하나 막는 사람이 없고 방관만 하는 세대가 패역한 세대이다.

유다 마지막 제20대 왕 시드기야 당시 활동한 선지자 예레미야는 악한 세대를 향하여 이렇게 탄식하였다.

> "선지자들은 거짓을 예언하며 제사장들은 자기 권력으로 다스리며 내 백성은 그것을 좋게 여기니 그 결국에는 너희가 어찌하려느냐" (예레미야 5:31)

주님은 겨자씨 한 알 만한 믿음이 있어도 못 할 것이 없다고 하셨지만, 믿음이 없는 사람은 못 하는 것이 너무 많다. 믿음이 없는 사람들의 공통적인 말은 이스라엘 광야 백성들처럼 항상 부정적인 말이 습관이 되었다. '못하겠다', '죽겠다', '돌아가자', '할 수 없다', '이것을 싫어하노라', '이것이 무엇이냐?', '그때가 좋았는데' 라는 패역한 말만 하였다. 결국, 그들은 믿음이 없는 패역한 말대로 가나안땅을 눈앞에 보고도 들어가지 못하였다.

제자들이 간질병이 든 아이를 고쳐주지 못한 것은 믿음이 부족하였기 때문이었다. 겨자씨 한 알 만한 믿음이 있으면 이 산을 명하여 옮기라 하여도 그대로 될 것이고 너희가 못 할 것이 없으리라고 말씀하셨다.

너희가 언제까지 믿음이 없이 선생만 의존하겠느냐? 언제까지 목회자만 의존하고, 다른 사람의 기도만 의존하겠느냐?는 말이다.

예수께서 귀신을 향하여 꾸짖으시니 귀신이 아이에게서 나가고 그 아이가 그때부터 나았다. "더러운 귀신아 이 사람에게서 나오라!" 주님이 축사(逐邪)하신 명령어이다.

'꾸짖음' 으로 번역된 히브리어 명사 '하나' 는 문자적으로 "책망하는 것" 을 의미한다. 헬라어 '에피티마오' 는 '질책하다' 는 뜻이다.

예수께서는 베드로 장모의 열병을 꾸짖으시고, 바람과 물결을 꾸짖으시고, 귀신을 꾸짖으셨다. 아이를 못 고친 믿음 없는 제자들이나 아이의 아비를 꾸짖은 것이 아니다. 인간을 지배하며 고통 중에 넘어지게 하는 악한 세력 사탄과 마귀 귀신에 대해서 꾸짖으신 것이다.

현대인은 꾸지람을 견디지 못한다. 말세인들은 귀가 가려워서 듣기 좋은 말만 골라서 들으려고 한다. 거짓 선지자는 축복의 말만 하고, 간신은 왕에게 쓴 말은 하지 않는다. 설탕같이 달콤한 칭찬만 들으면 영적 당뇨병에 걸리기 쉽다.

세상은 점점 '꾸짖음' 이 없다. 인권법으로 교사가 제자들 꾸짖는 일이 실종되었다. 하나님의 말씀으로 다스리는 교회에서도 꾸짖음이 사라지고 있다. 죄와 잘못을 꾸짖으면 듣기 싫어서 다른 교회로 가버리는 경우가 있다.

사도 바울은 베드로가 이방인과 식탁 교제를 하다가 바울의 방문 소식을 듣고 식사를 하지 않은 것처럼 자리를 피한 외식에 대해서 단호하게 선배에게 꾸짖었다. 베드로가 복음의 자유를 해치고 율법의 정죄에 묶이는 외식 행위를 꾸짖은 것이다.

귀신을 꾸짖지 않으면 귀신이 세상에서 활보하고 기를 펴고 활동하게 된다. 책망 설교는 성도들을 책망하는 것이 아니라 성도들을 믿음으로 살지 못하게 막는 마귀의 술책에 대해서 꾸짖고 책망함으로써 성도들을 흔드는 마귀를 쫓아내기 위함이다.

제자들에게 믿음이 겨자씨 한 알만큼이 있어도 못 할 것이 없을 것이라는 말씀을 하셨다. 한국인은 아주 작은 것을 표현할 때 '눈곱만큼' 이라고 말한다.

21절 한글 성경 번역에는 "없음" 이 나온다. 다른 번역에는 "기도와 금식이 아니면 이런 유가 나가지 아니하느니라" 가 있음…. 이라고 성경 풋 노트에서 설명해 주고 있다.

21절의 '없음' 은 읽어야 할까 말아야 할까? 고민이 된다. 나는 이렇게 읽어보았다. '겨자씨 한 알 같은 믿음' 을 가진 사람이 "없음" 으로 느껴졌다.

더러운 귀신이 믿음이 없고 패역한 세대를 만들고 있어도 누구라도 꾸짖고 쫓아내는 사람이 없는 세대를 주님이 탄식하신 것이다.

2. 인자의 고난

예수께서 십자가의 고난과 죽음을 앞두고 계시지만 누구도 주님의 무거운 마음을 알아주는 사람이 없었다. 제자들조차도 근심만 하였고 아무런 위로가 되지 못했다.

사람들은 예수가 하나님의 아들 되심을, 그의 진실함을, 그의 사랑을, 그의 헌신을, 죽음의 의미를, 이해하거나 인정해 주지 않았지만, 아버지 하나님 한 분이 알아주신다는 믿음을 가지고 홀로 고난의 길을 걸어가시고 영광의 부활을 얻으셨다.

사람들은 죽지 않고 살려고 하지만 예수 그리스도는 영원히 살아서 죽기를 무서워하는 사망의 종들을 해방하고 사람들을 살리는 대속의 죽음의 길을 선택하셨다. 그리스도는 승귀하여 영광을 받으시기 위하여 비하하시고 고난을 받으셨다.

그리스도는 미래를 기정사실로 약속하신 믿음의 언어를 사용하셨다. "되리라", "하리라", "주리라", "오리라", "네가 죽도록 충성하

라 그리하면 내가 생명의 면류관을 네게 주리라." (요한계시록 2:10)

3.성전 세

성전세를 받는 자들이 베드로에게 와서 너의 선생이 반 세겔을 내지 않느냐? 물었다. 베드로는 '내신다' 라고 말하고 집에 들어가니 예수께서 먼저 베드로에게 시몬의 생각을 물어보셨다. 세상 임금이 누구에게 관세와 국세를 받느냐? 자기 아들이냐 타인이냐? 베드로가 대답하였다. 타인에게 받는다고 하였다. 예수께서는 베드로에게 그들이 실족하지 않도록 바다에서 낚시하여 먼저 오르는 고기의 입에서 한 세겔을 얻어서 나와 너를 위한 세금을 내라고 하셨다.

국가 공무원들은 세금 공제 혜택을 받는다. 그러나 주님은 이 세상 나라에서 아무런 혜택을 받지 못하시고 시민의 의무를 다하셨다. 그들은 예수께서 하나님의 아들 자격으로 성전세를 내지 않으실 분이라는 것을 알아보지 못하였다.

로마 제국이라는 이 땅의 나라와 차별화된 하나님 나라의 왕이신 예수 그리스도를 통해서 차별화된 하나님의 나라에서 구원을 받았고 그 나라의 지복을 누리면서 사는 것을 감사하며 행복하게 생각해야 한다.

dessert

1. 하나님 나라의 왕이신 그리스도가 세상 나라의 왕과 다른 점이 무엇인가?
2. 믿음이 없고 패역한 세대에게 필요한 것이 무엇인가?
3. 그리스도인이 세상에 오해를 주지 않기 위해서 어떤 자세를 가져야 하는가?

Prayer

주님 우리의 왕이신 영광의 왕, 능력의 왕, 겸손하신 그리스도로 인해 구원을 받은 우리가 믿음으로 귀신의 권세를 쫓아내고 진리 안의 자유와 치료하여 건강한 하나님의 나라를 만드는 일에 헌신하게 하소서. 아멘!

48. 18:1-10 천국의 소자와 장애인

"예수께서 한 어린아이를 불러 그들 가운데 세우시고, 이르시되 진실로 너희에게 이르노니 너희가 돌이켜 어린아이들과 같이 되지 아니하면 결단코 천국에 들어가지 못하리라.

실족하게 하는 일들이 있으므로 말미암아 세상에 화가 있도다 실족하게 하는 일이 없을 수는 없으나 실족하게 하는 그 사람에게는 화가 있도다. 만일 네 손이나 네 발이 너를 범죄하게 하거든 찍어 내버리라 장애인이나 다리 저는 자로 영생에 들어가는 것이 두 손과 두 발을 가지고 영원한 불에 던져지는 것보다 나으니라" (2,3,7,8절)

Appetizer

세 제자들이 변화산에서 예수 그리스도의 영광을 보았던 경험과, 베드로가 낚시로 잡은 물고기 입에서 나온 한 세겔로 주님과 베드로의 성전세를 내었다는 이야기는 다른 제자들에게 도전이 되었다. 예수께서 세 제자를 편애한다고 느꼈는지 다른 제자들이 '천국에서 누가 크니이까' 주님께 질문하였다.

어린아이가 죄가 없거나 완전한 것은 아니지만 아버지를 의존하는 믿음은 그리스도인의 믿음의 특성들을 보여준다.

주님의 경고는 이 소자 중의 하나를 실족하게 하는 자는 저주를 받을 것이라고 하셨다. 다른 신자가 실족하여 넘어지게 하는 것은 죄다. 몸의 지체들이 죄를 지을 때 지체를 잘라 버리라는 그리스도의 명령은 문자 그대로 말씀하시는 것이 아니다.

범죄의 도구로 손이나 발이나 눈이 범죄하는 것은 마음에서 죄가 시작하는 것이다. 그러므로 죄는 마음에서부터 철저하고 완전하고, 무자비하게 다루라는 말씀이다.

사람이 독극물이나 폭발물, 방울뱀같이 위험한 것들을 가지고 놀아서는 안 된다. 죄는 오랜 시간을 두고 제거하려고 해서는 안 되고 죄의 위험을 직면하면 즉시 고백하고 제거해서 버려야 한다는 교훈이다. 그렇지 않으면 그 죄가 나를 지옥불로 끌어가게 한다.

Today's dish

1. 천국의 소자

천국에서 큰 자는, 어린아이를 영접하고, 소자를 실족하지 않게 하며, 잃은 양을 찾으며, 예수 이름으로 두 세 사람이 모여서 주님의 임재를 누리는 자이며, 형제의 죄를 한없이 용서하는 자이며, 빚진 자를 불쌍히 여겨 탕감해 주는 자들이 천국에서 큰 자들이다.

하나님 나라는 작은 자들의 천국이다. 하나님이 세상을 최초로 심판한 대상은 고대의 용사들이라는 '네피림' (Nephilim)은 '타락한 존재라는 뜻이다.' (창세기 6:7) 그들의 후예들을 홍수로 심판하셨다. 네피림의 가치관은 '누가 더 큰가?' 라는 힘의 서열에 비중을 두고 사는 사람이다.

예수 제자 공동체 안에서도 네피림 정신이 싹트려고 하자 예수께서는 어린아이를 실물 교훈으로 세우시고 단호하게 경고하시면서 천국에서의 서열은 "자기를 낮추는 이가 큰 자이다" 라고 말씀하셨다.

천국의 원리는 세상의 가치관을 물구나무서기로 볼 때 큰 자는 소자이며, 정상인은 비정상인으로 보인다. 그리스도인은 천국의 관점에서 세상을 보는 눈이 열려야 한다. 그것을 영안(靈眼)이라고 한다.

예수 그리스도는 동문서답을 잘하신다. 제자들이 '천국에서 누가 크니이까?' 질문하였는데 예수께서는 지옥에 대해서 말씀하셨다. 제자들은 서열을 말해달라는 뉘앙스로 질문하였지만, 천국의 질서는 작은 자가 큰 자, 장애인이 정상인이라는 뜻으로 설명하셨다.

천국은 소자들의 나라이다. 부자는 낙타가 바늘구멍으로 들어가는 것보다 천국에 들어가기가 어렵다고 하였다. 세상은 큰 자가 되려고 피나게 경쟁하는 곳이다. 방송국 카메라 앵글은 올림픽 금메달리스트에게 맞춘다.

지옥 불에 들어가는 큰 사람보다 영생에 들어가는 소자가 행복한 이유는 소자들은 천사들을 통해서 하나님 아버지의 얼굴을 항상 뵙고 있으므로 하나님의 관심사가 되고 사랑과 보호의 대상자가 된다.

세상은 죄를 마음대로 지어도 형벌을 받지 않는 큰 사람을 부러워한다. 그러나 그것은 결단코 부러워할 일이 아니다. 주님의 경고의 말씀에 귀를 기울이고 죄짓지 않는 믿음으로 영생을 사수해야 한다.

속담에 '건강 잃으면 다 잃는다' 라고 말하지만, 성경은 '믿음을 잃으면 다 잃어버린다.' 라고 경고하고 있다. '롯의 처를 생각하라!'

하나님을 경외하는 믿음을 크게 여기고 하나님과 예배하고 교제하는 시간을 작게 여기지 않는 사람이 천국에서 큰 자다.

2. 천국의 장애인

죄는 자기 지체가 자기를 범죄하게 한다. 죄는 다른 사람이 나를 범죄하게 하지 않는다. 뱀이 선악과 열매를 따서 먹음직하게 깎은 다음 보암직한 접시에 화려하게 담아서 포크로 선악과를 찍어서 하와의 입에 넣어 주지 않았다.

하와는 뱀의 그럴듯한 거짓말을 귀로 듣고, 자기 눈으로 볼 때 보암직하고 먹음직해서, 자기 손으로 따서 자기 입으로 먹었다. 그리고 남편도 유혹하여 함께 먹었다.

마귀는 언제나 손 안 대고 코 풀기식으로 인간을 범죄하게 만든다. 보이스 피싱들은 남의 돈을 절대로 강탈하지 않는다. 그들의 거짓말과 협박에 넘어간 사람이 스스로 돈을 그들에게 넘겨주는 수법을 사용한다. 핑계 없는 무덤이 없는 것처럼, 죄는 핑계할 것 없이 모두 자기가 자기를 범죄하게 만든다.

하나님께서 사람의 지체를 두 눈, 두 귀, 두 손, 두 발을 만드셨을까? 두 번 보고, 두 번 듣고, 손과 발은 서로 한 팀으로 협력해서 서로 몸을 세워주도록 배려해 주신 것이다.

그러나 입은 진실만 말하도록 하나만 주셨다. 자동차의 바퀴는 네 개다. 그러나 핸들은 운전자 한 사람에 의해서 통제되도록 하나만 만들었다.

사람은 자기 몸 관리를 자기가 해야 하는 것처럼, 자기 믿음과 영성 관리도 남이 해 주는 것이 아니라 자기가 해야 한다.

이슬람교는 코란경에 기록한 대로 죄인에게 형벌을 실행한다. 손으로 죄를 범하면 손을 절단한다. 아버지 물건을 습관적으로 도적질하던 소년이 아버지와 재판관들이 보는 앞에서 손을 절단하는 사진을 본 적이 있었다. 범죄하는 사람마다 지체를 다 절단한다면 온 세상은 장애인들로 가득할 것이다.

자기를 범죄하게 하는 지체를 다 찍어 버리고 절단한다면 가장 먼저 뽑아야 할 지체는 '혀' 일 것이다. 들릴라의 미모에 빠졌던 삼손의 두 눈은 뽑히고 말았다. 고대 전쟁사를 다룬 영화에서 적의 화살이나 칼에 상한 손을 자기 스스로 불칼을 가지고 썩어들어가는 지체를 잘라냄으로써 자기 목숨을 건지는 장한 군인들이 있다.

1980년대 북미에서 수입해 온 가시박이라는 식물이 있다. 안동에서 처음으로 시험 재배를 하였는데 가시박 뿌리에 호박이나 오이를 접목하면 무섭게 성장하는 식물인데, 그것이 생태계를 교란해서 식물에 큰 피해를 주었다. '식물 황소개구리' 라는 별명을 얻고 있는데, 한줄기의 가시박이 반경 5m를 덮어서 뽑아도 20일이면 밭을 다 덮어버리는 괴물이다. 가시가 몸에 박히면 고름이 생기고 통증이 심하고, 식물이나 나무를 덮으면 고사하여 죽는다. 농림부와 환경부가 '가시박' 수입 책임을 서로 전가하였다.

대형유조선에는 배의 중심을 잡기 위해서 밸런스 탱크가 있다. 배에 기름을 채우면 물을 펌핑해서 버리고, 배에 기름이 없으면 물을 채우는 장치이다. 그런데 중동의 바닷물이 한국으로 흘러들어와서 바다의 생태계가 교란되면서 이상한 종류의 물고기와 바다풀들이 번식하고 있다.

인터넷과 SNS를 통해서 온 세계의 문화가 혼합되고, 종교, 예술, 경제도 혼합 형태로 세계는 하나가 되고 있다. 신종 플루 바이러스, 코로나 바이러스도 일일생활권으로 인해서 공항으로 유입되었고, 범죄도 다양하고 국제적이다.

브라질 정부에서는 아마존 인디어촌에 외부인의 출입을 통제하고 있다. 그들은 바이러스에 약하기 때문에 외부인에게 노출되면 감염되어 종족이 소멸하기 쉬워서 통제한다.

성경의 구속사의 그림자는 범죄사이다. 죄악의 끈질긴 모습을 볼 수 있다. 에덴의 동편에 자라는 가시와 엉겅퀴처럼 죄와 투쟁해야 살아갈 수 있는 인간의 나약성을 보여준다.

주님은 중요한 교훈은 두 번씩 반복해서 말씀하신다. 네 손이.. 네 발이.. 두 번 교훈하신다. 만일 네 눈이 너를 범죄케 하거든 빼어 내어버리라...한 눈으로 영생에 들어가는 것이 두 눈을 가지고 지옥 불에 던지우는 것보다 나으니라.

3. 천국과 지옥

소자(小子)를 주의 이름으로 영접하는 것은 주님을 영접하는 것이 된다. 큰 자가 작은 자를 넘어지게 하는 일이 없을 수는 없으나 실족케 하는 자는 화를 당할 것이라고 말씀하셨다. 큰 자는 소자를 얕잡아 보거나 경멸하는 마음을 버려야 한다.

> "삼가 이 소자 중의 하나도 업신여기지 말라 너희에게 말하노니 저희 천사들이 하늘에서 하늘에 계신 아버지의 얼굴을 항상 뵈옵느니라." (마태복음 18:10)

영생은 하나님이 사람에게 본래 주신 생명이다. 사람이 생명나무의 열매를 먹음으로 영원히 죽지 않고 살도록 복을 주셨는데, 범죄하여 그 복을 잃어버렸다. 성경은 땅에 사는 사람들의 사후의 운명은 두 가지 밖에는 없다고 가르친다.

“저희는 영벌에, 의인들은 영생에 들어가리라 하시니라” (마태복음 25:46)

“자기의 육체를 위하여 심는 자는 육체로부터 썩어진 것을 거두고 성령을 위하여 심는 자는 성령으로부터 영생을 거두리라.” (갈라디아 6:8)

헬라어로 지옥을 ‘게헨나’ 히브리어로 ‘게 힌놈’ (힌놈의 골짜기)이라고 한다. 힌놈의 골짜기는 몰렉 우상에게 자기들의 자녀를 제물로 바쳤던 곳이다.(역대하 28:3,33:6) 요시야 왕이 종교개혁을 할 때 그곳을 불결한 곳, 부정한 곳으로 선언하여서 우상과 쓰레기를 태우는 장소로 사용되었다. 그러나 영원한 형벌의 장소로서의 지옥에 관한 언급은 이사야 66장 24절에 기록되었다.

예수님이 말씀하신 지옥은 ‘바깥 어두운 데’, ‘풀무 불’ 등으로 죄를 지은 영혼이 영원히 고통당하게 될 것을 ‘부자와 나사로’ 비유에서도 가르쳐주셨다.

사랑의 하나님이 지옥을 만들 이유가 없다고 생각하고 지옥에 대해서 두려워하는 사람들이 지옥이 없으면 좋겠다는 생각으로 지옥을 ‘게헨나’로 해석하는 자들이 여호와 증인이다. 사도 바울은 죽음이 없고, 지옥이 없고, 부활과 심판이 없다면 내일 죽을 것이니 오늘 먹고 마시자 하리라는 부활 설교를 강조하였다. (고린도전서 15장)

마치 범죄자가 경찰이 없고, 법이 없고, 교도소가 없으면 세상을 마음대로 살 것이라는 허황된 착각과 같다. 죄를 다스리지 못하는 불법 천지가 되면 세상은 마치 지옥같이 된다.

dessert

1. 천국에서 소자와 장애인의 의미는 무엇을 가르치는가?
2. 죄를 누가 짓게 만드는가? 나 자신인가? 다른 사람인가?
3. 나는 천국과 지옥에 관한 진리를 믿는가? 아니면 의심하는가?

Prayer

주님! 우리가 소자가 되고, 영적인 장애인이 되어도 영생의 복을 얻는 것이 행복 자이며, 큰 자가 되고 건전한 지체를 가지고도 범죄하여 지옥 불에 들어가는 것이 불행한 것임을 알게 하시고 영원한 가치를 두고 살게 하소서. 아멘!

49. 18:11-20 선한 목자 & 형제 찾는 교회

"너희 생각에는 어떠하냐 만일 어떤 사람이 양 백 마리가 있는데 그중의 하나가 길을 잃었으면 그 아흔아홉 마리를 산에 두고 가서 길 잃은 양을 찾지 않겠느냐, 만일 그들의 말도 듣지 않거든 교회에 말하고 교회의 말도 듣지 않거든 이방인과 세리와 같이 여기라.

진실로 다시 너희에게 이르노니 너희 중의 두 사람이 땅에서 합심하여 무엇이든지 구하면 하늘에 계신 내 아버지께서 그들을 위하여 이루게 하시리라. 두세 사람이 내 이름으로 모인 곳에는 나도 그들 중에 있느니라" (12,17,19,20절)

Appetizer

수년 전 남미의 개신교 교단장들이 한국교회의 초청을 받고 한국교회의 성장하는 모습과 새벽기도 현장을 견학하였다. 단체 그룹 중에 몇 사람의 목회자들이 개인적인 용무로 시내버스를 타게 되었다. 버스를 타고 가다가 한 사람이 자신의 가방을 버스 승차장에 두고 온 것을 알고 급히 버스에서 내려서 가방을 잃은 승차장으로 되돌아갔다. 그런데 잃어버린 자신의 가방이 사람이 북적거리는 승차장에서 누구도 손대지도 않은 채 그 자리에 있었다. 가방을 찾은 교단장은 큰 기쁨과 감동을 하고 본국으로 돌아와서 만나는 사람마다 가방 찾은 간증을 하면서 대한민국 서울에는 도적이 없는 살기 좋은 도시라는 과찬을 하였다. 남미의 가난한 목회자의 가방에는 도적이 가져갈 만한 귀중품이나 값비싼 물건들이 없었을 것으로 짐작이 된다.

잃은 양 비유에서 잃은 것을 찾는 것은 하늘의 아버지께서 기뻐하시는 일이며 작은 자를 하나라도 잃는 것은 아버지의 뜻이 아니라고 하였다.

예수께서 잃은 양의 비유에서 양 이야기가 아니라 길을 잃은 소자들을 찾는 목자가 선한 목자이심을 가르쳐주셨다. 선한 목자는 한 마리의 양(소자)이라도 잃지 않고 찾으려는 마음을 가질 때 하나님의 뜻을 이루게 된다. 잃은 양을 찾는 일은 목자만이 아니라, 교회 공동체가 함께 노력할 때 그런 교회는 선한 목자의 특징을 가진 교회로서 하나님의 뜻을 이루는 좋은 교회가 된다.

그리고 하나님 나라의 공동체 생활 가운데 만일 형제가 범죄 하거든 그 사람과만 상대하여 권고하여 들으면 형제를 얻은 것이 된다. 만일 듣지 않으면 두세 사람 사람의 증인과 더불어 권면하도록 하라. 만일 듣지 않으면 교회에 말하고, 교회의 말도 듣지 않으면 이방인과 세리같이 여기라고 징계의 지침을 가르쳐 주셨다.

교회의 권위는 두세 사람이 모여서 주의 이름으로 모여서 합심으로 기도할 때, 땅의 것이나 하늘의 것을 맺고 풀게 하는 힘이 발생하게 된다. 그러므로 주의 이름으로 합심하여 기도하는 일은 풀고 여는 축복권과 닫고 맺는 저주권이 발생한다.

Today' s dish

1. 선한 목자

칠레 남부 파타고니아 평원에는 방목하는 양들이 수를 셀 수 없다. 여름철 동안 방목하는 양들은 밤에 여우들의 공격으로 한 해 동안에 수많은 양을 잃어버린다. 이스라엘 평원에는 어디든지 흔하게 볼 수 있는 목양을 비유의 소재로 삼으신 그리스도의 교훈은 평범한 일상에서 끄집어 내신 탁월한 교훈이다.

어떤 사람에게 양 백 마리가 있었는데 매일 아침과 저녁에 우리에서 양을 내어 보내고 들여오면서 양을 세어 확인하는 소규모 목장의 비유이다. 어느 날 양 한 마리를 잃어버렸다. 그 사람은 아흔아홉 마리를 들에 두고 그 잃은 양을 찾도록 찾아다녔다. 양을 찾은 후 기뻐하였다. 직업적으로 양치는 사람이면, 양 한 마리 정도 잃어버렸으면 시장에 나가서 다른 양 한 마리를 사다가 머리 숫자만 채워놓으면 될 것이다. 그러나 양을 사랑하는 목자는 양과 개인적인 관계 때문에 그 양을 끝까지 찾는다. 잃은 양을 찾기 위해서 험한 계곡에 내려가기도 하며, 사나운 짐승과 싸워서 빼앗아 온다.

류시화 시인이 무명인들의 시를 편집하여 출간한 '사랑하라 한 번도 상처를 받지 않은 것처럼' 이라는 책에 나온 '신과의 인터뷰' 내용이다.

어느 날 나는 신과 인터뷰하는 꿈을 꾸었다.
신이 말했다. '그래, 나를 인터뷰하고 싶다구?'
내가 말했다. '네, 시간이 있으시다면.'
신이 미소 지으며 말했다.
'나의 시간은 영원, 내게는 충분한 시간이 있다.
무슨 질문을 마음속에 품고 있는가?'
내가 물었다. '인간에게서 가장 놀라운 점이 무엇인가요?'
신이 대답했다.
'어린 시절을 지루하다고 서둘러 어른이 되는 것.
그리고는 다시 어린 시절로 되돌아가기를 갈망하는 것.
돈을 벌기 위해 건강을 잃어버리는 것.
그리고는 건강을 되찾기 위해 돈을 다 잃는 것.
미래를 염려하느라 현재를 놓쳐 버리는 것.
그리하여 결국 현재에도 미래에도 살지 못하는 것.
결코 죽지 않을 것처럼 사는 것.
그리고는 결코 살아 본 적이 없는 듯 무의미하게 죽는 것.'
신이 나의 손을 잡았다. 우리는 잠시 침묵에 잠겼다.
그런 다음 내가 겸허하게 말했다.
'시간을 내주셔서 감사합니다.
당신의 자식들에게 그 밖에 하실 말씀이 있으신가요?'
신이 미소 지으며 말했다.
'내가 이곳에 있음을 기억하기를, 언제나, 모든 방식으로.'

예수께서 “나는 길이요 진리요 생명이다” 라고 말씀하셨다. 길을 잃었다는 것은 예수를 잃었다는 것이며, 예수를 잃었다는 것은 생명을 잃었다는 것이다.

치매가 약간 있는 팔십 대 노인이 잠시 집을 나갔다가 길을 잃고 헤매면서 사흘 동안 먹지 못하고 넘어지고 부딪치고 상처투성이로 길에 있는 것을 행인의 신고로 경찰서에 인계되어 극적으로 가족의 품으로 돌아온 분이 있었다. 휴대전화가 없던 시절이라 연락할 방법도 없었다. 가족들의 애타는 마음도 이해가 되지만 길을 잃은 어르신의 마음은 우리가 상상할 수 없는 두려움과 고통이 있었을 것이다.

그분은 젊어서 사회적으로 총명하고 귀한 일을 하였고 깔끔한 신사였지만, 늙음이 그가 길을 잃게 되었으며 길을 잃고 노숙자 같은 몰골을 하였다는 사실은 측은한 마음이 들었다. 우리는 늙어서 길을 잃지 않도록 기도하여야 한다. 육체적 치매만 아니라 영적인 치매로 길과 생명이신 예수 그리스도를 잃어버리고 방황하지 않도록 기도해야 한다.

탕자처럼 성공과 행복을 찾아서 멀리 가는 것은 위험부담이 크다. 행복은 가까이에 있는 아버지 품 안에 있는 것인데 너무 멀리 떠나면 돌아오기가 쉽지 않기 때문이다.

아버지 품을 떠나도 재물만 있으면 행복하게 살 것 같아서 아버지를 떠나지만, 기근과 흉년으로 돈도 건강도 행복도 다 잃어버리고 생명까지 잃어버릴 위기 가운데 아버지 집이 생각나서 집으로 돌아오는 탕자에게 생명과 행복을 가진 아버지 품이 그를 받아 주었다. 영원히 살아 계신 하늘에 계신 아버지 하나님은 우리가 시간을 낭비함에도 불구하고 항상 우리 가까이서 기다리시며 우리가 하나님의 사랑을 깨닫고 인간의 허영과 교만함을 깨닫고 돌아오기를 기다리시는 은혜로운 아버지이시다.

2. 형제 찾는 교회

피조물과 조물주의 관계인 하나님과 인간의 관계를 지혜의 열매 선악과의 유혹으로 끊어놓는 계략에 성공한 사단은, 그보다 한 단계 낮은 인간과 인간과의 관계를 끊고 파괴하는 계략을 밤낮 두루 다니면서 쉬지 않고 수행하고 있다.

욥기서는 하나님의 아들들 가운데 끼어들어 온 사단이 하나님의 기쁨과 자랑거리인 욥과 하나님과의 관계를 끊어놓으려는 계략을 꾸미고 하나님께 항의하였다.

욥이 하나님을 경외하는 것은 하나님을 사랑하고 존경해서가 아니라 하나님이 주신 복과 건강과 울타리로 보호해 주시기 때문에 하나님을 경외하는 척한다고 참소하였다. 그리고 만일 하나님이 욥에게 내리신 복을 거두어 가신다면 욥은 정녕 하나님을 대면하여 욕할 것이라고 궤변을 늘어놓았다.

사단은 1차 전략에 실패한 것을 알고, 2차 전략으로 욥과 친구들과의 관계를 끊기 위해서 친구들을 통해서 드라마 작가들처럼 있는 일 없는 일을 다 상상하고 고안해서 욥을 정죄하고 더욱 깊은 곤경에 빠지게 했다.

그러나 하나님과 욥과의 관계와 친구와의 관계는 고난과 아픔과 상처와 오해와 갈등과 의심과 정죄와 기타 등등의 사단의 전략과 모함에도 불구하고 관계가 끊어지지 않고 회복되고 정상으로 돌아오게 되어서 욥은 갑절의 위로와 복을 받았다.

형제가 죄를 범하거든 가서 너와만 상대하여 권고하고, 만일 듣지 않으면 한두 사람을 데리고 가서 두세 증인의 입으로 확증하고 권면한다. 만일 그들의 말도 듣지 않으면 교회에서 말하고 교회의 말도 듣지 않으면 이방인과 세리같이 여기라고 하였다.

두세 사람의 교회는 한 사람의 범죄나 실족을 위해서 기도하고 그들을 잃지 않도록 노력해야 함을 가르쳐준다. 교회의 사랑과 노력에도 불구하고 겸손과 회개의 모습을 보이지 않으면 교회에서 풀어주는 축복권을 거두고 저주권으로 땅과 하늘에서 매이도록 하라고 하셨다. 주님의 이름으로 교회가 풀고 매는 것은 하늘에서도 매고 푸는 것과 연결되었다.

아버지가 방탕한 아들에게 카드 빚 3,500만 원을 갚아 주는 조건으로 신용카드를 가위로 잘라 버리고 다시는 사용하지 않도록 하였다. 그런데 그 아들은 부모 몰래 카드 분실 신고를 하고 여자 친구와 함께 다시 유흥비로 탕진하면서 7,000만 원의 카드 빚을 졌다. 아들은 카드 빚을 갚아주지 않는다는 어머니와 할머니를 목 졸라 살인하고, 형을 흉기로 중상을 입힌 사건이 있었다.

"여호와는 나의 목자시니 내가 부족함이 없으리로다." (시편 23:1)

현대인 버전의 23편이 많다. '신용카드는 나의 목자시니 내가 부족함이 없으리로다.'

형제를 떠나고 교회를 떠나며 주님을 떠나게 되는 사람은 자신이 믿고 의지하는 '거짓 목자' 가 있기 때문에 참 목자를 떠나는 것이다.

평안도 버전의 시편 23편은 '야, 여호와가 내 목잔데 내래 뭐이가 부족하간? 고저 시퍼런 풀밭에 쉬라딜 않나 목마르면 고저 물가로 데려가질 않나. 야, 내래 뭐이가 부족하간?"

세상에는 많은 인간관계가 있지만 혈육 관계는 끊을 수 없는 관계이다. 그러나 죄는 영원한 생명을 주시는 하나님과 관계를 끊게 하고, 혈육의 가족 관계와 교회와 사회의 관계도 끊어지게 하는 무섭고 가공할 흉기이다.

교회는 두 세 사람이 모여서 주의 이름으로 무엇이든지 기도하면 하늘에 계신 아버지 하나님이 들어주신다고 하셨다. 그리고 그곳에 주님도 함께 계시겠다고 하셨다. 주님이 함께 계시고 기도를 들어주시는 두 세 사람의 교회와 관계가 끊어지는 것은 저주이며 영원한 불행이 된다. 교회는 그런 불행한 사람이 없도록 기도하고 권면하는 일에 힘써야 한다.

이스라엘 백성들은 자기들을 애굽의 노예에서 건져주시고, 광야에서 큰 기적으로 업어다가 약속의 땅을 기업으로 주시고 은혜와 평강을 누리게 해 주신 하나님을 헌신짝처럼 버렸다. 그리고 바알과 아세라 우상을 섬기면서 하나님과의 언약을 깨뜨린 백성들은 저주를 받아 망해도 마땅한 사람들이지만 하나님은 끝없이 용서하시기 위해서 선지자들을 보내시고 회개하고 돌아오도록 기다리시는 아버지 하나님이시다.

우리의 구원은 회개에 있는 것이 아니라 수준 낮은 회개일지라도 받아주시고 용서하여 주시는 하나님의 사랑이 우리를 구원하신다. 회개는 관계 회복에 있다. 회개는 가해자가 피해자에게 용서를 빌고 용서를 해 주는 데 있다고 생각하지만, 우리는 내가 피해자라는 생각만 하고 하나님이 피해자라는 생각을 하지 못한다. 하나님이 무슨 마음이 아프시고 하나님이 무슨 손해나실 일이 있겠는가? 속단해 버린다. 아들을 잃은 아버지의 마음이 얼마나 슬프고 애통하시는지를 깨닫는 회개가 참된 회개이다.

어떤 사람이 대전에서 서울행 상행선을 타야 하는데 착오로 부산행 하행선을 탔다. 그는 다음 역에서 내려서 갈아타야 하지만 그는 기차 안에서 청소를 하고, 노약자들을 위해서 봉사를 하고, 배고픈 자들을 위해서 먹을 것을 주었다, 승객들은 그를 착하다며 칭찬하였다. 그러나 열차는 자신이 가야 하는 종착지와 정 반대 방향의 역에 도착하였다. 회개는 방향을 전환하는 것이다. 이방 종교에는 회개라는 개념이 없다. 우상에게는 인격이 없기 때문이다.

인간은 실패하며 죄를 짓기 때문에 교회라는 가정은 형제를 잃지 않고 행복하고 거룩하게 유지해 나갈 방법을 알아야 할 필요가 있다.

교회의 권징의 형식이 명백하게 나와 있다. 징계의 목적은 형제를 얻는 일에 있다. 교회의 권징의 동기는 오직 사랑이다. 교회는 피의자를 체포하려는 경찰의 태도와 달라야 한다. 의사가 몸의 상처를 치료하려는 것 같아야 하며, 이 상처를 그대로 두면 병과 죽음이 온몸에 퍼지는 것을 막는 것이 권징이다.

징계의 문제는 하나님의 말씀을 적용하는 일과 관계가 있다. 바울은 고린도전서 5장에서 고린도 교회에서 범죄한 형제를 매고, 고린도후서 2장에서 푼다는 말을 사용하였다.

두 세 사람의 기도가 교회의 징계의 중요한 요소임을 암시하고 있다. 우리는 하나님의 말씀을 위반한 자와 우리 자신들을 위해 기도함으로써 영적으로 그를 구원하기를 원하는 마음이 있어야 한다. 교회의 징계에 대한 구절들을 참고하도록 하자.(갈라디아 6:1, 로마서 16:17, 데살로니가후서 3:14, 고린도전서 5장)

dessert

1. 선한 목자의 사역의 초점은 무엇인가?
2. 우리는 형제를 찾는 일을 위해서 기도하고 있는가?
3. 하늘에 계신 아버지의 뜻은 무엇이라고 하셨나?

Prayer

주님! 한 마리의 양이라도 잃게 하는 일은 하나님 아버지의 뜻이 아님을 알고 형제들이 실족하지 않도록 사랑으로 섬기게 하시고, 생명의 길이신 주님께서 교회를 통해서 길 잃은 양들을 찾는 일에 교회들도 힘쓰게 하옵소서. 아멘!

50. 18:21-35 용서의 무한 리필(Refill)

> "예수께서 이르시되 네게 이르노니 일곱 번뿐 아니라 일곱 번을 일흔 번까지라도 할지니라
> 이에 주인이 그를 불러다가 말하되 악한 종아 네가 빌기에 내가 네 빚을 전부 탕감하여 주었거늘, 내가 너를 불쌍히 여김과 같이 너도 네 동료를 불쌍히 여김이 마땅하지 아니하냐 하고, 주인이 노하여 그 빚을 다 갚도록 그를 옥졸들에게 넘기니라.
> 너희가 각각 마음으로부터 형제를 용서하지 아니하면 나의 하늘 아버지께서도 너희에게 이와 같이 하시리라" (22,32-35절)

Appetizer

식당이나 커피숍에서 리필(보충) 서비스는 음식이나 음료, 간식거리를 손님이 원하는 만큼 마음껏 제공하는 서비스이다. 탄산음료, 돼지갈비, 삼겹살, 연어, 수입 소고기 등의 무한 리필 식당은 생존성이 그리 길지 않다.

예수께 베드로가 큰맘 먹고 형제가 내게 죄를 범하면 일곱 번까지 용서하리까? 질문하였다. 주님은, 용서는 무한 리필로 하라고 가르치시고, 다시 천국의 비유를 종들과 결산하는 어떤 임금 이야기를 하셨다.

세상의 용서로는, 유대교 랍비들은 세 번까지 용서하라고 가르친다. 그러나 하나님 나라의 용서는 일곱 번을 일흔 번까지 무한대로 용서하라고 한다.

'주기도' 에서 날마다 일용할 양식을 주옵시고 와 더불어 우리가 우리에게 죄지은 자를 사하여 준 것 같이 우리도 우리 죄를 사하여 달라고 기도해야 한다고 가르쳐 주신 것처럼 주기도는 세상 끝날까지 날마다 해야 하므로 용서는 죽을 때까지 하는 것이다.

어떤 임금이 일만 달란트 빚진 자에게 명하여 그 몸과 처와 자식들과 모든 소유를 다 팔아 갚으라고 하였을 때 그가 엎드려서 '갚으리다' 대

답은 하였지만 갚을 수 없다는 것을 알고 빚을 탕감해 주었다.

일만 달란트는 오늘날 화폐로 10억 불 정도가 된다. 유대 역사가 요세푸스(Josephus)의 증언에 따르며 유대 전역에서 각출 된 1년 세금이 고작 800달란트에 불과했다고 하니 일만 달란트의 가치가 얼마나 큰 것을 짐작할 수 있다. 이 액수는 하나님께 대하여 인간 자신의 힘으로는 도저히 갚을 수 없을 정도로 큰 죄악을 그리스도의 복음으로 탕감해 준 것을 상징한다.

그런데 탕감받은 채무자는 자기에게 백 데나리온 빚진 채무자의 목을 잡고 빚을 갚으라며 그를 옥에 가두어버렸다. 그 동료들이 딱하게 여기고 주인에게 그 일을 다 알리니 채권자는 그 악한 자를 붙잡아 빚을 다 갚도록 옥에 가두어버렸다.

영원한 용서를 받은 그리스도인들이 사소한 이해관계에서 잘못을 범한 형제를 용서하지 못하는 일은 복음 정신에서 볼 때 합당치 못하다. 이 비유는 남의 일이 아니라 우리들의 삶의 현장에서도 일어날 수 있는 일화 중의 하나이다.

세상 나라는 보복의 악순환이 일어나는 현장이지만, 하나님 나라의 특징은 용서받고 용서해 주는 나라이다. 이 비유는 중심으로 형제를 용서하지 않는 자는 천부께서도 용서하지 않으신다는 교훈이다.

다른 사람의 죄를 용서할 수 없는 그리스도인들은 그리스도께서 자신을 위하여 십자가에서 행하신 복음을 잊어버린 사람들이다.

Today' s dish

'두세 사람이 내 이름으로 모인 곳에는 나도 그들 중에 있느니라.'는 말씀은 예수 이름 때문에 모인 사람들이 주님의 '부모 형제요 자매'들이며, 예수 이름 때문에 모인 곳이 교회이다. 다른 동기와 목적과 이유로 모이는 것은 종교이며 클럽이며 동호회이다.

유대 랍비들은 이웃의 범죄는 3회까지만 용서하고 그 이상은 금하라고 가르친 근거로 구약성경을 인용하였다.

"여호와께서 가라사대 다메섹의 서너 가지 죄로 인하여 내가 그 벌을 돌이키지 아니하리니, 여호와께서 가라사대 모압의 서너 가지 죄로 인하여 내가 그 벌을 돌이키지 아니하리니" (아모스 1:3,2:1)

베드로는 유대인들의 율법적 용서 개념을 능가하는 자신의 관대함을 자랑이라도 하듯이 완전수 내지는 거룩한 수에 해당하는 일곱 번의 용서를 제안했다. 그러나 주님은 세 번이든 일곱 번이든 숫자적이고 제한적인 용서를 무제한의 용서의 복음으로 거부하셨다.

유대인들은 모세의 율법대로 '눈은 눈 이는 이로 갚으라' 는 상해 보상법을 적용한다. "파상은 파상으로, 눈은 눈으로, 이는 이로 갚을지라 남에게 손상을 입힌 대로 그에게 그렇게 할 것이며" (레위기 24:20) 상해 보상법은 유대인들이 보복과 보상의 원리로 지켜오는 규례이다.

예수께서는 베드로에게 율법과 세상 법정을 초월하는 천국의 법을 소개하시고 용서의 무제한적인 사랑과 용서를 가르쳐주셨다.

1. 천국과 회계

예수께서 천국은 그 종들과 회계하려는 어떤 임금과 같다는 비유를 말씀하셨다. 천국은 값없이 주시는 은혜의 복음을 믿음으로 들어가는 곳이다. 천국의 값은 혈육 있는 사람으로서는 그 값을 계산할 수 없어서 은혜로 거저 주시는 선물이다. '나 같은 죄인 살리신 그 은혜 놀라워!' 그러나, 천국은 그 종들과 회계할 날이 있다는 것을 분명히 말씀하셨다.

종들이 천국의 원리로 살아가지 않는다면 언젠가는 왕이신 하나님의 고지서, 청구서가 날아올 것이다. 구원 세, 용서 세, 자연 은총 세, 기타 세는 영원히 갚을 수 없는 빚이다.

'율법은 눈은 눈으로, 이는 이로...' 갚지만, 천국은 '은혜는 은혜로 갚아야' 한다.

하나님의 무한하신 용서의 은혜를 받고 살아가는 종들이 은혜를 갚는 방법은 용서의 은혜로 살아가는 것이다. 예배 생활은 은혜로 해야 하며, 봉사도 은혜로 해야 한다.

마르다의 은혜 없는 봉사와 마리아의 은혜의 법칙을 따라서 옥합을 깨트려 드린 헌신은 비교할 수 없다. 우리가 은혜로 구원함을 받고서 예수와 복음을 위해서 수고하고 봉사할 때 그것을 값으로 생각하지 말고 은혜로 갚으라는 것이다.

마태복음 25장 천국의 비유에서 임금이 양과 염소를 분리 작업을 하시면서 최후진술을 들으셨다. 오른편에 있는 자들에게 '내 아버지께 복을 받은 자들이여 창세로부터 너희를 위하여 예비된 나라를 상속하라' 고 칭찬하셨다. '내가 주릴 때 너희가 먹을 것을 주었고, 내가 목마를 때에 마시게 하였고, 나그네 되었을 때 영접하였고, 벗었을 때 옷을 입혔고, 병들었을 때 돌아보았고, 옥에 갇혔을 때 와서 보았느니라...' 의인들이 대답하였다. '주여 우리가 어느 때에 그런 일을 하였습니까?' 임금이 대답하기를 '지극히 작은 자 하나에게 한 것이 곧 내게 한 것이니라' 하였다.

왼편에 있는 저주받은 자들은 마귀와 그 사자들을 위하여 예비된 영영한 불에 들어가라고 하실 때 그들은 '주께서 주리시고, 목마르시고, 나그네 되었을 때와 병들고 갇혔을 때 돌아보았다' 라고 주장하였다. 의인들은 은혜를 은혜로 갚았기에 자신들이 한 봉사를 잊어버렸다. 악인들은 보상원리로 갚았기에 자신들이 한 봉사의 대가를 주장하고 요구하였다.

"천국은 그 종들과 회계하려 하던 어떤 임금과 같으니..." 이 말씀은 천국에서 심판의 원리이다. 은혜를 은혜로 갚지 않는 사람은 악한 사람이며, 은혜를 은혜로 갚는 사람이 의인이다. 하나님의 용서와 탕감은 예수 그리스도께서 십자가에서 우리의 죄값을 지불하심으로 율법적으로는 합법적으로 탕감받은 의인으로 살 수 있게 되었다.

박목월이 지은 '송아지' 동요가 있다. '송아지 송아지 얼룩송아지 엄마 소도 얼룩소 엄마 닮았네' 송아지의 유전자(DNA)는 엄마 소를 닮는다. 아버지 하나님은 은혜로우신 분이시기 때문에 은혜로 구원받은 자녀들은 은혜로운 아버지를 닮아야 그의 자녀들이다.

2. 갚을 것이 없는지라.

우리는 하나님의 청구서를 받는 순간 뒤로 넘어지게 될 것이다. '갚을 것이 없는지라' …

내가 혼자 사는 분의 이사를 도와주었는데, 가스비, 전기세, 수도세를 1원이라도 남기면 보증금을 돌려주지 않겠다면서 다 갚으라고 하였다. 그리고 집안에 흠집을 낸 것을 수리 보수 비용으로 청구까지 하였다. 세금을 갚지 않으면 옛집에서 못 나가고, 새집으로도 들어갈 수가 없다.

종이 왕에게 빚을 갚겠다는 약속은 말뿐이지 실제로 갚을 수 있는 힘이 없는 것을 알고 종을 불쌍히 여겨서 모두 탕감하여 주었다. 하나님께서 베풀어 주신 일반 은총의 은혜와 십자가의 구속의 은혜를 무엇을 가지고도 다 갚을 수 없다. 주인은 종이 엎드리어 빌 때 은혜를 베풀어서 탕감하여 주었다. 파리가 밥그릇 앞에 앞발을 비비는 것처럼 기도는 비는 것이다. 종들은 빌어야 산다. '빌어먹을 놈' 이라는 말은 욕으로 들리지만, 하나님 앞에서 일만 달란트 빚진 자들이 죽지 않고 사는 유일한 방법은 용서를 비는 것밖에는 다른 방법이 없다.

3. 악한 종아!

은혜를 받은 종이 은혜로 갚아야 할 텐데 빚으로 살기 시작하였다. 그는 자신의 채무자를 만나서 100데나리온 빚을 갚지 못한다고 옥에 가두었다. 100데나리온은 노동자 3개월 정도의 액수이다. 자신의 동료들이 심히 민망하여 주인에게 그 일을 다 고하였다.

주인이 그를 불러 진노하면서 악한 종아 '네가 빌기에 내가 네 빚을 전부 탕감하여 주었거늘, 내가 너를 불쌍히 여김과 같이 너도 네 동료를 불쌍히 여김이 마땅치 아니하냐'

은혜를 원수로 갚는 사람이 악한 사람이다. 하나님께 큰 용서를 받은 사람이 자기에게 작은 허물을 가진 형제를 용서하지 않는 사람은 악한 사람이다. 악한 사람은 강자에게 약하고 약자에게 강하다가 큰 낭패를 보았다.

하나님이 진노하시는 사람은 은혜를 은혜로 갚지 않는 사람, 용서를 용서로 갚지 않는 사람, 사랑을 사랑으로 갚지 않는 사람이다.

사랑을 받아본 적이 없는 사람은 사랑할 줄 모르며, 용서를 받아본 적이 없는 사람도 용서할 줄 모른다.

'용서하다' 의 뜻으로 사용된 헬라어 동사 '아페소' 는 '용서하는 사람과 관련된 죄악을 범죄한 형제로부터 먼 곳으로 보내다' 는 의미다. 악행 자가 회개하면 죄 자백을 우리에게 하든 아니하든 즉시 모든 악을 용서해야 한다고 하는 의미를 담고 있다.

베드로가 일곱 번까지 용서 하오리까? 라는 적극적인 제안은 당시의 문화적 배경으로서 유대인들은 자신들의 종교적 행위를 수치화하는 습성이 있었다.

베드로의 용서의 수치화는 완전수라는 일곱 번의 용서를 제안했다. 그러나 주님은 용서의 복음은 인간의 추악한 복수심을 무제한적으로 극복하고 오히려 적극적인 사랑의 법에 의해서 실현하라고 말씀하셨다.

예수께서는 자기를 향하여 못을 박고 침을 뱉고 욕을 하는 사람들을 향하여 "아버지여 저들의 죄를 용서하옵소서" 라고 기도하셨다. 아버지 하나님이 예수 그리스도를 세상에 보내신 것은 죄인들을 위하여 용서와 화해의 사신과 화목제물로 보내신 것이다.

용서의 정신은 겸손(성육신과 낮아지심)과 온유(오래 참으심과 섬김의 희생)에서 시작이 된다. 교만과 분노와 복수심은 용서의 정신과 배치가 된다.

내가 너보다 낫다는 교만한 마음은 가인처럼 시기와 질투와 미움과 살인을 하였다. 그리고 동생을 섬기지 않는 마음이 그를 죽였다. 요셉은 자기를 인신매매로 팔아먹은 형들의 죄악을 용서하였다. 다윗은 평생 원수 사울의 가문에게 보복 정치하지 않고 은혜와 사랑으로 갚았다.

달란트는 당시 유대와 로마 사회에서 통용되던 화폐 단위 중 가장 큰 것으로서 무게 단위로는 약 34kg의 순금에 해당한다. 1달란트는 노동자 한 사람의 일일 품삯인 1데나리온의 약 6,000배에 상당하는 가치이다.

일만 달란트에 대한 최근의 평가는 여러 가지 물가 상승 요소를 감안 한다면 오늘날의 통화로 미화 10억 달러 이상일 것으로 평가하고 있다.

죄와 부채의 다른 점은 (1) 죄는 한 번 지은 이상 항상 죄지만, 부채는 갚고 나면 더 이상 부채가 아니다. (2) 자신이 지은 죄는 누구에게 전가할 수 없으나 부채는 제삼자가 대신 감당할 수 있다. (3) 죄는 쌍방간의 쌍무 계약을 필요로 하는 것이 아니지만 부채는 양쪽의 동의를 일방적으로 어긴 것에서 발생한다.

죄와 부채의 같은 점은, (1) 죄나 부채는 모두 의무를 다하지 못한 것이다. 죄는 하나님께, 부채는 채권자에게. (2) 죄나 부채는 시간이 흐를수록 점점 더 무거워지고 증가하는 것이 일반적 현상이다. 죄는 죄를 낳고 부채는 부채를 낳는 악화 현상이 계속된다, (3) 죄나 부채는 모두 면제될 수 있는 특성을 지닌다. 채권자는 채무자의 부채를 취소, 탕감해 줄 수 있는 권한이 있으며, 아무도 그것을 법으로 금지할 수는 없다. 그것은 그의 특권에 속하는 일이다. 마찬가지로 어떠한 죄라도 하나님에 의해 사면, 용서받을 수 있다.

> "나 곧 나는 나를 위하여 네 허물을 도말하는 자니 네 죄를 기억지 아니하리라" (이사야 43:25).
>
> "우리가 그리스도 안에서 그의 은혜가 풍성함을 따라 그의 피로 말미암아 구속 곧 죄 사함을 받았으니" (에베소서 1:7).
>
> "인자를 천 대까지 베풀며 악과 과실과 죄를 용서하나 형벌 받을 자는 결단코 면죄하지 않고 아비의 악을 자녀 손 삼사 대까지 보응하리라." (출애굽기 34:7)
>
> "너희가 사람의 과실을 용서하지 아니하면 너희 아버지께서도 너희 과실을 용서하지 아니하시리라." (마태복음 6:15)
>
> "서로 친절하게 하며 불쌍히 여기며 서로 용서하기를 하나님이 그리스도 안에서 너희를 용서하심과 같이 하라" (에베소서 4:32)

사람이 용서하지 않으면 하나님의 용서를 나 자신은 체험할 수 없다. 미움이 내 속에, 증오가 내 속에, 저주가 내 속에 가득 차 있을 때 그리스도의 사랑이 내 속에 들어올 수가 없다. 내가 남을 미워하고 분노할 때 아드레날린(Adrenaline)이라는 호르몬이 분비되어 교감신경이 흥분되고 과민성 쇼크가 일어나서 나를 해친다. 밥맛을 잃거나 잠을 푹 자지 못하고 항상 긴장되고 텐션(tension) 상태로 컨디션이 수축 완화를 반복하여 건강을 잃고 일에 능률이 오르지 않는다. 그러나 내가 남을 용서하고 사랑하며 하나님의 용서와 사랑을 얻을 때 내 몸에서 엔돌핀의 4,000배 효과인 다이돌핀(Didorphin) 호르몬이 생산되어 행복감으로 충만해진다.

하나님은 우리가 날마다 주안에서 행복하게 살기를 원하신다. 수고하고 무거운 짐을 지고 평생 고생하는 것이 하나님의 본심이 아니다. 죄가 우리를 괴롭게 만드는 것이니 죄의 사슬을 끊어버리고 하나님의 사랑의 줄로 이끌림을 받아서 행복하게 사는 것이 인생을 성공적으로 사는 사람이다.

dessert

1. 무한 리필의 서비스를 받아본 적이 있는가? 그리스도인의 용서의 무한 리필은 상업적이지 않아야 한다.
2. 천국은 하나님 앞에서 회개해야 하는 때가 있다는 것을 알고 살아가는가?
3. 우리가 갚을 수 없는 빚을 주님이 탕감해 주신 이유는 무엇인가?

Prayer

주님! 나의 영원한 죄와 저주를 십자가의 사랑으로 용서하시고 탕감해 주신 은혜를 알고 우리도 은혜를 갚으면서 복음으로 살겠습니다. 무한 용서, 무한 사랑의 리필로 살게 하소서. 아멘!

51. 19:1-12 청년의 교훈집

"예수께서 대답하여 이르시되 사람을 지으신 이가 본래 그들을 남자와 여자로 지으시고, 말씀하시기를 그러므로 사람이 그 부모를 떠나서 아내에게 합하여 그 둘이 한 몸이 될지니라 하신 것을 읽지 못하였느냐. 그런즉 이제 둘이 아니요 한 몸이니 그러므로 하나님이 짝지어 주신 것을 사람이 나누지 못할지니라 하시니, 내가 너희에게 말하노니 누구든지 음행한 이유 외에 아내를 버리고 다른 데 장가드는 자는 간음함이니라." (4-6,9절)

Appetizer

마태복음 18장과 19장은 질의와 응답(Q&A)이 9번 나오지만, 같은 내용으로는 7번 나온다. 'What? Why?'

제자의 질문 - 천국에서 누가 크니이까?(18:1)

베드로의 질문 - 형제가 죄를 범하면 몇 번이나 용서하여 주리이까? 일곱 번까지 하오리이까?(18:21)

바리새인들의 질문 - 사람이 어떤 이유가 있으면 그 아내를 버리는 것이 옳으니이까?(19:3)

바리새인들의 질문 - 어찌하여 모세는 이혼 증서를 주어서 버리라 명하였나이까?(19:7)

구도자의 질문 - 내가 무슨 선한 일을 하여야 영생을 얻으리이까?(19:16), 어느 계명이오니이까?(17), 이 모든 것을 내가 지키었사온데 아직도 무엇이 부족하니이까?(20)

제자들 - 그렇다면 누가 구원을 얻을 수 있으리이까?(19:25)

베드로 - 우리가 모든 것을 버리고 주를 따랐사온데 우리가 무엇을 얻으리이까?(19:27)

우리는 항상 인생의 답을 가지고 계시는 주님께 까마귀처럼 '까까까?' 물어보라 그렇지 않으면 훗날에 체한 사람처럼 '껄껄껄' 후회하게 된다.

제자들의 천국 질문과 구원 질문 2번, 베드로의 용서와 상급 질문 2번, 바리새인들의 이혼 질문 2번, 구도자의 영생과 계명과 자신의 의의 질문 3번이다.

우리나라에서 한 때 '묻지마 관광' 이 유행이었다. 익명으로 회비만 내면 누구와 어디로 가서 무엇을 하는지 하루를 즐기다가 오는 여행상품이다. 도덕적인 탈선 문제로 사회적인 이슈가 되었다.

사람들은 성경의 진리를 정말 몰라서 예수께 묻는 구도자의 질문도 있고, 다 알면서도 올무에 걸고 넘어지게 하거나 지식 테스트를 하기위한 함정 질문도 있다.

우리나라의 묻지마 관광처럼 덮어놓고 믿는 광신자가 되면 안 된다. '나는 길과 진리와 생명' 이라고 말씀하신 예수 그리스도께 길을 물어보고 진리를 묻고 생명과 구원 문제 물어보아야 한다.

2022년 9월 6일 대한민국 경상북도 포항시 일대에 제11호 태풍 힌남노(Hinnamnor)는 하루 강수량 342mm를 기록하여 포항시에 큰 수해를 당한 가정들과 교회들이 많았다. 해외에서 새벽기도를 하던 중 성령님의 감동으로 포항교회들의 피해 현장을 생생하게 보면서 내게 구호금 전달을 부탁한 신실한 크리스천이 있었다.

수해를 당한 교회들을 찾기 위해 내비게이션으로 교회 주소를 입력했다. 내비게이션이 계속 길을 우회시키면서 교회를 찾지 못했다. 할 수 없이 마을 주민에게 물어보았더니 바로 여깁니다. 가르쳐 주었는데 내가 몇 바퀴를 돌면서 헤맸던 그 길옆이었다. 내비게이션은 길을 물어보면 입력한 주소만 반복적으로 안내한다.

마태복음 19장은 청년의 교훈집이라고 부른다. 청년의 관심사와 인생의 중요한 선택과 결단을 내려야 하는 사랑과 결혼, 성공과 재물, 선행과 착함, 그리고 내세와 영생 문제에 관심을 어떻게 가져야 하는지를 가르쳐준다.

고속도로를 역주행하는 것은 불법이며 대형사고 위험이 크다. 그러나 성경은 인생의 가치의 경중과 순서를 일반적인 가치관과 거꾸로 선택하면 후회하지 않는 행복한 인생이며 크리스천이 된다고 가르친다. 그것은 팔복과, 십자가의 도, 제자의 도이다.

Today' s dish

1. 갈릴리에서 유대로

예수께서 사역지를 갈릴리에서 유대 지경으로 옮기신 것에 대한 설명이 나온다.

그는 갈릴리에서 자라나셨으며, 그의 인생의 대부분을 초라한 갈릴리 북부 지방에서 보내셨다. 주님은 교양이 없고, 세련되지 못한 어촌 마을 갈릴리에서 사시면서 닉네임이 갈릴리 나사렛 예수라는(촌놈 예수) 호칭을 들으셨다. 그것은 그리스도의 낮아지심의 한 실례이다. 지금까지 그리스도께서 갈릴리에서 설교와 기적 사역을 하셨고, 이제 "이 모든 말씀을 마치고 갈릴리를 떠나셨다." 그것은 그리스도의 마지막 작별이었다.

그리스도께서 갈릴리에 다시 오신 것은 부활하신 이후의 일이기 때문이다. 사도바울은 복음을 편만하게 전파한 후 남의 터에 세우지 않으려고 사역지를 더 멀리 옮겼다.

그리스도는 요단강 건너 유대 해안지방에 이르셨다. 유대 지방 사람들은 "이스라엘 집의 잃은 양" 에 속하였지만 그 지역에는 이방인들이 많이 사는 가나안 사람들의 지역이었다. 그리스도의 몸은 유대 민족의 테두리 안에 있었지만, 그의 눈은 이방인들을 향하고 있었으며, 그의 복음도 역시 그들을 겨냥하였고 이방인들에게 하나님의 나라가 점점 가까이 오고 있었다.

"주님의 구속받은 자들" 은 "어린양이 가는 데로 어디든지 따라가는" 자들이다(요한계시록 14:4). 주님은 쉴 겨를도 없이 큰 무리가 따라와서 많은 무리의 병을 고치셨다.

"의의 태양이 떠오르는" 곳은 어디서나 그의 빛 아래에서 병 고침을 받았다.

2. Q&A

이새의 아들 다윗의 주특기는 크고 작은 일을 언제나 하나님께 여쭙는 일이었다. 거주지를 옮길 때, 블레셋 그일라에서 유다로 갈 때 헤브론으로 가라는 지시를 받고 갔다. 전쟁하기 전 물어보고 허락받고 전쟁에 임하였다. 청년들은 결혼하기 전 배우자에 관해서 배우자를 잘 아는 주님께 물어보아야 한다. 직장을 구할 때 물어보아야 한다. 저 직장, 저 사업이 어떠세요? 교회를 선정할 때, 사람을 만날 때 물어보아야 한다. 배우자(配偶者)는 무슨 뜻인가? 주안에서 만나서 서로 '배우자'가 결혼의 목적이 되어야 한다. 배우자가 서로 배우지 않고 상대를 가르치려고만 하면 균열이 생긴다.

천국을 스무고개처럼 Q&A를 해보자. 천국은? 용서받은 사람이 들어가는 곳. 천국은? 어린아이 같은 사람이 들어가는 곳, 천국은? 예수 그리스도와 영적인 결혼을 하고 동행하는 사람이, 천국은? 은혜의 선물을 받은 사람이, 천국은? 믿음으로 간다. 천국은? 소유를 버린 가난한 사람이, 천국은? 땅의 것을 버리는 사람이 들어가서 상급을 받는 곳이다.

1) 소자 천국 – 천국에서 누가 큽니까?(18:1)

어린아이같이 거듭난 사람은 온유와 겸손하고 주님께서 소자 안에 천국을 살도록 하신다.

2) 용서 천국 – 형제의 잘못을 몇 번이나 용서해 주리이까?(18:21)

용서와 사랑은 무한 리필이어야 한다. 인내의 한계를 초월하는 것이 십자가의 복음이다.

3) 가정 천국 – 어떤 이유로 아내를 버리는 것이 옳은가? 모세의 이혼 증서는 무엇인가?(19:3,7)

가정은 사랑으로 동행하고 약속과 정조를 지키는 동거의 중요성이 있어야 한다.

주님은 언약을 지키시고 우리를 버리지 않으시고 언약대로 영원히 함께하신다.

랍비 힐렐을 따르는 사람들은 신명기 24장 1절을 어떠한 이유에서라도 아내와 이혼할 수 있다고 해석하였고, 랍비 샴마이의 추종자들은 결혼은 간음 사건이 있을 때만 파기될 수 있다고 엄격한 해석을 했다. 예수께서는 랍비의 가르침도, 모세의 가르침도 초월하여 에덴동산에서 설정된 결혼의 근본 법칙을 상기시키셨다. 사마리아 여인은 남편 여섯 명에게 버림을 받았지만, 주님은 그녀를 버리지 않고 구원해 주셨다.

사랑하는 사람을 버리는 일은 슬픈 일이다. 그러나 사람은 버릴지라도 주님은 언약을 영원히 지켜주신다. 주님은 우리의 영원한 남편이시다.

하나님은 결혼의 복을 모세의 율법이 있기 오래전에 에덴에서부터 주셨다.

인류 번성과 충만을 지속하기 위하여(창세기 1:28), 동반자와 사랑의 관계와 즐거움을 위하여 (창 세기 2:18), 간음을 피하기 위하여(고린도전서 7:1-6), 그리스도와 그의 교회와의 관계를 예시하기 위하여 주신 복이다.(에베소서 5:22-23).

4) 은혜 천국 – 내가 무슨 선한 일을 하여야 영생을 얻으리까?(19:16, 17,20)

대가성 구원론의 오류를 지적하셨다. 어느 계명이오니까?(17), 아직도 무엇이 부족하니이까?(20)

천국은 행위 구원이 아니라 은혜 구원이다. 부자는 십계명의 탐심이 곧 우상숭배라는 것을 알지 못했다. 부를 버려도 심령이 가난하여 천국을 소유할 믿음이 있으면 은혜로 들어가는 곳이다.

5) 빈자(貧者) 천국 – 누가 구원을 얻을 수 있으리이까?(25)

사람은 할 수 없으되 하나님은 다 하실 수 있다. 낙타가 바늘구멍으로 들어갈 수 없는 비유를 말씀하셨다.

6) 보상 천국 – 모든 것을 버리고 주를 따랐사온대 우리가 무엇을 얻으리이까?(27)

너희는 열두 보좌에 앉을 것이며, 부모 · 자식 형제자매 전토를 버린 자는 여러 배를 받고 영생을 상속하리라

여러 부류의 사람이 각자에 처한 상황과 환경에서 예수께 질문하였지만, 대답은 하나이다. 천국에 들어가는 일에 걸림돌이 된다면 모두 버려라. 구원과 영생과 천국과 인생 문제에 관해서 물어보라, 명쾌하게 대답해 주시겠다는 것이 주님의 답이다.

3. 제발 주님께 물어보라

'AI' 와 '챗봇' 은 현대인들에게 무엇이든지 물어보세요! 쌍방간 Q&A를 하자고 도전하고 있다.

현대인에게는 성경과 성령님과 주님께 물어보고 답을 얻는 것보다 챗봇과 대화하는 시대가 도래하고 있다. 성령으로 감동받고 믿음으로 사는 것이 아니라 현대판 선악과 같은 '챗봇' 이라는 지식나무에서 인생의 해답을 얻으려는 시대로 흘러가지만, 챗봇에는 생명이 없다.

세상은 변해도 우리 주님의 말씀은 영원히 변하지 않는다.

> "진실로 너희에게 이르노니 천지가 없어지기 전에는 율법의 일점일획이라도 반드시 없어지지 아니하고 다 이루리라" (마태복음 5:18)

> "이는 내 생각이 너희의 생각과 다르며 내 길은 너희의 길과 다름이니라 여호와의 말씀이니라
> 이는 하늘이 땅보다 높음 같이 내 길은 너희의 길보다 높으며 내 생각은 너희의 생각보다 높음이니라.
> 이는 비와 눈이 하늘로부터 내려서 그리로 되돌아가지 아니하

고 땅을 적셔서 소출이 나게 하며 싹이 나게 하여 파종하는 자에게는 종자를 주며 먹는 자에게는 양식을 줌과 같이, 내 입에서 나가는 말도 이와 같이 헛되이 내게로 되돌아오지 아니하고 나의 기뻐하는 뜻을 이루며 내가 보낸 일에 형통함이니라." (이사야 55:8-11)

챗봇이 절대로 대답할 수 없는 질문이다.

1) 주님! 내가 큰사람이 되고 싶은데요?

젖먹이 어린아이처럼 예수 없이는 못 산다고 징징거려라.

2) 주님! 제가요 미워하는 사람이 있는데 어떻게 하면 좋을까요?

나는 너를 미워하지 않고 네 잘못을 하나도 기억도 하지 않고 있다. 네 죄를 동에서 서로, 내 등 뒤로 던지고 깊은 바다에 맷돌같이 던져버렸는데 너는 아직도 기억하고 사니? 참 너의 기억력은 대단하구나? 네가 언제 그런 죄를 지었니?

3) 주님! 나는 장가가고 시집갔는데 행복하지 못하고 지금 너무 힘들어요!

너는 나와 결혼해야 한다. 그러면 나는 너를 영원히 버리지 않고 행복하게 해 줄 수 있단다.

4) 주님 나는 어떻게 하면 영생을 얻을 수 있을까요?

너는 영생을 얻지 못한다. 낙타가 바늘구멍에 못 들어가듯이 너는 못 들어간다.

너는 십계명을 어려서부터 지켰고 부족함이 없다고 착각하고 있지만, 너는 부자이니 네 재산을 다 팔아서 가난한 자에게 주고 나를 따를 수 있겠니? 천국은 의인 한 사람 예수밖에 들어갈 수 없고 예수가 초대한 사람만 들어갈 수 있단다.

5) 주님! 나는 주님을 위해서 헌신 봉사를 많이 했는데 천국에 가면 상

급이 있는가요?

너는 아직도 네 공로와 자랑을 버리지 못한 것이 많이 있구나! 다 버리면 금세에 백배와 내세에 영생을 얻는다는 것을 약속하마!

dessert

1. 나는 주님께 어떤 Q&A를 하고 있는가?
2. 일방적 네비게이션이나 대화형 챗봇에 내 운명을 물어보지 말고, 길과 진리와 생명이신 예수 그리스도께 물어보고 결정하는가?
3. 내 인생에 잘못된 선택을 했을지라도 주님이 고쳐주실 줄 믿고 믿음으로 살아가자.

Prayer

주님! 우리가 인생의 일곱 가지 질의 응답을 통해서 길과 진리와 생명이신 주님께 물어보면서 살겠습니다. 현대인들이 AI와 챗봇을 신뢰하는 어리석은 착각에서 벗어나서 약속의 말씀을 믿고 믿음으로 걸어가도록 도우소서. 아멘!

52. 19:13-30 낙타와 바늘귀

"예수께서 이르시되 어린 아이들을 용납하고 내게 오는 것을 금하지 말라 천국이 이런 사람의 것이니라 하시고, 다시 너희에게 말하노니 낙타가 바늘귀로 들어가는 것이 부자가 하나님의 나라에 들어가는 것보다 쉬우니라 하시니, 예수께서 그들을 보시며 이르시되 사람으로는 할 수 없으나 하나님으로서는 다 하실 수 있느니라.

또 내 이름을 위하여 집이나 형제나 자매나 부모나 자식이나 전토를 버린 자마다 여러 배를 받고 또 영생을 상속하리라"

(14,24,26,29절)

Appetizer

사람들이 어떤 일을 하려고 할 때 그런 일은 불가능하다는 표현을 '하늘의 별 따기' 라고 말한다. 예수께서는 원죄인(부자)이 천국에 들어가려는 것은 '낙타가 바늘귀로 들어가는 것이 부자가 천국에 들어가는 것보다 쉽다' 는 표현을 사용하셨다. 본 장에는 소자(小子), 부자(富者), 제자(弟子)라는 삼자가 나온다. 그중에 천국에 들어갈 수 있는 사람은 소자와 제자이며, 천국에 들어갈 수 없는 사람은 부자이다.

난센스 퀴즈에서 코끼리를 냉장고에 넣는 방법이 무엇일까? 수학자는 인수분해 해서 넣는다. 소설가는 냉장고 문을 연다. 코끼리를 냉장고에 넣는다. 냉장고 문을 닫는다. 담임목사는 부목사에게 맡긴다.

필자가 생각해 낸 방법은, 코끼리를 농협의 농산물저장 창고로 데려간다. 코끼리를 넣는다. 문을 닫는다. 끝! 문제에서 냉장고 사이즈에 대해서는 말하지 않았기 때문에 가능한 일이다.

예수께서 부자가 천국에 들어가는 방법을 가르쳐 주셨다. 재물을 다 판다. 재물을 가난한 자에게 준다. 예수를 따라간다.

애굽의 총리 요셉을 통해서 다시 풀어보면, 요셉의 형제들은 집안의 모든 돈을 다 모은다. 애굽으로 가서 요셉에게 다 준다. 요셉이 형제들을 애굽으로 다 초청한다.

천국에 들어갈 수 있는 의인은 두 번째 아담이신 한 사람 예수 그리스도밖에 없다. 요셉이 형제들을 애굽으로 초청해서 고센땅에 살도록 한 것처럼, 예수께서 우리를 천국으로 초청하면 된다. "사람으로는 할 수 없으나 하나님으로는 다 하실 수 있다." 그러나 먼저 된 자로 나중 되고 나중 된 자로서 먼저 될 자가 많으리라는 말씀은 천국에 대한 유대인과 이방인의 순서를 말씀하신 것이다.

Today' s dish

1. 대가성 구원

세상의 모든 종교의 원리는 대가성 행위 구원을 가르친다. 종교가 요구하는 어떤 희생과 헌신과 선행을 충족시키면 보상과 구원을 주겠다는 교리를 가지고 있다.

사단의 교리는 무엇을 행하면 무엇을 주겠다는 공식이다. 아담에게 자기가 시키는 대로 선악과를 먹으면 하나님과 같이 되게 해주겠다는 거짓말을 하였다.

두 번째 아담이신 예수께도 같은 거짓말을 하였다. 광야에서 돌이 떡이 되게 하라. 성전에서 뛰어내려서 천사들의 보호를 받아라. 높은 산에서 올라가서 자기에게 절하면 천하 영광을 다 주리라 유혹을 하였다. 이단자들의 수법도 마귀의 수법과 동일하다.

사탄은 광명한 천사 같은 사기꾼이며, 사탄은 처음부터 거짓의 아비다. 사탄은 처음부터 살인자이다. 예수는 사탄과의 대화와 협상과 타협은 없다는 원칙을 가지고 계신다.

자기 말을 들으면 하나님의 것을 자기 것인 양 모든 것을 다 주겠다고 약속한다.

사탄은 하나님의 말씀이 아니라 자기 말을 듣고 결국은 죽게 만든다.

사람이 죽는 이유는? 하나님의 말씀 듣지 않아서 죽는다. 사단이 자기 말만 듣게 하고 하나님의 말씀을 듣지 못하게 한다. 지도자의 말을 불신하고, 부모의 말이나 누구의 말도 듣지 않게 하고 자기 말만 듣도록 세뇌한다. 이단의 교주는 자기 말만 듣도록 강요한다. 그리스도인들은 이것이 이러한가? 날마다 말씀을 상고하는 베뢰아 사람처럼 말씀으로 깨어 있어야 한다.

애굽왕 바로는 히브리 어린아이들을 태어날 때부터 나일강에 던져서 죽이려고 하였고, 산파를 통해서 생명이 태어나지 못하게 낙태를 명령하였다. 마귀는 모세처럼 청년의 의분과 혈기로 실패하게 한다. 장년들은 노동과 생활고로 인해서 강팍하게 만들고 반항적인 사람이 되어 모든 희망을 포기하게 만든다. 노년들은 과거의 추억에 매이고 집착하게 해서 미래의 희망을 포기하게 만든다.

2. 한 사람이면

우리나라의 5천백만 명의 사람 중에 대통령실에 입성하는 사람은 5천백만 대 1명이다.

천국은 의인만 들어가는 곳인데 의인은 없나니 한 사람도 없다고 로마서 1장은 말한다.

82억 명의 인구 중에 오직 한 사람만 들어간다. 그가 누군가? 그는 하나님의 아들이시며 죄 없는 예수 그리스도다.

아브라함이 소돔 고모라 성에서 의인 50명을 찾으려고 하였다가 10명까지 낮추어도 찾지 못하였다.

예레미야 시대에 거룩한 예루살렘 성에서 의인 1명을 찾지 못해서 예루살렘이 망하게 되었다. 그러나 죄인들의 도성인 니느웨 성에는 요나 한 사람으로 인해서 12만 명이 회개함으로 구원을 받았다.

그들은 자신들이 구원받을 수 없고 오직 심판받을 수밖에 없는 죄인임을 자각하면서 금식하고 애통하면서 하나님의 긍휼을 구하였다.

구원의 공을 하나님께 넘긴 자들은 하나님이 일하시고 구원하신다. 내가 낙타입니다. 나는 바늘귀와 같은 천국에 들어갈 수 없습니다. 라고 고백하는 것을 믿음이며 회개라고 말한다. 부자 청년처럼 어려서부터 쌓은 도덕 점수로 천국에 들어가려고 하는 사람은 불가능하다.

하나님 나라는 한 사람으로 시작된다. 아브라함 한 사람으로 모든 민족이 복을 받는다.

모세 한 사람으로 인해서 이스라엘 백성들이 애굽에서 구출되었다. 요셉 한 사람이 애굽에 들어가서 죄인으로 고난받고 의로운 총리의 영광으로 가족 70인을 초청해서 고센 땅에 살게 하였다. 애굽은 요셉이 초청하면 살 수 있는 곳이다.

마찬가지로 예수께서 우리를 초청하시면 천국에 들어갈 수 있다. 예수를 믿고 영접하여 하나님의 자녀가 되는 권세를 가지면 천국에 들어갈 수 있다.

애굽에는 총리 요셉이 모든 것을 준비해 놓고 가족들을 초청해서 살게 하였기 때문에 살림살이를 보따리에 싸서 가지고 갈 필요가 없다.

미국 L.A에 사는 아들이 어머니가 보고 싶어서 아무것도 가져오지 말고 몸만 오시라고 초청하였다. 엄마는 그렇게 하겠다고 대답하였다. 출국 날짜가 되자 엄마는 아들이 좋아하는 한국 음식을 가져가려고 하였다. 된장, 고추장, 김치, 만두, 간 고등어 등 바리바리 싸서 캐리어에 넣어서 갔다. 미국 공항 세관에서 식품은 통관이 안 된다면서 다 버리게 하였다. 엄마는 아들을 줄 것이라고 사정해도 가져갈 수 없는 것을 알고 속이 상했다. 미국이라는 나라는 인정사정도 없는 나라라며 화가 많이 났다.

엄마는 아들을 만나서 속이 상한 이야기를 하였다. 아들은 웃으면서 '그래서 내가 엄마에게 몸만 오시라고 하지 않았느냐' 하면서 대형 한인 마트로 모시고 갔다. 그곳에는 놀랍게도 한국 식품들이 없는 것 없이 다 있었다.

예수께서는 베드로에게 다 버리면 다 줄 것이라고 약속하셨다. 오직 예수 믿음과 예수 사랑, 예수 소망만 가지고 오면 천국에서 다 줄 것이라고 하였다.

예수를 그리스도로 믿음으로 하나님의 자녀가 되는 관계가 되면 천국문을 열어주신다. 그러나 예수와 아무런 관계가 없는 사람은 나는 도무지 알지 못한다. 불법을 행하는 자라면서 내어 쫓긴다..

> "우리가 모든 것을 버리고 주를 따랐사온데 그런즉 우리가 무엇을 얻으리이까? 나를 따르는 너희도 열두 보좌에 앉아 이스라엘 열두 지파를 심판하리라"
>
> "내 이름을 위하여 집이나 형제나 자매나 부모나 자식이나 전토를 버린 자마다 여러 배를 받고 또 영생을 상속하리라"
>
> (마태복음 19:27-29)

예수 이름으로 자기를 부인하고 자기 십자가를 지고 예수를 따라가는 자들은 금세에서 여러 배를 받고 내세에서 영생을 상속할 것이다.

낙타와 바늘귀 이야기는 유람선을 타고 태평양을 건너면 될 것을 헤엄쳐서 바다를 건너려는 어리석은 종교인이라는 교훈이다.

부자 청년과 미성숙한 제자들의 질문은 종교인들의 질문 수준이다.

1) 내가 무슨 선한 일을 하여야 하리이까?(16-17절)

부자 청년은 예수가 그리스도가 아니라 랍비로 알고 한 수 배우려고 하였다.

2) 어느 계명이 크오니까?(18-19절)

예수께서 그에게 계명을 지키라고 하신 것은 행위로 구원받을 수 없다는 것을 강조한 말씀이다. 십계명 제5에서 9계명까지 지켰다고 확신하는 청년에게 "네 이웃을 너 자신같이 사랑하라" 라는 말씀에서 사람은 불가능하다는 것이다. 죄인을 위하여 자신의 몸을 십자가에 내어주신 예수 그리스도만이 십계명을 지키신 의로운 분이라는 것이다.

예수께서 안식일을 지키는 문제에 대해서는 언급이 없으셨던 것은 안식일은 의식법이지 도덕법이 아니기 때문이다.

3) 아직도 무엇이 부족하니이까?(20-22절)

청년은 행위로 계명들을 지켰지만, 하나님의 완전한 율법에 직면하고 "탐내지 말라", "내 앞에 다른 신을 두지 말라" 는 크신 계명에 대하여는 미처 생각하지 못했다. 그에게 있어서 부유함은 그의 신이었다. 모든 것을 팔아서 가난한 사람들에게 나누어 주고 나를 따르라는 것은 제 열번째 계명인 탐심에서 걸렸다. 그는 1계명과 십계명에서 넘어지고 말았다.

4) 누가 구원을 얻을 수 있으리이까?(23-26절)

제자들은 놀랐다. 이렇게 착한 부자가 구원을 받을 수 없다면 누가 구원을 받을 것인가? 유대인들의 부유함은 하나님의 축복을 의미한다는 구약적 사상에 사로잡혀 있다. 마가복음 10장 24절은 부자들이 자신의 부를 의지하기 때문에 구원받기 어렵다는 것을 시사하였다. 디모데전서 6장 6-10절의 사도바울의 권고이다. 부자가 하나님을 믿고 신뢰할 때에 그를 구원하실 수 있다. 하나님은 부자 아브라함을 구원하셨고 부자 니고데모와 아리마대 요셉을 구원하셨다. 부와 재물의 소유가 문제가 아니라 마음에 하나님을 믿고 사는가 문제이다.

5) 우리가 무엇을 얻으리이까?(27-30절)

베드로는 자신과 부자 관원을 재빨리 비교하였다. 그리고 자신이 예수 이름으로 배와 그물과 모든 것을 버리고 따랐다는 것을 상기시켰다. 예수께서는 상급과 보상의 말씀을 하시면서 스스로 "첫째" 가 되려 하지 말 것을 경계하셨다. "처음 된 자" 는 "나중 된 자" 가 될 수 있으므로 주님은 다음 장에 나오는 포도원 비유를 예를 들어서 봉사의 동기가 무엇보다도 중요한 것임을 가르치셨다.

베드로는 다행하게 사도행전 3장 6절에서 "나는 은과 금이 없지만 내게 있는 것으로 네게 주노니" 의 자세로 성숙하고 변화되었다. 성령님이 시몬을 베드로로 만드셨다.

dessert

1. 나는 소자, 부자, 제자 중에 어떤 사람인가?
2. 나는 대가성 행위로 구원을 받는다고 생각하는가? 오직 은혜로 구원 얻는다고 믿는가?
3. 천국에 들어갈 자격자는 오직 한 사람 예수뿐이다. 낙타와 바늘귀 비유처럼 죄인이 천국에 들어가려면 어떻게 하면 되는가?

Prayer

주님! 우리는 바늘귀 같은 천국에 들어갈 수 없는 낙타임을 고백합니다. 그러나 율법의 의를 완성하신 구원자 예수 그리스도를 믿음으로 천국의 영광과 영생을 누리게 됨을 찬양합니다. 아멘!

53. 20:1-16 포도원 주인과 품꾼

"천국은 마치 품꾼을 얻어 포도원에 들여보내려고 이른 아침에 나간 집 주인과 같으니, 저물매 포도원 주인이 청지기에게 이르되 품꾼들을 불러 나중 온 자로부터 시작하여 먼저 온 자까지 삯을 주라 하니, 나중 온 이 사람들은 한 시간밖에 일하지 아니하였거늘 그들을 종일 수고하며 더위를 견딘 우리와 같게 하였나이다.
주인이 그 중의 한 사람에게 대답하여 이르되 친구여 내가 네게 잘못한 것이 없노라 네가 나와 한 데나리온의 약속을 하지 아니하였느냐, 이와 같이 나중 된 자로서 먼저 되고 먼저 된 자로서 나중 되리라" (1,8,12,13,16절)

Appetizer

구로역 인력시장에는 새벽 4시 30분경 3천여 명이 모여서 일자리를 기다린다. 그중에 2,000여 명은 일하러 가고 나머지 1,000여 명은 일자리를 구하지 못하고 그곳에서 술을 마시다가 새벽 6시경이면 모두 흩어진다. 일당은 보통 10만에서 15만 원이며 노인이나 중국인과 외국인은 10만 원 정도 일당을 준다.

포도원 주인은 포도원에서 일할 품꾼을 오전 9시에서 오후 5시까지 놀고 서 있는 사람들을 불러서 일당을 한 데나리온을 주기로 약속하고 포도원에 들여보냈다.(13절)

이 비유는 천국은 주인과 종들과의 약속으로 가는 곳이라는 교훈이다. 일찍 들어온 품꾼들은 포도원 주인을 원망하였다. "나중 온 이 사람들은 한 시간만 일하였거늘, 저희를 종일 수고와 더위를 견딘 우리와 같게 하였나이다." (12절) 은혜의 가치를 감사하지 않는 사람은 항상 자기의 행위에 대한 대가를 원한다.

포도원 비유의 배경은, 부자 관원이 자기 소유를 포기하고 그리스도를 따를 것을 거절한 다음 예수께서 제자들에게 부유함의 위험에 대하여 경계하셨다. 베드로는 자신과 그의 동료들이 모든 것을 버리고 주님을 따랐으니 “우리가 무엇을 얻으리이까?” 라는 대가를 기대하는 자세에 대한 오류를 바로잡아 주시기 위해서 비유로 교훈하셨다.

이 비유는 구원에 관한 것이 아니라 봉사에 관한 것이다. “데나리온”은 구원이나 영생의 값을 뜻하는 것이 아니라 섬김에 따른 보상에 관한 개념이다.

“심는 이와 물 주는 이는 한가지이나 각각 자기가 일한 대로 자기의 상을 받으리라” (고린도전서 3:8)

“거두는 자가 이미 삯도 받고 영생에 이르는 열매를 모으나니 이는 뿌리는 자와 거두는 자가 함께 즐거워하게 하려 함이라” (요한복음 4:36)

베드로는 “먼저 온 사람들” 이 삯을 더 많이 받게 되리라고 생각한 것은 유대인이 이방인보다 더 복을 받을 것이라는 율법 행위에 관한 사상이 드러났다. 주님은 “나중 온 사람들” 도 하나님의 약속대로 같은 삯을 주어도 먼저 온 사람들이 불평할 이유가 없는 것을 가르치셨다.

우리는 하나님의 밭에는 할 일이 많이 있지만 온종일 빈둥거리고 서 있는 사람들이 있는 것은 잘못된 일이다. 이 비유는 우리가 대가를 받기 위해서가 아니라 나를 불러주신 주님의 은혜에 감사함으로 섬겨야 함을 상기시킨다.

우리에게 잘못된 동기가 있으면 하나님의 영광이 가리게 되며 우리의 복을 잃어버리게 된다. 믿음과 행함의 동기가 잘못되었으면 “나중된 자” 가 된다.

Today' s dish

1. 포도원 이야기

우리나라의 대표적인 농산물은 쌀이다. 가을에 들녘에 나가면 무르익은 벼가 고개를 숙인 것을 볼 수 있다. 이스라엘의 대표적인 농산물은 포도이다.

노아가 최초로 포도나무를 재배하였던 창세기의 기록이 있다. 성경에는 포도 이야기가 많다. 이스라엘 정탐꾼들이 가나안땅에서 포도송이를 메고 왔다.

이사야서의 포도원 비유(이사야 5:1-7)에서 하나님께서 심히 기름진 산에 포도원을 만들고 극상품 포도를 심었는데 들 포도를 맺음으로 하나님의 심판을 초래하였다는 말씀이 있다.

이스라엘의 삼대 작물인 포도, 무화과, 올리브의 풍년은 하나님의 복을 상징하였다.

포도는 비타민과 미네랄이 풍부해 이스라엘 사람들에게 중요한 식량과 음료수로 사용하였다.

"솔로몬이 사는 동안에 유다와 이스라엘이 단에서부터 브엘세바에 이르기까지 각기 포도나무 아래와 무화과나무 아래서 안연히 살았더라" (열왕기상 4:25)는 표현은 이스라엘의 태평성대를 포도나무와 무화과나무로 상징하였다.

예수님은 이스라엘 사람들에게 익숙한 포도나무 비유를 들어서 자신을 포도나무로 비유하시고 가지는 제자로 교훈하셨다.(요한복음 15:1-8)

"너희가 열매를 많이 맺으면 내 제자가 되리라" 고 교훈하셨다. 예수께서 포도원 비유를 말씀하신 것은 천국을 이야기하신 것이다.

이스라엘의 최초의 농사력인 "게젤 달력" (Gezer Calendar)에는 포도 재배에 관하여 기록하고 있다. 이스라엘에서 수출하는 가장 좋은 포도주는 '헬본(Helbon)의 포도주' 였다.(에스겔 27:18)

시편 57-59편의 '알다스헷' 에 맞춘 노래는 '포도 수확기' 에 부르던 노래로 추정한다. 시편 8편, 81편, 84편의 '깃딤에 맞춘 노래' 라는 표제어는 고대 이스라엘 사람들이 포도주를 만들기 위하여 포도주 틀에서 포도를 발로 밟으면서 부르던 노래였다고 한다.

예수께서 포도원 비유를 말씀하신 것은 이스라엘 사람이라면 누구든지 이해할 수 있는 공감대를 가지는 문화를 도구로 천국을 가르치셨다.

2. 포도원 주인

포도원 비유의 포커스는 포도원 주인에게 맞추고 있다.

"천국은 마치 품꾼을 얻어 포도원에 들여보내려고 이른 아침에 나간 집 주인과 같으니" (1절) "저가 하루 한 데나리온씩 품꾼들과 약속하여 포도원에 들여보내고" (2절)

주인은 품꾼에게 고용계약은 하루 한 데나리온을 주기로 하였다. 유대인들의 시간 개념은 하루를 해 뜨는 시간부터 해가 지는 시간까지로 계산한다.

우리의 시간 계산법은 내가 눈을 뜨고 눈을 감는 주관적인 기준으로 하루를 계산한다. 늦잠을 자는 사람의 하루는 길어지고, 밤새 컴퓨터나 스마트폰을 보기 위해서 눈을 뜨고 있는 사람은 하루가 15시간이 될 수 있다. 주 · 야간 근무 교대를 하는 사람도 하루 계산법이 복잡하다.

성경에서 말하는 시간은 해가 진 다음 시간부터는 익일로 넘어가는 때까지다. 안식일의 계산법도 해가 뜨면 안식일이 시작되고 해가 지면 안식일이 끝난다. 유대인들의 시간은 해시계이다.

인간의 탐욕으로 밤과 휴식을 깎아 먹는다. 그리고 하나님의 시간인 안식일을 도둑질하다가 영과 육체의 쉼이 사라진다.

금단의 열매 선악과는 아담 부부가 먹은 과일만이 아니다. 지금도 하나님의 창조의 원리와 순리를 무시하거나 거스르고 역리로 행하는 것은 죽음의 전주곡이 된다.

사단은 인간을 끝없이 경쟁에 휘말리게 해서, 더 빨리, 더 많이, 더 높이, 더 크게 사는 것을 행복으로 왜곡하게 해서 갈수록 인간은 역리로 살아가면서 더 고통의 늪에서 고통받게 한다. 인간의 탐욕은 양계업자들이 닭을 좁은 닭장에 가두고 밤새 불을 켜서 잠을 자지 않고 사료를 먹게 해서 빨리 살을 찌운 다음 팔아먹을 생각만 하기 때문에 '만물의 피곤함'을 알지 못한다.

양계장 주인이 닭장 공간을 넓게 해주고 밤에는 불을 꺼주고 잠을 자게 해주고, 주일에는 닭장에서 나오게 해서 햇볕을 쬐게 하고 잔잔한 찬양을 틀어준다면 닭들이 주인을 고맙게 생각하고 은혜받은 닭이 병들지 않고 건강하게 잘 자라지 않겠는가? 현대 농장은 '동물 복지'가 유행하고 있다. 하나님의 자비하심과 배려는 종들과 가축까지도 안식하게 하라고 명령하셨다.

> "엿새 동안 힘써 네 모든 일을 행할 것이나, 제칠 일은 너의 하나님 여호와의 안식일인즉, 너나 네 아들이나, 네 딸이나 네 남종이나 네 여종이나, 네 육축이나, 네 문안에 유하는 객이라도 아무 일도 하지 말라, 이는 엿새 동안에 나 여호와가 하늘과 땅과 바다와 그 가운데 모든 것을 만들고 제 칠일에 쉬었음이라. 그러므로 나 여호와가 안식일을 복되게 하여, 그날을 거룩하게 하였느니라" (출애굽기 20:10)

노동 착취의 기원은 애굽 땅에 노예로 살았던 히브리인들에게 하루에 벽돌을 굽는 목표를 달성하지 못하면 채찍을 가하면서 인간을 벽돌 굽는 기계로 만들었다.

3. 품꾼들

주인은 이른 아침에 포도원에 들여보낼 품꾼을 찾기 위해서 나갔다.

그런데 장터에 놀고 선 사람들이 또 있었다. 제 십 일시에도 나가보니 선 사람들이 또 있었다. 주인이 그들에게 물었다. "너희는 어찌하여 종일토록 놀고 여기 섰느뇨..."

이른 아침은 오전 6시로 그리스도께서 세상에 오시어 제자들을 부르신 복음 시대의 초기이다. 예루살렘 교회에서 에베소교회까지 초대 교회 시작과 끝 무렵의 교회 시대다.

3시(9시)는 교회 시대의 두 번째 시기로 서머나교회에서 박해받는 교회까지다.

6시(12시)는 교회 시대의 중간 시기로 버가모 교회로 세상과 결혼한 교회다.

9시(오후 3시)는 교회 시대 네 번째 시기로 두아디라 교회의 변절한 교회 시대다.

11시(오후 5시)는 교회 시대 다섯 번째 시기로 사데 교회와 종교개혁 교회 시대다.

저물매(오후 6시)는 교회 시대의 말기를 가리킨다. 빌라델비아교회는 회복된 교회이며 라오디게아 교회는 변절된 교회다.

시간을 나이별로 계산해 보면, 이른 아침 6시는 유년기에 있는 십 대의 소년 요셉, 사무엘, 세례요한같이 어려서 헌신하고 부름받은 나실인 같은 사람이다.

오전 9시는 20대 청년기로서 여호수아와 갈렙, 다윗, 예레미야 같은 사람이다.

정오 12시는 30대 청년기로서 엘리사, 이사야, 제자들, 바울 사도 같은 사람이다.

오후 3시는 장년기로서 4-60대의 니고데모, 삭개오, 고넬료 같은 사람이다.

오후 5시는 노년기로서 7-80대의 모세 같은 실버세대 사람이다.

'저물 때' 는 노년기이거나 죽음 직전에 부름을 받은 우편 강도 같은 사람이다.

우리는 하나님의 포도원에서 일할 시간이 얼마나 남아있을까? "여러분은 왜 종일 여기서 하는 일 없이 서 있소?" "우리를 고용해 주는 사람이 없습니다." 라는 상황인가?

"놀고 서 있는 사람들" 곤충학자가 개미들을 전자 현미경으로 일렬번호를 부여하고 컴퓨터에 저장해서 개미들의 활동을 연구하였다. 놀랍고 재미있는 결과는 수많은 개미가 부지런히 왕래하면서 일하는 것같이 보이지만 실제로 일하는 개미는 10~20% 밖에 없고 나머지는 다 할 일 없이 그냥 왔다 갔다 한다고 하였다.

기생충을 패러사이트(parasite)라고 한다. 패러사이트는 아첨꾼, 부자의 집에 얹혀서 먹고사는 사람들을 의미하기도 한다. 도심지에 왕래하는 사람들 중에 일없이 왕래하는 사람들이 많다. 그리고 놀고 서 있는 사람들도 많이 있다.

바울 사도는 데살로니가 인들에게 보낸 편지에 '일하기 싫거든 먹지도 말게 하라' (데살로니가후서 3:10)고 권면하였다.

> "너희 가운데 규모 없이 행하여 도무지 일하지 아니하고 일만 만드는 자들이 있다 하니, 이런 자들에게 우리가 명하고 주 예수 그리스도 안에서 권하기를 종용히 일하여 자기 양식을 먹으라 하노라.." (데살로니가후서 3:11-12)

본문의 비유에서는 놀고 서 있는 사람은 실직자를 말하지 않는다. 세상에서 육신의 일을 부지런히 일하는 사람에게도 해당이 되는 말씀이다. 하나님의 나라를 위해서 일하지 않는 사람은 육신의 일을 하는 사람이라도 '하는 일 없이 서 있는 사람들' 이라는 교훈이다.

하나님의 나라 밖에 있는 사람은 누구라도 하나님께 고용되어 있지 않은 사람들이다.

4. 주인의 배려

포도원 주인은 남을 배려할 줄 아는 자비로운 분이다. 놀고 서 있는 사람을 한 사람이라도 구제해서 하루 품삯을 주기 위해서 장터에 약 3시간 간격으로 찾아와서 품꾼들을 포도원으로 들여보내는 분이다.

늦깎이 신학생이 되어서 목회자와 선교사의 길에 들어선 분들의 간증을 들어보면 그동안 세상에서 부와 명성을 누리며 살았으나 하나님 앞에서는 그냥 놀기만 하였다는 고백을 들을 수 있다. 하나님의 콜링을 받는 순간 갈릴리 어부들처럼 모든 것을 버리고 목회자로 선교사로 헌신하는 경우를 우리 주변에서 볼 수 있다.

주인은 놀고 선 사람들에게 책망하지 않고 그들에게 찾아와서 "너희도 포도원에 들어가라 내가 너희에게 상당하게 주리라" 는 권면을 하면서 포도원으로 들여보내는 분이시다.

아무도 품꾼으로 불러주지 않는 사람들에게도 포도원으로 들여보내는 분이시다. 이방인이며 죄인이 하나님의 부름을 받고 포도원에 들어와서 하나님의 나라를 위해서 일하게 하신 은혜를 감사해야 한다.

주인에게는 품삯 지급의 원칙을 가지고 있다. 오후 5시에 들어온 사람부터 오전 9시에 들어온 사람까지 각각 한 데나리온을 지급하였다. 먼저 고용된 사람들은 더 받을 줄로 생각하였으나 한 데나리온을 받게 되자 주인을 원망하였다. 한 시간을 일한 사람보다 우리는 종일 수고하고 타는 듯한 더위를 견딘 우리와 동등하게 대우하였다고 항의를 하였다.

포도원 주인은 품꾼들에게 나는 부당하지 않다고 설명하였다. 너희들을 포도원에 들여보낼 때 1일 품삯을 한 데나리온으로 계약하고 보내었기 때문에 나는 계약대로 실행하였는데 내가 나쁜 고용주인가? 반문하였다.

그리고 내 것을 가지고 내 뜻대로 하는 것이 무엇이 잘못인가? 내가 선하므로 그대의 눈에 악하게 보이는가? 하나님의 나라는 뒤에 있다가 앞에 서게도 되고, 앞에 있다가 뒤에 서게 될 사람이 있을 것을 말씀하였다.

주인의 임금 원칙은 자연적이고 상업적인 관념과 배치되는 사상이 있다. 품꾼의 일한 대가가 아니라 주인의 은혜와 호의에 따라서 동일하게 삯을 지급하였다. 일과 보상의 원칙이 아니라 은혜의 원칙이 통하는 나라가 하나님의 나라이다. 일의 순서와 보상의 순서가 달라지는 것도 하나님의 나라의 원리이다.

dessert

1. 나는 포도원 주인이신 하나님의 부르심의 은혜를 감사하는가?
2. 나는 몇 시쯤 주님의 은혜를 받았는가?
3. 나는 내 행위의 대가를 요구하는가? 값없이 주신 은혜로 살고 있는가?

Prayer

주님! 놀고 있는 나를 불러서 주님의 포도원에서 일하게 하시니 감사합니다. 공로 사상을 버리고 주님의 은혜를 감사하며 죽도록 충성하는 종이 되게 하옵소서. 아멘!

54. 20:17-34 을(乙)의 리더십

"그 때에 세베대의 아들의 어머니가 그 아들들을 데리고 예수께 와서 절하며 무엇을 구하니, 예수께서 대답하여 이르시되 너희는 너희가 구하는 것을 알지 못하는도다 내가 마시려는 잔을 너희가 마실 수 있느냐 그들이 말하되 할 수 있나이다.

예수께서 제자들을 불러다가 이르시되 이방인의 집권자들이 그들을 임의로 주관하고 그 고관들이 그들에게 권세를 부리는 줄을 너희가 알거니와, 너희 중에 누구든지 으뜸이 되고자 하는 자는 너희의 종이 되어야 하리라. 인자가 온 것은 섬김을 받으려 함이 아니라 도리어 섬기려 하고 자기 목숨을 많은 사람의 대속물로 주려 함이니라. 예수께서 불쌍히 여기사 그들의 눈을 만지시니 곧 보게 되어 그들이 예수를 따르니라" (20,22,25-29,34절)

Appetizer

세상은 갑(甲)의 리더십을 선호하지만, 하나님의 나라는 을(乙)의 리더십을 가르치고 있다. 우리는 갑질 뉴스를 종종 듣는다. 우리나라는 양반들이 상놈에 대한 갑질을 부렸다. 양반은 가마를 타고 상놈은 가마를 메고 다녔다. 양반은 밥을 먹고 하인들은 음식 시중을 들었다. 양반이 밥을 다 먹고 머슴에게 '숭늉을 가져오라' 고 말할 때 하인이 '영감님! 숭늉은 셀프서비스입니다' 라고 말한다면 양반은 하인을 반쯤 죽여놓았을 것이다.

인도의 카스트 계급인 브라만들이 천민 수드라에 대한 신분의 갑질, 이스라엘에서 유대인 중의 유대인 바리새인이 세리와 이방인들에 대한 갑질, 공산국가에서 공산당원이 비당원에 대한 갑질은 상상을 초월한다. 갑이 을에 대한 갑질은 짐승 취급, 벌레 취급, 지옥의 땔감 취급을 한다.

예수 그리스도께서 이런 악한 세상에서 을(乙)을 구원하시고 세상의 질서를 공의와 사랑으로 세우기 위해서 종으로 오셔서 을의 리더십을 시작하셨다.

마태복음 20:17-19절 문단 앞에는 예수께서 예루살렘으로 상경하시는 길에 인자가 대제사장들과 서기관들에게 넘겨지고 이방인들에게 조롱을 당하며 채찍질 당하며 십자가에 못 박게 될 것이고 제 삼일에 살아나리라고 말씀하셨다.

예수께서 심각하게 십자가 가시관 이야기를 예고하셨는데 세베대의 어머니가 두 아들을 데리고 예수께 절하면서 면류관을 구하였다.

무엇을 구하느냐? 나의 이 두 아들을 주의 나라에서 우편과 좌편에 앉게 해달라는 청탁을 하였다. 예수의 대답은 "너희가 구하는 것을 알지 못하도다. 내가 마시려는 잔을 너희가 마실 수 있느냐? 좌우편의 자리는 내가 주는 것이 아니라 내 아버지께서 예비하신 자가 얻을 것이다." 열 제자가 듣고 두 형제에게 분히 여기면서 제자공동체는 갑질의 분위기가 되었다.

예수께서 제자들을 불러서 단단히 일러주셨다. "이방인의 집권자들이 그들을 임의로 주관하고 그 고관들이 그들에게 갑질의 권세를 부리는 줄을 너희가 알거니와, 너희 중에는 갑질하는 자가 없어야 한다." "너희 중에 누구든지 크고자 하는 자는 섬기는 을(乙)이 되어라, 너희 중에 누구든지 으뜸이 되고자 하는 자는 너희의 종이 되어야 하리라"

"인자가 온 것은 섬김을 받으려(갑질) 함이 아니라 도리어 섬기려 하고(을의 섬김) 자기 목숨을 많은 사람의 대속물로 주려 함이니라."

공동체의 위기에 대한 해답으로 예수께서 자신의 을의 리더십을 모델로 제시하셨다.

제자들의 발을 씻겨주신 을(乙)의 리더십의 모델이신 예수의 리더십을 배우지 못한 자는 아무것도 배운 것이 없는 무식한 야만인이며 세리와 천민이다.

베레아에서 예수 제자들을 신사적(gentleman)인 그리스도인이라 불렀다. 갑 중의 갑이 되시는 예수께서 을 중의 을이 되셔서 겸손과 온유함으로 섬기신 예수를 따라가는 자들을 젠틀맨이라 한다.

레이디(Lady)는 숙녀를 뜻하지만 온 가족을 위해서 허리가 구부러지고 손등이 거북이 등처럼 갈라지고 얼굴에 주름살이 깊어 가도 자녀들에게 을의 리더십을 가르쳐 주신 어머니가 진정한 숙녀이다.

1. 갑질의 원죄

예수께서 예루살렘으로 상경하시면 유대인의 왕이 될 것으로 알고 세베대의 어머니가 두 아들의 출세를 미리 청탁하였다. '갑질' 은 '상대적으로 우위에 있는 자가 상대방에게 오만무례하게 행동하거나 이래라저래라하며 제멋대로 구는 짓' 이라고 사전에 정의한다.

갑을 관계에서의 '갑' 에 어떤 행동을 뜻하는 접미사인 '질' 을 붙여 만든 말로, 권력의 우위에 있는 '갑' 이 권리관계에서 약자인 '을' 에게 하는 부당 행위를 통칭하는 개념이다. 또는 좋지 않은 행위를 뜻한다. 도둑질, 싸움질, 자랑질, 계집질 등, 갑질이란?, 갑으로서의 자신의 위치를 이용하여 좋지 않은 행위를 하는 걸 말한다. 전세 계약서에는 계약 관계에서 '갑을 관계' 를 명시한다.

노블레스 오블리주(noblesse oblige)라는 프랑스어는 "귀족은 의무를 갖는다" 뜻이다. 부와 권력과 명성을 가진 사람은 사회에 대한 책임과 함께 해야 한다는 뜻이다.

직장에서, 학교에서, 유교 문화에 익숙한 어른들이 아랫사람들에게 언어폭력을 하는 것이 갑질이다. 일제의 반말 문화는 갑질 문화의 한 단면이다. 일본을 혐오한다는 사람이 자기 아랫사람에게 언어폭력을 사용하고 경어가 아닌 하대어로 반말을 사용하는 자들은 무식한 천민이다.

내가 전도사 때 목사들에게서 '전도사님' 이라는 말을 들어본 기억이 없다. 목사가 되었을 때도 선배 목사들이 '목사님' 이라는 말을 거의 하지 않았다. 호칭을 할 때 '님' 자를 붙이면 큰일 나거나 벌금을 내는 것도 아닌데 말이다...

인간의 죄성에는 언제나 갑질이라는 기질이 숨어있다. 선악과를 먹은 아담의 후예들은 '내가 하나님이다' 라는 원죄의 갑질 죄성이 있다.

예수께서 세상에 오신 목적은 인간의 원죄의 죄성인 갑질을 제거하시기 위해서 오셨다.

인간의 갑질에 대한 저항과 고발을 위해서 십자가에서 죽으시고 아버지께 죽도록 복종하는 삶을 사셨다. 빌립보서에는 죽도록 복종하는 종으로 사신 예수 그리스도를 만유의 통치자로 세우셨다고 기록하였다.

예수 그리스도가 십자가에 죽으심과 고난을 받으심은 인간의 죄성의 극치인 갑질을 제거하기 위하심이다.

"나중된 자로서 먼저 되고 먼저 된 자로서 나중 되리라" 는 말씀은 유대인과 이방인의 천국 입국 순서를 말씀하신 것이다. 그리고 교회 안에 을의 리더십을 적용하는 자에 대한 복된 말씀이다.

교회 안에도 보이지 않는 계급과 텃세가 굉장히 세다. 그래서 새 가족들이 적응 못 한다.

그리고 세상처럼 상급과 공로와 계급 사상과 선후배 사상이 팽배하다. 상대적으로 은혜와 믿음이라는 미명으로 교회 안에 버릇없는 사람이 많이 있다.

네덜란드의 개혁교회가 출범한 엠던 총회(Emden Synod, 1571)는 독일의 북쪽 항구도시 엠던에서 네덜란드와 독일에 흩어진 개혁교회의 대표들이 모여서 총회의 헌법을 제정하였다. 개혁교회 총회의 헌법은, 개혁신학의 교리와 예배 및 권징 등에 관한 53개 조항을 제정하고 합의했다. 주요 조항에는 "어떤 교회도 다른 교회 위에 군림하지 않는다.

어떤 목사도 다른 목사 위에 군림하지 않는다. 어떤 장로도 다른 장로 위에 군림하지 않는다. 어떤 집사도 다른 집사 위에 군림하지 않는다" 는 항목을 제정하여 교회 안에 계층적 위계질서가 없어야 한다고 하였다.

2. 성경의 갑질자들

성경에는 형들의 갑질 이야기가 많이 나온다. 형 가인의 갑질로 동생 아벨을 살인하고 '내가 아우를 지키는 자이냐?' 하나님께 대항하였다. 에서가 동생 야곱에게 갑질하였다. 이스마엘이 이삭에게 갑질하고, 에

브라임 지파가 다른 지파들에게 갑질을 하였다. 사울 왕의 갑질과 다윗의 을의 리더십이 대조된다. 탕자의 형의 갑질도 꼴불견이다.

동생에게 갑질한 요셉의 형들에게 총리 요셉은 을의 리더십을 눈으로 보여주었다.

장인 라반이 사위 야곱에게 갑질을 하면서 품삯을 주지 않고 노동력만 착취하였다.

웃시야는 권력과 더불어 교권도 쥐려고 제사를 집례하려다가 하나님의 징벌로 나병 환자가 되어 종신토록 별궁에 살다가 죽었다.

사울의 갑질로 교회 박멸 운동을 일으켰으나, 회심한 바울은 세계 선교의 초석자가 되었다.

세상의 갑질은 지식과 권력과 재력이 있는 위치에 있으면 갑질 기질은 몰래 피는 담배 연기처럼 새어 나온다. 파송교회와 선교단체가 선교사에게 갑질한다. 선교사가 현지인들에게 갑질한다. 공산국가나 종교 국가는 권력으로 지하교회와 선교사에게 갑질한다. 로마인들의 갑질 속에 을의 교회들은 갑질을 당하면서도 복음을 삶으로 살아냄으로 결국 로마를 정복하였다.

주님은 내게 와서 나를 배우라, 나는 온유하고 겸손하니 을의 리더십을 배우라 하셨다.

3. 을의 리더십

> "인자가 온 것은 섬김을 받으려 함이 아니라 도리어 섬기려 하고 자기 목숨을 많은 사람의 대신 속죄 물로 주려 함이니라" (마태복음 20:28)
>
> "사람이 나를 섬기려면 나를 따르라 나 있는 곳에 나를 섬기는 자도 거기 있으리니 사람이 나를 섬기면 내 아버지께서 저를 귀히 여기시리라." (요한복음 12:26)

제자들은 예수께서 상경하신다는 말을 듣고 시골뜨기 갈릴리에서 수도 예루살렘에서 유대인의 왕이 되신다면 자기들도 자리가 있을 것을 기대하였다. 주님은 세베대의 어머니의 요구를 거절하시고 번지수를 잘못 찾았다고 말씀하셨다. 하나님이 주시는 쓴잔을 받는 자들이 하늘에서 상급을 받을 것이라고 하셨다. 예수께서는 크로스웨이를 가르치시지만 사람들은 마이웨이를 달리는 것을 더 선호한다.

마귀는 에덴동산에서 선악과 지식나무를 통해서 왕도(王道)를 가르쳐 주었다. 수많은 사람이 왕도로 가리키는 이정표를 따라가다가 망하고 있다. 생명나무는 예수께서 가르쳐주시는 종도(從道)이다. 예수께서는 왕으로 오셨지만, 암행어사처럼 신분을 감추시고 철저하게 종으로 섬기시고 사람의 아들 인자로 사셨다.

세상 나라 왕들은 죽음으로 그의 왕국이 끝나지만, 하나님 나라의 왕이신 예수그리스도는 죽음으로 하나님의 왕국이 시작되고 든든히 세워졌다.

예수께서 십자가의 길을 가실 것을 아는 베드로는 그리스도께서 십자가의 길을 걷지 말아 달라고 요청하였다. 예수께서는 "너는 나를 넘어지게 하는 자로다. 사단아 내 뒤로 물러가라, 너는 하나님의 일을 생각지 않고 도리어 사람의 일을 생각한다."라고 꾸짖으셨다. 교회의 반석인 베드로가 교회의 거침돌과 걸림돌이 되는 순간이다.

신학교에서 Th.M, D.Min 학위만 받으면 목사가 되는 줄 생각하는 것은 큰 착각이다. 예수그리스도의 을(乙)의 리더십을 배우지 못하면 무식한 목회자만 양산하게 된다.

옛날 선원들은 풍랑이 일어나면 돛대에 자기 몸을 묶었다. 그들은 배와 운명을 같이 하겠다는 의지를 보여주었다. 제자의 도는 주님과 함께 십자가에 못 박히는 것이라고 가르친다.

주인의 명령과 종의 복종은 단순하다. 믿음은 순종이며, 순종은 믿음이다. 그것은 결코 복잡하지 않고 단순하다.

예수를 따르는 것은 권력이나 부와 명예가 아니라, 도리어 여우나 새와 같은 짐승들에게도 허락된 최소한의 삶의 터전조차 보장받지 못할 수 있다. 의식주가 안정적으로 확보되고 입신양명(立身揚名)을 지향하는 출셋길이 아니라, 고난과 필그림의 삶을 사는 것이다.

예수 제자들은 '출세' 의 말씀이 아니라 '별세' 의 말씀을 귀에 담아 두는 자가 되어야 한다.

믿음은 상수도(上水道) 믿음과 하수도(下水道) 믿음이 있다. 버리는 믿음과 취하는 믿음의 균형이 필요하다. 출애굽은 별세(exodus)로서 나감과 버림의 뜻이 있다.

예수께서는 제주도의 삼다도처럼 삼무(三無)를 원칙으로 사셨다. 무소유, 무지배, 무저항이다. 신앙으로 사는 것은 순리이며 불신앙과 불순종으로 사는 것은 역리이다. 역리로 사는 것이 순리로 살기보다 더 쉽고 익숙하고 편하게 생각하는 자는 이미 사형선고를 받은 사람이다.(로마서 1:32)

하나님보다 우상을, 이성보다 동성을, 성령 충만보다 귀신 들림을, 선행보다 악행을, 순리보다 역리로 행하는 자는 하나님 앞에서는 이미 죽은 사람이다.

예수께서 팔복 가운데서 제3의 복인 온유한 자의 복을 말씀하셨다. '온유한' 으로 번역된 헬라어는 '프라우스' 이고 이에 해당하는 히브리어는 '아나윔' 이다. 핵심적인 의미는 '가난한' 이고 그 기본적 의미는 '땅이 없는' (landless)자라는 뜻이다.

땅의 역사는 타락한 인간들의 지배욕과 소유욕에 의해서 개인이나 나라가 땅이라는 자기의 영역을 확장하려고 피 흘리게 싸우는 전쟁사이다. 천국은 지배욕, 소유욕, 보복욕이 없는 사람들이 들어가는 곳이다. 가인의 후예 중에 '네피림' 은 지배욕과 소유욕과 보복욕으로 충만하여 하나님의 큰 근심거리가 되었다.(창세기 6:4-5)

다윗은 시편에 "우리는 그의 것이니" 라고 고백하였다. 우리 자신이 하나님의 소유물이니 우리가 우리 인생을 걱정할 필요가 없다. 오히려 하나님께서 자신의 소유물을 챙기신다는 고백이다. 항상 범사에 감사하는 사람은 지배욕과 소유욕과 보복욕을 버린 사람에게서 나타나는 현상이다.

4. 눈뜬 사람

여리고에서 맹인 두 사람이 소리 지르며 예수를 따라왔다. 무리는 그들을 꾸짖어 잠잠하라 하였지만 맹인들은 더욱 소리 질러 '다윗의 자손이여 우리를 불쌍히 여기소서' 외쳤다.

교회에서 큰소리로 찬양하거나 기도하면 사람들이 조용히 하라고 꾸짖는다. 주님을 향하여 부르짖는 소리를 꾸짖어서 잠잠하게 만들면 교회는 잠들게 된다. '주여 우리의 눈뜨기를 원하나이다.' 교회 안에는 다윗의 자손 예수와 을의 리더십을 가지신 예수를 알아보지 못하는 눈뜬 장님이 의외로 많다. 믿는 자의 복은 영적 세계에 눈이 열리는 것이다. 눈이 열린 자는 참 믿음을 가지고 세상의 소금과 빛의 사명을 다할 수 있다.

을의 리더십에 눈뜬 사람은 복이 있는 사람이며 그런 사람이 우주적이며 세계적인 하나님 나라에서 리더십을 발휘하게 된다.

dessert

1. 인간의 원죄에서 나타나는 기질 중의 하나는 무엇인가?
2. 예수께서 보여주신 리더십은 어떤 리더십인가?
3. 우리는 어떤 눈이 열리기를 원하는가? 선악과인가? 생명과인가?

Prayer

주님! 을의 리더십을 가르쳐주신 예수 그리스도를 믿고 따라가게 하시고, 왕도가 아닌 종도의 길을 걸으면서 범사에 감사하며 하나님의 나라의 참된 리더십을 가지게 하옵소서. 아멘!

55. 21:1-11 호산나 데이(Hosanna day)

"제자들이 가서 예수께서 명하신 대로 하여, 나귀와 나귀 새끼를 끌고 와서 자기들의 겉옷을 그 위에 얹으매 예수께서 그 위에 타시니, 무리의 대다수는 그들의 겉옷을 길에 펴고 다른 이들은 나뭇가지를 베어 길에 펴고, 앞에서 가고 뒤에서 따르는 무리가 소리 높여 이르되 호산나 다윗의 자손이여 찬송하리로다 주의 이름으로 오시는 이여 가장 높은 곳에서 호산나 하더라. 예수께서 예루살렘에 들어가시니 온 성이 소동하여 이르되 이는 누구냐 하거늘, 무리가 이르되 갈릴리 나사렛에서 나온 선지자 예수라 하니라" (6-11절)

Appetizer

예수께서 예루살렘에 입성하신 수난주간의 첫날을 '종려주일' 이라고 부르며 "호산나 데이(Hosnna day)라고 한다. 해피버스데이(Happy birthday), 화이트데이(White day), 발렌타인데이(Valentine day), 독립기념일(Independence Day), 빼빼로데이, 노동자의 날, 산림의 날, 날날날이 참 많다.

예루살렘은 산 위의 동내가 되어서 큰 광장도 없고 조용한 도시이다. 그런데 세 번의 소동이 있었다. 예수께서 탄생하셨을 때 동방박사들이 그의 별을 보고 유대인의 왕이 어디 계시냐 우리가 그에게 경배하러 왔노라? 하였을 때 헤롯 왕과 온 예루살렘이 소동이 일어났다.

두 번째는 예수께서 나귀 새끼를 타고 입성하실 때 호산나 찬양과 환영하는 무리들을 보면서 이는 누구냐? 소동하였다. 세 번째는 AD. 70년경 로마 장군 디도의 군인들이 입성할 때 피와 불과 연기로 큰 소동이 일어났고 예루살렘의 심판의 날이 되었다.

예수께서 제자들에게 수난과 십자가의 죽음을 세 번이나 예고하셨고 그가 하신 말씀을 지키시기 위해서 비장한 각오로 상경하셨다. 많은 사람은 더 나은 환경과 학업과 직장과 돈벌이를 위해서 상경한다. 그러나 예수께서는 고난과 죽음의 메시아의 대속을 위해서 상경하셨다.

국가의 원수가 국빈 방문을 하면 국가 상호 간 모든 분야에 풀지 못한 현안들이 풀린다. 불법체류자 문제, 비자 협정, 통상과 외교적 문제가 해결된다.

예수의 예루살렘 입성은 하나님과 죄인들 사이에 풀리지 않은 죄와 심판의 문제를 해결하시기 위해서 방문하신 일은 사복음서에 빠짐없이 기록될 만큼 구속사에서 중요한 사건으로 기록되었다.(마태복음 21:1-11, 마가복음 11:1-10, 누가복음 19:29-40, 요한복음 12:12-19).

소동(騷動)은 평민들보다 대부분 정치종교 지도자들의 탐욕과 이권 개입 때문에 민중들을 충동하고 조종해서 일어난다.

1886년 고종 3년 7월 25일 미국 상선 '제너럴셔먼' (General Sherman)호가 대동강으로 들어와서 조선과 통상을 요구할 때 평양에서는 군과 민간에서 소동이 일어났다. 토마스 선교사의 피 흘림은 조선 땅에 복음의 여명이 되었다.

부산에서 지난해 10월 15일 아시아드 주 경기장에서 열린 방탄소년단(BTS) 콘서트에 5만여 명의 인파와 해운대와 국제크루즈터미널에서 영상 시청자 10만여 명의 소동이 일어났다.

온라인 라이브 스트리밍 재생 수는 5천만 건에 달했다고 한다. 우크라이나와 러시아 전쟁으로 전 세계에 소용돌이와 난리와 소동이 일어났다. 투르키에의 대지진으로 온 세상에 공포와 소동이 일어났다. 국내 정치계의 좌 · 우파 소동과 충돌로 하루도 평안한 날이 없다.

> "예수께서 예루살렘에 들어가시니 온 성이 소동하여 가로되 이는 누구뇨 하거늘" (21:10)

예수를 몰라보는 예루살렘 사람들은 다윗의 자손이라는 분이 나귀 새끼를 타고 오셨고, 그리고 갈릴리 나사렛에서 온 선지자 예수라는 신분과 출신 때문에 불신하였다.

예수께서 성전의 강도들을 쫓아내기 위해서 채찍을 들고 난리와 소동을 일으키셨다.

예수의 성전을 청결하게 하시는 이상한 일과, 성전에서 소리 질러 호산나 하는 찬양하는 아이들을 보고 분하여 '네가 무슨 권세로 이런 일을 하느뇨' 예수를 잡고자 하나 무리를 무서워하였다.

참 선지자, 참 제사장, 참된 왕이 우리들의 가정, 교회, 나라에 오시면 거짓과 불법과 가짜들은 소동이 일어날 것이다. 예수의 초림 때에 일어난 소동은 예수 재림 때에는 전 세계적인 소동이 일어날 것이다.

Today' s dish

1. 매인 것을 풀어오라

예수께서는 여리고의 삭개오의 집에서 환영과 영접을 받으시고 해발 900m 되는 24km의 하룻길을 걸어서 베다니에서 숙박을 하셨다. 예수께서 벳바게에서 예루살렘까지 3km 정도의 행진을 하셨는데 유월절 절기에는 세계에 흩어진 디아스포라 유대인들이 약 270만 명 정도가 모인다고 한다.

예수는 스가랴서 9장 9절의 성취로 메시아 입성의 공개행사를 성경 스케줄대로 실행하셨다. 환영하는 무리들이 소리쳤던 '호산나' 는 '우리를 구원하소서!' 이다. 히브리어로 '호시아나' 이다. 호산나는 '메시아 만세!' 의 구호와 같다. 마치 3.1절 독립운동자들이 '대한독립 만세!' 를 외치면 일본 경찰이 출동하고 소동이 일어난다.

주님이 예루살렘성 입성 행사를 위해서 필요하신 것은 나귀 새끼 한 마리였다. 겸손하신 주님은 허영이나 물거품이 없이 실제로 필요한 것만 사용하셨다.

주님은 매여있는 나귀 새끼가 매여 있는 것을 풀어서 끌고 오라고 명령하셨다. 만일 주인이 말하면 "주가 쓰시겠다" 라고 하면 즉시 보내리라고 하셨다.

아직도 우리의 달란트가 무엇에 묶어져 있지 않은가? 사단의 권세 아래 묶여있는가? 자기 욕심이나 환경에 매여 있는가? 풀어서 주님 앞으로 끌고 오면 주님이 쓰신다.

기독 교회사에는 하나님의 눈과 마음에 들어서 주님께 스카웃되어서 인생이 바뀐 사람들이 많다. 팔리지 않아서 창고에 쌓여있는 상품을 재고 혹은 고물이라고 한다. 지식의 창고, 재능의 창고, 능력의 창고, 재력과 실력의 창고, 건강의 창고에 재고품이 되어서 아직도 방치된 사람이 있는가? 사용 기간이 지나면 가치가 떨어지고 용도 폐기 처분을 한다.

주님이 사용하시지 않으시면 마귀가 사용하려고 가로챈다. 우리는 주님께 서원하고 헌신해서 주님의 소유물로 인치고 소유권이 주님의 것으로 보장되어야 한다.

몸, 시간, 물질, 달란트를 주께서 쓰신다고 하면 즉시 기쁘게 드려야 한다. 집이나 물건과 기계는 사용하지 않고 집을 비워두거나 기계를 사용하지 않으면 녹슬고, 폐가가 되고, 고물이 되어 버리게 된다.

우리는 주님의 나라를 위해서 주님 앞에 설 때까지 재고품이나 고물이 되어 용도 폐기 처분을 당하지 않고 이 몸이 닳아 없어지도록 쓰임 받도록 기도해야 한다. 그것이 우리의 행복이며 영광이며 면류관이다. 인정과 사정과 환경에 매이지 않도록 주님은 제자들을 부르실 때 부모 처자와 그물과 배를 버리고 따라오라고 하셨다.

2. 소동

예루살렘에는 세 번의 소동이 있었다.

1) 첫 번째 소동

예수님의 초림 때인 첫 번째 크리스마스 때에 유대 땅 예루살렘에서 일어난 소동이다. 유대인의 왕이 어디에 계신가? 라는 동방박사들의 질문으로 성읍이 발칵 뒤집혔다.

헤롯왕의 국무회의 소집, 친위부대들의 베들레헴 유아 학살 사건, 요셉 가족의 애굽으로 망명함 등이다.

(1) 등잔 밑이 어두운 예루살렘 – 헤롯왕은 서기관들을 불러서 '유대인의 왕으로 나신이가 어디 계시뇨?' 물었다. 예수 찾아 일만 리 여정을 마다하지 않고 별을 따라온 박사들의 모험적 신앙처럼 신앙의 여정이 필요하다. 한국 사람들은 맛집 찾아 1백 리, 1천 리 길을 여행한다. 아브라함의 신앙 여정, 모세의 신앙 여정, 이스라엘 백성들의 광야 여정 기는 출애굽기와 민수기의 기록이다. 탈북자들의 신앙의 여정은 현대판 출애굽의 기적이다.

(2) 무지한 예루살렘

'그리스도가 어디서 나겠느뇨?' 하나님에 관해서는 알지만, 하나님을 모른다. 영적으로 메말라 있는 사람들은 말라기를 찾아서 읽고 영적으로 회복해야 한다. 신앙생활이 나태한 사람들은 에스라서를 찾아서 읽고 애쓰라, 사사로운 문제로 고통받는 자는 사사기를 읽고 회복 받으라, 누가 이렇고 저렇고 핑계하는 자는 누가복음을 읽고 구주를 만나야 한다.

(3) 립서비스에 익숙한 예루살렘

'나도 가서 그에게 경배하게 하라' (8) '헤롯이 아기를 찾아 죽이려 하니' (13)

단테의 신곡(神曲)에는 천국 어떤 방에는 혀와 귀만 걸어놓은 곳이 있었다. 종교 도시 예루살렘에서 듣고 보는 것이 많은 사람은 종교적인 지식은 많지만 믿음과 행함에는 죽은 사람들과 같이 반응이 없다.

(4) 엎드리는 예배자들

'엎드려 아기께 경배하고...예물로 드리니라' (11) 참된 예배는 엎드리는 것이다. 엎드리기 위해서는 신을 벗어야 하고, 머리를 숙이고 무릎을 꿇어야 한다. 왕 앞에 나온 신하들의 기본자세이다. 은혜받을 때 '전하 성은이 망극하옵나이다.' 회개할 때 '전하 통촉하시옵소서!' 한다.

사극대로 하나님을 예배하면 성공이다. 모세가 엎드리면 범죄한 백성들에게는 땅이 갈라지거나 징벌이 나타났다. 세리는 성전에 나아와서 엎드렸다. 바리새인은 서서 자기 의를 나열하면서 자랑을 하였다.

2) 두 번째 소동

(1) 성의 소동

"예수께서 예루살렘에 들어가시니, 온 성이 소동하여 가로되 이는 누구뇨 하거늘" (21:10) 빛이 들어오면 어둠은 소동한다. 벌레가 빛을 보면 우왕좌왕 소동하게 된다.

이순신과 세종대왕이 누구냐? 물어볼 때 모르면 외국인이다. 이방인들은 하나님을 모른다. 전통적인 예루살렘 사람들은 예수를 몰랐다. 갈릴리 나사렛에서 온 선지자 예수라 폄하하였다.

(2) 성전 소동

예수께서 성전 뜰에서 강도를 쫓아내기 위해서 채찍을 들고 난리와 소동을 일으키셨다. 참선자자, 참 제사장, 참된 왕이 우리들의 가정, 교회, 나라에 오시면 거짓과 불법과 가짜들은 소동이 일어날 것이다. 사이비, 짝퉁, 이단들은 진리를 거짓으로 바꾸는 사람들이다.

3) 세 번째 소동

세상 종말에 요동하고 소동하는 날 여인과 아들은 광야에서 숨어있는 것처럼, 현대인들은 많이 소유하는 것이 천국인 줄 알지만, 아버지와 어린양이 계신 곳이 그 어디나 천국이다. 아무것도 없지만, 주님과 함께하는 광야가 천국이다.

(1) 예루살렘 패망 때 소동

구약시대는 유다왕국 20대 왕 시드기아때 바벨론의 침공으로 예루살렘이 끓는 가마와 같은 소동이 일어났다. 하나님의 언약을 파괴하고 범죄한 사람들에게 내린 하나님의 심판이었다. 신약에 예루살렘 소동은 예수 그리스도를 십자가에 못 박은 사람들은 로마 군인들에 의해서 성은 무너지고 성전은 불타고 이스라엘 사람들을 죽이고 포로로 잡아갔다. 예수의 피 흘린 성읍의 심판이었다.

(2) 예수 재림 때 세계의 소동

7인과 7나팔과 7대접 재앙이 일어난다. 대홍수, 허리케인, 폭염, 대화재, 가뭄, 지진, 러우 전쟁, 가스공급 중단, 경제 폭등 애굽의 열 재앙처럼 10 재앙의 징조가 나타난다. 백마 탄 자가 공의로 심판의 전쟁을 한다. 말 탄 자와 군대가 짐승을 사로잡고 표적을 행하던 거짓 선지자로 잡으며, 짐승의 표를 받은 자, 우상 경배자, 표적으로 미혹하던 자를 산채로 유황불 못에 던진다.

dessert

1. 나는 무엇에 매여서 주님께 쓰임을 받지 못하고 있는가?
2. 나는 주님의 재림 날에 온 세상의 소동이 일어날 때 어디에 있을 것인가?
3. 나는 버스데이와 호산나데이 중에 어떤 날에 더 비중을 두고 있는가?

Prayer

주님! 예루살렘의 소동처럼 주님 다시 오실 날 소동하는 세상에 빠지지 않게 하시고 주님 찾아 삼만 리라도 달려가는 자가 되게 하시고 박사들처럼 나는 예배자가 되게 하소서. 아멘!

56. 21:12-22 성전 클리닉(clinic)

"예수께서 성전에 들어가사 성전 안에서 매매하는 모든 사람들을 내쫓으시며 돈 바꾸는 사람들의 상과 비둘기 파는 사람들의 의자를 둘러 엎으시고, 그들에게 이르시되 기록된 바 내 집은 기도하는 집이라 일컬음을 받으리라 하였거늘 너희는 강도의 소굴을 만드는도다 하시니라. 맹인과 저는 자들이 성전에서 예수께 나아오매 고쳐주시니, 길가에서 한 무화과나무를 보시고 그리로 가사 잎사귀 밖에 아무것도 찾지 못하시고 나무에게 이르시되 이제부터 영원토록 네가 열매를 맺지 못하리라 하시니 무화과나무가 곧 마른지라. 너희가 기도할 때에 무엇이든지 믿고 구하는 것은 다 받으리라 하시니라" (12-14,19,22절)

Appetizer

2012년 중동호흡기증후군(MERS · 메르스)이 서울의 대형 병원에서 의사들과 환자들이 감염되어 병원이 폐쇄되고 병원장이 사임하고 사회적으로 물의를 빚었던 일이 있었다. 병원 기능이 마비되면 환자들은 난감하게 된다.

죄를 정결하게 하는 성전의 기능이 마비되어 세상보다 성전에 더 많은 죄와 세속이 들어오면 백성들은 어디 가서 죄 사함을 위해서 기도할 수 없는 낭패를 당한다.

솔로몬의 성전 봉헌기도는(열왕기상 8장 22-66절) 성전의 기능에 대해서 기록하였다. 다시 말하면 '성전 사용 설명서' 와 같다. 예수께서는 성전을 메뉴얼대로 사용하지 않은 고장 난 성전을 향해 분노하시고 성전 메뉴얼대로 사용하지 못한 주범들에게 성전을 강도의 소굴로 만들었다고 꾸짖으시고 성전 사용 설명서대로 성전의 기능을 바로잡아 놓으셨다. 성전 메뉴얼은 다음과 같다.

1) 하나님의 이름이 있다.(하나님의 임재와 동일함)

2) 주야로 하나님의 눈과 귀가 보고 들으시면서 기도를 들어주신다.

3) 죄를 사하여 주시고 문제를 해결해 준다.

나라에 전쟁, 기근, 전염병이나 애굽의 질병과 재앙들이 발생하였을 때 회개하고 기도하면 문제를 해결해 준다.

4) 이방인이라도 소문을 듣고 성전으로 나와서 기도하면 들어준다.

5) 포로가 된 적국에서 성전을 향하여 기도하여도 성전 안에서 기도와 동일한 효력을 낸다.

포로들의 기도를 들어주시고 불쌍히 여기시고 그 죄를 용서하여 준다.

6) 성전에서 찬송하며, 기도하고 예물을 드리면 샬롬과 임마누엘의 은혜를 준다.

성전을 설명서대로 사용하지 못한 것을 진노하시고 채찍을 들고 매매하는 자들을 쫓아내고 환전상과 비둘기파는 자의 의자를 엎으시면서 원래의 기능을 회복하셨다.

Today' s dish

1. 고장 난 성전

건축설계도 대로 시공하지 않고 용도 변경을 하거나 증개축을 하면 준공 검사를 받지 못하고 그 건물은 사용 중지가 된다. 성전을 건축한 다음 성전 사용 용도를 변경한 성전은 불법 건물이 되었다. 본래 성전 뜰에는 이방인들이 나와서 기도하는 곳인데 교회 지도자들이 그곳을 장터로 만들고 부수입을 얻고 있었다.

기능을 상실하고 고장 난 성전은, 기도하는 성도들의 자리에 매매하는 장사꾼들이 앉았다. 기복신앙은 종교 행위로 복을 매매하러 나오는 종교 지도자들의 VIP 고객이다. 중세에 성직 매매와 속죄표 매매로 장사를 하였다.

희생의 제단보다 돈을 바꾸는 상이 먼저 보인다. 초대 교회는 돈이 보이지 않고 성령과 말씀의 역사와 사랑과 헌신이 보였다. 성전에서 돈이 보이는 것은 성전 기능이 고장 난 증거이다.

비둘기는 가난한 자를 위한 제물인데, 비둘기 코너를 만들어서 가난한 자들의 주머니까지 털어서 그 수익금을 착복하는 자들은 칼을 들지 않은 강도들이었다.

성전은 두 가지 용도로 사용되었다. 기도하는 사람들의 기도하는 집과 돈벌이 수단으로 사용하는 강도들의 소굴이다. 예수께서 성전의 기능을 마비시킨 자들을 향한 분노와 예수의 이상한 성전 청결 사건을 보는 종교 지도자들의 분노가 서로 상충하였고 예수는 그 성전을 떠나서 베다니로 가셨다.

예수께서는 성전에서 나오는 눈먼 자들과 보행 장애자들을 고쳐주시고 성전에서 호산나 찬송하는 어린이들의 찬미를 기뻐하셨다. 성전에서 제사보다 병든 사람의 치유와 회복이 먼저가 되어야 하고 어린아이와 젖먹이들의 호산나 찬양 소리가 들려야 함을 기록한 성경을 성취하셨다.

예수 그리스도의 성전관은 이러하다. 12세 때 서기관들과 성전에서 성경을 토론하시고 아들을 찾으러 온 양친에게 성전을 내 아버지의 집이라고 고백하였다.

성전 꼭대기에서 뛰어내리면 천사들이 도와줄 것이라는 마귀의 시험을 거절하셨다. 그리고 바리새인들과 논쟁을 하시면서 성전을 헐면 3일에 다시 지으리라고 말씀하시고 성전은 예수의 몸으로 비유하셨다. 예수의 그리스도 사역 초기인 30세 때 1차 성전 청소가 있었고, 33세 때 2차 성전 청소 사건이 있었는데 3년 동안에도 성전의 변화와 개혁이 없었던 유대 종교를 저주하셨다.

예수 그리스도께서 십자가에서 죽으실 때 성전 휘장이 찢어지면서 성전 기능이 끝났다.

바울 사도의 성전관은 성도의 몸이 성령의 전이신 성전이라고 하였다.

요한계시록에 나타난 새 하늘 새 땅의 성전은 완벽한 영광의 성전이지만 제단이 필요 없는 우주적인 성전으로 계시하였다.

구약의 성전은 모세 당시 회막으로 시작하여 사사시대 법궤를 블레셋 사람에게 잃어버리고 이가봇 20년은 이스라엘이 블레셋 식민지로 전락하였다.

화려한 솔로몬 성전에 우상이 들어오고 산당 제사로 다원주의의 원조가 되었다. 바벨론에 의해서 성전이 불타고 성전 기구들을 빼앗겼다. 70년이 지나고 스룹바벨 당시 성전을 재건하였지만 법궤 없는 성전과 초라함으로 성전의 영광을 아는 실버세대들이 통곡을 하였다.

중간 시대인 마카비 시대에 안티오쿠스 에피파네스가 돼지 피로 제사를 하고 성전을 모욕하였다. 정치적인 목적으로 헤롯이 46년간 성전을 보수하고 리모델링하였다.

성전이신 예수 그리스도를 십자가에 못 박은 유대교의 성전은 로마 군인들에 의해서 돌 하나도 돌 위에 놓이지 않고 철저하게 무너지고 붕괴되었다. 지금은 이슬람 모스크가 서 있고 예루살렘 서벽만 남은 곳에서 성전 회복을 위해서 기도하는 통곡의 벽이 남았다.

불교국가인 태국은 국가 재정의 절반을 불교사찰 유지비용으로 사용한다고 한다. 한국교회는 헌금의 절반 이상이 성전이라는 예배당 건축에 투자하고 있다. 코로나 터널을 지나오면서 1년 동안 300교회 이상의 건축된 예배당이 경매로 이단에 넘어갔다.

참 성전은 심령의 성전으로 무형의 성전이다. 예수를 그리스도로 영접하고 성령의 내주하심으로 성화의 빛과 완전함이라는 삶이 우림과 둠밈으로 나타나는 성전, 그리고 세상을 향하여 소금과 빛의 사명을 다하는 그리스도인이 성전이다. 그런 성전은 세상 끝날까지 삼위일체 하나님이 임마누엘로 함께 계시는 솔로몬 성전보다 더 영광스러운 성전이다.

2. 마른 무화과나무

예수께서 아침에 시장하셔서 길에 있는 무화과나무에서 열매를 찾았지만, 잎만 무성하여 이 나무는 영원히 열매를 맺지 못할 것이라는 저주하심으로 즉시 나무가 말라버렸다.

예수께서는 사람을 저주하지 않으셨지만, 나무를 저주하심으로 열매 맺지 못한 유대인들에게 간접적으로 경고하셨다. 무화과나무는 이스라엘을 상징한다. 열매는 먹는 자들에게 즐거움과 유익을 주고, 보는 자들에게 아름다움과 풍성함을 준다. 그리스도인은 가족들에게, 직장과 학우와 동료들에게, 교우들에게, 나라와 민족에게, 세계와 열방에 유익을 주는 무화과나무 열매가 되어야 한다.

잎만 무성한 무화과나무는 형식만 있고 열매가 없는 이스라엘을 상징하였다. 이스라엘에게 열매를 맺도록 3년이라는 기간을 주었지만, 열매를 맺는 데 실패했다. '경건의 모양' 은 있지만 '경건의 능력' 을 부인하는 열매 없는 종교인은 저주를 받게 된다는 경고이다.

주님은 수많은 모조 그리스도인들에게 "너희 저주받은 사람들아 내게서 떠나가라" 는 저주의 말씀을 듣게 될 것이다! 그 이유는 '잎사귀 밖에 없기' 때문이다.

선악을 알게 하는 나무로 인해서 사람을 저주받게 하는 나무는 영원히 열매를 맺지 않아야 하지만, 사람에게 생명을 주는 생명 나무는 영원히 열매를 맺도록 복을 받아야 한다.

말라버린 무화과나무를 보고 놀라는 제자들에게 너희들도 믿음으로 기도하면 무화과나무가 마른 것만 아니라 이 산을 들어 바다에 던지라 해도 그대로 될 것이며 무엇이든지 믿고 구하는 것은 다 받으리라고 약속하셨다.

dessert

1. 성전과 예수, 그리고 성도의 공통 분모는 무엇인가?
2. 기능이 고장 난 성전을 향하여 채찍을 드신 주님은 성도의 기능이 고장 나면 어떻게 하실까?
3. 열매 없는 무화과나무를 저주하신 사건은 우리에게 어떤 경고가 되는가?

Prayer

주님! 참 성전이신 그리스도를 모시고 세상에서 성도로서 기능을 수행하게 하시고 열매 맺는 나무가 되어 주님을 기쁘시게 하며 사람에게도 유익을 주는 그리스도인이 되게 하소서. 아멘!

57. 21:23-32 구제 불능 & 구제 가능

"예수께서 성전에 들어가 가르치실새 대제사장들과 백성의 장로들이 나아와 이르되 네가 무슨 권위로 이런 일을 하느냐 또 누가 이 권위를 주었느냐. 예수께 대답하여 이르되 우리가 알지 못하노라 하니 예수께서 이르시되 나도 무슨 권위로 이런 일을 하는지 너희에게 이르지 아니하리라. 그 둘 중의 누가 아버지의 뜻대로 하였느냐 이르되 둘째 아들이니이다 예수께서 그들에게 이르시되 내가 진실로 너희에게 이르노니 세리들과 창녀들이 너희보다 먼저 하나님의 나라에 들어가리라" (23,27,31절)

Appetizer

그 옛날 바벨탑을 쌓던 가인의 후예들은 홍수 심판이 얼마나 두렵다는 것을 알면서도 하나님의 권위를 인정하지 않고 하나님을 대항하기 위하여 하늘 꼭대기까지 닿을 수 있는 바벨탑을 쌓았다. 인간은 정말 구제 불능이다. 하나님이 사랑하시고 오래 참으셔도, 가공할 심판을 행하셔도 불신의 닫힌 마음을 열지 않는다.

예수 그리스도의 성전 청결 사건과 무화과나무의 저주로 메마른 사건을 알지만, 예수를 그리스도로 인정하지 않고 종교적인 조직력과 땅의 외형적인 건물과 사람 머리 숫자를 가진 인본적인 권위로 그리스도의 권위를 인정하지 않고 배척하였다.

주님은 그들에게 되물으셨다. 하늘의 권세를 가지고 온 세례요한의 예를 들어 그의 권위를 인정하느냐? 질문하셨다. 유대 종교 지도자들은 세례요한의 권위를 인정하지 않았지만, 백성들의 눈치를 보면서 묵비권을 행사하였다. 예수께서도 그들에게 대답을 해주지 않으셨다.

하나님의 권위를 인정하지 않는 사람과는 대화할 이유가 없다는 것을 묵시적으로 보여주셨다.

주님은 그들에게 직업적으로 불의한 세리와 도덕적으로 부도덕한 창기들과 비교해서 저들이 유대인들보다 먼저 하나님의 나라에 들어간다고 말씀하셨다.

두 아들의 비유를 통해서 포도원에서 일하라는 아버지의 명령에 큰아들은 '예' 대답만 하고 일하러 가지 않았다. 그러나 동생은 '아니요' 대답하고 실제는 포도원에서 순종하고 일하였다는 비유를 말씀하셨다. 유대인 큰아들이 이방인 동생보다 못하다는 말씀을 하셨다.

마태복음 21장에서 예수께서 하신 설교와 성전 청결 사건은 유대인 지도자들에게 미운털이 박히면서 십자가의 길을 재촉하는 시발점이 되었다.

예수를 믿는다는 것과 교회를 다닌다는 것을 내려놓고 솔직하게 주변에 불신자들이나 타 종교인들과 비교하여 보면 도덕 윤리적으로 모자라고 떨어지는 사람들이 있다.

기독교인들은 세상에서 매너가 없고, 철이 없고, 언행 심사가 성숙하지 못하며, 언어가 거칠고, 욕심도 많으며, 다투기를 잘하고, 섬김도 인색하다는 비판을 자주 듣는다.

정말 복음을 알고 구속받은 그리스도인이라면 하늘에 계신 우리 아버지의 명예에 손상이 가지 않도록 착한 행실로 영광을 돌려야 하는 것이 아버지의 바라심이다.

Today' s dish

마태복음 21장은 이스라엘 백성들의 세 번의 그리스도를 거절한 것이 기록되었다. 아버지의 말씀과 포도원 주인의 명령, 그리고 왕의 명령을 거부하였다.

21장은 이스라엘 민족에 대한 세 가지의 표적으로 시작되고, 세 가지 비유들이 나온다. 그리고 예수께서 세 가지 질의를 하시고, 세 가지 설교를 하셨다. 예수께서 그리스도가 되심을 눈으로 귀로 질의 응답으로 메시지로 보여주고 들려주어도 그리스도를 영접하지 않고 거절하였다.

그리고 예수 그리스도를 세 번이나 재판을 받게 하고 십자가에 못을 박아 죽임으로 그리스도의 피를 흘린 죄 값을 그들과 그의 자손들에게 돌아가는 심판을 받았다.

1. 예수의 표적, 비유, 질문, 강론, 재판

1) 예수께서 하나님이 보내신 그리스도가 되심을 세 가지 표적으로 보여주셨다.

첫째, 나귀를 타신 왕의 출현(1-11)

둘째, 성전 정화사건(12-16),

셋째, 무화과나무에 대한 저주의 표적이다. 그러나 이스라엘 백성들은 눈이 감겨서 그 표적을 알아보지 못했다.

2) 예수께서 하나님이 보내신 그리스도 되심을 세 가지 비유로 말씀하셨다.

첫째, 두 아들의 비유(23-32)

둘째, 포도원 비유(33-46)

셋째, 혼인 잔치의 비유(22:1-14)이다, 그러나 이스라엘 백성들은 귀가 막혀서 그 비유가 무엇을 말씀하시는지 알지 못했다.

3) 예수께서 그들에게 세 가지 질문을 하셨다.(15-46)

첫째, 가이사에게 세를 바치는 것에 대한 정치적인 질문에 하나님의 나라를 설명하셨다.(15-22)

둘째, 사두개인들의 부활에 관한 질문(23-33)에 대해서 고엘 제도로 대답을 하셨다.

셋째, 바리새인들의 큰 계명에 대한 율법적 질문에 사랑의 새 계명에 대해서 대답하셨다.(34-46)

4) 예수께서 세 가지 중요한 강론을 하셨다.(23:1-26:46)

첫째, 바리새인들이 받을 정죄와 진노에 대한 강론이다.(23장)

둘째, 장래 하나님의 왕국에 대한 강론이다.(24-25장)

셋째, 십자가의 죽음을 위한 제자들의 준비를 강론하셨다.(26:1-46)

5) 예수께서 세 번의 재판을 받으시고 십자가에 대속 사역을 완수하셨다.(26:47-27:66)

첫째, 밤중에 가야바와 공회 앞에서 불법으로 재판을 받으셨다.(26:47-75)

둘째, 아침에 산헤드린 공회 앞에서 종교 재판을 받으셨다.(27:1-10)

셋째, 총독 빌라도의 재판으로 사형선고를 받으셨다.(27:11-66)

2. 표적에도 불구하고

믿음이 없는 사람이 이렇게 핑계하였다. 내가 예수님 당시 갈릴리 땅에서 태어나서 예수의 말씀과 기적과 표적을 보았다면 예수를 잘 믿었을 것이라고 말했다.

예수께서는 도마가 손가락을 못 자국과 옆구리에 넣어보지 않으면 믿지 못하겠다는 의심하는 자에게 오히려 눈으로 보지 못하고 믿는 자들이 더 복이 있다고 말씀하셨다.

표적이 되신 예수께서 나귀 타신 왕, 성전 정결케 하신 사건, 무화과 나무의 저주 사건과 비유와 강론과 질의응답을 하시고, 직접 예수 그리스도를 가까이서 보면서도 갈릴리 사람들은 예수를 배척하고 거부한 것을 보면 원죄인은 홍수 심판을 받고도 바벨탑을 쌓던 사람처럼 구제 불능이다.

이 세상에서 가장 큰 표적과 기적은 예수 그리스도를 눈으로 보지 못하고 이스라엘 성지에 가보지도 않고 우리에게 믿음의 표적으로 기록해 주신 예수 그리스도의 생애와 사역을 기록한 바이블(Bible) 말씀만 듣고 믿고 입으로 시인하여 구원받는 사람이다.

상투와 감투를 쓰고 가마를 타고 다니며 양반 행세하며 하인들에게 못된 짓을 많이 한 조선 사람들은 구제 불능의 사람들이었다. 그러나 하나님이 조선인들을 사랑하사 독생자를 주셨으니 이는 누구든지 예수를 믿는 자마다 조선 사람들이 멸망하지 않고 영생을 얻게 하신 것이 기적중에 기적이다. 할렐루야!

성경에는 모세시대 애굽의 열 재앙과 홍해와 요단강의 기적과 여리고 정복의 기적과 선지자 엘리야 엘리사 시대의 기적과 예수 그리스도의 수많은 표적과 기적, 그리고 사도들의 선교 현장에서의 기적들이 기록되었지만, 성경은 나를 구원하기 위해서 기록해 주신 표적이며 내가 믿음으로 의롭다 함을 얻게 된 것은 하나님의 초자연적인 선물과 초자연적인 기적의 역사다.

성경에 기록한 모든 표적과 기적을 다 합쳐도 내가 예수를 믿는 것과 비교하면 그 비중을 바꿀 수 없는 기적이다.

성경에 기록된 이스라엘 백성들의 역사는 후시대 사람들에게 거울이 되었다. 기적의 떡을 먹은 사람들이 예수를 유대인의 왕으로 추대하려고 열광하다가 하루아침에 돌변해서 예수를 십자가에 못 박게 하라고 배척하는 무리를 보면, 원죄인의 구제 불능에도 불구하고 죄인에게 은총을 베푸시고 구제해 주신 하나님의 놀랍고도 크신 은총을 찬송하지 않을 수 없다.

> "찬송하리로다 하나님 곧 우리 주 예수 그리스도의 아버지께서 그리스도 안에서 하늘에 속한 모든 신령한 복을 우리에게 주시되, 곧 창세 전에 그리스도 안에서 우리를 택하사 우리로 사랑 안에서 그 앞에 거룩하고 흠이 없게 하시려고, 그 기쁘신 뜻대로 우리를 예정하사 예수 그리스도로 말미암아 자기의 아들들이 되게 하셨으니, 이는 그가 사랑하시는 자 안에서 우리에게 거저 주시는 바 그의 은혜의 영광을 찬송하게 하려는 것이라
> 우리는 그리스도 안에서 그의 은혜의 풍성함을 따라 그의 피로 말미암아 속량 곧 죄 사함을 받았느니라" (에베소서 1:3-7)

dessert

1. 나는 하나님의 권위를 어떻게 인정하고 있는가?
2. 내가 2천 년 전 이스라엘 땅에서 예수를 보았다면 그리스도로 믿었

겠는가?

3. 원죄인 스스로 믿음으로 구원받는 일이 가능할까?

Prayer

주님! 구제 불능의 원죄인을 하나님의 자녀로 삼으신 주님의 은혜를 찬양합니다. 온 세상의 표적을 보여주셔도 불신할 사람을 은혜로 불러주시고 믿음으로 구원해 주심을 감사드립니다. 예수의 증인으로 세상 끝 날까지 살게 하소서. 아멘!

58. 21:33-46 빗대어 말하신 사람들

"다른 한 비유를 들으라 한 집 주인이 포도원을 만들어 산울타리로 두르고 거기에 즙 짜는 틀을 만들고 망대를 짓고 농부들에게 세로 주고 타국에 갔더니, 예수께서 이르시되 너희가 성경에 건축자들이 버린 돌이 모퉁이의 머릿돌이 되었나니 이것은 주로 말미암아 된 것이요 우리 눈에 기이하도다 함을 읽어본 일이 없느냐. 그러므로 내가 너희에게 이르노니 하나님의 나라를 너희는 빼앗기고 그 나라의 열매 맺는 백성이 받으리라"
(33,42,43절)

Appetizer

비유(比喩)는 어떤 사물이나 관념을 가지고 빗대어 말하는 수사법의 일종이다. 비유의 종류에는 직유, 은유, 풍유(우화, 알레고리), 잠언, 예화 등이 있다.

예수께서 비유를 사용하신 목적은 아직 실현되지 않은 하나님 나라의 비밀을 최대한 가깝게 설명하시기 위한 것이다. 땅에서 흔히 볼 수 있는 생활의 소재를 가지고 하늘에 속한 일을 말씀하셨다.

농사, 장사, 목축, 포도원, 장터, 혼인 잔치, 주종관계, 왕과 신하, 아버지와 아들 이야기 등으로 하나님의 나라를 설명하셨다.

'사람이 돌을 던지면 개는 돌을 좇아간다. 그러나 사자는 돌을 던진 사람을 보고 달려든다' 라는 말이 있다. 돌은 말이나 문자나 비유를 뜻한다. 귀 있는 자들은 비유가 의미하는 속뜻을 알려고 개 같이 달려가지만, 제사장들과 바리새인들은 사자처럼 예수께 달려들어 죽이려고 하였다.

포도원 비유에서 주인은 하나님, 포도원은 이스라엘 나라, 즙 짜는 틀과 산울타리, 망대는 하나님이 이스라엘을 보호해 주시는 은혜들, 농부는 이스라엘 지도자들, 종은 선지자, 아들은 예수 그리스도, 다른 농부는 이방인, 농지세는 삶의 열매들을 의미한다.

포도원 농부 비유는 불량한 소작인들이 주인이 소출 열매를 받으려고 보낸 종들을 죽이고 때리고 돌로 쳤다. 다시 많은 종을 보내어도 다시 그렇게 하였다.

순진한 주인은 설마 내 아들은 존대하리라는 마음으로 아들을 포도원에 보냈지만, 농부들은 주인의 바람을 무참하게 짓밟고 아들을 포도원 밖으로 내쫓아서 죽이고 말았다. 소작인들은 용서받지 못할 죄악을 범하였다.

주인은 악한 자들을 진멸하고 제때 열매를 마칠 농부에게 세를 놓았다.

성경에 '건축자들이 버린 돌이 모퉁이의 머릿돌이 되었다' 는 기록은 주로 말미암아 된 것으로 하나님의 나라에서 자리바꿈이 있을 것을 가르치셨다. 이스라엘은 하나님의 나라를 빼앗기고 열매를 제때 바치는 이방인들에게 하나님의 나라를 주신다는 예언이다.

산돌이신 예수를 무시하다가 그 돌이 사람들 위에 떨어지면 깨어지고 가루가 되어 흩어지게 된다. 결국, 하나님이 포도원 울타리를 걷어버리심으로 바벨론 짐승들이나 로마 짐승들이 이스라엘 포도원에 들어와서 다 먹고 짓밟아 버렸다.

Today' s dish

1. 그리스도의 신비

예수 그리스도는 신비로운 분이다. 도성인신(道成人身), 신인양성(神人兩性)을 가지신 불가사의(不可思議)하신 불멸의 하나님이시다. 사람의 생각으로는 미루어 헤아릴 수 없는 분이시다. 죄성의 어두움과 경험의 한계에 갇혀있는 사람들은 예수 그리스도의 말씀과 행하심을 보고 들을 때마다 꼬리를 무는 오해를 가졌다.

예수께서 예루살렘에 입성하심과 성전 청결 사건으로 인해서 예수의 권위 문제에 대해서 시비 걸면서 예수를 죽이기로 뜻을 굳힌 제사장들과 서기관들에게 비유로 말씀하셨다.

포도원의 두 아들 비유로 큰아들은 불순종하고 둘째 아들은 순종하였는데 하나님의 나라는 순종하는 세리들과 창녀들이 먼저 들어가리라고 말씀하셨다.

포도원 농부 비유는 소작료를 내지 않고 종들과 아들을 죽이는 악한 농부들을 진멸하고 세를 제때 바치는 다른 농부들에게 포도원을 맡긴다는 말씀과 건축자들이 버린 돌이 모퉁이의 머릿돌이 되었다는 말씀으로 그들은 더욱 예수를 잡으려고 하였다.

예수께서 돌을 던지듯이 비유를 말씀하시면 돌을 따라가는 자들은 이방인들이지만, 사자같이 비유의 돌을 던지는 예수께 덤벼드는 사람이 유대 지도자들이었다.

수로보니게 여인은 '개들도 주인의 상에서 떨어지는 부스러기를 먹고 사는 것처럼 나에게 부스러기 은혜라도 달라고 간구하였고 예수께서 큰 믿음이라 칭찬하셨다. 큰 믿음은 '개 같은 믿음?' 이 되어야 한다. 개는 주인의 상에 있는 먹을 것을 보면 절대로 그 자리를 떠나지 않는다. 주님의 상에서 떨어지는 말씀의 부스러기라도 주워 먹는 그런 믿음이 큰 믿음이다. 주님의 말씀의 상을 뒤집어엎어 버리는 자들은 악인들이다.

어느 로마의 장군은 십자가형이 치욕적이며 저주의 죽음이라는 것을 알고 '내 앞에서 십자가 이야기는 꺼내지도 말라' 고 하였다고 한다. 그러나 믿음의 사람은 십자가 이야기만 나오면 심장 박동이 뛰고 눈시울이 붉어지는 그 이유는 신기하지 않은가?

그리스도의 십자가는 세상에서 가장 치욕과 고통스러운 죽음이지만 우리의 죄 값을 치러 주시고 예수를 구주로 믿고 회개하는 자에게 영생을 선물로 주시는 구원의 길이기 때문에 십자가의 복음을 찬양하는 이유다.

유대교와 이슬람교에서는 개를 악마의 상징으로 생각하고 뱀은 사탄으로 이해한다. 사우디아라비아에서 미국 국적의 운송회사인 그레이하운드 버스가 운행할 때 사람들이 버스를 향하여 욕을 하고 항의하는 바람에 그레이하운드 버스에서 개 그림을 지웠다고 한다. 그런데 한국 사람들은 악마의 상징인 개를 잡아먹고 사탄의 상징인 뱀도 먹으니 대단한? 사람들이다.

사람들이 예수를 바라보는 관점은 예수의 사역 초기와 중간기와 말기 때마다 모두 달랐다. 예수는 선지자와 같다, 우리의 왕으로 모시자, 좋은 사람이다, 아니다. 세리와 죄인의 친구다, 십자가에 못 받아야 한다. 각자의 이해관계에 따라서 모두 달랐다. 그러나 모든 사람은 예수 그리스도에 대한 고백과 자세에 따라서 각 사람의 운명은 영원히 달라진다.

우리는 권위를 인정하지 않는 원죄의 영을 다스려야 한다. 하나님이 모세를 통해서 두 돌판에 십계명을 주신 목적은 하나님의 권위와 사람의 권위를 세우시기 위한 법이다.

권위에 도전하는 배후에는 항상 사탄, 마귀, 귀신의 영이 있다. 선악을 아는 지식나무의 지식을 가지고 뱀의 입을 가진 자들에 의해서 반항심을 세뇌한다.

예수 그리스도는 인간의 원죄에 숨어있는 교만과 권위에 반항하는 죄성을 죽이기 위해서 십자가에서 죽기까지 아버지의 권위에 복종하셨다.

내 속에 권위를 부정하는 불순종의 영을 예수 이름의 권세로 다스려야 한다. 가정의 질서를 깨뜨리는 자녀와 배우자, 사제의 질서를 무너뜨리는 제자, 국가의 통치권을 부정하는 국민, 말씀의 권위를 인정하지 않는 종교인은 자살골을 넣는 선수와 같다. 믿음은 질서와 권위를 세우는 것이며 그 믿음은 나에게 상급과 방패가 되어준다.

2. 버린 돌

예수께서는 돌을 비유로 빗대어서 산돌이신 예수를 버리면 그 돌이 그 사람을 깨어지고 부서지게 할 것이다. 그러나 그 돌을 가지는 사람은 건축자의 요긴한 모퉁이 돌같이 될 것이라고 하였다.

예수는 동정녀 탄생에서 십자가에 죽으실때까지 사람의 지혜로는 믿을 수 없는 조건들을 가지고 베일에 가려진 분이다. 다시 말해서 예수는 불신의 조건을 많이 가지고 계신다는 말이다.

인간의 상식적으로 예수를 불신하는 것은 지극히 정상이고 예수를 믿는 것은 비정상이 되는 셈이다.

1) 동정녀 탄생

이 사람이 요셉의 아들이 아니냐?(누가복음 4:22) 네 아버지가 어디 있느냐?(요한복음 8:19)

'이 사람이 마리아의 아들 목수가 아니냐 야고보와 요셉과 유다와 시몬의 형제가 아니냐 그 누이들이 우리와 함께 여기 있지 아니하냐 하고 예수를 배척한지라' (마가복음 6:3) 너희는 아래서 났고 나는 위에서 났으며 너희는 이 세상에 속하였고 나는 이 세상에 속하지 아니하였느니라' (요한복음 8:23)

2) 나사렛 목수의 아들

빌립의 전도를 받은 나다나엘은 "나사렛에서 무슨 선한 것이 나올 수 있겠느냐?" (요한복음 1:46) 라고 처음에는 불신하였다. "그리스도가 어찌 갈릴리에서 나오겠느냐 성경에 이르기를 그리스도는 다윗의 씨로 또 다윗의 살던 촌 베들레헴에서 나오리라 하지 아니하였느냐? 하며... 예수를 인하여 쟁론이 되니..." (요한복음 7:43)

"너도 갈릴리에서 왔느냐 상고하여 보라 갈릴리에서는 선지자가 나지 못하느니라" (요한복음 7:52)

3) 세리와 죄인들의 친구

"먹기를 탐하고 포도주를 즐기는 사람이요 세리와 죄인의 친구로다" (누가복음 7:34)

4) 신성모독

"내 나라는 이 세상에 속하지 아니하였다" "나는 유대인의 왕이라" (요한복음 18:36)

"무리가 다 일어나 예수를 빌라도에게 끌고 가서 고소하여 가로되 우리가 이 사람을 보매 우리 백성을 미혹하고 가이사에게 세 바치는 것을 금하며 자칭 왕 그리스도라 하더이다" (누가복음 23:1-2)

"저가 하나님을 신뢰하니 하나님이 저를 기뻐하시면 이제 구원하실지라 제 말이 나는 하나님의 아들이라 하였도다" (마태복음 27:43)

5) 십자가에서 죽으심

"저가 남은 구원하였으되 자기는 구원할 수 없도다 저가 이스라엘의 왕이로다 지금 십자가에서 내려올지어다 그러면 우리가 믿겠노라" (마태복음 27:42)

6) 장례식

"요셉이 세마포를 사고 예수를 내려다가 이것으로 싸서 바위 속에 판 무덤에 넣어두고 돌을 굴려 무덤 문에 놓으니" (마가복음 15:44-46)

"저희가 파수꾼과 함께 가서 돌을 인봉하고 무덤을 굳게 하니라" (마태복음 27:66)

허술하지 않은 로마의 총독부와 친위대가 예수의 사망 확인과 장례식을 확인하였다.

7) 돌을 버린 사람들

예수의 옷을 나누어 가지는 사람들, 십자가의 죽음 앞에서 침묵을 지키는 무리, 욕하고 조롱하는 관원들, 유대인의 왕을 조롱하는 군인들, 비방하는 강도..

3. 머릿돌

하나님의 선택과 소명을 받고 성령으로 계시를 받은 복된 사람은 버린 돌과 상대적으로 예수를 주와 그리스도로 믿을 수 있는 조건이 너무나 많다. 그리고 자기 삶의 현장에서 날마다 경험되는 신앙의 간증들이 너무나 많다.

1) 예수의 통찰력

"벳바게에서 두 제자를 보내시면서 맞은편 마을로 가서 매인 나귀와 새끼가 함께 있는 것을 보리니 풀어 내게로 끌고 오너라" (마태복음 21:2)

2) 성경의 진리들

"진리를 알지니 진리가 너희를 자유케 하리라" (요한복음 8:33)

"이는 선지자로 하신 말씀을 이루려 하심이라" (마태복음 21:4)

3) 예수의 표적

"예수께서 그 위에 타시니, 다윗의 자손이여 찬송하리로다 주의 이름으로 오시는 이여 가장 높은 곳에서 호산나 하더라" (마태복음 21:7)

물이 포도주가 됨, 귀신을 쫓아냄, 많은 병을 고침, 성전 청결, 무화과 나무 마른 사건, 비유의 말씀들, 바리새인들과 논쟁, 종말의 예언들, 구약성경을 관통하심, 성찬식, 세족식, 겟세마네의 기도, 십자가에 죽으심, 부활 등

4) 머릿돌의 사람들

많은 사람은 십자가의 예수를 배척하고 버린 돌이 되었지만, 또 다른 사람들은 예수를 머릿돌로 믿은 사람들이 있었다.

억지로 십자가를 지고 간 구레네 시몬, 백성과 그를 위해서 가슴치고 슬피 우는 여자들의 큰 무리, 당신의 나라에 임하실 때 나를 생각해달라는 강도, 하나님께 영광을 돌리며 이 사람은 정녕 의인이었다고 고백한 백부장, 하나님의 나라를 기다리며 예수의 시체를 빌라도에게 달라고 하여 자신의 무덤에 장사를 지낸 부자 요셉, 갈릴리에서 따라온 여자들이 향품과 향유를 준비하고 안식일 다음 날 무덤을 찾은 자들,

우리는 십자가 그림을 다시 그려야 한다. 자기 십자가, 지고 갈 십자가, 장대에 달린 놋뱀처럼 바라볼 십자가, 믿어야 할 십자가, 내가 못 박혀야 할 십자가, 자랑의 십자가인가?

"내가 그리스도와 함께 십자가에 못 박혔나니 그런즉 이제 내가 산 것 아니요 오직 내 안에 예수께서 사신 것이라 이제 내가 육체 가운데 사는 것은 나를 위해 몸 버려 죽으신 예수를 위해 사는 것이라" (갈라디아 2:20)

4. 평화의 왕을 거부

평화의 왕을 영접하지 않고 거부한 예루살렘, 평화의 왕의 눈에 눈물을 흘리게 했던 예루살렘은 망하였다. 성전은 죄인이 기도하고 용서를 받는 곳인데 강도의 소굴로 만들었다. 평화의 왕을 영접하면 평화를 누릴 것인데 힘과 권력을 가진 로마의 가이사가 왕이라고 고백한 사람들은 로마군에 의해서 예루살렘은 멸망하였다. 하나님의 아들, 구원자, 평화의 왕, 참된 선지자, 참된 제사장을 불신하고 배척한 사람들의 결과는 비극이었다.

dessert

1. 예수께서 빗대어 말씀하신 사람들의 반응은 어떠하였나?
2. 나에게 예수 그리스도는 버린 돌인가? 머릿돌인가?
3. 평화의 왕을 거부하고 전쟁의 왕을 원하던 예루살렘의 결과는 어떠했나?

Prayer

주님! 평화의 왕이신 주님을 불신하고 배척하는 버린 돌이 되지 않게 하시고, 계시의 영으로 눈을 열어주시고 주님을 머릿돌로 영접하고 순종하게 하옵소서. 아멘.

59. 22:1-14 혼인 잔치 비유

"천국은 마치 자기 아들을 위하여 혼인 잔치를 베푼 어떤 임금과 같으니, 그 종들을 보내어 그 청한 사람들을 혼인 잔치에 오라 하였더니 오기를 싫어하거늘, 종들이 길에 나가 악한 자나 선한 자나 만나는 대로 모두 데려오니 혼인 잔치에 손님들이 가득한지라.
이르되 친구여 어찌하여 예복을 입지 않고 여기 들어왔느냐 하니 그가 아무 말도 못 하거늘, 임금이 사환들에게 말하되 그 손발을 묶어 바깥 어두운 데에 내던지라 거기서 슬피 울며 이를 갈게 되리라 하니라" (2,3,10-13절)

Appetizer

예수께서 이야기하신 천국의 비유는, 세상에서 가장 즐거운 혼인 잔치로 말씀하셨다. 예수 그리스도의 첫 번째 영광을 나타내신 현장이 가나 혼인 잔칫집에서 물로 포도주를 만든 사건이었다. 요한계시록에는 예수 그리스도의 재림을 혼인 잔치로 예언하였다.

혼인 잔칫집에는 초청장을 받은 사람들이 모여서 모든 즐거움을 함께 공유하게 된다. 혼인집은 볼거리, 먹거리, 들을 거리가 많은 곳이며 만남의 장이 이루어지는 곳이다.

교회는 잔칫집 분위기가 있어야 한다. 초상집 분위기처럼 어둡고 쓸쓸하고, 웃음소리도 나지 않는 곳이 아니다. 대법원의 법정처럼 엄숙하고 위엄스러운 분위기에 피고인들이 기가 눌려 숨소리도 들리지 않는 분위기도 아니다. 경로당 분위기, 가요무대 분위기, 장터 분위기 등 다양한 분위기들이 있다.

예수께서 비유하신 천국은 왕의 아들의 결혼식이다. 왕자의 결혼식은 영국 버킹엄 궁전에서 왕자의 결혼식과 같은 분위기이다. 장마당 같은 결혼식이 아니라 예절과 품위가 있는 결혼식이다. 현대 결혼식은 한 장소에서 여러 커플의 결혼식으로 인해서 시간에 쫓겨서 하객들이 밀물과 썰물처럼 들어오고 나가면서 소란스러운 재래시장처럼 시끌벅적하다. 주례를 시작하기 전 예의를 갖추어 달라는 부탁도 아랑곳하지 않고 식장을 들락거리고 잡음들로 인해서 주례자의 주례사를 들을 수도 없다. 2부 축하에는 디스코텍처럼 현란한 사이키 조명과 함께 신랑 신부와 친구들이 어울려서 K-POP 댄스를 춘다.

주례자가 결혼식장에 들어가면 매니저가 찾아와서 다음 커플의 결혼식 시간에 지장을 주지 않도록 설교를 짧게 해달라는 주문을 한다.

서초구에 소재한 국립외교원에서 남미의 외교관 자녀의 결혼식을 주례하였다. 시간에 쫓기지 않고 한 장소에서 한 커플만 결혼식을 하였고, 하객으로 참석한 외교관들의 예의를 갖춘 분위기로 인해서 마치 교회당에서 주일 예배를 드리는 것 같은 경건한 분위기에서 결혼식을 집례하였다. 결혼식을 마친 후 한 외교관이 나에게 찾아와서 주례사에 감동을 받았다면서 예절을 갖추고 인사를 하였다.

천국은 시내산의 천둥 번개 같은 공포 분위기에서 시작하여, 갈보리산의 눈물과 애통의 시간을 지나서 감람산의 부활과 승천의 환희와 소망의 분위기와 함께 끝으로 시온산에서 성도들이 어린양과 더불어 혼인 잔치를 하는 축제로 이어진다.

이 비유의 핵심은 왕의 아들의 혼인 잔치에 초대를 받은 유대인들이 천국을 거절함과 불신앙으로 천국의 문이 이방인들에게 열리게 되었다는 것을 교훈하고 있다.

Today's dish

1. 거절

천국의 비유를 한마디로 표현한다면 혼인 잔치 교훈의 공통 분모는 사람들이 초대를 싫어한다는 것이다. 선악과를 먹은 사람은 생명과 먹기를 싫어하고, 생명과를 먹은 사람은 선악과를 거부하게 되는 이치이다. 성령의 소욕과 육체의 정욕은 지남철의 남극과 북극처럼 서로 밀어내는 성향이 있다.

천국 입국에 합당하지 않는 사람들의 특징은 "오기를 싫어하거늘, 돌아보지도 않고..."

교회 오기를 싫어하고, 예배드리는 것을 싫어하고, 기도하는 것, 성경 읽는 것, 전도하는 것, 봉사하는 것, 화해하는 것, 용서하는 것, 회개하는 것을 싫어한다. 불순종의 영에 지배를 받고 산다. 성령께서 원하시는 영적인 일을 싫어하고 육신적인 핑계를 만들어서 천국의 지복을 기피하고 거부하는 불신앙의 기질을 가지고 있다.

노아가 방주를 만들 때 사람들은 육신의 할 일은 다 하면서 하나님의 심판을 대비하는 구원으로의 초대를 싫어하였다. 길가와 돌작과 가시밭과 같이 하나님의 말씀의 가치를 등한히 여기고 먹고 마시고 시집가고 장가가며 사고팔고 집을 짓는 육신의 할 일은 다 하면서도 하나님의 부르심은 고의적으로 거부하고 싫어하다가 홍수 심판을 당하였다.

하나님의 부르심에 오기를 싫어하는 사람은 자기 밭과 사업을 위한 핑계를 만들었다. 그럼에도 불구하고 왕의 초대를 독려하는 종들을 잡아서 모욕하고 죽이기까지 하였다.

영적인 일에는 바쁘다, 힘들다, 피곤하다, 아프다, 다른 일이 생겼다면서 육신의 일은 할 것을 다 한다. 특히 3년 동안 코로나로 비대면 핑곗거리가 많이 발생하여서 히브리서에서 경고하는 말씀대로 '모이기를 폐하는 어떤 사람들의 습관' 들이 현실이 되었다.

왕의 사자들이 마지막까지 초대하였지만, 정면으로 도전하고 반항하며 오히려 대적하고 핍박하는 자로 돌변하였다.

혼인 잔치 비유는 유대인들이 예수를 그리스도로 영접하는 일을 거부하고 박해하다가 결국 하나님의 진노를 받아 로마 군대가 그들을 진멸하고 동네를 불살라버린 역사를 남겼다.

2. 예복

왕의 잔치에 모든 음식이 준비되었지만 청한 사람들이 합당하지 않아서 종들을 보내어 사거리에서 악한 자나 선한 자를 만나는 대로 모두 데려와서 혼인 잔치에 손님이 가득하였다.

임금이 손님들을 보러 들어왔다. 그런데 초대를 받은 사람 가운데 최소한의 예의를 갖추고 예복을 입고 들어와야 하지만 예복을 입지 않은 사람이 있었다. 그는 왕의 물음에 유구무언 하였고, 왕이 사환들에게 명령하여 "손발을 묶어 바깥 어두운 데에 내 던져서 슬피 울며 이를 갈게 되리라" 하였다.

요셉이 감옥에서 나와서 꿈을 해석하기 위해서 왕 앞에 설 때 죄수의 옷을 벗고 몸을 단장한 후에 왕을 알현하였다.

에스더는 열두 달 동안 궁궐에서 소양 교육을 받고 몸을 단정히 하고 왕비 예절을 배운 후에 왕 앞에 서게 되었다.

이스라엘 포로로 끌려온 청년 다니엘도 3년 이상 바벨론 문화와 궁중 예의를 배운 후 왕 앞에 서게 되었다.

예복은 요한계시록에 세마포 예복으로서 성도의 옳은 행실의 상징이다. 왕의 잔치에 들어오기는 하였지만, 자신이 삶의 회개와 변화와 절제를 싫어하는 사람은 내어 쫓기게 된다.

> "생명을 사모하고 장수하여 복 받기를 원하는 사람이 누구뇨, 네 혀를 악에서 금하며 네 입술을 거짓말에서 금할지어다. 악을 버리고 선을 행하며 화평을 찾아 따를지어다." (시편 34:12-14)

세상에서 하나님께 가장 최고의 예우와 예절과 헌신과 경건함을 드리는 것은 예배이다. 예배는 예복과 같아서 천국에서 하나님의 얼굴을 뵐 사람은 예배를 통해서 예복을 입는 사람이 되어야 한다.

교회에 무늬만 신자로 자리를 채우는 사람이 있다. 예복에는 관심이 없는 사람은 천국 입국에 합당치 못한 사람이다. 예복은 산상수훈의 삶,

아버지의 뜻대로 행하는 자, 성도의 옳은 행실, 믿음으로 의를 행함, 사랑의 계명을 따라 사는 삶이다.

서양에서의 결혼은 초대받은 예약대로 좌석과 음식을 준비한다. 한국식으로 무작위로 몇 명 올지 모르는 결혼식이 아니다. 예를 들면 48명, 52명 등 정확하게 초대를 하고 확답을 받는다. 만일 좌석이 비게 되면 혼주 측이 배상을 하게 된다.

예수께서 말씀하신 세 가지 천국의 비유는 이스라엘의 영적인 역사를 보여준다. 포도원 비유를 통해서 이스라엘은 열매를 맺도록 하나님께 부름을 받고 선택을 받았다. 그런데 열매를 맺지 못하고 아버지 하나님께 불순종하였다는 것을 두 아들의 비유로 말씀하셨다.

포도원 비유에서 아들을 십자가에 못 박고, 혼인 잔치 비유에서 성령의 부르심을 거역한 이스라엘은 결국 천국의 복을 이방인의 충만한 수가 차기까지(로마서 11:25) 이방인에게 빼앗기게 되었다는 것을 교훈한다.

dessert

1. 교회의 분위기는 천국 혼인 잔칫집 같은가? 법원이나 장례식장 같은가?
2. 나는 영적인 일은 거절하면서 육적인 일에 힘쓰지 않는가?
3. 나는 예배 생활을 통해서 그리스도의 신부의 예복을 단장하고 있는가?

Prayer

주님! 왕의 혼인 잔치에 초대를 받은 사람들은 어떤 핑계를 만들지 말고 주님의 부르심에 순종하게 하시고, 그리스도의 신부로서 합당한 예복을 갖추는 자가 되게 하소서. 아멘!

60. 22:15-22 말의 올무와 함정

"이에 바리새인들이 가서 어떻게 하면 예수를 말의 올무에 걸리게 할까 상의하고, 자기 제자들을 헤롯 당원들과 함께 예수께 보내어 말하되 선생님이여 우리가 아노니 당신은 참되시고 진리로 하나님의 도를 가르치시며 아무도 꺼리는 일이 없으시니 이는 사람을 외모로 보지 아니하심이니이다. 그러면 당신의 생각에는 어떠한지 우리에게 이르소서 가이사에게 세금을 바치는 것이 옳으니이까 옳지 아니하니이까 하니, 이르되 가이사의 것이니이다 이에 이르시되 그런즉 가이사의 것은 가이사에게, 하나님의 것은 하나님께 바치라 하시니" (15-17,21절)

Appetizer

마태복음 22장은 비판자들이 예수께 말에 올무를 씌우려고 세 가지 질문을 하였다.

1) 가이사에게 세금을 바치는 문제(15-22) - 헤롯당의 정치적인 질문.

2) 부활과 7형제 수혼 문제(23-33) - 사두개인들의 교리적인 질문.

3) 어느 계명이 큰가?(34-46) - 바리새인들의 율법적인 질문이다.

이들은 서로 이해관계가 얽혀서 적대 관계에 있었지만, 예수를 잡는 일에는 서로 연대하고 함정 질문을 하였다. 부패한 정치인들은 총선이나 대선을 앞두고 서로 이해관계와 기득권을 누리기 위해서 떠났다가 합해지고 모였다가 흩어지는 '이합집산' (離合集散)을 떡 먹듯이 한다. 유대종교 집단들도 기득권을 위해서라면 신앙도 교리도 양심도 던지고 서로 이합집산을 하는 세속적인 정치꾼들이 되었다.

옛날 아이들이 학교에서 반장 투표를 할 때 후보에게 떡볶이와 호떡 한 개라도 얻어먹은 아이는 그 후보에게 표를 던지려고 하다가, 다른 후보가 통 큰 선물을 주면 마음이 흔들려서 그 후보에게 표를 던지는 이합집산이라는 정치를 어릴 때부터 배운다.

지남철이 흙바닥을 지나가면 녹슨 쇳가루들이 자력에 의해서 모두 달라붙는다. 그러나 다이아몬드나 금반지, 진주 보석들은 지남철이 지나가도 관심이 없다. 지남철이 다가와서 문지르고 붙이려고 해도 절대로 붙지 않는다. 언약의 신앙을 가진 사람은 세상의 아첨하는 말과 기득권을 보장해 주면서 천금을 주겠다는 이해관계에도 이합집산으로 흔들리지 않는다. 좌우로 치우치지 않고 오직 주의 말씀에 중심을 두고 정의의 길을 걷는다.

> "여호와께서 하늘에서 인생을 굽어살피사 지각이 있어 하나님을 찾는 자가 있는가 보려 하신즉, 다 치우쳐 함께 더러운 자가 되고 선을 행하는 자가 없으니 하나도 없도다.
> 죄악을 행하는 자는 다 무지하냐 그들이 떡 먹듯이 내 백성을 먹으면서 여호와를 부르지 아니하는도다" (시편 14:2-4)

Today' s dish

1. 조공(租貢) 질문

헤롯 당원은 정치적인 야망을 품은 종교 집단이다. 헤롯왕과 결탁하고 있어서 로마 제국의 통치를 증오하는 바리새인들로부터 반대를 받고 있지만, 그리스도를 반대하는 일에는 두 적수들이 서로 연대하고 연합하였다. 바리새인들이 자기 제자들을 헤롯당과 함께 예수께 보내어 조공(租貢)에 대한 함정 질문을 서로 상의하고 각본대로 움직였다.

자신의 음모와 정체를 드러내지 않고 예수를 안심시키기 위해서 치켜세우는 립서비스를 하는 유치함과 악함을 가지고 있었다.

> "자기 제자들을 헤롯 당원들과 함께 예수께 보내어 말하되 선생님이여 우리가 아노니 당신은 참되시고 진리로 하나님의 도를

가르치시며 아무도 꺼리는 일이 없으시니 이는 사람을 외모로 보지 아니하심이니이다. 그러면 당신의 생각에는 어떠한지 우리에게 이르소서 가이사에게 세금을 바치는 것이 옳으니까 옳지 아니하니이까 하니, 예수께서 그들의 악함을 아시고 이르시되 외식하는 자들아 어찌하여 나를 시험하느냐" (마태복음 22:16-18)

조공을 반대한다면 로마 정부에 반역자로 걸고 넘어지고 정부에 대한 위험한 국가 사범으로 체포하려고 하였다.

가이사에게 조공을 바치는 일에 우호적이라면 로마 통치를 부정하는 유대인들의 마음을 잃을 것을 계산한 발언이다.

그리스도의 대답은 하나님의 자녀는 하나님이 통치하시는 국가와 교회의 의무를 동시에 다해야 함을 대답하셨다.

D.L 무디는 "그리스도인은 지나치게 경건해서 안되는 이유는? 세상에 유익을 주지 못하기 때문이다." 라고 말했다. 예수께서 제자들에게 너희는 세상 속에 파고 들어가서 세상을 변혁시키는 소금과 빛과 누룩같이 되라고 가르치셨지 너희는 세상과 등지고 수도원에 들어가서 금식기도하고 금욕적으로 살라고 말씀하지 않으셨다.

우리가 경건하게 살아야 하는 것은 그리스도인의 기본이다. 그러나 경건주의자가 되는 것은 바리새인처럼 '분리주의자' 가 되어 파당을 만들고 자기들만의 세계를 구축하게 된다.

소위 '장자 교단' 이라는 명분을 자랑하면서 장자 교단의 역할을 하지 않으면 바리새파가 되고 분리주의자가 된다.

로마서 13장과 베드로전서 2장 13절에 그리스도인들은 국법에 순종해야 하고 일반 은총으로 세운 지도자들을 존중해야 한다고 가르친다. 사도바울과 사도 베드로는 교회가 국가에 의해서 박해를 받고 고난을 당하고 있었던 시대에 국가관에 대한 가르침은 놀라운 것이다.

결국, 사도들은 박해하는 국가 권력에 의해 순교를 하면서도 하나님이 일반 은총으로 세우신 국가가 무너지지 않도록 조세를 바치라는 것이 하나님의 뜻이라고 가르쳤다.

박해하는 국가 권력자들은 교회가 국가를 충심으로 위하고 있다는 것을 알지 못하고 국가를 전복시키는 세력으로 오해를 하고 있다.

예수께서는 세금 낼 돈을 내게 보이라고 하셨다. 로마 황제 가이사는 자기의 형상을 동전에 새겼다. 하나님은 영광스러운 그의 형상을 인간에게 새기셨다(창세기 1:26-27).

죄는 이 형상을 지우고 망쳐 놓았지만, 그리스도를 통하여 잃어버렸던 그 형상을 다시 찾게 되었다.(에베소서 4:24, 골로새서 3:10). 그러므로 누가복음 15장 8-10절에 나오는 잃어버린 동전의 비유처럼 잃어버린 하나님의 형상을 그리스도 안에서 다시 찾았다면 하나님의 것은 하나님에게 드리고 헌신 되어야 함이 마땅하다.

2. 뱀의 혀

인류 최초에 사탄이 사람을 타락하게 한 도구는 뱀의 혀이다. "하나님이 참으로 너희에게 동산 모든 나무의 열매를 먹지 말라 하시더냐" (창세기 3:3) "너희가 결코 죽지 아니하리라" (4), "너희가 먹는 날에는 너희 눈이 밝아져 하나님과 같이 되어 선악을 알 줄 하나님이 아심이니라" (5) 사탄의 고도로 발달된 언어와 심리적인 논리에 넘어가지 않는 사람은 한 사람도 없으며 오직 한 사람 예수 그리스도만이 넘어가지 않으셨다.

인간들이 모여서 하나님을 집단적으로 대항하는 대반란의 시작은 바벨탑을 쌓기 위해 인간들이 모여서 회의를 통해서 가결한 말에 있었다.

"온 땅의 언어가 하나요 말이 하나였더라" (창세기 11:1) "서로 말하되 자, 벽돌을 만들어 견고히 굽자 하고 이에 벽돌로 돌을 대신하며 역청으로 진흙을 대신하고, 또 말하기를 성읍과 탑을 건설하여 그 탑 꼭대기를 하늘에 닿게 하여 우리 이름을 내고 온 지면에 흩어짐을 면하자 하였더니" (창세기 11:3-4)

세상 종말에 인간들을 타락하게 하는 자들은 말을 가지고 미혹한다. "또 내가 보매 개구리 같은 세 더러운 영이 용의 입과 짐승의 입과 거짓 선지자의 입에서 나오니 그들은 귀신의 영이라 이적을 행하여 온 천하 왕들에게 가서 하나님 곧 전능하신 이의 큰 날에 있을 전쟁을 위하여 그들을 모으더라" (요한계시록 16:13-14)

마지막 지옥 불에 들어갈 자들은 거짓말을 지어내기를 좋아하는 자들이다.

"그러나 두려워하는 자들과 믿지 아니하는 자들과 흉악한 자들과 살인자들과 음행하는 자들과 점술가들과 우상 숭배자들과 거짓말하는 모든 자들은 불과 유황으로 타는 못에 던져지리니 이것이 둘째 사망이라" (요한계시록 21:8)

"개들과 점술가들과 음행하는 자들과 살인자들과 우상숭배 자들과 및 거짓말을 좋아하며 지어내는 자는 다 성 밖에 있으리라" (요한계시록 22:15)

그러나 상대적으로 인간을 구원하시는 성령은 진리의 영이시며 말씀의 영이시다.

"말씀이 육신이 되어 우리 가운데 거하시매 우리가 그 영광을 보니 아버지의 독생자의 영광이요 은혜와 진리가 충만하더라" (요한복음 1:14)

"나를 사랑하지 아니하는 자는 내 말을 지키지 아니하나니 너희의 듣는 말은 내 말이 아니요 나를 보내신 아버지의 말씀이니라." (요한복음 14:24)

바리새인은 자기 제자들을 헤롯 당원들과 함께 예수께 보내어 말의 올무를 놓으려고 경건한 구도자로 위장하고 질문을 하였다.

가이사에게 세금 내는 문제로 예수를 걸고 넘어지려고 하였다. 그들은 답을 가지고 있으면서도 함정 질문을 하고 대답하기 모호한 질문을 하였다.

사람의 질문 속에는 그 사람의 신앙과 인격과 삶이 다 숨어있다. 숨은 그림을 찾는 것과 같이 조금만 관찰하면 쉽게 찾을 수 있다.

코에 걸면 코걸이, 귀에 걸면 귀걸이가 된다는 속담처럼, 말쟁이들은 성경을 자기식으로 해석하지 않으면 결코 들으려고 하지 않는다.

예수께서 "부모 형제 처자식을 미워하지 않으면 능히 내 제자가 되지 못한다' 라고 가르치시면 상충하는 구절을 가지고 질문한다. 그러면 '이웃을 네 몸과 같이 사랑하라" 라고 기록된 성경은 어떻게 해석해야 합니까? 질문한다. 자기 답을 가지고 함정 질문과 올무를 놓으려고 하는 사람에게는 답을 주지 않는 것이 '우문현답' 이다.

이럴 때 옳은 대답은, 부모 · 형제 처자식을 미워하고, 이웃을 네 몸과 같이 사랑하라고 말하면 입을 닫게 될 것이다. 가이사에게 바치는 조공 질문에는 세금도 내고 십일조도 바치라고 대답해 주는 것이 올무에 걸리지 않는 정답이다.

말에 대한 지혜가 가득한 잠언을 기억하자.

> "악을 행하는 자는 궤사한 입술을 잘 듣고 거짓말을 하는 자는 악한 혀에 귀를 기울이느니라" (잠언 17:4)
>
> "나무가 다하면 불이 꺼지고 말쟁이가 없어지면 다툼이 쉬느니라" (잠언 26:20)
>
> "남의 말하기를 좋아하는 자의 말은 별식과 같아서 뱃속 깊은 데로 내려가느니라, 그 말이 좋을지라도 믿지 말 것은 그 마음에 일곱 가지 가증한 것이 있음이라.(잠언 26:22,25)

dessert

1. 나는 사회와 교회에서 이합집산의 부류에 흔들리고 있는가?
2. 나에게 있는 하나님의 형상은 누구에게 바쳐야 하는가?
3. 나는 진리의 말씀과 뱀의 혀를 분별할 수 있는가?

Prayer

주님! 사회와 교회가 간사하고 사악한 뱀의 혀와 이합집산이라는 힘의 원리에 흔들리지 않게 하시고 오직 영원한 진리의 말씀에 기준을 두고 사명을 다하도록 도와주소서. 아멘!

61. 22:23-33 예수와 사두개인의 Q&A

"부활이 없다 하는 사두개인들이 그날 예수께 와서 물어 이르되, 우리 중에 칠 형제가 있었는데 맏이가 장가 들었다가 죽어 상속자가 없으므로 그 아내를 그 동생에게 물려 주고, 그런즉 그들이 다 그를 취하였으니 부활 때에 일곱 중의 누구의 아내가 되리이까

예수께서 대답하여 이르시되 너희가 성경도, 하나님의 능력도 알지 못하는 고로 오해하였도다. 부활 때에는 장가도 아니 가고 시집도 아니 가고 하늘에 있는 천사들과 같으니라" (23,25,28-30절)

Appetizer

마태복음 22장은 예수를 비판하는 자들이 말에 올무를 씌우려고 세 가지 함정 질문을 하였으나 예수께서 그 질문에 말씀으로 대답하신 Q&A(question and answer) 장(章)이다.

1) 가이사에게 세금을 바치는 문제(15-22) - 헤롯당의 정치적인 함정이다.
2) 칠 형제 부활 문제(23-33) - 사두개인들의 교리적인 함정이다.
3) 큰 계명(34-46) - 바리새인들의 율법적인 함정이다.

하나님과 말씀을 가지고 인간들이 왈가왈부하는 논쟁은 미련하고 위험한 일이다. 유대교의 서기관들과 바리새인들과 사두개인들의 논쟁과 종교 회의는 결국 진리를 대항하고 자신의 왕이신 메시아를 십자가에 못 박는 것으로 종말을 고하였다.

예수께서는 진리를 대항하고 불신하는 자들과 대화할 때 율법의 완성인 사랑을 가지고 모든 논쟁을 불식시키셨다. 진리를 논쟁할 때 이성과 지식과 감정이나 의지적으로 접근하면 결과는 분쟁과 분리와 적대 관계

가 된다. 예수께서는 성령의 기름 부으심의 지혜와 사랑으로 진리를 풀어주셨다.

예수께서 부활하셨을 때 엠마오로 내려가는 낙심한 제자들과 길에서 대화하실 때 성경을 풀어서 설명하셨다. 그 결과 두 제자의 마음이 뜨거워지고 눈이 열려서 부활의 증인이 되었다.

> "이르시되 미련하고 선지자들이 말한 모든 것을 마음에 더디 믿는 자들이여, 그리스도가 이런 고난을 받고 자기의 영광에 들어가야 할 것이 아니냐 하시고, 이에 모세와 모든 선지자의 글로 시작하여 모든 성경에 쓴바 자기에 관한 것을 자세히 설명하시니라.
>
> 그들과 함께 음식 잡수실 때에 떡을 가지사 축사하시고 떼어 그들에게 주시니, 그들의 눈이 밝아져 그인 줄 알아보더니 예수는 그들에게 보이지 아니하시는지라. 그들이 서로 말하되 길에서 우리에게 말씀하시고 우리에게 성경을 풀어 주실 때에 우리 속에서 마음이 뜨겁지 아니하더냐 하고" (누가복음 24:25-27, 30-32)

예수를 부인하고 다시 어부로 돌아간 시몬 베드로에게 부활하신 예수께서 찾아오셔서 그를 비난하거나 저주하지 않으시고 오히려 따뜻한 조반을 먹게 하시고 식후에 그의 마음을 움직일 수 있는 짧은 말씀을 던지셨다.

> "예수께서 가셔서 떡을 가져다가 그들에게 주시고 생선도 그와 같이 하시니라. 그들이 조반 먹은 후에 예수께서 시몬 베드로에게 이르시되 요한의 아들 시몬아 네가 이 사람들보다 나를 더 사랑하느냐 하시니 이르되 주님 그러하나이다 내가 주님을 사랑하는 줄 주님께서 아시나이다 이르시되 내 어린 양을 먹이라 하시고" (요한복음 21:13,15)

Today' s dish

사두개인들은 교리적인 함정 질문으로 예수 그리스도를 이단자로 몰아가려고 하였다.

바리새인과 사두개인들이 서로 교리적인 차이로 원수지간이지만 그리스도를 반대하는 일에는 서로 연합하였다.

그들은 부활 세계에서 결혼에 관하여 가상적인 질문을 던졌다. 구약율법에 '고엘' 이라는 시형제 결혼제도가 있다. 형의 자녀가 없이 죽으면 형의 대를 이어주기 위하여 과부 된 형수와 결혼하는 한시적인 법이 있었다(창세기 38:8)

> "형제들이 함께 사는데 그중 하나가 죽고 아들이 없거든 그 죽은 자의 아내는 나가서 타인에게 시집가지 말 것이요 그의 남편의 형제가 그에게로 들어가서 그를 맞이하여 아내로 삼아 그의 남편의 형제 된 의무를 그에게 다 행할 것이요, 그 여인이 낳은 첫 아들이 그 죽은 형제의 이름을 잇게 하여 그 이름이 이스라엘 중에서 끊어지지 않게 할 것이니라" (신명기 25:5,6)

일곱 형제가 있었는데 형이 죽음으로 시형제가 형수와 결혼하였지만, 자녀를 낳지 못하고 죽었다. 그래서 다음 시동생이 형수와 결혼하고 죽었는데 일곱 형제가 모두 형수와 결혼하고 자녀를 낳지 못하고 죽었다. 그러면 부활의 날에 그 형수는 누구의 아내가 될 것인가? 라는 황당한 질문과 신성모독적인 질문을 하였다.

예수께서는 사두개인들이 하나님의 말씀과 하나님의 능력에 대하여 무지하다고 말씀하셨다. 부활의 세계에서는 결혼이라는 제도는 없다. 부활한 사람들은 천사들과 같이 될 것이며 그곳에서는 남녀 성별이 없어지고, 이 땅의 율법과 제도의 통치를 받지 않는 영적인 세계에서 살게 될 것이다.

예수께서 말씀하신 하나님은 "나는 아브라함의 하나님, 이삭의 하나님, 야곱의 하나님이라” 고 말씀하셨다.(출애굽기 3:6) 이 조상들은 지금 살아 있다는 뜻이다.

죽음은 육신을 흙으로 돌아가게 하더라도 그 사람의 실제의 인격인 영혼을 파괴하는 것이 아니다. 예수께서는 죽음 후에도 영혼이 존속할 것이며 부활의 날에는 영혼 몸이 함께 살아 있는 영혼 불멸의 생명으로 하나님과 함께 있게 영원히 살 것을 가르치셨다.

유대인들 가운데 최고의 지혜와 지위를 자랑하는 사두개인들이 어리석고 미련한 부활 질문으로 미련하고 어리석은 우리가 예수 그리스도의 답변으로 부활에 대한 확실한 진리를 알게 되고 부활의 소망을 가지게 되었다.

하나님은 구원의 진리와 지혜는 세상의 총명 있는 자를 어둡게 하시고 하나님이 부르신 사람들에게 하나님의 지혜를 주시고 십자가의 도를 믿음으로 구원에 이르게 하신다.

> “십자가의 도가 멸망하는 자들에게는 미련한 것이요 구원을 받는 우리에게는 하나님의 능력이라, 기록된 바 내가 지혜 있는 자들의 지혜를 멸하고 총명한 자들의 총명을 폐하리라 하였으니, 지혜 있는 자가 어디 있느냐 선비가 어디 있느냐 이 세대에 변론가가 어디 있느냐 하나님께서 이 세상의 지혜를 미련하게 하신 것이 아니냐
>
> 하나님의 지혜에 있어서는 이 세상이 자기 지혜로 하나님을 알지 못하므로 하나님께서 전도의 미련한 것으로 믿는 자들을 구원하시기를 기뻐하셨도다. 유대인은 표적을 구하고 헬라인은 지혜를 찾으나, 우리는 십자가에 못 박힌 그리스도를 전하니 유대인에게는 거리끼는 것이요 이방인에게는 미련한 것이로되, 오직 부르심을 받은 자들에게는 유대인이나 헬라인이나 그리스도는 하나님의 능력이요 하나님의 지혜니라. 하나님의 어리석음이 사람보다 지혜롭고 하나님의 약하심이 사람보다 강하니라” (고린도전서 1:18-25)

"형제들아 너희를 부르심을 보라 육체를 따라 지혜로운 자가 많지 아니하며 능한 자가 많지 아니하며 문벌 좋은 자가 많지 아니하도다. 그러나 하나님께서 세상의 미련한 것들을 택하사 지혜 있는 자들을 부끄럽게 하려 하시고 세상의 약한 것들을 택하사 강한 것들을 부끄럽게 하려 하시며, 하나님께서 세상의 천한 것들과 멸시받는 것들과 없는 것들을 택하사 있는 것들을 폐하려 하시나니, 이는 아무 육체도 하나님 앞에서 자랑하지 못하게 하려 하심이라" (고린도전서 1:26-29)

교회사의 어두운 그림은 그리스도 안에 있는 형제들이 성경해석, 신학논쟁, 교리논쟁, 도덕적 시비, 감투와 주도권 다툼을 거룩하신 아버지 이름과 주님의 이름으로 하였다.

예수께서 제자들에게 '서로 사랑하라' 말씀하시고, 대제사장의 중보기도로 "우리가 서로 하나 되게 하옵소서" 의 기도가 무색할 정도로 서로 정죄하고 판단하고 분쟁과 분열을 거듭 행하였다. 결과적으로 하나님의 영광을 가리고 교회의 힘이 되는 사랑을 잃어버려서 형제가 서로 대적하는 원수 관계가 되면서 사탄의 전략에 넘어간 일들이 많았다.

사도 바울은 우리가 전한 복음 외에 다른 복음을 전하면 하늘의 천사라도 저주를 받을 것이라(갈라디아 1:8,9)고 선언하였다. 사도 요한은 예수 그리스도의 성육신과 신성의 부활을 부인하는 다른 복음을 전하는 자에게는 인사도 하지 말고 집에도 들이지 말라고 엄금하였다.(요한이서 10,11)

지금 말하는 논쟁은 성경과 신학을 빌미로 형제와 분리하는 혈과 육의 논쟁과 다툼으로 마귀로 틈타게 해서 한 몸 된 교회를 분리하는 함정에 빠지면 안 된다는 의미다.

예수를 세 번이나 욕하고 부인한 시몬 베드로를 예수께서 용납해 주시지 않았다면 예루살렘 교회는 무너지고 12지파와 12사도가 하나 되는 하나님의 언약은 깨어질 것이다.

dessert

1. 우리는 진리와 거룩을 빌미로 형제와 논쟁하고 분쟁하며 분리한 죄는 없는가?
2. 나는 부활의 진리를 믿고 부활의 가치관으로 이 세상을 살고 있는가?
3. 나는 이단과 다른 복음을 분별할 수 있는 영적 분별력이 있는가?

Prayer

주님! 우리가 진리 안에서 하나 되고 서로 사랑하게 하시고, 다른 복음을 분별력을 가지고 단호하게 물리칠 수 있게 하옵소서. 교회들이 적과 형제를 분별하고 진리와 사랑의 능력과 힘을 잃지 않고 땅끝까지 구원의 복음으로 전하게 하옵소서. 아멘!

62. 22:34-46 주의 큰 계명

"선생님 율법 중에서 어느 계명이 크니이까, 예수께서 이르시되 네 마음을 다하고 목숨을 다하고 뜻을 다하여 주 너의 하나님을 사랑하라 하셨으니, 이것이 크고 첫째 되는 계명이요

둘째도 그와 같으니 네 이웃을 네 자신 같이 사랑하라 하셨으니, 이 두 계명이 온 율법과 선지자의 강령이니라. 다윗이 그리스도를 주라 칭하였은즉 어찌 그의 자손이 되겠느냐 하시니, 한 마디도 능히 대답하는 자가 없고 그날부터 감히 그에게 묻는 자도 없더라" (36-40,45,46절)

Appetizer

♥하나님 아버지께서 하늘 밥집(TSR)이 1,000회가 되도록 말씀으로 은혜 주심에 감사와 영광을 돌립니다. 그리고 그리스도 안에 많은 형제와 자매들의 사랑과 격려를 감사드리며 더 풍성한 하늘 밥집이 되도록 기도하며 노력하겠습니다.♥

그동안 헤롯당과 바리새파와 사두개파들이 차례로 예수 그리스도를 올무에 걸어 넘어지게 하려고 정치문제인 납세 질문, 종교적인 부활 질문, 계명 중 큰 계명 등 율법적인 질문을 하였지만 예수께서 그들을 놀라게 하시고 그들의 입을 막으심으로 3전 3승을 하셨다.

사두개인(Sadducees)들은 사회복음주의적인 진보성향의 파로서 교권을 잡은 자들이다.

부활을 믿지 않고 칠 형제 결혼에 관한 시나리오를 만들어서 질문함으로 부활 때 누구의 아내가 되느냐? 황당한 질문을 하였다.

예수께서는 부활 때는 천사와 같아서 시집 장가가지 않으며, 하나님은 아브라함, 이삭, 야곱의 하나님으로 지금도 조상들과 함께 살아 계신다

며 성경을 알지 못하는 자들을 가르쳐 주셨다.

바리새파(Pharisees)는 율법 학자로서 입만 살아 있고 실천이 없는 외식자들이다.

가이사에게 세금을 바칠까 말까? 데나리온을 가지고 질문하였다. 누구의 형상과 글이 새겨졌는지 되물으시고 가이사 것은 가이사에게 하나님의 것은 하나님께 바치라고 하셨다.

예수께서는 고정적인 수입원이 없기에 세금을 내실 이유가 없지만, 베드로가 낚시해서 잡은 물고기 입에서 두 렙돈으로 인두세를 내셨다.

율법사는 율법 중에 어느 것이 크냐? 질문하였다.

예수께서는 "마음과 목숨과 뜻을 다하여 주 너의 하나님을 사랑하고, 이웃은 네 자신같이 사랑하는 것이 두 돌판의 계명이며 율법과 선지자의 강령이라" 고 대답하셨다.

철학자 소크라테스(Socrates)는 '너 자신을 알라' (Know thyself) 고 하였다. 그리스도는 '네 이웃을 네 자신같이 사랑하라' 고 하셨다.

바리새인들의 후손들은 십계명 두 돌판의 글자의 숫자가 613개인데, 계명마다 그 글자 한 자 한자에 의미를 부여하고 많은 규례를 만들어서 지키게 하였다. 그중에 248개 조항은 '하라' 는 적극적인 계명이고, 365개는 '하지말라' 는 소극적인 계명으로 나누었다.

바리새인들은 십계명을 가지고 수많은 규례를 만들어서 무거운 짐을 지우지만 예수 그리스도께서는 십계명을 두 계명으로 축약하시고 그것조차도 사랑의 새 계명이라는 하나의 계명으로 요약하시고 '내 짐은 쉽고 가볍다' 라고 가르치시면서 나를 따라오라고 하셨다.

Today' s dish

1. 큰 계명

율법 학자들은 계명 중에서 어떤 것이 가장 큰가에 대하여 끊임없이 연구하고 토론하였다. 계명들을 '무거운' 계명과 '가벼운' 계명으로 나누었으며 '의식법' 과 '도덕법' 으로 분리하였다.

예수께서는 신명기 6장 5절과 레위기 19장 18절을 인용하심으로 대답하셨다. 주 너의 하나님을 마음과 목숨과 뜻을 다하여 사랑하고 네 이웃을 너 자신 같이 사랑하는 것이 구약 성경의 모든 율법과 선지자의 강령이라고 하셨다.

하나님과 이웃을 사랑하는 것이 참된 사랑의 하나님이 주신 율법의 정신이다. 사랑은? 예수 그리스도를 구세주로 알지 않으면 아무도 하나님을 사랑할 수가 없다.

> "예수께서 이르시되 하나님이 너희 아버지였으면 너희가 나를 사랑하였으리니 이는 내가 하나님에게서 나와서 왔음이라 나는 스스로 온 것이 아니요 아버지께서 나를 보내신 것이니라" (요한복음 8:42).

믿음은 과거 하나님의 사랑하심을 고백하는 것이다. 소망은 미래에 하나님이 약속을 바라보는 것이다. 사랑은 하나님과 현재적인 사랑의 관계에서 행복을 찾는 것이다.

하나님은 우리의 애정에 있어서 첫째 자리를 요구하신다. 헌신은 영적 생활에 성화로 인도하지만, 그것은 시작이지 목적지가 아니다. 우리의 애정을 주님께 넘겼는지에 따라서 우리의 헌신이 진실인지 허위인지를 판가름할 수 있다.

물질이나 시간이나 다른 것들을 주님께 바치는 것은 비교적 쉬운 일이지만 애정을 바치는 것은 지극히 어려운 일이다.

주님을 사랑하지만, 애정을 주님에게 둘째 자리를 내어주거나 주님과 동시에 다른 것을 사랑한다면 우리가 바치는 것을 헌신이라고 말할 수 없다. 헌신은 먼저 애정을 주님께 바쳐서 애정을 빼고 나면 사실상 바친 것이 없는 것과 같아지는 것이 참된 헌신이다.

가정에서 사랑을 빼면 존재 자체가 없어진다. 신앙인에게 사랑을 빼면 남는 것은 마른 뼈와 같은 종교적인 허울과 의식만 남게 된다. 애사(愛社), 애국(愛國)을 빼면 살벌하고 이기적인 조직이 되며, 황량한 세렝게티의 약육강식 정글이 된다.

하나님은 우리에게 절대적인 사랑을 주셨기 때문에 절대적인 사랑을 요구하신다. 우리의 마음이 다른 것에 나누어지는 것을 원치 않으시고 우리의 사랑의 전부를 요구하신다.

주님은 우리가 집착하고 있는 것에서 떠날 것을 명령하신다.

"네 마음을 다하고 목숨을 다하고 뜻을 다하여 주 너의 하나님을 사랑하라" (37절)

'다하다' 는 말은 그 모든 것이 주님을 위한 것임을 암시한다. 우리가 주관할 수 있는 애정을 조금도 남겨 놓지 말라는 명령이다. 하나님은 십계명 제2계명에서 '나는 질투하는 하나님이시다.' (출애굽기 20:5)라고 말씀하셨다.

아브라함에게 독자 이삭이 있고, 야곱이 죽기까지 사랑하는 연인 라헬이 있다. 다윗에게는 여인의 사랑보다 더한 친구 요나단이 있었다. 하나님은 사랑하는 사람들을 제단에 바치라고 요구하신다.

하나님께서는 어떠한 경쟁자도 용납하지 않으신다. 십자가에 대한 지적인 이해와 고백에는 불이 내리지 않고 오로지 영혼 몸 모든 것을 제단에 바칠 때만 하늘의 불로 태우시고 성령의 능력을 우리에게 주신다.

우리가 애정의 끈을 비밀리 붙들고 있거나, 사울처럼 은밀하게 제사를 핑계로 살찐 황소와 양들과 아말렉왕 아각을 숨겨 두고 있다면 성령의 능력이 나타나지 않는다.

아삽은 이렇게 찬양하였다. '하늘에서는 주 외에 누가 내게 있으리오. 땅에서는 주 밖에 나의 사모할 자 없나이다.' (시편 73:25)

주님은 우리가 주님을 위하여 일할 것을 요구하지 않고 주님을 사랑할 것을 요구하신다.

에베소 교회는 주님을 위한 인내와 수고로 많은 일을 하였지만 첫사랑을 버렸을 때 주님께서 이들을 기뻐하지 않으셨다. 주님을 위해서 일하면서도 주님을 사랑하지 않을 수 있다는 것을 알고 내가 일하는 동기가 어디에 있는지 주님께 가르쳐 달라고 구해야 한다.

사랑함이 없이 '주여 주여' 하는 일은 주님께서는 '나는 너를 모른다' 라고 하신다.

우리의 마음을 점유하고 애정을 빼앗기게 하는 것을 십자가에 못 박아야 한다. "세상에 있는 모든 것이 육신의 정욕과 안목의 정욕과 이생의 자랑이니 다 아버지께로 좇아온 것이 아니요 세상으로 좇아온 것이라" (요한일서 2:16)

우리의 타고난 성향으로 누구를 미워하고 누구를 좋아하는 육신적인 애정의 힘을 상실해야 하고 하나님의 통제를 받아서 원수라도 사랑할 수 있어야 한다.

하나님은 신자의 유익을 위해서, 그리고 헌신을 구체화하기 위해서 우리의 마음을 변화시켜서 하나님만 사랑하게 하시든지, 아니면 귀중하게 여기는 것을 종종 빼앗아 가신다.

에로스 사랑은 절대적으로 한 사람만의 사랑을 요구한다. 다른 사랑을 하게 되면 미움이 일어나게 된다. 마찬가지로 아가페 사랑도 그런 것이다. 하나님과 우상을 동시에 사랑하는 것은 가증한 죄악이다.

십자가에서 애정을 처리하고 난 애정은 다른 사람의 기쁨과 슬픔을 함께 나눌 수 있고, 짐을 질 수 있으며, 사랑으로 섬길 수 있다. 더 이상 자신이 사랑하는 것을 사랑하지 않고 하나님께서 사랑하시는 사람들을 사랑하게 된다.

세상적인 사랑은 바다 위에 지나간 배와 같이 지속적 자취를 남기지 못한다. 이것은 자기 자신만을 행복하게 만들고 기분을 충족시켜 주는 쾌락적인 사랑이다.

혼은 자아 자체이기 때문에 혼적인 사랑은 육적인 사랑이다. 영적인 사랑은 육적인 사랑이 섞이지 않는 것이다. 태양을 본 이후에 눈이 머는 것처럼 하나님의 영광을 바라본 눈은 육신적인 것을 더 이상 볼 수 없게 만든다.

사탄이 신자를 다루는 방법으로 유혹할 수 없다고 생각하면 애정 문제를 통하여 신자를 유혹한다. 삼손의 머리를 깎은 들릴라는 오늘도 여전히 이성의 머리를 자르고 있다. 영적인 사람은 인간의 타고난 모든 애정을 초월해서 십자가에 못 박아야 한다.

2. 주와 자손

예수께서는 헤롯 당원과 사두개인과 바리새인들을 침묵시키시고 이제 그리스도께서 공격적인 질문을 하셨다. 다윗이 그리스도를 "주" 라고 불렀던 시편 110편 1절을 언급하셨다.

그리스도는 누구의 자손이냐?는 물음에 다윗의 자손이라고 대답하였다. 그러면 다윗이 그리스도를 하나님이라는 의미로서 '주' 라고 칭하였으니 어찌 그의 자손이 되겠느냐? 되물으셨다. 함정 질문자에게는 질문 자체를 되물어 보면 답을 알지 못한다.

그들은 한마디도 능히 대답하지 못하고 그날부터 감히 그리스도에게 묻는 자가 없었다.

시편 110편 전체를 읽으면 그리스도께서 적들을 정복하실 것과 아울러 예수 그리스도께서 대제사장 되심을 다루고 있음을 알 수 있다. 대적자들은 성경을 자신들의 필요한 구절만 인용하고 앞뒤 문맥을 읽지도 않는다.

유대인들에게 왕으로서 거절당하신 그리스도는 합법적으로 이방인들을 향하시게 될 것이며 그들의 대제사장이 되실 것이다. 그리고 이 땅에 다시 돌아오실 때 주님은 그의 원수들로 발등상이 되게 하실 심판 주로 오실 것이다.

하나님과 논쟁하는 것은 어리석고 위험하다. 이런 사람들은 진리에 저항하고 자신의 왕을 십자가에 못 박는 것으로 배교의 종말을 고하였다. 진리를 대적하는 원수에게는 하나님의 말씀으로 답하면 그 말씀이 힘과 방패와 능력이 된다.

하나님의 자녀 된 표지는 사랑이다(요한복음 13:35). 하나님의 사랑을 아는 그리스도인은 하찮은 율법이나 규율을 육적으로 지키는 것으로 종교적이며 의식적인 것을 가지고 표지로 삼을 수 없다.

"내가 사람의 방언과 천사의 말을 할지라도 사랑이 없으면 소리 나는 구리와 울리는 꽹과리가 되고, 내가 예언하는 능력이 있어 모든 비밀과 모든 지식을 알고 또 산을 옮길 만한 모든 믿음이 있을지라도 사랑이 없으면 내가 아무것도 아니요, 내가 내게 있는 모든 것으로 구제하고 또 내 몸을 불사르게 내줄지라도 사랑이 없으면 내게 아무 유익이 없느니라.

사랑은 오래 참고 사랑은 온유하며 시기하지 아니하며 사랑은 자랑하지 아니하며 교만하지 아니하며, 무례히 행하지 아니하며 자기의 유익을 구하지 아니하며 성내지 아니하며 악한 것을 생각하지 아니하며, 불의를 기뻐하지 아니하며 진리와 함께 기뻐하고, 모든 것을 참으며 모든 것을 믿으며 모든 것을 바라며 모든 것을 견디느니라, 그런즉 믿음, 소망, 사랑, 이 세 가지는 항상 있을 것인데 그 중의 제일은 사랑이라." (고린도전서13:1-7,13)

dessert

1. 나는 율법 종교의 짐을 무겁게 지고 있는가? 쉽고 가볍게 하는 복음으로 살고 있는가?
2. 하나님이 우리에게 요구하시는 계명은 무엇인가?
3. 그리스도가 우리의 주가 되신다면 실제로 주님이 내 삶을 주도하시는 주인이 되시는가?

Prayer

주님! 하늘 밥집 1천 회가 되도록 은혜 주심을 감사합니다. 독자들이 좋은 밭이 되도록 은혜 주시고 30배 60배 100배의 열매를 맺게 하옵소서.

우리가 하나님의 말씀을 논쟁의 소재로 삼지 말게 하시고 오직 주님을 사랑하고 주님의 사랑을 가지고 이웃을 나와 같이 사랑할 수 있는 성령의 능력으로 살게 하소서. 아멘!

63. 23:1-12 위선자들의 인상착의

"서기관들과 바리새인들이 모세의 자리에 앉았으니, 그러므로 무엇이든지 그들이 말하는 바는 행하고 지키되 그들이 하는 행위는 본받지 말라 그들은 말만 하고 행하지 아니하며, 잔치의 윗자리와 회당의 높은 자리와, 시장에서 문안받는 것과 사람에게 랍비라 칭함을 받는 것을 좋아하느니라. 그러나 너희는 랍비라 칭함을 받지 말라 너희 선생은 하나요 너희는 다 형제니라. 땅에 있는 자를 아버지라 하지 말라 너희의 아버지는 한 분이시니 곧 하늘에 계신 이시니라. 또한 지도자라 칭함을 받지 말라 너희의 지도자는 한 분이시니 곧 그리스도시니라" (2,3,6-10절)

Appetizer

예수께서는 헤롯당, 사두개인, 서기관과 바리새인들에게 비난과 비방과 논쟁 등으로 수많은 공격을 당하셨다. 그러나 이제는 역공하시면서 그들과 공개적인 선전포고를 하셨다. 그들은 서로 적대 관계에 있었지만, 예수 잡는 일을 위해서는 연대하고 죽이기로 공모하였다. 주님은 그 많은 공격을 홀로 다 막아내시고 승리하셨다.

링컨 콘티넨털(Lincoln Continental) 리무진은 웅덩이를 지나가도 실내의 커피잔이 출렁이지 않는다. 소형차량은 작은 돌멩이 위를 지나가도 차량이 크게 흔들리고 튕기는 느낌을 받는다. 소인은 작은 일에도 상처를 받고 시험을 받지만, 대인은 큰 공격에도 흔들리지 않는다. 예수 그리스도는 안티 연대들이 하이에나 떼같이 공격하여도 전혀 흔들리거나 상처를 받지 않으시고 말씀으로 당당하게 대응하셨다.

예수께서 무리와 제자들에게 서기관과 바리새인들을 본받지 말아야 할 6가지 모습에 대해서 정보를 주시고 참된 제자의 도에 대해서 가르쳐 주셨다.

주님은 산상설교에서 천국에 들어가려면 그 사람의 의(義)가 서기관들과 바리새인의 의보다 앞서야 한다고 말씀하셨다(마태복음 5:10). 주님은 그들의 위선에 대해서 공개적으로 노출하시고 종교는 인간을 거룩하게 만들 수 없음을 결론적으로 말씀하셨다.

마태복음 23장은 예수께서 바리새인에 대한 공개적인 선전포고를 하신 것이며, 바리새인들은 분노하고 예수를 죽이기로 최종적인 결론을 내리게 되었다.

Today' s dish

벽보에 공개 수배자들의 인상착의에 대해서 정보를 제공하듯이 예수께서는 하나님의 법정에 소환해야 할 서기관과 바리새인들의 인상착의에 대해서 6가지 정보를 제공하셨다.

1. 위선자의 인상착의

1) 모세의 자리에 앉는 자 – 남을 정죄하고 판단하는 자리에 앉는다.
2) 말만 하고 행하지 않는 자 – 말은 본받고 행위는 본받지 말라.
3) 무거운 짐을 사람의 어깨에 지우는 자 – 자기는 한 손가락도 움직이지 않는다.
4) 행위를 사람에게 보이고자 하는 자 – 경문을 넓게 하고 옷 술을 길게 한다.
5) 잔치의 상석과 회당의 높은 자리를 선호하는 자 – 어디를 가도 높은 지정석을 좋아한다.
6) 시장에서 문안받기를 좋아하는 자 – 사람에게 랍비라 호칭 받는 것을 좋아한다.

이런 사람들을 66-3927번으로 신고하면 포상금을 드립니다.

2. 제자의 도

예수께서 무리와 제자들에게 인생의 선생과 아버지와 지도자는 한 분이라고 가르치셨다.

인생의 롤모델을 땅에서 선생과 지도자와 아버지를 찾지 말라고 하셨다. 너희는 선생(랍비)이라 칭함을 받지 말라 선생은 하나이며 너희는 다 형제니라. 땅에 있는 자를 아버지라 부르지 말라 아버지는 한 분이시니 하늘에 계신 하나님 한 분이시다. 지도자라 칭함 받지 말라 지도자는 한 분 그리스도시다. 누구든지 자기를 높이는 자는 낮아지고 자기를 낮추는 자는 높아지리라.

1) 선생(성령)

아담의 원죄로 인해서 선악을 아는 죄성의 지식으로 물들어있기 때문에 사람에게서 선한 것이 나올 수 없다. 우리는 수많은 선생에게서 인생과 학문을 배웠다. 그런데 그 선생들은 떠났고, 죽었고, 헤어졌고, 지금 우리 곁에는 선생이 없다.

산상설교는 모세의 제자들이 선생이 되어 율법을 잘못 가르치고 적용한 가르침에 대해서 참 선생이신 예수 그리스도께서 재해석하시고 적용해 주신 율법 교과서이다.

사이비 훈장이 산골 마을에 가서 훈장 노릇 하였다. 하늘 천, 따지 가마솥에 누룽지…아이들이 따라서 잘 배웠다. 그런데 진짜 훈장이 와서 '가물 현 누루 황' 이라고 교정해 주려는데 시골 사람들은 천자문을 엉터리로 가르친다고 그를 쫓아냈다.

하나뿐인 선생은 우리 안에서 우리 곁에서 진리를 가르쳐 주시는 보혜사 성령이시다. 우리들의 할아버지에게 진리를 가르쳐 주셨고, 우리 부모들에게 가르쳐 주셨다. 우리가 그에게서 진리를 배웠다. 이제 우리 자녀들과 손자와 손녀들에게 진리를 가르쳐 주시고 계신다.

대를 이어 수천 대까지 같은 진리를 변함없이 가르쳐주는 선생은 보혜사 성령님 이외 이 땅에는 한 사람도 없다.

모세의 자리에 앉아서 율법을 가르치던 외식자들은 사람들의 어깨에 무거운 짐을 두었지만, 주님은 사람들의 무거운 짐을 가볍게 하고 자유케 하셨다. 그리스도의 옷자락에는 경문과 옷 술은 없었지만, 사람들의 삶을 변화시키는 말씀의 능력이 있었다. 예수께서는 선생이라는 호칭보다 인자라는 호칭을 좋아하셨다.

2) 아버지(하나님)

나에게 원죄를 상속해 준 분은 땅에 있는 아버지이다. 하나님의 계명 때문에 부모를 공경하고 사랑하지만, 아버지를 신뢰하고 의지하는 자는 실망하게 된다.

주기도에서 하늘에 계신 우리 아버지에게 기도하라고 하였다. 땅에는 아버지 모델이 없다. 하늘에 계신 아버지밖에는 아버지가 없다. 교황을 아버지라고 부른다. 신부도 아버지이다. 교부, 사부, 대부, 대모들 땅에 있는 아버지는 우리를 천국으로 인도하지 못한다.

> "네 이웃을 사랑하고 네 원수를 미워하라 하였다는 것을 너희가 들었으나, 나는 너희에게 이르노니 너희 원수를 사랑하며 너희를 핍박하는 자를 위하여 기도하라, 이같이 한즉 하늘에 계신 너희 아버지의 아들이 되리니 이는 하나님이 그 해를 악인과 선인에게 비추시며 비를 의로운 자와 불의한 자에게 내려주심이라, 너희가 너희를 사랑하는 자를 사랑하면 무슨 상이 있으리오 세리도 이같이 아니하느냐" (마태복음 5:43-46)
>
> "또 너희가 너희 형제에게만 문안하면 남보다 더하는 것이 무엇이냐 이방인들도 이같이 아니하느냐, 그러므로 하늘에 계신 너희 아버지의 온전하심과 같이 너희도 온전하라" (마태복음 5:47-48)

3) 지도자(예수)

예수를 믿는 것은 땅에 있는 선생과 아버지와 지도자를 바꾸는 것이다. 세상에는 수많은 지도자가 있다. 석가와 공자, 맹자, 마호메트, 공산주의 지도자 마르크스, 레닌, 김일성, 종교 지도자, 철학 지도자, 인도의 선다싱, 중국의 모택동, 미국의 워싱턴과 벤저민, 남아공의 넬슨 만델라 흑인 인권 운동지도자, 티베트의 달라이 라마 불교 지도자, 테레사 수녀, 중남미 쿠바의 카스트, 체게바라 혁명가, 독일의 히틀러 등등 지도자라 호칭 받는 사람들이 많이 있다. 땅의 지도자들은 자신도 죽음에서 부활하지 못하였다. 그들은 우리를 영생으로 인도하지 못한다. 오직 그리스도만이 길과 진리와 생명이 되시고 우리를 영생으로 인도하는 지도자이시다. 땅의 지도자는 그 자리에서 우리를 통치하며 우리를 지배하지만 예수 그리스도는 속옷을 가지고자 하면 겉옷까지도 주시고, 억지로 오리를 가게 하면 십 리를 동행하시며, 구하는 자에게 주며 꾸고자 하는 자에게 거절하지 않는 지도자다. 예수 지도자는 우리를 섬기고 우리에게 모든 것을 다 주시고 생명까지도 주셨다.

4) 삼위일체 그림

우리에게는 한 선생이신 성령(보혜사)이 계신다. 하늘에 계신 우리 아버지 하나님은 우리를 낳으셨고 우리는 하나님의 자녀들이다. 그리스도이신 한 지도자는 우리를 영생으로 인도하시며 우리는 다 형제들이다. 성부와 성자와 성령의 자리를 노리는 사람들은 사람들에게 호감을 주고 영향력을 미쳐서 결국 그를 추종하고 복종하게 만든다. 그들은 십자가의 도를 역행하고 사람들을 생명의 길로 이끌지 못하는 원죄를 가진 사람일 뿐이다.

dessert

1. 예수께서 안티들의 연대조직에 공격을 받으셨지만 어떻게 승리하셨는가?
2. 우리는 위선자들의 여섯 가지 인상착의를 본받지는 않는가?
3. 참된 선생, 아버지, 지도자는 누구이며? 우리는 어떤 자세로 따라가야 하는가?

Prayer

주님! 땅의 선생, 아버지, 지도자를 신뢰하거나 따르지 말고 하늘의 선생이신 성령님, 하늘의 아버지 하나님, 하늘의 지도자 예수를 믿고 따르고 영생과 행복을 누리게 하소서. 아멘!

64. 23:13-28 팔복(八福)과 칠화(七禍)

"화 있을진저 눈 먼 인도자여 너희가 말하되 누구든지 성전으로 맹세하면 아무 일 없거니와 성전의 금으로 맹세하면 지킬지라 하는도다. 맹인 된 인도자여 하루살이는 걸러 내고 낙타는 삼키는도다. 눈 먼 바리새인이여 너는 먼저 안을 깨끗이 하라 그리하면 겉도 깨끗하리라, 화 있을진저 외식하는 서기관들과 바리새인들이여 회칠한 무덤 같으니 겉으로는 아름답게 보이나 그 안에는 죽은 사람의 뼈와 모든 더러운 것이 가득하도다. 이와 같이 너희도 겉으로는 사람에게 옳게 보이되 안으로는 외식과 불법이 가득하도다" (16,24,26-28절)

Appetizer

예수께서 외식하는 서기관과 바리새인들에게 '화 있을진저' 라는 일곱 가지 화를 선언하셨다. 마태복음 5장 3-12절에서 제자들에게 여덟 번의 '복이 있나니' 와 대조가 된다.

예수께서 서기관들과 바리새인들에게 증오심이나 적대감으로 화를 말씀하신 것이 아니다. 연민의 슬픔을 가지고 원수들의 사악한 마음에 대한 그리스도의 긍휼 어린 마음을 나타내고 있다.

역사적으로 바리새파(Pharisees)는 마카비 독립운동 시대(B.C 167)에 경건한 사람들(하시딤)이라는 '바리새' 이름으로 파벌이 생겼다. 헬라의 지배 아래서 율법을 버리고 자유주의자가 되라는 압박을 받을 때부터 반작용으로 성립되었다.

이 사람들은 믿음으로 율법을 보호하며 이방의 영향력이나 오염으로부터 자신을 분리하려고 하였다. 이들은 선지자들이 없었던 기간에 율법의 해석자들이 되었으며, 제사장들을 가르치는 의미에서 바리새인들은 모세의 자리에 앉았다.

예수께서는 바리새인들이 가르치는 모든 것을 순종하지 말고 오직 모세의 율법에 합당한 것만을 지키라고 말씀하셨다. 예수께서는 바리새인들의 가르침 가운데에서 많은 것들을 거절하셨다.

'외식하는 자' 는 '가면을 쓰다', '...인 체하다' 는 등에서 유래한 말로서 '타인의 흉내를 내는 사람', '배우' 등으로 이해된다. 이 단어는 종교적인 연극을 나타낸다. 배우나 탤런트들이 드라마의 대본대로 울고 웃으면서 쇼를 하는 것이 외식과 위선의 정의이다.

표리부동(表裏不同)이라는 겉과 속이 판이하게 다른 바리새인들은 거짓된 위선으로 타인과 자신을 동시에 속임으로 하나님 앞에 받을 심판을 경고하고 있다.(고린도후서 5:10).

그들의 종교적인 행위의 동기는 "사람에게 영광을 얻으려고" 한 것이며 하나님께 영광을 돌리는 데는 무관심하였다.

외식하는 자의 세 가지 유형으로는 (1) 악하면서도 선을 가장하는 유형으로 이런 사람은 자신이 남을 속이고 있다는 것을 알고 있다. (2) 자기만족에 도취하여 자기도 모르게 자신을 속이면서 또 타인을 속이는 유형으로 스스로 경건한 체하지만, 타인을 속이지는 못하고 곧 드러난다. (3) 외식하면서도 하나님과 사람을 위해 스스로 훌륭한 일을 하고 있다고 믿는 유형으로 가장 완벽한 위선자이다. 이들은 타인들로부터 존경을 받으며 모든 사람을 속일 수 있다.

Today' s dish

예수께서 서기관들과 바리새인들에게 화 있을 것이라고 선언하신 이유가 무엇인가?

1. 칠화의 이유

(1) 천국 문을 닫게 하는 불신과 강팍함.

첫째로, 세례요한을 거절하였다.(21:25-27)

둘째로, 그리스도를 거절하였다.(요한복음 7:47)
셋째로, 백성들이 성경의 참된 진리를 아는 것을 가로 막았다(누가복음 11:52)

하나님의 말씀을 아는 지식의 열쇠를 그들의 인간적인 전통 뒤에 숨겨 둠으로써, 서기관들과 바리새인들은 천국의 문을 실제로 잠갔다. 마치 중세 시대에 평신도들에게 성경을 소유하거나 읽을 기회를 주지 않고 성직자들의 고유한 특권으로 삼았던 것과 같다.

그리스도와 복음을 거절하고, 그의 종들을 저항하고 박해하며, 또한 하나님의 말씀을 전파하거나 가르치는 것을 거부함으로 천국 문을 닫아 놓은 종교 권력자들이다.

(2) 과부의 가산을 삼키는 탐욕(23절)

바리새인들은 가난한 과부들을 먹이로 삼아 하나님을 위하여 사용한다는 명목으로 그들의 소유를 취하였다. 교인들의 주머니를 터는 일에 전문적인 지식을 가지고 있으며, 성전 뜰에서 환전하고 제물을 팔아서 폭리를 취하는 잔머리는 보이스피싱의 머리같이 평범한 사람들로는 상상을 초월한다.

(3) 예배보다 제물에 가치를 둔다.(14-22절)

그들의 가치관은 성전과 제단에 바치는 돈과 예물에는 관심이 있지만, 성전과 제단에서 드리는 영적인 예배와 기도에는 관심이 없다.

(4) 실수가 아닌 고의적인 범죄(27절)

'회칠한 무덤' 은 무덤을 희게 칠하는 행위를 가리키는 것으로, 바리새인들은 우연히 자신들을 더럽힌 실수가 아니라 죄와 불의를 알면서도 고의로 범죄하며 그 죄를 포장하거나 가리는 일을 하였다.

(5) 의로운 자들을 핍박한 살인죄(32절)

너희 조상의 양(量)이란? 구약시대부터 그들이 성령을 훼방하면서까지 선지자들을 죽였고 요한이 살해되도록 방치하였으며, 그리스도를 십자가에 못 박았다. 또한 사도들을 옥에 가두고 스데반을 죽이며, 교회를 잔해하면서 그들의 분량을 채웠다. 아벨에서부터 스가랴를 죽인 피의 양을 다 채움으로 그 피 값은 그들의 머리로 돌아가게 되었다.

2. 팔복(八福)과 칠화(七禍)

마태복음 5장은 제자들을 위한 팔복을 선포하였고 마태복음 23장은 바리새인들을 위한 팔화를 선포하신 것이 대조적이다.

1복, 심령이 가난한 자는 천국을 유업을 받지만, 외식자들에게는 천국문이 닫힌다.(13)

2복, 애통하는 자는 위로를 받지만, 탐하는 자는 저주를 받는다(14)-한글 성경에는 없음.

3복, 온유한 자는 땅을 기업으로 받지만, 두루 다니면서 사람들을 지옥 자식으로 만듦(15)

4복, 의에 주린 자는 배부를 것이지만, 물질을 탐하는 자는 비게 됨(16-22)

5복, 긍휼히 여기는 자는 긍휼히 여김을 받지만, 십일조와 예물은 강조하고 율법의 정의, 긍휼, 믿음은 버리는자는 긍휼을 받지 못한다.(23-24)

6복, 마음이 깨끗한 자는 하나님을 보게 되지만, 내적으로 탐욕과 방탕으로 부패하여 하나님을 볼 수가 없다.(25-28)

7복, 화평케하는 자는 하나님의 자녀로 불리나, 회칠한 무덤같이 의인을 핍박하는 자들은 마귀의 자녀들로 불린다.(29-33)

8복, 의를 위해서 핍박을 받는 자들은 천국이 저희 것이지만, 선지자들의 무덤과 비석을 꾸밈으로 선지자들을 죽인자들이라는 증거를 남긴다.(29)

외식하는 서기관들과 위선적인 바리새인들의 가식적인 행위는 이런 것들이다.

1) 가난한 자를 돕기 위함이 아니라 사람들에게 칭찬받으려고 구제한다.
2) 사람에게 보이려고 회당에서 기도한다.
3) 금식할 때에 사람들이 감명받도록 옷차림으로 경건한 척한다.
4) 채소의 십일조까지 드렸으나 율법의 더 중요한 의와 긍휼과 믿음의 관계는 깨어버린다.
5) 그릇의 겉은 깨끗이 하나 안쪽은 더럽다.
6) 자기의 종교적인 행위를 의로 착각하고 과시하고 자랑한다.
7) 다른 이들이 천국에 들어가는 것을 막는다.
8) 지혜를 얻기 위함이 아니라 예수께 함정 질문을 한다. 마치 진주를 물어뜯고 더럽히는 개와 돼지와 같다.
9) 외식자들이 받을 엄중한 지옥형벌을 마귀와 함께 받게 된다.
10) 더럽고 부정한 무덤을 아름답게 보이려고 회칠을 한다.

예수께서 바리새인들에게 겉을 깨끗하게 하려고 하지 말고 안을 깨끗하게 하면 겉도 깨끗해진다고 팁을 주셨다. 밥그릇을 설거지할 때 겉부터 씻지 않는다. 안을 먼저 깨끗이 씻으면 겉은 씻지 않아도 자동으로 깨끗해진다. 밥그릇은 초벌 설거지로 미리 물에 담가두면 씻을 때 쉽게 씻어진다. 그러나 초벌 세척이 없으면 밥그릇을 씻는 시간이 더 걸린다.

dessert

1. 외식하는 바리새인의 정의는 무엇인가?
2. 예수께서 왜? 바리새인들에게 화를 선언하셨는가?
3. 나는 팔복을 받은 제자인가? 칠화를 받을 외식자인가?

Prayer

주님! 주님을 따라가는 제자가 되어 팔복을 받게 하시고 주님을 거부하고 불순종하는 외식 자가 되어 저주받는 자게 되지 않게 하소서. 눈먼 지도자를 따라가지 않게 하시고 진리를 배우며 따라가는 제자들에게 복을 내려 주소서. 아멘!

65. 23:29-39 그리스도의 애가(哀歌)

"만일 우리가 조상 때에 있었더라면 우리는 그들이 선지자의 피를 흘리는 데 참여하지 아니하였으리라 하니, 뱀들아 독사의 새끼들아 너희가 어떻게 지옥의 판결을 피하겠느냐

그러므로 의인 아벨의 피로부터 성전과 제단 사이에서 너희가 죽인 바라갸의 아들 사가랴의 피까지 땅 위에서 흘린 의로운 피가 다 너희에게 돌아가리라. 예루살렘아 예루살렘아 선지자들을 죽이고 네게 파송된 자들을 돌로 치는 자여 암탉이 그 새끼를 날개 아래에 모음 같이 내가 네 자녀를 모으려 한 일이 몇 번이더냐 그러나 너희가 원하지 아니하였도다

보라 너희 집이 황폐하여 버려진 바 되리라" (33,35,37,38절)

Appetizer

오랫동안 인내하신 그리스도께서 외식하는 서기관들과 바리새인들, 즉 소경된 인도자들과 그들을 추종하는 예루살렘에 대한 그리스도의 애가(哀歌, elegy)와, 그들의 운명에 대한 지옥의 판결을 선고하셨다. 그들의 상태가 매우 슬프고 절망적임을 나타내고 있다.

"너희가 어떻게 지옥의 판결을 피하겠느냐?" 마치 판사가 피고에 대해 사형을 선고한 것처럼 지옥의 판결은 패역한 모든 죄인의 두려운 최후가 될 것을 경고하셨다.

세상 법관은 사형을 선고할 수 있지만 그리스도로부터 나온 이 선고는 이전에 있었던 선지자들이나 사역자들에게서 나온 것보다 더 무서운 지옥의 선고이다. 그리스도는 심판자이시며, 그의 손에 지옥과 사망의 열쇠가 주어져 있으며 그가 말씀하신 대로 영원한 정죄와 심판을 받게 될 것이기 때문이다.

B.C 626년에 소명을 받은 선지자 예레미야는 40년 동안 유다와 예루

살렘 백성들을 위해서 애가를 부르면서 회개를 촉구하였다. 선지자의 '에카' (애가)는 결국 B.C 586년 바벨론에 의해서 예루살렘이 패망할 때 지옥의 판결이 되고 말았다.

500여 년 이후에 예루살렘은 그리스도의 애가와 지옥의 판결에 의해서 또다시 선지자 예레미야의 애가와 지옥의 판결 역사가 반복되고 말았다.

> "슬프다 이 성이여 전에는 사람들이 많더니 이제는 어찌 그리 적막하게 앉았는고 전에는 열국 중에 크던 자가 이제는 과부같이 되었고 전에는 열방 중에 공주였던 자가 이제는 강제 노동을 하는 자가 되었도다. 밤에는 슬피 우니 눈물이 뺨에 흐름이여 사랑하던 자들 중에 그에게 위로하는 자가 없고 친구들도 다 배반하여 원수들이 되었도다.
>
> 시온의 도로들이 슬퍼함이여 절기를 지키려 나아가는 사람이 없음이로다 모든 성문들이 적막하며 제사장들이 탄식하며 처녀들이 근심하며 시온도 곤고를 받았도다. 예루살렘이 크게 범죄함으로 조소거리가 되었으니 전에 그에게 영광을 돌리던 모든 사람이 그의 벗었음을 보고 업신여김이여 그는 탄식하며 물러가는도다" (예레미야 애가 1:1,2,4,8절)

지옥의 판결을 피할 수 있는 유일한 방법은 도피성과 같은 그리스도의 품으로 달려가서 회개와 신앙만이 유일한 피난처가 된다.

Today' s dish

1. 최후통첩

그리스도께서 위선자와 소경된 인도자들에게 7화를 선고하신 것은 지옥의 판결을 앞두고 최후통첩으로 자신들의 죄악을 회개하고 그리스도를 구주로 영접함으로 구원받을 기회를 마지막까지 주신 것이다.

"뱀들아 독사의 새끼들아 너희가 어떻게 지옥의 판결을 피하겠느냐" (33)

지옥의 판결을 피할 수 없는 뱀과 독사의 새끼들은 그들에게 파송된 선지자들을 돌로 치고 하나님의 아들을 십자가에 못 박는 자들의 집은 황폐하여 버린 바 되리라고 선고하셨다.

"독사의 새끼들" 이란 "마귀의 자녀" 를 의미한다.(요한복음 8:44) 마태복음 13장에서는 "가라지" 를 뜻하며 "마귀의 자녀" 는 항상 "하나님의 자녀" 를 핍박한다.(요한일서 3:11-12)

위선자들의 특징은 죽은자들의 무덤을 꾸미고 비석을 세우면서 이렇게 말한다. "만일 우리가 조상 때에 있었더라면 우리는 그들이 선지자들의 피를 흘리는 데 참여하지 아니하였으리라" (30절) 그들의 말은 선지자들을 죽인 자들의 자식임을 스스로 증명하는 물증이 되었다.

현재, 부활하신 예수 그리스도의 무덤은 텅 비어있다. 그러나 부활이 없는 종교에는 교주나 성인들의 무덤을 화려하게 꾸미고 성자와 영웅으로 추대하고 참배한다.

우리가 모세 시대에 광야에 있었더라면 이스라엘 백성들처럼 원망하지 않았을 것이다. 우리가 예수 그리스도 시대에 있었더라면 주님을 십자가에 못 박지 않았을 것이라고 말하는 사람은 스스로 그들과 같은 죄인임을 증명하는 말이다.

솔직한 고백이라면, 우리도 그 시대에 살았더라면 그들과 똑같은 죄를 범하였을 것이라면서 겸손히 회개하고 성령의 도우심으로 순종과 믿음의 영을 간구하는 자세가 되어야 한다.

임진왜란 때, 삼도수군통제사 이순신 장군의 영웅적인 충성으로 엄청난 국민적 지지를 받는 것을 선조가 그를 시기해서 견제하고 모함해서 그를 이등병으로 강등시키고 투옥했다. 그가 죽은 후에 사람들은 충무공이라는 칭호와 함께 그의 묘소와 사당을 짓고 참배를 하고 있다.

예나 지금이나 정치 권력자들과 종교 지도자들의 위선적인 모습은 아벨의 피에서부터 성전과 제단 사이에서 죽은 사가랴의 피까지 그 피를 모두 담당할 것을 선고하였다.

자비로우시고 긍휼이 많으시며 오래 참으시는 예수께서 한번 분노하시면 지옥의 판결과 더불어 무서운 저주를 내리시고 모든 것들을 다 엎어버리신다.

"진실로 이런 지옥의 판결이 다 이 세대에 돌아가리라" 는 선고대로 40년 후 AD 70년 예루살렘은 황폐하고 말았다.

2. 그리스도의 애가(哀歌)

1) 구원의 기회에 뒷발질하는 사람들

그리스도의 마지막 슬픔의 애가는 하나님께서 그 백성에게 구원받을 기회를 많이 주셨으나 그들이 그 제안을 받아들이지 않았음을 시사한다. 하나님이 사람들을 지옥으로 보내시는 것이 아니라, 그들이 스스로 마음을 닫고 지옥으로 걸어서 들어가는 것이다.

2) 성전을 자기의 집으로 만든 사람들

'너희 집' 이란 이스라엘 집을 가리키는 것으로 성전을 상징한다. 마태복음 24장 1절에서 성전을 떠나신 그리스도는 더 이상 성전으로 돌아오지 않으셨다. 너희가 나를 거절하였으므로 너희 성전은 비어있다는 뜻이 된다.

마태복음 13장 1절에서 예수 그리스도는 집(이스라엘)을 떠나 바닷가(이방인)로 가셨다고 기록하였다. 예수께서는 21장 13절에서 성전을 "나의 집" 이라고 말씀하셨지만 이제는 "너희 집" 이라고 말씀하셨다. 성전을 사유화하고 자기 이익을 챙기는 강도의 소굴로 만든 사람들은 성전을 만민이 나와서 기도하는 '하나님의 집' 이 아니라 자기의 집으로 만들었다가 망하였다.

3) 그리스도의 초림에서 재림 때까지는 구원의 기회다.

이스라엘은 주님께서 이 땅 위에 하나님의 나라를 회복하시기 위해서 다시 돌아오실 때 메시아를 영접할 것이라고 예언하였다.(스가랴서 12:10)

이스라엘 백성들은 찬송 받으실 메시아를 대망하고 기다리는 믿음을 가지고 모든 시련을 인내하고 극복하였다. 그러나 마태복음 21장 9절의 "찬송하리로다... 오시는 이여" 라는 초림의 메시아를 영접하지 않았다. 그러나 마태복음 21장 39절의 "찬송하리로다 주의 이름으로 오시는 이여" 라는 미래적인 오심의 두 구절 사이에는 구원의 기회다.

이스라엘 자손들은 초림 때 첫차를 놓쳐버렸지만, 재림 때 막차를 타고 그들의 영원한 집으로 돌아오게 될 것을 예언하였다. 그러므로 이방인들은 유대인들의 구원을 위해서 기도해야 한다. 그들의 넘어짐으로 자격 없는 우리가 하나님의 나라에 들어올 수 있었기 때문이다.

모든 사람은 살아 있는 때가 구원의 날이며 은혜받을 때라는 것을 결코 잊으면 안 된다.

우리는 인생의 마지막 임종 시간까지라도 복음을 전해서 한 영혼이라도 구원을 받도록 도와야 한다.

마태복음 23장이 우리에게 주는 교훈은? 모든 사람이 종교적이며 도덕적인 생활을 할 수는 있으나 하나님이 보내신 구원자 그리스도를 믿고 영접하지 않으면 하나님의 저주 아래 있고 지옥의 판결을 피할 수 없음을 가르쳐준다. 하나님의 나라는 종교와 도덕과 자기의 의로 들어가는 것이 아니라 새로운 출생과 변화된 마음이 있어야만 한다. 그리스도께서 바리새인 관원 니고데모에게 "네가 거듭나야 하리라" "거듭나지 않으면 하나님을 볼 수 없고, 하나님의 나라에 들어갈 수 없다는 주님의 말씀이 요한복음 3장에서 기록된 영원한 진리의 말씀이다.

dessert

1. 그리스도의 애가는 지금 나와 우리 가정과 교회와 나라를 향하신 경고가 아닐까?
2. 그리스도의 최후통첩과 지옥의 판결을 피할 수 있는 유일한 방법은 무엇인가?
3. 우리가 지금 살아 있는 것은 어떤 기회라고 생각하는가?

Prayer

주님! 그리스도의 최후통첩과 애가를 보면서 우리가 회개하고 그리스도를 믿게 하시고, 이 땅의 모든 사람이 하나님의 은혜와 구원의 기회를 등한히 여기지 않게 하소서. 우리도 세상을 향한 애가의 마음을 가지고 복음을 전하게 하소서. 아멘!

66. 24:1-14 예고(豫告)와 예비(豫備)

"예수께서 성전에서 나와서 가실 때에 제자들이 성전 건물들을 가리켜 보이려고 나아오니
대답하여 이르시되 너희가 이 모든 것을 보지 못하느냐 내가 진실로 너희에게 이르노니 돌 하나도 돌 위에 남지 않고 다 무너뜨려지리라. 난리와 난리 소문을 듣겠으나 너희는 삼가 두려워하지 말라 이런 일이 있어야 하되 아직 끝은 아니니라.
거짓 선지자가 많이 일어나 많은 사람을 미혹하겠으며, 불법이 성하므로 많은 사람의 사랑이 식어지리라. 그러나 끝까지 견디는 자는 구원을 얻으리라. 이 천국 복음이 모든 민족에게 증언되기 위하여 온 세상에 전파되리니 그제야 끝이 오리라" (1,2,6,11-14절)

Appetizer

코로나바이러스(COVID-19) 재앙은 세계질서를 리메이크(Remake)하였다. 코로나는 세계적인 재난으로 팬데믹(pandemic)이 되었지만, 지혜로운 다섯 처녀 같은 신앙인들은 하나님께 소망을 두고 고통스러운 재앙을 쥬빌리(禧年, jubilee)의 복으로 바꾸었다.

코로나 재앙은 자연환경의 청결, 사회적으로 도덕과 윤리적인 절제의 삶, 신앙인에게 경건과 거룩함을 가르쳐주었다. 코로나 재앙을 하나님의 은혜의 기회로 바꾸었던 지혜 있는 자는 많은 복을 받았지만, 미련한 다섯 처녀 같은 사람들은 하나님의 은혜의 기회를 눈치채지 못하고 불신앙의 역습을 당하고 복된 예배와 하나님의 은혜를 잃어버렸다.

하나님이 행하시는 일은 절대로 실수가 없으시며 모든 것을 합력해서 선을 이루신다.

유비무환(有備無患)이라는 사자성어는 '미리 준비되어 있으면 근심할 것이 없다.' 는 뜻이다. 하나님은 창조하신 세상이 정상으로 돌아가

도록 경륜과 섭리로 다스리신다. 그러므로 세상의 시작부터 마지막까지 모든 사건과 역사를 주관하시는 분은 전지전능하신 하나님이시다.

하나님의 예언은 반드시 앞으로 일어날 일에 대한 경고며 예고다. 일기예보는 태풍의 진로와 바람과 강수량에 대해서 미리 알려서 대비하고 예비하도록 정보를 알려주는 것이다. 학생들은 예상 문제집으로 미리 공부해서 수능시험을 준비하도록 도와준다.

성경은 사람 사용 설명서와 자연사용 설명서이다. 이렇게 사용하면 고장이 없고, 만일 문제가 생겼으면 그 증상에 따라 조치할 수 있도록 A.S에 대해서도 자세하게 설명해 주고 있다.

사용 설명서(使用說明書), 메뉴얼(manual), 유저 가이드(user guide)는 사용자에게 도움을 제공하기 위한 기술을 소통하는 문서이다. 핸드폰을 사용하거나, 가전제품이나 상품을 구입한 사람은 반드시 메뉴얼을 읽어두는 것이 유익하다.

마태복음 24장은 소계시록(小啓示錄) 이라는 별명을 가지고 있다. 종말 시대를 사는 자들은 세상 종말을 예고한 성경을 읽고 듣고 순종하면 복이 있다고 말씀하셨다.

"이 예언의 말씀을 읽는 자와 듣는 자와 그 가운데에 기록한 것을 지키는 자는 복이 있나니 때가 가까움이라" (요한계시록 1:3)

Today' s dish

마태복음 24장-25장은 그리스도의 감람산 산상(山上)의 예언서다. 종말 예언의 대상자는 세 구분으로 되었다. 유대인들의 종말론(24:1-44), 기독교회의 종말론(24:45-25:30), 모든 이방 민족들의 종말론(25:31-46)을 다루고 있다.

1. 물어보라

예수께서 감람산에 앉으셨을 때 제자들이 나와서 조용히 세 가지를 물어보았다. 예수께서 성전에서 나와서 제자들과 가실 때 제자들이 크고 아름다운 성전 건축물들을 자랑하였다. 예수께서는 이 성전은 돌 위에 돌 하나도 놓이지 않고 다 무너지리라고 예언하셨다. 감람산으로 장소를 이동한 후에 제자들이 세 가지를 질문하였다.

첫째, 성전 건물들이 무너지는 때가 언제인가? 둘째, 주의 임하시는 때는 언제인가? 셋째, 세상 끝 날의 징조는 무엇인가? 물어보았다.

인공지능(AI, 人工知能, 아티피셜 인텔리전스, artificial intelligence)에게 물어보면 답을 가르쳐준다. 최근에 출시되는 사륜구동 스포츠 유틸리티 차량(SUV)에는 내비게이션 설정, 음악 재생, 일기예보, 에어컨, 히터 작동 등을 모두 음성으로 해결할 수 있다.

2022년 12월 1일에 출시된 인공지능(AI)을 기반으로 만든 검색엔진 'ChatGPT' (챗GPT)가 폭발적으로 사용자가 늘어나고 있다. 거의 인간지능 수준으로 문장력과 이해력을 가지고 있는 어플로서 다양한 소스와 데이터를 가지고 훈련된 인공지능의 언어 처리 능력으로 모든 질문에 답을 해준다.

티맵의 음성인식 비서 '아리아' 는 호출하면 내비게이션 설정, 음악, 일기예보, 금융정보, 뉴스 등을 들려준다. '우크라이나 전쟁이 언제 끝나게 돼?' '예수 그리스도의 재림은 언제야?' '세상 종말은 언제야?' 를 물어보았더니 '잘 알아듣지 못했습니다. 다시 말씀해 주세요! 죄송합니다.' '그런 정보를 알려 드릴 수가 없습니다.' 라는 대답을 들었다. 그런데 '가까운 주차장이 어디에 있지?' 물었더니 금방 가까운 주차장을 알려주었다.

AI 목사는 '재림에 관한 설교를 들려줘' , '신학적 교리를 알려줘' 주문하면 다 알려준다. 그러나 기존의 지식과 정보와 과거 역사는 알려주지만, 미래의 예언은 먹통이다.

그리스도의 종말 설교는 한 개의 봉우리로 보이는 산이지만 실제는 두 겹 세 겹으로 겹쳐진 산의 모습과 같이 A.D 70년 예루살렘의 멸망과 그리스도의 재림 때와 세상 종말의 예언이 삼중적으로 겹쳐진 메시지이다.

초대 교회에서는 물고기(익투스)가 교회의 심벌이다. 물고기는 잠잘 때도 눈을 뜨고 잔다. 죽을 때도 눈을 뜨고 죽는다. 어물 시장에서 눈을 감은 생선이 있다면 누가 사려고 하겠나? 신자는 자나 깨나 영적으로 깨어있어야 한다.

노아 당시 하나님은 120년 동안 홍수 심판에 대해서 예언, 예고, 경고, 일기예보를 말씀하셨으나 풍요와 방탕을 누리던 사람들은 대홍수 심판의 예언을 황당한 소리로 묵살하였다.

소돔 고모라에 찾아온 천사는 롯에게 소돔성의 심판을 예언하고 예고하였다. 빨리 산으로 달려가라고 경고하였지만, 성읍에 살던 습관으로 롯은 보호 성벽이 없는 산이 두려워서 산 대신 소알성 동굴에 숨었다가 불륜이라는 사고가 났다.

예루살렘 멸망에 대해서 선지자들은 수백 년부터 예언하고 예고하였고 경고하였다. 예수께서 초림하실 때 선지자들의 예언을 믿었던 소수의 사람은 그리스도를 영접하였다.

동방박사, 목자들, 시므온과 안나, 요셉과 마리아, 세례요한, 많은 남은 자들은 알았다. 예수께서 세상 종말과 재림 징조에 대해서 예언하신 것은 미리 예비하고 예방하도록 시간을 벌어주는 하나님의 자비이며 은혜의 기회이다.

2. 성전과 종말

예수 그리스도의 종말 설교에서 말세 교회를 향하여 책망하신 메시지는?

(1) 신앙의 상업화 (2) 화목없는 종교 (3) 세속적인 종교 (4) 긍휼없는 종교이다. 가난한 과부가 바친 연보에 대한 주님의 말씀과 미석과 헌물로 꾸민 성전의 화려함에 대한 주님의 말씀의 연관성을 생각해 보아야 한다. 그리스도의 성전 관과 유대인들의 성전 관이 달랐다. 예수의 성전 관은 두세 사람이 예수 이름으로 모인 그곳을 성전으로 말씀하셨다. 자신의 생명을 담보로 맡기고 내일 굶어도 하나님 때문에 살아갈 수 있다는 믿음으로 생활비 전부를 연보로 바치는 가난한 과부가 살아 있는 성

전이다. 하나님은 그녀와 함께 살아 계시고 그녀의 생명을 책임져 주시는 그런 삶의 현장이 성전인 것이다.

유대인들의 성전은 아브라함이 독자를 바친 현장에 단회적으로 현현하셨던 역사의 현장 위에 세운 기념비적인 건축물이다. 그러나 하나님의 임재는 없고 성전이신 예수께서 대청소를 하실 만큼 성전의 기능이 사라진 그런 건물은 다 무너진다는 메시지이다.

아브라함이 이삭을 제물로 바쳤던 모리아 산, 다윗이 제사를 드려서 하나님의 진노를 풀었던 아라우나 타작마당, 솔로몬이 하나님의 집으로 세웠던 역사적인 배경 위에 세운 성전은 상징적인 건축물이다. 성전 관과 종말 관은 서로 연관이 있다. 예레미야 선지자가 사역할 때도 두 가지 성전 관을 가진 유대인들로 나누어졌다.

시공간을 초월한 마음 성전 관을 가진 유대인들은 바벨론으로 포로가 되었지만, 바벨론에서도 하나님을 섬기다가 귀국하여 언약 신앙을 다시 회복하였다. 건물 성전 관을 가진 유대인들은 끝까지 건축물을 포기하지 않고 고수하려다가 바벨론 군대에 의해서 죽임을 당하고 성전은 불타고 무너지고 말았다.

성전 마당만 밟고 다니는 육적인 신앙인과, 하나님이 임재하신 성전의 지성소에 들어가서 예배하는 영적인 신앙인이 있다. 예배를 구경하고 가는 신자와 예배를 드리고 가는 신자가 있다.

성전과 제단의 필요성은 우리의 죄로 인해서 하나님께서 마련해 주신 피난처이며 구원의 복음 때문이다.

성전과 제단은 하나님이 필요하신 것이 아니라 우리와 우리 자녀들의 죄악으로 인해서 하나님의 자비와 긍휼을 받고 구원자를 만날 수 있는 약속 때문에 필요한 것이다.

예수 그리스도가 참된 성전이기 때문에 예수 이름을 믿음으로 하나님의 구원을 받는다. 예수 그리스도가 십자가에 못 박혀 죽으신 사건은 구 성전의 무너짐과 맞물려 있다. 하나는 용도 폐기 처분이며, 하나는 성전의 재건축이다.

3 예비하라

예수께서는 세상의 관영한 죄를 보면서 성전의 무너짐과 세상의 종말과 그리스도의 재림 징조에 대해서 예언하셨다.

종교적으로 거짓된 사람의 미혹을 받지 않도록 주의하라.

사회적으로 난리와 난리의 소문들과 민족과 나라들의 전쟁의 징조가 있다.

자연적으로 지진과 기근과 온역(코로나 역병)과 자연계의 무섭고 큰 징조들이 있으며, 일월성신의 징조들과 바다와 파도의 우는 소리로 두려워서 기절한다.

구속사적으로 이스라엘과 교회의 역사적인 시계는, 이스라엘 성전의 붕괴와 성도들이 받을 핍박과 환란, 예수 이름 때문에 모든 사람에게 미움받고, 사랑이 식어지고 부모와 형제와 친척과 벗이 원수들에게 넘겨주리라, 이스라엘의 알리아(Aliyah) 운동, '백투 예루살렘' 운동 등으로 고토로 귀환하고 무화과나무의 징조는 이스라엘과 교회를 통한 종말의 시계이다.

그때에 인자가 구름을 타고 능력과 큰 영광으로 오리라고 예언하셨다. 이런 징조들은 부분적으로 성취되었고 성취되어 가고 있다.

종말론적인 교회의 사명은 땅끝까지 세계 선교에 올인하여 그리스도의 재림이 앞당겨지도록 헌신하는 것이다.

한국 이단 문제 연구소에서 발표한 자료는 2020년 3월 6일까지 한국에서 재림 주로 자처하는 자가 50명, 하나님으로 자처하는 자가 20명, 도합 70명이라고 하였다. 이런 사이비 이단과 교주들을 추종하는 숫자를 추산해도 가라지가 많다는 것을 추정할 수 있다.

이단들은 자기들의 집단을 통해서만 구원받을 수 있다고 주장하면서 외부와 폐쇄적인 단절과 현실을 도피하도록 절박한 종말 의식을 세뇌시킨다.

현재까지 전 세계에는 약 300개의 이단 종파들이 있다. 그리스도의 종말 설교에서 강조한 사람의 미혹을 받지 말라는 이유가 있는 말씀이다. 사람들이 날씨와 천기는 분별할 수 있지만, 영적인 기상도를 볼 수 없도록 최악의 황사현상과 같은 종말의 위기를 알아야 한다.

세상은 사람 때문에 자연환경이 파괴되고 있다. 사람 때문에 사회문제가 발생한다. 사람 때문에 정치문제가 발생하고, 사람 때문에 종교적으로 이단들이 발생한다. 사람 때문에 전염성 질병이 확산하고, 탐욕 자들의 사재기로 빈부격차와 경제 문제가 발생한다. 땅과 자원과 양식을 더 잠식하려는 사람의 탐욕으로 전쟁이 일어난다. 모든 종말 문제의 요인은 타락한 사람 때문이다.

모든 인류의 문제는 사람이 먼저다! 사람이 문제다! 사람이 원인이다! 이런 사람을 구원하기 위해서 하나님이 구원자를 보내셨지만, 사람이 구원자를 십자가에 못 박아 버렸다. 그럼에도 불구하고 하나님은 사람 때문에 죽으신 구원자 예수 그리스도를 믿기만 하면 구원해 주신다는 복음을 약속하셨다. 사람의 상식으로는 도저히 이해할 수 없는 사랑이며 무엇으로도 설명할 수 없는 은혜이다. 그래서 파격적인 구원을 받은 사람들은 이렇게 찬양을 부른다.

존 뉴턴이 작사한 ‘어메이징 그레이스’ (Amazing grace)이다.

Amazing Grace! How sweet the sound! That saved a wretch like me.

I once was lost, but now I'm found. Was blind, but now I see.

놀라운 은혜여! 얼마나 그 소리가 감미로운지요!

그 은혜가 저와 같은 비참한 인생을 구원했습니다.

저는 한때 잃어버려진 존재였지만, 지금은 찾아졌고,

한때 눈이 먼 존재였지만, 지금은 보게 되었습니다.

‘Twas grace that taught my heart to fear, And grace my fears relieved.

How precious did that grace appear! The hour I first believed!

나의 영혼에 두려워하는 마음을 가르쳤던 것도 은혜였고,

나의 두려움들을 없어지게 해 주신 것도 은혜였습니다.
그 은혜가 제게 나타났다는 사실이 얼마나 소중한지요!
그 시간에 제가 처음 믿게 되었습니다!

Through many dangers, toils, and snares, We have already come.

'Twas grace that brought us safe thus far, And grace will lead us home.

많은 위험들과 고통들과 유혹들을 지나서 우리는 지금 여기까지 왔습니다.
지금 이 순간까지 우리를 안전하게 이끄셨던 것도 은혜였고,
그 은혜가 아버지의 집까지 우리를 인도할 것입니다.

Amazing Grace! How sweet the sound! That saved a wretch like me.
I once was lost, but now I'm found. Was blind, but now I see.
놀라운 은혜여! 얼마나 그 소리가 감미로운지요!
그 은혜가 저와 같은 비참한 인생을 구원했습니다.
저는 한때 잃어버려진 존재였지만, 지금은 찾아졌고,
한때 눈이 먼 존재였지만, 지금은 보게 되었습니다. (번역:이한규목사)

dessert

1. 나는 여름철 태풍 예보처럼 종말 예언을 유의하고 잘 예비하고 있는가?
2. 나는 누구에게 무엇을 물어보면서 종말론적인 삶을 대비하고 있는가?
3. 나의 성전 관은 종교적인가? 아니면 코람데오의 믿음을 가진 예배자인가?

Prayer

주님! 주님께서 예언하신 세상 종말과 재림의 예언과 징조들을 바라보면서 종말을 대비하고 재림을 예비하는 깨어있는 그리스도의 증인으로 살아가게 하소서. 아멘!

67. 24:15-35 환란과 인자의 징조

"이는 그 때에 큰 환난이 있겠음이라 창세로부터 지금까지 이런 환난이 없었고 후에도 없으리라. 그 날들을 감하지 아니하면 모든 육체가 구원을 얻지 못할 것이나 그러나 택하신 자들을 위하여 그 날들을 감하시리라. 거짓 그리스도들과 거짓 선지자들이 일어나 큰 표적과 기사를 보여 할 수만 있으면 택하신 자들도 미혹하리라.

그 때에 인자의 징조가 하늘에서 보이겠고 그 때에 땅의 모든 족속들이 통곡하며 그들이 인자가 구름을 타고 능력과 큰 영광으로 오는 것을 보리라. 천지는 없어질지언정 내 말은 없어지지 아니하리라" (21,22,24,30,35절)

Appetizer

마태복음 24장은 말세(末世)에 대한 예언으로 신약의 소계시록(小啓示錄)이라 부른다.

예수께서 예언하신 대로 말세의 징조는 "집을 짓더니" 라는 노아 시대와 롯의 시대처럼 건물 중심의 사회이다. 거짓된 종교는 보이는 건물과 인력 동원이 없으면 아무것도 할 수 없다.

성전 기능은 사라지고 종교적인 건물만 남는 것이 종말 시대의 특징이다. 성전 건물은 있으나 이적과 미혹하는 적그리스도가 많다. 성전은 있으나 하나님의 임재가 없음으로 사람들이 보호를 받지 못한다. 난리, 전쟁, 지진, 기근, 환란, 미움, 거짓 선지자, 불법, 사랑이 식음, 칼, 기근, 염병처럼 지구촌에 재앙이 계속 일어나고 있다.

코로나 재앙은 세계질서의 리메이커(Remake)가 되었다. 팬데믹은 재난이지만 하나님의 소망이며 쥬빌리의 축복이다. 코로나 재앙의 결과로 세계가 환경, 도덕, 윤리, 신앙의 정결과 거룩의 중요함을 가르쳐주었다.

예수 그리스도께서는 2,000년 전부터 예수 재림과 세상 종말에 관해서 미리미리 준비하라고 말씀하시고 경고하셨다. 그러므로 내가 바빠서, 시간이 없어서 종말을 준비하지 못했다는 말은 핑계일 뿐이다.

오래전 우리나라에서 일어난 희대의 잔인한 묻지마 살인사건들이 일어났다. 지존파 살인, 화성 연쇄살인, 20명을 살인한 유영철, 14명을 살인한 이춘재, 13명 살인한 정남규, 10명을 살인한 강호순 등 치를 떨고, 말세다! 말세! 라고 말하였다.

지금도 이 땅은 대지진, 쓰나미, 전쟁, 홍수와 기근과 난리와 난리의 소문이 꼬리를 물고 일어나고 있다.

지상 최고의 이벤트는 예수 그리스도의 재림 사건이다. 그날이 다가오고 있다는 징조를 미리 말씀하신 것을 기억하고 준비하는 지혜로운 사람들이 되어야 한다.

Today' s dish

마태복음 24장은 예수 그리스도와 제자들의 종말에 관한 질의와 응답(Q&A)이다.

1. 예수 없는 종교

예수 없는 기독교는 건축물 안에 예수를 가두어 두려고 한다. "돌 하나도 돌 위에 남지 않고 다 무너지리라." 주님이 경고하셨다. 예수 당시 유대교는 건물 안에 사람들을 끌어모아서 군중과 돈의 힘으로 장사꾼과 강도들같이 되었다고 채찍을 드셨다. 그리고 기도하는 사람이 없었다. 유대교 지도자들은 'In Side Sheep Ministry' 에만 전념하고 'Outside Sheep Ministry' 에 관심이 없어서 잃어버린 양을 찾지 않고 오히려 실족하게 하였으며 인류 구원 사역에 관심이 없었다.

유대인들이 저지른 실수는 만유의 하나님을 벽돌과 성전 휘장 뒤편에 가두어 두고 인류가 하나님께로 돌아가는 길을 막았다. 유대인들이 이방인을 차별하고 분리하는 바리새주의로 인해서 예수 그리스도의 분노를 사게 되었다.

교황청 벽돌 안의 베드로 성당은 관광지의 장사 터로 변하였다. 유럽의 벽돌 교회들도 무너지고 노인들만 남았고 고궁으로 변하고 있다. 미국 청교도 교회들은 매년 5천여 교회가 무너지고 있으며, 코로나 때에 수천 교회가 문을 닫았다. 한국교회는 어린이와 청소년과 청장년들이 교회를 떠나고 있다.

성전 마당만 밟고 가는 육적인 신앙인과, 성전과 지성소에 들어가는 영적인 신앙인이 있다. 예배를 구경하고 가는 신자와 예배를 드리고 가는 신자가 있다.

2. 예수 없는 세상

노아와 롯 당시와 같이 모든 사람의 관심사는 예수가 아니라 의식주와 쾌락이다. 예수가 뉴스거리가 되지 못한다. 무엇을 먹을까? 입을까? 어디서 살까? 뉴스매체는 모두 먹방의 먹을거리 밖에 나오지 않는다. 건강 뉴스, 관광 뉴스, 사치와 음란을 부추기는 세상이다.

'나니아 연대기' 로 유명한 영국의 소설작가 'C.S 루이스' 로 알려진 클라이브 스테이플스 루이스(Clive Staples Lewis)는 영국 성공회 신자이다. 그는 종말에 두 부류의 사람에 대해서 말했다. 하나님께 '당신의 뜻이 이루어지이다' 라고 말하는 자와, 하나님께서 '너희의 뜻대로 될지어다' 말씀하시는 사람이 있다고 하였다. 전자는 '주기도' (主祈禱)를 하는 사람이며, 후자는 '자기도' (自祈禱, 자기기도)하는 사람이다. 하나님의 이름과 나라와 뜻이 이루어지기를 기도하는 사람과 자기의 이름과 자기 왕국과 자기의 뜻이 이루어지기를 기도하는 사람으로 나누어진다.

3. 예수 없는 가정

롯의 집안 꼴과 같이 예수 없는 가정 꼴은 말이 아니다. 하나님이 롯의 집에 천사를 보내어 손으로 강제로 끌어냈고 롯의 처는 뒤돌아보다가 소금기둥이 되었고, 사위들은 농담으로 여기고, 딸 들은 아비를 술에 취하게 하고 음란하게 관계하여 모압과 암몬족속을 낳았다. 롯은 동성애 천국인 소돔 고모라에서 겨우 구원을 받았다.

노아 당시 사람들의 문제점은 "그날" (홍수 심판의 날)의 의미를 모르고 시집가는 날, 장가가는 날, 상거래 하는 날, 먹고 마시는 약속의 날, 등의 스케줄은 잡혀 있었지만 "여호와의 날" 에 대한 스케줄이 없이 살았다는 데 심각한 문제가 있었다. 우리의 삶 가운데 주일 스케줄, 예배 스케줄, 기도 스케줄이 있는지 확인해 보아야 한다.

주의 날은 예고가 없다. '밤의 도적같이' 라고 말씀하고 있다. 그리고 잉태한 여인에게 해산의 고통이 임하듯이 주의 날은 예고 없이 임하게 될 것이다.

4. 자연의 징조들

말세에는 자연이 변하고 있다. 곳곳마다 난리의 소문이 난다. 지구의 온난화, 펭귄들과 북극곰들이 갈 곳이 없다. 우주의 충돌, 기후변화로 인한 환경에 민감하다. 일본 후쿠시마 쓰나미 사건도 몇 달이 지나면서 다 잊어버린다. 뉴욕의 911사태는 해가 바뀌면 다 잊어버린다. 일련의 징조들은 우리의 우둔함을 깨우치려는 하나님의 경고이며 사인이다.

초림의 예수는 사랑의 주님이시다. 우리를 초대하시고 영접하시며 용서하고 받아 주시고, 이해하시고, 기다리시고 십자가의 복음과 사랑으로 구원하셨다. 그러나 재림의 예수는 심판 주이며 공의의 주님으로 오신다. 물과 불로 심판하신 것보다 7배나 7천 배나 더 큰 심판을 가지고 오신다. 죄인을 거절하시고 불순종자들을 거부하시고 두렵고 엄위하시고 진노하신다. 이렇게 두려우신 심판자이신 인자가 우리의 문 앞에 다가오셨다.

5. 어떻게 하나?

종말의 징조들을 보면서 우리는 깨어서 준비해야 한다. 초림 때에도 예수를 만난 사람이 극소수였다. 기름 준비한 신부처럼, 달란트 남긴 충성된 종들처럼, 오른편에 있는 양들처럼 순종하고 의로운 삶을 살아야 한다. 이 모든 것을 보면서 나는 이런 세상의 대세에 흔들리지 말고 하나님이 기뻐하시고 온전하신 뜻을 알고 몸으로 산 제물로 드리는 예배자가 되고, 봉사자가 되고, 세상을 향한 축복자가 되어야 한다.

예수께서는 "이 모든 일을 보거든." 머리를 들라고 말씀하신다. 예수께서 2천 년 전부터 경고하신 일들이 지금 이루어 가고 있는 것을 보아라……. 무엇을 보아야 하는가? 예수 없는 종교를 예의 주시해 보아야 한다. 예수 없는 사회와 개인과 가정을 보면서 주님이 문 앞에 가까이 오시는 발자국 소리를 들어야 한다.

짐승의 머리는 땅을 향하고 사람의 머리는 하늘을 향한다. 머리만 위를 향할 것이 아니라 눈을 들어 천지를 지으신 하나님을 바라보아야 하며, 위엣것을 구하고 위의 것을 찾아야 한다. 왜냐면? 하늘 구름을 타고 오실 다시 오실 그리스도를 바라고 기다려야 하기 때문이다.

dessert

1. 나는 종말에 관해서 예수께 나와서 조용히 무엇을 물어보는가?
2. 예수 없는 사람, 가정, 나라, 종교의 결과는 어떻게 되는가?
3. 나는 2천 년 동안 재림과 세상 종말을 준비하라는 말씀을 기억하고 있는가?

Prayer

주님! 말세를 살아가는 우리가 세상 종말과 그리스도의 재림 징조들을 보면서 머리를 들고 주님을 영접할 준비를 하고, 주님의 지상 명령에 충실하겠습니다. 아멘!

68. 24:36-51 그 날과 그 때

> "그러나 그날과 그때는 아무도 모르나니 하늘의 천사들도, 아들도 모르고 오직 아버지만 아시느니라. 노아의 때와 같이 인자의 임함도 그러하리라. 홍수 전에 노아가 방주에 들어가던 날까지 사람들이 먹고 마시고 장가들고 시집가고 있으면서, 홍수가 나서 그들을 다 멸하기까지 깨닫지 못하였으니 인자의 임함도 이와 같으리라.
> 두 여자가 맷돌질을 하고 있으매 한 사람은 데려가고 한 사람은 버려둠을 당할 것이니라.
> 그러므로 깨어 있으라 어느 날에 너희 주가 임할는지 너희가 알지 못함이니라. 충성되고 지혜 있는 종이 되어 주인에게 그 집 사람들을 맡아 때를 따라 양식을 나눠 줄 자가 누구냐"
> (36-39,41,42,45절)

Appetizer

초대 교회의 중심적인 신앙고백은 "아멘 주 예수여 오시옵소서" 라는 재림신앙의 고백이었다. 요한 사도가 밧모섬에서 주님으로부터 계시를 받고 기록한 요한계시록의 결론은 "아멘 주 예수여 오시옵소서" (O! Lord, come) 라는 말의 아람어는 "마라나타" (Maranatha)이다.

사도바울도 "마라나타" 를 기도하였다. "만일 누구든지 주를 사랑하지 아니하면 저주를 받을지어다 우리 주여 오시옵소서" (고린도전서 16:22)

구약시대 모든 선지자의 예언의 초점은 "주의 날" , "여호와의 날" 이라는 "그리스도의 오심" 에 초점을 맞추고 있다. 신약의 모든 예언도 "그리스도의 오심" 에 초점을 맞추고 있다.

구약시대 성도들의 유일한 소망은 '여호와의 날, 주의 날' 을 기다리는 "마라나타" 다. 신약시대 종말을 사는 그리스도인들의 유일한 소망도 "마라나타" 다.

그리스도인들의 믿음을 시험해 볼 수 있는 시금석은 주님을 간절히 대망하고 기다리는 고백 기도라는 "마라나타" 신앙이다.

핍박이 있었던 초대 교회 성도들의 대화의 주제는 '세상 말세가 되었으니 주님이 빨리 오시면 좋겠다' 라는 '마라나타' 였다.

현대교회 성도들의 대화에는 '마라나타' 라는 주제가 쏙 빠져 있다. 노아시대 사람들과 소돔 고모라 사람들처럼 먹고 마시는 이야기, 사고팔고 심고 집을 짓는 이야기, 시집가고 장가가는 이야기, 정치 이야기, 드라마 이야기, 스포츠 이야기, 주식 이야기들이 모든 대화의 주제들이 되고 있다.

종교적인 권력을 가지고 세속적인 부를 누리던 사두개인들은 부활과 천사와 종말을 믿지 않은 현세주의자들이었다. 그들의 사전에는 '마라나타' 라는 글자가 없다. 오히려 주님이 오시는 것이 짜증 나고 겁났던 사람들이다.

토마스 브룩스(Thomas Brooks)는 이런 명언을 남겼다. "기도하지 않는 가정은 하늘의 모든 폭풍에 노출되어 있는 지붕이 없는 집과 같다."

A family without prayer is like a house without a roof, open and exposed to all the storms of heaven.

마태복음 24장-25장은 세상 종말에 하나님의 심판과 그리스도의 재림 준비를 촉구하는 7개의 비유가 있다. 1) 무화과나무의 비유(24:32-33), 2) 노아의 때(24:37-41), 3) 집주인과 도둑(24:42-44) 4) 선한 종과 악한 종(24:45-51), 5) 슬기 있는 처녀들과 미련한 처녀들(25:1-13), 6) 달란트 비유(25:14-30) 7) 양과 염소의 비유와 최후의 심판(25:31-46)이다. 예수 그리스도 설교의 소재는 구약성경에 기록된 이스라엘의 역사적인 사건들과 율법적인 교리보다 그때 그 시대를 살아가는 사람들의 평범한 일상생활에서 일어나는 모든 일을 비유와 예화로 사용하셨다.

우리들의 일상에서 진리를 찾은 지혜의 왕 솔로몬은 지혜의 책 잠언과 전도서에서 담아놓았다.

Today' s dish

1. 그 날

"나는 알파와 오메가이며 시작과 나중이라" 고 말씀하신 그리스도는 모든 역사의 중심축이 되신다. 그리스도의 나타남과 현현은 개인적으로나 우주적으로나 핵심적인 사건이다.

귀중한 손님(guest)이 방문하면 그날부터는 나의 일상의 모든 스케줄은 게스트 중심으로 움직이게 된다. 그리스도의 오심을 예고 받은 우리는 일상의 스캐줄을 새롭게 편성해야 한다.

노아 당시 사람들의 문제점은 "그날" (홍수 심판의 날)의 의미를 모르고 시집가는 날, 장가가는 날, 상거래 하는 날, 먹고 마시는 날 등의 스케줄은 잡혀 있었지만 "여호와의 날" 에 대한 스케줄이 없이 살았다는 것이다. 그들의 삶 가운데는 하나님과 만남을 위한 안식일과 예배의 스케줄이 없었다.

주의 날의 비유를 '밤의 도적같이' 라고 말씀하신다. 그리고 잉태한 여인에게 해산의 고통이 임하듯이 주의 날이 예고 없이 임하게 될 것이라고 말씀하셨다. 그러나 주의 날의 스케줄을 따라 살아가는 성도들에게는 문제가 되지 않는다.

주일이 없는 종교를 가진 나라에도 주일은 붉은 숫자로 인쇄되었다. 불교권에도, 힌두권에도, 이슬람권, 공산권에도 모두 주일은 붉은색으로 인쇄되었다. 세계의 카렌다만 보아도 하나님의 위대하심을 찬양하게 된다. 창조주 하나님은 피조물에게 7일 주기와 사이클로 안식하게 하시고 "주일은 내 것이니 손대지 말라" 고 경고하신 붉은 표시를 해두셨다.

"기다림" 이 있다는 것은 소망이 있다는 것이다. 노아 시대에 방주를 준비하던 노아 식구들은 '그 날' 에 중심에 두고 모든 일상 스캐줄을 그

날에 맞추고 살았다.

두 사람이 밭에서 일하고, 두 여인이 맷돌을 가는데 한 사람은 데려가고 한 사람은 버려두는 황당한 일이 그날에 일어날 것이다.

종말론적인 환란은 온 지구상에 임하는 환란이며 주님께서는 제자들에게 장차 올 모든 일을 피하고 인자 앞에 서도록 항상 기도하며 깨어있으라고 하셨다.

예수는 이른 아침과 낮에는 성전에서 백성들을 가르치시고 밤에는 감람산에서 쉬셨다. 우리는 종말론적인 성전관, 세계관, 재림관을 가지고 항상 깨어있는 자로서 인자 앞에 설 수 있어야 한다.

2. 사람이 문제

임업 지도자 훈련에 다녀온 분의 이야기를 들었다. 자연계에는 동물, 식물, 미생물 3종류가 있다. 식물은 탄소를 마시고 산소를 배출하며 동물의 주식이 되는 이로운 생물체이다. 동물은 산소를 마시고 탄소를 배출하고, 식물을 먹고 가스를 배출하지만, 사람에게 단백질 공급원이 된다. 미생물은 동물이 배출하는 폐기물을 먹고 식물의 거름이 되어준다.

사람이라는 동물은 식물도 먹고, 동물도 먹고, 미생물도 요구르트로 해 먹고 탄소배출과 쓰레기를 배출하면서 생물의 균형을 깨뜨리는 나쁜 동물이다. 집을 짓고 가구를 만들기 위해서 산을 깎아 버리고, 고기 많이 먹으려고 24시간 좁은 우리에 동물들을 가둬서 사료를 먹인다. 독성 농약을 식물에 뿌리고 유전자 변이를 시켜서 자연 질서를 교란시켜서 자연계에는 별로 쓸모가 없다고 한다. 그렇게 동식물을 잘 먹고 입었으면 자연이나 보호하면 될 텐데 전쟁을 하면서 자연을 파괴하고, 욕심부리면서 질병을 유발한다. 만물은 사람 때문에 탄식한다.

이렇게 제일 나쁜 동물을 위해서 하나님은 그 아들을 보내서 구속하여 주셨다. 그런데도 예수를 십자가에 못 박아 죽이고 예수를 핍박하고 대적하면서 사람이 제일이라고 허풍을 뜬다.

아직도 복음을 듣지 못한 사람, 복음을 믿지 않는 사람, 복음을 순종치 않는 사람, 복음을 증거하지 않는 사람, 복음을 따라 살지 않는 사람들이 많다. 복음과 사람의 관계는 이 세상의 종말과 그리스도의 재림과 관련이 있다는 것을 분명하게 알아야 한다.

예수 그리스도는 자신을 호칭하시기를 '사람의 아들' 이라는 '인자' (人子)를 사용하셨다. 하나님의 아들이라면 사람들이 멀리하고 도망갈까 봐 인자라는 친근한 이름으로 사람에게 찾아오셨다. 사람의 아들이 사람을 구원하시기 위해서 사람이 되시고, 사람의 죄를 위해서 사람이 받을 형벌을 대신 받으시고, 인자의 복음을 믿는 사람을 구원하시고 그 사람을 하나님의 아들(神者)로 만들어 주시는 인자이신 그리스도이시다.

3. 그리스도의 5대 설교

마태는 예수를 구약성경에 예언된 메시아로 강조하고 있다. 당시 유대인들은 로마의 속박으로부터 해방시켜 줄 정치적인 지도자를 기다리고 있었다. 그들의 기대가 잘못되었음을 그리스도의 5편의 설교 뭉치들을 통하여 강조한다.

새 이스라엘은 구 이스라엘과 연결되고, 구 계약과 새 계약을 연결하면서 모든 민족 중에서 그리스도를 따르는 자들로 구성되는 우주적인 모임이 영적인 새 이스라엘이며, 그리스도의 교회임을 강조하였다.

1) 산상설교(5장-7장)

유대교의 몇몇 윤리 기준들을 하나님 나라의 높은 기대치와 대조시킨다. 참된 도덕성은 법조문을 지키는 것이 아니라 윤리의 태도와 사고방식의 변화에서 시작된다. 산상설교의 주제는 아버지를 닮은 아들이 되라는 것이다.

2) 선교 명령(10장)

제자들을 향하여 하나님 나라를 확장 시키라는 선교 명령 설교이다. 하나님 나라의 확장은 출생으로 부자 관계가 발생하는 자연적인 생육 번성하는 방법을 초월하여 아버지와 아들과 성령으로 예수 제자로 삼아서 세례를 줄 때 아버지의 자녀들이 재생산되는 전도와 선교의 일을 하라고 명령하신다.

3) 하나님 나라의 비유 설교(13장)

씨앗과 토양 비유는 예수님의 메시지에 대한 반응이다. 곡식과 가라지는 이생의 선과 악이 최후 심판 때에 가서 나누어진다. 겨자씨와 누룩은 하나님의 나라가 작은 시작으로부터 거대하고 조용하게 성장할 것이다. 보화와 진주는 예수의 나라가 너무 값진 것이어서 그것을 얻기 위해 모든 것을 희생할 가치가 있다는 것이다. 그물 비유는 최후 심판 때에 있을 선과 악의 분리를 그리고 있다.

4) 하나님 나라와 세상 나라의 다른 원리 설교(18장)

세속적인 권력과 지위에 대해 추구를 하지 말라. 영적으로 강한 사람은 약한 사람을 돌보아 주어야 한다. 그리스도의 공동체의 구성원들은 형제의 잘못을 고쳐주어야 한다. 하나님으로부터 용서를 받은 자는 형제의 잘못을 끝없이 용서해 줄 의무가 있다는 것이다.

5) 하나님의 종말적인 심판 설교(24장-25장)

그리스도의 재림으로 하나님이 세상을 심판하시는 종말과 성도의 구원을 위한 영적 추수를 위해 준비를 촉구하는 7개의 비유를 설교하셨다. 이스라엘을 상징하는 무화과나무의 비유, 홍수 심판 때에 노아의 준비, 집주인과 도둑의 타이밍, 선한 종과 악한 종, 지혜 있는 처녀들과 미련한 처녀라는 열 처녀 비유, 종들의 달란트 비유, 우편의 양과 좌편의 염소를 영원히 분리하고 가르는 최후의 심판의 날이 오고 있다는 비유 설교이다.

예수 그리스도의 설교는 모두가 독립된 다른 설교 같지만 모든 설교는 세상 종말과 그리스도의 재림과 연관된 유기적인 설교이다.

dessert

1. 나는 그날이라는 그리스도의 재림의 날에 대해서 어떤 자세를 가지고 있는가?
2. 사람의 문제는 무엇이며 그리스도가 사람을 구원하신 방법은 무엇인가?
3. 예수 그리스도의 설교는 모두 어디에 초점을 맞추고 있는가?

Prayer

주님! 우리가 모든 삶의 스캐줄을 그리스도의 재림에 맞추게 하시고 사람의 구원을 위해 인자가 되신 주님의 길을 따라가며 그날을 증거하며 그날을 대비하며 살게 하소서. 아멘!

69. 25:1-13 열 처녀 비유

"그 때에 천국은 마치 등을 들고 신랑을 맞으러 나간 열 처녀와 같다 하리니, 그 중의 다섯은 미련하고 다섯은 슬기 있는 자라. 미련한 자들은 등을 가지되 기름을 가지지 아니하고
슬기 있는 자들은 그릇에 기름을 담아 등과 함께 가져갔더니, 그들이 사러 간 사이에 신랑이 오므로 준비하였던 자들은 함께 혼인 잔치에 들어가고 문은 닫힌지라. 그런즉 깨어 있으라 너희는 그 날과 그 때를 알지 못하느니라" (1-4,10,13절)

Appetizer

마태복음 25장은 천국과 세 가지 비유장이다.

"그 때에 천국은 마치…" (25:1)

예수님은 입을 여시기만 하시면 천국과 지옥 이야기를 하셨다. 천국은 마치…우리 주변의 상황들을 천국과 지옥을 대비해서 생각해 보라.

우리의 모든 생각과 말이 온통 땅에 일과 세상 이야기로 충만하지 않은가?

천국은 마치 결혼식과 같으니…

천국은 마치 달란트와 종들과 같으니…

천국은 마치 양과 염소(의인과 악인)와 같으니…

유대인의 결혼식과 한국인의 결혼식은 문화가 다르다. 유대인들은 밤중에 결혼식을 하고, 우리는 낮에 한다. 그들은 신랑 중심이지만 우리는 신부 중심이다.

신랑이로다 맞으러 나오라! 신랑 입장!으로 결혼식이 시작되지만, 우리는 신부 입장! 하면 결혼식이 시작된다. 신랑이 신부에게 무릎을 꿇고 꽃을 바치고, 신랑 신부를 위해서 만세 삼창도 한다.

신앙생활은 신랑이신 그리스도 중심이어야 하며 예수 그리스도 이야

기가 주제가 되어야 하는데, 우리는 신부인 성도, 교회 이야기가 너무 많다. 자기중심 신앙은 기복적으로 흐르기가 쉽지만, 그리스도 중심 신앙은 주님이 무엇을 원하시는가?에 관심을 두는 것이다.

우리들의 결혼식 이야기는 혼수감 이야기, 신랑 신부 양가의 집안 이야기, 피로연 뷔페의 음식 이야기, 신랑 신부 외모와 능력 이야기 등이 주제이다.

예수께서는 결혼식 이야기를 통해서 천국 이야기를 하고 계시며 모든 일상의 이야깃거리를 천국 이야기로 이끌어 가신다.

창세기에서 에덴동산의 결혼식 이야기로 인류의 역사가 시작되었다. 아가서의 솔로몬과 술람미의 사랑과 결혼, 에베소서의 그리스도와 교회의 결혼 이야기, 계시록 19장에 마지막 그리스도와 신부의 혼인 잔치 이야기로 인류 역사의 막이 내린다.

노아시대 같이 시집가고 장가가면서 그 날을 준비하지 못한 사람이 있는 것처럼, 열 처녀의 비유에서 신랑을 영접한 지혜로운 처녀들과 영접하지 못한 미련한 처녀들이 있다.

처녀들은 등과 허리춤에 차는 보충용 기름병을 차고 준비하는데 5명은 준비하지 않았다. 그 날은 예고 없이 찾아오는 하나님의 그 날과 그 시간이다.

하나님의 시간은 하루가 천년 같고, 천년이 하루와 같이 우리의 시간과 시차가 있다. 그리스도의 승천 이후 재림 전 오늘까지 2천 년이 지났지만 하나님의 시계로 계산하면 이틀이 지난 것과 같다. 제3일에 부활하신 주님처럼 다시 천년이 지나야 하는지는 모르지만 그날과 그때는 아버지만 아신다. 땅의 시간으로 늦어도 반드시 오신다.

이 비유의 교훈은 1) 준비하라, 성도의 옳은 행실인 세마포를, 2) 기다리라, 신랑을 기다리는 신부처럼, 3) 깨어있으라. 도적같이 오시는 주님을 만나도록....

Today' s dish

우리는 해가 바뀌면 송년회, 신년회를 축하하느라 바쁘다. 그러나 일출과 일몰, 주말, 월말, 기말, 연말을 맞을 때마다, 종말을 기억해야 한다.

이 비유에서 '그 때' 는 관용적으로 구체적인 시간의 지시함이 없이 사용하지만, 여기서는 재림의 때이다.

결혼식에 사용했던 등은 장대에 솜뭉치를 묶어서 기름을 듬뿍 묻힌 횃불과 같다. 센 바람을 이기게 하려고 약 15분 간격으로 감람유를 리필하였다. 열 처녀는 당시 결혼 풍습으로 10명의 들러리들이 신부와 함께 신랑을 맞이했다.

슬기와 미련의 차이는? 기름을 준비했느냐 안했느냐의 차이다. 슬기 있는 처녀들은 신랑이 언제 오실지 알 수 없기에 기름을 넉넉하게 준비했다. 그러나 미련한 자들은 달랑 조금만 갖고 있었고 아무 대책 없이 그 때 가서 어떻게 되겠지 막연하게 생각했다.

지혜로운 자들은 신랑이 오는 때에 마음으로 깨어서 신랑의 입장을 준비했다. 빈 등만 가진 자는 신앙의 형식만 있는 자라면, 기름까지 준비한 자는 성령으로 깨어있는 자다. 신랑이 오시는 밤은? 온 세상이 죄악으로 어두운 밤이 깊었을 때이다.

지혜로운 다섯 처녀가 기름을 타인에게 빌려줄 수 없는 것은 신앙은 개인적이기 때문에 다른 사람의 덕으로 구원받는 것이 아니기 때문이다.

'깨어 있으라' 는 것은 기름을 준비하라는 것이다. 형식적인 종교인이 되지 말고 성령으로 충만해서 말씀으로 순종하는 믿음이 되라는 것이다.

자기를 부인하며 자기 십자가를 지며 주님과의 인격적인 교제를 유지하는 예수 제자의 삶이다... 늘 예배자와 봉사자로 충실하며 성령과 말씀의 능력으로 완전히 감격하는 상태를 유지하는 것이다.

dessert

1. 나는 모든 삶을 천국의 비유로 이해하고 있는가?

2. 다섯 처녀 비유에서 교훈하는 세 가지는 무엇인가?
3. 나는 슬기 있는 신앙이라고 생각하는가? 아니면 미련한 것 같은가?

Prayer

주님! 종말을 사는 우리가 그리스도의 재림과 세상 종말을 기억하며 깨어 준비하게 하소서. 아멘!

70. 25:14-30 착한 사람이 충성한다.

"또 어떤 사람이 타국에 갈 때 그 종들을 불러 자기 소유를 맡김과 같으니, 오랜 후에 그 종들의 주인이 돌아와 그들과 결산할새, 다섯 달란트 받았던 자는 다섯 달란트를 더 가지고 와서 이르되 주인이여 내게 다섯 달란트를 주셨는데 보소서 내가 또 다섯 달란트를 남겼나이다. 그 주인이 이르되 잘하였도다 착하고 충성된 종아 네가 적은 일에 충성하였으매 내가 많은 것을 네게 맡기리니 네 주인의 즐거움에 참여할지어다 하고

무릇 있는 자는 받아 풍족하게 되고 없는 자는 그 있는 것까지 빼앗기리라, 이 무익한 종을 바깥 어두운 데로 내쫓으라 거기서 슬피 울며 이를 갈리라 하니라" (14,19,20,21,29,30절)

Appetizer

하나님은 모든 사람에게 동일한 생명과 시간과 사명을 주셨다. 각 사람의 재능(才能, talent)은 선천적으로 다르지만, 그 재능을 어떤 목적과 누구를 위하여 사용하는가에 따라서 그 재능의 효력이 달라진다. 재능(달란트)은 능력(가능성)과는 다르지만, 재능의 주인이신 하나님은 각 사람의 능력보다 착함과 충성을 보신다.

마태복음 25장의 세 가지 비유를 다른 구도로 본다면, 열 처녀 비유는 그리스도의 신부된 교회로서 신랑을 영접하는 성령의 지혜로 깨어있는 교회와 신랑을 영접할 수 없는 인간의 미련함과 졸고 자는 교회가 있다는 것을 교훈한다.

달란트 비유는 교회의 직분자들의 착하고 충성된 종들과 악하고 게으른 종들에 대한 칭찬과 책망을 교훈한다. 양과 염소의 비유는 교회 안에도 양과 같이 선한 일을 하는 의인들과 염소와 같이 착하지 않은 악인들이 섞여 있지만, 그리스도의 재림의 심판 때에 심판과 영생의 복을 받거

나 영원한 분리가 있을 것을 교훈한다.

세 가지 비유는 교회가 다 같은 교회가 아니다. 직분자가 다 같은 종들이 아니다. 성도들이 다 같은 성도가 아니라는 것을 교훈하고 있다. 무늬만 교회, 직분자나 성도가 되면 영생에 들어갈 수 없다는 것을 비유하고 있다.

옛날 교회의 어르신들은 생명의 말씀을 전하는 거룩한 강단에는 조화(造花)를 장식하지 못하게 하였다. 경제적인 문제로 생화를 사지 못하면 산에 가서 진달래와 개나리라도 꺾어와서 생화를 장식하도록 고집하였다. 중남미의 교회들은 경제적인 문제로 생화보다 조화를 장식하는 교회들이 많이 있는 편이다. 그렇지만 중남미 나라들은 안데스산맥의 산과 들에는 이름 모를 들꽃이 무수하게 널려있다. 조화는 1년 12달 365일 동안 늘 변하지 않는 꽃이지만 성장하거나 번식하지 못하며 향기가 없어서 벌과 나비들이 날아오지 않는다. 조화(造花)는 장례식장의 조화(弔花)처럼 생명 없이 죽은 사람들이 누워있는 공동묘지(cemetery)에 장식하면 어울리는 가화(假花)이다.

네팔 산지에 타망 부족 200여 명이 출석하는 따짐랑 교회당 헌당식을 위해서 험준한 산악길을 우기가 시작되는 6월에 약 15시간 동안 고군분투(孤軍奮鬪)하면서 올라갔다. 교회당 앞에서 10여 명의 여자 성도들이 히말라야의 마리골드(marigold) 꽃을 꺾어와서 손수 만든 환영의 목걸이를 하와이 레이(Hawaiian Lei)처럼 목에 걸어주었다. 아침 이슬에 젖은 상큼한 꽃향기와 이름 모를 수수한 들꽃들이 일행의 가슴을 적셔주었다. 꽃목걸이 한 개도 아닌 10여 개를 목에 걸었는데 목이 무거워서 머리가 숙여지게 되었다. 평생 그런 감동스런 환영은 처음 받아보았다.

조화 신앙은 모양과 무늬만 장식한 죽은 믿음이다. 사데 교회처럼 죽은 교회는 조화교회이다. 사명이 죽은 악하고 게으른 직분자들은 조화 직분자들이다. 착함과 선행이 없는 왼편에 있는 신자들은 조화 신자이다.

Today's dish

달란트 비유는 신앙을 고백하는 그리스도인들의 내적이며 영적인 마음가짐을 교훈한다. 그리스도인들 가운데는 주님이 돌아오실 때 부끄러움을 당하게 될 사람이 있음을 시사한다.

> "자녀들아 이제 그의 안에 거하라 이는 주께서 나타내신 바 되면 그가 강림하실 때에 우리로 담대함을 얻어 그 앞에서 부끄럽지 않게 하려 함이라. 너희가 그가 의로우신 줄을 알면 의를 행하는 자마다 그에게서 난 줄을 알리라" (요한일서 2:28,29)

주인이 종들에게 다섯 달란트, 두 달란트, 한 달란트를 맡기고 출타한 후 귀국해서 달란트 계산을 하였다. 그런데 착하고 충성된 종들은 바로 가서 장사하여 배나 남겼으나, 악하고 게으른 종은 땅에 묻어두었다가 한 달란트를 그대로 가져왔다. 주인은 악하고 게으른 종의 달란트를 빼앗아서 열 달란트를 가진 자에게 주고 그는 바깥 어두운데 쫓겨나서 슬피 울며 이를 갈았다.

달란트 비유는 주인이신 하나님이 종들을 보시는 관점은 종들의 능력과 실력과 성과보다 착함과 충성에 초점을 맞추고 있다. 착한 사람은 충성하게 되지만 악한 사람은 불충성하고 게으르게 된다.

한 달란트 받은 종은 주인에 대해서 불평을 늘어놓았다. "당신은 굳은 사람이라 심지 않은 데서 거두고 헤치지 않는 데서 모으는 줄을 내가 알았다" 라고 불평불만을 토하였다.

당신은 불공평하다, 사람을 차별한다. 나를 무시한다. 그러므로 다른 종들은 다섯 달란트와 두 달란트를 맡겼지만 나에게는 한 달란트를 맡기지 않았느냐는 불만을 가졌다.

주인에 대한 공경심과 감사하는 마음이 없고 원망과 불평하는 마음으로 품성이 착하지 않은 사람은 충성하지 못한다.

일하면서 원망 불평하는 사람은 차라리 아무것도 하지 않는 것이 자신과 다른 사람에게 유익하다. 예수 그리스도는 아버지에게 충성하시기를 죽기까지 충성하셨다. 온갖 무시와 조롱과 비판과 판단과 방해와 반대와 핍박을 받을지라도 개의치 않으시고 아버지께서 맡기신 십자가의 길을 묵묵히 걸어가시고 구속의 대업을 완성하신 후 십자가에서 "다 이루었다" 는 말씀을 남기시고 승리하셨다.

우리가 세상을 떠나는 그 날 마지막으로 남길 수 있는 아름다운 말이라면 "다 이루었다" 라는 말일 것이다.

예수께서 제자들에게 '너희는 세상의 소금과 빛이라' 고 말씀하셨다. 이 말씀은 세상에서 대단한 사명을 완수하라는 말씀같이 들리지만, 실제는 세상 사람보다 착한 사람이 되라는 단순한 말씀이다. 세상에 안티 크리스천들이 많아지는 이유는? 크리스천들이 안 착하기 때문이다. 안 착한 크리스천들은 세상의 소금과 빛 같은 영향력을 끼치지 못한다.

성령의 능력에 대해서 크리스천들이 오해하는 부분이 많다. 교리적이며 신학적인 지식을 가지고 남을 가르치거나, 신유의 능력과 예언의 은사들로 생각하지만, 하나님이 나사렛 예수에게 성령과 능력을 기름 붓듯 하신 이유는 저가 두루 다니시면서 착한 일을 행하게 하시는 일이라고 말씀하셨다. 그리고 세상을 병들고 악하게 만드는 마귀의 일을 멸하는 능력이다.

실력과 능력을 갖추고 성공적인 인생을 살면서 다른 사람에게 아픔과 상처를 주는 안 착한 사람들이 많이 있다. 하나님이 보시는 것은 사울의 왕좌와 왕관이 아니라 목동 다윗의 손에 들려 있는 물맷돌 다섯 개를 보신다. 다윗의 중심이 하나님의 마음이 쏙 들었던 이유는 하나님의 이름과 나라와 영광에 대한 열망에서 나온 착함과 충성심이었다.

성령의 능력은 착함의 능력이다. 안 착하던 사람을 착하게 만드는 능력이 성령의 능력이다. 달란트 비유의 요점은 좋은 일꾼은 착한 사람이라는 것이다.

다른 사람을 리더하는 높은 자리에 앉아서 사람을 이용하다가 토사구팽(兎死狗烹) 하고, 오직 자기 영역을 확장해서 자기 자리만 지키려고 수단 방법을 가리지 않고 잔머리를 굴리는 사람들은 안 착한 사람이다. 이런 사람에게 성령이 함께 하실 수 없다.

요셉같이 착한 사람에게 성령이 그와 함께하시고 그가 하는 모든 일에 형통하게 되어 더 많은 사람을 착하게 섬길 수 있도록 능력과 리더십을 선물로 주셨다.

> "이같이 너희 빛을 사람 앞에 비취게 하여 저희로 너희 착한 행실을 보고 하늘에 계신 너희 아버지께 영광을 돌리게 하라" (마태복음 5:16)
>
> "하나님이 나사렛 예수에게 성령과 능력을 기름 붓듯 하셨으매 저가 두루 다니시며 착한 일을 행하시고 마귀에게 눌린 모든 자를 고치셨으니 이는 하나님이 함께 하셨음이라" (사도행전 10:38)
>
> "바나바는 착한 사람이요 성령과 믿음이 충만한 자라 이에 큰 무리가 주께 더하더라" (사도행전 11:24)
>
> "하나님이 능히 모든 은혜를 너희에게 넘치게 하시나니 이는 너희로 모든 일에 항상 모든 것이 넉넉하여 모든 착한 일을 넘치게 하게 하려 하심이라" (고린도후서 9:8)
>
> "그러므로 우리는 기회 있는 대로 모든 이에게 착한 일을 하되 더욱 믿음의 가정들에게 할지니라" (갈라디아서 6:10)
>
> "너희 속에 착한 일을 시작하신 이가 그리스도 예수의 날까지 이루실 줄을 우리가 확신하노라" (빌립보서 1:6)

하나님이 우리에게 주신 재능중에 두뇌는 컴퓨터로 비유한다면 엄청난 양의 냉각수가 있어야 하는데 그랜드 캐니언의 호숫물이 모두 필요할 정도라고 한다. 우리 머리를 착하게만 사용한다면 세상은 더욱 행복해질 수 있다.

달란트는 사람들끼리 서로 비교하라고 주신 것이 아니다. 비교라는 고질병은 늘상 떠나지 않는다. 주인이 종들을 인격적으로 믿고 달란트를 맡겼다는 것은 주인과 종들 사이에는 신뢰성을 가지고 일하라는 암시이다.

오랜 후에 주인이 돌아오게 되면 종들은 결산해야 한다. 우리 인생도 결산할 때가 있다. 장사에는 리스크(Risk)가 따르지만 위험 부담을 극복하면서 투자를 해야한다.

착한 종들은 주인이 자신을 믿고 달란트를 맡겼다는 일에 감사하고 기쁜 마음으로 충성을 다했다. 악한 종의 삐뚤어짐은? 주인을 오해하였고 주인과 관계가 삐뚤어지면서 만사가 뒤틀렸다. 세상의 경제원리는 빈익빈 부익부이지만 하나님의 나라는 충성한 자에게 더 많은 것을 맡기고 주인의 즐거움에 참여하게 된다.

주인이 칭찬한 말은 너는 잘하였다. 너는 착하다. 너는 충성하였다. 너는 작은 일에 충성하였으니 많은 것을 네가 맡으라. 너는 주인의 즐거움에 참여할 것이다.

성경에 하나님께 충성하고 인정받은 사람 중에 안 착한 사람이 있으면 찾아보기 바란다. 그리고 악한 사람치고 충성한 사람이 있었는지 찾아보라. 주님께서, 나무는 열매를 보고 안다고 하셨다.

dessert

1. 나는 착한 사람인가? 충성하는 사람인가?
2. 나는 착한 크리스천인가? 안티를 생산하는 원불교인인가?
3. 인생의 주인이신 하나님이 사람을 보시는 관점은 능력과 실력인가? 착함과 충성인가?

Prayer

주님! 우리가 진실로 그리스도 안에서 성령의 능력으로 착한 사람이 되기를 원합니다. 그리하여 가식적이지 않고 신실하게 충성을 다하는 종이 되어서 아버지의 나라를 흥왕하게 만들게 하시고 아버지의 이름이 열방 가운데 높여지시기를 소원합니다. 아멘!

71. 25:31-46 우파와 좌파 이야기

"인자가 자기 영광으로 모든 천사와 함께 올 때에 자기 영광의 보좌에 앉으리니, 모든 민족을 그 앞에 모으고 각각 구분하기를 목자가 양과 염소를 구분하는 것 같이 하여, 양은 그 오른편에 염소는 왼편에 두리라. 그 때에 임금이 그 오른편에 있는 자들에게 이르시되 내 아버지께 복 받을 자들이여 나아와 창세로부터 너희를 위하여 예비된 나라를 상속받으라

임금이 대답하여 이르시되 내가 진실로 너희에게 이르노니 너희가 여기 내 형제 중에 지극히 작은 자 하나에게 한 것이 곧 내게 한 것이니라 하시고, 또 왼편에 있는 자들에게 이르시되 저주를 받은 자들아 나를 떠나 마귀와 그 사자들을 위하여 예비된 영원한 불에 들어가라" (31-34,40,41절)

Appetizer

양과 염소의 비유는 목자가 양과 염소를 구분하듯이 모든 민족을 하나님의 심판대 앞에 세우고 의인은 오른편에, 악인은 왼편에 두어서 그들이 지극히 작은 자에게 선행하거나 하지 않은 일들을 가지고 영벌과 영원한 불 심판에 들어갈 것을 예언하셨다.

우리는 신앙의 본질과 비본질적인 문제를 바르게 분별해야 한다. 달걀은 본질이지만 달걀을 요리하는 문제는 비본질이다. 달걀의 본질적인 문제라면 유정란과 무정란의 구분이다. 비본질적인 문제라면 달걀을 삶아 먹기도 하고, 프라이 하기도 하고, 오므라이스, 계란 덮밥을 해서 먹을 수 있다.

영국의 작가 조너선 스위프트의 풍자 소설 '걸리버 여행기' (Gulliver' s Travels)에는 소인국 사람들이 달걀을 뾰족한 쪽부터 깨느냐, 아니면 덜 뾰족한 곳부터 깨느냐의 논쟁이 전쟁으로 번졌다는 이야기는 사소한 종

교적 이유 때문에 전쟁을 일으키는 영국과 프랑스를 빗대어 풍자하였다.

중국 연변의 서탑 교회의 비본질적인 분쟁의 비화가 있다. 기역형 교회당을 일자형 교회당으로 바꾸자는 문제로 파벌이 생겼다. 남자와 여자 사이에 커튼을 친 것을 걷자 파와 치자 파로 싸웠다. 커튼파는 경건주의자, 걷자파는 세속주의자로 판단하고 죽도록 싸웠다. 한국에서도 교회당에서 방석 파와 비 방석 파가 싸웠고, 방석 파와 장의자파, 맨발 파와 신발파, 악기파와 비악기파, 교회당 안에 화장실을 두자 말자 논쟁으로 교회가 분리된 교회도 있었다.

아디아포라(adiaphora)는 스토아 주의에 의해서 형성된 개념으로 '선도 악도 아니고, 명령 받지도 않고, 금지되지도 않은 것으로 '무관심한 것' 이라는 뜻이다.

지금은 아디아포라 문제를 다 수용하고 있는 이유는 그런 사소한 것들을 신앙문제로 보지 않고 문화적으로 이해했기 때문이다.

대한민국은 국호가 대한(大韓)인데 걸리버의 소인국(小人國)처럼 사소한 문제를 가지고 정쟁과 전투와 전쟁을 하는 나라다. 좁은 땅에서 무슨 파가 그리 많은지 머리가 아프다. 밭에도 양파 쪽파 대파가 있듯이 정치 사회 종교 교육 문화에도 계층과 파벌이 많고 나와 생각이 다르면 견원지간이 되어 죽으라고 싸우는 이조 왕국의 악습이 남아 있다.

그러나 양과 염소의 비유에서 나오는 오른편과 왼편은 정치적인 우파와 좌파라는 논리와 논쟁 이야기가 아니다. 사람들은 언제나 자기중심에서 사물을 보고 오른쪽 왼쪽을 구분하려고 한다. 그런 것들은 비본질적인 문제다.

하나님은 여호수아에게 좌우로 치우치지 말고 주야로 하나님의 말씀을 묵상하며 하나님 중심으로 걸어가면 하나님이 그와 함께 가시고 약속의 땅을 주시기로 약속하셨다.

우리에게 있어서 가장 중요한 선택과 결단은 하나님 편에서 의인과 악인을 구분하는 오른편과 왼편을 심사숙고해서 본질적인 문제에 충실하는 것이 가장 중요한 문제다.

의인이 되어 선행하는가? 악인으로 악행을 행하는가? 라는 문제는 비본질적인 옵션이 아니라 필수적이며 본질적 문제이다.

오래전 예배당에서 남자들은 오른편에 앉고 여자들은 왼편에 앉았다. 남자 교인이 여자 교인들 편에 앉으면 뒤에서 수군거렸다. 그런데 지금은 성적인 편 가르기가 없어졌다.

현대교회서 자리로 성적 차별을 한다면 여성도들이 소송을 걸고 가만히 있지 않을 것이다. 그러나 강단 편에서 바라보면 왼편에 앉은 여자들이 오른편에 앉은 자가 되고 오른편에 앉은 남자들은 왼편이 된다. 모든 의와 심판의 기준은 내가 중심이 되는 것이 아니라 하나님 편에서 결정하는 것이다.

영국의 이층 버스에 백인들은 아래층에 타고 흑인들은 위층에 타는 편견 된 차별 문화는 바로잡으면 되는 비본질적인 문제다. 그러나 흑백 인종차별이 아닌 도덕적으로 의인과 악인을 구별하는 것은 본질적인 문제이다.

Today' s dish

세상 종말에 두 짐승을 구별하는 최후 심판의 날에 대한 비유는 요한계시록 20장 11-15절에 나오는 백 보좌의 심판과 같은 것이다. 성도들은 그리스도의 심판대 앞에서 그 행한 일들에 대하여 심판을 받게 된다.(고린도후서 5:1-11).

아담 이후로 구원을 받았거나 구원받지 않고 죽은 사람들을 다시 살려서 하나님의 심판을 받게 된다는 것이 이 비유의 핵심 교훈이다.

주님은 '내 형제들' '지극히 작은 자' 라고 부르는 이들을 대하는 사람들에 대해서 양과 염소로 구분하셨다. 고난 당하는 사람들에게 사랑과 자비로 먹이고, 옷을 입히고, 병상과 감옥으로 가서 그들을 위로하는 것이 신앙의 증거이며 그리스도를 향한 사랑의 증거이다.

주님은 나라와 민족 단위로 심판하지 않고 각 개인을 하나님 편에서 좌우로 구분하시고 심판하신다. 우리는 신앙적으로 보수파 진보파로 구분하지만, 보수파 안에도 염소들이 있고 진보파에게도 양들이 있다. 매파 안에 평화를 추구하는 사람이 있고 비둘기파 안에 싸움꾼들이 있다. 그러나 하나님 편에서 보실 때 왼편에 있으면 저주의 사람이 되지만 영적으로 오른쪽에 있으면 아버지께 복 받은 사람이 된다.

> “주께 피하는 자를 그 일어나 치는 자에게서 오른손으로 구원하시는 주여 주의 기이한 인자를 나타내소서” (시편 17:7)
>
> “지혜자의 마음은 오른편에 있고 우매자의 마음은 왼편에 있느니라” (전도서 10:2)
>
> “가라사대 그물을 배 오른편에 던지라 그리하면 얻으리라 하신대 이에 던졌더니 고기가 많아 그물을 들 수 없더라” (요한복음 21:6)

1. 오른편 의인

세상 끝 날에 인자가 모든 민족을 모으고 양과 염소의 분리 작업을 하신다. 오른편에 있는 의인은 아버지께 복 받은 자로서 창세로부터 너희를 위해 예비된 나라를 상속하라고 하신다.

의인들에게 말씀하셨다. 내가 주릴 때 먹을 것을 주었다. 내가 목마를 때에 마실 것을 주었다. 내가 나그네 되었을 때 나를 영접하였다. 내가 헐벗었을 때 내게 옷을 입혔다. 내가 병들었을 때 돌아보았다. 내가 옥에 갇혔을 때 와서 보았다고 기억하신다.

의인들의 대답은 ‘주여! 우리가 어느 때에 주님이 주리셨을 때 대접하였으며, 목마르셨을 때 마시게 하였나이까? 어느 때에 나그네 되었을 때 영접하였으며, 헐벗었을 때 입혔나이까? 그리고 언제 주님이 병들었을 때나 옥에 갇혔을 때 돌아보았나이까?

주님이 임금의 자리에서 대답하였다. 너희가 여기 내 형제 중에 지극히 작은 자에게 한 것이 곧 나에게 한 것이다. 그러므로 의인들은 영생에 들어가라고 하신다.

남미 선교지에 있을 때 한인 청년이 사업에 실패하고 실의에 빠져 있었다. 그때 아내와 함께 가서 라면 한 박스와 반찬들과 약간의 생활비를 주면서 기도하고 위로하였다. 수십 년이 지난 후 그 청년은 한국에서 목사가 되었고 신학교 사역자로 목회자들을 양성하고 있다. 한국에서 그 형제를 만났을 때 우리가 그 청년을 돌아보지 않았다면 극단적인 선택까지 생각하였다는 말을 하면서 한국으로 귀국하여 지금 목사가 된 것은 그때 우리가 라면과 봉투를 주었기 때문이라는 말을 하였다. 우리는 그 형제의 일을 까마득하게 잊고 있었으며 언제 그런 일이 있었느냐? 되물을 정도였지만 그 목회자는 그 일을 생생하게 기억하고 있었다.

2. 왼편의 악인

주님은 왼편에 있는 자들에게 이르시되, 저주받은 자들아 나를 떠나 마귀와 그 사자들을 위해서 예비된 영원한 불에 들어가라, 너희들은 내가 주릴 때 먹을 것을 주지 아니하였고, 내가 목마를 때에 마시게 하지 않았으며, 내가 나그네 되었을 때 영접하지 않았다. 내가 헐벗었을 때 옷 입히지 않았으며, 병들었을 때나 옥에 갇혔을 때 돌아보지 않았다고 말씀하셨다. 왼편의 악인들은 이렇게 항변하였다.

주여 우리가 어느 때에 주께서 주리신 것이나 목마르신 것이나 나그네 되신 것이나 헐벗으신 것이나 병드신 것이나 옥에 갇히신 것을 보고 공양하지 아니하더이까?

임금이 대답하였다. 이 지극히 작은 자에게 하지 않은 것이 곧 내게 하지 않은 것이다. 그러므로 악인들은 영벌에 처하노라!

구원받을 믿음이란? 로마서의 이신칭의만이 아니라 야고보서의 행함으로 그 믿음을 증거하지 않는 믿음은 귀신들도 할 수 있는 믿음이라고 기록하였다.

우리는 귀신 씨나락 까먹는 신앙 이야기들을 너무나 많이 듣고 있다. 신학적인 지식과 교리가 정통보수이며 가르침과 설교가 설득력이 있고, 은사는 하늘의 비밀을 알고 기도는 산을 옮길 수 있는 능력 기도를 하는 사람이지만 사랑이 없으면 그것은 아무것도 아니라고 선언하였다. 심지어 자기 소유를 다 팔아서 구제하는 홍익사상으로 선행을 하여도 그리스도의 아가페 사랑의 믿음에서 시작된 선행이 아니면 아무것도 아니라고 하였다.

> "내가 사람의 방언과 천사의 말을 할지라도 사랑이 없으면 소리 나는 구리와 울리는 꽹과리가 되고, 내가 예언하는 능력이 있어 모든 비밀과 모든 지식을 알고 또 산을 옮길 만한 모든 믿음이 있을지라도 사랑이 없으면 내가 아무것도 아니요" (고린도전서 13:1,2)

양과 염소의 비유에서 영적으로 우파가 되는 것을 적극적으로 권고하는 말씀이다. 영적인 좌파는 말은 잘하는데 선행이 없다. 우파는 사도바울처럼 언변은 부족하지만, 언행이 일치되어 그가 전한 복음대로 살다가 순교한 사람이 의의 면류관을 얻을 수 있는 우파이다.

dessert

1. 나는 하나님 중심에서 우파인가? 좌파인가? 어디에 속한 파인가?
2. 나는 아직도 파벌을 버리지 않고 좌우에 치우쳐 있는 것은 무엇인가?
3. 언행일치가 없는 립서비스만 하는 자는 좌파이며 언행일치의 사람이 우파인 것을 아는가?

Prayer

주님! 최후 심판의 날에 주님으로부터 우편에 있는 양과 의인으로 인정받고 창세로부터 예비된 하나님의 나라에 들어가서 영생의 복을 받는 자가 되게 하소서! 아직 왼편에 있는 염소라도 지금 회개하고 주님께 돌아와서 영원한 심판을 피하게 하소서. 아멘!

72. 26:1-16 옥합과 은 삼십

"그 때에 대제사장들과 백성의 장로들이 가야바라 하는 대제사장의 관정에 모여, 예수를 흉계로 잡아 죽이려고 의논하되, 말하기를 민란이 날까 하노니 명절에는 하지 말자 하더라
내가 진실로 너희에게 이르노니 온 천하에 어디서든지 이 복음이 전파되는 곳에서는 이 여자가 행한 일도 말하여 그를 기억하리라 하시니라. 그 때에 열둘 중의 하나인 가룟 유다라 하는 자가 대제사장들에게 가서 말하되, 내가 예수를 너희에게 넘겨 주리니 얼마나 주려느냐 하니 그들이 은 삼십을 달아 주거늘, 그가 그 때부터 예수를 넘겨 줄 기회를 찾더라" (3,4,5,13-16절)

Appetizer

예수 그리스도의 수난의 시작은, 예수를 죽이려는 유대 지도자들의 흉계, 그리스도의 죽음을 눈치챈 여인이 귀한 옥합을 주님의 머리에 부은 사건, 예수를 대제사장들에게 팔아먹은 가룟 유다의 배신으로 인자의 마지막 행보가 기록되었다. 종교와 정치가 만나면 적그리스도의 세력이 구축된다. 돈과 권력과 군중으로 하나님의 나라와 복음 확장을 가로막는 사탄의 도구로 전락한다.

대제사장은 하나님이 임명하시는 종신 세습직이지만, 로마 총독이 정치적으로 임면권을 가지면서 대제사장들은 총독의 하수인 노릇을 하였다. 그들은 총독에게 뇌물을 상납하기 위해서 성전을 장사 터로 만드는 강도의 소굴로 만들었다.

대제사장과 백성의 장로들은 사람을 살리는 성직자인데 오히려 성전과 대제사장 관정에 모여 예수를 죽일 음모를 꾸몄다.

유대인의 최고 권력기관 산헤드린회(synedrion)는 제사장 24명, 서기관 24명, 장로 24명 모두 72명으로 구성되었다. 이들은 23명의 판관

들과 69명의 평의원으로 조직 되었고 대제사장이 의장이 된다. 로마 정부는 식민지를 원활하게 통치하기 위해서 산헤드린회에 자치권을 주었다. 로마 정부로부터 권력의 힘을 업은 산헤드린회는 그들이 원하는 것은 마음대로 할 수 있는 법과 권력을 가지고 불법을 행하였다.

산헤드린의 뜻은 '함께 앉음' 이다. 모여서 예배드리는 것보다 모여서 회의를 하는 것을 더 좋아하는 기관이다. 유대의 최고의 거룩한 명절인 유월절 이틀을 남겨두고 성직자들은 기도와 말씀에 전무하지 않고 한심하게 예수 죽일 음모를 꾸미고 있었던 것은, 유월절의 참된 의미를 모르고 종교적인 의전 치레와 종교 장사를 하는 유대교 무당들이었다.

종교 지도자들이 모이면 성회(聖會)라는 이름으로 회의를 한다. 이들은 교회(敎會) 위에 성회가 있다고 생각하고 다수 결의로 법과 전통을 세우고 장로의 유전을 생산한다.

한국교회가 신사참배는 우상숭배 죄가 아니라 국가의 의식이라고 결의한 것은 교회가 한 일이 아니라 한국판 산헤드린회 같은 성총회(聖總會)가 한 일이다.

예수께서 나병 환자 시몬의집에서 식사하시는 예수의 머리에 한 여인이 매우 값진 옥합을 부었다. 사람들은 나병 환자의 집 근처도 가지도 않지만, 주님은 그 집에 가셔서 식사까지 하신 것은 잃은 양을 찾으시는 참목자의 심정을 가지신 분이다.

제자들은 여인의 무례함을 꾸짖고 분을 내었으며, 가룟 유다는 구제를 핑계하면서 귀한 물질을 허비한다면서 비방하고 여인을 힘들게 하였다.

예수께서는 여인이 행한 일은 좋은 일이며 내 장례를 위해서 한 일이기 때문에 복음이 전파되는 곳에서는 온 천하에 여인의 행한 일도 공개하여 기억하게 하리라고 하셨다.

구제 헌금과 선교 헌금은 다르다. 구제는 항상 할 수 있지만, 복음을 위해서 하는 일은 기회가 지나간다. 구제는 오른손이 하는 일을 왼손이 모르게 익명으로 하지만, 복음 선교를 위해 헌신하는 일은 공개해서 기억하게 하도록 가르쳐 주셨다.

익명 헌금을 주장하는 이유는 사람들이 시험을 받는다는 핑계를 댄다.

다른 사람이 헌금을 많이 내면 비교가 되기 때문이라는 논리를 편다. 가룟 유다의 영이 들어가면 다른 사람이 헌신 봉사하는 일을 시기 질투하거나 비방을 해서 괴롭게 만든다.

가룟 유다는 제사장들에게 노동자의 연봉 정도의 은30에 예수를 팔아먹었다. 요셉의 형들은 동생을 종의 몸값 정도의 은 20에 인신매매를 하였다.

돈궤에서 도적질하는 가룟 유다는 자신의 랍비 예수를 가장 값싼 값으로 팔아먹었다. 명품 옷과 향수를 사는 데는 수백만 원씩 카드를 긁으면서 구제와 선교하는 일에는 몇만 원도 아까워하는 사람이라면 가룟 유다의 영을 따라가는 자가 아닐까?

Today' s dish

그리스도의 수난주간이 시작되는 종려 주일에는 호산나 찬양과 환영 인파들로 예루살렘이 북적거렸다.

월요일에는 성전의 환전상과 비둘기파는 의자들을 뒤엎으시고 열매 없는 무화과나무를 저주하셨다.

화요일은 바리새인들과 권세 논쟁과 수많은 변론으로 진을 빼시고 지치셨다.

수요일은 침묵의 날로 휴식하셨다. 지난날 많은 변론으로 피곤하셔서 예수께서 베다니로 가셔서 쉬신 날이어서 '침묵의 날' 이라고 한다.

이날 주님은 제자들을 불러 놓고 서기관과 바리새인들의 위선에 대해 경고하시고 교훈을 하셨다. 베다니 시몬의 집에 초대를 받아 식사를 하시던 중, 영원히 기념될 만한 한 여인의 헌신을 받으셨다. 이것은 그리스도의 장례를 예비하는 헌신이라고 주님이 말씀하셨다.

한편 가룟 유다를 비롯하여 대제사장들과 서기관들과 장로들과 군관들이 예수를 체포할 D-day를 잡기 위해 은밀한 흉계를 꾸민 날이다.

침묵의 날에 무조건 침묵하신 날이 아니라, 주님은 과거사에 관한 일은 침묵을 하셨으나, 미래사에 대한 예언을 제자들에게 반복적으로 말씀하셨다.

KTX 역방향은 순방향보다 값이 5% 정도 저렴하다. 역방향은 방향 감각을 모르게 한다. 지나오는 산들, 논들, 집들, 나무들, 터널들이 쌩쌩 지나간다. 어디쯤 왔는지 감이 오지 않는다. 역방향은 미래가 앞으로 달려오는 느낌이다. 순방향은 종착지를 향해 지금 어디쯤 왔는지 감을 잡을 수 있고, 내려서 만날 사람과 할 일들을 미리 생각하게 된다.

주님은 제자들에게 사람 낚는 어부가 되게 하리라는 미래 지향적으로 사람을 보셨다. 사람을 보는 시각이 과거형인 사람과 미래형인 사람의 삶의 가치관이 달라진다.

주님을 세 번이나 부인하고 배신한 베드로에게 '시몬아 네가 나를 사랑하느냐, 내 양을 먹이고 치라' 는 주님과 관계와 사명을 회복시켜 주시고 미래에 꿈을 보여주셨다. 과거 지향적인 리더는 다른 사람들에게 비난과 책망과 꾸짖음과 그와 관계를 끊어버림으로 사람을 잃어버린다.

'역사는 밤에 이루어진다.' 라는 말처럼 대제사장들은 유월절 명절에는 순례자들 수십만 명이 모이는데 사람의 눈을 피하기 위해서 예수를 밤에 체포하고, 밤에 재판하기로 음모를 꾸몄다. 하나님의 뜻을 이루기 위해서 가룟 유다와 종교 지도자들은 악역으로 '필요악' 이 되었다.

마귀는 자기의 뜻을 이루는 것 같지만 결국 하나님의 뜻을 이루는 도구로 이용당하는 줄을 모른다.

예수께서 베다니 문둥이 시몬의집에서 식사하실 때 갑자기 여인이 나타나서 옥합의 향유를 예수의 머리에 붓는 일을 상상해 보라. 이 여인의 행동이 정상이라고 생각하겠는가? 정신이상자로 보겠는가? 제자들은 여인을 향하여 '이게 무슨 짓이냐?' 분개하면서 고가의 향유를 허비하지 말고 가난한 자들을 위해서 구제비로 사용하라고 여인을 괴롭게 하였다.

주님은 구제보다 더 귀한 복음을 위해 헌신하는 여인의 행위를 복음과 함께 기념하게 될 것이라고 칭찬하셨다.

나병환자 시몬의집에 불청객 여인이 침입하였다. 불청객 여인이 예수의 머리에 기름을 붓는 돌출행동으로 식사 분위기를 망쳤다. 제자들이 소란하면서 여인을 책망하는 소리가 들렸다. 헌신하는 여인은 그런 상황을 뛰어넘어야 영광스러운 주님을 섬길 수 있었다.

예수의 죽음에 관한 비밀을 아는 여인은 살아계신 예수 그리스도의 장례를 준비하기 위해서 귀한 옥합을 드렸다.

북한에서 한 여대생이 민중의 영웅이 되었다. 자기 집에 불이 났는데 김일성 부자의 사진이 불탄다면서 맨몸으로 뛰어 들어가 사진을 안고 나오다가 질식사하였다. 영웅의 가문은 교과서에 기록되어 대대로 기억하고, 민중 학습지에 토론 대상이 되고, 그녀의 가족은 대대로 영웅 칭호를 받으며 특혜를 많이 받는다. 남한 사람들은 이 여학생의 행한 일에 대해서 이해하지 못하지만, 북한 사람들은 공감하는 사람이 많다.

세상의 것으로 주님을 팔아먹거나 주님을 부인하고 외면하지 않아야 한다. 돈을 받고 예수를 넘겨준 가룟 유다는 팥죽을 받고 장자의 명분을 팔아먹은 신약 버전의 에서이다.

수난주간에 내가 좋아하는 것들을 깨뜨리고 주님의 말씀을 묵상하며 침묵의 기도로 귀한 시간과 날들을 머리에 기름 붓듯이 집중하면서 헌신하는 날로 보내면 좋을 것이다.

dessert

1. 우리는 산헤드린회 처럼 '함께 모여 앉아서' 주로 어떤 일을 하고 있는가?
2. 나는 과거사를 말하기를 좋아하는가? 미래사를 말하는 사람인가?
3. 하나님 나라의 복음을 위해서 나를 깨뜨려서 주님께 드릴 옥합은 무엇인가?

Prayer

주님! 우리가 주님의 이름으로 모이면 하나님을 경배하고 하나님 나라의 일을 위하여 기도하고 헌신하게 하시고 세상적인 일을 도모하지 않게 하소서. 아멘!

73. 26:17-35 갈보리 길목에서

"제자들이 예수께서 시키신 대로 하여 유월절을 준비하였더라. 인자는 자기에 대하여 기록된 대로 가거니와 인자를 파는 그 사람에게는 화가 있으리로다 그 사람은 차라리 태어나지 아니하였더라면 제게 좋을 뻔하였느니라. 그들이 먹을 때에 예수께서 떡을 가지사 축복하시고 떼어 제자들에게 주시며 이르시되 받아서 먹으라 이것은 내 몸이니라 하시고

또 잔을 가지사 감사 기도 하시고 그들에게 주시며 이르시되 너희가 다 이것을 마시라

이것은 죄 사함을 얻게 하려고 많은 사람을 위하여 흘리는 바 나의 피 곧 언약의 피니라

예수께서 이르시되 내가 진실로 네게 이르노니 오늘 밤 닭 울기 전에 네가 세 번 나를 부인하리라" (19,24,26,27,28,34절)

Appetizer

구약의 유월절을 그리스도께서 성만찬으로 제정하셨다. 예수께서는 여호와 이레의 하나님 아버지를 의지는 믿음을 삶으로 보여주셨다.

예루살렘에 입성하실 때 평화의 왕이 나귀 새끼를 타고 가신다는 예언을 성취하기 위하여 "주께서 원하신다" 는 부탁에 나귀 주인이 주님께 빌려드리고, 유월절을 지키기 위한 큰 다락방을 부탁할 때 집 주인이 준비한 곳에서 사용하셨다. 주님께서 필요하실 때 나귀 주인과 다락방 주인은 두말없이 주님께 제공하였다. 하나님의 일은 필요할때 사용하는 타이밍이 중요하다.

우리의 소유물은 주님이 필요하실 때 즉시 사용하도록 제공하는 사람은, 그가 재물, 몸, 시간, 달란트, 은사를 소유할 자격이 있는 사람이다.

주가가 바닥 친 다음의 주식은 가치가 없는 휴지 조각이 된다.

사탄은 이미 가룟 유다에게 예수를 팔려는 생각을 넣었고 예수를 잡을 기회만 엿보고 있었다. 성만찬의 식탁에서 "너희 중에 한 사람이 나를 팔리라" 는 주님의 말씀에 모두가 "나는 아니지요?" 물어보았다. 예수께서는 "나는 기록된 대로 가거니와 인자를 파는 자는 화가 있고, 차라리 태어나지 않았다면 좋을 뻔하였다" 라고 말씀하실 때, 유다는 "나는 아니지요?" 물었다. 예수께서 "나와 함께 그릇에 손을 넣는 자가 팔리라고" 말씀하시고 주님은 "네가 말하였다" 라고 지적하셨지만 가룟 유다는 회개하지 않고 그는 떡을 받고 먹지 않고 밖으로 나가버렸다.

주님은 떡을 가지고 축복기도를 하시고 생명을 위하는 양식이라는 말씀을 하시면서 "내 살을 먹으라" 라고 하셨다. 잔을 가지고 감사기도 하시고 "많은 사람의 죄를 위하여 흘리는 언약의 피" 라고 말씀하시고 마시라고 하셨다.

언약을 체결할 때 짐승을 잡고 피를 흘리는 것처럼 하나님의 영원한 언약은, 예수 그리스도의 십자가의 구속을 믿는 자는 죄 사함을 받는 것과 하나님의 백성이 되는 언약이며, 죽음에서 생명을 얻어 누리는 영생의 복을 상징하는 성만찬을 제정하셨다.

포도나무에서 난 것을 아버지 나라에서 새것을 마시는 날까지 다시 마시지 않으신다고 하신 것은 유월절의 폐지를 말씀하신 것이며, 성만찬의 복과 새 하늘 새 땅에서 누릴 구원의 기쁨을 약속하셨다. 이후에 찬미하면서 감람산으로 나아가셨다.

"오늘 밤에 다 나를 버리리라" 라는 예고를 하실 때 베드로는 "나는 결코 주님을 버리지 않고, 죽을지언정 주를 부인하지 않겠다" 라고 하였고 모든 제자도 그같이 말하였다.

"목자를 치리니 양 떼가 흩어지리라" . "내가 살아난 후 너희보다 먼저 갈릴리로 가리라" 는 말씀으로 십자가에 돌아가실 때 상황과 부활 후 갈릴리에서 부활을 증거 하실 것을 예고하셨다.

어제 주님을 배신한 가룟 유다 같은 죄, 미래에 베드로같이 주님을 세 번 부인할 죄가 있을지라도, 오늘 예수 그리스도의 살과 피를 먹고 마시면 언약의 복으로 죄 사함과 구속을 받을 수 있다. 우리는 '날마다 죽노라' 는 사도바울의 고백처럼 날마다 십자가의 은혜를 믿음으로 살아야 죄와 사망이 권세에서 승리할 수 있다.

Today' s dish

예수 그리스도께서 갈보리로 가시는 길목에 세 사람이 부각된다. 예수 그리스도 자신과 주님을 배교할 가룟 유다와 주님을 부인할 베드로이다. 두 사람의 실패는 우리에게 영적인 교훈을 준다. 유다는 주님의 경고의 말씀에 대항하고 회개의 기회를 거절하였다. 베드로는 신앙인이 한순간에 어떻게 타락하여 간증을 잃게 되는가를 보여주는 사례이다.

종교적인 유대 지도자들이 그리스도를 죽이려고 모의하는 동안 베다니에 있는 성도들은 주님께 찬양을 돌리고 있었다. 베다니에 사는 나병환자 시몬은 주님을 초대하여 음식을 대접하였다. 한 여인은 옥합을 깨뜨려서 주님의 머리에 부었다.

베드로와 가룟 유다는 값비싼 향유를 허비하지 말고 가난한 자들을 위해 구제하는 것이 낫다고 여인의 헌신을 비방하고 괴롭게 하는 일에 동류가 되었다.

베드로는 악인의 꾀에 말려들었고, 대제사장의 집에서 죄인의 자리에 섰으며, 거기서 오만한 자리에 앉아서 주님을 세 번 부인하였다.

가룟 유다는 여인의 헌신과 예배를 '낭비' 라고 했으나 예수께서는 복음이 전파되는 곳에서는 그녀의 사랑의 행위가 기념될 것이라고 말씀하셨다. 역설적으로 복음이 전파되는 곳에는 가룟 유다의 비방과 배신도 함께 기억되도록 하셨다.

그리스도의 책망은 유다로 하여금 더욱더 배반의 길로 치닫게 했다. 그는 베다니를 떠나 유대 지도자들과 함께 그리스도를 체포할 음모를 꾸미러 가서 성경에 예고된 가격대로(스가랴 11:12) 은 30에 타협을 보았다.

베드로는 그리스도를 위하여 유월절을 준비하러 갔으며, 여러 번 실패에도 불구하고 베드로는 그리스도를 사랑했으며 주님을 믿고 신뢰하였다.

가룟 유다는 '저희에게 속하지 않았으므로 저희에게서 나갔다' 라는

말씀대로 자기의 길로 가버렸다.(요한일서 2:18-19)

주님과 마지막 만찬을 하는 자리에서 거짓말하는 유다와 장담하는 베드로를 본다. 예수께서는 누군가 자기를 배반할 것이라고 알리신다.(시편 41:9) 유다는 주여(하나님이란 뜻이 아니라 랍비라는 뜻) '내 니이까?' 라고 물으면서 거짓말로 주님을 속이려 하였다.

유다는 자신을 마귀에게 넘겨준 후 주님께 충성스러운 체 가장하고 있었다. 그리스도께서 성만찬을 시작하신 때는 이미 가룟 유다는 마음으로 그리스도를 떠난 후였다. 주님은 제자들에게 그의 왕국을 약속하셨다.

"이에 그들이 찬미하고 감람산으로 나아가니라" 그리스도의 시편 찬미는 시편 115편-118편의 찬송이다. 그중에 시편 116편을 묵상해 보자.

> "여호와께서 내 음성과 내 간구를 들으시므로 내가 그를 사랑하는도다. 그의 귀를 내게 기울이셨으므로 내가 평생에 기도하리로다. 사망의 줄이 나를 두르고 스올의 고통이 내게 이르므로 내가 환난과 슬픔을 만났을 때에, 내가 여호와의 이름으로 기도하기를 여호와여 주께 구하오니 내 영혼을 건지소서 하였도다.
>
> 여호와는 은혜로우시며 의로우시며 우리 하나님은 긍휼이 많으시도다. 여호와께서는 순진한 자를 지키시나니 내가 어려울 때에 나를 구원하셨도다. 내 영혼아 네 평안함으로 돌아갈지어다 여호와께서 너를 후대하심이로다. 주께서 내 영혼을 사망에서, 내 눈을 눈물에서, 내 발을 넘어짐에서 건지셨나이다.
>
> 내가 생명이 있는 땅에서 여호와 앞에 행하리로다. 내가 크게 고통을 당하였다고 말할 때에도 나는 믿었도다. 내가 놀라서 이르기를 모든 사람이 거짓말쟁이라 하였도다. 내게 주신 모든 은혜를 내가 여호와께 무엇으로 보답할까, 내가 구원의 잔을 들고 여호와의 이름을 부르며, 여호와의 모든 백성 앞에서 나는 나의 서원을 여호와께 갚으리로다.
>
> 그의 경건한 자들의 죽음은 여호와께서 보시기에 귀중한 것이로다. 여호와여 나는 진실로 주의 종이요 주의 여종의 아들 곧 주

의 종이라 주께서 나의 결박을 푸셨나이다.
내가 주께 감사제를 드리고 여호와의 이름을 부르리이다. 내가 여호와께 서원한 것을 그의 모든 백성이 보는 앞에서 내가 지키리로다. 예루살렘아, 네 한가운데에서 곧 여호와의 성전 뜰에서 지키리로다 할렐루야!" (시편 116:1-19)

주님은 오늘 밤에 너희가 다 나를 버리리라는 말씀에 베드로는 주님의 말씀을 부인하고 말았다. 그리스도의 말씀을 부인하는 것이 주님을 부인하는 것과 동일하다는 것을 보여주었다. 말씀을 경청하지 않고 자신감을 가진 베드로는 겟세마네에서 기도로 깨어있지 않고 잠을 자다가 시험에 빠지고 말았다. 그리스도인이 하나님의 말씀을 부인하고 깨어 기도하지 않을 때 마귀의 시험으로 많은 문제를 초래하게 된다는 것을 보여주고 있다.

dessert

1. 가룟 유다와 베드로의 실패의 거울은 우리에게 무엇을 교훈하고 있는가?
2. 예수 그리스도와 함께하는 식탁은 우리에게 어떤 복을 주시는가?
3. 충동적인 범죄와 계획적인 범죄의 죄질이 다른 이유는 무엇인가?

Prayer

주님! 우리의 연약함을 아시는 주님께서 우리를 모든 시험에서 건져주시고 믿음으로 승리하게 하소서. 그리스도의 식탁에서 영생하는 양식을 먹고 마시는 복을 항상 누리게 하소서. 아멘!

74. 26:36-56 기도의 십자가

"이에 예수께서 제자들과 함께 겟세마네라 하는 곳에 이르러 제자들에게 이르시되 내가 저기 가서 기도할 동안에 너희는 여기 앉아 있으라 하시고, 조금 나아가사 얼굴을 땅에 대시고 엎드려 기도하여 이르시되 내 아버지여 만일 할 만하시거든 이 잔을 내게서 지나가게 하옵소서 그러나 나의 원대로 마시옵고 아버지의 원대로 하옵소서 하시고
시험에 들지 않게 깨어 기도하라 마음에는 원이로되 육신이 약하도다 하시고, 이에 예수께서 이르시되 네 칼을 도로 칼집에 꽂으라 칼을 가지는 자는 다 칼로 망하느니라. 그러나 이렇게 된 것은 다 선지자들의 글을 이루려 함이니라 하시더라 이에 제자들이 다 예수를 버리고 도망하니라" (36,39,41,52,56절)

Appetizer

예수께서 십자가의 죽음을 앞에 두시고 겟세마네 동산에서 기도하실 때에 기도 내용은 아버지의 뜻대로 십자가를 지고 죽을 수 있도록 기도하셨다. 십자가는 순종이며, 순종하시기 위한 기도는 하나님께서 들으시는 참된 기도이다. 우리의 기도의 목적은 살기 위한 기도가 많으나 주님의 기도는 죽기 위한 기도, 십자가를 지기 위한 기도를 하셨다.

가룟 유다는 주님께 입 맞추면서 랍비를 존경하는 체하였다. 베드로와 세베대의 아들들은 기도해야 할 때 잠을 잤고, 그리스도를 실망하게 했다. 그는 항복해야 할 때 칼로 싸우고, 주를 위해 버리지 않고 죽겠다고 장담하고는 달아났다.

쓴잔은 십자가에서 죄인 취급을 받음으로써 치르게 될 고난이다. 주님의 거룩한 성품은 죄인 취급을 받게 될 것을 예상하시고 이에 살고 싶은 저항감을 느끼셨으나 주님의 거룩한 뜻은 아버지 하나님과 하나였으므

로, 기꺼이 자신의 생명을 내놓으셨다.

어부 베드로는 초보 군인처럼 검을 가지고 싸워서 승리를 거두려 하였다. 그리스도를 위한 보호와 방어는 의미가 없고 오히려 그리스도께서 제자들을 보호하시고 방어하셨다.

우리는 혈과 육에 대한 싸움이 아니라 사단을 대적하는 것이며, 또한 우리가 사용할 무기는 육적인 것이 아니라 영적인 것이다. 모세도 애굽에서 혈과 육으로 자기 백성을 해방하려는 실수를 범하였다. 모세는 애굽과 싸움은 영적인 싸움이라는 것을 40년 동안 배웠다.

Today' s dish

1. 기도자들의 미팅

예수께서는 베드로 요한 야고보 세 제자를 데리고 변화산으로 올라가셨다. 그곳에서 모세와 엘리야와 만나서 영광중에 예루살렘을 떠나 별세하실 예수의 죽음에 대한 담화가 이루어졌다. 출세(出世) 이야기가 아니라 별세(別世) 이야기를 하셨다. 별세는 세상을 등지고 십자가를 지시고 대속의 죽음을 죽으시는 일이다.

율법의 대표 모세와 선지자의 대표 엘리야는 십자가의 죽음을 앞두신 예수 그리스도를 격려하고 별세의 영광을 위로하기 위해서 아버지께서 보내신 특사들이다.

기도의 사람은 기도의 사람을 만나는 복을 받는다. 기도하지 않는 사람은 만나도 이상한? 사람들을 만나서 이상한? 일들을 꾀하다가 이상하게 몰락하는 경우가 많다.

모세는 40세에 민족 구원자가 되려다가 살인자가 되어서 미디안으로 도피하여 야인(野人)으로 살았다. 그러나 80세에 하나님의 부름을 받고 시내산에 두 번이나 올라가서 40일 동안 금식 기도하면서 하나님께 율법을 받은 기도의 사람이다. 백성들이 원망하고 돌로 치려고 하면 회막에 들어가서 엎드려 기도하였다.

엘리야는 바알과 아세라 선지자들과 갈멜산 투쟁을 위해서 목숨 걸고 기도하였다. 기도의 무릎을 꿇어서 엘리야의 제단에 불의 응답을 받고 머뭇거리는 백성들을 하나님께로 돌아오게 하였으며 3년 6개월 동안의 가뭄을 해소하는 큰비의 응답을 받았다.

기도하는 사람은 시공간을 초월하는 만남의 복으로 역사(役事)를 이룰 수 있다.

2. 순종자의 기도

예수님의 기도는 순종을 위해서 기도하셨다. 사람 속에는 아담의 DNA가 있어서 불순종의 죄성이 숨어있다. 언제나 상황 따라 불순종의 모습이 드러난다. 사무엘 선지자는 사울에게 "불순종하는 죄는 점치고 사신 우상에게 절하는 죄와 같다" 라고 경고하였다. "순종이 제사보다 낫다" 라고 가르쳐 주었다. 그러나 사울 왕은 경고를 무시하고 불순종함으로 하나님께 버림을 받았다. 사울의 불순종은 기도하지 않은 죄이다. 사무엘은 "기도를 쉬는 죄를 범하지 않겠다" 라고 고백하였다.

기도하는 사람은 순종 자가 된다. 기도는 우리의 소원을 성취하는 방법과 도구가 아니라 하나님께 순종해서 하나님의 뜻을 우리의 삶 속에 이루기 위한 믿음의 실제이다.

아담의 불순종으로 세상에 죄와 사망이 들어온 것처럼 한 사람 예수 그리스도의 순종함으로 세상에 의와 생명이 들어왔다.

세례를 받으신 예수 그리스도는 불순종하는 죄성을 죽이고 "세상 죄를 지고 가는 하나님의 어린양" 으로 순종하는 영을 받기 위해서 세례를 받으셨다. 하나님께서는 비둘기 같은 성령을 예수에게 부어주시고 더욱 순종하는 아들로서 사랑과 기쁨이 되는 복을 충만히 받은 후에 메시아의 구원 사역을 시작하셨다.

예수 그리스도의 기도는 "쓴잔의 기도" 다. "내 아버지여 만일 할 만 하시거든 이 잔을 내게서 지나가게 하옵소서, 그러나 나의 원대로 마옵시고 아버지의 원대로 하옵소서" (26:39)

가장 아버지를 신뢰하는 아들 독생자의 신앙은 "아버지 원대로 하옵소서" 이다. 예수는 자신이 원수들에게 팔리기 전에 제자들에게 자신의 몸과 피를 다 먹고 마시게 하셨다.

"받아서 먹으라 이것은 내 몸이니라" (26:26), "너희가 다 이것을 마시라 이것은 죄 사람을 얻게 하려고 많은 사람을 위하여 흘리는바 나의 피 곧 언약의 피니라" (26:27,28)

부도가 나면 귀중품과 재산을 미리 빼돌리는 사람이 있다. 예수께서는 자신의 몸이 원수에게 넘어가기 전에 사랑하는 제자들에게 몸 안에 있는 살과 피를 다 마시게 하는 상징적인 성찬식을 행하셨다.

세상에서 가장 값싸게 팔리는 상품은 예수의 몸값이다. "인자가 팔리우리라" 는 말씀대로 인자는 값싼 몸값으로 팔리셨다.

"내가 예수를 너희에게 넘겨주리니 얼마나 주려느냐" 는 유다의 배교와 거래는 세기의 인신매매자의 모습이다. 파는 자나 사는 자가 같다. 유대교 성직자들이 어떻게 예수 제자가 배신하고 파는 몸을 값싸게 살 수 있는가? 마치 에서가 팥죽 한 그릇에 장자권을 파는 것과 같은 모습이다. "인자를 파는 사람에게는 화가 있으리로다" 는 말씀은 이미 성경대로 성취되는 일이 되었다. 예수의 몸값은 노예의 몸값 수준인 은 삼십에 팔았다. 예수의 값은 강도들의 값보다 내려간 값이다. 망령되게 망하는 자들은 하나님의 구원의 지혜인 십자가의 도를 어리석게 생각하고 팔아 버린다.

3. 어린양과 사냥꾼들

'열둘 중의 하나인 가룟인이라 부르는 유다에게 사단이 들어가니 이에 유다가 대제사장들과 군관들에게 가서 예수를 넘겨줄 방책을 의논하매 저희가 기뻐하여 돈을 주기로 언약하는지라' (누가복음 22:3-6)

사냥(Hunting)은 고대의 제왕들이 매우 즐겼다. 니므롯은 특이한 사냥꾼이었다.(창세기 10:9) '에서' 도 사냥한 고기로 장자의 복을 받으려

고 사냥을 하였다.(창세기 25:28)

바벨론이나 앗수르 왕들은 오락으로 사냥을 즐겼는데 고대 제국의 비문이나 궁전 벽에는 사냥하는 벽화를 많이 그려놓았다. 사냥꾼(Hunter)들은 조수(鳥獸)를 잡기 위해서 공격용 무기인 사냥개, 화살, 칼, 창을 사용하였고, 짐승을 속이는 함정, 그물, 올무, 덫, 창애 등을 사용하였다.

유대의 역사가 요세푸스(Josephus)는 헤롯이 승마 사냥을 좋아했다고 한다. 청교도들은 잔인한 사냥을 오락으로 행하는 일을 성도들에게 금지시켰다. 성경은 무섭게 타락한 죄인의 모습을 유명한 사냥꾼으로 상징하였다.

> "구스가 니므롯을 낳았으니 그는 세상에 처음 영걸이라 그가 여호와 앞에서 특이한 사냥군이로다 하더라" (창세기 10:8-9)

사냥꾼들은 사냥개를 수풀 속에 풀어서 숨어있는 짐승을 코너로 몰아내어 포획을 하게 한다. 중세시대의 마녀 사냥꾼 같은 유대교 지도자들이 어린양 예수를 잡으려고 사냥개 같은 가룟 유다를 앞장세우고 겟세마네 동산에서 기도하시는 예수님을 사냥하였다.

> "예수께서 무리에게 말씀하여 가라사대 너희가 강도를 잡는 것같이 검과 몽치를 가지고 나를 잡으러 나왔느냐" (마가복음 14:48)

사냥꾼들은 털 깍는 자 앞에 잠잠한 어린양 같으신 예수를 잡기 위해서 뿔과 이빨과 발톱으로 먹이를 공격하는 맹수처럼 검과 몽치를 가지고 은밀한 기도의 자리까지 찾아왔다.

아프리카의 세렝게티 대평원에서 새끼 얼룩말이 사자 떼에게 목덜미가 물려서 외마디 소리를 내고 죽어가는 모습을 보면서도 어미 얼룩말은 사자들의 이빨에서 새끼를 건져내지도 못하고 그렇다고 도망가지도 못하고 멀찍이 바라보면서 슬피 부르짖는 모습이 되었다.

베드로는 맹수에게 잡혀서 죽음으로 나아가시는 예수님을 구원하기 위해서 검을 휘둘러 보지만 오히려 주님께 책망을 받았다. "네 검을 도로 집에 꽂으라 검을 가지는 자는 다 검으로 망하느니라" (26:52) 베드로는 더 이상 손을 쓰지 못하고 도망갔다가 주님이 끌려가신 대제사장의 집에서 주님을 세 번이나 부인한 자신의 죄를 범하고 나서 닭 우는 소리를 듣고 애통하였다.

선지자 이사야는 이상적인 천년왕국은 어린이와 독사, 사자와 양이 평화적인 공존의 실현이라고 예언하였다.(이사야 11:6-9)

타락한 세상은 영적 사냥꾼인 사탄이 하나님의 평화와 질서를 깨뜨리기 위해서 하수인 사냥개들을 훈련시켜서 푸른 초원의 평화와 질서를 깨뜨리고 약육강식으로 먹고 먹히면서 피 흘리는 전쟁터로 만들고 있다.

숨어서 표적을 향해서 기회를 노리는 공격적인 사람은 사냥개와 같다. 사냥개 뒤에는 반드시 사냥꾼이 총을 조준하고 방아쇠를 당기기 위해서 기다리고 있기 때문이다. 이것이 사냥꾼이 활동하는 이 세상의 모습이다.

다윗은 "새 사냥꾼의 올무와 덫에서 나를 벗어나게 해달라" 고 기도하였다. 시편에 사냥꾼 이야기가 많은 것을 보면 '사울' 이 자기를 사냥하는 것을 비유하였다.

'약육강식' , '정글의 법칙' 은 힘의 법칙이다. 마피아 세계, 대기업의 문어발식 기업, 강대국들의 침략과 식민정치 등이 사냥꾼 니므롯의 영이 있는 자들이다.

보이스피싱, 음녀들의 채팅은 사람들의 명예, 재산, 건강, 재물, 생명을 빼앗아 가는 사냥꾼들이다.

다윗은 사울의 수색대들에게 "메추라기를 사냥하듯이 이스라엘 왕이 한 벼룩을 수색하느냐?" 라고 말했다. 음녀는 생명을 사냥하는 악인이다.(잠언 6:26) 악한 거짓 선지자들은 새 사냥꾼처럼 매복하여 덫을 놓는다.(예레미야 5:26) 이단들은 사냥개를 앞세워 주님의 양들을 사냥하는 사냥꾼들이다.

겟세마네 동산에서 온 세상의 죄를 위해서 애통하시는 예수님과 제자들은 애통의 이유를 모르고 기도하지 않고 잠이든 동산에 사냥개와 사냥꾼들이 찾아왔다.

불쌍하게도 가룟 유다는 선한 목자이신 예수님의 말씀에 은혜를 받아 변화를 받지 못하고 사냥꾼에게 길들여진 사냥개가 되어서 먹이를 물어다가 사냥꾼에게 갖다 바치고 고기 몇 점을 얻어먹는 불쌍한 영혼이 되었다.

예수님은 도박하시다가 체포되신 것이 아니라 기도하시다가 체포되셨다. 지금도 지하교회 성도들은 기도하다가, 예배드리다가 체포되고 고난을 받는다.

사단이 가룟 유다에게 들어갔다. 가룟 유다는 사냥개 노릇을 하기 위해서 예수님과 마지막 만찬에 앉아서 먹는 자리에서 슬그머니 어둠 속으로 나가서 배신의 입맞춤으로 사냥꾼을 불러들였다. 예수께서는 고난의 본을 보여주시고 우리에게 그 발자취를 따라오라고 하셨다.

예수 믿는 사람은 어린양처럼 희생하고 순종하면서 따라가야 한다.

"예수를 잡아끌고 대제사장의 집으로 들어갈 새" (누가복음 22:54) 유월절 명절에 어린양을 제사장에게로 끌고 간다. 이사야 선지자가 예언한 말씀이 성취되었다.

> "마치 도수장으로 끌려가는 어린양과 털 깎는 자 앞에 잠잠한 양같이 그 입을 열지 아니하였도다." (이사야 53:7)

끌려가시는 하나님, 끌고 가는 교만한 인간들이다. 하나님을 끌고 가는 기도를 하지 않는가? 양들은 끌려가도 잠잠하지만 끌고 가는 사람들은 시끄럽다. 예수님은 끌려가시지만 잠잠하시고 자기주장과 반항이 없으시다.

카타콤 성도들은 핍박자들에게 입을 열면 형제들과 교회가 죽기 때문에 죽어도 자기 입을 열지 않는다. 예수께서 입을 여시고 '나는 무죄하다' 라고 말씀하시면 모든 아담의 후손들은 다 죗값으로 죽는다. 무저항주의 예수께서 수많은 천사를 동원하실 수 있어도 잠잠하셨다.

성전을 강도의 굴혈로 만들었다가 예수께 책망받은 종교인들은 예수를 강도 취급을 하고 강도 대접으로 복수를 하였다. 그들은 강도 '바라바' 는 놓아주고 의인 예수를 강도들과 함께 십자가에 못 박아 죽이게 하였다.

사냥꾼들은 예수를 쳐서 거짓 증거를 하였다. 예수는 "이 성전을 내가 헐고 손으로 짓지 아니한 다른 성전을 사흘에 지으리라" '카더라' 는 말로 고발하였다. "네가 찬송 받을 자의 아들 그리스도냐" (61), 예수를 사형에 해당한 자로 정죄하고, 침 뱉고, 눈을 가리고, 주먹으로 치며, 선지자 노릇하라고 조롱하였다.

구원자 예수를 돈 받고 팔고, 부인하고, 저주하고, 끌고 가고, 침 뱉고, 욕하고, 조롱하고, 손가락질하고, 머리를 흔들고, 거짓 증인을 세워서 죄를 뒤집어씌우고, 불법으로 의인을 죄인으로 사형선고를 하고, 십자가로 대접하고, 채찍으로 때리고, 머리에 가시관을 씌우고, 겉옷을 빼앗아 나누고, 쓸개 탄 포도주로 마시게 하여 상처에 초를 붓고, 십자가에 못을 박아 죽이고, 죽으신 예수를 창으로 찌르고, 시신을 유기하고 버렸다.

히브리서 11장에는 예수를 따라가는 어린양 제자들도 마찬가지로 화형, 참수형, 사자의 밥이 되게 하고, 돌로 치고, 톱으로 켜고, 박해를 가하지만 세상이 감당하지 못하였다.

예수를 나의 구원자와 주님으로 대접하지 않고 사냥개로 사냥하고 강도 대접을 하던 사람들은 예수의 핏 값을 무는 저주를 받았다.

dessert

1. 나는 기도하는 사람들과 만나서 하나님의 뜻을 이루고 있는가?
2. 나의 기도는 아버지의 뜻에 순종하는 기도인가?
3. 나는 어린양 예수 그리스도를 따라가는 자인가? 사냥개와 사냥꾼인가?

Prayer

결론/ 주님! 우리가 하나님 아버지께 순종하는 아들로서 하나님의 사랑받고 기쁨이 되게 하시고 이 세상에 많은 사냥개와 사냥꾼들을 공의로 심판하시는 하나님을 두려워하는 세상이 되게 하옵소서. 아멘!

75. 26:57-75 강도 대접 & 닭 소리 오버랩(overlap)

"예수를 잡은 자들이 그를 끌고 대제사장 가야바에게로 가니 거기 서기관과 장로들이 모여 있더라. 예수께서 침묵하시거늘 대제사장이 이르되 내가 너로 살아 계신 하나님께 맹세하게 하노니 네가 하나님의 아들 그리스도인지 우리에게 말하라.

예수께서 이르시되 네가 말하였느니라 그러나 내가 너희에게 이르노니 이 후에 인자가 권능의 우편에 앉아 있는 것과 하늘 구름을 타고 오는 것을 너희가 보리라 하시니, 너희 생각은 어떠하냐 대답하여 이르되 그는 사형에 해당하니라 하고, 이에 예수의 얼굴에 침 뱉으며 주먹으로 치고 어떤 사람은 손바닥으로 때리며, 이에 베드로가 예수의 말씀에 닭 울기 전에 네가 세 번 나를 부인하리라 하심이 생각나서 밖에 나가서 심히 통곡하니라" (57,63,64,66,67,75절)

Appetizer

예수 그리스도의 일거수 일투족과 언행 심사는 모두 선지자들을 통해서 예언하고 기록한 하나님의 말씀대로 이루어졌다.

스가랴 13장 7절에 목자를 치면 양들이 흩어질 것이라는 예언을 제자들에게 예고하셨는데 겟세마네 동산에서 잡히실 때 제자들이 다 도망가고 흩어졌다.

그리스도께서는 베드로에게 사단이 그의 배후에서 밀까 부르듯이 시험할 것이며 닭울기 전에 세 번 나를 부인하리라고 경고하셨지만, 그 밤에 그는 주님을 세 번 부인하였다. 하나님의 말씀에 유의하지 않는 신자는 항상 시험에 빠진다.

유대인의 공회를 밤에 소집하고 밤새 심문을 한 후에 새벽에 사형 판결을 내리는 것은 불법이며 편법이었다. 대적 앞에서 보이신 그리스도의 침묵은 이사야 53장 7절 말씀대로 '털 깎는자 앞에 잠잠한 양' 같이 성취하였다.

묵비권을 행사하신 예수께서 자신이 그리스도라는 사실에 대해서는 입을 열어서(64절) 다니엘서 7장 13절의 예언대로 주의 우편에 앉는 것과 구름 타고 오신다는 말씀을 당당하게 선포하셨다. 예수께서 메시아이심을 주장하실 때 대제사장은 신성 모독죄에 대해서 더 다른 증인이 필요 없다면서 무리를 선동하여 사형에 해당하는 죄로 결의하였다.

베드로는 시편 1편의 말씀처럼 악인의 꾀와 죄인의 길과 오만한 자의 자리에 앉아서 그들 틈에서 몸을 녹이기 위해서 불을 쬐고 있었다. 그렇게 추운 밤에 그리스도는 밤새 심문을 받으며 구타를 당하셨다. 대제사장의 뜰에서 베드로는 세 번 그리스도를 모른다며 부인하였다.

베드로가 내리막길을 걷기 시작한 것은 베다니에서 가룟 유다가 옥합을 붓는 여인을 비판하는 일에 동조한 일부터였다. 그리고 자신의 헌신을 장담했으며 주님의 말씀에 귀를 기울이지 않았다. 주님의 경고에 귀를 기울이지 않고 깨어 기도하는 대신 깊은 잠에 빠졌고, 기도 대신 검을 사용하여 자신의 영성을 과시하려고 했다.

예수께서 잡히실 때 무리에게 제자들을 잡지 못하도록 기회를 주셨지만, 베드로는 용감하게 원수들을 따라가서 가아뱌의 관정까지 들어가서 주님을 부인하였다.

그러나 주님은 베드로의 믿음이 떨어지지 않기 위해서 기도하셨다. 베드로는 하나님의 아들의 권세가 아니라 제자의 권세를 잃었으며, 통곡 기도로 다시 회복되었다. 그렇지만 가룟 유다는 자신의 죄를 깨달았을 때 그리스도께 가지 않고 번지수가 다른 제사장들에게 가서 자신의 죄를 고백하고 받은 돈을 던지고 나가서 스스로 목을 매었다. 베드로의 슬픔은 회개와 용서를 가져온 경건한 슬픔이었고, 유다의 슬픔은 죽음을 가져오는 세상적인 슬픔이었다(고린도후서 7:10).

Today's dish

1. 끌고 가는 사람들

'예수를 잡은 자들이 예수를 끌고 대제사장 가야바의 집으로 들어갔다. 유월절 명절에 사람들이 어린양을 제사장에게로 끌고 가는 것처럼 700년 전 이사야 선지자의 예언이 성취되었다.

"마치 도수장으로 끌려가는 어린양과 털 깎는 자 앞에 잠잠한 양같이 그 입을 열지 아니하였도다." (이사야 53:7)

끌려가는 그리스도와 끌고 가는 교만한 인간의 모습이 대조된다. 손자가 할아버지의 손을 잡고 끌고 아이스크림 집으로 가서 이것저것을 사달라고 주문한다.

우리의 기도가 하나님을 끌고 가는 기도가 있다. 자기의 목적과 계획을 세우고 나서 주님을 끌고 다니면서 도와달라고 구한다. "나는 갈길 모르니 주여 인도하소서" "나는 힘도 없고 약하니 나를 도와주소서" 라는 기도가 아니라 내가 가는 길에 따라와서 도와 달라는 기도를 한다. 양들은 사람들에게 끌려가도 잠잠하다. 끌고 가는 사람들은 시끄럽다.

현대 교회는 말이 많다. 교회 안의 잡음들을 온 세상에 광포하고 피켓 들고 시위하고 교회를 세상 법정에 세우려고 한다. 초대 교회는 교회 안에서 스스로 회개하고 통곡 기도로 문제를 풀려고 하였다.

2. 강도 대접

성전을 강도의 굴혈로 만들었다는 책망을 받은 유대교 지도자들은 예수를 강도처럼 체포하고 강도 취급을 하고 강도 대접을 하고, 강도 바라바는 놓아주고 의인 예수를 강도처럼 십자가에 못 박았다.

예수를 쳐서 거짓 증거하는 자가 많으나 그 증거가 서로 합하지 못하였다. 어떤 증인은 예수가 성전을 헐면 손으로 짓지 아니한 다른 성전을 사흘에 지으리라 '카더라' 는 증언을 하였다.

기독교를 왜곡하는 이단들, 복음을 트집 잡는 자들이 많다. "네가 찬송 받을 자의 아들 그리스도냐" "내가 그니라 인자가 권능자의 우편에 앉은 것과 하늘 구름을 타고 오는 것을 너희가 보리라" 그들은 무리에게 예수는 사형에 해당하는 자로 정죄하고 즉시 강도 취급을 하면서 얼굴에 침 뱉고, 눈을 가리고, 주먹으로 치며, 선지자 노릇하라면서 조롱하였다.

세상에서 가장 만만한 사람이 예수 믿는 사람으로 생각하는 이유는 변명하지 않고 대항하지 않고 무저항으로 잠잠하다고 얕잡아 본다.

죄인들을 구원하시기 위해서 세상에 오신 예수를 세상은 구세주에게 이런 대접을 하였다.

예수를 돈 받고 팔아먹고, 예수를 부인하고, 저주하고, 도망가고, 끌고 가고, 얼굴에 침 뱉고, 욕하고, 주먹과 손바닥으로 때리고, 조롱하고, 손가락질하고, 머리를 흔들고, 거짓 증인을 세워서 죄를 뒤집어씌우고, 불법으로 사형선고를 하고, 옷을 벗기고, 십자가로 대접하고, 못, 가시, 창, 채찍, 쓸개 탄 포도주(상처에 초를 붓고)를 마시게 하고, 죽이고, 그를 버렸다.

예수를 따라가는 어린양들에게도 마찬가지로 화형, 참수, 사자밥, 돌로 치고, 톱으로 켜고, 죽이지만 세상이 감당하지 못하였다고 히브리서 11장에 기록하였다.

6.25전쟁 당시 공산당들이 전남 영광군 염산교회에 찾아와서 77명의 성도에게 총알이 아깝다면서 죽창으로 찔러 죽이거나 심지어 주일 학교 어린이까지 목에 돌을 묶어서 바다에 빠뜨려 수장시켜 죽였다. 염산교회는 한국 기독교 순교사적지 1호로 지정되어 많은 이들이 방문하고 있다. 그리고 순교자의 후손들은 부모들이 순교한 바닷가에서 잡히는 새우로 '설도 젓갈타운' 을 형성하고 새우젓으로 유명한 곳이 되었다.

3. 새벽 닭 소리

오만한 자의 자리에 앉아서 불을 쬐던 베드로는 대제사장의 여종들에게 질문 공세를 받았다. '너는 갈릴리사람 예수와 함께 있었다' '네가

무슨 말을 하는지 나는 알지 못하겠다.'

'너는 나사렛 예수와 함께 있었다' '나는 그 사람을 알지 못하노라'

'너도 진실로 그 도당이다 네 말이 너를 표명한다' '나는 이 사람을 알지 못하노라.'

세 번 주님을 부인할 때 꼬기요! 곧 닭이 울었다. 베드로는 닭 소리와 주님의 말씀이 오버랩(overlap)이 되어 밖으로 나가서 심히 통곡하였다. 오버랩은 집합 이론에서 교집합으로서 한 화면이 점점 사라지면서 새로운 화면이 떠오르는 장면이다. 베드로에게 닭 소리와 주님의 말씀이 겹치면서 통곡과 회개할 기회가 주어졌다. 닭 소리와 주님의 말씀의 사이에 다른 사건이 있었다면 회개할 기회를 잃을 수도 있었던 위험한 순간이었다.

우리의 회개는 오버랩이 필요하다. 하나님의 말씀을 듣는 순간 자신의 죄와 허물이 떠올라서 회개와 통곡의 눈물을 흘릴 때 신앙의 회복과 부활을 경험하게 된다.

요즘은 시골에서도 닭 소리를 듣기가 힘들다. 이단과 배신자들이 너무 많아서 닭들이 아예 울지 않기로 담합을 한 모양새다.

한국에는 새벽닭이 울면 사람들이 회개하거나 새벽기도를 하지 않고 조깅하러 나가기 때문에 닭이 울어야 하는 사명이 사라진 것 같다.

한국에는 반석이라는 이름은 있지만, 베드로라는 이름이 없으므로 닭이 울지 않는 것 같다. 예수께서는 베드로가 세 번 주님을 부인하면 닭이 울도록 타이밍을 맞추어 주신 것 같다.

가야바 뜰에 있는 닭은 '착한 통닭'이 아니라 주님의 말씀을 기억하게 하는 선지자적인 닭이다. 베드로가 회개하도록 일조한 착한 닭은 잡아먹어서는 안 될 것 같다.

4. 자기 주장 & 예수 부인

"다른 사람은 다 버릴지라도... 나는 버리지 않고 옥에도 죽는데도 가리라..." 시몬 베드로의 고백은 자기를 부인하고 자기 십자가를 지고 주님을 따라야 하는 기독교가 아니라, 자기를 주장하고 주님을 부인하며 자기를 믿는 자기 신념의 종교인이다.

가룟 유다 사냥개와 예수를 잡는 사냥꾼들 앞에서 베드로는 혈기의 검으로 말고의 귀를 내리친 용감함과 대제사장의 뜰까지 들어가면서 나는 주님을 버리지 않겠다는 자신이 한 말에 대한 책임을 지는 듯한 용감한 모습이 보인다.

제사장 무리가 베드로를 체포하지 못한 것은 예수님이 베드로를 위해서 기도하셨기 때문이며, 목자를 치리니 양들이 흩어지리라는 예언의 성취이다.

다른 사람의 죄를 보면서 아담 안의 원죄로 인해서 검어진 내 영혼을 볼 수 있어야 십자가의 복음이 내 눈에 들어오게 된다. 그리고 나와 너와 모든 사람은 방금 굴뚝에서 나온 검은 죄인이라는 하나님의 선언을 깊이 깨닫고 고백하면서 구원의 은총을 받을 수 있다.

우리는 의로운 척하는 바리새인을 보지 말고 자신의 실상을 참회하는 세리를 보아야 복음을 깨닫게 된다. 바리새인의 열심과 종교적인 의를 보는 사람은 복음의 진리를 배우지 못한다. '다른 사람은 다 주를 버릴지라도 나는 버리지 않겠다...' 라는 이러한 사상을 가진 베드로는 실패하였다. 자존심, 체면, 용감무쌍함, 의리, 비교 의식, 자신의 명예심은 신앙이 아니다. 많은 사람이 의로운 사람, 성공한 사람, 축복의 모델을 바라보거나 그들의 간증을 듣기를 좋아한다. 그러나 실패의 쓴잔을 마시면서 애통해하는 사람을 의도적으로 외면하고 그들을 보려고 하지 않음으로 복음의 진리를 놓치게 된다.

많은 사람이 실패하는 이유는 간증 스타들의 간증과 자신을 비교하기 때문에 하나님의 은혜의 다양성에 대해서 무지하게 되고 간증만이 해답이라는 공식에 빠지게 된다. 말기 암에서 기적으로 살아난 간증을 들은 사람이라면 나도 말기 암에 걸려서 죽을 위기를 경험하는 가운데 나를 살려주시는 그런 하나님을 경험하는 것이 아니다.

어느 농촌 교회에서 세례교인 10여 명이 공동회의를 하였다. 목사님이 축복 설교는 하지 않고 늘 십자가만 강조하기 때문에 목사님을 모실 것인가? 보낼 것인가? 투표하였다. 결과는 보내기로 결정이 되었다. 목사님은 교인들과 헤어지기 전에 같이 식사를 하고 사진도 찍고 웃으면서 (속으로는 울면서도….) 이별하였다. 애통해야 하는 교회 실상이다.

5. 통곡하는 사람

'애통하는 자는 복이 있나니 저희가 위로를 받을 것임이요' (마태복음 5:4)

베드로는 비록 주님을 세 번이나 부인하였지만 주님의 말씀을 기억하면서 통곡하는 복된 사람이 되었다. 다른 사람이 나를 울려서 우는 것이 아니라, 주님의 말씀이 생각나서 내가 나를 울리는 사람이 진정한 회개자며 팔복의 사람이다.

자기 부인, 자기 십자가를 지고, 예수를 따르지 못한 것으로 인해서 우는 사람이 참된 예수 제자다. 우리는 예수 교인인가? 베드로 교인인가?

초보운전자처럼 '나도 내가 무서워요!' '아기가 타고 있어요!' '나도 나 자신을 모르겠어요!' '예수가 내 안에 계세요!' '조심해 주세요!' 이런 표지가 필요하다.

베드로가 검으로 군관들을 죽이고 예수님을 구출하였다면 세상은 어떻게 되었을까? 나약한 예수를 건져준 베드로의 공로로 예수교가 아니라 강한 자 베드로 교가 될 것이다.

하나님의 구속 계획은 수포가 되며, 성경은 거짓말이 될 것이며, 사단은 인류를 영원히 죄악의 포로로 묶어둘 것이며, 세상은 무서운 지옥이 되고 말 것이다. 그래서 주님께서 미리 십자가를 지시는 일을 만류하는 베드로에게 "사탄아 내 뒤로 물러가라 너는 나를 넘어지게 하는 자로다!" 꾸짖은 이유가 있었다.

베드로가 검으로 적을 물리쳤다면 베드로는 통곡하는 대신 승리의 쾌감으로 웃을 것이다.

인간은 울지 않으려고, 애통에서 벗어나려고 발버둥을 친다. 그러나 하나님은 아무 문제 없는 것처럼 애써 웃고 있는 인간을 애통하는 자로 만드신다.

기독교는 웃는 자를 불러서 애통하게 만드는 것이다. 천국은 애통하는 자들이 들어가서 위로받는 곳이며 애통은 주님을 만남으로 시작된다. 어린아이가 탯줄을 끊고 세상에 태어나는 날 애통으로 삶이 시작된다. 노인이 세상을 떠나는 날 애통으로 삶이 끝난다.

막 태어난 아이가 우는 소리를 들으면 정말 숨넘어갈 듯이 서럽게 우는 소리를 들을 수 있다. 그러나 우는 아이를 바라보면서 부모는 얼마나 기뻐하는지 아이는 그것도 모른 채 그냥 운다. 사람이 죽을 때는 모든 것을 잃어버리고 애통하지만, 하나님 앞에 올라가면 세상의 위로와 비교할 수 없는 하나님의 위로를 받게 된다.

애통함이란? 결국 인간이 가진 모든 것을 잃어버린다는 진리를 알고 일찍 놓아버리기 위해서 십자가를 바라보면서 고난을 당하는 행동의 고백이다. 자신을 채울 능력이 없고, 자기를 보호할 힘이 없으며, 자신을 변화시킬 수 없는 무력함으로 인해서 애통하며 주님의 자비와 능력을 구할 때 위로를 받는 그리스도인이 되는 것이다.

세상은 애통하지 않기 위해서 자신을 채우려 하고 위장과 화장과 포장을 하려고 발버둥을 치지만 허망한 것이 인간이다. 주님의 위로는 애통을 경험하는 자에게 찾아오는 진정하고 영원한 축복이다.

☕ dessert

1. 나는 주님을 끌고 가려는 사람인가? 주님께 이끌려가는 사람인가?
2. 나는 하나님의 말씀을 들을 때 무엇이 오버랩되고 있는가?
3. 베드로의 희망과 회복은 통곡에 있었다. 나는 애통하는 복 있는 사람인가?

Prayer

주님! 그리스도의 수난주간에 주님의 고난을 묵상하게 하시고 진정으로 나의 죄와 허물로 인해서 애통하며 주님과 복음을 위해서 애통하는 복 있는 자가 되게 하옵소서. 아멘!

76. 27:1-10 생명에 이르지 못한 회개

> "새벽에 모든 대제사장과 백성의 장로들이 예수를 죽이려고 함께 의논하고, 결박하여 끌고 가서 총독 빌라도에게 넘겨 주니라. 그 때에 예수를 판 유다가 그의 정죄됨을 보고 스스로 뉘우쳐 그 은 삼십을 대제사장들과 장로들에게 도로 갖다주며, 이르되 내가 무죄한 피를 팔고 죄를 범하였도다 하니 그들이 이르되 그것이 우리에게 무슨 상관이냐 네가 당하라 하거늘, 유다가 은을 성소에 던져 넣고 물러가서 스스로 목매어 죽은지라.
> 의논한 후 이것으로 토기장이의 밭을 사서 나그네의 묘지를 삼았으니" (1-4,5,7절)

Appetizer

마태복음 27장은 갈보리 사건의 특종 뉴스이다. 구원자 예수 그리스도의 재판과 십자가 처형의 장면을 생중계하는 세기의 뉴스이다. 어린양 한 마리 먹이를 두고 하이에나 떼들이 서로 으르릉거리는 모습이 보인다. 예수를 은 삼십에 받고 대제사장들과 장로들에게 넘겨준 가룟 유다의 양심선언과 극단적인 선택, 총독 빌라도에게 예수를 넘겨준 대제사장들과 백성의 장로들, 총독 빌라도의 법정과 거짓 증인들, 무자비한 군병들, 구경꾼이 몰려들어 총독 관저와 갈보리는 어둡고 어수선하고 소란스럽다.

사탄의 하수인들의 모습은 가증스럽고 사악하며 불행한 종말을 맞이하게 된다. 사탄이 가룟 유다에게 준 선물은 생명과 행복과 천국이 아니라 죽음과 무덤과 지옥의 불 못이었다.

Today' s dish

1. 가증한 사람들

"새벽에 모든 대제사장과 백성의 장로들이 예수를 죽이려고 함께 의논하고 결박하여 끌고 가서 총독 빌라도에게 넘겨 주니라." (1,2절)

새벽에... 라는 단어와 모든 대제사장과 백성의 장로들이... 이 구절이 눈에 번쩍들어온다. 그 다음에 기록되어야 하는 합당한 구절은 '새벽기도를 하더라' 이렇게 되어야 이스라엘에게 희망이 있을 텐데, 예수를 죽이려고 회의를 하였다. 이들은 자정쯤 기도하시는 예수를 잡아 와서 밤새 거짓 증인을 세워서 죄목을 만드느라 회의를 거듭하고 철야 회의도 모자라서 새벽에 다시 회의를 열어서 총독에게 넘겨주기로 결의를 하였다. 기도가 없는 사람은 밤새 회의를 해도 답이 나오지 않는다.

이세벨이 엘리야를 죽이려고 하였을 때 엘리야는 광야로 가서 로뎀나무 아래서 두려워 기도가 되지 않고 잠들어 버렸지만 하나님께서 문제를 다 해결해 주셨다.

백성의 지도자들은 예수를 죽였다는 책임을 지지 않으려고 빌라도에게 넘겨주었고, 가룟 유다가 죄책감을 느끼고 돈을 도로 가져왔을 때 네가 책임을 지라고 떠넘겼다. 그들은 예수를 죽이는 일에 전혀 책임이 없는 거룩한 척 위장하였지만 실제로 예수를 죽이는 일을 주도하고 도모하였던 사람들이다. 타락한 종교 지도자들의 간교함과 사악함은 모든 책임을 총독과 가룟 유다에게 떠넘기고 자신들은 배후에서 조종하였다.

주님은 자신의 몸이 더러운 자들의 손에 팔리기 전에 제자들에게 자신의 몸과 피를 다 먹고 마시게 하셨다.

2. 불행한 영혼

'필요악' (必要惡)은 '없는 것이 바람직하지만 사회적인 여건으로 인해서 어쩔 수 없이 필요한 것으로 여겨지는 악이다.' 어떤 이들은 유다가 예수 그리스도의 예언을 확실하게 성취하기 위하여 예수님을 고의로 팔아서 그의 악역을 영웅으로 삼으려는 자들이 있다. 그러나 예수께서는 유다를 가리켜 영웅이 아니라 "마귀" 라고 분명하게 말씀하셨다.(요한복음 6:70).

사탄이 예수 제자였던 가룟 유다 마음속에 들어간 후부터 그의 눈에는 예수가 돈으로 보였다. '귀신이 씌웠다' 는 말은 '사람이 귀신에게 홀려서 정신을 차리지 못한다' 는 뜻이다. 귀신에게 씌웠던 가룟 유다는 이성과 양심과 영혼을 잃은 행동을 하였다.

귀신 들린 가룟 유다는 제사장들에게 찾아가서 '내가 예수를 너희에게 넘겨주리니 얼마나 주려느냐?' 인신매매로 거래를 하였다.

마태복음 1장의 족보장에는 "누가 누구를 낳고" "낳고" 라는 아담의 혈통이 계속되는 역사를 볼 수 가 있다. 마태가 아브라함과 다윗 자손의 계보를 소개하고 있지만, 그 인물들의 이면의 실상을 다 기록한다면 몇 권의 마태복음이 필요하다고 본다.

예수 그리스도의 구속의 은혜로 용서받은 믿음의 사람이었지만 그들의 삶 속에도 귀신에게 씌운 가운데 죄와 허물로 얼룩진 비정상적인 행동들이 있었다.

거룩한 족장으로 불리는 아브라함은 자기가 살기 위해서 아내를 누이라고 거짓말하고 바로에게 내어주었지만, 하나님이 간섭하심으로 결국 아내 때문에 부자 되었던 적이 있었다. 이스라엘의 족장 야곱은 "믿사오니" 기도는 많이 하지만 자기 꾀와 수단을 버리지 않고 형을 속이고 자신도 라반에게 속으면서 욕심을 다 채우는 기복형 신자이다. 유다는 동생 요셉을 은 20개를 받고 애굽으로 가는 상인들에게 인신매매하였다. 그리고 상처(喪妻) 이후 자부와 관계하여 아들도 손자도 아닌 이상한 아들을 낳은 사람이다. 다윗은 밧세바와 간음하고 그 남편 충신 우리아를 최전방에 보내어 죽게 만든 이중적인 죄악을 범하였다. 솔로몬은 성령으로 시작하였다가 수많은 이방 여인들과 결혼하고 우상을 들여와 산당들을 지어 주면서 육체로 마친 자의 모델이었다. 그러나 다윗 언약 때문에 하나님의 긍휼하심으로 그가 회심하여 전도서를 기록한 변화가 있었다. 유대인들은 이방인들뿐만 아니라 이방인의 피가 섞인 사마리아 혼혈족을 짐승과 귀신 들린 자 취급을 하고 증오하였지만, 유대인들의 조상들 혈통에도 죄로 얼룩진 귀신 들렸던 모습을 보면 누구도 하나님 앞에서는 자랑할 것이 없음을 보여주고 있다.

유대인의 족보에 이방인 여인들의 이름이 포함된 이유는 가나안 여인 다말, 여리고 기생 라합, 모압 여인 룻, 헷 사람 우리아의 아내 밧세바에게서 유대인들을 낳게 하심으로 유대인의 혈통에서는 구원이 나오지 않으며, 유대인들도 이방인 피가 섞인 민족임을 마태가 고발하고 있다. 그 여성들은 비 언약의 사람임에도 불구하고 하나님의 부르심에 의해서 언약의 족보를 이어주는 가교역할을 감당한 은총의 사람들이며, 신앙의 헌신자들이었다.

유다의 가문을 이어주기 위해서 창녀로 가장하여 가문을 이어준 고엘 정신의 실천자 다말, 소문으로 들은 이스라엘의 왕 하나님을 사모하여 자기 나라의 임금 명령을 거부하고 목숨 걸고 이스라엘 정탐꾼을 살려주고 생명의 약속을 받아낸 믿음의 여성 라합.

망해버린 가문이지만 시어머니의 하나님을 섬기기 위해서 자기 민족을 포기하고 이스라엘로 귀화해서 가난하고 노쇠하여 희망 없는 시어머니를 봉양하다가 보아스를 만난 룻의 헌신적인 신앙, 우리아는 자기 아내를 다윗 왕에게 빼앗기고, 다윗 왕이 밧세바의 임신을 은폐하기 위해서 남편 우리아에게 특별휴가를 주었지만, 전쟁을 수행하기 위해서 휴가를 반납하면서까지 왕의 호의를 거부하고 충절을 지키다가 왕의 모함 때문에 최전방에서 목숨까지 잃어버린 순교적인 믿음의 용장과 그의 아내 밧세바, 성령으로 예수를 잉태한 마리아는 약혼한 남편 요셉에게 의심을 받아 파혼하기 직전까지의 그의 아픔을 참고 하나님의 뜻이 이루어지기를 바라면서 인내하고 감수한 큰 믿음의 여성이다.

마리아가 성질 급한 한국인 남자를 만났다면 머리채 잡힌 채로 끌려다니면서 공개적인 모욕을 받았을 것이지만 위대한 남자 요셉의 인내와 착한 믿음으로 인하여 그녀의 오해가 풀리고 사랑을 회복하게 되고 예수의 양부모가 되었다.

인간은 언제나 위대한 업적을 자랑하지만, 하나님이 보시는 위대한 자는 예수 그리스도의 희생의 피가 얼마나 위대한지를 보여줄 만큼, 하나님을 바라보면서 억울하게 죽거나 희생한 자들이다.

마태복음의 족보에서 "에게서" 라는 말이 특징인데 위대한 믿음의 사람들에게서 하나님 나라의 역사가 이어져 나오며 그들에게서 메시아가 태어났다는 뜻이다.

상대적으로 대제사장들에게서, 백성의 장로들에게서, 예수 제자 가룟 유다에게서 예수 그리스도가 팔리시고 잡히시고 고난을 당하시고 구속의 죽음을 죽으셨다.

3. 토기장이의 밭

가룟 유다가 돈을 도로 가지고 와서 대제사장들에게 무죄한 자의 피를 팔았다는 양심선언을 하였지만, 그들은 유다의 고백을 묵살해 버리고 '네가 그 죄를 당하라' 고 외면하였다.

물건을 구입하면 한 달 안에 영수증이 있으면 반품을 할 수 있다. 유다가 반품을 요구하였을 때 양심 있는 자들이라면 유다의 돈을 도로 받고 총독 빌라도에게 가서 우리가 착오로 예수를 잘못 넘겨주었으니 풀어달라고 요청하여야 정상이다.

유다가 돈을 성소에 던지고 물러가서 극단적인 선택을 하였다. 그가 만일, 제사장들을 찾아가지 않고 베드로 형님에게 찾아가서 양심선언을 하였다면, 베드로도 가룟 유다에게 '나도 주님을 세 번이나 부인하고 양심이 괴로워서 통곡하고 회개하였다' 라고 말하면서 유다에게도 동병상련의 마음을 나누면서 유다를 회개의 길로 인도하였을 것이다.

그리고 아직 예수께서 죽으시지 않았기 때문에 빌라도 관정으로 가서 예수 그리스도의 발아래 돈주머니를 내려놓고 참회하면서 용서를 구하였다면 유다는 구원의 기회가 있었을 것이다.

가룟 유다의 불행은 그의 영혼을 생명의 길로 인도할 지도자와 가족과 친구와 동료들이 없었고 스스로 뉘우치고 고민하다가 자신의 죗값을 갚는 방법으로 극단적인 선택을 하였다.

제사장들은 그 돈을 사용할 방법에 대해서 또 회의를 거쳐서 돈을 성전고에 넣어둠이 합당치 않음으로 토기장이의 밭을 사서 나그네의 묘지로 삼기로 하였다. 이들의 행동은 예레미야 선지자가 제사장들과 장로들 앞에서 토기장이 밭에서 옹기를 깨뜨려서 하나님의 언약을 깨뜨리면 깨어진 옹기 그릇처럼 밭에 흩어지듯이 하나님의 언약을 깨뜨린 유다 백성들의 심판은 옹기처럼 깨어져서 밟힐 것이라는 메시지를 전했던 것이 여기서 성취되었다.

"아겔다마" 라는 뜻은 "피밭" 이라는 뜻인데 그 밭은 "힌놈의 골짜기" 부근에 있으며, 그곳은 '게헨나' 라는 쓰레기 소각장이 있고 압살롬의 무덤과 가룟 유다의 무덤이 있는 곳이다.

이 무덤은 이방인들이 성지에 왔다가 죽으면 무연고자 무덤으로 사용하는 곳으로 저주의 무덤이라는 상징이 되었다. 예수를 판 사람의 무덤은 하나님 나라의 무연고자인 나그네의 묘지에 들어가게 된다는 교훈이다.

사람이 아무리 악해도 죽을 때는 바른말을 하고 가려고 하는데 가룟 유다도 '내가 무죄한 자의 피를 팔고 죄를 범하였다' 라는 고백을 하였고 돈까지 제사장들에게 도로 주었다. 그는 여기까지 회(悔)를 하였고 개(改)를 하지 못했다. 자신이 자신의 죄를 뉘우치고 회개를 하였지만 예수 그리스도에게 죄를 사함을 받지 못함으로 그의 죄가 여전히 남아 있었기 때문에 죗값은 사망이라는 형벌을 스스로 받고 말았다.

회개는 죄를 뉘우치고 버리지만, 죄에서 구원할 자이신 예수 그리스도께 나와서 죄 사함을 받고 그 죗값을 예수 그리스도께서 담당해 주실 때 그 죄가 사함을 받으며 구원에 이르는 회개가 되는 것이다. 베드로의 회개는 그리스도에게 용서를 받았기 때문에 사망에서 생명으로, 저주에서 행복으로 운명의 길을 바꾸게 되었다.

"하나님의 뜻대로 하는 근심은 후회할 것이 없는 구원에 이르게 하는 회개를 이루는 것이요 세상 근심은 사망을 이루는 것이니라" (고린도후서 7:10)

☕ dessert

1. 유다 지도자들의 죄가 왜 가증하고 악한 것인가?
2. 가룟 유다의 영혼이 불쌍한 이유는 무엇인가?
3. 베드로의 회개와 가룟 유다의 회개의 차이점은 무엇인가?

Prayer

주님! 무죄한 자의 죄를 만들어서 죽이려는 악하고 가증한 사람들을 심판하시고 불쌍한 영혼들을 십자가의 복음으로 구원하는 길로 인도하여 주시고, 악한 영의 유혹에서 날마다 건져주시고 성령과 말씀으로 승리하게 하소서.아멘!

77. 27:11-26 빌라도의 인민재판

"예수께서 총독 앞에 섰으매 총독이 물어 이르되 네가 유대인의 왕이냐 예수께서 대답하시되 네 말이 옳도다 하시고, 빌라도가 이르되 그러면 그리스도라 하는 예수를 내가 어떻게 하랴 그들이 다 이르되 십자가에 못 박혀야 하겠나이다. 빌라도가 아무 성과도 없이 도리어 민란이 나려는 것을 보고 물을 가져다가 무리 앞에서 손을 씻으며 이르되 이 사람의 피에 대하여 나는 무죄하니 너희가 당하라. 백성이 다 대답하여 이르되 그 피를 우리와 우리 자손에게 돌릴지어다 하거늘" (11,22,24,25절)

Appetizer

사도신경에는 두 사람의 이름이 나온다. 한 사람은 성령으로 예수께서 세상에 오시도록 통로로 헌신한 동정녀 마리아와, 한 사람은 예수 그리스도를 십자가에 못 박히도록 불법적인 인민재판을 주도한 총독 본디오 빌라도이다.

온 세계의 크리스천들은 한 주에 한 번 이상은 마리아와 본디오 빌라도(Pontius Pilatus, 재임:26년-36년)가 행한일에 대해서 말한다.

폰티우스 필라투스는 유대의 다섯 번째 총독이며 빌라도는 경상도 전라도처럼 '도'(道) 이름이 아니라 이탈리아 남부의 부족이 사용한 가족의 성(姓)이다.

> "그 외아들 우리 주 예수 그리스도를 내가 믿사오니, 이는 성령으로 잉태하사 동정녀 마리아에게 나시고... 본디오 빌라도에게 고난을 받으사 십자가에 못 박혀 죽으시고..."

빌라도는 예수께 "진리가 무엇인가?" 하고 물었다. 빌라도는 이 말을 하고 다시 밖으로 나가서 유대인들에게 "나는 이 사람에게서 아무런 죄를 찾지 못하였다." (요한복음 18:38)라고 말했다.

유대교는 세상에서 가장 성스러운 종교로 알고 있고 로마법은 세계에서 가장 정의로운 법으로 알고 있다. 그러나 세상에서 가장 성스러운 유대교와 가장 공정한 로마법이 합작하여 무죄한 하나님의 아들 예수 그리스도를 사형에 넘겨주었다.

로마의 법 정신과 조항에는 피의자를 정식 기소가 없으면 체포하거나 구금할 수 없으며, 재판 개정 시간은 낮에 시작해서 낮에 끝나야 한다. 그리고 재판의 판결은 같은 날에 내릴 수 없으며, 거짓 증인의 말을 채택할 수 없다.

로마법의 공정성을 무시하고 불법과 불의한 재판의 총대를 멘 사람은 유대의 5대 총독 빌라도이다. 빌라도의 재판이 인민 재판이라는 증거는 산헤드린 공회가 새벽에 소집하고 사형에 해당한다는 결의한 즉시 빌라도에게 예수를 넘겨주었다.

대제사장들과 장로들은 불러모은 거짓 증인들과 군중들을 선동해서 민란이 일어날 정도로 소란을 피우며 명절 특사로 바라바를 석방하고 예수를 십자가에 못 박아 달라고 요구하였다.

빌라도는 분명히 예수가 사형죄에 해당한 죄가 없음을 알고도 무리의 소동에 못 이기고 불법으로 채찍질을 한 후 십자가에 못 박히게 넘겨주었다.

산헤드린회는 천재지변이나 국가 전란 등 위기 때는 긴급회의를 할 수 있지만 보통 명절에는 휴가를 가거나 한 주일 전에 공고하고 소집하는 것이 합법이다.

이들은 자정 무렵에 예수를 체포하고 끌고 와서 밤새 사형죄에 해당하는 죄명을 조작하기 위해서 협박을 하고 심문하면서 '네가 하나님의 아들 그리스도냐' 라는 유도 질문을 하였다.

그들은 예수를 신성 모독죄로 몰아서 산헤드린회를 새벽에 전격적으로 소집하여 72명의 정족수가 차지 않은 상태에서 거짓 증인을 세우고 각본대로 예수를 사형에 처하도록 유대인 종교 법정이름으로 로마의 정치 법정으로 넘겨주었다.

Today' s dish

수난주간에 죄인을 구원하기 위하여 그리스도께서 십자가에 못 박히시는 놀라운 사랑을 보여주셨다. 십자가는 변신 로봇 트랜스포머와 같이 우리를 변신시켜 주는 하나님의 구원하시는 지혜와 능력이다. 고생은 원죄의 결과로 당하는 징벌이지만, 고난은 의를 위한 희생으로 상급과 보상이 있다. 다이어트를 위한 단식과 종교적인 금식 규례는 고생이다. 그러나 기도를 하기 위한 금식은 고난이다.

내가 잘못해서 욕을 먹는 것은 고생이지만, 의를 위해서 욕을 먹고 핍박을 당하는 것은 고난이다. 십자가는 죄인에게 내리는 최고의 형벌이지만 고생이 아니라 고난이다.

1. 네가 그리스도냐?

예수님은 포악한 사냥꾼의 손에 잡힌 짐승처럼 가야바의 관정으로 끌려왔다. 산헤드린 회는 불법으로 밤중에 법정을 개정하고 예수를 철야로 심문하였다. 예수를 유대교의 종교법으로 신성 모독죄, 로마법으로는 국가 전복을 선동한 반란죄로 사형에 처하도록 하였다.

산헤드린 회원들이 예수께 질문한 말은 '네가 그리스도여든 우리에게 말하라' 그들이 예수를 그리스도로 믿으려고 하는 말이 아니라 예수의 입으로 그리스도라고 말하는 증거를 잡아서 종교법으로 돌을 들어 쳐서 즉결 처단하기 위함이었다. 주님은 지혜롭게 대답하셨다.

"내가 말할지라도 너희가 믿지 아니할 것이요 내가 물어도 너희가 대답지 아니할 것이니라, 그러나 이제 후로는 인자가 하나님 우편에 앉아 있으리라"

일본인은 집단적 동료의식(니카마도우시)이 유전자 속에 있어서 다수의 집단적으로 행동하는 일본의 정신적 사고를 '이지매' 로 표현한다. '집단 따돌림' 이라는 말은 '학대하다, 가혹하게 하다, 왕따하다' 는 뜻이다.

공부 잘하는 친구, 돈 많은 친구, 얼굴 잘생긴 친구, 성품이 좋은 친구 등을 같은 반에서 왕따시켜서 매장해 버린다. 왕따를 당한 학생은 별것 아니라는 것을 증명해 보이고 싶어서 집단적인 가학을 행한다.

산헤드린 회원들은 예수에게 나타나는 영적인 고귀함과 존귀함에 대한 영적인 열등감과 시기심 때문에 이스라엘판 이지매를 통해서 집단적인 학대를 가하였다.

'네가 그리스도냐?' 사탄은 예수님에게 "네가 만일 하나님의 아들이어든…" 이라며 유혹을 하였다. 하나님의 아들이라는 네가 지금 어디서 재판을 받고 있는 줄 아느냐? 너는 우리가 볼 때 별것이 아니라는 조롱 섞인 질문이다. 마귀는 '네가 성도냐?' 조롱하면서 영적으로 이지매 시키려고 한다.

그리스도인은 자기 정체성을 분명하게 고백해야 한다. 우리는 세상의 빛과 소금이며 하나님의 자녀라는 것을 선포해야 한다. 마귀는 욥을 시기하고 그가 하나님의 사랑받는 사람이라는 것을 부인하고 고발하면서 세상 사람과 동일하다고 도발할 때 우리는 단호하게 그리스도인의 정체성을 밝혀야 한다.

사탄은 그리스도를 시험하여 넘어지게 하려고 하였다. 마귀는 성도들을 넘어지도록 시험한다. 귀신은 불신자들을 악과 시험에 빠뜨려서 넘어지게 한다. 사탄과 마귀와 귀신의 시험은 결박과 매질과 욕설이나 물과 불로도 떠나지 않는다. 오직 예수 이름으로 기도하고 하나님의 말씀의 검과 성령의 능력으로 꾸짖고 선포하면 물리칠 수 있다.

2. 눈에 들보

유대인 무리는 빌라도에게 예수를 기소하였다. 자기들 눈에 들보가 있는 사람이 형제의 눈에 티를 보면서 '우리가 이 사람을 보매……' 백성을 미혹하고(선동하고), 가이사에게 세 바치는 것을 금하고, 자칭 왕 그리스도라 한다고 고발하였다. 폭동 선동죄, 납세 거부죄, 국가 전복 죄목을 가지고 검사처럼 총독에게 사형을 구형하였다.

무리는 날조된 죄목으로 예수를 큰 범죄인으로 기소하였다. 그들이 보았던 예수의 죄상은 하나님의 율법이 아닌 로마의 국법으로 기소하였다.

다수의 목소리는 한 사람을 죄인으로 만들 수 있다. 중세 시대에 마녀재판으로 수많은 크리스천이 죽었다. 마녀 사냥꾼의 비위를 거스르면 그들은 제물이 되고 말았다.

우리는 눈에 들보를 가지고 다른 사람의 죄를 보는 것이 아니라, 하나님께서 죄인을 그리스도의 십자가를 통해서 보시는 복음의 눈으로 사람을 보아야 한다.

3. 빌라도의 재판기록

산헤드린회의 종교재판, 총독 빌라도의 정치재판, 헤롯왕의 심문 등, 유대의 권력자들 앞에서 예수님은 심문을 당하였지만, 진리에 관한 것만 증언하시고 그렇지 않은 질문에는 묵비권을 행사하셨다. 최종적으로 빌라도가 예수를 심문한 결과 그의 재판 기록은 이렇다.

"이 사람에게서 죄를 찾지 못하였다." "이 사람이 무슨 악한 일을 하였느냐? 나는 그에게서 죽일 죄를 찾지 못하였다. 그러므로 때려서 놓겠다." 고 하였다.

빌라도의 재판 기록은 예수님의 죽으심이 대속을 위한 죽으심이라는 것을 역사적으로 증명하였다.

> "그러므로 이제 그리스도 예수 안에 있는 자에게는 결코 정죄함이 없나니 이는 그리스도 예수 안에 있는 생명의 성령의 법이 죄와 사망의 법에서 너를 해방하였음이니라." (로마서 8:1)

율법은 우리의 죄를 찾아내지만 예수 그리스도는 우리의 죄를 십자가에서 도말하여 주셨다. 예수께서 만일 빌라도의 법정에서 혐의가 없다는 무죄 판결을 받으시고 석방이 되셨다면 기독교와 구원의 복음은 수포로 돌아갈 것이다.

"그리스도께서 만일 다시 살지 못하셨으면 우리의 전파하는 것도 헛것이요 너희의 믿음도 헛것이며...만일 그리스도 안에서 우리의 바라는 것이 다만 금생 뿐이면 모든 사람 가운데 우리가 더욱 불쌍한 자리라" (고린도전서 15:14,19)

빌라도의 법정은 장차 하나님의 심판대 앞에 설 모든 죄인에게 영원한 정죄와 심판을 면하게 해주실 예수 그리스도의 복음이 복음 되게 하시는 이신칭의 법정의 상징이다.

빌라도의 재판 기록과 증언은...예수 그리스도의 복음의 원리를 증거해서 우리의 믿음을 강화해 주는 역사적인 증거가 되었다.

빌라도의 재판 기록은 예수 안에서 우리의 죄를 찾지 못하게 된다는 복음의 현장임을 감사하면서 죄와 상관없이 예수를 찾는 자들에게 주님이 다시 오실 때 영접할 수 있는 복음이 되었다.(히브리서 9:28)

빌라도의 법정은 의인과 악인을 바꾸어놓았지만, 하나님의 백 보좌 심판대는 공의롭게 의인과 악인, 양과 염소를 정확하게 구분해서 의인은 영생에 죄인은 영벌에 들어가게 될 것이다.

총독 빌라도는 우유부단(優柔不斷)하였다. 예수에게 죄가 없음을 알면서도 군중들의 민란이 두려워서 공의로운 판결을 내리지 못하였다. 그는 자기의 양심의 소리와 아내의 경고를 받았으나 비굴하게 고의적으로 그리스도를 십자가에 넘겨 주었다.

빌라도는 군중이 바라바가 아니라 예수를 놓아 달라고 할 것으로 착각했다. 그러나 그들은 바라바를 특사로 살려주고 예수를 십자가에 못 박으라고 소리쳤다.

백성들은 살인자를 살리고 자신들을 살리시는 하나님의 아들 그리스도를 거절하였다.

빌라도는 물로 손을 씻으면서 무죄한 자를 사형에 넘겨주는 죄는 자신이 아니라 유대인들이 당하라고 책임을 전가하였다. 유대인들은 그리스도의 핏값을 그들과 그들의 후손들에게 돌려달라고 하였다. 결국, 그들은 자신들이 찔렀던 주님을 바라보며 회개할 날이 이르기까지 그리스도의 핏값을 치러야 하였다.

주 후 70년 예루살렘의 멸망과 유대인들의 흩어짐과 박해받음, 나치의 박해와 환란 기간에 이스라엘 땅에 내려진 하나님의 진노들은 모두 그들이 요구한 것에 대한 응답인 것이다.

"빌라도의 뜰에선 주를 생각할 때에
수치 됨과 아픈 것 못 견딜 수 있을까
길이 참고 묵묵히 주를 따라가리라.

갈보리 산 올라간 주를 생각 할 때에
나의 받는 괴롬을 비교할 수 없으리
십자가를 지고서 주를 따라가리라"
(찬송가 457장 2,3절)

☕ dessert

1. 나는 네가 그리스도 인이냐?라는 질문 앞에 어떻게 대답할까?
2. 나는 눈에 들보를 가지고 형제의 티를 판단하고 정죄하지 않았는가?
3. 예수 그리스도께서 죄가 없으시면서도 빌라도의 법정에서 사형 선고를 받으신 이유는 무엇인가?

Prayer

주님! 우리를 위해서 빌라도의 법정에서 사형선고를 받으시되 빌라도는 주님에게서 죽일 죄를 찾지 못하였습니다. 우리를 하나님의 법정에서 의인으로 세워주시니 죄와 상관없이 살면서 주님을 만날 수 있도록 마라나타의 믿음을 주시옵소서. 아멘.

78. 27:27-44 대관식(戴冠式) 퍼포먼스(performance)

"이에 총독의 군병들이 예수를 데리고 관정 안으로 들어가서 온 군대를 그에게로 모으고, 그의 옷을 벗기고 홍포를 입히며, 가시관을 엮어 그 머리에 씌우고 갈대를 그 오른손에 들리고 그 앞에서 무릎을 꿇고 희롱하여 이르되 유대인의 왕이여 평안할지어다 하며, 희롱을 다 한 후 홍포를 벗기고 도로 그의 옷을 입혀 십자가에 못 박으려고 끌고 나가니라.

나가다가 시몬이란 구레네 사람을 만나매 그에게 예수의 십자가를 억지로 지워 가게 하였더라. 그가 남은 구원하였으되 자기는 구원할 수 없도다 그가 이스라엘의 왕이로다 지금 십자가에서 내려올지어다 그리하면 우리가 믿겠노라" (27-29,31,32,42절)

Appetizer

예수 그리스도께서 예루살렘으로 입성하신 때부터 유대인 왕의 즉위식이 시작되었다. 리무진 오픈카 대신 나귀 새끼를 타시고, 레드 카펫 대신 종려나무 가지와 겉옷을 깐 거리를 걸으시고, 국기나 문장 깃발 대신 종려 가지를 흔들며 왕의 만세라는 환영 구호 대신에 '호산나' 를 찬양하는 군중들의 영접을 받으시며 행진하였다.

그리스도의 예루살렘 입성은 어떤 일을 축하하기 위해 벌이는 약식 의식(儀式)으로 치러진 세리머니(ceremony)였다.

예수를 체포한 대제사장, 장로, 서기관들의 산헤드린회에서 철야 심문을 하고, 새벽에 사형 결의를 한 후 이른 아침 총독 빌라도의 관정에서 법정을 열어서 사형선고를 내리고 즉시 사형 집행을 하도록 총독 친위대들에게 예수를 넘겨주었다.

총독의 친위부대는 총독 관정에서 예수의 대관식(戴官式) 퍼포먼스(performance)를 행하였다. 예수의 옷을 벗기고, 홍포를 입힌 후, 면류관 대신 가시관을 머리에 씌우고, 왕의 홀 대신 갈대를 오른손에 잡게 하였다. 그리고 군인들이 신하들처럼 왕으로 즉위하신 예수께 무릎을 꿇고 '유대인의 왕이여 평안할지어다' 조롱하였다. 다시 말하면 '전하 성은이 망극하나이다, 만세수를 하시옵소서' 라는 인사말로 조롱하였다.

퍼포먼스를 끝낸 후 홍포를 벗기고 다시 옷을 입힌 후 십자가에 못 박으려고 골고다로 끌고 갔다. 왕이신 예수 그리스도의 세리머니와 퍼포먼스는 사람들이 볼 때 우스꽝스럽고 조롱거리 같지만 하나님은 아들의 수치와 조롱과 고난 당하신 일들을 인증사진으로 찍어놓으시고 장차 만왕의 왕, 만주의 주로 재림하실 때 왕들과 장군들과 권세 자들이 산으로 바위틈으로 숨고 도망치며 두려워 떨면서 심판을 받게될 날이 올 것을 요한계시록에 예언하였다.

세상은 힘없는 해산하는 여인과 그의 아들에게 용과 짐승과 거짓 선지자의 세력들이 박해를 가한다. 그러나 여인과 아들은 하나님의 피난처에서 보호를 받다가 그 아들이 만국을 심판하는 철장 권세를 가지고 나타나실 때 세상은 칠인, 칠 나팔, 칠 대접 심판을 받을 것을 사도 요한이 부활하신 예수 그리스도의 계시의 말씀을 밧모섬에서 기록하였다.

> "여자가 아들을 낳으니 이는 장차 철장으로 만국을 다스릴 남자라 그 아이를 하나님 앞과 그 보좌 앞으로 올려가더라, 그 여자가 광야로 도망하매 거기서 천이백육십 일 동안 그를 양육하기 위하여 하나님께서 예비하신 곳이 있더라" (요한계시록 12:5,6)

> "내게 구하라 내가 이방 나라를 네 유업으로 주리니 네 소유가 땅 끝까지 이르리로다.
> 네가 철장으로 그들을 깨뜨림이여 질그릇 같이 부수리라 하시도다. 그의 아들에게 입맞추라 그렇지 아니하면 진노하심으로 너희가 길에서 망하리니 그의 진노가 급하심이라 여호와께 피하는 모든 사람은 다 복이 있도다" (시편 2:8,9,12)

Today's dish

그리스도께서 수난당하신 금요일(Good Friday)은 십자가에 못 박히신 슬픈 날이지만 하나님께서 그리스도의 생애를 통하여 인간의 구원을 위한 그의 사역을 모두 성취하셨기 때문에 십자가에 못 박하신 금요일 사건을 선한 것(Good)으로 불리고 있다.

가장 경건하고 가장 합법적이어야 하는 산헤드린회와 로마 총독부는 완전 불의와 불법으로 야밤에 하나님의 아들 예수 그리스도를 체포하고, 조롱과 채찍질과 구타하며, 철야 심문과 거짓 증인을 세우고, 민란을 일으키려는 동원된 군중들, 우유부단한 총독에 의해서 하루 만에 사형선고와 집행을 일사천리로 진행하였다.

00시 체포되어 새벽 1시경 대제사장 가야바의 관정으로 끌려가고 베드로가 부인하였다.

새벽 2시경 안나스가 심문함.

새벽 3시경 새벽에 산헤드린 공회를 비공식으로 소집하고 재판을 개정함.

새벽 4시경 가야바가 심문하고 산헤드린회에서 사형을 구형함.

새벽 5시경 총독 빌라도가 1차 심문 후 헤롯왕에게로 보냄.

새벽 6시경 빌라도의 2차 심문과 멸시와 희롱 후 사형을 선고하고 채찍질과 조롱함.

오전 8시경 사형 집행장 골고다를 향하여 비아돌로로사로 올라가심.

오전 9시경 십자가에 못 박고 오후 3시까지 6시간 동안 십자가에서 고초를 당하심.

완전한 사람이신 예수님의 인성으로는 이 잔이 지나가기를 원하셨지만, 아버지의 원대로 되기를 기도하셨다. 그러나 주님은 온 세상의 믿는 자를 구원하시기 위해 십자가 고난의 쓴잔을 받으시고 대속의 죽음으로 구원의 복음을 완성하셨다.

예수를 체포하고 끌고 와서 불법 재판을 열었던 대제사장 안나스와 가야바, 총독 빌라도와 분봉 왕 헤롯, 배교한 가룟 유다와 부인한 베드로,

억지로 십자가를 지고 간 구레네 시몬과 그리스도께 낙원을 간구한 우편 강도, 예수가 진실로 의인이었다고 고백한 로마 백부장, 예수의 시체를 내어달라고 총독에게 요구한 니고데모, 자신의 새 무덤에 주님을 장사한 아리마대 요셉. 향품을 가지고 찾아온 여인들. 십자가 주변의 별의별 사람들이 많았다.

부모 장례식에 슬픔을 나누는 상주들, 조문객들, 장례식을 빌미로 조문 후 술 파티와 고스톱 하는 무리, 장례식장 대여업을 하는 사람들, 식장에서 장례용품과 음식을 파는 사람들, 조화를 파는 사람들, 화장터와 무덤과 납골당을 파는 사람들, 수많은 사람이 왕래하지만 슬퍼하며 형제 사랑으로 결속하는 사람은 상주들이다. 세상에 많은 사람이 있지만 고난 주간에 예수 그리스도의 십자가의 고난과 죽으심을 슬퍼하는 자들은 상주와 같은 그리스도인들이다.

하나님의 법을 범한 죄인에게는 십자가의 저주와 형벌을 받아야 하지만 주님께서 대속하여 주셨다. 주님께서 받으신 저주는 영혼 몸의 십자가를 담당하셨다.

몸으로는 피와 땀과 눈물, 결박, 채찍, 구타, 대못, 우슬초, 가시관, 쓴 잔, 십자가이다.

혼으로는 제자들의 배신과 부인, 동족의 무자비, 조롱, 모욕, 수치

영으로는 아버지의 외면하심과 버리심과 흑암의 시간들이다.

주와 선지자이시지만, 제자 유다의 배신과 베드로로부터 부인을 당하셨다.

보좌에 앉아서 온 세상을 심판하실 심판 주로서 악인들로부터 불법적인 재판을 받으셨다.

영광스러운 왕이신 주님이 비천한 사람들로부터 온갖 수치와 조롱과 고난을 받으셨다.

대제사장으로서 거룩한 성전에서 중보기도를 하지 못하시고 십자가에 못 박히신 채 가상 칠언(架上七言)으로 6시간 동안 기도를 하셨다.

대제사장의 기도의 결과 성전 휘장이 찢어지고 새롭고 산길이 열렸다. 복잡한 의식으로 나아가는 길을 폐하시고 믿음으로 예수 이름과 보혈의

공로로 아버지께 나갈 수 있게 되었다.

십자가는 가로 목 50kg 세로 목 50kg 정도로 약 100kg이 넘는 무거운 것이다. 예수께서 세로 목을 지시고 비아 돌로로사(via,길, Dolorosa, 슬픔 비탄)의 길을 약 800m를 걸어서 14번 지점을 통과하시면서 3번이나 넘어지셨다. 주님은 밤새 철야로 심문을 받으시면서 뜬눈으로 지새우시고 살점이 떨어져 나가는 채찍을 맞으시면서 많은 피를 흘리셨다.

시멘트 40kg 한 포대와 쌀 10kg 한 포대를 어깨에 메고 언덕길을 오르는 것은 체력에 한계를 느끼게 된다. 지고 가는 세로 목 나무가 나를 죽이는 형틀이라는 것을 알고 간다면 그 무개와 고통은 감당할 수 없게 된다.

십자가의 무게로 인해서 쓰러지신 예수를 위해 지나가던 구레네 사람 시몬에게 억지로 예수의 십자가를 지우고 가게 하였다. 억지로 십자가를 지고 간 시몬은 훗날에 복을 받아서 로마교회 기둥 인물이 되었고 바울 사도의 동역자가 되었다.

정신적으로는 호산나를 외치던 무리들에 의해서 죄인 바라바가 유월절 특사로 풀려나고, 백성들을 위해 사랑과 수고로 헌신하신 예수는 신성 모독죄와 국가 반란죄를 지은 중죄인이 되어 강도들과 함께 사형을 받게 되신 것은 참을 수 없는 모욕이며 수치가 되었다.

두 손과 두 발이 십자가에 못 박혀 실신하기 직전이시지만 아무리 중죄인이라도 한 인간의 고통과 죽음 앞에서 동정의 눈물은 흘리지 못하면서 조롱과 비웃는 모습은 더욱 참을 수 없는 고통이다. 자기 집에서 키우는 반려견 한 마리가 죽어도 애통하고 슬퍼하는 동정심을 가지는 것이 사람의 기본적인 양심이지만 유대 지도자들은 일말의 긍휼과 자비도 없이 조롱하였다.

"저가 남은 구원하였으되 자기는 구원할 수 없도다. 저가 이스라엘의 왕이로다.

지금 십자가에서 내려올지어다 그러면 우리가 믿겠노라.

저가 하나님을 신뢰하니 하나님이 저를 기뻐하시면 이제 구원하실지라

제 말이 나는 하나님의 아들이라 하였도다"

"성전을 헐고 사흘에 짓는 자여, 네가 만일 하나님의 아들이거든 자기를 구원하고 십자가에서 내려오라. 강도들도 이와같이 욕하더라"

육으로 난 사람들이 가장 믿기 힘든 것이 십자가의 도이다. 십자가에 못 박혀 강도들과 함께 사형수로 죽어가는 사람이 인간을 구원하는 메시야라고 믿을 수 없다.

십자가의 도는 눈으로 기적을 보고 믿고자 하는 기적 신앙자들에게는 걸림돌이다. 그러나 십자가는 하나님께 버림을 받은 저주이지만 성전의 제사 기능을 끝내시고 단번에 우리를 하나님 앞에 나아가게 되는 구원의 길을 열어놓은 하나님의 능력이 된다.

네가 유대인의 왕이냐, 저희가 너를 쳐서 얼마나 많은 것으로 증거하는지 듣지 못하느냐?

유대인의 왕이여 평안할 찌어다. 예수와 십자가에 대한 사람들의 무지와 오해와 무리의 이지매 왕따에도 주님은 한마디도 대답하지 않으시고 입을 열지 않으셨다. 우리가 믿음으로 의인이 되는 길에 조금이라도 해가 되지 않도록 털깎는자 앞에 잠잠한 양과 같은 예수 그리스도는 참으로 위대하신 분이시다. 우리의 모든 경배와 찬양과 영광과 사랑과 존귀를 받으시기에 합당하신 주님이시다. 할렐루야!

dessert

1. 예수 그리스도의 유대인 왕의 세리머니와 즉위식의 퍼포먼스가 헛되지 않다는 것을 믿는가?
2. 내가 주님처럼 억울하게 고난을 당한다면 나는 어떤 반응이 나타나게 될까?
3. 예수 그리스도의 십자가의 고난을 영혼 몸으로 당하신 이유가 무엇일까?

Prayer

주님! 견디기 힘든 고난의 십자가를 지신 주님을 사랑하고 신뢰합니다. 주님의 십자가의 대속하심을 믿음으로 의롭게 되었고 하나님의 자녀의 권세를 주셨으니 감사합니다. 나도 주님의 십자가의 길을 믿음으로 잘 따라가서 영광의 날에 주님을 만나게 하소서.아멘!

79. 27:45-56 십자가의 아웃사이드(out side) & 인사이드(in side)

"제 육시로부터 온 땅에 어둠이 임하여 제 구시까지 계속되더니, 제 구시쯤에 예수께서 크게 소리 질러 이르시되 엘리 엘리 라마 사박다니 하시니 이는 곧 나의 하나님, 나의 하나님, 어찌하여 나를 버리셨나이까 하는 뜻이라. 예수께서 다시 크게 소리 지르시고 영혼이 떠나시니라. 이에 성소 휘장이 위로부터 아래까지 찢어져 둘이 되고 땅이 진동하며 바위가 터지고, 무덤들이 열리며 자던 성도의 몸이 많이 일어나되, 예수의 부활 후에 그들이 무덤에서 나와서 거룩한 성에 들어가 많은 사람에게 보이니라" (45,46,50-53절)

Appetizer

부모가 세상을 떠나면 가족들이 모여서 슬퍼하며 장례식을 준비하고 마칠 때까지 함께 지내면서 생전에 부모의 사랑을 받은 이야기 꽃을 피우면서 형제애를 두텁게 한다.

부모의 칠순이나 팔순이 되면 가족들이 다 모여서 부모님의 생신을 축하하고 기뻐하면서 오래오래 건강하게 함께 사시도록 기원하면서 이웃 친지들까지 초대해서 즐거운 잔치를 한다.

교회란? 예수 그리스도의 죽으심을 슬퍼하며 베풀어 주신 은혜와 사랑을 감사하는 주님의 유가족들의 모임이다. 그리고 예수 그리스도의 부활을 기뻐하며 주님과 함께 영원히 살 수 있는 소망을 가진 형제들과 이웃들이 기쁜 잔치를 하는 모임이다.

예수 죽으심 때문에 모인 초상집, 예수 부활하심 때문에 모인 잔칫집이 교회의 정의이며 그 이유로 모인 형제들이 그리스도인들이다. 이 두 가지 이유와 동기 이외의 모임은 동문회, 동호회, 향우회, 교민회, 번영회, 학술회, 국회, 친목회들이겠지만 교회라 말할 수 없다.

예수께서 6시간 동안 십자가에서 고통을 당하시면서 가상 칠언을 말씀하시고 큰 소리로 영혼이 떠나셨다.

그러나 예수님이 죽으셨는데 상주와 유가족들인 제자들은 어디로 갔는지 보이지 않았지만 아리마대 사람 부자 요셉이 자기의 새 무덤에 예수를 장사 지냈다.

십자가에 달리신 예수를 아버지도 외면하시고, 제자들도 버리고, 동족들도 버리고, 백성을 돌아보아야 하는 제사장, 장로, 서기관들도 버리고, 이방인들도 버리고, 예수께 병 고침을 받고 기적의 떡을 먹었던 많은 사람도 외면하고, 호산나 찬송하던 사람들도 외면하고 떠났다. 십자가를 좋아하는 사람이 한 사람도 없다는 증거다.

한 병사가 로마의 장군에게 십자가 이야기를 꺼냈을 때 버럭 화를 내면서 '내 앞에서는 십자가 '십' 자도 절대로 꺼내지도 말라' 고 야단을 쳤다고 한다. 로마인들은 십자가라는 말만 들어도 소름 끼칠 정도로 저주의 죽음으로 생각하고 꿈에도 나타나면 부정 탄다는 생각이 있었다.

지금도 세계의 82억 인구 가운데 십자가 이야기를 꺼내면 무관심하거나 외면하고, 기피하거나 분노하며 핍박하는 나라와 민족들이 많다. 그러나 십자가 이야기만 꺼내면 슬퍼 눈물을 흘리지만, 십자가에 담긴 하나님의 사랑에 감격하고 감사하며 찬양하는 사람들이 있다. 바로 그 사람들이 예수 죽음과 연관이 있는 유가족이며 상주격인 그리스도인들이다. 하나님은 이들에게 예수 그리스도의 부활 능력과 영광과 기쁨을 함께 누리게 해주신다.

Today' s dish

1. 가상칠언(架上七言)

예수께서 말씀을 전하시는 곳은 회당에서, 시몬의 배에서, 집에서, 길에서, 산에서, 평지에서, 바닷가에서 등등 말씀을 듣는 사람들이 있는 곳에서는 언제 어디서든지 그곳을 강단으로 사용하셨다. 마지막으로 말씀하신 곳은 십자가를 강단으로 삼고 물과 피를 다 흘리는 고통 중에서도 가상칠언을 말씀하셨다.

제1언 "아버지여 저희를 사하여 주옵소서. 자기의 하는 것을 알지 못함이니이다." (누가복음 23:34)... 용서의 십자가를 말씀하셨다.

제2언 "여자여, 보소서 당신의 아들이니이다, 보라 네 어머니니라" (요한복음 19:26)...효도의 십자가를 말씀하셨다.

제3언 "내가 진실로 네게 이르노니 오늘 네가 나와 함께 낙원에 있으리라" (누가복음 23:43)...구원의 십자가

제4언 "엘리 엘리 라마 사박다니(나의 하나님, 나의 하나님, 어찌하여 나를 버리셨나이까?" (마태복음 27:46 마가복음 15:34)...저주의 십자가

제5언 "내가 목마르다" (요한복음 19:28)...생수의 십자가

제6언 "다 이루었다" (요한복음 19:30)...완성의 십자가

제7언 "아버지여, 내 영혼을 아버지 손에 부탁하나이다" (누가복음 23:46)... 영생의 십자가를 말씀 하셨다.

그리스도의 가상 칠언의 십자가는 변신 로봇 트렌스포머(Transformers)라는 것이 선포되었다.

심판의 십자가에서 용서의 십자가로, 순종의 쓴잔에서 효도의 십자가로, 멸망의 십자가에서 구원의 십자가로, 버림받은 십자가에서 믿는 자를 선택받게 하는 십자가로, 저주를 행복으로, 목마른 자들에게 영생수를 주시는 영생의 십자가로, 율법의 정죄에서 율법의 의를 다 이루게 하는 십자가로 바꾸어 주셨다. 버림받은 영혼을 아버지 품에서 안식하게 하는 영생의 십자가가 되었다.

모세의 율법은 사람의 행위에 따라서 ABC 급수를 매기고 의의 점수에 따라 눈에는 눈, 이에는 이를 징벌하며 우상 숭배하고 간음하며 불효하는 자는 돌로 쳐서 죽이지만, 예수 그리스도의 복음은 의의 마이너스 점수를 만점으로 바꾸어 주셨다.

가상칠언은 그리스도의 짧은 복음의 메시지이면서 성도들에게 하신 유언의 말씀이다.

1) 용서하라. 2) 효도하라. 3) 낙원을 간구하라. 4) 하나님 아버지께 버림받지 말라. 5) 의에 주리고 목말라 하라. 6) 율법의 완성인 새 계명을 다 이루라. 7) 영혼 몸을 아버지 손에 부탁하고 믿음으로 살아라.

2. 세 가지 징조

예수께서 십자가에 못 박히신 6시간 중 정오에서 오후 3시까지 온 땅에 어두움이 임하였다. 유월절은 음력 보름이므로 낮이나 밤이나 어둡지 않은 때이지만 어두워진 것은 초림때 예수 탄생을 알리고 인도하는 별처럼, 하나님의 아들이 세상의 죄를 담당하시기 위해서 하나님의 진노를 당하시는 동안 저주의 십자가를 가리신 초자연적인 현상이다.

하나님 아버지께서 자기 아들을 버리시는 이유는 얄팍한 지식을 가진 우리가 헤아려 알기에 너무도 깊은 비밀이 담겨 있다.

예수께서 죽으실 때 일어난 세 가지 사건들이 있다. 첫째, 성전의 휘장이 위에서 아래로 찢어진 것은 예수의 피로 말미암아 지성소의 하나님께로 가는 새롭고 생명의 길이 열린 징조이다.(히브리서 10:19-25). 지성소의 휘장이 찢어진 현상은 성전 기능의 종료를 알리는 징표이며 나중에 많은 제사장이 그리스도를 믿게 하는 근거이기도 하였다.(사도행전 6:7).

두 번째, 무덤이 열리고 자던 성도들이 많이 일어난 사건은 예수의 죽으심은 사망을 정복하였다는 증거이다.(히브리서 2:14-18). 그리스도께서 부활의 첫 열매이시기 때문에 예수께서 부활하신 후 잠자던 많은 성도가 무덤에서 나와서 거룩한 성으로 들어갔다.(고린도전서 15:20,23).

세 번째, 가룟 유다와 총독 빌라도가 그리스도께서 무죄임을 고백한 것처럼, 로마군의 백부장과 군병들도 예수께서 진실로 하나님의 아들이며 의인이라고 증거 하였다.(마태복음 27:54).

예수 그리스도의 십자가는 세상에서 가장 치욕과 고통스러운 죽음이지만, 예수를 믿고 회개하는 자들의 죗값을 지불하여 주시고 영생을 선물로 주시는 구원의 능력이 되었다.

로마인들은 십자가를 눈으로 보거나 십자가 이야기나 꿈에도 십자가를 보는 것을 꺼린다. 그러나 하나님의 지혜는 저주와 공포의 십자가를 구원의 도로 만들어 주셨다.

사람들이 예수를 이해하는 관점은 사역 초기와 중기와 말기에 달랐다. 개인의 이해에 따라서 예수 그리스도와 십자가에 대한 자세가 모두 달랐다. 십자가와 예수에 대한 이해와 자세는 그 사람의 영원한 운명을 결정하는 하나님의 시금석이다.

3. 십자가의 아웃 사이드(Out Side)

1) 예수의 옷을 나누어 가지는 사람들

유족들은 유품을 간직하고 추억을 살리려고 한다. 갈보리에서는 죽어가는 예수의 옷을 제비 뽑아서 나누어 가진 것은, 전사한 시신에서 전리품을 챙기는 적군의 모습이다. 사람의 생명에 대한 연민의 정도 없고, 죽어가는 사람의 소지품조차도 탈취하는 탐욕의 사람들이다. 화재나 교통사고 현장에서 사상자의 소지품을 훔쳐 가는 사람들, 폭동 현장에서 상가의 물품을 탈취해 가는 사람들과 같다.

그리스도의 몸 된 교회에서 분쟁이 일어나면 교회 재산에 눈이 먼 사람들의 폭력적인 행동과 부끄러운 소송을 하는 사람들, 솔로몬 재판에서 우는 여인이 아니라 공정한 분배를 주장하는 여인과 같은 사람들이다.

2) 대세에 흔들리는 중립적인 백성들

십자가 앞에서 중립적인 침묵을 지키는 무리가 있다. 대세가 어디로 기울어지는지를 관망하다가 바라바를 살리고 예수를 십자가에 못 박아야 한다는 동원된 선동자들의 민란 수준의 소리를 듣고 관망하는 무리다.

중립국 스위스는 동서양의 재벌의 재산도 관리해 주고, 악의 축인 독재자들의 부정부패한 재산도 관리해 주면서 이득을 본다.

주님은 자기를 부인하고 자기 십자가를 지고 나를 따르지 않으면 내 제자가 될 수 없다고 분명하게 결단하라고 말씀하신다. 가톨릭 신자가 많은 남미에서는 크리스천들이 자신을 개신교인(복음주의자)이라는 고백을 당당하게 밝히는 것을 꺼린다. 상대방을 탐색하다가 그가 개신교인이라는 것을 알게 되면 그때 자신도 개신교인이라고 밝힌다.

주님을 따라가는 제자들은 신앙고백을 공개적으로 선포하고 주님을 따라가기로 선택한 의지와 행동을 보여 주는 결단이 필요하다.

3) 대적하고 비방하는 관원들

관원들은 예수를 욕하고 조롱하면서 네가 메시아이며 선택받은 하나님의 아들이라면 남을 구원하지 말고 자기부터 구원하라고 조롱하였다. 십자가에서 내려와야 하나님의 그리스도이며, 하나님의 택한 자로 믿어 주겠다는 종교 지도자들의 말은 그들의 메시아 관은 편협한 민족적 신앙이며 기적 신앙의 단면을 보여 준다.

유대 관원들의 메시아 관은 고난받지 않는 메시아가 그들을 구원해 줄 것으로 착각을 하였다. 죽지 않는 메시아, 고난받지 않는 메시아, 영광스러운 메시아, 능력의 메시아, 세상을 누를 수 있는 힘 있는 메시아 등이다. 유대 종교 지도자들에게는 '십자가' 라는 개념 자체가 없었다. 예수를 시험한 마귀처럼 기적과 대중들의 인기와 재물과 권력과 명성을 가지고 사람들을 통치하는 세속적인 메시아를 찾고 있었다.

4) 약자를 조롱하는 군인들

십자가에 못 박은 군인들은 예수께 신포도 주를 주면서 '네가 유대인의 왕이면 너 자신을 구원하라' 라고 조롱했다. "갈할 때에 초로 마시었사오니" (시편 69:21)

가이사 황제를 신처럼 숭배하는 로마 군인들은 왕이 고난받으면서 힘없이 죽어가는 것은 도저히 납득이 가지 않았다. 왕이라면 수천 명의 친위대를 동원할 수 있어야 하고 반역자들을 징벌할 수 있는 군사력과 재력이 있어야 한다고 생각하였다.

십자가의 가치를 모르는 세상은 힘없는 약자들을 무시하고 멸시하며 짓밟는 것이 일상화되었다. 그래서 십자가는 하나님이 구원하시는 지혜와 능력이라는 것을 상상할 수 없고 오히려 수치스럽고 저주스러운 흉물로 생각한다.

5) 비방하는 강도들

강도들은 함께 십자가에 달려있는 예수님을 조롱했다. 그러나 예수께서 용서의 기도를 하시는 것을 들은 한편 강도는 심경의 변화를 일으켰다. “아버지여 저희를 사하여 주옵소서. 자기의 하는 것을 알지 못함이니이다” (누가복음 23:34)

마태복음 27:44, 마가복음 15:32절에는 강도들이 다 예수에게 욕을 하였다고 기록하였다. 그러나 한편 강도는 가상칠언의 첫 번째 용서의 말씀을 듣고 깊은 감동을 하고 변했던 것으로 보인다. “함께 십자가에 못 박힌 강도들도 이와 같이 욕하더라” (마태복음 27:44)

변화된 한편 행악자는 예수를 비방하는 강도를 꾸짖었다.

“네가 동일한 정죄를 받고서도 하나님을 두려워하지 아니하느냐? 우리는 우리의 행한 일에 상당한 보응을 받는 것이니 이에 당연하거니와 이 사람의 행한 것은 옳지 않은 것이 없느니라..예수여 당신의 나라에 임하실 때 나를 기억하소서” (누가복음 23:40-41)

“예수께서 이르시되 내가 진실로 진실로 네게 이르노니 오늘 네가 나와 함께 낙원에 있으리라” (누가복음 23:43) 한편 강도는 극적으로 십자가의 아웃사이드에서 인사이드로 옮겨진 복 있는 사람이다. 지옥에서 낙원으로, 사망에서 생명으로 옮겨졌다.

4. 십자가의 인 사이드(In Side)

십자가의 아웃사이드에 있는 사람들이 많지만, 광산의 흙과 광석안에는 정금과 다이아몬드같은 보석이 십자가의 인사이드에 숨어 있다.

1) 억지로 십자가를 지고 간 구레네 시몬.

2) 백성과 그를 위해서 가슴치고 슬피 우는 여자들의 큰 무리.

3) 당신의 나라에 임하실 때 나를 생각하소서 회심한 한편 강도.
4) 하나님께 영광을 돌리며 이 사람은 진실로 의인이었다 선언한 백부장.
5) 의로운 공회 의원 아리마대 사람 부자 요셉은 하나님의 나라를 기다리는 자이며 니고데모와 함께 예수의 시체를 빌라도에게 인수 받고 장사를 지냈다.
6) 갈릴리에서 따라온 여자들이 무덤의 예수의 시신을 보고 향품과 향유를 준비하고 계명을 따라서 안식일을 쉬었다.

우리는 악세사리 십자가 그림을 다시 그려야 한다. 자기 십자가, 지고 갈 십자가, 바라볼 십자가, 자랑의 십자가, 믿어야 할 십자가, 내가 못 박혀야 할 십자가 등이다.

> "내가 그리스도와 함께 십자가에 못 박혔나니 그런즉 이제 내가 산 것 아니요 오직 내 안에 예수께서 사신 것이라 이제 내가 육체 가운데 사는 것은 나를 위해 몸 버려 죽으신 예수 위해 사는 것이라" (갈라디아 2:20)

dessert

1. 교회란 무엇인지 정의를 내려보라, 그리고 교회가 아닌 것은 무엇인가?
2. 그리스도의 가상칠언이 십자가의 복음이며 주님의 유언으로 지키고 있는가?
3. 나는 십자가의 아웃사이드와 인사이드 중에 어디에 속했나?

Prayer

기도/주님! 우리가 십자가의 Out Side가 아니라 In Side에서 십자가를 바르게 이해하고 믿고 따라가는 참된 제자들이 되게 하옵소서. 아멘!

80. 27:57-66 예수의 장례(the funeral of Jesus)

"저물었을 때에 아리마대의 부자 요셉이라 하는 사람이 왔으니 그도 예수의 제자라
빌라도에게 가서 예수의 시체를 달라 하니 이에 빌라도가 내주라 명령하거늘, 요셉이 시체를 가져다가 깨끗한 세마포로 싸서, 바위 속에 판 자기 새 무덤에 넣어 두고 큰 돌을 굴려 무덤 문에 놓고 가니, 거기 막달라 마리아와 다른 마리아가 무덤을 향하여 앉았더라
주여 저 속이던 자가 살아 있을 때에 말하되 내가 사흘 후에 다시 살아나리라 한 것을 우리가 기억하노니, 그들이 경비병과 함께 가서 돌을 인봉하고 무덤을 굳게 지키니라" (57-61,63,66절)

Appetizer

예수께서는 요람에서 무덤까지 인생의 연약함과 쓴맛을 다 체휼하셨지만 죄는 없으신 분이다. 사람의 따뜻한 사랑과 위로와 복을 받지 못하셨지만, 하나님 아버지의 사랑과 위로와 보상을 받으셨다.

하나님의 맏아들 예수께서는 아버지의 뜻을 순종하시기 위해서 고난을 받으시면서 동생들을 위해서 온전히 희생과 헌신하면서 사셨다.

예수께서 탄생하실 때는 고요한 밤이었고, 장례 때는 거룩한 밤이었다. 인생의 축하와 위로를 받는 대신 남을 위해 사셨다.

예수께서 탄생하셨을 때 백일잔치나 돌잔치를 하지 못하고 돌 반지도 받지 못하시고 애굽으로 망명길에 오르셨지만, 남의 집의 어린아이들은 안수하시고 축복해 주셨다.

결혼하지 않으셔서 결혼반지와 축하 피로연도 없으셨지만 다른 사람의 결혼식장인 가나 혼인 잔칫집에 가셔서 물로 포도주를 만들어 주시고 축복하여 주셨다.

장례 때에 유족이나 상주와 조문객도 없었고, 조화나 부의금도 없는 쓸쓸하게 부자 요셉의 헌신으로 남의 무덤에서 장사가 되셨다. 그러나 나사로의 무덤에 가셔서 그를 살리시고 슬픔을 기쁨으로 바꾸어 놓으시고, 나인성 과부의 독자의 장례 행렬을 멈추시고 잔칫집으로 바꾸어놓으셨다.

예수 그리스도의 생애는 자신을 위한 위로와 복이 아닌 오로지 남을 위해 위로하시고 축복하신 삶을 사셨다. 주님은 오직 여호와 이레로 준비하신 것을 누리셨으며, 여호와 샬롬으로 언제나 평안을 누리셨다. 그리고 많은 시험과 대적들이 들끓었지만, 여호와 닛시로 말씀과 성령으로 승리하신 삶을 사셨다. 예수 그리스도의 생애는 가장 행복자와 성공자로 사셨다.

우리가 지금 이 땅에서 누리고 사는 것은 하나님의 장자 예수 그리스도께서 동생들을 위해서 헌신한 수고와 희생 덕분이라는 것을 잊지 말아야 한다.

예수의 생애를 느끼게 해주는 가스펠은 '낮엔 해처럼 밤에 달처럼' 이다.

낮엔 해처럼 밤엔 달처럼 그렇게 살순 없을까
욕심도 없이 어둔 세상 비추어 온전히 남을 위해 살듯이
나의 일생에 꿈이 있다면 이땅에 빛과 소금되어
가난한 영혼 지친 영혼을 주님께 인도하고픈데
나의 욕심이 나의 못난 자아가 언제나 커다란 짐되어
나를 짓눌로 맘을 곤고케하니 예수여 나를 도와주소서

예수님처럼 바울처럼 그렇게 살순 없을까
남을 위하여 당신의 온 몸을 온전히 버리셨던 것처럼
주의 사랑은 베푸는 사랑 값없이 거저 주는 사랑
그러나 나는 주는 것보다 받는것 더욱 좋아하니
나의 입술은 주님 닮은 듯 하나

내 맘은 아직도 추하여 받을 사랑만 계수하고 있으니
예수여 나를 도와 주소서 예수여 나를 도와 주소서

미국의 추모공원 메모리얼 파크(Memorial park)에는 가격이 비싼 묘역에는 무덤에 태양전지로 가동하는 센서를 부착하여 사람이 가까이 접근하면 조명이 켜지고 고인의 생전 육성을 들을 수 있다. 크리스천 고인은 자기를 소개하면서 자신은 어떻게 살다가 여기에 묻혔지만, 부활에 날에 다시 재회할 수 있으니 가족들과 조문객들에게 믿음으로 잘 살기를 바란다는 음성과 찬양을 들을 수 있다.

"무덤이 말한다." AI의 기술로 고인을 AR 증강현실로 재현해서 조문객에게 살아 있는 모습으로 실제와 같이 대화를 하면서 생전의 추억을 되살리고 있다.

우리가 이 땅에서 잘 살아야 AR이든지 음성이든지 아름다운 추억을 남길 수가 있을 것이다.

Today's dish

고난 주간의 토요일은 무덤의 날이다. 예수께서 금요일 제9시(오후 3시) 십자가에서 운명하시고 군인들이 창으로 예수의 옆구리를 찔러서 물과 피가 다 쏟아졌다. 해 질 무렵 아리마대 요셉이 산헤드린 신분을 이용해서 총독 빌라도에게 예수의 시체를 달라고 요청해서 인수한 후 깨끗한 세마포로 시체를 싸서 자신이 들어갈 새 무덤에 장사를 지냈다.

하나님의 율법에는 "사람이 만일 죽을죄를 범하므로 네가 그를 죽여 나무 위에 달거든 그 시체를 나무 위에 밤새도록 두지 말고 당일에 장사하여 네 하나님 여호와께서 네게 기업으로 주시는 땅을 더럽히지 말라 나무에 달린 자는 하나님께 저주를 받았음이니라" (신명기 21:22-23)라고 말씀하셨다. 그러나 로마 제국은 중범 자나 정치범들을 십자가형으로 죽인 후 시신을 나무에 매달아 놓고 새들이 밥이 되게 하여 죄인을 두 번 죽이고 백성들에게 공포정치에 이용하였다.

저주받은 사울의 시체는 블레셋 사람들이 벳산 성읍에 매달아 두었지만 길르앗 야베스 사람들이 사울을 장사 지냈고 다윗은 그들에게 보상해 주었다. 배교자 가룟 유다는 목매어서 나무에 달린 저주를 받았고 피밭이라는 나그네의 묘지에 묻혔다.

예수의 제자들이 유족과 상주 역할을 하여야 하지만 다 도망가버리고 예수의 시신을 장사해줄 사람이 아무도 없었다. 그러나 숨은 제자 아리마대 요셉이 자신의 부와 신분을 이용해서 예수의 장례를 예식 없이 무연고자 수준이지만 경건하게 장사 지냈다.

모든 상황은 예수께서 무덤에 들어가심으로 끝나고 말았다. 추종하던 무리도 다 떠나고, 원수들의 할 일이 없어졌고, 제자들도 슬픔과 두려움으로 은둔하고 말았다.

이스라엘에서 가장 비싼 공동묘지는 예루살렘 성전 동문 앞에 있는 곳이다. 메시아가 성전 동문으로 오실 때 가장 먼저 부활할 것으로 믿기 때문에 동문과의 거리에 따라서 묘지 가격이 다르고 부의 능력에 따라서 무덤 평수가 다르고 화려하게 장식을 한다.

다른 사람을 위해서 희생하시고 부활하신 예수 그리스도는 기념하고 추억할 무덤이 없지만, 생전에 많은 사람을 괴롭게 하고 피 흘린 자의 무덤은 궁전같이 꾸미고 참배하게 한다.

1. 메모리얼 파크

공동묘지를 메모리얼 파크(Memorial park)라고 부른다. 스페인어로는 빠르께 레꾸에르도(Parque Recuerdo)라고 한다. 고인을 기념하는 공원, 추억의 앨범이라는 뜻이다.

무덤은 고인의 선악 간의 추억과 기념이 새겨진 공원이다.

나는 교회 별세자 명부를 보게 되면 내가 장례식을 집례한 성도들을 기억한다. 사고, 질병, 노환, 수명 등으로 무덤에 들어갔지만 한결같은 추억은 수고와 고생이라는 단어가 떠오르며 생전에 좀 더 사랑하고 섬길 것에 대한 후회가 든다.

막달라 마리아와 다른 마리아가 예수의 무덤을 향하여 앉아서 추억의 예수를 떠올리고 있었다. 하나님의 아들 예수 그리스도도 죽으셨는데 우리가 죽지 않겠는가? 자신이 죽어서 들어갈 무덤을 생각하면서 어떤 추억과 기억을 남길 것인가를 생각하면서 살아야 한다.

예수의 무덤은 예수의 생애를 말해준다. 장례식에 가면 고인의 생애가 추모가 되듯이 나의 죽음 이후에도 자녀들과 제자들과 지인들에게 영향을 끼쳐서 열매를 보게 되어야 한다.

제주도의 삼무도처럼 예수 그리스도의 생애는 삼무의 생애를 사셨다.

1) **무소유** – 요람에서 무덤까지 소유개념이 아니라 여호와 이레로 준비되신 것을 사용하셨으며 무소유지만 수많은 사람을 섬기며 부자로 사셨다.

2) **무저항** – 자신을 미워하고 박해하는 원수들을 향하여 축복하고 기도하고 저항하지 않으시고 십자가에 못 박히시고. 무폭력 주의로 화평과 화목과 평화주의자로 샬롬으로 사셨다.

3) **무포장** – 예수의 생애는 겉과 속이 투명 유리와 같았다. 치장, 포장, 화장, 분장, 환장이 없는 분이시다. 돈과 권력과 외모와 지식으로 포장하지 않으시고 과욕, 과시, 과장하지 않으셨다. 가장 싫어한 사람은 회칠한 무덤같이 포장한 외식 주의자들이었다.

예수의 생애는 여호와이레, 여호와 샬롬, 여호와 닛시이셨다. 이 세 가지 복을 한 단어로 축약하면 '임마누엘' 이 된다. 세상 시작부터 끝날까지 하나님이 우리와 함께하시면 알파와 오메가의 복을 받는 것이며, 세상에서 더 바랄 것이 없는 끝내주는 인생이 된다.

2. 지옥의 자식들

무덤에 돌로 막아놓으면, 죽은자가 만일 살아난다고 하여도 스스로 무덤에서 나오기란 불가능하다. 무덤은 외부와 철저히 단절되고 차단된 세상이다. "오호라 나는 곤고한 사람이로다 이 사망의 몸에서 누가 나를 건져내랴" (로마서 7:24)는 바울 사도의 탄식이지만, 아담 안에 원죄로 살아가는 사람은 영적으로 무덤과 납골당에 봉인을 한 곳에 있는 죽은자라는 뜻이다.

한국은행 금고에 들어간 돈이 금고 밖으로 나오려면 암호를 알고 있는 담당자가 꺼내기 전에는 스스로 나오기는 불가능하다. "열려라 참깨"라는 아라비안나이트의 소설처럼 암호가 없이 절대로 열 수 없다.

죄 문제, 인생의 사망과 음부의 권세에서 출애굽 하는 힘은 사람 스스로에게는 없다. 하나님의 비밀인 십자가의 도가 아니면 절대로 해결할 수 없다. 죽음과 무덤은 닫힌 곳이다. 막힌 것도 죽음이며, 외부의 압력에 눌리고 인봉하고 지키는 것도 죽음이며 무덤이다.

대제사장들과 바리새인들은 종교 지도자로서 사람들을 생명의 길로 인도할 책임이 있는 사람들이다. 그런데 불신자 빌라도에게 찾아가서 예수가 생전에 사흘 만에 살아난다는 말대로 제자들이 시체를 도적질 해놓고 예수가 부활하였다고 조작한다면 백성들의 혼란이 클 것이라고 말하였다. 그들은 빌라도에게 허락을 받고 군인들이 무덤을 굳게 지키도록 하였다.

부활과 천국과 지옥을 믿는 지도자라면 불신자 빌라도에게 부활과 천국을 믿도록 전도해야 하는데 전도 길과 영혼 구원 길을 막아서 자신들보다 더 지옥의 자식을 만들었다.

그들은 '주여 저 속이던 자가 살아있을 때 말하되' 라는 말로서, 예수는 '속이는 자' 로 호칭하고 살인마 총독은 '주님' 이라고 호칭하였다. 지옥의 자식들의 악행은 얼마나 통탄할 일인지를 보여 준다. 이들은 차라리 태어나지 않았다면 제게 좋을 뻔하였다는 가룟 유다보다 더 못한 사람들이다.

뜨는 태양을 막을 힘이 없다. 부활을 막을 과학과 철학과 논리, 정치, 경제, 군사력이 없다. 바울의 부활 신앙은 그리스도의 남은 고난인 교회를 위해서 자기 몸에 채우는 이유와 동력이 된다고 고백하였다.

오리라 오리라 부활의 아침은 오리라 칠흑 같은 어두움은 물러가고 먼동이 트리라!

하나님이 주신 구원의 믿음과 부활의 생명을 어둠의 세력에서 지켜주시도록 아버지 손에 자신을 부탁하면서 살아야 한다.

지구촌은 거대한 공동묘지와 같이 황폐한 무덤이 되고 있다. 이 무덤문을 열어서 생명을 주시는 분은 오직 부활과 생명이신 예수 그리스도만이 이 사망의 몸에서 나와 우리를 건져주시는 그리스도이시다.

3. 무덤이 말한다.

예수께서 아버지께서 맡기신 그리스도의 사명을 다 이루신 후 그 영혼은 아버지의 품으로, 육신은 아리마대 요셉의 새 무덤에서 안식하시면서 부활의 날을 기다리셨다. 순종과 고난 후에 받으실 영광을 위한 조용한 안식의 시간이었다.

사람이 죽어서 들어가는 무덤이 그 사람의 일생을 말해준다. 예수의 생애는 그의 무덤이 말해준다. 누구를 위해서 무엇을 위해서 어떻게 살다가 죽었는지를 무덤이 말해준다.

버나드 쇼는 자신의 묘비에 이렇게 새겨달라고 유언하였다 '나 그럴 줄 알았다'

사람들은 남을 판단하고 속단하는 우를 잘 범한다. 산헤드린 부자 요셉과 바리새인 랍비 니고데모는 산헤드린에 소속되고 바리새파의 선생이라는 것 자체가 복음주의자들에게 정죄 받을 일이었다. 그리고 부자라면 무조건 부정하게 보는 들보 눈을 가진 사람들의 비판의 대상이며 정죄의 대상이 된다. 그런데 마태는 "그도 예수의 제자라" (57절) 는 한마디로 입을 닫게 했다. 바리새파에 소속되었다고 무조건 악인 취급하는 눈과 혀는 자신들은 오히려 들보 눈과 뱀의 입을 가진 자라는 것을 입증하고도 남는다.

예수를 그리스도로 믿는 자들은 이제는 유월절 어린 양을 필요하지 않고 예수가 참된 하나님의 어린 양으로 믿었다. 니고데모는 주님의 사역초기에 주님을 만나러 밤에 왔었고 거듭나는 복을 받았다. 그리고 그는 공회에서 주님을 옹호하였다.(요한복음 7:45-53).

"그 중의 한 사람 곧 전에 예수께 왔던 니고데모가 그들에게 말하되, 우리 율법은 사람의 말을 듣고 그 행한 것을 알기 전에 심판하느냐" (요한복음 7:50,51)

그들이 구약 성경을 상고하였을 때 성령의 조명으로 말미암아 그리스도의 고난과 영광을 이해했을 것이 분명하다. 다니엘의 예언에서 주님이 언제 죽으실 것인가, 다른 성경들을 통하여 왜, 그리고 어떻게 죽으실 것인가를 이해했을 것이다.

아리마대 부자 요셉의 장례는 이사야 53장 9절의 성취이다.

유대의 지도자들은 제자들이 잊어버린 것을 기억해 냈다. 예수가 삼일 후에 무덤에서 나올 것이라는 말씀이었다. 사탄과 그의 자녀들이 성경을 그리스도인들보다 더 잘 안다는 것은 얼마나 불행한 일인가? 성경을 믿지 않는 사람은 기억력과 암기력은 더 뛰어나지만 믿음과 행함에는 지옥의 자식답게 불신하고 거역한다.

유대인들은 그리스도를 '사기꾼' '속이는 자' 라고 불렀는데 이들은 어느 날인가 그 후손들이 간교한 사기꾼인 적그리스도를 영접하고 그와 언약을 세울 것을 거의 모르고 있었다.

빌라도가 한 말은 '너희가 할 수 있는 대로' 라는 말이 전부였다. 부활의 주님을 인봉하고 경비원들이 지키는 보초가 예수께서 약속하신 대로 무덤에서 나오는 것을 막을 수 없었다.

dessert

1. 예수 그리스도의 생애를 세 가지 은혜로 말한다면 무엇인가?
2. 내가 성공자이며 끝내주는 인생을 사는 길은 무엇인가?
3. 나는 내 무덤으로 어떤 메모리얼을 남길 것인지 생각하고 사는가?

Prayer

주님! 무덤의 날에 주님을 깊이 생각합니다. 임마누엘의 은혜로 살아가게 하시고 십자가와 부활을 삶으로 증거하며 살게 하시고 나의 무덤으로 주님을 말할 수 있게 하소서. 아멘!

81. 28:1-20 부활과 증인

"천사가 여자들에게 말하여 이르되 너희는 무서워하지 말라 십자가에 못 박히신 예수를 너희가 찾는 줄을 내가 아노라, 그가 여기 계시지 않고 그가 말씀 하시던 대로 살아나셨느니라 와서 그가 누우셨던 곳을 보라. 열한 제자가 갈릴리에 가서 예수께서 지시하신 산에 이르러, 예수를 뵈옵고 경배하나 아직도 의심하는 사람들이 있더라

예수께서 나아와 말씀하여 이르시되 하늘과 땅의 모든 권세를 내게 주셨으니, 그러므로 너희는 가서 모든 민족을 제자로 삼아 아버지와 아들과 성령의 이름으로 세례를 베풀고, 내가 너희에게 분부한 모든 것을 가르쳐 지키게 하라 볼지어다 내가 세상 끝날까지 너희와 항상 함께 있으리라 하시니라" (5,6,16-20절)

Appetizer

칠흑 같은 어두운 밤이 지나가고 여명의 새벽 밝아왔다.

"안식일이 다 지나고 안식 후 첫날이 되려는 새벽에" (1) "큰 지진이 나며 주의 천사가 하늘로부터 내려와 돌을 굴려내고 그 위에 앉았는데, 그 형상이 번개 같고 그 옷은 눈같이 희거늘 지키던 자들이 그를 무서워하여 떨며 죽은 사람과 같이 되었더라. 그가 여기 계시지 않고 그가 말씀하시던 대로 살아나셨느니라 와서 그가 누우셨던 곳을 보라. 무서워하지 말라 가서 내 형제들에게 갈릴리로 가라 하라 거기서 나를 보리라.(2-10)

우리가 사는 시대는 예수 부활의 새벽에 환희의 기쁨은 지나갔고, 사울을 회심하게 한 정오에 복음의 빛이 강렬하였던 성령의 시대도 지나가고, 이제는 온 하늘이 저녁노을로 물들어가는 예수 재림이 가까운 석양의 때이다.

우리는 더 어두워가기 전에 땅끝까지 가서 복음을 전하기 위해서 여호수아처럼 선포하자 “태양아 너는 기브온 위에 머무르라 달아 너도 아얄론 골짜기에서 그리할찌어다” (여호수아 10:12)

예수 수난 주간이 끝나는 토요일은 유월절이 시작되는 첫 안식일이었다. 예수께서 아버지께서 맡기신 사명을 다 이루신 후 그 영혼은 아버지의 품으로, 육신은 아리마대 요셉의 새 무덤에서 안식하시면서 부활을 준비하셨다. 예수께서 순종과 고난 후에 받으실 영광을 위한 조용한 안식의 시간이 되었다.

사람이 죽으며 무덤이 그 사람의 일생을 말해준다. 예수의 생애는 빈 무덤이 말해준다.

> “그가 하나님께서 정하신 뜻과 미리 아신 대로 내준 바 되었거늘 너희가 법 없는 자들의 손을 빌려 못 박아 죽였으나, 하나님께서 그를 사망의 고통에서 풀어 살리셨으니 이는 그가 사망에 매여있을 수 없었음이라. 이는 내 영혼을 음부에 버리지 아니하시며 주의 거룩한 자로 썩음을 당하지 않게 하실 것임이로다” (사도행전 2:23,24,27)

부활하신 예수 그리스도는 제자들에게 지상명령을 하셨다.

“하늘과 땅의 모든 권세를 내게 주셨으니…. 그러므로 너희는 가서” (28:18)

아버지와 아들과 성령의 이름만 가지고 가면 세상 어디서든지 권세를 가진 증인이 될 수 있고 하나님이 함께 하시는 임마누엘 은총을 세상 끝날까지 누릴 수 있다.

부활하신 예수께서 우리에게 평안을 주셨으니 무덤 같은 세상에서 일어나서 예수 부활의 증인으로 살아야 한다. 예수는 죄 사함을 받은 자와 함께 하는 임마누엘이시고(마태복음 1:23) 복음을 전파하는 자들과 함께 하는 임마누엘의 복을 누릴 수 있다.(마태복음 28:20)

Today' s dish

왕의 복음인 마태복음의 결론은 종의 섬김과 죄인의 죽음을 담당하신 예수 그리스도께서 왕의 부활로서 죄와 사망과 어둠의 권세를 이기고 위대한 승리의 개가를 부르는 것이다.

1. 예수 부활

예수 그리스도를 십자가에서 죽였던 사탄은, 이제는 사람들이 그리스도께서 아직 죽어 있다고 믿도록 가짜뉴스를 퍼뜨리고 있다. 예수 부활의 역사적인 사실을 막으려는 인간들의 추한 모습을 마태는 고발하고 있다.

> "여자들이 갈 때 경비병 중 몇이 성에 들어가 모든 된 일을 대제사장들에게 알리니, 그들이 장로들과 함께 모여 의논하고 군인들에게 돈을 많이 주며, 이르되 너희는 말하기를 그의 제자들이 밤에 와서 우리가 잘 때 그를 도둑질하여 갔다 하라. 만일 이 말이 총독에게 들리면 우리가 권하여 너희로 근심하지 않게 하리라 하니, 군인들이 돈을 받고 가르친 대로 하였으니 이 말이 오늘날까지 유대인 가운데 두루 퍼지니라" (마태복음 28:11-15)

예수 부활의 진실을 덮고 가짜 뉴스를 생산하는 자들은 거짓의 아비 사탄의 하수인들이 제사장들과 장로들이었다. 헛소문을 퍼뜨린 장본인이 바로 거짓말쟁이의 아비인 사탄이다.

그리스도는 생전에 죽은 자로부터 부활하시겠다고 여러 차례 약속하셨다. 그의 원수들조차도 예수 부활의 사실에 대해서 감히 입을 열지 못했다. 500명 이상의 사람들이 동시에 그리스도께서 살아 계신 것을 보았다. 베드로는 한때 무서워서 예수를 부인하였으나 성령세례를 받은 후 그는 위대한 설교자가 되었다.

교회의 원수 바울의 개종은 그리스도께서 살아 계심을 입증하는 사건이었다. 예수께서 살아 계신 증거는 예수께서 성령으로 나의 마음속에 살아 계심으로 증거하신다.

2. 빈 무덤

죄의 값은 사망과 무덤과 지옥이지만, 예수 그리스도의 의는 생명과 부활과 천국이다.

우리는 아담의 소속과 예수의 소속, 사망의 왕과 생명의 왕 중에 누구 편에 붙을 것인가? 선택해야 한다. 최봉석 목사의 전도 구호는 "예수 천당, 마귀 지옥" 이었다.

거제도 포로수용소에서는 유엔 심판관 앞에서 인민공화국으로 가서 영웅 대접을 받으려는 사람과, 자유대한민국과 서구 나라로 가서 자유를 누리려는 사람으로 분리되었다. 그중에 강희동 포로는 브라질을 선택하고 그곳에 가서 예수를 믿고 선교사가 되었다.

달걀을 밖에서 깨면 달걀부침이 되고, 안에서 깨고 나오면 병아리가 된다. 병아리가 달걀 껍데기를 깨고 삐약 거리면서 나오는 작은 생명체의 부화는 자연계를 통해서 보여주는 부활의 진리이다.

불신자들은 무덤을 꺼리고 싫어한다. 교회에 나오는 것을 무덤처럼 싫어한다. 그러나 신앙인 막달라 마리아와 다른 마리아가 새벽에 무덤을 향하여 찾아왔다. 죽은 예수의 시체에 향품을 바르기 위해서 장례 예절과 조문을 위해서 찾아왔다. 안식일 일정으로 인해서 장례식을 제대로 해드리지 못한 도덕적 가책으로 인해서 찾아왔다.

납골당에 사진과 꽃이라도 붙이려고 새벽에 찾아갔는데 봉인한 문이 열리고, 유골함도 없어지고, 천사들이 설명하면서 납골당 밖에서 부활하신 예수님을 만났을 때 놀라고 두려움으로 충격을 받았을 것이다.

부활의 새벽에 큰 지진이 일어났으며, 하늘에서 주의 천사가 무덤으로 내려왔다. 천사들이 무덤의 봉인을 찢고 돌을 굴려내고 그 위에 앉았다. 천사들의 형상이 번개 같고 옷은 눈같이 희었다. 강인한 남자들인 로마

경비군들이 기절하였다.

천사들이 여인들에게 "그가 여기 계시지 않고 그가 말씀하신 대로 살아나셨다. 그의 누우신 곳을 보라" 고 말하였다.

자신을 신격화하는 독재자들은 죽은 시체 장사로 군중들을 속인다. 무덤을 장식하고 미이라에 조명을 비추고 육성을 듣게 해서 마치 살아있는 듯한 모습을 연출해서 시체 팔이로 권력을 유지하려는 거짓의 아비들이다.

짐승 같은 정치와 음녀같은 종교도 시체 팔이와 무덤 팔이를 한다. 유교 공자의 무덤, 석가와 마호메트의 무덤을 신도들이 순례하고 참배하게 한다. 이단의 교주들은 무덤을 장식해서 거짓 교리를 팔아먹는다. 그러나 생명의 주님이신 예수 그리스도는 무덤이 없다. 부활의 종교 기독교는 시체 팔이로 장사하지 않는다.

여인들은 무서움과 기쁨으로 무덤을 빨리 떠나 부활의 소식을 전하기 위해서 달음질하였다. 막달라 마리아는 부활하신 예수께서 평안하뇨? 샬롬! 이라는 말씀을 듣고 주님의 발을 붙잡고 경배하였다.

"무서워 말라 가서 형제들에게 갈릴리로 가라 거기서 나를 보리라 하라.." 고 말씀하셨다.

옥합을 깨뜨려 부은 막달라 마리아는 무덤에서 부활하신 예수 그리스도를 처음으로 만나서 경배하였고 부활의 첫 증인이 되었다.

예수의 장례식을 미리 준비한 여인들에게 부활하신 주님은 그들과 첫 상면을 하고 부활 첫 경배자와 부활의 빅뉴스를 전하는 복음 증인으로 삼아주셨다.

제자들이 도망가고 배신하였을 때 여인들은 갈보리 십자가에서 예수의 임종을 지킨 자들이 마리아와 여인들이었다. 그러나 요한은 그 자리를 지켰고 예수의 부탁으로 마리아를 자신의 어머니로 모셨으며 요한은 와석종신(臥席終身)으로 사랑의 목회를 하면서 요한 계시록을 기록하는 영광을 누렸다.

현대 교인들은 자신의 이해관계로 인해서 주님을 떠나고 교회를 떠나고 형제들을 떠나는 사람들이 많이 있다. 사도 요한과 막달라 마리아 같은 자리를 지키는 성도가 부활의 증인이며 하나님 나라에서 세상 끝날까지 임마누엘의 복을 누리면서 쓰임을 받을 것이다.

봄은 부활의 계절이다. 겨울잠을 자던 동식물들이 기지개를 켜고 흙과 동굴에서 살아서 나오고 허물을 벗고 새로운 생명으로 살아난다.

예수의 무덤 안의 남아있는 세마포는 누에고치의 허물처럼 부활의 흔적이며 증거물이었다.

3. 지상 명령

예수 그리스도는 산에서 행한 일이 많다. 마태복음 5-7장에는 예수께서 산상설교를 하셨다. 17장에는 변화산에서 그리스도의 용모가 변하셨다. 24-25장은 감람산에서는 종말을 예언하셨다. 27장은 갈보리 산에서 십자가에 달려 죽으셨다. 28장은 부활하신 예수께서 감람산에서 제자들에게 선교 명령을 하신 후 승천하셨다.

부활하신 예수는 하늘과 땅의 모든 권세를 가지셨다. 이제는 갈릴리의 목수의 아들이 아니라 전능하신 하나님의 아들이시며, 죽으심과 부활하심을 통하여 사탄과 죄와 사망의 권세를 이기시고 우주적인 통치권을 받으셨다.

예수께서 사역을 시작하실 때 마귀의 시험을 받으셨지만 물리치셨다.

"마귀가 또 그를 데리고 지극히 높은 산으로 가서 천하만국과 그 영광을 보여, 이르되 만일 내게 엎드려 경배하면 이 모든 것을 네게 주리라. 이에 예수께서 말씀하시되 사탄아 물러가라 기록되었으되 주 너의 하나님께 경배하고 다만 그를 섬기라 하였느니라. 이에 마귀는 예수를 떠나고 천사들이 나아와서 수종드니라" (마태복음 4:8-11)

"모든 민족으로 제자를 삼으라" 이 명령은 모든 민족에게 복음을 전하고 가르치라는 말씀이다. 마태복음 10장 5-6절에서 유대인에게만 가르치는 것을 모든 민족으로 확장하였다.

제자란 "예수께서 분부한 모든 것" 을 배우는 자들이다. 제자는 "하나님의 입에서 나오는 모든 말씀으로" 사는 자들이다. "모든 성경은 하나님의 감동으로 된 것으로 교훈과 책망과 바르게 함과 의로 교육하기에 유익하니, 이는 하나님의 사람으로 온전하게 하며 모든 선한 일을 행할 능력을 갖추게 하려 함이라" (디모데후서 3:15,16)

"내가 항상 너희와 함께 있으리라" 는 말씀은 대단한 약속이다. 마태복음 1장 23절에 예수 이름은 "임마누엘" 이라고 하셨다. 이 말은 "하나님이 우리와 함께 계시다" 는 뜻이다.

승천하시는 예수께서는 임마누엘 이름을 재확인하신다. 주님은 그의 성령을 통하여, 말씀을 통하여, 섭리하시는 돌보심을 통하여, 세상 끝날까지 우리와 함께 계신다.

특히 두 번째 임마누엘은 땅끝까지 가서 모든 민족에게 복음을 전하고 제자를 삼는 일을 할 때 우리와 함께 하실 것을 약속하셨다.

"임마누엘" 은 성도와 불신자를 테스트하는 리트머스(litmus) 시험지와 같다. 사람들의 믿음으로 양성반응과 음성반응을 구분할 수 있다. 임마누엘은 진실 탐지기와 같다.

기혼녀가 아들을 낳았다고 말하면 믿지만, 처녀가 아들을 낳았다는 말은 믿지 않는다. 이것이 하나님의 구원을 시험하는 방법이다. .

유다왕 아하스가 아람 연합군의 공격을 받고 두려워할 때 궁중 선지자 이사야가 그에게 나아가서 하나님의 약속을 믿으라고 권면하였다. 그에게 믿음의 징조를 주기를 "처녀가 아들을 낳을 것인데 그 이름을 임마누엘이라고 하라" 고 말하였으니 아하스는 불신하고 믿지 않았다.

첫 번째 임마누엘은 자기 백성의 죄에서 구원하시는 예수이시다(1:21)

예수는 죄 있는 자와 관계가 있는 분이시다. 죄 때문에 오셨고, 죄 때문에 죽으셨으며, 죄 때문에 부활하셨으며, 죄 때문에 다시 오신다. 사람들이 예수를 만나는 때는 자기의 죄 때문에 깊은 고민에 빠졌을 때이다. 예수님은 죄와 상관없는 고상한 종교와 선행과 노력을 보시고 만나주시는 분이 아니시다. 죄에서 구원하시기 위해서 그리스도의 직임을 받고 세상에 오셨다. 죄를 책망하고 죄에서 돌아서도록 하시는 선지자이며, 죄의 책임을 담당하시고 죄의 저주에서 건져주시는 제사장이시며, 죄와 사탄의 권세에서 건져서 의로운 삶을 살도록 다스려 주시는 왕이시다.

임마누엘은 죄 사함과 구원을 받은 자들과 함께 하시는 복이다. 그러므로 임마누엘의 은총은 성도와 불신자를 차별하지 않는 일반은총과는 다르게 엄격하게 차별하는 특별은총의 복이다.

두 번째 임마누엘은 예수의 명령대로 복음의 증인이 될 때 세상 끝날까지 보장되는 은총이다.

> "그러므로 너희는 가서 모든 민족을 제자로 삼아 아버지와 아들과 성령의 이름으로 세례를 베풀고, 내가 너희에게 분부한 모든 것을 가르쳐 지키게 하라 볼지어다 내가 세상 끝날까지 너희와 항상 함께 있으리라 하시니라" (28:19,20)

아시아 인구의 3% 가 기독교 인구이며 나머지 97%는 아직도 불신중에 있다. 아시아의 선교 역사는 500년을 지났지만, 전체 인구의 3%만이 복음을 받아들였다. 미전도 종족이 가장 많은 지역이 10/40 창이 있는 아시아권이다.

중동지역에는 160년 동안 선교 사역이 이루어졌으나 이슬람 개종자는 10억 인구 중에 5천 명도 되지 않는다. 이슬람권 선교사는 "하나님께는 자녀만 있고 손자와 손녀는 없다" 라고 말했다. 복음이 두 번째 세대에 가서는 약해지고 세 번째 세대에는 신앙을 잃어버린다.

구약의 선교개념은 숨어있는 아담을 찾아오시는 하나님에서 시작되었다. 예수 그리스도께서 찾아오신 성육신 사건은 선교의 시작이며 승천하실 때 "너희는 가서" 라는 지상 명령이 선교의 핵심이다.

하나님은 뱀의 머리를 밟으실 여인의 후손을 약속하셨다. 아담의 후손들은 뱀의 머리를 밟을 수 없지만, 사탄의 머리를 깨뜨릴 권세는 십자가에 죽으시고 부활하신 예수 그리스도 뿐이시다.

하나님은 아담에게 가죽옷을 지어 입히셨다. 하나님의 선교의 최종 목표는 벌거벗은 몸에 가죽옷을 지어 입히시는 것이다. 가죽옷 선교는 선교의 목표이다. 구제품 옷이 아니라 가죽옷이다. 이 옷은 예수 그리스도의 피 흘리심으로 주어진 의의 옷이다. 세상은 각 나라와 민족마다 무화과 나뭇잎으로 만든 치마를 입고 죄와 수치를 가리고 있다. 종교, 철학,

선행, 과학적인 방법으로 영생을 얻을 방법을 궁리하지만, 그것은 모두 무화과 나뭇잎으로 만든 치마일 뿐이다.

불과 두루 도는 화염 검에도 타지 않는 옷이 필요하다. 소방수들이 입는 옷은 불길에서도 타지 않는 방화복이다. 하나님의 진노의 불길이 타오르는 지옥의 불길을 견딜 수 있는 옷은 이 세상에는 없다. 오직 하나님께서 만들어 주신 가죽옷밖에는 없다.

선교의 동기와 과정과 방법과 목적과 결과는 오직 하나님의 선교이신 예수 그리스도의 성육신에서 승천하심으로 이루시는 예수 임마누엘의 모델을 따라야 한다.

처녀가 잉태하여 아들을 낳는 일은 불가능한 일인 것처럼, 죄인이 물과 성령으로 거듭나 하나님의 자녀가 되는 일은 하나님이 우리와 함께 계시지 않으면 불가능한 일이며, 예수의 증인이 되는 일도 성령의 권능을 받지 않으면 불가능한 일이다.

그동안 마태복음을 묵상하였다.

마태복음 1장은 수면제와 같다. 누가 누구를 낳고 낳고 하면 눈꺼풀이 내려온다. 족보형식의 인명 대백과 사전으로 구약 39권을 요점 정리한 마태복음의 오픈 장이다.

아브라함의 믿음과 다윗의 언약 위에 세워진 하나님의 나라를 소개하고 있으며, 하나님의 언약을 불신하고 어기면 바벨론 징계가 뒤따르게 된다는 것을 가르쳐 준다. 예수 그리스도는 새로운 시대의 조상으로 모든 시대 모든 족속의 유일한 소망이며 죄인을 위한 하나님의 대안이 예수 그리스도이시다.

마태복음 28장은 각성제와 같다. 십자가의 죽음, 무덤, 지진, 천사, 부활, 군사들의 기절, 제자들의 증언, 승천하시는 주님, 선교 명령 등 숨 막히게 돌아가는 역동적 장이다.

마태복음 1장을 읽다가 조는 것은 이해가 되지만, 28장 읽으면서 졸음이 온다면 심각한 병에 걸린 사람일 것이다. 수면제에서 각성제로 깨어서 부활의 증인이 되자.

dessert

1. 예수의 생애는 무엇으로 설명할 수 있으며 나의 생애는 무엇으로 설명할 수 있는가?
2. 빈 무덤이 예수를 말해주듯이 장차 나의 무덤은 무엇을 말해줄 것인가?
3. 나는 주님의 지상명령을 순종하면서 임마누엘의 은총을 누리고 있는가?

Prayer

주님! 예수 그리스도께서 나의 구원자이시며 나의 임마누엘 되심을 믿습니다. 우리와 세상 끝날까지 함께 하셔서 예수 증인의 사명을 감당할 수 있도록 역사하여 주옵소서. 아멘!

▮하늘 밥집 댓글 모음

SNS에 하늘 밥집 제100회 소감문을 실었던 것과 사랑하는 독자들의 답글들을 소개한다.

> "하늘 밥집이 벌써 100회가 되었습니다. 지금까지 주님의 은혜가 아니면 지속할 수 없었을 것입니다. 많은 분들이 기도하여 주시고 말씀을 사랑해주셔서 용기를 내어 하늘 밥집을 지속하고 있습니다. 앞으로도 주님께서 은혜를 주시는 대로 송이꿀과 주옥같은 말씀으로 더 잘 섬길 수 있도록 기도하여 주시고 격려하여주시기를 부탁드립니다. 국내외에서 많은 분이 축하와 댓글을 보내주셨으나 다 싣지 못하고 감사한 마음을 표합니다."

♡국내 소감♡

♡더 많은 분이 생명의 양식으로 힘을 얻었으면 좋겠습니다. 샬롬!

♡하늘 밥집 open 100일을 축하합니다. 그동안 귀한 말씀으로 맛나게 요리 해주신 목사님 감사드립니다. 앞으로 더욱더 번창하여 손님이 넘쳐나는 하늘 밥집 되기를 축복합니다.

♡샬롬, 하늘밥상 100일을 축하드립니다. 저는 10월14일부터 하늘밥상을 받았는데 23일이면 71일이 되 내요, 그동안 성경공부도 많이 되었고 또 자기 전에 기도시간에 한 번 더 말씀을 읽어보고, 읽어보니 은혜가 됩니다. 목사님께서 수고가 많으십니다. 고맙습니다.
목사님 오늘 하늘 밥집은 진수성찬입니다. 풍성한 하늘밥상 미식가가 되도록 노력하겠습니다.

♡오늘은 아침밥이 왜 없어요? (밥이 조금 늦은 날)

♡100호를 축하드립니다. 제가 먼저 건강한 사람이 되기를 소망합니다. 고맙습니다.

♡하늘 양식을 매일 맛보게 해주셔서 감사합니다.

♡목사님 감사합니다. 영의 양식 잘 먹겠습니다. 시편 1편의 말씀에 교훈으로 삼고 살겠습니다. 아~멘.

♡목사님 새벽 시간에 많은 것을 얻고 출근합니다. 말씀대로 살아야 하겠다는 것과, 전적 하나님만 의지 그리고 충성을 감사합니다. 아멘! 아멘!

♡목사님 새벽마다 말씀이 기대됩니다. 감사합니다.

♡역시 고수이십니다. 묵상의 고수!

♡밥반찬이 골고루 준비된 하늘 밥집의 말씀을 통해 이해하기 힘든 구절들을 쉽고 정확하게 이해할 수 있어 감사합니다

♡할렐루야입니다. 은혜가 됩니다. 억쑤로...

♡김 목사님, 참 대단하십니다. 바쁜 와중에서도 많은 일을 행하시니….

♡하늘밥상은 아무리 많이 먹어도 체하지 않습니다. 짜구도 나지 않습니다. 돈도 받지 않습니다. 곱배기로 드소서!!!~~♡♡^^

♡날마다 먹는 하늘 밥은 물리지가 않네요, 초대해주셔서 감사합니다.

♡아멘! 아멘! 고맙습니다.

♡늘 하늘 밥 맛있게 지어 저희를 초대해주시니 너무나 감사합니다. 목사님, 빅토리 화이팅입니다 !!^^

♡감사합니다~~ 아침밥 든든히 먹고 갑니다.

♡아멘 아멘~ 고맙습니다. 오늘도 영양 만땅 밥상에 든든한 하루를 보내게 되어서 감사합니다~🙏

♡목사님 저하고 H 장로님과 같이 큐티하고, 목사님이 주시는 말씀을 듣고 되새김질을 할 수 있어서 너무 좋습니다

♡하늘 밥집 100일을 진심으로🎶 진심으로~🎵 축하드립니다~ 날로 날로 번창하시기를~ 감히 기도드립니다~👍👍👍

♡(청년독자) 잉? 이뭔가용..?(1회) 완전 든든하네용! 오늘도 묵상합니당(2회) 오늘도 푸짐하네요. 묵상하겠습니당!(3회). 소돔과 고모라 뜻을 처음 알았네요, 오늘도 든든하게 묵상했습니다.ㅎㅎ(4회)

♡샬롬~ 목사님 말씀 감사히 잘 먹었습니다^^~~

♡말씀 읽고 묵상에 더 힘써야겠네요! ㅎㅎ

♡목사님, 말씀 보내주셔서 감사합니다. 올해도 일독이 목포였는데 아직 역대상에서 멈추어버렸어요. 보내주신 말씀 어제부터 두 번 세 번 읽었습니다. 목사님, 앞으로 우리 성도들 성경 박사 나오는 것 아닙니까? ㅎㅎ 성경 읽을 수 있어 감사합니다. 핸드폰 열면 먼저 나오니깐 말입니다. 감사합니다. 내일 뵙겠습니다.

♡아침밥 잘 먹었습니다. 형님 목사님! 제가 매일 70명의 신학생들에게 하늘 밥을 퍼서 먹였습니다. 허리가 휘청합니다. 3년 먹이면 괜찮을 것 같습니다.

♡하늘 밥집도 은혜입니다. 예배 영상 중 끝에 광고도 잘 보고 참고해 봅니다.
목사님 한 주 잘 보내세요~ 감사합니다!~♡

♡매일마다 귀한 말씀 보내주셔서 감사합니다.

♡목사님, 보내주신 말씀 믿음의 양식으로 잘 묵상하고 삶의 현장에서 잘 적용할 수 있도록 기도하고자 합니다. 고맙습니다.

♡목사님^^ 안녕하세요~ 오늘도 귀한 말씀 감사합니다~ 한 주 동안 잘 묵상하도록 하겠습니다~ 항상 코로나 조심하세요!

♡선~은혜, 후~자원해서 유월절 한 번 더~. 후~더미의 헌금! 하나님의 은혜를 구합니다!
주님 오늘도 이 아침 귀한 말씀으로 만나를 먹여주셔서 감사해요!
TSR 짱~

♡모든 민족에게 복음이 증거될 때 끝이 오리라는 주님의 말씀처럼 주님의 지상명령에 순종하여 모든 열방이 예배하도록 선교하는 전후방 모든 선교사님의 헌신을 기억하시고 은혜 내려 주소서! TSR 87회의 하늘 만나를 배설하신 목사님께 고마움을 전합니다♡♡

♡하나님이 세우신 직분자들은 겸손히 섬기는 자가 되게 하소서 아멘 ^^♡

♡시편 1편. 목사님 덕분에 요즘 계속 암송 묵상 중입니다.♡

♡아멘. 저는 철학자만 망치 들고 철학 하는 줄 알았더니…. 목사도, 신학자도 망치를 잡고 고정관념과 위선을 깨며 자정하는 하늘의 뜻 이루어야 하겠습니다. 늘 새로운 깨우침에 감사드립니다.

♡목사님 예언자이십니다. 우주에서 유입된 바이러스를 지금부터 차단하자는 이 캠페인 엄청 앞서가시는데요^^

♡AMEN! HALLELUJAH! PRAISE THE LORD GOD!

♡음식의 진미를 느끼며 먹었습니다, 배울 게 많군요…. 감사합니다, 목사님.

♡아멘~! 시작과 끝, 어제와 오늘이 동일하게 변함없이 주님을 사랑하는 저와 우리 가문 되길 원하고 바라고 기도합니다.

♡초대해주셔서 감사합니다. 잘 배우겠습니다.
하. 나님께서
늘. 우리에게
밥. 을 주시는데
집. 밥처럼 사랑과 정성이 가득 담겨 있지요.

♡매일 아침 하늘의 양식(TSR)을 통해 은혜와 사랑을 주시는 하나님 감사합니다. 그러나 우리의 삶 속에 우리도 모르게 up & down이 있고 우리를 형통하게 하실 땐 즐거워하다가 곧 다시 자고 하고 교만할 때가 있었음을 뒤돌아보며 하나님께서 저희에게 주신 이 은혜를 끝까지 겸손하게 받아 축복의 삶을 이어 갈 수 있기를 기도하옵나이다.

오늘도 TSR로 하루를 시작하는 우리 믿음의 가족들을 인도하여 주시고 오늘의 말씀을 통해 쏟아부어 주시는 그 놀라운 은혜를 받아 누리는 저희가 되게 하여 주시고 이 하늘나라의 양식을 듣고 이 말씀을 늘 마음에 새기며 순종하며 살 수 있는 은혜를 주시옵소서.!

♡하늘 밥집 세프님 아멘.

♡목사님의 글을 보니까 왜 눈물이 납니까? 감사합니다.

♡매일 주신 말씀으로 묵상하며 기도하고 있습니다~~ 감사합니다.^^

♡다시 말씀을 곱씹으며 고산병의 메시지를 마음에 새깁니다 – 아,아멘, 같은 본문으로 말씀을 전하는데 깊이와 은혜의 크기가 매우 다르네요~ 나눠주시는 묵상들로 많이 배우고 있습니다. 은혜의 부르심 때문에 뜨거운 심장을 유지할 수 있었는데, 그 뜨거운 초심 잃지 않기를 기도합니다…. 복된 밤 되세요~

♡아멘 아버지~ 묵상 이후 다시 아버지 보내주신 말씀 읽어가며 묵상의 은혜가 배가 됩니다^^

♡아멘🙏 매일 하늘밥상 따스하게 차려주시는 우리 아버지의 생신을 축하드려요♡
더욱 강건하시고 하루하루 하나님이 붙들어주시길 응원하며 기도할께요!
아버지 축복하고 사랑합니다. 생신 축하드려요🎂, 아들이!♡

♡아버지 생신 축하드립니다. 항상 사랑하고 존경합니다.
내 삶 속에 썩은 사과 도려내는 작업이 필요한 시기인 것 같습니다.
올 한해 풍성한 하나님의 말씀으로 하늘 밥상을 차려주신 아버지께 너무 감사드립니다.

♡하늘 밥집 사장님, 아버님~~~ 생신 축하드려요~~~ 축복하고 사랑합니다~

♡아멘 아버지 생신 정말 축하드려요, 복된 하루 되세요^^~~

♡하늘 양식을 맛보게 하심을 감사합니다.

♡귀한 말씀 감사합니다. 목사님 날씨가 추워지는 데 감기 조심하세요!

♡목사님! 감사합니다. 보내주신 말씀 잘 읽어보았습니다. 나에게는 언제나 든든한 목사님이 계신다는 것을 감사한 마음과 존경하는 마음과 사랑합니다.아멘

♡목사님~ 말씀에 은혜 많이 받고 있어요. 목사님이 계셔서 더 힘이 납니다 ~~
진심으로 감사드립니다 ~^^♡♡^^ 000목사

♡형님 목사님께! 보내주시는 말씀 항상 감사드립니다. 저희 000 신학교 학생들이 하늘 밥집에서 보내주시는 말씀으로 은혜받고 설교가 달라지고 있습니다. 제가 형님의 제자가 된 것이 하나님에 큰 은혜이며 또한 우리 학교 선지 생도인 학우들에 큰 복입니다
항상 진심으로 감사드립니다. 고맙습니다. 형님 제 마음을 글로 드립니다.
오늘도 성령에 역사하심으로 폭포수 같은 은혜가 서면교회에 넘쳐나시길 진심으로 기원드립니다. 부족한 아우가 ,..

♡Jongkil Kim! 순전히 평생 선교에 목숨 건 김 목사님의 에너지 탓에 덩달아 저도요...

♡오늘도 역시나 뒤통수 한 대 쾅 맞았네요! 하나님의 사랑을 받기만을 바래왔던 나의 모습이 아니었는지 되돌아보게 되네요 '당신은 사랑받기 위해 태어난 사람' 오늘의 하이라이트였습니다. 예레미야 선지자처럼 '내' 가 되어야 축복의 통로로 하나님께 쓰임 받는 자로, 하나님의 도구로 사용될 수 있다는 생각에 깊은 감동이 되었습니다. 쌤도 나도 예수 그리스도의 마음을 품고 각자의 처소에서 그리스도의 향기를 풍길 수 있는 하루가 되기를 소망합니다. 샬롬!

♡하늘 밥집을 보는 제 시선은 몸의 균형과도 같습니다. 제가 목사님의 묵상집을 귀히 여기는 이유는? 까닭은 상기한 것들을 포함하는 관점과 실행이 있기 때문입니다.

♡목사님~언제나 마르지 않는 샘처럼 은혜로운 말씀 전해 주셔서 감사드립니다. 복된 성탄에 하늘 은혜 가득하소서.

♡목사님! 올해 한 해 말씀 배달부 하시느라 큰 고생 하셨습니다. 전 정말 감사합니다.

♡아멘~^^ 올해도 수고 많으셨습니다~ 밴드로 전파하는 말씀을 통해서 하나님의 뜻을 받들어 사역하심을 기도로 응원 드립니다. 앞으로도 하나님의 동행하심과 가시는 곳마다 은혜가 충만하시길, 두 분 건강하시길 기도하겠습니다. 목사님 감사합니다^^

♡기도는 전투이다. 승패는 이미 기도에서 판가름이 난다. 다윗은 군사를 동원하여 '바알브라심' 으로 올라가서 승전하였다…. 기도가 얼마나 중요한지를 강조하는 표현이다. 하나님께 먼저 기도로 나아

가면, 이미 그 싸움의 승패는 기도하는 그 순간에 결정된다는 뜻이지요. 다윗은 늘 하나님께 물어보았다…. 주 동하면 나 동하고 주 정하면 나 정하네. 우리나라 속담에 아는 길도 물어봐라. 저는 이것이 잘 안됩니다. 노력하며 살겠습니다. 주여! 도와주소서 목사님 수고하셨습니다. 감사합니다.

♡하나님의 진리 되신 말씀이 오직 나를 살게 합니다. 인애와 긍휼을 베풀며, 과부와 고아와 나그네와 궁핍한 자를 해하거나 압제하지 말며 도리어 사랑하게 하옵소서.
아멘. 🙏

♡감사합니다. 목사님 너무너무 감사합니다. 매일 맛 나는 일용할 양식의 말씀 주심 감사드립니다.

♡목사님! 어제 주신 하나님의 말씀, 늘 기억하고 살겠습니다!! 다시 뵐 때까지 건강하세요!

♡목사님! 은혜의 말씀 감사합니다.

♡김 목사님! 귀한 말씀 감사합니다.

♡감사합니다. 목사님!

♡말씀 감사합니다. 아멘 샬롬~~.

♡오늘 주신 하늘 밥집의 말씀과 목사님께서 보내주신 모든 말씀 감사합니다. 아멘 아멘입니다.

♡금식이 변하여 기쁨과 즐거움과 희락의 절기들이 되게 하옵소서. 온

세상에 고통당하는 이들의 눈물과 고통을 씻어 주옵소서. 진리와 화평을 사랑하오니 주의 옷자락 잡고 믿음의 길을 당당히, 꿋꿋하게 걸어가게 하옵소서. 아멘.

♡스스로 높고 의롭다고 여기지 아니하고 제 안의 죄를 더 섬세하게 볼 수 있는 마음을 구합니다…. 지금 회복의 기회를 주실 때 잘하게 하소서..

♡목사님 안녕하세요. 광복 80주년을 맞이하며 스가랴서 묵상을 통해 하나님의 꿈이 무엇인지 알려주셔서 감사합니다. "그런즉 나를 이리로 보낸 이는 당신들이 아니요 하나님이시라." 고백한 요셉처럼 자기 가족과 이방 땅을 살리도록 쓰임받는 이 땅의 요셉 되어 가정과 나라를 살리는 재건에 동참하고 싶습니다. 목사님 말씀 밥상 잘 먹고 다시 회복하겠습니다. 아멘.

♡아멘! 이 세상 끝나는 날까지 질서의 하나님 곁에서 살아가게 도와주시옵소서, 역대하를 묵상하면서 하나님을 떠난 왕들의 끝이 항상 비참하게 마무리되는 것을 보았습니다. 끝까지 다윗의 길을 떠나지 않게 하소서. 아멘! 목사님, 수고 많으셨습니다. 진심으로 감사드려요 목사님^^💕

♡목사님 감사합니다 오늘도 하늘밥집을 열명과 공유하고 있습니다.

♡천국에 가신 아버님이 아직 선교지에 계신다는 느낌이 들면 마음이 편해집니다. 말씀을 가끔 보내주시면 읽으면서 주님의 은혜에 감사하는 시간이 되겠습니다.

♡갓모닝 할렐루야! 예수 이름의 신용카드?를 풍성하게 사용하여 이 땅에서 예수 이름으로 세상을 다스리고 통치하게 하소서.

♡해외 소감♡

♡하늘 밥집을 모아서 책으로 발간하는 것이 어떨지요? 월간으로 ^^~~~ 감사

♡목사님 덕분에 많은 부분에서 잘 몰랐던 성경을 새롭게 배웁니다. 성경을 전과 다르게 세밀하게 묵상하게 되니 너무 좋습니다. 감사합니다.

♡저희도 초대해주셔서 감사드려요...^^ 자주찾아올께여...

♡샬롬!!! 오늘 하늘 밥집 밥은 너무 맛이 있습니다. 고맙습니다.

♡하늘 밥집을 통해서 인간의 패역 함을 세밀하게 깨닫게 되어서 너무 감사하고 은혜를 받습니다. 아침에 일어나서 제일 먼저 하는 일은 하늘 밥집을 찾는 일입니다.

♡목사님! buenos dias~ 하늘 밥집 말씀에 감사, 말씀의 홍수에서 정금같은 말씀에 감사드립니다~ 시냇가에 심은 나무 말씀에도 감사드립니다~
코로나의 뉴스로 한국도 많은 확진자가 생겼네요~ 목사님 주님의 은혜와 긍휼로 사모님과 온 가족 강건하시길 기도드립니다….

♡목사님 수고 많으십니다.

♡우와 멋진 레스토랑이네요

♡샬롬~목사님~ 구약의 말씀을 요약하여 이야기로 풀어주셔서 더욱 이해하기 쉬웠고 좋았습니다. 말씀에 아~멘 감사합니다~

♡목사님 하늘 밥집 감사합니다^^**

♡목사님 잘 계셨어요? 늘 말씀 주셔서 감사합니다. 그래서 제 마음을 일깨울 때가 있습니다. 부산에 코로나가 번지고 있다고 하던데 추운 날씨에 건강 유의하셔요!

♡ "달고 오묘한 그 말씀" 들을 목사님의 하늘 밥집을 묵상하며…. 알게 해주셨습니다..
목사님 덕분에 2020년이 제게 복"이 넘치는 한 해가 되었습니다.

♡목사님 "바쁘신 중에도…. 말씀을 보내주셔서…. 감사드립니다~
시편 1편의 말씀이 성경 전체의 초석이 됨을 알게 하시니…. 시편 1편을 왜 울듯…. 자꾸 묵상하게 됩니다…. ㅎㅎ 지난 한 주간도 하늘 밥집을 통해서 영의 양식" 을 풍성히 차려주셔서…. 행복한 마음의 부자" 로 만들어주셨네요. 감사드리고요...
하늘 밥집의 사명으로 얼마나 집중하시고…. 소중한 시간을 사용하시는지…. 조금은 제게 전해져 오기에 더욱 감사를 드립니다…. 추운 겨울 날씨에 특히 감기 유의하시고...
성령님께서 목사님께 날마다 새 힘을 불어넣어 주시길 기도드립니다..

♡귀한 하늘의 양식 감사합니다. 늘 나 자신을 돌아보며 하나님의 사랑을 잊지 않고 주어진 자리를 지키는 삶이 되기를 기도합니다.

♡그냥 지나칠 "여호야다 제사장" 을 아주 꼼꼼하게 조명해주셔서 "왕 같은 제사장" 을 묵상하게 됩니다. 갈라디아서 2장 20절 말씀을 깊이 음미해봅니다. 감사합니다. 목사님 오늘 진수성찬 차려주셔서 주린 배 채우고 갑니다. 항상 감사합니다~~♡

♡할렐루야! 입니다. 오늘도 하늘의 맛집 만나의 맛이 고소하고 달콤하지만, 천둥과 세미한 소리를 듣고 갑니다. 감사드립니다.

♡아멘! 든든히 먹고 오늘도 힘내어 하루 시작합니다.

♡15여 년 전이나 지금이나 목사님께서는 거의 변함없이 여전하신 모습이십니다..ㅎㅎ
아침에 눈 떠보니 주일예배를 보내주셔서 코로나때에 영상예배를 드리게 해주셔서 기뻤습니다.. 저에게 주시는 말씀들로 와닿았기에 어느 말씀 한 군데도 놓칠 수가 없더군요~~~
감사드립니다…. 목사님!

♡예전엔 지루하게만 여겨졌던 역대하 "말씀들을…. 이제는 날마다 설레임으로 기대하며..
목사님께서 묵상해주시는 말씀들을 만나고…. 매일 은혜를 받습니다…. 이 또한 하나님께서 베풀어주시는 은혜이신 걸 알기에 기쁩니다…. 감사드립니다. 목사님"

♡목사님 감사합니다. 보내주신 하늘 밥집에서 준비한 영적 양식을 맛나게 잘 묵상했습니다. 고맙습니다. – 베트남 하노이에서 000 드립니다 –

♡목사님~~ 안녕하세요~~~ 건강하신지요? 저는 며칠 전에 한국에 들어왔는데…. 출장 겸 왔기에 다시 출국했다가 어젯밤에 한국에 들어와서 이번 주일날 다시 해외로 돌아갑니다..
아쉽지만 뵙지는 못하게 되어요~~ 바쁘신 사역 중에도 말씀을 늘 챙겨서 보내주셔서..
제가 너무나 감사해 몸 둘 바를 모르겠습니다..

♡목사님의 하나님을 향한 그 사랑의 깊이를…. 주시는 말씀들을 통해서 저에게까지 전달이 되기에…. 저도 쬐금은? ㅎㅎ 경건해진답니다…. 감사드립니다..
그리고 목사님의 말씀을 함께 접하는 저는 참으로 복" 있는 사람이라 여겨집니다...
하나님께서 목사님의 건강도 지켜주시고…. 하시는 모든 사역을 친히 함께 동행해주시기를 기원합니다.

♡목사님…. 샌드위치의 은혜……. 이 말씀에 많은 은혜를 받았습니다. 늘…. 목사님이 선포하시는 말씀 안에 살아 움직이는 생명력의 힘을 얻고 오늘도 승리의 삶을 살겠습니다.
목사님…. 늘 영육이 강건하시기 바라며 하시는 모든 사역과 선교사역에 주님이 동행. 인도. 보호하심이 함께 하시길 기도하고 기도합니다..

♡미국은 Father' s day 주일입니다. 아버지 되시는 하나님 계셔서 감사하고, 바록 일찍 천국 가셨지만 믿음의 아버지 계셨음에 감사하고, 영적 아버지 되시는 목사님 계셔서 감사한 오늘입니다~~

♡Shalom! mucha gracias. pastol JK.KIM

♡늘 아침 새벽마다 아침을 짓듯이 말씀을 준비하셔서 아침 양식으로 먹여주시니…. 얼마나 풍성한지요~~ 감사합니다! 목사님!